MÉXICO, AMÉRICA CENTRAL Y EL CARIBE
0 250 500 750 MILLAS
0 250 500 750 KILÓMETROS
ELEVACIÓN
METROS PIES
3050 10000
1525 5000
610 2000
305 1000
152.5 500
0 0
ESTADOS UNIDOS
MÉXICO
OCÉANO ATLÁNTICO
OCÉANO PACÍFICO
Golfo de México
Golfo de California
Baja California
MAR CARIBE
Trópico de Cáncer
Ecuador
Río Misisipí
Río Grande
Península de Yucatán
Cozumel
Chichén Itzá
SIERRA MADRE ORIENTAL
SIERRA MADRE OCCIDENTAL
SIERRA MADRE DEL SUR
N
E
S
W
Santa Fe
Albuquerque
Phoenix
Tucson
San Diego
Mexicali
Tijuana
Nogales
El Paso
Ciudad Juárez
Hermosillo
Chihuahua
Dallas
Austin
San Antonio
Houston
Nuevo Laredo
Memphis
Atlanta
Mobile
Nueva Orleáns
San Agustín
Orlando
Tampa
Miami
Nassau
BAHAMAS
Monterrey
Durango
Mazatlán
Cabo San Lucas
Guadalajara
Puerto Vallarta
Guanajuato
México, D.F.
Cuernavaca
Puebla
Veracruz
Acapulco
Oaxaca
Campeche
Mérida
La Habana
CUBA
Santiago de Cuba
Guantánamo
HAITÍ
REPÚBLICA DOMINICANA
Port-au-Prince
Santo Domingo
San Juan
PUERTO RICO
JAMAICA
Kingston
BELICE
Belmopan
GUATEMALA
Guatemala
HONDURAS
Tegucigalpa
San Salvador
EL SALVADOR
NICARAGUA
Managua
San José
COSTA RICA
Canal de Panamá
Panamá
PANAMÁ
Barranquilla
Cartagena
Maracaibo
Caracas
Mérida
VENEZ
Medellín
Cali
Bogotá
COLOMBIA

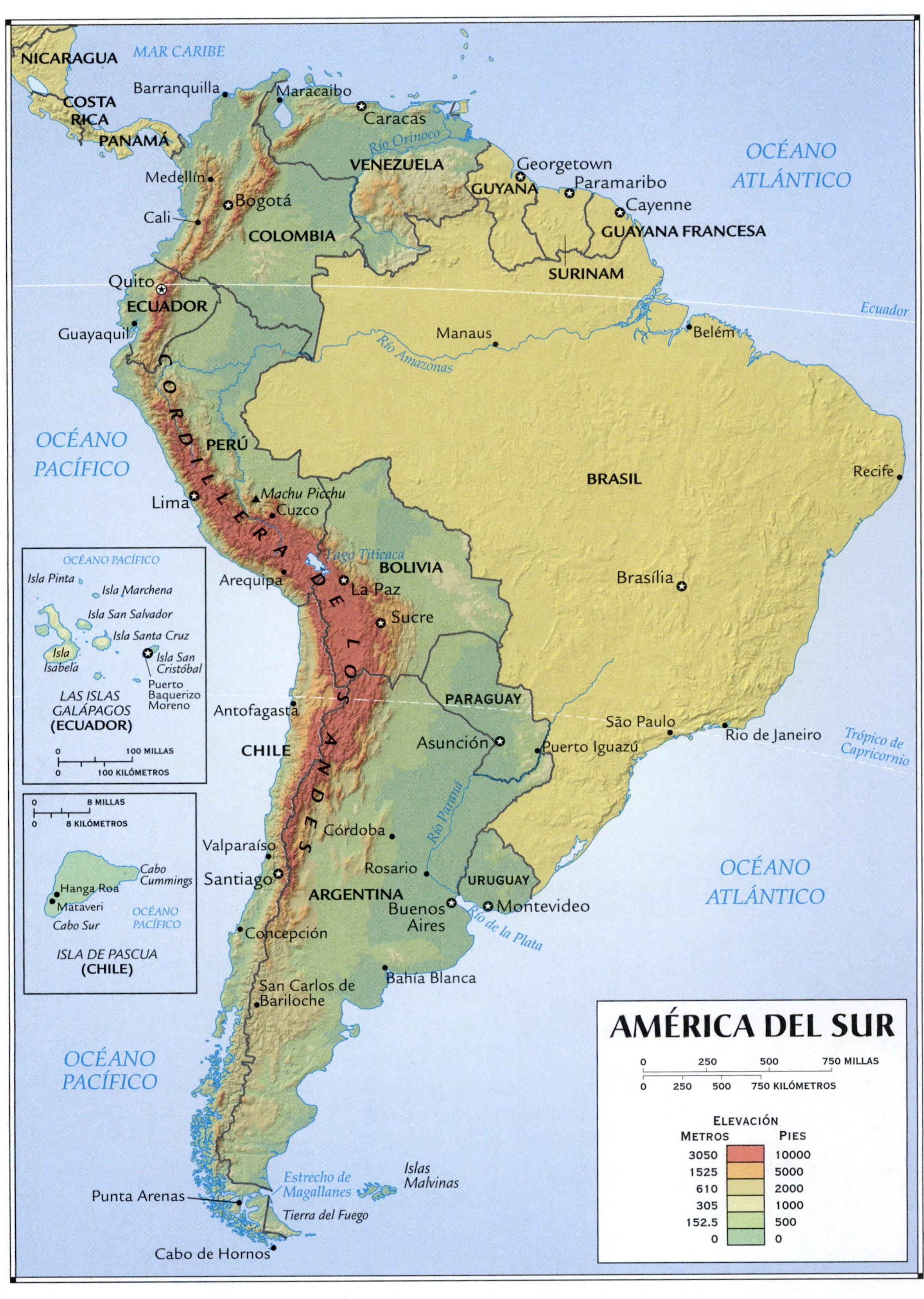
AMÉRICA DEL SUR
NICARAGUA
MAR CARIBE
COSTA RICA
PANAMÁ
Barranquilla
Maracaibo
Caracas
Río Orinoco
VENEZUELA
Georgetown
GUYANA
Paramaribo
Cayenne
GUAYANA FRANCESA
SURINAM
OCÉANO ATLÁNTICO
Medellín
Bogotá
Cali
COLOMBIA
Quito
ECUADOR
Ecuador
Guayaquil
Manaus
Belém
Río Amazonas
CORDILLERA DE LOS ANDES
OCÉANO PACÍFICO
PERÚ
BRASIL
Recife
Lima
Machu Picchu
Cuzco
Lago Titicaca
BOLIVIA
Arequipa
La Paz
Sucre
Brasília
OCÉANO PACÍFICO
Isla Pinta
Isla Marchena
Isla San Salvador
Isla Santa Cruz
Isla Isabela
Isla San Cristóbal
Puerto Baquerizo Moreno
LAS ISLAS GALÁPAGOS
(ECUADOR)
0 100 MILLAS
0 100 KILÓMETROS
PARAGUAY
Antofagasta
São Paulo
Rio de Janeiro
Trópico de Capricornio
CHILE
Asunción
Puerto Iguazú
0 8 MILLAS
0 8 KILÓMETROS
Córdoba
Río Paraná
Valparaíso
Cabo Cummings
Hanga Roa
Mataveri
Cabo Sur
OCÉANO PACÍFICO
ISLA DE PASCUA
(CHILE)
Santiago
Rosario
URUGUAY
ARGENTINA
Buenos Aires
Montevideo
Río de la Plata
OCÉANO ATLÁNTICO
Concepción
Bahía Blanca
San Carlos de Bariloche
OCÉANO PACÍFICO
Estrecho de Magallanes
Islas Malvinas
Punta Arenas
Tierra del Fuego
Cabo de Hornos
0 250 500 750 MILLAS
0 250 500 750 KILÓMETROS
ELEVACIÓN
METROS PIES
3050 10000
1525 5000
610 2000
305 1000
152.5 500
0 0

ESPAÑA
0 50 100 150 MILLAS
0 50 100 150 200 250 KILÓMETROS
ELEVACIÓN
METROS PIES
3050 10000
1525 5000
610 2000
305 1000
152.5 500
0 0
N E S W
OCÉANO ATLÁNTICO
MAR CANTÁBRICO
Bahía de Vizcaya
FRANCIA
ANDORRA
PORTUGAL
GALICIA
ASTURIAS
CANTABRIA
PAÍS VASCO
NAVARRA
LA RIOJA
CASTILLA Y LEÓN
ARAGÓN
CATALUÑA
MADRID
CASTILLA-LA MANCHA
COMUNIDAD VALENCIANA
EXTREMADURA
MURCIA
ANDALUCÍA
LOS PIRINEOS
SIERRA DE GUADARRAMA
SIERRA NEVADA
La Coruña
Santiago de Compostela
Vigo
Oporto
Oviedo
León
Santander
Bilbao
San Sebastián
Pamplona
Logroño
Burgos
Valladolid
Zamora
Salamanca
Segovia
Ávila
El Escorial
Guadalajara
Madrid
Toledo
Cáceres
Mérida
Badajoz
Ciudad Real
Albacete
Zaragoza
Lérida
Barcelona
Tarragona
Castellón
Valencia
Alicante
Murcia
Almería
Granada
Jaén
Córdoba
Sevilla
Huelva
Jerez de la Frontera
Cádiz
Málaga
Gibraltar (R.U.)
Estrecho de Gilbraltar
Ceuta (Esp.)
Tánger
Melilla (Esp.)
Lisboa
Río Duero
Río Ebro
Río Tajo
Río Guadiana
Río Guadalquivir
Costa Brava
Costa Blanca
Costa del Sol
ISLAS BALEARES
Mallorca
Menorca
Ibiza
Formentera
Palma
MAR MEDITERRÁNEO
ARGELIA
MARRUECOS
ÁFRICA
CAMERÚN
GABÓN
Malabo
GUINEA ECUATORIAL
ISLAS CANARIAS
La Palma
Tenerife
Santa Cruz de Tenerife
Gomera
Hierro
Gran Canaria
Las Palmas de Gran Canaria
Lanzarote
Fuerteventura
MARRUECOS
0 50 100 MILLAS
0 50 100 KILÓMETROS

En comunidad

Comunicación y conexión

Pennie A. Nichols

Jane A. Johnson

Austin Community College, University of Texas at Austin

Lynne R. Lemley

Austin Community College

Lucía Osa-Melero

University of Texas at Austin

Boston Burr Ridge, IL Dubuque, IA New York San Francisco St. Louis
Bangkok Bogotá Caracas Kuala Lumpur Lisbon London Madrid Mexico City
Milan Montreal New Delhi Santiago Seoul Singapore Sydney Taipei Toronto

Published by McGraw-Hill Higher Education, an imprint of The McGraw-Hill Companies, Inc., 1221 Avenue of the Americas, New York, NY 10020.

This book is printed on recycled, acid-free paper containing a minimum of 50% total recycled fiber with 10% postconsumer de-inked fiber.

1234567890 WCK / WCK 098

ISBN: 978-0-07-338518-1 (Student Edition)
MHID: 0-07-338518-2

ISBN: 978-0-07-332620-7 (Instructor's Edition, **not for resale**)
MHID: 0-07-332620-8

Vice president and Editor-in-chief: *Michael J. Ryan*
Publisher: *William R. Glass*
Executive editor: *Christa Harris*
Director of development: *Scott Tinetti*
Senior development editor: *Allen J. Bernier*
Editorial coordinator: *Margaret Young*
Marketing manager: *Jorge Arbujas*
Lead media project manager: *Ron Nelms*
Senior digital project manager: *Allison Hawco*
Senior production editor/Art editor: *Mel Valentín*
Art director: *Jeanne M. Schreiber*
Lead designer: *Cassandra Chu*
Text designer: *Linda Beaupré*
Cover designer: *Linda Beaupré*
Illustrator: *Amy Wummer*
Senior photo coordinator: *Natalia Peschiera*
Photo researcher: *Jennifer Blankenship*
Senior production supervisor: *Tandra P. Jorgensen*
Senior supplements producer: *Louis Swaim*
Permissions coordinator: *Veronica Oliva*
Composition: *Aptara*
Printing: *Quebecor World, Inc.*
Cover: *Phoenix Color*

Credits: The credits section of this book begins on page C-1 and is considered an extension of the copyright page.

Library of Congress Cataloging-in-Publication Data

En comunidad : comunicación y conexión / Pennie Nichols ... [et al.]. — 1st ed.
p. cm.
Includes index.
ISBN-13: 978-0-07-338518-1 (alk. paper)
ISBN-10: 0-07-338518-2 (alk. paper)
1. Spanish language—Textbooks for foreign speakers—English. 2. Spanish language—Readers.
I. Nichols, Pennie.
PC4129.E5E54 2009
468.2'421—dc22

2008038145

The Internet addresses listed in the text, or any of the *En comunidad* supplements, were accurate at the time of publication. The inclusion of a website does not indicate an endorsement by the authors or McGraw-Hill, and McGraw-Hill does not guarantee the accuracy of the information presented on those websites.

Dedication

To those people who invest their time, energy, knowledge, passion, and heart in service to the community.

Contents

UNIDAD 1

La alfabetización y la educación 2

UNIDAD 2

La comida 54

UNIDAD 3

La familia y el hogar 104

Cultura			Service Learning		
Comparaciones culturales	Expresiones culturales	La comunidad de…	En la comunidad	Voluntarios internacionales	Nuestro proyecto en la comunidad
DVD Charlemos un rato: ¿Cómo es tu familia? 116 Costumbres y buenos modales: Las bodas; Los regalos de boda 117	*Abuela in El Salvador* (pintura), Elizabeth Gómez Freer 128 *Santitos* (novela/película), María Amparo Escandón (autora) / Alejandro Springall (director) 128 Casapueblo (arquitectura), Carlos Páez Vilaró 129	Centroamérica 130	Para servir a la comunidad de las colonias 122		
DVD Charlemos un rato: ¿Cómo son las casas típicas de tu país? 142 Costumbres y buenos modales: La casa; La hospitalidad 143			La construcción de casas, maniobra de mujeres 148	DVD *¡Pura vida! ¡Bienvenidos a Costa Rica!* 154 DVD *¡Manos a la obra! Hábitat para la Humanidad en Costa Rica* 154	Mejorar la situación de la vivienda en la comunidad 155

UNIDAD 4

La comunidad internacional 156

UNIDAD 5

La salud y las emergencias 208

Cultura			Service Learning		
Comparaciones culturales	Expresiones culturales	La comunidad de...	En la comunidad	Voluntarios internacionales	Nuestro proyecto en la comunidad
DVD Charlemos un rato: En tu país, ¿cómo son los hábitos de las personas en cuanto a la comida y el ejercicio? 220 Costumbres y buenos modales: El desayuno en España; El desayuno en México 221	*Lo que el agua me dio* (pintura), Frida Kahlo 232 *Paula* (novela), Isabel Allende 233 *Mar adentro* (película), Alejandro Amenábar 233	Caribe: Colombia, Cuba, Puerto Rico, República Dominicana y Venezuela 234	La Dra. Jane L. Delgado y la salud de la mujer hispana 227		
DVD Charlemos un rato: ¿Qué desastres naturales, frecuentes en tu país, has presenciado? 246 Costumbres y buenos modales: Los vecinos 247			El Dr. Óscar Beita y *F.A.C.E.S.* 243	DVD *Un cambio positivo:* Cross-Cultural Solutions *en Costa Rica* 258 DVD *Un puente entre culturas:* Cross-Cultural Solutions *en Guatemala* 258	Mejorar el estado de salud en su comunidad 259

UNIDAD 6

De viaje 260

To the Instructor

Welcome to *En comunidad,* a new kind of textbook for today's intermediate Spanish students and instructors. The authors of *En comunidad* and the World Languages group at McGraw-Hill Higher Education are delighted to have published this exciting new program and hope that you find it as innovative and engaging as we do.

About *En comunidad*

Over the years, our students have often asked, "But how can I use Spanish?" In many ways, we believe *En comunidad* answers that question by responding to the growing sense of commitment to local and global communities and to the continuing pedagogical emphasis on meeting the National Standards for Foreign Language Education* (the "Five Cs"). To help draw students into this experience, we have created an intermediate level book whose fresh and original topics are relevant not only to the Hispanic community and cultures as a whole, but also to students and their own communities. The careful and consistent integration of the "Five Cs" provides instructors interested in meeting the National Standards with a program of materials that actively supports this goal. Additionally, within the fairly traditional framework of *En comunidad,* we offer the exciting option of incorporating service learning into the language classroom for those programs that have, or would like to initiate, a service learning component.

En comunidad and the "Five Cs"

1. **Communication: Communicate in Languages Other than English.** All readings and activities in *En comunidad* are designed to allow intermediate students to practice and develop the four skills of reading, writing, listening, and speaking, in a variety of formats and contexts.
2. **Cultures: Gain Knowledge and Understanding of Other Cultures.** Each chapter engages students in exploring themes relevant to Hispanic culture. All the main readings, or **Déjame que te cuente sobre…** sections, relate to various dimensions of Hispanic culture, including food and family, medicine and migration, among other themes. The short, authentic **Exploración** readings also relate to the theme of each chapter. *En comunidad* includes several additional cultural features.
   - **Expresiones culturales** introduces the fine arts (big C).
   - **Comparaciones culturales** provides video commentary by native speakers of Spanish on cultural topics related to the chapter and/or unit as well as notes on customs and good manners in the Spanish-speaking world (little c).
   - **La comunidad de…** presents geographic overviews with photos and statistics of the Spanish-speaking world.
   - **Detalles culturales** boxes point out relevant cultural products and practices.
3. **Connections: Connect with Other Disciplines and Acquire Information.** *En comunidad* constantly connects students to other disciplines. For example, as students read about food, they are encouraged to consider relevant aspects of economics, agriculture, ecology, sociology, and history.
4. **Comparison: Develop Insight into the Nature of Language and Culture.** Each chapter of *En comunidad* has one or more **Detalles lingüísticos** boxes, in which the Spanish language is analyzed and compared or contrasted to English and/or other European languages. The nature of culture is amply explored through the multiple cultural features of *En comunidad.* (See **2. Cultures** above.)
5. **Communities: Participate in Multilingual Communities at Home and Around the World.** *En comunidad* has been developed around an interest in community, and the readings and activities in the text consistently encourage students to amplify their knowledge of both home and international communities. As an added bonus, *En comunidad* offers ways that students might engage in service learning both in the home community and abroad so as to connect with speakers of Spanish and a variety of Hispanic cultures in extra-academic settings.

Standards for Foreign Language Learning: Preparing for the 21st Century. Kansas: Heath. 1996.

En comunidad and the Four Skills of Language Learning

En comunidad is a program that establishes vocabulary and grammar as the foundation of the well-balanced development of listening, reading, speaking, and writing. We take into account that students enter intermediate level Spanish courses with greatly varied listening, reading, speaking, and writing skills. Accordingly, students will find activities and tasks in the textbook, *Manual de actividades,* and elsewhere in the program that strengthen and develop these skills at a variety of levels.

Wide Variety of Features

Many of the features in *En comunidad* are materials we created while teaching and that we often wished had been part of the textbook programs we were using. For example, in both the textbook and *Manual de actividades,* students are encouraged to review and recycle vocabulary by composing personally relevant vocabulary lists. They are prompted to review or target those grammar concepts that they feel they need to practice more. This is fostered by the **Taller de gramática** near the back of the book, which includes comprehensive grammar explanations and additional discrete-point exercises to which students can turn—no matter where they are in the program. Furthermore, students see the active vocabulary and grammar points for each chapter in the natural context of the readings; examples of the relevant grammar are even underscored to explicitly bring them to students' attention. Additional features of *En comunidad* are explained in the Guided Tour presented later in this preface.

Split Frame Structure

The split frame structure of the reading pages is unique and pedagogically purposeful. The readings and pre- and post-reading activities appear in the top frame (the upper three quarters of each page), while brief explanations of key grammar points and short activities occupy the bottom frame (the lower quarter). These grammar points and activities provide immediate practice for students, without interrupting the flow of the entire reading. Students and instructors should focus on the readings and more communicative activities in the top frame and consult the bottom frame only as needed. Alternatively, instructors may decide to assign the bottom frame material prior to undertaking a reading and its activities in class as a means to gauge student preparedness to manipulate grammar points found in the reading. Cross-references to the **Taller de gramática** point to additional grammar explanations and more practice activities if a need for such material should arise.

Video Program

The two-part video program that accompanies *En comunidad* offers students fascinating insights into the people and cultures of numerous Spanish-speaking countries and serves two distinct purposes.

The first part of the video program, **Charlemos un rato,** presents a series of interviews related to each chapter's topics with native Spanish speakers who reflect the truly varied spectrum of life experience in Hispanic cultures. Students will hear the perspectives and opinions of Hispanic students and working professionals of different ages, ethnicities, and backgrounds.

The second part of the video program, **Voluntarios internacionales,** consists of mini-documentaries filmed in Costa Rica and Guatemala. These mini-documentaries focus on the activities of service organizations in operation in these countries. They tell the moving, inspirational stories of both the people who benefit from the services provided as well as those of the volunteers who help provide those services.*

Lastly, the activities that support both parts of the video program foster students' consideration and comparison of their own culture and lifestyle with those of the Spanish-speaking world.

What is Service Learning?

Service learning (SL) programs are those that have students participate in community service projects using the skills and information they are learning in particular courses. Such programs are an increasingly popular initiative in many disciplines nationally, including those disciplines that focus on second language learning. We feel that these programs offer students a meaningful opportunity to fulfill the service or volunteer requirements in their programs of study while developing practical, real-world skills; in the case of Spanish, these include developing language skills, and in some cases, immersing themselves in the Spanish-speaking community.

However, not all instructors and programs are ready or able to incorporate service learning into their curricula. Therefore, we've taken care to design *En comunidad* to be useful at institutions where service learning is either not incorporated into the curriculum at all, or where it is an institutional mission but not stressed or required. Such programs will find that *En comunidad* is equally effective without using its service learning features such as the **Nuestro proyecto en la comunidad** that appears at the end of each unit. In essence, *En comunidad* is about exposure to and/or engagement with Spanish-speaking communities, something that most intermediate textbooks do not offer, whether through a formal service learning experience, a personal decision to volunteer in one's community, or as virtual engagement through readings, videos, activities, research, and classroom discussion.

We hope you will find that *En comunidad* provides you and your students with valuable opportunities to learn more about your own community as well as others, that it develops and improves students' language skills in engaging and relevant contexts, that it strengthens students' foundations of grammar and vocabulary, and hopefully that it motivates students and helps them to develop an awareness of other cultures and communities. Truly, **el mundo es un pañuelo,** more so now than ever. Connecting with others, learning from each other, sharing our mutual skills and experiences, and discovering that friendship, respect, and comprehension can alleviate or even eliminate conflict and misunderstanding are, perhaps, our ultimate goals.

---

*These mini-documentaries received rave reviews after a test-screening by students of an advanced Spanish class at one of the authors' schools. Many students commented that if such a video component had existed when they were in their second year of Spanish, their whole attitude toward the language lab would have been much more receptive and completely positive.

Guided Tour*

We open each unit with a piece of fine art thematically related to the unit and list the chapter titles and other information about other artistic expressions that students will explore in the unit. Students also begin to explore real-life problems and SL solutions through the **Nuestro proyecto en la comunidad** introductory box.

To introduce the chapters, we have provided a photo that can be used as a springboard for the chapter topic. Each chapter opener also includes an advance organizer to help students prepare for the chapter topic, readings, and structures targeted. Through the **Problema auténtico** we pose a real-life challenge related to the chapter topic and ask students to propose a solution in the context of SL. Finally, we ask students to begin some advance organizing for the essay assignment at the end of the chapter.

Vocabulario del tema prepares students to understand the upcoming readings and provides them with words and expressions they can use to complete activities and talk about the topics. The presentations include a recycling element, which students will complete with words and expressions they have learned through previous experience with the Spanish language.

Déjame que te cuente sobre… sections are the core of each chapter. These reading sections begin with a set of pre-reading activities. Most readings include a box for **Vocabulario útil** that students will also complete. The readings cover topics that are meaningful to the Spanish-speaking community and are often related to community service. They are brief, informative, and well-supported. On the first four pages of this section, we provide brief grammar explanations and practice in the bottom frame.

There are two post-reading sections within each **Déjame que te cuente sobre…** . The first, **Comprensión y expresión,** focuses on content comprehension and vocabulary practice. The second, **¡En acción!,** allows students to expand on the topics in communicative and creative activities.

Déjame que te cuente sobre… is followed by a shorter reading section: **Exploración.** These excerpts from authentic autobiographical texts are also supported with pre- and post-reading activities. **Para pensar** boxes appear at the end of each **Exploración** and serve as springboards for class discussion and brainstorming for essay topics.

*The twelve chapters of *En comunidad* are grouped into six units of two chapters each. Each chapter is further divided into two main sections called **Déjame que te cuente sobre,…** and the shorter authentic reading section, **Exploración.** We recommend that you refer to the table of contents as you review this Guided Tour.

Comparaciones culturales sections bridge the **Déjame que te cuente sobre...** sections. They begin with a video-based activity, **Charlemos un rato,** in which students watch three interviews based on the chapter topic and complete pre- and post-viewing activities to stimulate reflection on the cultural content.

The second part of the **Comparaciones culturales** includes two small sections: **Dichos** and **Costumbres y buenos modales. Dichos** introduces the sociocultural and sociolinguistic aspects of the language. **Costumbres y buenos modales** provides notes on customs and manners in the Spanish-speaking world. The activity helps students relate this information to their own experience.

The two chapters of each unit are bridged by **Expresiones culturales** and **La comunidad de...** sections. **Expresiones culturales** presents fine art, film, literature, and other artistic expressions of the Spanish-speaking community that are thematically connected to the unit.

The interactive geographical feature, **La comunidad de... ,** is a visual and informational presentation of a Spanish-speaking region.

Each unit closes with two sections: **Voluntarios internacionales** and **Nuestro proyecto en la comunidad. Voluntarios internacionales** is a set of activities to accompany the minidocumentaries, which are videos about international volunteer programs.

Nuestro proyecto en la comunidad, which is first presented in the unit opener, is a set of guidelines with suggestions about how specific SL projects related to the unit topic may be developed.

En la comunidad is a boxed feature that highlights individuals and organizations that are serving the community in areas related to the chapter topic.

We offer additional on-demand lexical and cultural support through the **Detalles lingüísticos** and **Detalles culturales** boxed features. These boxes facilitate comprehension, stimulate conversation, and draw attention to significant subtleties of the language and culture at the point of usage.

¿Recuerdas? boxes are on-demand grammar support that appear primarily in the margins of readings, close to the occurrence of a grammar point.

¡A escribir! is a writing section at the end each chapter that guides students through the pre-writing and writing process, providing topic ideas and language parameters specific to the chapter.

Vocabulario lists all active vocabulary from the chapter and **Vocabulario útil y vocabulario personal** provides space for students to create their own vocabulary list.

Supplements

As a full-service publisher of quality educational products, McGraw-Hill does much more than just sell textbooks to your students. We create and publish an extensive array of print, video, and digital supplements to support instruction on your campus. Orders of new (versus used) textbooks help

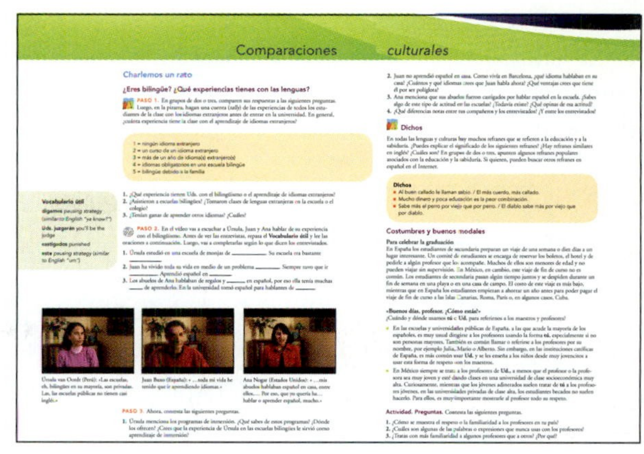

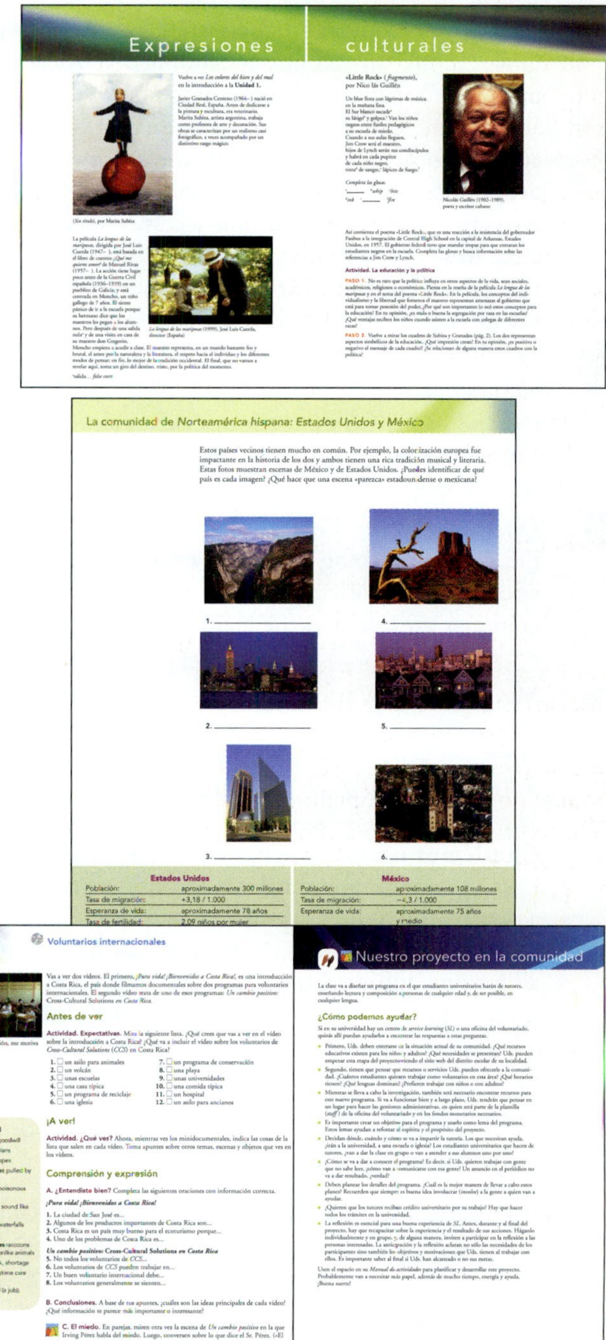

us to defray the cost of developing such supplements, which is substantial. Please consult your local McGraw-Hill representative to learn about the availability of the supplements that accompany *En comunidad.*

FOR INSTRUCTORS AND STUDENTS

- ***Manual de actividades:*** The student workbook / laboratory manual contains various activities and exercises that students can use to reinforce the vocabulary, grammar, and cultural points presented in the main text.
- ***Audio program:*** The audio CD program provides the audio for the listening activities in the *Manual de actividades.*
- ***Online Manual de actividades:*** The online workbook / laboratory manual, produced in collaboration with Quia™, offers the same outstanding practice as the printed *Manual de actividades* plus many additional advantages, such as onscreen links to corresponding audio files, immediate feedback and scoring for students, and an easy-to-use gradebook and class roster system for instructors. To gain access, students purchase a unique Student Book Key (passcode). Instructors should contact their local McGraw-Hill sales representative for an Instructor Book Key.
- ***DVD Program:*** The two-part DVD program contains cultural interviews and minidocumentaries that correspond to the **Comparaciones culturales** (**Charlemos un rato**) and **Voluntarios internacionales** sections, respectively.
- ***Online Learning Center:*** The Student Edition of the Online Learning Center (**www.mhhe.com/encomunidad**) offers practice with the vocabulary grammar presented in the main text.
- CENTRO is the exciting new online portal for McGraw-Hill World Languages digital products. Produced in collaboration with Quia™, CENTRO offers students who have purchased an Online *Manual de actividades* access to that Online *Manual* as well as to the complete DVD program, additional **Charlemos un rato** interviews *not* included in the DVD program, pre- and post-viewing activities to accompany all video segments, animated Grammar Tutorials, and a link to the Online Learning Center, all for no additional fee! Once students and instructors set up their Quia™ account for the Online *Manual de actividades,* they can use the same username and password to gain access to CENTRO at **www.mhcentro.com**.

FOR INSTRUCTORS ONLY

- ***Annotated Instructor's Edition:*** This special edition of the main text includes helpful suggestions, cultural notes, and the answers to most discrete-point activities to ensure more effective in-class use of the main text and the supplements.

- ***Online Learning Center:*** The Instructor's Edition of the Online Learning Center offers several password-protected resources for instructors, such as an Instructor's Manual with a sample test for each chapter, a Service Learning Guide, and scripts of the audio and DVD programs.

Acknowledgments

The authors would like to acknowledge the suggestions, advice, and contributions of the following friends and colleagues. First and foremost, we thank our families and friends, who have been supportive, patient, and good-humored during this process.

Our heartfelt thanks go out to Laura Chastain, our native reader, for her enthusiasm about our project, her attentiveness and collaboration in ensuring not only the linguistic integrity in our text but also many of the cultural details. In the process of working through many of those details, we discovered common commitments and convictions about community and culture, and we developed a treasured friendship. In our hearts, this is also her text, and we cannot thank her enough.

We are grateful to Jennifer Rodes and Steve Grossman from Klic Video, whose talent and enthusiasm combined to make an amazing video program. Jennifer Rodes (aka "Media Mujer") was especially instrumental in locating interesting programs to feature in the minidocumentaries. Both Jennifer and Steve were brilliant in setting up the interview process for **Charlemos un rato** segments so that the participants felt comfortable and were able to deliver natural, genuine, and engaging responses to our questions. We enjoyed the opportunity to be involved and contribute to the filming process.

Thanks to all of the people who participated in the **Voluntarios internacionales** videos and interviews. We especially would like to thank the directors of the different programs: from Cross-Cultural Solutions, Irving Pérez, Virginia Burmester, and Sonia Tello; from Global Vision International in Guatemala, Dominique and Doreen Williams, and Rachel Besbrode; from *Hábitat para la Humanidad* in Costa Rica, Steve Little and Randall Venegas.

We are indebted to all of the people who graciously appeared in the **Charlemos un rato** interview videos. Their enthusiasm and cooperation, as well the cultural information they contributed to the program, were incredibly useful and entertaining: Chuy Ayala, Juan Buxo, Cristina Carrasco, Eduardo Dargent, Rocío del Águila, Jennifer Delgado, Marcelo Illanes, María Luisa Echavarría, Cindy Luna, Andrés Manosalva, Mariano Markman, Cristina Martínez, Joby McClendon, Alberto Mendoza, Solange Muñoz, Anna Nogar, Lito Porto, Amparo Rico Domínguez, Carla Sáenz, Jesús Salazar, Viviana Salinas, Alberto van Oordt, and Úrsula van Oordt.

In addition, we are very grateful for all the personal anecdotes and cultural information that Carla Sáenz, Viviana Salinas, Mariano Markman, Jaime Marroquín, and Wendy Thomas shared with us through e-mails, phone conversations, and over cups of coffee. Their experienced perspective added valuable and interesting details to our project.

We are very grateful to our Advisory Panel faculty members and other colleagues who generously reviewed and commented on the manuscript as *En comunidad* took shape. Their suggestions, feedback, and constructive criticism have greatly enhanced the program. The appearance of their names does not constitute an endorsement of *En comunidad* nor its methodology.

Advisory Panel

Robin Bauer, *Howard Community College*
Kristee Boehm, *University of Washington*
Christopher DiCapua, *Community College of Philadelphia*
Susan McMillen-Villar, *University of Minnesota, Minneapolis*
Anne Walton-Ramírez, *Arizona State University*

We are grateful to the following instructors whose invaluable feedback helped shape *En comunidad*. Their participation in manuscript reviewing, focus groups, workshops and other such activities has greatly enhanced these materials. The appearance of their names in this list does not necessarily constitute their endorsement of the text or its methodology.

Reviewers

María J. Amores, *West Virginia University-Morgantown*
Rosalind Arthur-Andoh, *Clark Atlanta University*
Robin Bauer, *Howard Community College*
Kristee Boehm, *University of Washington*
Aymara Boggiano, *University of Houston, Houston*
Robert Henry Borrero, *Fordham University*
Isabel Castro-Vásquez, *Towson University*
Chyi Chung, *Northwestern University*
Heather L. Colburn, *Northwestern University*
Rifka Cook, *Northwestern University*
Christopher DiCapua, *Community College of Philadelphia*
Vickie Ellison, *Kent State University*
Hector Fabio Espitia, *Grand Valley State University*
Debra Faszer-McMahon, *University of California, Irvine*
Claudia Fernández, *DePaul University*
Diana Frantzen, *University of Wisconsin-Madison*
Khedija Gadhoum, *Grand Valley State University*
Carl L. Garrott, *Virginia State University*
Margaret Haas, *Kent State University, Kent*
Joseph Hellebrandt, *Santa Clara University*
Todd Hernández, *Marquette University*
Deni Heyck, *Loyola Marymount College*
Maureen Ihrie, *Elon University*
Keith E. Johnson, *California State University, Fresno*
Karina Kline-Gabel, *James Madison University*
Mary Jane Kelley, *Ohio University-Athens*
Monica Kenton, *University of Minnesota*
Catherine Wood Lange, *Boston College*
Sara Lehman, *Fordham University*
Sheldon L. Lotten, *Louisiana State University*
Elena Mangione-Lora, *University of Notre Dame*
Susan McMillen-Villar, *University of Minnesota-Minneapolis*
Peggy McNeil, *Louisiana State University*
Theresa A. Minick, *Kent State University*
Michael Morris, *Northern Illinois University*
Mercedes Palomino, *Florida Atlantic University-Boca Raton*
Teresa Pérez-Gamboa, *University of Georgia*
Barbara Reichenbach, *Ohio University, Athens*
Tasha Ann Seago-Ramaly, *Northwestern University*
Penny Ray Sisson, *University of Mississippi*
Ester Suárez-Felipe, *University of Wisconsin-Milwaukee*
Alicia Tabler, *University of Colorado at Boulder*
Rosa Toledo, *University of Tennessee-Knoxville*
Donna Van Bodegraven, *Elon University*
Maura Velázquez-Castillo, *Colorado State University*
Kristi Velleman, *American University*
Michael Vrooman, *Grand Valley State University*
Anne Walton-Ramírez, *Arizona State University*
Keith E. Watts, *Grand Valley State University*
Ivonne Jeannette Whitehead, *University of Mississippi*
Sonia Zúñiga-Lomeli, *Santa Barbara City College*

We are deeply grateful that we were embraced by the McGraw-Hill World Languages Group. There is no other group like it, and we feel fortunate to have this connection. Within the McGraw-Hill family, we say thank you, thank you, thank you to Christa Harris, who served as our sponsoring editor and who was truly a part of the team. Her energy, enthusiasm, and ideas have shaped and influenced many aspects of this project. She was not only generous, surrendering her home to us for two days of interviews, but supportive at every turn of the writing process. She is a colleague, leader, and friend we will always treasure. We would also like to thank Allen J. Bernier, our development editor, for his careful attention to detail and for the gentle but meaningful changes he made to our text. Turning over our manuscript was like entrusting our firstborn to someone, but with Allen we felt comfortable that our "child" was in good hands. We're also deeply grateful to Scott Tinetti, director of development, who, even before this project was conceived, was the "trainer" who influenced how we approached the appearance and content of a textbook page. He was helpful, informative, and kind throughout the project, and we're grateful for his patience, thoroughness, and friendship. We are grateful to editorial coordinator Margaret Young for efficiently completing the endless tasks involved in developing a new textbook. We also enjoyed the energy and light that marketing manager Jorge Arbujas brought to the project through his marketing ideas and enthusiasm. Thanks for keeping things moving and also being a great dancer. We're also indebted to our publisher, Bill Glass, who trusted us, allowed us to be creative and different, and opened up the McGraw-Hill "home" so that we could accomplish our goal. By the same token, without the approval and support of Michael J. Ryan, vice president and editor-in-chief, none of this would have been possible. We're grateful to all members involved in this team.

Finally, although Thalia Dorwick was not involved directly in this project, we would like to thank her for being an inspiration, in many ways a teacher, and a great influence in Spanish textbook development.

To the Student

We've designed *En comunidad* with students like you in mind, and we hope that it will fuel and support your desire to learn Spanish. With *En comunidad,* you'll be an active participant in your own learning process. Among other things, this means that you'll share the responsibility for recalling and organizing material you've learned previously, personalizing vocabulary lists to address topics that interest you, discovering more about your place in the community and your motivations for learning Spanish, and for making your own choices about your career and your future in general.

If you participate in a service learning program as you progress through *En comunidad,* either as part of an academic requirement at your institution or as an independent volunteer, you'll be surprised at how quickly and efficiently you'll be able to use your Spanish in your community and how your community can benefit from your work, even when your Spanish isn't perfect. Service learning not only engages you in the use of the language, but also provides you with the opportunity to meet new people and experience their language and their culture.

Using *En comunidad* opens a window for you to see the way people live in another language and how you can be a part of it. Learn all you can, don't be afraid to make mistakes, and most importantly … **¡disfrútalo!**

About the Authors

Pennie A. Nichols holds a Ph.D. in Spanish Literature from the University of Texas at Austin. She has taught at that institution as well as at Louisiana State University (Baton Rouge), Southern University (Baton Rouge), and Austin Community College. She has worked for over twelve years as a writer, editor, and author of college-level and high school textbooks. She is also coauthor of the *Cuaderno de actividades* of *De viva voz,* and has contributed material to *Puntos de partida, ¿Qué tal?, Pasajes,* and many other publications of the McGraw-Hill World Languages Group.

Jane A. Johnson teaches literature at the University of Texas at Austin, and has taught both introductory and intermediate Spanish at Austin Community College as well as at the University of Texas (University Extension). She received her Ph.D. in Spanish Literature from the University of Texas at Austin. She has contributed as a writer to many college-level and high school Spanish textbooks. Her professional endeavors include ACTFL and AATSP presentations on the teaching of culture and on service learning, and she is a long-term volunteer with Hospice Austin.

Lynne R. Lemley holds a Ph.D. in Spanish Literature from the University of Texas at Austin. She has taught at that institution, at Texas Tech University (Lubbock), and at Austin Community College. She has been a contributing writer for numerous college-level Spanish textbooks. She currently teaches advanced Spanish in the Lifetime Learning Program and introductory and intermediate Spanish at Austin Community College. Her academic interests include the continuing manifestation of the honor theme in Hispanic literature and cinema.

Lucía Osa-Melero, from Valencia (Spain), holds an M.A. in Foreign Language Education and an M.A.T. in Teaching Spanish as Second Language from the University of Iowa. She is a doctoral candidate in the department of English and German Philology at the University of Valencia, Spain. At present she is a lecturer at the University of Texas at Austin where she successfully implemented a community service learning program at the fourth semester level. She is coauthor of *En contexto: Manual de lecturas y películas* (2007). Her interests include cooperative practices in the foreign language classroom, pre-reading activities, and learning through community service learning.

UNIDAD 1

La alfabetización y la educación

Los colores del bien y del mal (2004), Javier Granados Centeno (1964–)

Capítulo 1

Las escuelas y las universidades

Capítulo 2

La alfabetización de adultos y los programas de *ESL*

Expresiones culturales

escultura: *Los colores del bien y del mal* (2004), Javier Granados Centeno (España)

autobiografía: *Vivir para contarla* (2002), Gabriel García Márquez (Colombia)

pintura: (Sin título), Marita Subiza (Argentina)

cine: *La lengua de las mariposas* (1999), director José Luis Cuerda (España)

poesía: «Little Rock» (1958), Nicolás Guillén (Cuba)

Nuestro proyecto en la comunidad

Hay una variedad de instituciones y programas que ayudan a los niños necesitados con su educación. También hay muchos programas e instituciones que apoyan a los adultos que necesitan clases de lengua y entrenamiento para conseguir empleo. ¿Cuáles son algunos programas de apoyo académico en tu comunidad? ¿Cuáles reciben apoyo financiero del gobierno? ¿Con qué dinero se mantienen los programas que no están subvencionados[a] por el gobierno? ¿Se necesitan voluntarios en estos programas? Si es así, haz una lista de las tareas que crees que hacen los voluntarios en estos programas e instituciones.

[a]*subsidized*

Capítulo 1

Las escuelas y las universidades

En un salón de clase en Barcelona, donde se hablan español y catalán

En este capítulo

Déjame que te cuente sobre*...

| las escuelas bilingües en España | el sistema educativo en Argentina

Taller de gramática

Para este capítulo, debes consultar las siguientes secciones del **Taller de gramática.**

- Los adjetivos determinativos
- El presente de indicativo: Los verbos que cambian de radical
- El pretérito y el imperfecto
- Para expresar *to be:* **Ser, estar** y **tener**
- Los tiempos progresivos

Problema auténtico. Maricarmen Ortiz asiste a una escuela secundaria. Es buena estudiante, pero no es la mejor de su clase, es decir, sus notas no son excelentes. Después de la escuela trabaja en un restaurante árabe. Muchas noches tiene que cuidar a sus hermanitos porque sus padres trabajan hasta tarde, y ella no tiene tiempo para estudiar. Le gustaría ir a la universidad para hacerse maestra, pero su familia no tiene dinero para pagar la matrícula, ni los libros ni otros gastos.

¡A escribir! Para el ensayo† que vas a escribir al final del capítulo:

- explora los temas y la gramática del capítulo
- lee el **Problema auténtico**
- lee las secciones de **Para pensar** en **Exploración**
- apunta en tu **Vocabulario personal** las palabras y expresiones útiles
- usa **¡A escribir!** en tu *Manual de actividades* para organizar tus ideas

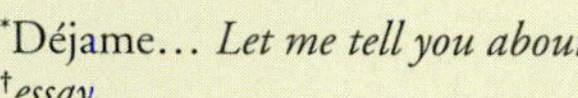

*Déjame... *Let me tell you about*
†*essay*

Vocabulario del tema*

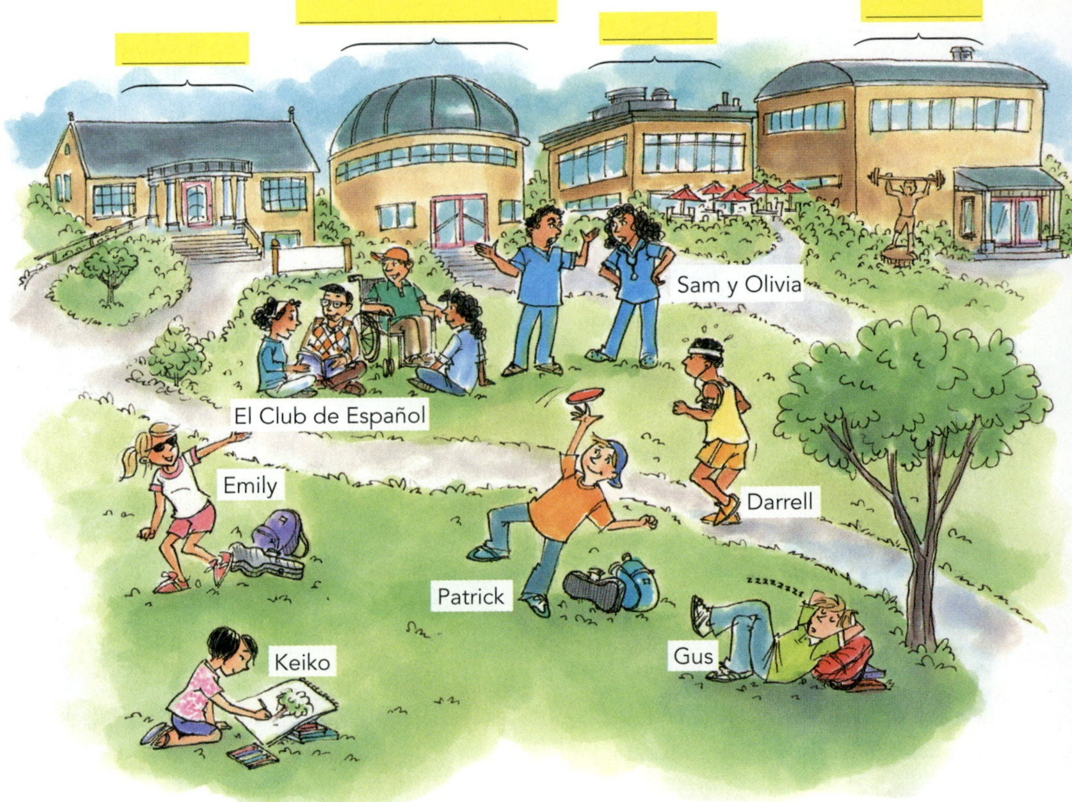

Las personas

el alumnado student body
el/la _______ (el/la estudiante) a tiempo completo/parcial full-/part-time student
el/la bachiller graduate of secondary school
el/la licenciado/a graduate (*of a university*)
el/la oyente auditor (*of a class*)
el profesorado faculty

En el *campus* y en las aulas

el aula classroom
el salón de actos assembly hall

Cognado: el auditorio

Cognados para el tema

el bilingüismo	el/la tutor(a)	educativo/a
la dedicación		obligatorio/a
el diploma	depender de	privado/a
la persistencia	obtener (*irreg.*)	público/a

*Basándote en tu experiencia con el español, ¿cuáles son las palabras que llenarían los espacios en blanco de los dibujos y de la lista?

Práctica A. ¿Qué es? En grupos de dos o tres describan y adivinen una palabra del vocabulario. Si la palabra es una cosa, describan su uso o algunas características. Si es una acción, describan la intención y/o el resultado. Una persona debe describir la palabra mientras que otra trata de adivinarla.

MODELO: Es la versión preliminar de un trabajo escrito. A veces hacemos muchos cambios antes de escribir la versión final. → el borrador

Práctica B. Nuestra universidad. En parejas, describan su universidad. ¿Cómo son las aulas? ¿Modernas? ¿viejas? ¿Tienen muchas clases en auditorios o salones de actos? ¿Es prestigioso el profesorado? ¿Es grande el alumnado?

El horario y los trámites (*procedures*)

la asignatura (class) subject; course
el año académico school year
la beca fellowship, grant, scholarship
el borrador rough draft; eraser
la conferencia lecture
el curso escolar school year
la licenciatura (bachelor's) degree
la materia (class) subject; course
el taller workshop

acudir (a) to attend, go to (*a class, meeting*)
darse (*irreg.*) **de baja** to drop (*a class*)
matricular(se) to register (*for a course*)

subvencionado/a sponsored; subsidized

Palabras de transición

Las palabras de transición son útiles para expresar y conectar sus ideas. Debes apuntar en tu **Vocabulario personal** otras palabras de transición que te guste usar.

aunque although
como since, because
es decir in other words, that is (to say)
por, por razón de due to, because of
sin embargo nevertheless
ya que since, because

Detalles lingüísticos

Hay muchas maneras de expresar **pelarse la clase.** Dos ejemplos son: **hacer** (*irreg.*) **novillos** y **tirarse la pera** (*Perú*).

La vida de los estudiantes

el carné (universitario) (university) ID
los deberes homework
la meta goal

aprobar (ue) to pass (*an exam, course*)
dominar to speak (*a language*) well; to master (*a language, subject*)
hacerse (*irreg.*) to become (*profession*)
llevar cursos to take classes
pelarse la clase to play hooky, skip class (*Sp.*)
reprobar (ue) to fail (*an exam, course*)
suspender to fail (*an exam, course*)

Detalles lingüísticos

Los cognados falsos, o los amigos falsos, son a veces problemáticos para los estudiantes, ¿verdad? Por ejemplo, ya sabes que para hablar de tu *major*, ¡no vas a usar la palabra **mayor**! ¿Te acuerdas también de que la palabra **librería** *no* quiere decir *library*? ¿Cuál es la palabra en español para *library*? ¿Ves otros cognados falsos en el **Vocabulario del tema**? Las siguientes palabras también son amigas falsas, relacionadas con el tema de la vida universitaria. Sigue el modelo para cada palabra.

MODELO: la librería → Significa *bookstore. No* significa *library*. En español, *library* se dice **la biblioteca.**

el departamento   bien educado   el colegio   la carpeta   el dormitorio

Si aprendes otros cognados falsos referentes al sistema educativo, sería buena idea apuntarlos en tu **Vocabulario personal.**

Práctica C. Sinónimos. Da sinónimos de estas palabras. Luego, usa la palabra en una oración original

acudir   aprobar   la asignatura   el aula   los deberes

MODELO: la tarjeta de identidad → el carné: No me gusta la foto de mi carné.

Práctica D. ¿Qué pasa? En parejas, describan lo que ocurre en los dibujos. Háganse y contesten preguntas sobre lo que hacen las diferentes personas y lo que está pasando en la universidad. ¿Cuántas actividades se pueden describir? Miren lo que hacen y/o llevan los estudiantes. Traten de adivinar qué cursos estudian o cuál es su especialización. Expliquen a qué profesión Uds. creen que se quieren dedicar ellos.

MODELO: Emily juega al *frisbee* con Patrick. Creo que Emily estudia música porque...

En tu *Manual de actividades*, organiza tu **Vocabulario personal** en categorías como **«la mochila»**, **«las asignaturas y los campos de especialización»** y **«la vida y las rutinas de los estudiantes universitarios».**

Déjame que te cuente sobre...

Prepárate para leer

Actividad. Reflexionar. Antes de leer esta selección sobre la educación bilingüe en España, reflexiona sobre los siguientes temas. Luego, compara tus ideas con las de un compañero / una compañera.

1. Toma un momento para recordar lo que sabes de la historia y cultura de España, para contextualizar lo que vas a leer.
2. Piensa en la educación bilingüe también. ¿Tienes experiencia directa con ella? ¿Existen programas de educación bilingüe en tu comunidad? ¿Sabes si es un tema controvertido en tu región? ¿Sabes por qué se establecen tales programas en este país? ¿Sabes si existen estos programas en este país por las mismas razones que existen en otros?
3. Ahora mira las fotos, títulos y subtítulos que acompañan la lectura. ¿Puedes predecir algo sobre el contenido de la lectura?

Vocabulario útil

el ambiente ____________

proporcionar to give; to supply, provide

autónomo/a ____________

cuyo/a whose

fuerte ____________

Busca en la lectura las palabras **ambiente, autónomo/a** y **fuerte.** Basándote en el contexto, ¿qué significan?

VP Repasa las palabras en la sección **Vocabulario del tema** al principio del capítulo y acuérdate de tu **Vocabulario personal** al final del capítulo o en el *Manual de actividades.*

¿R? **Cuyo/a**

¿Recuerdas cuándo y cómo se usa **cuyo/a**? **(Taller de gramática IV. F. 5.)** En las preguntas, no uses **¿cuyo?** para *whose?* Debes usar **¿de quién?**

¿**De quién** es esta carpeta? *Whose folder is this?*

gramática

Tg Los adjetivos determinativos (Taller de gramática V. B.)

Los adjetivos determinativos —números, adjetivos posesivos y demostrativos— se colocan *antes* del sustantivo, y como cualquier adjetivo, tienen que concordar con el sustantivo que modifican. Los artículos definidos e indefinidos también se colocan antes del sustantivo y concuerdan con él.

El sistema educativo de **nuestra** provincia no recibe suficiente dinero.

Los alumnos de **esta** escuela toman **varios** exámenes de ingreso antes de matricularse.

Buscamos **otro** maestro para **esa** clase porque **la** Sra. Huerta va a tomar **una** excedencia (*leave of absence*) por **tres** meses.

las escuelas bilingües en España

¡A leer!

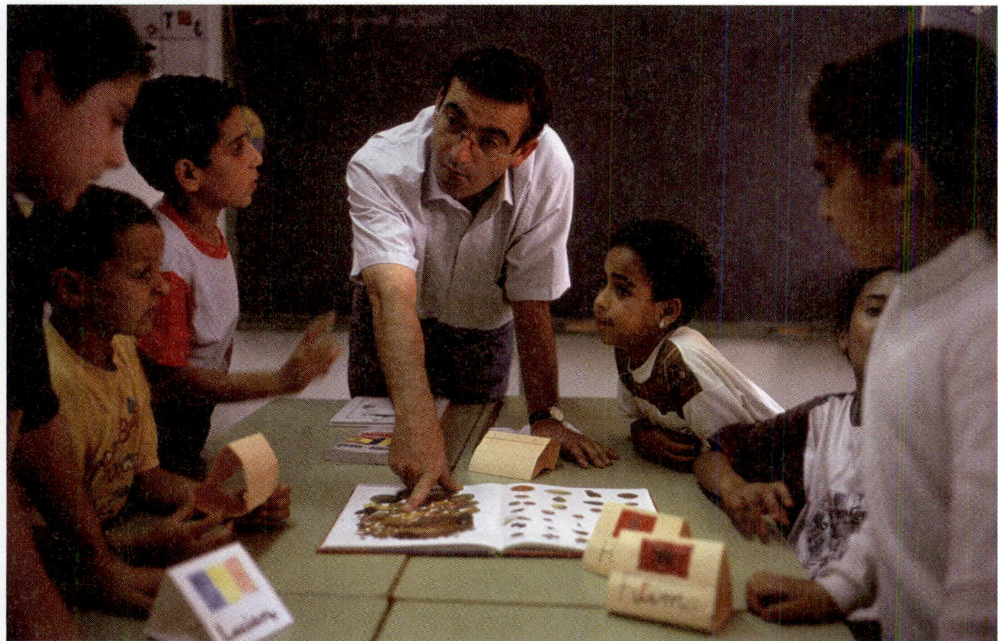

Un profesor de colegio que les enseña español a los hijos de inmigrantes en Andalucía, España

Lee la selección entera sin buscar palabras en el diccionario. Luego, completa la **Actividad A** de **Comprensión y expresión** (pág. 9) y vuelve a leer la lectura.

Cuando pensamos en las escuelas bilingües, lo primero que nos viene a la mente son las escuelas que ofrecen una educación en español y en inglés. Aunque es así en Estados Unidos, es importante recordar que las escuelas bilingües tienen una larga historia en muchos países de habla hispana[a] también. Esto no es sólo por la inmigración reciente sino también por hechos[b] históricos. Desde tiempos del Imperio Romano se desarrollaron en la Península Ibérica diferentes lenguas romances junto con el castellano y el portugués. En Latinoamérica y en África, existían centenares[c] de idiomas antes de la llegada de los europeos. Muchos de estos idiomas —entre ellos el quiché, el quechua, el aymará, el guaraní— todavía se hablan.

[a]de… *Spanish-speaking* [b]*facts* [c]*hundreds*

¿R? Contracciones en español

Recuerda las dos contracciones en español. Sólo ocurren con el artículo definido masculino singular (**el**).

de + el = del **a + el = al**

Práctica. Declaraciones. Primero, da la forma correcta de las palabras entre paréntesis. Luego, completa cada oración con información personal.

MODELO: _____ (**Mi**) profesores _____ (**este**) semestre son _____. → *Mis* profesores *este* semestre son *difíciles pero interesantes*.

1. _____ (**Este**) semestre llevo _____ (¿ ?) clases. _____ (**Mi**) clases favoritas son _____.
2. _____ (**Mi**) _____ (**primero**) clase es _____ _____ (**el**) lunes. Es _____ (**uno**) curso muy _____.
3. El jueves _____ (**mi**) amigos y yo tenemos _____ (**uno**) plan para _____.
4. _____ (**Alguno**) día viajaré a _____ (**otro**) países, como _____.
5. _____ (**El**) especialidades preferidas de _____ (**el**) estudiantes de _____ (**este**) universidad son _____.
6. _____ (**Nuestro**) universidad tiene _____ (**mucho/poco**) estudiantes de _____.

Detalles lingüísticos

En inglés se usa el término *pie chart* para los gráficos que demuestran los porcentajes de forma visual. El equivalente de *pie chart* entre algunos hispanohablantes es **queso.** Es así porque en el mundo hispano es común que los quesos vengan en forma redonda y se sirvan cortando triángulos o *wedges.*

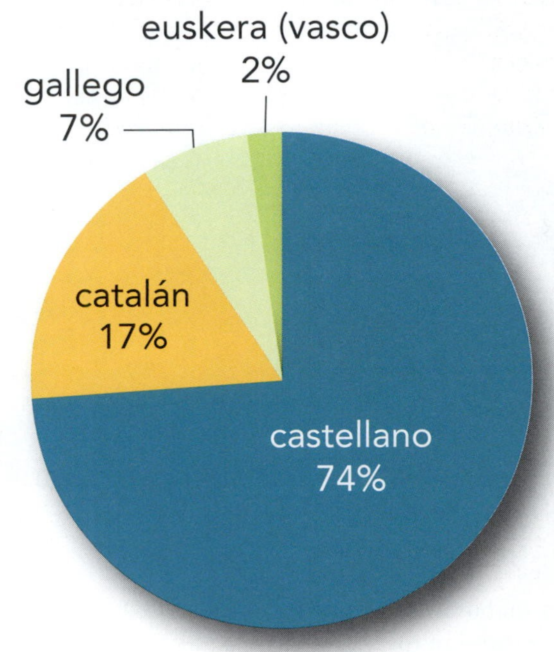

Como la lengua es un aspecto tan saliente[d] de la identidad cultural, el bilingüismo y la educación bilingüe tienen fuertes resonancias[e] psicológicas, sociales y políticas. En España, por ejemplo, se ofrece la educación bilingüe en las comunidades autónomas del país. Estas comunidades son Galicia, el País Vasco, Cataluña, la Comunidad Valenciana y las Islas Baleares. En estas comunidades los alumnos reciben sus clases en español y en la lengua de la comunidad. Por ejemplo, en Galicia los estudiantes que acuden a las escuelas bilingües aprenden las materias en castellano y en gallego. En el País Vasco los estudiantes completan

[d]importante [e]*repercussions*

gramática

Tg El presente de indicativo: Los verbos que cambian de radical (Taller de gramática II. A.)

Repasa las formas del presente de indicativo en el **Taller de gramática.** Entre los verbos irregulares hay un grupo de verbos que se usa mucho y que cambian de radical o raíz. ¿Puedes completar los siguientes paradigmas?

PREFERIR		REPETIR		DORMIR	
prefiero	________	________	repetimos	________	dormimos
________	preferís	repites	________	________	dormís
________	prefieren	________	repiten	________	________

su educación en euskera y en castellano. En la comunidad de Cataluña, cuya capital es Barcelona, la mayoría de los estudiantes está matriculada en escuelas bilingües. Así pueden dominar el catalán igual o mejor que el español. En esta comunidad el catalán se usa más en la vida diaria que el español. El catalán tiene dos dialectos importantes: el valenciano que se habla en la Comunidad Valenciana y el mallorquín que se habla en las Islas Baleares. En la Comunidad Valenciana, los estudiantes tienen la opción de tomar todas sus clases en valenciano y castellano, o sólo en castellano. De modo similar, en las Islas Baleares las clases se ofrecen en mallorquín y en castellano.

Estas escuelas bilingües les proporcionan[f] a los estudiantes una educación básica obligatoria y una oportunidad de aprender a hablar, escribir, leer e incluso[g] pensar en una segunda lengua. Un aspecto muy positivo de estas escuelas es que son públicas. Muchos padres matriculan a sus hijos en escuelas bilingües porque la matrícula no es cara y porque sus hijos crecen[h] en un ambiente bilingüe. La mayoría de estas escuelas divide el currículo en dos lenguas. Los niños pueden aprender materias como ciencias, matemáticas y arte en la lengua de la comunidad y el resto de sus asignaturas en español, la lengua común del país. Estas escuelas también ofrecen una lengua extranjera obligatoria, que en la mayoría de los casos es el inglés.

[f]dan [g]*even including* [h]*grow up*

Comprensión y expresión

A. Léxico. Sin usar el diccionario, escoge la palabra más apropiada para cada frase.

1. En esta escuela (**los alumnos/ las asignaturas**) toman las clases en español e inglés.
2. Los chicos pasan todo el día en un (**ambiente/hecho**) bilingüe y bicultural.
3. Cuando se gradúan, los jóvenes (**crecen /dominan**) las dos lenguas.
4. Es (**autónomo /obligatorio**) estudiar matemáticas, ciencias y todas las materias fundamentales, por supuesto.
5. Los padres creen que la escuela les (**matricula /proporciona**) una buena educación a sus hijos.

 **B. Preguntas.** En parejas, háganse y contesten las siguientes preguntas.

1. ¿En cuántas comunidades autónomas españolas se ofrece la educación bilingüe?
2. ¿Son caras las escuelas bilingües en comparación con otras escuelas?
3. ¿Cómo se llama la lengua del País Vasco? ¿En qué sentido es especial o distinta?
4. Generalmente, ¿cómo funciona la educación bilingüe?
5. ¿Por qué prefieren muchos padres españoles que sus hijos asistan a una escuela bilingüe?

gramática

Práctica. Preguntas. Primero, completa las preguntas con el presente de indicativo del verbo entre paréntesis. Luego, contéstalas.

MODELO: ¿Qué _____ (**pensar**) tú de la educación bilingüe? → *piensas;* Pienso que es importante porque...

1. ¿Cómo __________ (**poder**) la educación bilingüe ayudar a una persona a ser médico/a?
2. En tu universidad, ¿los estudiantes __________ (**tener**) que estudiar una lengua extranjera? ¿Cuál __________ (*ellos:* **soler**) estudiar?
3. Después de tomar español por varios semestres, ¿__________ (*tú:* **soñar**) a veces en esta lengua?
4. Algunas personas creen que no __________ (**poder**) aprender lenguas extranjeras. ¿Qué te parece esa idea? En tu opinión, ¿por qué __________ (**decir**) esto?
5. Cuando hablas español con un hispano, ¿__________ (**entender**) todo fácilmente, o le __________ (**pedir**) que te __________ (*subj.:* **repetir**) algunas cosas?

Detalles lingüísticos

España tiene cuatro lenguas oficiales: el castellano (o español), el catalán (cuyas variedades son el valenciano y el mallorquín), el gallego y el euskera (o vasco). El castellano es la lengua oficial en todo el país; las demás son oficiales en su respectiva región.

IDIOMA	REGIÓN	EXPRESIONES COMUNES			
Castellano	Todo el país	Buenos días.	Mucho gusto.	Me llamo ___.	¿Cómo te llamas?
Catalán	Cataluña Comunidad Valenciana Islas Baleares	Bon dia.	Molt de gust.	Em diuen ___.	Com et diuen?
Gallego	Galicia	Bo día.	Moito gosto.	Chámome ___.	Como te chamas?
Euskera	País Vasco	Egunon.	Pozten naiz zu ezagutzeaz.	Ni ___ naiz.	Nor zara?

El castellano, el gallego y el catalán tienen mucho en común. Pero el euskera es completamente diferente porque es una lengua única que no tiene relación con ningún otro idioma conocido.

VP Acuérdate de consultar la lista de tu **Vocabulario personal** al final del capítulo o en el *Manual de actividades.*

¡En acción!

A. ¿Qué piensan Uds.? En grupos de dos o tres, comenten lo siguiente.

1. Hablen del impacto de la historia de España en la educación bilingüe del país.
2. Hagan una lista de las ventajas de la educación bilingüe para los jóvenes españoles. ¿Creen Uds. que esas ventajas se aplican a la educación bilingüe en Estados Unidos o Canadá? ¿Qué diferencias observan?
3. ¿Creen que la educación bilingüe presenta alguna desventaja para los alumnos españoles? Expliquen.
4. ¿Creen que la educación bilingüe debería ser una opción en la comunidad donde viven Uds.? Expliquen.
5. Imagínense que Uds. van a organizar una escuela bilingüe en su comunidad. Describan su objetivo, los cursos y las lenguas en las que se darán las clases.
6. Imagínense una situación en la cual sería necesaria una educación trilingüe. ¿Cómo sería esa situación?

Detalles culturales

España tomó su forma moderna a finales del siglo[a] XV, con el matrimonio de Fernando de Aragón e Isabel de Castilla. Este matrimonio unió los reinos,[b] consolidando y centralizando su poder militar y político. España se ha evolucionado y hoy en día es un país de diecisiete comunidades autónomas divididas en cincuenta provincias. Las comunidades se formaron tomando en consideración las nacionalidades históricas del país. La comunidad de Cataluña, la Comunidad Valenciana, el País Vasco y Galicia rápidamente afirmaron su propia identidad cultural. Durante la dictadura de Franco (1939–1975), se rechazaron los movimientos de independencia, bilingüismo y biculturalismo, especialmente en las comunidades nombradas anteriormente. Ahora la autonomía regional y el bilingüismo están garantizados por la Constitución nacional.

[a]*century* [b]*kingdoms*

B. Los programas de enriquecimiento

PASO 1. En muchas instituciones, cuando hay recortes (*cuts*) en el presupuesto (*budget*) designado a la educación, las asignaturas que sufren son precisamente las que no sólo enriquecen la educación de los niños, sino también las que la estimulan. En parejas, comparen las escuelas a las que asistieron Uds. ¿Qué clases o programas extracurriculares se ofrecían? ¿Cómo fueron sus experiencias?

PASO 2. Los educadores reconocen una variedad de estilos de aprendizaje y procesamiento de la información, lo cual implica diferentes tipos de aprendices (estudiantes). Cuatro de estos son el aprendiz visual (texto), el aprendiz visual (gráfico), el aprendiz auditivo y el aprendiz cenestésico (de movimiento). Miren la lista de los cuatro tipos básicos de estudiantes e identifiquen su propio estilo de aprendizaje. Expliquen sus selecciones.

- ☐ visual (texto)
- ☐ visual (gráfico)
- ☐ auditivo
- ☐ cenestésico (de movimiento)

PASO 3. Ahora, hablen de las clases extracurriculares que toman o de los deportes que practican. ¿Los/Las ayudan a integrar otra información? ¿Coinciden sus preferencias con el tipo de aprendiz que son?

Investigación y presentación: El multilingüismo

España no es el único país hispano que tiene más de una lengua oficial. Bolivia, Perú y Paraguay también tienen más de un idioma oficial. El país africano de Guinea Ecuatorial tiene dos lenguas oficiales, una de las cuales es el español. La otra es el francés.

PASO 1. Investigar. Divídanse en cuatro equipos. Cada equipo va a escoger uno de los siguientes países: Guinea Ecuatorial, Bolivia, Perú o Paraguay. (Vean los mapas del mundo hispano al principio de este libro.) Después, cada equipo va a averiguar cuáles son las lenguas oficiales del país que escogió. Cada equipo se dividirá en grupos de dos o tres para investigar diferentes aspectos de la lengua. Usen las siguientes preguntas para investigar.

- Averigüen cómo las lenguas del país que escogieron obtuvieron el estatus de lengua oficial. ¿Por qué son oficiales algunas lenguas y no todas las que se hablan en el país?
- ¿Se ofrece la educación bilingüe o sólo existe la educación monolingüe?
- ¿Qué rasgos culturales se asocian con las diferentes lenguas? ¿Qué costumbres especiales tiene la gente que habla cada lengua?
- ¿Existen divisiones políticas o económicas entre los grupos lingüísticos? ¿Tienen todos acceso igual a los recursos importantes como la alimentación y la salud? ¿Es objeto de discriminación alguno de estos grupos lingüísticos?

PASO 2. Reflexionar. Cada grupo debe compartir con los miembros de su equipo lo que ha aprendido del país. ¿Qué les parece a Uds. la idea de vivir en un país multilingüe? ¿Creen que la gente se beneficia de tal situación? ¿Tienen problemas particulares los países multilingües? De acuerdo con los comentarios, hagan una lista de las ventajas y desventajas del multilingüismo en estos países.

PASO 3. Representar. Ahora compartan la información como clase. Cada equipo debe preparar un resumen de su investigación con apoyo visual.

Exploración | *La educación académica*

Usa esta cajita para dibujar una imagen o escribir algunas palabras que representen para ti la esencia de esta breve lectura.

Prepárate para leer

Actividad. La educación académica. En 2002 se publicó la autobiografía de Gabriel García Márquez, *Vivir para contarla.* En este libro largo y fascinante, puedes ver el origen de muchos de los personajes e historias que constituyen el universo literario creado por García Márquez. Lee el siguiente fragmento en que el autor cuenta cómo de joven no respetaba las instituciones académicas.

Los tiempos perfectos
(Taller de gramática I. B.)

En esta lectura hay cinco ejemplos de tiempos perfectos.

había + -ado/-ido = *had + -ed*
habría + -ado/-ido = *would have + -ed*

El primer ejemplo es **había desertado.** El verbo **desertar** es un cognado. ¿Qué significa esta frase? ¿Puedes identificar y explicar lo que significan los otros ejemplos de tiempos perfectos en esta lectura?

Vocabulario útil

Completa las definiciones basándote en las pistas contextuales.

la ilusión hope, dream

la locura ________

colgar (ue) (gu) ______

fundar ______________

temerario/a reckless

Gabriel García Márquez (1928–), novelista y periodista colombiano, ganó el Premio Nóbel de Literatura en 1982. Su obra más famosa y una de las obras maestras de la literatura mundial es *Cien años de soledad* (1967).

gramática

El pretérito y el imperfecto (Taller de gramática III. B.)

Esta selección es una narración sobre eventos en el pasado. Los dos tiempos verbales principales para narrar en el pasado son el pretérito y el imperfecto.

Los tres usos del pretérito en este pasaje son especiales. Los verbos de obligación o esfuerzo expresados en el pretérito reciben un significado enfático. Pon atención a las siguientes expresiones.

tuve que = debía hacerlo y **sí** lo hice
no fui capaz = **intenté, traté de** hacerlo pero no logré hacerlo
no pudo = **intentó, trató de** hacerlo pero no logró hacerlo

¡A leer!

Había desertado de la universidad el año anterior, con la ilusión temeraria de vivir del periodismo[a] y la literatura sin necesidad de aprenderlos, animado[b] por una frase que creo haber leído en Bernard Shaw: «Desde muy niño tuve que interrumpir mi educación para ir a la escuela». No fui capaz[c] de discutirlo con nadie, porque sentía, sin poder explicarlo, que mis razones sólo podían ser válidas para mí mismo.

Tratar de convencer a mis padres de semejante[d] locura cuando habían fundado en mí tantas esperanzas y habían gastado tantos dineros que no tenían, era tiempo perdido. Sobre todo a mi padre, que me habría perdonado lo que fuera,[e] menos que no colgara[f] en la pared cualquier diploma académico que él no pudo tener.

[a]*journalism* [b]*encouraged* [c]No… *I wasn't able* [d]*such* [e]me… *he would have forgiven me anything* [f]menos… *except me not hanging*

Comprensión y expresión

A. Preguntas. Contesta las siguientes preguntas.

1. ¿Por qué dejó la universidad el joven García Márquez?
2. ¿Por qué era temeraria su ilusión?
3. ¿Qué consideraba García Márquez que era «tiempo perdido»?
4. ¿Por qué le parecía tan difícil hablar del tema con sus padres?
5. **Anticipación:** Basándote en el pasaje que acabas de leer, ¿cómo crees que reaccionaba el padre de García Márquez cuando uno de sus hijos lo desobedecía? Apunta tus ideas. Guarda tus apuntes para poder consultarlos después de leer el próximo fragmento de *Vivir para contarla.*

B. Ilusiones temerarias. En parejas, contesten las siguientes preguntas.

1. ¿En qué otras ideas disparatadas (*absurd*) típicas de los jóvenes pueden pensar Uds.?
2. ¿Qué ilusiones temerarias tenían Uds. cuando eran estudiantes de secundaria?
3. ¿Y qué ilusiones tienen ahora que a sus padres o amigos les parecen absurdas? ¿Tienen ganas a veces de desertar de los estudios para poder realizar algo que a sus padres les parece tiempo perdido?
4. Cuando eran más jóvenes, ¿podían hablar de sus ideas con sus padres? ¿Y ahora? Expliquen.

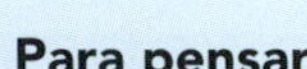

Para pensar

En algunas circunstancias, ¿podría ser buena idea abandonar la universidad? ¿En qué casos? ¿Cuál sería una de las malas razones por las cuales desertar de los estudios? En cambio, a veces asistir a la universidad y no abandonarla podría verse como una ilusión temeraria, ¿no? Comenta esta idea.

Práctica. Preguntas. En parejas, háganse y contesten las siguientes preguntas.

1. ¿Asistías a tus clases todos los días o te pelabas las clases con frecuencia?
2. ¿Qué carrera pensabas estudiar cuando eras más joven?
3. Cuando querías hacer algo disparatado o un poco fuera de lo común, ¿eras capaz de convencer a tus padres de que te dejaran hacerlo?
4. ¿Eras buen(a) estudiante en la escuela? ¿Sacaste buenas notas en la escuela secundaria?
5. ¿Estudiaron tus padres en la universidad? ¿Obtuvieron sus padres un diploma?

Comparaciones

Charlemos un rato

¿Eres bilingüe? ¿Qué experiencias tienes con las lenguas?

PASO 1. En grupos de dos o tres, comparen sus respuestas a las siguientes preguntas. Luego, en la pizarra, hagan una cuenta (*tally*) de las experiencias de todos los estudiantes de la clase con los idiomas extranjeros antes de entrar en la universidad. En general, ¿cuánta experiencia tiene la clase con el aprendizaje de idiomas extranjeros?

1 = ningún idioma extranjero
2 = un curso de un idioma extranjero
3 = más de un año de idioma(s) extranjero(s)
4 = idiomas obligatorios en una escuela bilingüe
5 = bilingüe debido a la familia

1. ¿Qué experiencia tienen Uds. con el bilingüismo o el aprendizaje de idiomas extranjeros?
2. ¿Asistieron a escuelas bilingües? ¿Tomaron clases de lenguas extranjeras en la escuela o el colegio?
3. ¿Tenían ganas de aprender otros idiomas? ¿Cuáles?

Vocabulario útil

digamos *pausing strategy (similar to English "ya know?")*

Uds. juzgarán you'll be the judge

castigados punished

este *pausing strategy (similar to English "um")*

PASO 2. En el vídeo vas a escuchar a Úrsula, Juan y Ana hablar de su experiencia con el bilingüismo. Antes de ver las entrevistas, repasa el **Vocabulario útil** y lee las oraciones a continuación. Luego, vas a completarlas según lo que dicen los entrevistados.

1. Úrsula estudió en una escuela de monjas de __________. Su escuela era bastante __________.
2. Juan ha vivido toda su vida en medio de un problema ________. Siempre tuvo que ir __________. Aprendió español en ________.
3. Los abuelos de Ana hablaban de regalos y ______ en español, por eso ella tenía muchas _____ de aprenderlo. En la universidad tomó español para hablantes de ______.

Úrsula van Oordt (Perú): «Las escuelas, eh, bilingües en su mayoría, son privadas. Las, las escuelas públicas no tienen casi inglés.»

Juan Buxo (España): « …toda mi vida he tenido que ir aprendiendo idiomas.»

Ana Nogar (Estados Unidos): « …mis abuelos hablaban español en casa, entre ellos,… Por eso, que yo quería ha… hablar o aprender español, mucho.»

PASO 3. Ahora, contesta las siguientes preguntas.

1. Úrsula menciona los programas de inmersión. ¿Qué sabes de estos programas? ¿Dónde los ofrecen? ¿Crees que la experiencia de Úrsula en las escuelas bilingües le sirvió como aprendizaje de inmersión?

2. Juan no aprendió español en casa. Como vivía en Barcelona, ¿qué idioma hablaban en su casa? ¿Cuántos y qué idiomas crees que Juan habla ahora? ¿Qué ventajas crees que tiene él por ser políglota?
3. Ana menciona que sus abuelos fueron castigados por hablar español en la escuela. ¿Sabes algo de este tipo de actitud en las escuelas? ¿Todavía existe? ¿Qué opinas de esa actitud?
4. ¿Qué diferencias notas entre tus compañeros y los entrevistados? ¿Y entre los entrevistados?

Dichos

En todas las lenguas y culturas hay muchos refranes que se refieren a la educación y a la sabiduría. ¿Puedes explicar el significado de los siguientes refranes? ¿Hay refranes similares en inglés? ¿Cuáles son? En grupos de dos o tres, apunten algunos refranes populares asociados con la educación y la sabiduría. Si quieren, pueden buscar otros refranes en español en el Internet.

Dichos

- Al buen callado le llaman sabio. / El más cuerdo, más callado.
- Mucho dinero y poca educación es la peor combinación.
- Sabe más el perro por viejo que por perro. / El diablo sabe más por viejo que por diablo.

Costumbres y buenos modales

Para celebrar la graduación

En España los estudiantes de secundaria preparan un viaje de una semana o diez días a un lugar interesante. Un comité de estudiantes se encarga de reservar los boletos, el hotel y de pedirle a algún profesor que los acompañe. Muchos de ellos son menores de edad y no pueden viajar sin supervisión. En México, en cambio, este viaje de fin de curso no es común. Los estudiantes de secundaria pasan algún tiempo juntos y se despiden durante un fin de semana en una playa o en una casa de campo. El costo de este viaje es más bajo, mientras que en España los estudiantes empiezan a ahorrar un año antes para poder pagar el viaje de fin de curso a las Islas Canarias, Roma, París o, en algunos casos, Cuba.

«Buenos días, profesor. ¿Cómo estás?»

¿Cuándo y dónde usamos **tú** o **Ud.** para referirnos a los maestros y profesores?

- En las escuelas y universidades públicas de España, a las que acude la mayoría de los españoles, es muy usual dirigirse a los profesores usando la forma **tú**, especialmente si no son personas mayores. También es común llamar o referirse a los profesores por su nombre, por ejemplo Julia, Mario o Alberto. Sin embargo, en las instituciones católicas de España, es más común usar **Ud.** y se les enseña a los niños desde muy jovencitos a usar esta forma de respeto con los maestros.
- En México siempre se trata a los profesores de **Ud.**, a menos que el profesor o la profesora sea muy joven y esté dando clases en una universidad de clase socioeconómica muy alta. Curiosamente, mientras que los jóvenes adinerados suelen tratar de **tú** a los profesores jóvenes, en las universidades privadas de clase alta, los estudiantes becados no suelen hacerlo. Para ellos, es muy importante mostrarle al profesor todo su respeto.

Actividad. Preguntas. Contesta las siguientes preguntas.

1. ¿Cómo se muestra el respeto o la familiaridad a los profesores en tu país?
2. ¿Cuáles son algunas de las palabras o expresiones que nunca usas con los profesores?
3. ¿Tratas con más familiaridad a algunos profesores que a otros? ¿Por qué?

Déjame que te cuente sobre...

Vocabulario útil

Busca en la lectura las palabras **ritmo** y **durar.** Basándote en el contexto, ¿qué significan?

el ritmo _____

la vertiente aspect

concienciarse (de) to become aware (of)

constar de to be made up of

durar _____

recalcar to stress

VP Repasa las palabras en la sección **Vocabulario del tema** al principio del capítulo y acuérdate de tu **Vocabulario personal** al final del capítulo o en el *Manual de actividades*.

Prepárate para leer

A. Personalización y anticipación

1. Toma un momento para recordar lo que sepas de la historia y cultura de Argentina, para darle un contexto a lo que vas a leer.
2. Piensa en la educación también. ¿Cómo es el sistema educativo en tu estado o comunidad? ¿Fueron todos tus amigos a la universidad? ¿Asististe a una escuela pública o privada cuando eras niño/a? ¿Qué experiencia tienes con respecto a las escuelas religiosas? ¿Crees que el sistema educativo de tu país debería mejorarse?
3. Ahora mira las fotos, títulos y otro material que acompaña al texto. ¿Puedes predecir su contenido?

B. Los años de estudio. En una hoja de papel aparte dibuja una línea cronológica (*timeline*) que compare los años de estudio en Argentina con los de las escuelas de tu comunidad. Basándote en el siguiente gráfico como modelo, completa la parte sobre tu sistema escolar. Luego, mientras lees la lectura, completa la parte sobre el sistema escolar de Argentina.

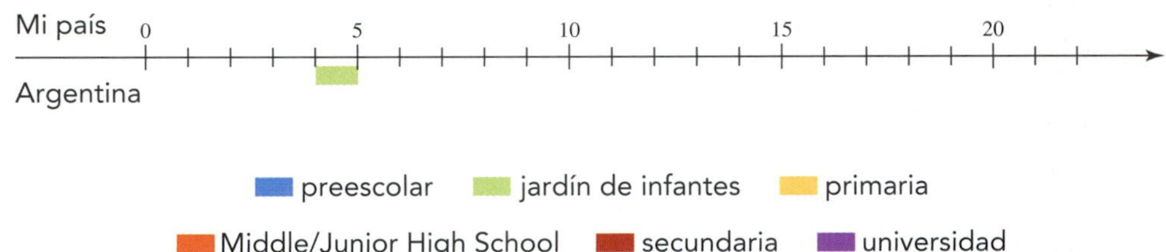

¿R? Para expresar obligación

Recuerda que hay varias maneras de expresar obligación en español.

IMPERSONAL	PERSONAL
hay que + *inf.*	**tener que** + *inf.*
es necesario + *inf.*	**deber** + *inf.*

Hay tres declaraciones de obligación en esta lectura. ¿Puedes identificarlas?

Detalles culturales

La Universidad Nacional de Córdoba, en Argentina, es una de las universidades más respetadas del continente. También es una de las más antiguas, ya que se fundó en el año 1613. Entre los muchos cursos de estudios que ofrece, hay un gran número de especializaciones médicas.

gramática

Tg Para expresar *to be: ser, estar* y *tener*

(Taller de gramática III. A., VII. A.)

En español, los dos verbos principales para expresar *to be* son **ser** y **estar.**

SER	ESTAR
rasgos, características	estados o condiciones
la hora, la fecha	la ubicación (*location*)

Otro verbo importante para expresar *to be* en las expresiones idiomáticas que describen condiciones y emociones es **tener,** por ejemplo, **tener hambre, tener calor, tener miedo,** etcétera. Busca los verbos **ser, estar** y **tener** en la lectura. ¿Puedes identificar los usos?

el sistema educativo en Argentina

¡A leer!

En la siguiente lectura, Mariano Markman explica el sistema educativo en Argentina. Lee la selección entera sin buscar palabras en el diccionario. Luego, completa la **Actividad A** de **Comprensión y expresión** (pág. 19) y vuelve a leer la lectura.

Unos estudiantes porteños (de Buenos Aires) de secundaria que se preparan para entrar en la universidad.

¡Cada país es un mundo diferente! El sistema educativo varía de país a país. La terminología usada en este campo también varía incluso en países vecinos. Para algunos estudiantes internacionales es difícil entender bien las diferentes vertientes del sistema y la terminología que lo acompaña. Vamos a trazar[a] un esquema a grandes rasgos[b] del sistema educativo de un país sudamericano, con la ayuda de Mariano Markman, un argentino que ha estudiado y trabajado en Estados Unidos.

[a]*outline* [b]a... *in broad terms*

Práctica. ¿Cierto o falso? Primero indica el verbo correcto para completar la primera oración. Luego, señala si el comentario es cierto o falso para ti. Finalmente, completa la idea con más información.

	C	F
1. Este semestre todas mis clases (**son / están / tienen**) difíciles. Mis clases también _____. Mi clase favorita _____.	☐	☐
2. Hoy (**soy / estoy / tengo**) muy bien. Yo también _____.	☐	☐
3. Mis amigos (**son / están / tienen**) divertidos. Mis amigos también _____.	☐	☐
4. (**Soy / Estoy / Tengo**) mucho sueño en este momento. También me siento _____.	☐	☐
5. Antes de un examen de español, yo siempre (**soy / estoy / tengo**) nervioso/a. También _____.	☐	☐

gramática

Detalles lingüísticos

En Argentina no se usa mucho el **tú.** Se prefiere el **vos**. Sus formas verbales se entienden fácilmente, ya que no son tan diferentes de las del **tú** o del **vosotros.**

vos	**tú**	**vosotros**
estudi**ás**	estudi**as**	estudi**áis**
sab**és**	sab**es**	sab**éis**
escrib**ís**	escrib**es**	escrib**ís**
pens**ás**	pien**sas**	pens**áis**

«Hola a todos, soy argentino y en mi país *empezás* en el jardín de infantes[c] que no es obligatorio pero la mayoría lo hace. *Entrás* a los 4 años y te *quedás* en el jardín de infantes hasta los 5. Cuando ya *tenés* 6 añitos *entrás* en la escuela primaria que es obligatoria. La escuela primaria tiene siete niveles o grados y *acabás*[d] la escuela primaria a los 12 años.»

A los 13 años los estudiantes entran en la escuela secundaria. Aunque tradicionalmente no ha sido obligatoria, el ministerio de educación en Argentina está tratando de hacer que la escuela secundaria sea un segmento de la educación obligatoria. La educación secundaria dura cinco años. A partir del[e] tercer año, el estudiante tiene que elegir una especialización que se basa en las ciencias económicas, en las ciencias humanas y sociales o en campos técnicos como la ingeniería, la arquitectura o la tecnología. La selección que se hace entre estas diferentes carreras o modos explica por qué a esta etapa educativa frecuentemente se le llama «polimodal»

Cuando el estudiante termina la escuela secundaria debe aprobar el Ciclo[f] Básico Común. Este ciclo, que suele durar un año, consta de seis materias que preparan al estudiante para ingresar en la universidad. Tras[g] pasarlo, el estudiante está listo para entrar en la universidad. La etapa universitaria no es obligatoria, pero cada vez más, los argentinos están concienciándose de la importancia de una educación universitaria para poder conseguir un buen trabajo. Los estudios universitarios normalmente duran entre cinco y siete años, dependiendo de la carrera y del ritmo que decida llevar el estudiante.

Muchos estudiantes universitarios trabajan mientras estudian. Por eso completar la carrera puede tomarles[h] unos semestres más de lo planeado. Los estudiantes de ingeniería o medicina tratan de no trabajar mientras están en la universidad ya que sus carreras de por sí[i] son largas y requieren mucho esfuerzo[j] y dedicación. Es importante recalcar que la educación argentina es totalmente gratis.[k] Ni siquiera[l] hay que pagar una pequeña matrícula como se paga en otros países latinoamericanos y en España. En Argentina el gobierno paga por los estudios, a menos que uno quiera completar sus estudios en una institución privada, que también existen y son muy populares, especialmente entre los estudiantes de clases socioeconómicas más altas.

[c]jardín… *preschool* [d]*you finish* [e]A… *Starting in the* [f]*Series* [g]*After* [h]*take them* [i]de… *in and of themselves* [j]*effort* [k]*free* [l]Ni… *Not even*

Detalles culturales

Suele decirse que la licenciatura es más o menos igual al *master's degree* de Estados Unidos, ya que los estudiantes latinoamericanos se especializan desde mucho más temprano en su carrera. Sin embargo para convalidar[a] este título cuando los estudiantes latinoamericanos estudian en el extranjero, la licenciatura se considera un *BA* o *undergraduate studies*.

[a]*validate*

gramática

Tg Los tiempos progresivos

(Taller de gramática I. C.)

Estar se usa para formar los tiempos progresivos: **estar** + *gerundio* = *to be* + *-ing*. El uso en español es limitado: expresa la acción en un momento específico. En el siguiente ejemplo, ¿por qué *no* están en el progresivo los primeros dos verbos pero el tercero sí?

Este año los niños **estudian**[1] la geografía mundial. Mañana **van a escribir**[2] un ensayo. Ahora, los niños **están tomando**[3] una prueba sobre la geografía.

This year the children are studying world geography. Tomorrow they are writing an essay. Now the children are taking a quiz on geography.

El uso del tiempo progresivo en términos más generales (no de un momento específico) implica un cambio. Esta oración sugiere un cambio reciente.

Mis hijos **están asistiendo** a una escuela Montessori. (Ahora sí, antes no.)
My children are attending a Montessori school.

Comprensión y expresión

A. Léxico. Completa las siguientes oraciones con palabras de la lista.

a. constar de
b. concienciarse de
c. grandes rasgos
d. obligatorio
e. recalcar
f. ritmo
g. variar
h. vertientes

1. Se puede decir que un sistema complejo tiene muchas ____.
2. Algo que va rápido y no se detiene, funciona a un ____ acelerado.
3. ____ algo es discernir o llegar al entendimiento de algo.
4. ____ es llamarle la atención a algo o repetir para que sea comprendido.
5. Cambiar o no ser siempre igual es ____.
6. ____ significa estar compuesto de.
7. El Ciclo Básico es ____ para los estudiantes argentinos que quieren entrar en la universidad.
8. Para presentar un país, el profesor empieza por trazar un esquema a ____ de su historia.

B. ¿Cierto o falso? Corrige las oraciones falsas.

MODELO: El jardín de infantes es obligatorio en Argentina. →
F: El jardín de infantes no es obligatorio en Argentina, pero la mayoría de los niños argentinos asiste a uno.

		C	F
1.	Los sistemas educativos son muy similares en toda América.	☐	☐
2.	Los niños argentinos van al jardín de infantes cuando tienen 5 años.	☐	☐
3.	En Argentina, el ministro de educación quiere que la escuela secundaria sea obligatoria.	☐	☐
4.	El Ciclo Básico Común es como la *high school* de Estados Unidos.	☐	☐
5.	Casi todos los estudiantes argentinos trabajan.	☐	☐
6.	En Argentina la educación universitaria es gratuita y obligatoria.	☐	☐

C. Preguntas. Contesta las siguientes preguntas.

1. ¿Qué es el jardín de infantes?
2. ¿Cuántos años pasan los niños argentinos en la escuela primaria?
3. ¿Cómo es la escuela secundaria en Argentina?
4. ¿Qué es el Ciclo Básico Común?
5. ¿Por qué pasan los estudiantes argentinos de cinco a siete años en la universidad?

Práctica. Una clase terrible. Completa las siguientes oraciones con el presente progresivo. Luego di qué debe hacer la maestra.

1. ¡Qué desastre! Los chicos ____________ (**dormir**) en la clase. La maestra debe ____.
2. Estos niños ____________ (**leer**) tiras cómicas en vez de su libro. La maestra debe ____.
3. Un niño ____________ (**llorar**). La maestra debe ____.
4. Una niña ____________ (**escribir**) unos correos electrónicos ahora. La maestra debe ____.
5. Tres chicos ____________ (**jugar**) a las cartas. La maestra debe ____.
6. ¿Dónde está Pedro? ¿____________ (**Pelarse**) las clases otra vez? La maestra debe ____.
7. ¡Nadie me ____________ (**escuchar**)! La maestra debe ____.
8. Yo ____________ (**perder**) la paciencia. La maestra debe ____.

gramática

VP Acuérdate de consultar la lista de tu **Vocabulario personal** al final del capítulo o en el *Manual de actividades.*

¡En acción!

A. ¿Qué piensan?

PASO 1. En parejas, háganse y contesten las siguientes preguntas.

1. ¿Crees que los niños necesitan ir al jardín de infantes? ¿Qué aprenden allí? ¿Y en la preescuela?
2. En Argentina sólo es obligatorio asistir a la escuela seis años. En tu opinión, ¿cuáles son algunas de las ventajas y desventajas de este aspecto del sistema argentino?
3. Los argentinos deben empezar a definir su carrera profesional en la escuela secundaria, cuando tienen unos 15 años. ¿Crees que nuestro país debería adoptar el modelo de la etapa polimodal? Explica.
4. Imagínate que todavía estás en la escuela secundaria y estudias en un sistema polimodal. ¿Qué especialización escogerías? ¿Por qué?

PASO 2. El Ciclo Básico Común es el filtro argentino para entrar en la universidad. En Estados Unidos el filtro son los exámenes nacionales *SAT* y *ACT*. Hagan una lista de las posibles ventajas y desventajas de los dos tipos de filtros. Por ejemplo, muchos estudiantes y profesores dicen que un examen de unas tres horas no mide de forma justa las habilidades de un estudiante. ¿Creen Uds. que un ciclo de seis cursos sería más justo para el estudiante? (Si Uds. saben algo del sistema canadiense y las instituciones CÉGEP,* comparen este tipo de filtro y preparación con lo que se ofrece en Argentina y Estados Unidos.)

En la comunidad | *Sal Tinajero y el equipo de debate de Fullerton*

Sal Tinajero, profesor de historia y alocución[a] de una escuela secundaria en Santa Ana, California, sigue acumulando premios y honores conferidos por la habilidad de motivar a los estudiantes de su clase. El profesor Tinajero se escolarizó[b] en el sistema escolar público de Santa Ana. Después de sacar su título universitario en Peoria, Illinois, volvió a Santa Ana y comenzó una carrera de profesor en Fullerton Union High School. Tinajero notó que no había ningún equipo escolar de debate y alocución en esta escuela, y se dedicó a fundar uno. El equipo de debate de Fullerton pronto llegó a ser campeón de liga de todo Orange County. ¿Conoces a algún profesor o profesora que sepa inspirar y estimular a los estudiantes de su comunidad como el Sr. Tinajero?

Sal Tinajero en la Casa Blanca con la Primera Dama Laura, después de recibir el premio *Hispanic Magazine's Teacher of the Year.*

[a]*speech* [b]*se... was educated*

*French acronym for *Collège d'enseignement général et professionnel* (College of General and Vocational Education)

B. Consejeros académicos

PASO 1. Imagínense que Uds. son consejeros académicos especializados en los programas de estudios en el extranjero y que tienen que decidir cuál es el mejor programa para los estudiantes de su universidad. En grupos de dos o tres, busquen información sobre dos programas para estudiantes extranjeros en un país de habla hispana. Comparen los dos programas. Preparen su información, en una presentación de PowerPoint con fotos y texto si es posible, que convenza a los estudiantes. Para que sea más interesante, todos los grupos deben escoger programas diferentes. Por ejemplo, un grupo investiga programas de España y compara un programa de Sevilla con otro de Barcelona, mientras que otro grupo compara dos programas de Argentina.

PASO 2. Presenten su información a la clase. Después de ver todas las presentaciones, la clase debe comentar los diferentes programas y votar por el mejor programa.

C. Los estudios y el trabajo. Algunos dicen que los estudiantes universitarios siempre deben trabajar, porque cuando trabajan tienen que ser más eficientes. Otros sostienen que los estudiantes no deben trabajar, porque los estudios son su trabajo. ¿Qué opinan Uds.? Conversen acerca de este tema. Digan también cómo pagan sus gastos personales y los de sus estudios.

Detalles culturales

Los resultados de un censo realizado en 2004 por la Universidad de Buenos Aires (UBA) indican el porcentaje de estudiantes de diferentes facultades que trabaja para cubrir sus gastos. Entre la población total de la UBA, el 49,9 por ciento trabaja.

Facultad de Ciencias Económicas 69,9%

Facultad de Ciencias Sociales 61,6%

Facultad de Filosofía y Letras 61,3%

Facultad de Odontología 28,7%

Facultad de Medicina 32,8%

Ciclo Básico Común 34,6%

Investigación y presentación: ¿Educación gratis?

PASO 1. Investigar. Divídanse en tres o cuatro equipos. Cada equipo debe escoger un país de habla hispana, entre ellos Argentina y Estados Unidos o Canadá. Cada equipo debe investigar el presupuesto nacional del país que escogió y el costo de los estudios universitarios.

PASO 2. Reflexionar. Hagan un esquema de las oportunidades universitarias, los costos de la educación, las becas y los préstamos disponibles para los estudiantes. ¿Subvenciona el gobierno del país investigado la educación universitaria? ¿Ofrece programas de financiación? ¿Qué impacto creen Uds. que tiene la subvención gubernamental en la educación universitaria, en el gobierno y en el país? ¿Por qué creen que Argentina puede costear (*afford*) una educación universitaria para todos y Estados Unidos no? En Canadá, Québec es la provincia con la matrícula más baja porque el gobierno provincial subvenciona muchos de los costos universitarios. ¿Por qué puede una provincia pagar casi todos los costos universitarios y otra no?

PASO 3. Representar y debatir. Presenten a la clase la información sobre el país que escogieron y, como clase, comparen las oportunidades que tienen los estudiantes en cada país. Luego, divídanse en dos grupos, uno a favor y el otro en contra, para debatir el siguiente tema: ¿Debe Estados Unidos o Canadá ofrecerles la educación universitaria completamente gratis a sus ciudadanos?

Exploración | *La educación familiar*

Usa esta cajita para dibujar una imagen o escribir algunas palabras que representen para ti la esencia de esta breve lectura.

Prepárate para leer

En este fragmento de *Vivir para contarla*, García Márquez se enfoca en otro aspecto de la educación: la que se recibe de los padres. Su papá, al que a veces llama «Papalelo», era bastante estricto con sus once hijos y a veces los trataba con mano dura. Naturalmente, le tenían miedo. Lee el siguiente fragmento en que el autor cuenta lo que pasó cuando uno de sus hermanos, Luis Enrique, fue al cine sin pagar, para ver la película *Drácula.*

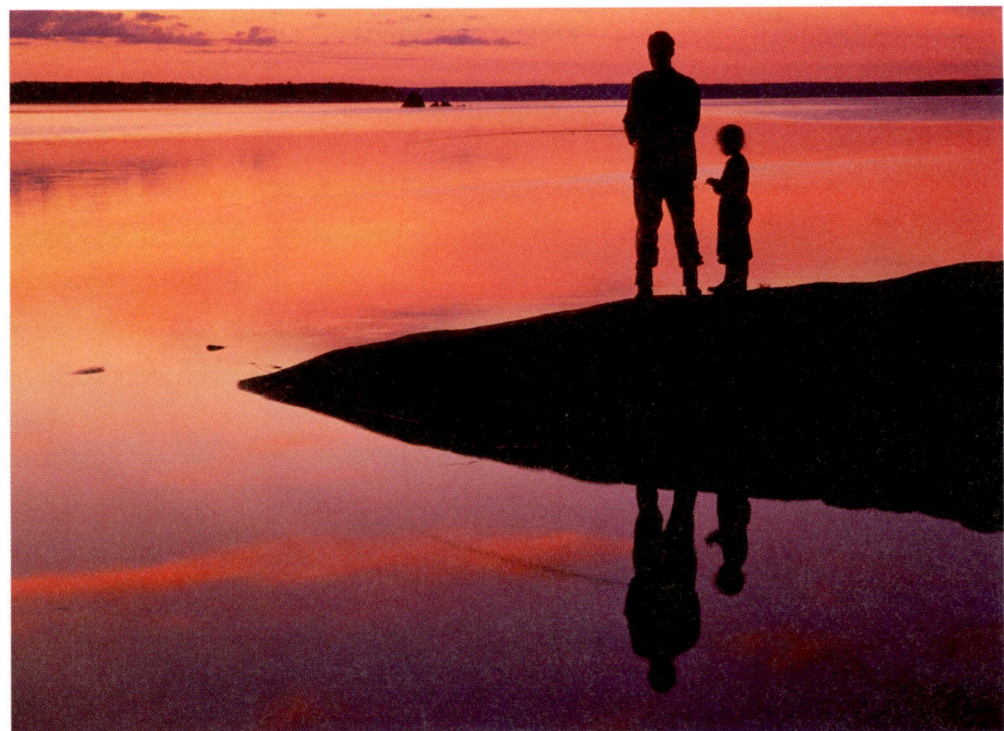

Un padre con su hijo

Actividad. Reflexión. Vuelve a leer las ideas que apuntaste en la **Actividad A** de la página 13 sobre el padre de García Márquez y sus posibles reacciones a la desobediencia. Compara tus ideas con el fragmento que vas a leer.

gramática

Tg El pretérito y el imperfecto

(Taller de gramática III. B.)

El fragmento que vas a leer es la narración en el pasado de un episodio de la vida de García Márquez. Repasa los verbos subrayados, indica el tiempo (pretérito o imperfecto) y explica por qué se usó tal tiempo.

PRETÉRITO	IMPERFECTO
acción completa	acción repetida, habitual o en progreso
acción que interrumpe	acción interrumpida

VP Acuérdate de consultar tu **Vocabulario personal** al final del capítulo o en el *Manual de actividades* para contestar las preguntas.

¡A leer!

Durante años me contó Luis Enrique su terror en el instante en que se encendieron[a] las luces del teatro cuando el conde Drácula iba a hincar[b] sus colmillos de vampiro en el cuello[c] de la bella. Estaba en el sitio más escondido[d] que encontró libre en la galería, y desde allí vio a papá y al abuelo buscando fila por fila en las lunetas, con el dueño del cine y dos agentes de la policía. Estaban a punto de rendirse[e] cuando Papalelo lo descubrió en la última fila del gallinero y lo señaló con el bastón:

—¡Ahí está!

Papá lo sacó[f] agarrado por el pelo, y la cueriza que le dio en la casa quedó como un escarmiento legendario en la historia de la familia. Mi terror y admiración por aquel acto de independencia de mi hermano me quedaron vivos para siempre en la memoria. Pero él parecía sobrevivir a todo cada vez más heroico. Sin embargo, hoy me intriga que su rebeldía no se manifestaba en las raras épocas[g] en que papá no estuvo en la casa.

[a]*came on* [b]*sink* [c]*neck* [d]*hidden* [e]a... *about to give up* [f]lo... *took him out, dragging him* [g]*periods*

Vocabulario útil

Busca en la lectura las palabras **colmillos** y **cueriza.** Basándote en el contexto, ¿qué significan?

el bastón walking stick

el colmillo ______

la cueriza ______

el escarmiento lesson, punishment

el gallinero top gallery (*in a theater*)

la luneta seat (*in a theater*)

Comprensión y expresión

A. Preguntas. Contesta las siguientes preguntas.

1. ¿Dónde estaba Luis Enrique cuando lo encontraron?
2. ¿Por qué sintió terror Luis Enrique cuando vio a su padre y a su abuelo?
3. ¿Cómo castigó el Sr. García a su hijo?
4. ¿Cómo afectó ese castigo a Gabriel?

B. ¿Qué opinan Uds.?

1. ¿Creen Uds. que fue justo y razonable el castigo que recibió Luis Enrique?
2. ¿En qué circunstancias creen Uds. que está bien pegarles a los niños?
3. ¿Creen que los niños aprenden mejor si los padres los regañan (*scold*)? ¿Por qué?
4. En su opinión, ¿cuál es el mejor método de guiar o disciplinar a los niños? ¿Y el peor?

C. Análisis. En parejas, vuelvan a leer la última oración de la lectura. Tomen en cuenta el uso del pretérito («... papá no estuvo en la casa.»). ¿Qué implica este tiempo verbal aquí? ¿Por qué creen Uds. que Luis Enrique se portaba diferente cuando su padre no estaba en casa? Describan las relaciones entre Uds. y sus padres y con otros adultos que ayudaron a criarlos (*raise you*). ¿Te portabas mejor (o peor) con alguna de esas personas?

Para pensar

En algunas comunidades se considera perfectamente normal y necesario el castigo corporal de los niños. En otras, al contrario, se considera que pegarles a los niños es un delito (*crime*) o por lo menos un grave error. ¿Qué piensas tú? ¿Cómo lo ve tu familia? ¿Cuál es la actitud tradicional de tu comunidad?

Práctica. Preguntas. En la primera pregunta, vas a describir acciones habituales o repetidas (imperfecto). En la segunda, vas a describir un episodio específico (pretérito).

1. ¿Desobedecías a tus padres cuando eras adolescente? ¿Te castigaban? ¿Cómo?
2. ¿Hiciste algo que enfureciera mucho a tus padres? ¿Cómo reaccionaron?

¡A escribir!

PASO 1. Explora las siguientes posibilidades para el ensayo. No te olvides de apuntar en tu *Manual de actividades* las ideas que más te interesan.

1. Si tienes una especialización, ¿cómo la escogiste? ¿Por qué la escogiste? ¿Qué has hecho o estudiado para prepararte en este campo, y qué te queda por hacer o estudiar todavía? Si pudieras regresar a «la prepa» (*high school*) para volver a hacer tus estudios antes de llegar a la universidad, ¿en qué cambiaría tu plan de estudios?
2. Durante los años escolares y universitarios, los maestros y profesores pueden influir mucho en la formación de los estudiantes. Piensa en los maestros y/o profesores que han influido en tu carrera académica. ¿Cómo te afectaron? ¿Qué hicieron bien dentro y fuera de la clase que influyó en ti? ¿Qué métodos o técnicas usaron para inspirar a los alumnos? Describe también a los profesores que no te parecieron muy buenos. ¿De qué forma te afectaron ellos?
3. Imagínate que eres maestro/a en una escuela primaria en la cual un 40 por ciento de los estudiantes habla español. La escuela acaba de recibir una beca del gobierno para implementar un programa bilingüe. Los maestros tienen que decidir cómo se va a gastar este dinero. Describe el programa nuevo. ¿Cómo cambiará tu trabajo? ¿Se contratarán a más maestros bilingües? ¿Qué materias se enseñarán en español, y cuáles no? ¿Qué equipo (*equipment*) nuevo se tendrá que comprar?

PASO 2. Si todavía no has escogido ningún tema para tu ensayo, vuelve a leer el **Problema auténtico** y las secciones **Para pensar** y consulta tu **Vocabulario personal.** También puedes escoger un tema de una de las actividades del libro de texto o del *Manual de actividades.*

PASO 3. Repasa la gramática presentada en este capítulo. ¿Cómo puedes usarla en tu ensayo? Mientras escribes, subraya (*underline*) las formas y estructuras que utilizas de este capítulo.

PASO 4. Escribe un borrador (*rough draft*) de por lo menos 200 palabras. Si quieres, puedes seguir los pasos de **¡A escribir!** en el *Manual de actividades* para escribir el ensayo.

¿R? ¿Narración o argumento?

Piensa en el tipo de ensayo que vas a escribir. Si piensas describir tus experiencias en la escuela primaria o secundaria, repasa las formas y los usos del imperfecto (acciones habituales) y del pretérito (un incidente o cambio súbito [*sudden*]). **(Taller de gramática III. B.)**

> Mis hermanos y yo íbamos a una escuela primaria rural, pero en 1994 nos mudamos a una gran ciudad donde nos pusieron en una escuela urbana. Fue un cambio chocante (*shocking*) para nosotros porque…

Pero si piensas describir una situación actual y argumentar a favor de algún tipo de institución o programa, debes repasar el presente de indicativo y las expresiones impersonales. **(Taller de gramática I.)**

> En este estado, muchos estudiantes hablan español en casa, y cuando se matriculan en una escuela, tienen que estudiar todas las materias en un idioma que apenas (*barely*) saben hablar. Es importante reconocer las circunstancias…

Vocabulario **(*Esta lista presenta el vocabulario esencial de este capítulo.*)**

Las personas

el alumnado student body
el/la alumno/a (el/la estudiante) a tiempo completo/ parcial full-/part-time student
el/la bachiller graduate of secondary school
el/la licenciado/a graduate (*of a university*)
el/la oyente auditor (*of a class*)
el profesorado faculty
el/la tutor(a) private tutor

En el *campus* y en las aulas

el aula classroom
el salón de actos assembly hall

Cognado: el auditorio

El horario y los trámites (*procedures*)

la asignatura (class) subject; course
el año académico school year
la beca fellowship, grant, scholarship
el borrador rough draft; eraser
la conferencia lecture
el curso escolar school year
la licenciatura (bachelor's) degree
la materia (class) subject; course
el taller workshop

acudir (a) to attend, go to (*a class, meeting*)
darse (*irreg.*) **de baja** to drop (*a class*)
matricular(se) to register (*for a course*)

subvencionado/a sponsored; subsidized

La vida de los estudiantes

el carné (universitario) (university) ID
los deberes homework
la meta goal

aprobar (ue) to pass (*an exam, course*)
dominar to speak (*a language*) well; to master (*a language, subject*)
hacerse (*irreg.*) to become (*profession*)
llevar cursos to take classes
pelarse la clase to play hooky, skip class (*Sp.*)
reprobar (ue) to fail (*an exam, course*)
suspender to fail (*an exam, course*)

Palabras de transición

aunque although
como since, as
es decir in other words, that is (to say)
por, por razón de due to, because of
sin embargo nevertheless
ya que since, because

Vocabulario útil y vocabulario personal

Usa esta sección para apuntar palabras y expresiones adicionales que asigne tu profesor(a). Apunta también otras palabras útiles para comunicar tus ideas relacionadas con este capítulo.

Expresiones

El mundo de los niños, por Marita Subiza

Vuelve a ver *Los colores del bien y del mal* en la introducción a la **Unidad 1.**

Javier Granados Centeno (1964–) nació en Ciudad Real, España. Antes de dedicarse a la pintura y escultura, era veterinario. Marita Subiza, artista argentina, trabaja como profesora de arte y decoración. Sus obras se caracterizan por un realismo casi fotográfico, a veces acompañado por un distintivo rasgo mágico.

La lengua de las mariposas (1999), José Luis Cuerda, director (España)

La película *La lengua de las mariposas,* dirigida por José Luis Cuerda (1947–), está basada en el libro de cuentos *¿Qué me quieres amor?* de Manuel Rivas (1957–). La acción tiene lugar poco antes de la Guerra Civil española (1936–1939) en un pueblito de Galicia, y está centrada en Moncho, un niño gallego de 7 años. Él siente pánico de ir a la escuela porque su hermano dice que los maestros les pegan a los alumnos. Pero después de una salida nula[a] y de una visita en casa de su maestro don Gregorio, Moncho empieza a acudir a clase. El maestro representa, en un mundo bastante feo y brutal, el amor por la naturaleza y la literatura, el respeto hacia el individuo y los diferentes modos de pensar; en fin, lo mejor de la tradición occidental. El final, que no vamos a revelar aquí, toma un giro del destino, triste, por la política del momento.

[a]salida… *false start*

«Little Rock» (*fragmento*), por Nicolás Guillén

Un blue llora con lágrimas de música
en la mañana fina.
El Sur blanco sacude[a]
su látigo[b] y golpea.[c] Van los niños
negros entre fusiles pedagógicos
a su escuela de miedo.
Cuando a sus aulas lleguen,
Jim Crow será el maestro,
hijos de Lynch serán sus condiscípulos
y habrá en cada pupitre
de cada niño negro,
tinta[d] de sangre,[e] lápices de fuego.[f]

Completa las glosas.

[a]______ [b]*whip* [c]*hits*
[d]*ink* [e]______ [f]*fire*

Nicolás Guillén (1902–1989), poeta y escritor cubano

Así comienza el poema «Little Rock», que es una reacción a la resistencia del gobernador Faubus a la integración de Central High School en la capital de Arkansas, Estados Unidos, en 1957. El gobierno federal tuvo que mandar tropas para que entraran los estudiantes negros en la escuela. Completa las glosas y busca información sobre las referencias a Jim Crow y Lynch.

Actividad. La educación y la política

PASO 1. No es raro que la política influya en otros aspectos de la vida, sean sociales, académicos, religiosos o económicos. Piensa en la reseña de la película *La lengua de las mariposas* y en el tema del poema «Little Rock». En la película, los conceptos del individualismo y la libertad que fomenta el maestro representan amenazas al gobierno que está para tomar posesión del poder. ¿Por qué son importantes (o no) estos conceptos para la educación? En tu opinión, ¿es mala o buena la segregación por raza en las escuelas? ¿Qué ventajas reciben los niños cuando asisten a la escuela con colegas de diferentes razas?

PASO 2. Vuelve a mirar los cuadros de Subiza y Granados (pág. 2). Los dos representan aspectos simbólicos de la educación. ¿Qué impresión crean? En tu opinión, ¿es positivo o negativo el mensaje de cada cuadro? ¿Se relacionan de alguna manera estos cuadros con la política?

La comunidad de *Norteamérica hispana: Estados Unidos y México*

Estos países vecinos tienen mucho en común. Por ejemplo, la colonización europea fue impactante en la historia de los dos y ambos tienen una rica tradición musical y literaria. Estas fotos muestran escenas de México y de Estados Unidos. ¿Puedes identificar de qué país es cada imagen? ¿Qué hace que una escena «parezca» estadounidense o mexicana?

1. ______________________

4. ______________________

2. ______________________

5. ______________________

3. ______________________

6. ______________________

Estados Unidos

Población:	aproximadamente 300 millones
Tasa de migración:	+3,18 / 1.000
Esperanza de vida:	aproximadamente 78 años
Tasa de fertilidad:	2,09 niños por mujer
Ingresos *per cápita:*	más de 43.000 dólares al año
Tasa de alfabetización:	99 por ciento
Una universidad antigua:	Harvard, establecida en 1636

México

Población:	aproximadamente 108 millones
Tasa de migración:	−4,3 / 1.000
Esperanza de vida:	aproximadamente 75 años y medio
Tasa de fertilidad:	2,42 niños por mujer
Ingresos *per cápita:*	más de 7.000 dólares al año
Tasa de alfabetización:	más del 92 por ciento
Una universidad antigua:	La UNAM, establecida en 1553

Capítulo 2

La alfabetización de adultos y los programas de *ESL*

Estos estudiantes de una clase de *ESL* en Miami escuchan a su profesora. ¿De dónde crees que son? ¿Cuántos años tienen?

En este capítulo

Déjame que te cuente sobre...

los programas de inglés como segunda lengua (*ESL*) para adultos

el analfabetismo en Estados Unidos y Canadá

Tg Taller de gramática

Para este capítulo, debes consultar las siguientes secciones del **Taller de gramática.**

- Los verbos y las preposiciones
- El subjuntivo
- Los pronombres de objeto indirecto
- **Ser** y **estar**
- El presente perfecto de indicativo
- Los verbos que cambian de significado en el pretérito

Problema auténtico. José Roberto León tiene 52 años y lleva más de veinte años trabajando como taxista. Conoce la ciudad, conoce los coches y le gusta la gente. Desgraciadamente se lastimó la espalda el año pasado y ahora los médicos le dicen que no puede trabajar, pues manejar el taxi todo el día le hará más daño a la espalda. A José Roberto no le importa cambiar de oficio, hasta le gusta la idea de un cambio, pero tiene un secreto del que no se enorgullece: no sabe leer muy bien. ¿Cómo puede prepararse entonces para otro trabajo? ¿Qué puede hacer una persona para cambiar de oficio cuando tiene problemas para leer o escribir?

¡A escribir! Para el ensayo que vas a escribir al final del capítulo:

- explora los temas y la gramática del capítulo
- lee el **Problema auténtico**
- lee las secciones de **Para pensar** en **Exploración**
- apunta en tu **Vocabulario personal** las palabras y expresiones útiles
- usa **¡A escribir!** en tu *Manual de actividades* para organizar tus ideas

Vocabulario del tema

Antonio es analfabeto. No puede leer, pero se esfuerza por hacerlo.

El aprendizaje (*learning*) el esfuerzo y la adaptación

la alfabetización literacy
el analfabetismo illiteracy
la deserción escolar school drop-out (*rate*)
la habilidad skill

Cognado: la pedagogía

acabar de + *inf.* to have just (*done something*)
alcanzar (c) to achieve; to reach (*a goal*)
animarse a + *inf.* to decide to (*do something*)
arreglar to fix
avergonzarse (üe) (c) (de) to be ashamed (of)
contar (ue) (con) to count (on)
convertirse (ie, i) en to turn into, become
_____ to leave (*something/someone behind*)
dejar de + *inf.* to stop, quit (*doing something*)
_________ to find
enfrentarse to face (*a problem*)
esforzarse (ue) (c) (por) to make an effort (to)
_____ to sign
fomentar to promote
habituarse (me habitúo) a + *inf.* to get used to (*doing something*)
ponerse (*irreg.*) **a** + *inf.* to start (*doing something*)
presumir to predict, suppose
presumir de to boast about
realizar (c) to fulfill

Práctica A. Práctica semántica. En parejas, den un sinónimo, antónimo, ejemplo o definición de una de las siguientes palabras. Una persona da el sinónimo, etcétera, la otra persona escucha e identifica la palabra. Deben mezclar el orden de las palabras para ver si realmente las entienden.

MODELO: ESTUDIANTE 1: Es sinónimo de etapa, fase o época.
ESTUDIANTE 2: Es el período.

1. Da sinónimos: **la cifra, la escasez, hacer el esfuerzo, el período, subir.**
2. Da un antónimo: **analfabeto, bajar, carencia, complejo, oscilar.**
3. Da un ejemplo: **la habilidad, la medida, el nivel, la tasa.**
4. Da una definición: **la deserción escolar, la pedagogía, el presupuesto.**

_____ to follow; to continue
seguir (i, i) (g) + *gerundio* to keep, continue (*doing something*)
soñar (ue) (con) to dream (about)

Cognados: afectar, facilitar

actual current
alarmante alarming
analfabeto/a illiterate
complejo/a complicated, complex
tranquilizador (a) calming

¿Qué dicen los números y las cantidades?

la carencia de lack of (*something*)
la cifra number, figure (*in statistics*)
la escasez shortage
la medida measure, measurement
el nivel level
el presupuesto budget
_________ result, outcome
la tasa rate

Cognado: el período

_____ to get down from, get off (a bus), fall, drop, go down
_______ to improve
_____ to rise, go up

Cognado: fluctuar (fluctúo)

Detalles lingüísticos

La palabra *language*: Ya sabes una palabra común para decir *language*, ¿verdad? ¿Cuál es? Si contestaste **la lengua,** tienes razón. Pero esta palabra común se refiere a una parte del cuerpo necesaria para producir *language*. ¿Puedes adivinar qué parte del cuerpo humano es **la lengua**? Para decir *language* en español, también se puede usar las palabras **el idioma** y **el habla.** Búscalas en tu diccionario. ¿Por qué son masculinas aunque terminan en **a**? ¿En qué contextos se puede usar estas dos palabras para decir *language*? ¿Y qué crees que significa la palabra **lenguaje**?

Para expresar el adjetivo *literate* en español, lo más común es usar la frase **que sabe leer y escribir.**

La palabra **educado/a** significa *well-mannered*, y no se usa tanto para referirse a la educación académica. Para expresar que una persona tiene buena formación y escolarización, se usa la palabra **culto/a.** Hay mucha gente analfabeta en pueblitos latinoamericanos y españoles que es mucho más educada que la gente culta de la ciudad. Un símbolo de esta educación es su hospitalidad sincera y voluntad de compartir lo que tiene con sus invitados.

Práctica B. Preguntas. Contesta las siguientes preguntas.

1. ¿Cómo te enfrentas con noticias desesperanzadoras?
2. ¿Qué sueños o metas quieres realizar después de terminar los estudios?
3. ¿Usas un presupuesto? ¿Por qué lo usas o no?
4. ¿Dejaste de hacer algo este año? ¿Fue algo positivo o negativo? ¿Por qué y cómo lo hiciste?
5. ¿Hay mucha deserción escolar en tu comunidad? ¿Había mucha en tu escuela secundaria? ¿Por qué?

VP En tu *Manual de actividades,* organiza tu **Vocabulario personal** en categorías como **«Cómo enfrentarse con problemas»**, **«Cómo animarse a realizar los sueños»**, etcétera.

Déjame que te cuente sobre...

Prepárate para leer

A. Reflexión. Para poder contextualizar esta lectura, toma un momento y piensa en lo que sabes de los inmigrantes recién llegados a este país. ¿Qué motivaciones tienen, qué buscan y qué ofrecen? Piensa también en el proceso de aprender inglés. ¿Recuerdas haberlo aprendido? ¿Crees que es una lengua fácil o difícil, en comparación con otras?

B. Estrategia. Lee la primera y última oración de la selección. Estas dos oraciones suelen ser muy importantes y te pueden indicar cuál va a ser el mensaje principal de la lectura. Apunta una o dos predicciones sobre este mensaje, luego lee toda la selección y verifica tus predicciones.

Vocabulario útil

Basándote en el contexto en que aparecen en la lectura, define las siguientes palabras.

las organizaciones no gubernamentales

los programas del voluntariado

VP Repasa las palabras en la sección **Vocabulario del tema** al principio del capítulo y acuérdate de tu **Vocabulario personal** al final del capítulo o en el *Manual de actividades*.

¡A leer!

Lee la selección entera sin buscar palabras en el diccionario. Luego, completa **Actividad A** de **Comprensión y expresión** (pág. 35) y vuelve a leer la lectura.

Desde el año 1990 muchos estados en Estados Unidos han experimentado un incremento de la población inmigrante de un 90 por ciento, según el *U.S. Census Bureau*. Para los miles de inmigrantes representados por esta cifra, sus expectativas y objetivos para el futuro varían dependiendo de su nivel de estudios y su situación familiar. Algunos de estos inmigrantes llegaron con estudios superiores[a] y con un dominio avanzado del inglés. Esto les permite alcanzar puestos de trabajo bien pagados, en muchas ocasiones relacionados con la investigación, la enseñanza o la tecnología. Muchos inmigrantes, principalmente de México, Centroamérica y países asiáticos, llegaron a Estados Unidos con muy poca o ninguna educación. La mayoría de estas personas no tiene dominio en absoluto del inglés.

[a]*higher, advanced*

Tg Los verbos y las preposiciones (Taller VI. C.)

gramática

En español, varios verbos tienen que ir seguidos de una preposición que, en muchos casos, no corresponde al inglés. A veces donde el inglés requiere una preposición después de un verbo, el español no la requiere. Recuerda que los verbos de movimiento hacia adelante requieren **a.** También hay verbos que requieren **con, de** y **por** en español, pero el equivalente en inglés no es *with, of/from* o *by/through.*

Práctica. ¿Qué hacemos para avanzar? Completa las siguientes oraciones y preguntas con las preposiciones necesarias: **a, con, de** o **por. ¡OJO!** Algunos de los verbos no requieren ninguna preposición. Luego, contesta las preguntas.

1. Javi se esforzó ___ aprender bien el inglés. ¿Cuándo tienes que esforzarte ___ hacer algo?

los programas de inglés como segunda lengua (ESL) para adultos

Estos estudiantes de una clase de *ESL* en California quieren aprender inglés para tener más oportunidades profesionales.

Es difícil saber cómo apoyar en su proceso de adaptación a los inmigrantes que llegan a Estados Unidos con un mínimo conocimiento del inglés. Los presupuestos[b] para los programas de *ESL* son bajísimos —en algunos casos incluso absurdos. Muchos de los instructores de *ESL* trabajan a tiempo parcial en estos programas, ya que el sueldo que ellos ganan es pésimo.[c] A muchas organizaciones no les queda otra opción que buscar voluntarios que enseñen *ESL*. Se ha convertido en algo común que los instructores de *ESL* ofrezcan sus servicios gratis. Hoy en día, para facilitar a inmigrantes la adaptación a nuestro país, se ofrecen clases gratuitas de *ESL* subvencionadas por organizaciones religiosas como la Iglesia Católica, organizaciones no gubernamentales como El Buen Samaritano y Casa Marianela, asociaciones culturales, e incluso los programas del voluntariado de algunas universidades y escuelas secundarias.

[b]*budgets* [c]muy malo

Detalles lingüísticos

El verbo **quedar** tiene muchos usos. Los pronombres y las preposiciones determinan su significado.

quedar to be located (*stationary objects*)

quedar en to agree on plans (*between two or more people*)

quedarle (a uno) to have left

quedarse to stay (*at home, in a hotel*)

2. Aunque nuestra maestra de *ESL* es estudiante de antropología y es súper brillante, nunca presume ___ su inteligencia. ¿___ qué presumes tú de vez en cuando?
3. Acabamos ___ formar otra clase de alfabetización para la comunidad. ¿Qué acabas ___ hacer tú?
4. Mi abuela se avergonzó ___ su acento al hablar inglés, pero yo estaba orgullosa de que lo aprendió. ¿___ qué te avergüenzas tú?
5. Buscan ___ una clase de noche porque trabajan todos los días. ¿Buscas ___ clases a horas específicas para poder trabajar?
6. Cuando Berta no entiende lo que le dicen, se pone ___ tartamudear (*stammer*). ¿Hay momentos en que te pongas ___ tartamudear?
7. Raúl sueña ___ mudarse a la ciudad y encontrar un buen trabajo. ¿___ qué sueñas tú?
8. Los instructores de *ESL* no pueden contar ___ salarios grandes. ¿___ qué o ___ quién cuentas tú?

Detalles culturales

Suele decirse[a] que Estados Unidos es un país de inmigrantes. Pero no es totalmente así. En primer lugar están los descendientes de indígenas que sobrevivieron a las dificultades de la colonización. Luego, están los afroamericanos que son descendientes de esclavos africanos que llegaron a Estados Unidos a la fuerza,[b] es decir que no son de familias inmigrantes. También es importante recordar que, hace unos siglos, los ingleses usaban sus colonias, incluso Australia y lo que ahora es Estados Unidos, como penales.[c] Muchos angloamericanos son descendientes de esos criminales y tampoco son de familias inmigrantes.

[a]Suele... *It is often said* [b]a... *by force* [c]*prisons*

Estas clases suelen tener lugar por la noche, cuando los inmigrantes y los instructores tienen tiempo libre después de su jornada de trabajo.[d] Suelen ser de una hora y media a dos horas. Normalmente tienen un objetivo muy práctico, es decir, los instructores ayudan a los inmigrantes en sus necesidades más urgentes respecto a la lengua. Estos programas suelen seguir un currículum fijo,[e] pero dada la variedad de necesidades lingüísticas de los estudiantes, los instructores tienen que ser muy flexibles y adaptar el currículum siempre que sea necesario.

¿R? Los adjetivos posesivos y demostrativos

Estos adjetivos, como todos, tienen que concordar (*agree*) con el sustantivo que modifican. Recuerda que estos son adjetivos determinantes, y por eso siempre van antes del sustantivo. Repasa las formas y las reglas de concordancia en **Taller V. B. 5, 6.**

sus necesidades lingüísticas
estos programas

Muchos de estos instructores son estudiantes universitarios de pregrado o posgrado,[f] o maestros en otras áreas; es decir, gente en contacto con la enseñanza y con el ambiente escolar. En ocasiones también son madres o padres de familia que ofrecen su tiempo como voluntarios. Si los voluntarios no tienen mucha experiencia en enseñar, la organización suele prestarles manuales o recomendarles que vayan a otras clases antes de empezar para que se habitúen a la dinámica.[g] La necesidad de instructores de *ESL* es cada vez mayor. No es necesario ser experto en *ESL* para poder ser voluntario en estos programas, pero sí es recomendable tener experiencia en enseñar y poder trasmitir de forma clara y concisa la información que necesitan los alumnos. ¿Te animas a prestar tus servicios en estas organizaciones? Te aseguramos que no te arrepentirás.

[d]jornada... *workday* [e]*fixed* [f]de... *undergraduate or graduate* [g]se... *they get used to the routine*

gramática

Tg El subjuntivo

(Taller I. A., III. C.)

El subjuntivo se usa para expresar acciones posibles, hipotéticas o subjetivas. El uso del subjuntivo requiere ciertas estructuras, pero si sabes el significado de un verbo, es bastante fácil reconocerlo en el subjuntivo. ¿Puedes identificar los infinitivos de los siguientes verbos?

Es imposible que Juan **tenga** suficiente tiempo para tomar otra clase.

Quiero que Uds. **vean** la televisión en español dos o tres veces por semana.

Van a ofrecer más clases bilingües para que los estudiantes **entiendan** mejor las materias.

Casi todas las formas del presente de subjuntivo se basan en la conjugación **yo** del presente de indicativo (**tengo → tenga, veo → veas, entiendo → entiendan**).

Comprensión y expresión

A. Unas palabras importantes. Indica la mejor palabra para completar cada oración.

1. Desgraciadamente, los (**manuales / presupuestos**) para programas de *ESL* no suelen ser suficientes para pagar bien a los instructores.
2. La (**carencia / vocación**) de estudios básicos, no sólo del inglés, se observa en muchos inmigrantes que llegan a este país.
3. Obviamente, los instructores menos experimentados deben observar cómo se dan las clases para conocer la (**dinámica / jornada**) de las clases de *ESL*.
4. Si los inmigrantes quieren dominar el inglés, deben dedicarse mucho al (**aprendizaje / medida**) y tienen que practicar mucho.
5. Con todas las dificultades que se encuentran aquí, es una maravilla que tantos inmigrantes se (**animen / conviertan**) a venir a este país.

B. Preguntas

1. ¿De dónde ha llegado la mayoría de los inmigrantes recientemente?
2. En general, ¿cómo se puede describir a los inmigrantes?
3. ¿Por qué no se paga bien a los instructores de *ESL*?
4. ¿Quiénes están a cargo (*in charge*) de los programas de *ESL*?
5. ¿Cuál es la meta principal de las clases de *ESL*?
6. ¿Cómo tienen que ser los instructores de *ESL*?
7. Típicamente, ¿quiénes son los instructores de *ESL*?

Detalles culturales

A muchos inmigrantes hispanos, cuando vienen a Estados Unidos, les choca que no haya gente en la calle. Los hispanos están acostumbrados a andar a pie mucho más que la gente de este país. Van a pie al mercado, caminan para tomar el metro o el autobús, pasean por pasear. Como la gente de este país suele ir a todas partes en coche, casi no hay peatones.

Siempre se ven muchos peatones (gente que camina) en el Paseo de la Reforma en la Ciudad de México.

Práctica. ¿Es importante? Completa las siguientes oraciones con la forma correcta del presente de subjuntivo. Luego, di si estás de acuerdo o no y por qué.

MODELO: Me enoja que tantos inmigrantes ______ (**llegar**) a este país sin saber hablar el idioma. →

lleguen: No estoy de acuerdo. Muchos no tienen ninguna oportunidad de aprender el idioma antes de llegar.

1. Me sorprende que no ______ (**haber**) suficiente dinero para los programas *ESL*.
2. Prefiero que el gobierno no ______ (**pagar**) las clases de *ESL*.
3. Es mejor que las organizaciones no gubernamentales ______ (**encargarse**) de trabajar con los inmigrantes.
4. Es increíble que unos 30 millones de estadounidenses ______ (**ser**) analfabetos.
5. Quiero que las clases de *ESL* ______ (**convertirse**) en un requisito para todos los inmigrantes.
6. Ojalá que la tasa de analfabetismo ______ (**bajar**) en todos los países del mundo.

gramática

VP Acuérdate de consultar la lista de tu **Vocabulario personal** al final del capítulo o en el *Manual de actividades.*

¡En acción!

A. ¿Qué piensan Uds.? En parejas, comenten las siguientes preguntas.

1. ¿Por qué vienen inmigrantes a este país antes de aprender inglés? ¿No sería más fácil llegar preparado?
2. Si los inmigrantes llegan sin saber inglés, ¿qué ventajas les proporciona el aprender esta lengua? O si prefieren, ¿qué desventajas encuentran al no aprenderla?
3. Parece raro que, en una época en que llegan cada vez más inmigrantes, haya tan poco dinero para los programas de *ESL*. ¿Qué piensan Uds. de esta situación?
4. Bastantes estadounidenses piensan que el inglés debe ser, de algún modo, un requisito para la inmigración, porque si no, los inmigrantes nunca aprenden inglés. ¿Qué opinan Uds.?
5. ¿Les parece que Estados Unidos necesita una lengua oficial? Expliquen.
6. ¿De quién, en su opinión, debe ser la responsabilidad de proveer de programas de *ESL* a los inmigrantes? ¿Del gobierno? ¿Del sistema escolar? ¿De las organizaciones no gubernamentales?

Detalles lingüísticos
Hasta los extranjeros con estudios avanzados en inglés se confunden con el inglés hablado en Estados Unidos. Cuando llegan a Estados Unidos y oyen, por ejemplo, *wanna* (*want to*), *gonna* (*going to*) y *fixin' ta* (*getting ready to*), no saben qué pensar.

B. Imagínate

PASO 1. Hoy es tu primer día como instructor voluntario de *ESL*. Según el manual de *ESL*, la lección de hoy es enseñar los días de la semana y las horas del día. Prepara la lección. ¿Cómo vas a presentar esta información? ¿Cómo van a usarla los estudiantes? ¿Cómo van a practicarla?

MODELO: Primero voy a traer dos o tres calendarios a clase. También voy a hacer un reloj de papel muy grande para mostrar las horas del día. Todos deben reconocer un calendario y un reloj. Y para enseñar...

PASO 2. ¿Quiénes son tus estudiantes? ¿Qué preguntas te van a hacer? ¿Qué problemas tuvieron hoy con el inglés? ¿Cómo se sienten ellos al final de la clase?

PASO 3. Apunta algunos temas que debes cubrir en las lecciones para la clase, por ejemplo, **En el supermercado** o **En el consultorio del médico.** Para tres de las lecciones, haz listas de palabras y expresiones que debes incluir.

PASO 4. Ahora comparte tus resultados de los **Pasos 1, 2** y **3** con la clase.

En la comunidad | *John López y los estudios chicanos*

John López es profesor de estudios chicanos en Albuquerque High School. Después de enseñar durante tres décadas, John observa que los cursos de estudios chicanos ayudan a combatir el problema de las bajas[a] entre los estudiantes hispanos en las escuelas secundarias. Él ha visto que los hispanos que toman clases de estudios chicanos frecuentemente experimentan una nueva conciencia de quiénes son, y lo que podrían lograr en la vida. John también afirma que estos estudiantes muchas veces participan más en asuntos de la comunidad porque ven la necesidad del activismo social. En tu comunidad, ¿hay estudiantes que se dan de baja? ¿Conoces a alguien que haya abandonado sus estudios de escuela secundaria? ¿Cómo es su vida ahora? ¿Hay líderes como John López que tratan de combatir este problema? ¿Cómo lo hacen?

[a]*dropping out*

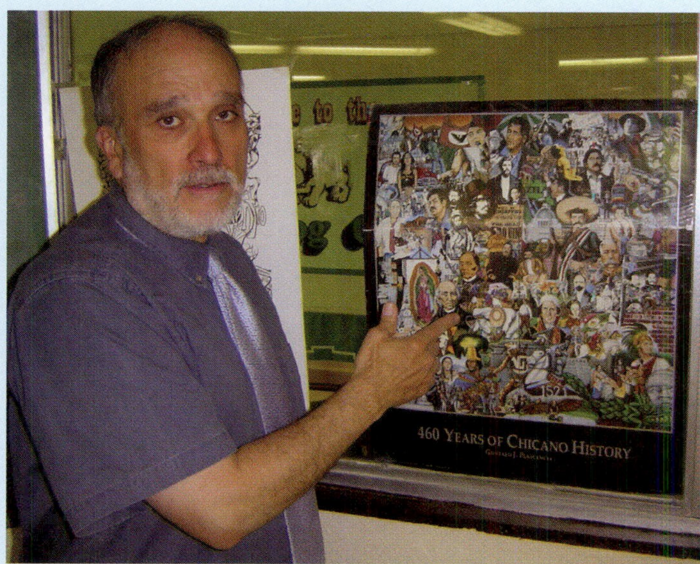

El profesor John López les brinda (da) un nuevo aprecio de la cultura chicana a sus estudiantes.

Investigación y presentación: Los programas para aprender inglés

PASO 1. Investigar. Los inmigrantes y estudiantes internacionales que vienen a este país para estudiar y trabajar, con frecuencia necesitan ayuda con el inglés. Busca en el Internet o en la biblioteca los programas para aprender inglés. ¿Qué programas hay en tu comunidad y dónde se ofrecen? ¿Son formales o informales? ¿Cuánto cuestan? ¿Son subvencionados por el gobierno o por alguna organización? ¿Quiénes son los instructores? ¿Y los estudiantes? Organiza la información en una hoja de papel aparte.

PASO 2. Reflexionar. En parejas, comparen la información que encontraron. ¿Creen Uds. que los programas son suficientes o quedan estudiantes sin tomar clases? Tengan en cuenta que algunos inmigrantes y estudiantes internacionales tienen requisitos para poder estudiar y trabajar en este país. ¿Creen que la situación en su comunidad está bien o se deben cambiar algunas cosas? Si hace falta hacer algunos cambios, ¿cómo pueden Uds. participar en el proceso?

PASO 3. Representar. Ahora, busquen la dirección de un político hispano o de un periódico hispano y escriban una carta para ofrecer su opinión de los programas. Indiquen las deficiencias si las hay y sugieran algún programa nuevo o cambios en los programas que existen para que sean más efectivos. Comparen su carta con la carta de otro grupo. ¿Hay muchas ideas y opiniones diferentes o tienen más o menos las mismas?

Exploración | *La educación primaria*

Usa esta cajita para dibujar una imagen o escribir algunas palabras que representen para ti la esencia de esta breve lectura.

Prepárate para leer

Actividad. Reflexión y anticipación. En el **Capítulo 1** leíste que García Márquez creía que no necesitaba ir a la universidad para tener éxito en las carreras que le interesaban. En parejas, contesten las siguientes preguntas, basándose en las ideas que presentó en esa selección.

1. ¿Crees que García Márquez se matriculó y se graduó en la universidad?
2. ¿Cómo crees que fue su experiencia en las escuelas primaria y secundaria? ¿Era buen estudiante? ¿Le gustaba la escuela?
3. De adulto y como profesional, ¿crees que para García Márquez la educación y la alfabetización son importantes?

Vocabulario útil

Completa las definiciones según el contexto de la lectura.

el arcón chest (of drawers)

la raíz cuadrada _______ root

manejar ideas abstractas _______

polvoriento/a dusty

¡A leer!

No creo que haya método mejor que el montessoriano para sensibilizar a los niños en[a] las bellezas del mundo y para despertar<u>les</u> la curiosidad por los secretos de la vida. Se <u>le</u> ha reprochado que fomenta[b] el sentido de independencia y el individualismo —y tal vez en mi caso fuera cierto. En cambio, nunca aprendí a dividir o a sacar raíz cuadrada, ni a manejar ideas abstractas. ...<u>Me</u> costó mucho aprender a leer. No <u>me</u> parecía lógico que la letra *m* se llamara *eme,* y sin embargo[c] con la vocal siguiente no se dijera *emea* sino *ma.* <u>Me</u> era imposible leer así. Por fin, cuando llegué al Montessori la maestra no <u>me</u> enseñó los nombres sino los sonidos[d] de las letras. Así pude leer el primer libro que encontré en un arcón polvoriento del depósito de la casa.[e]

[a]sensibilizar... *make children aware of* [b]Se... *It has been accused of fostering* [c]sin... *nevertheless* [d]*sounds* [e]depósito... *house collection (of books)*

¿R? El subjuntivo y la duda

Como sabes, el subjuntivo se asocia mucho con la duda y la negación. En este texto se ven dos ejemplos de esto:

No creo que **haya**... y tal vez en mi caso **fuera** cierto.

¿Por qué crees que se usa el subjuntivo después de la frase **No me parecía lógico que...** ?

Tg Los pronombres de objeto indirecto (Taller IV. E.)

gramática

Los pronombres indirectos indican «el receptor» indirecto de una acción.

Me trajo un libro **(a mí)**.
He brought me a book. / He brought a book to me.

El objeto indirecto también puede sustituir **para** + *pronombre preposicional.*

Para mí, es difícil estudiar sin música. → Me es difícil estudiar sin música.

Repasa los pronombres, la ubicación y los usos en el **Taller de gramática.** Identifica los usos del pronombre indirecto en esta lectura. ¿Qué significan las oraciones?

Comprensión y expresión

A. Preguntas

1. Según García Márquez, ¿cuál es una de las ventajas de la enseñanza montessoriana?
2. ¿Cuál es uno de los defectos que se atribuyen al mismo sistema?
3. ¿Cómo le ayudó al joven García Márquez su maestra montessoriana?

B. En parejas

1. ¿Creen Uds. que sea reprochable fomentar la independencia en los niños? ¿En qué circunstancias podría considerarse esto como bueno o como malo? ¿Qué cualidades se deben fomentar en los niños?
2. ¿Qué experiencias tuvieron Uds. en sus primeros años escolares? ¿A qué tipo de escuela asistieron? ¿Una escuela montessoriana? ¿religiosa? ¿pública? ¿Cómo les afectaron la escuela, el maestro / la maestra y los otros niños?
3. García Márquez recuerda que el proceso de leer le parecía ilógico. ¿Recuerdan Uds. algo de la escuela que les costaba mucho trabajo o que les parecía ilógico? ¿Pudieron entenderlo al final? Y ahora en la universidad, ¿qué materias les parecen más difíciles o hasta cierto punto ilógicas?

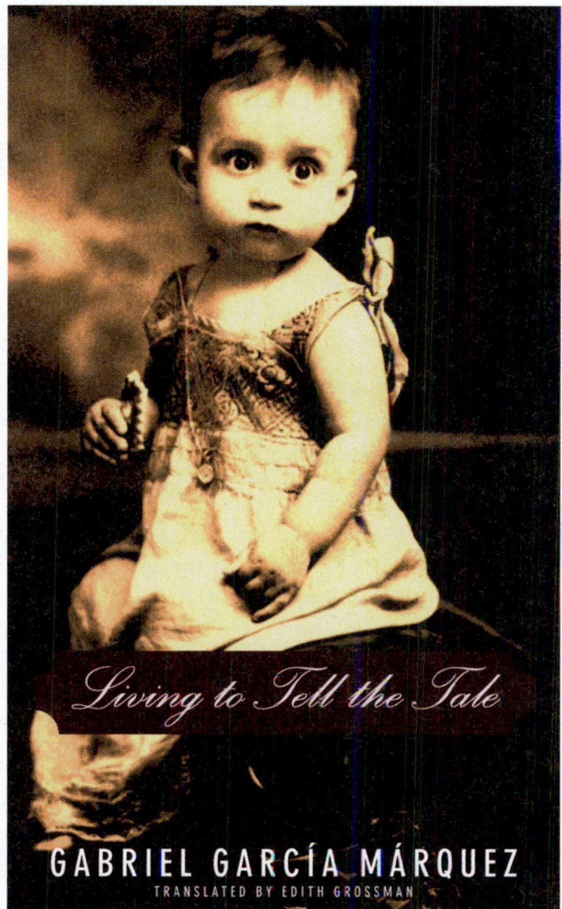

En la cubierta de la autobiografía de García Márquez se ve una foto del autor como bebé.

Para pensar

Los maestros pueden tener mucho impacto en el desarrollo de sus alumnos. ¿Qué rasgos tiene un buen maestro o una buena maestra? ¿Qué puede hacer la sociedad para asegurar que todos los niños tengan buenos maestros?

Práctica. ¿Es cierto? Completa las siguientes oraciones, según las indicaciones subrayadas o entre paréntesis. Luego, di si es cierto o falso para ti o para las personas indicadas. Corrige las oraciones falsas.

	C	F
1. _____ es difícil comprender las ideas abstractas. (para mí)	☐	☐
2. _____ daba muchos problemas <u>a mis maestros de escuela</u>.	☐	☐
3. La ciencia _____ era difícil. (para mí y mis amigos)	☐	☐
4. La universidad _____ interesaba mucho <u>a García Márquez</u>.	☐	☐
5. La alfabetización y la escolarización _____ es muy importante. (para los profesores)	☐	☐

gramática

Charlemos un rato

¿Por qué es importante aprender inglés?

Amparo Rico Domínguez (España): «En todas las escuelas, ya se empieza... los niños empiezan a estudiar inglés, desde que tienen 6 ó 7 años.»

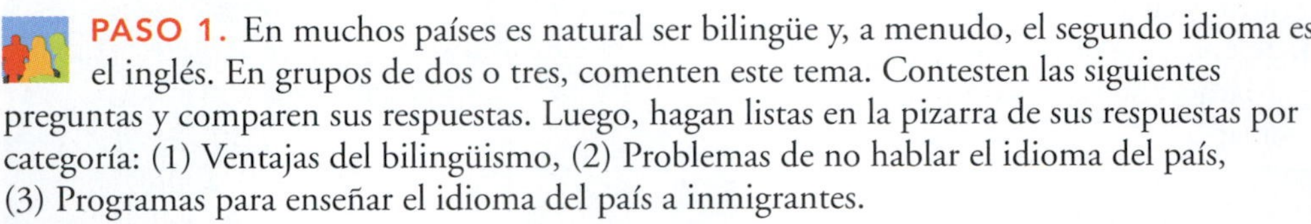

PASO 1. En muchos países es natural ser bilingüe y, a menudo, el segundo idioma es el inglés. En grupos de dos o tres, comenten este tema. Contesten las siguientes preguntas y comparen sus respuestas. Luego, hagan listas en la pizarra de sus respuestas por categoría: (1) Ventajas del bilingüismo, (2) Problemas de no hablar el idioma del país, (3) Programas para enseñar el idioma del país a inmigrantes.

1. ¿Qué ventajas creen que tiene una persona que sabe hablar dos idiomas desde joven?
2. ¿Qué problemas tiene una persona que llega a un país sin hablar el idioma predominante, por ejemplo, el inglés en Estados Unidos?
3. ¿Qué programas hay para ayudar a esas personas?

DVD **PASO 2.** En el vídeo, vas a escuchar a Amparo, Cindy y Marcelo hablar del inglés y de clases de *ESL*. Antes de ver las entrevistas, repasa el **Vocabulario útil** y lee las siguientes oraciones. Luego, vas a completarlas según lo que dicen los entrevistados.

Cindy Luna (México): «Estos estudiantes no tienen mucho tiempo en los Estados Unidos y están tratando de aprender a hablar inglés.»

Vocabulario útil

Completa las definiciones.

un requisito ________________

acoger to take in

sobrevivir ________________

el patrón ________________

clases de seguimiento follow-up classes

los regaño I scold them

se la pasan haciendo travesuras ____________________ playing pranks

Marcelo Illanes (Bolivia): «También en otros colegios, um, se está incorporando poco a poco el lenguaje de inglés.»

1. Amparo dice que muchos niños en las zonas ________ de España aprenden ________ idiomas: español, su idioma regional y finalmente, ________ .
2. Cindy ________ a sus estudiantes porque no hablan bien ________, su primer idioma, y no hablan inglés. Les dice que necesitan ________ bien por lo menos un idioma.
3. Marcelo dice que una ________ de aprender ________ en Bolivia es ir a un ________ privado.

PASO 3. Ahora, contesta las siguientes preguntas.

1. Amparo menciona una diferencia entre el nivel de analfabetismo durante la dictadura y ahora. ¿Cuál es la diferencia que menciona y por qué crees que existe?
2. ¿Qué edades tienen, más o menos, los estudiantes de *ESL* de Cindy? ¿Por qué le molesta a Cindy que los estudiantes no pongan atención en clase?
3. Según Marcelo, ¿cómo pueden los bolivianos aprender el inglés en su país? ¿Crees que todos tienen acceso a estas clases?
4. Compara las perspectivas sobre el bilingüismo de Amparo, Cindy y Marcelo con las tuyas y las de tus compañeros de clase. ¿Hay grandes diferencias? ¿Hicieron los entrevistados alguna observación que te sorprendió?

Dichos

¿Puedes explicar el significado de los siguientes refranes? ¿Hay algunos refranes similares al inglés? ¿Cuáles son? En grupos pequeños, apunten algunos refranes populares que recuerdan. Si quieren, pueden buscar otros refranes en español en el Internet.

Dichos

- Nadie aprende por cabeza ajena.[a]
- Libro cerrado, no saca letrado.
- No vale entrar en la escuela, sino que la escuela «entre» en uno.
- El que no aprende, es porque no quiere.

[a]*of another person.*

Costumbres y buenos modales

Las escuelas bilingües

En Latinoamérica y España, hay buenas escuelas bilingües. Como muchas de estas escuelas no son gratis, muchos de los estudiantes son de familias adineradas o de familias en las que los padres hacen gran sacrificio por la educación de sus hijos. Se da por sentado[a] que después de graduarse de una escuela secundaria bilingüe, un estudiante podrá ingresar fácilmente en las mejores universidades.

«Más despacio, por favor.»

¿Crees que es mala educación que dos o tres personas conversan en un idioma que otras personas que las rodean no entienden? Es verdad que muchos hispanos suelen hablar en español aunque haya otra gente con ellos que no lo habla. Aunque puede considerarse mala educación, generalmente no lo hacen para ofender ni para hablar mal de los otros. Si esto te pasa, puedes hacer dos cosas: (1) pedirles que hablen más despacio para que puedas entenderlos, o (2) pedirles que hablen en un idioma que todos/as sepan para poder participar en la conversación.

[a]Se... *One assumes*

Actividad. Las actitudes. Las siguientes oraciones describen actitudes y costumbres de algunos hispanos. Indica cuáles son ciertas para ti o tu comunidad y explica por qué. Compara tu información con la de tus compañeros de clase. ¿Las costumbres de Uds. son semejantes a algunas costumbres hispanas?

	C	F
1. Cuando los padres quieren una escuela secundaria excelente, buscan una escuela bilingüe.	☐	☐
2. Mis padres pagaron mucho dinero por las matrículas de mi escuela secundaria.	☐	☐
3. En mi escuela secundaria, se presumía que la mayoría de los estudiantes podría inscribirse en una buena universidad.	☐	☐
4. En mi escuela secundaria, había varios programas de educación bilingüe.	☐	☐
5. Se hablaba frecuentemente de las ventajas de ser bilingüe en mi escuela secundaria.	☐	☐

Déjame que te cuente sobre...

Prepárate para leer

A. Reflexión. Antes de leer esta selección sobre el analfabetismo en Estados Unidos, piensa en el problema del analfabetismo. ¿Conoces a adultos que no sepan leer? ¿Qué obstáculos dificultan el proceso de aprender a leer? ¿Cómo afecta el analfabetismo al individuo y a la sociedad?

B. Estrategia. En esta selección se presentan muchas estadísticas relevantes al analfabetismo. Los cuadros de cifras (*statistical numbers*) son una manera eficiente de resumir información, pero es importante saber cómo leer una tabla para obtener o interpretar la información. Mira la tabla en las páginas 46–47. ¿Qué indican estas cifras?

Vocabulario útil

Completa las definiciones de la lista. Da las definiciones, basándote en el contexto en que se usan las palabras en la lectura.

el género gender
el varón __________

afirmar to declare, to state
distinguir __________
hacer cuentas __________

VP Repasa las palabras en la sección **Vocabulario del tema** al principio del capítulo y acuérdate de tu **Vocabulario personal** al final del capítulo o en el *Manual de actividades.*

¡A leer!

Lee la lectura entera sin buscar palabras en el diccionario. Luego, completa la **Actividad A** de **Comprensión y expresión** (pág. 45) y vuelve a leer la lectura.

Es difícil creer que en países como Estados Unidos y Canadá, centros de tecnología, ciencia y progreso, todavía existan millones de personas que no han aprendido a leer ni a escribir. Pero un informe de *Statistics Canada* publicado en 1996 menciona que un 22 por ciento de adultos canadienses —unas 5 millones de personas— tiene graves dificultades para leer la materia más básica. Y en Estados Unidos, según los datos del *National Center for Education Statistics* (*NCES*), ¡unos 30 millones de ciudadanos están por debajo del nivel básico de instrucción! De esos 30 millones, 11 millones no saben ni leer ni escribir correctamente en

gramática

Tg *Ser y estar* (Taller III. A.)

Estas palabras clave pueden ayudarte a recordar las diferencias entre **ser** y **estar.**

SER	ESTAR
identidad	condición
definición	estado
normal	cambio
esencial	progreso

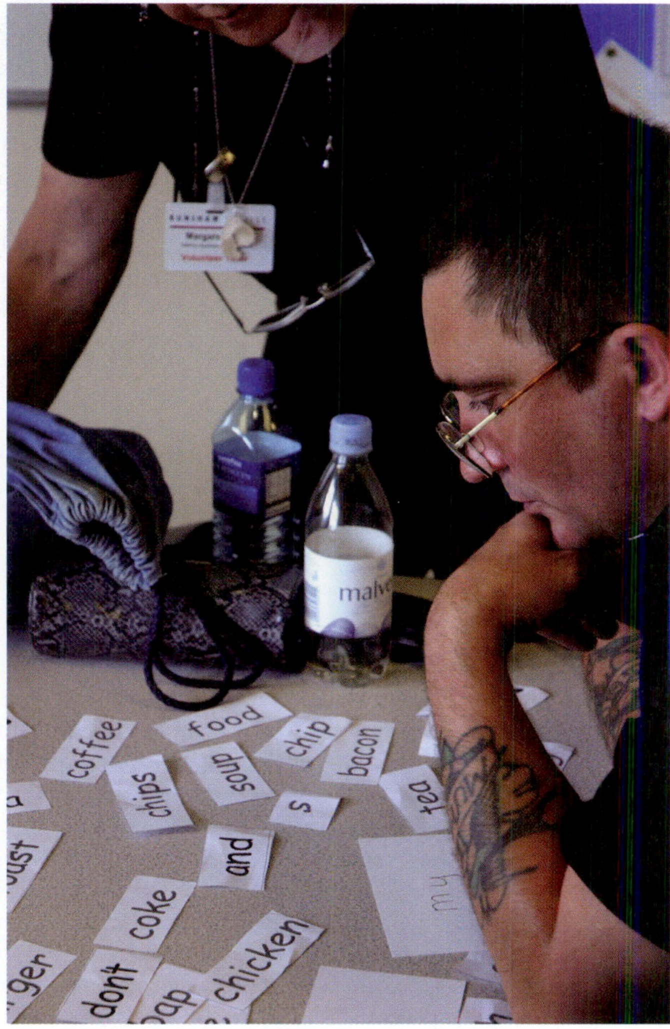

Este estudiante aprende a leer nuevas palabras en una clase de alfabetización.

inglés. Siete millones son analfabetos, es decir, no distinguen las letras del al fabeto y tienen muchas dificultades para hacer cuentas elementales[a] de matemáticas. Según un estudio realizado por el gobierno estadounidense, un 13 por ciento de los ciudadanos estadounidenses tiene dificultades para entender un documento legal antes de firmarlo.

[a]cuentas... *simple problems*

Práctica. Los problemas del analfabeto. Indica la palabra correcta.

(**Es / Está**)[1] una lástima que haya tantos adultos que no sepan leer. Si no aprenden cuando (**son / están**)[2] niños y (**son / están**)[3] en la escuela, entonces les espera una serie de problemas. (**Es / Está**)[4] muy difícil tener tiempo para ir a clases y estudiar cuando uno (**es / está**)[5] adulto y (**es / está**)[6] trabajando para mantener a una familia. Si se quiere conseguir un puesto que (**sea / esté**)[7] interesante y bien pagado, (**es / está**)[8] un requisito saber leer. Tú que (**eres / estás**)[9] leyendo esto y que estudias, imagínate: todos los libros que (**son / están**)[10] en la biblioteca, los periódicos, las revistas de música y moda, los blogs políticos, no valen nada para el analfabeto. Para él (**son / están**)[11] instrumentos inútiles.

¿R? *Hacer* en expressiones temporales
(Taller VII. B. 1)

Recuerda el uso de **hacer** con el pretérito en expresiones temporales.

hace + *período de tiempo* + **que** + *pretérito* = *past action* + *time period* + ago

Hace un año que **publicaron** las cifras. *They published the statistics a year ago.*

¿Afecta el analfabetismo igualmente a los hombres que a las mujeres? Las últimas cifras ofrecidas por el *U.S. Census Bureau* demuestran que el analfabetismo es mayor entre las mujeres. El analfabetismo masculino (varones de 15 o más años) fluctúa entre el 6 y 7 por ciento, mientras que el analfabetismo femenino (mujeres de 15 o más años) fluctúa entre el 10 y 11 por ciento. En Canadá, la diferencia entre hombres y mujeres se ve más entre la población inmigrante. Un 24 por ciento de hombres inmigrantes experimenta extrema dificultad en leer palabras básicas, pero entre las mujeres inmigrantes, es un 32 por ciento.

Detalles lingüísticos

La palabra *analfabeto* se deriva de *alfabeto,* nombre del conjunto de las letras que se utilizan para leer y escribir, más el prefijo negativo *an-*. A su vez, *alfabeto* se basa en los nombres de las dos primeras letras en griego, *alpha* y *beta.*

Pero no todas las noticias son desesperanzadoras.[b] Afortunadamente el *NCES* reportó hace poco que, durante el período 1992–2005, los adultos semianalfabetos en Estados Unidos mejoraron su habilidad de leer y entender frases complejas. Entre este grupo de semianalfabetos, un gran número de hispanohablantes se ha esforzado por aprender a leer y escribir en inglés, aunque todavía se enfrenta a los textos en inglés con muchos problemas.

Parece que la escasez de programas y maestros bilingües a nivel nacional ha contribuido al origen de estas cifras. Darlene Brown, directora de un programa de pedagogía alternativa en Texas, afirmó que hoy en día la deserción de estudiantes extranjeros oscila entre el 33 y el 38 por ciento cada año y ha seguido aumentando desde hace una década.[c] Si no se toman las medidas necesarias para resolver este problema, el analfabetismo entre hispanos se intensificará de forma alarmante. El gobierno estadounidense trata de poner remedio a este problema con la implementación de programas bilingües en los estados donde la población hispana es más prominente, como Texas, California y Florida. Sin embargo, los resultados todavía no han sido muy tranquilizadores, ya que la cifra de estudiantes hispanos que abandonan la escuela para entrar en el mundo del trabajo sigue siendo hoy en día tan preocupante[d] como en el pasado. Actualmente el gobierno está reconsiderando la función de las escuelas bilingües con el objetivo de bajar la tasa de deserción de estudiantes de origen hispano.

[b]*bleak* [c]ha... *has continued to rise for a decade* [d]*alarming*

gramática

Tg El presente perfecto de indicativo (Taller I. B.)

Uno de los tiempos verbales que puedes usar para narrar en el pasado es el presente perfecto de indicativo. El verbo auxiliar para los tiempos perfectos en español es **haber.**

haber + **-ado/-ido** = to have + -ed/-en

¿Qué significan las siguientes oraciones?

Hemos ayudado a muchos adultos analfabetos en este programa.

Su padre todavía no **ha aprendido** a leer y escribir en inglés.

¿R? Seguir + gerundio

La combinación **seguir** + *gerundio* indica la continuidad de una acción o situación. ¿Qué significa cuando su profesor(a) de español les dice a Uds.: «Sigan trabajando»?

Indica qué significa o implica la frase «sigue siendo igual de preocupante». Hay más de una posibilidad.

- ☐ la situación no ha mejorado
- ☐ todo está cambiando
- ☐ ya no estamos preocupados
- ☐ todavía hay problemas

Comprensión y expresión

A. Palabras y definiciones. Indica la palabra correcta.

1. Los (**analfabetos / bilingües / ciudadanos**) son personas que no saben leer ni escribir.
2. (**Afirmar / Bajar / Distinguir**) significa identificar o reconocer, por ejemplo, las letras.
3. (**Arreglar / Enfrentarse / Esforzarse**) a un texto es tratar de leerlo.
4. El analfabetismo (**afecta / firma / fluctúa**) a millones de personas en este país.
5. El problema del analfabetismo no es sencillo, es (**alternativo / complejo / realizado**).
6. La deserción escolar también es (**actualmente / alarmante / última**); preocupa mucho a los padres, maestros y administradores de los distritos escolares.
7. La (**carencia / nivel / tasa**) de analfabetismo en Estados Unidos es tal vez del 10 por ciento, según las cifras de este artículo.
8. Refiriéndose a un problema, (**afirmar / intensificarse / mejorar**) significa que se pone peor.

B. Preguntas

1. ¿Aproximadamente cuántos estadounidenses no saben leer ni escribir para nada?
2. ¿Cuántos estadounidenses y canadienses sólo saben leer y escribir un poco?
3. ¿Cómo varía la tasa de analfabetismo entre hombres y mujeres?
4. ¿Por qué se teme que el problema del analfabetismo se intensifique entre los hispanos?
5. ¿Cómo se relaciona la educación bilingüe con la deserción escolar?
6. ¿Por qué se están reconsiderando los programas de educación bilingüe?

Práctica. ¿Qué has hecho? Forma oraciones según las indicaciones y luego di si es cierto o falso para ti.

MODELO: yo / leer / tres libros esto año → He leído tres libros este año. Es cierto. Yo he leído tres libros este año.

	C	F
1. mi familia / visitarme / este semestre	☐	☐
2. yo / escribir / una composición esta semana	☐	☐
3. mis amigos / hacer / una fiesta este mes	☐	☐
4. mi compañero/a y yo / conocer / a muchos hispanos en la universidad	☐	☐
5. yo / ver / dos películas hispanas este año	☐	☐

gramática

VP Acuérdate de consultar la lista de tu **Vocabulario personal** al final del capítulo o en el *Manual de actividades.*

¡En acción!

A. ¿Qué piensan Uds.? En parejas, háganse y contesten las siguientes preguntas.

1. ¿Te sorprendiste al leer las cifras sobre el analfabetismo en Estados Unidos y Canadá? ¿Por qué?
2. ¿Conoces a algún adulto que no sepa leer? ¿Qué problemas tiene relacionados con esta carencia?
3. ¿Conoces a algunos chicos que quieran dejar o que hayan dejado la escuela secundaria? ¿Por qué no quieren seguir asistiendo a la escuela?
4. ¿Crees que ofrecer la educación bilingüe es una buena táctica para disminuir la deserción escolar entre los hispanos? ¿Qué más se puede hacer?
5. ¿Por qué es importante que los chicos se gradúen de la secundaria? Es decir, ¿qué riesgos corren ellos al desertar, y qué impacto tiene la deserción en la sociedad?
6. ¿Es necesario que todos los ciudadanos de un país sepan leer y escribir? ¿Por qué?

B. La alfabetización. Según el *CIA World Factbook*, la mayoría de los países de habla hispana tiene una tasa de alfabetización de más del 90 por ciento.* Ve el siguiente gráfico. ¿En qué países se observa una gran diferencia entre los sexos, en cuanto a la alfabetización? ¿En qué países es igual la alfabetización entre los sexos? ¿En cuáles es mayor entre las mujeres?

Tasa de alfabetización (Porcentaje)

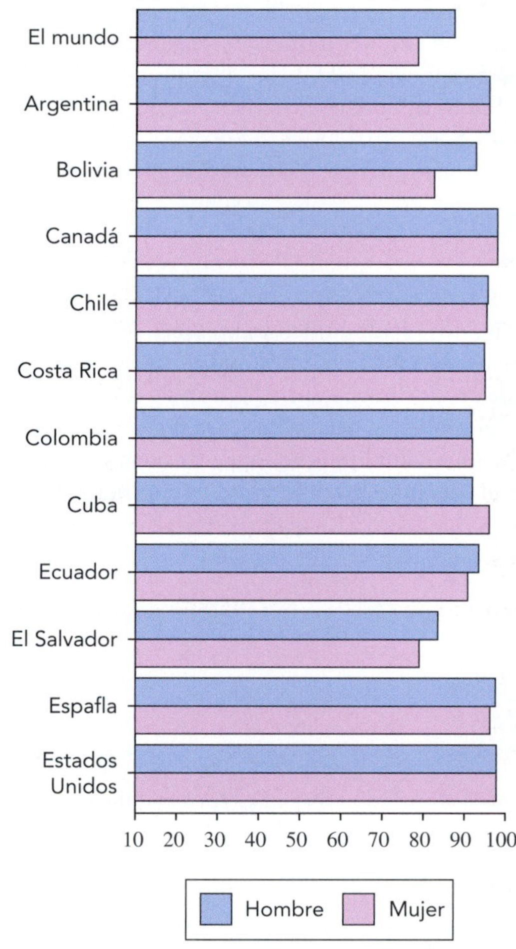

*¿Te fijaste en que las cifras de la lectura y las de la tabla son diferentes? ¿Cómo crees que los investigadores interpretan y usan las discrepancias en las cifras de organizaciones como el *U.S. Census Bureau* y la *CIA?*

Tasa de alfabetización (Porcentaje)

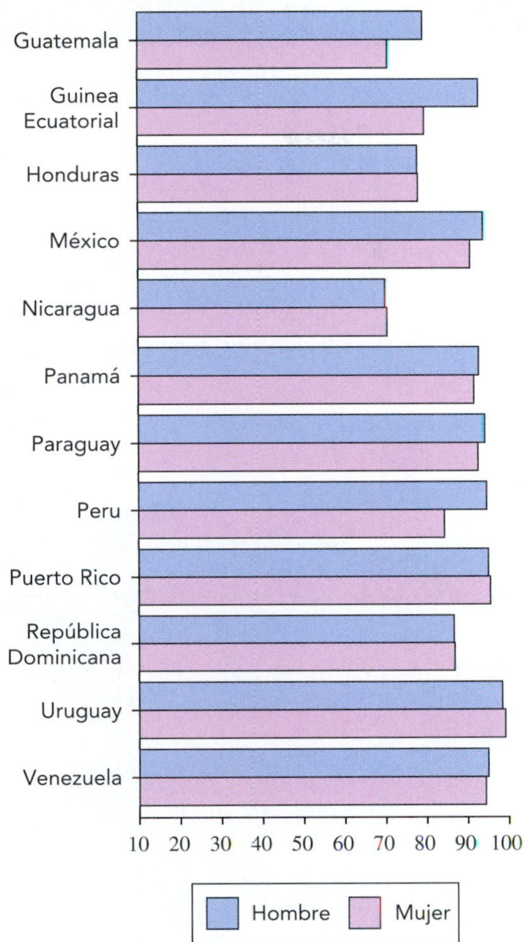

C. Imagínate. Imagínate que trabajas en un restaurante donde conoces a mucha gente y tienes varios amigos. Uno de tus compañeros de trabajo, después de varios meses de amistad, te cuenta que no sabe leer bien. ¿Cómo reaccionas? ¿Qué le recomiendas?

Investigación y presentación: ¿Qué consecuencias tienen el analfabetismo y la deserción escolar?

PASO 1. Investigar. Divídanse en cuatro equipos. El primer equipo va a investigar cómo el **analfabetismo** afecta al individuo; el segundo equipo, cómo el **analfabetismo** afecta a la comunidad; el tercer equipo, cómo la **deserción escolar** afecta al individuo; el último equipo, cómo la **deserción escolar** afecta a la comunidad.

PASO 2. Preparar. Preparen un cartel, mostrando sus hallazgos (*findings*) en forma visual, por ejemplo, un montaje de tablas, fotos, cifras, citas importantes y dibujos para presentar visualmente su información.

PASO 3. Presentar. Presenten y expliquen su cartel a la clase. Incluyan las fuentes (*sources*) de toda su información, por supuesto.

PASO 4. Conversar y recapitular. Después de hacer su investigación y ver las presentaciones de todos, hablen en grupos de dos o tres sobre el tema del analfabetismo.

- ¿Qué han aprendido Uds. del texto que leyeron y las actividades que hicieron? ¿Han cambiado de opinión sobre el analfabetismo o la deserción escolar?
- ¿Creen Uds. que su comunidad tiene suficientes recursos y les ofrece suficiente apoyo a todos para promover adecuadamente la alfabetización?
- ¿Qué piensan Uds. con respecto a la deserción escolar en su comunidad?
- Si ven que hay problemas, como los hay en muchas comunidades, hablen de cómo Uds. pueden tomar acción para ayudar a resolverlos.

Exploración | *La educación familiar: el abuelo*

Usa esta cajita para dibujar una imagen o escribir algunas palabras que representen para ti la esencia de esta breve lectura.

Prepárate para leer

Actividad. Anticipación. En los fragmentos anteriores de *Vivir para contarla,* supiste algo de las relaciones entre Gabriel García Márquez y su familia. Para este novelista colombiano su abuelo fue muy importante en su niñez. En este fragmento, García Márquez describe lo que pasó un día después de ir al circo con su abuelo. En el circo, alguien corrigió al abuelo cuando este dijo que cierto animal era un camello. Aparentemente, era un dromedario, no un camello. ¿Cómo crees que reaccionó el abuelo? ¿Crees que le importaba la diferencia entre un camello y un dromedario?

Vocabulario útil

Completa las definiciones.

la avidez eagerness

fugarse to flee

tirar tiros to fire ________

abatido/a dejected; depressed

incontable ________

¡A leer!

El abuelo no era un hombre culto,[a] ni pretendía serlo, pues se había fugado de la escuela pública de Riohacha para irse a tirar tiros en una de las incontables guerras civiles del Caribe. Nunca volvió a estudiar, pero toda la vida fue consciente de sus vacíos[b] y tenía una avidez de conocimientos inmediatos[c] que compensaba de sobra[d] sus defectos. Aquella tarde del circo volvió abatido a la oficina y consultó el diccionario con una atención infantil. Entonces supo él y supe yo para siempre la diferencia entre un dromedario y un camello. Al final me puso el glorioso tumbaburros en el regazo[e] y me dijo:

[a](Ve **Detalles lingüísticos** en la pág. 31.) [b]*gaps* (*in knowledge*) [c]avidez... *eagerness for essential knowledge* [d]compensaba... *more than made up for* [e]*lap*

Tg Los verbos que cambian de significado en el pretérito (Taller III. B. 6)

gramática

El pretérito es un tiempo verbal enfático —destaca (*it emphasizes*) la conclusión o finalización de una acción— por eso algunos verbos cambian de significado en el pretérito. ¿Recuerdas qué significan estos verbos en el pretérito?

conocer (*to know someone*): William **conoció** a Denise en la librería. → *he met*

querer (*to want*): Juan **no quiso** aprender a leer. → *he refused*

—Este libro no sólo lo sabe todo, sino que es el único que nunca se equivoca. [...] La verdad es que yo no necesitaba entonces de la palabra escrita, porque lograba[f] expresar con dibujos todo lo que me impresionaba. [...] Sin embargo, cuando el abuelo me regaló el diccionario me despertó tal[g] curiosidad por las palabras que lo leía como una novela, en orden alfabético y sin entenderlo apenas.[h] Así fue mi primer contacto con el que habría de ser[i] el libro fundamental en mi destino de escritor.

[f]*I managed* [g]*such* [h]sin... *hardly understanding it* [i]el... *that which would turn out to be*

¿R? ¿Recuerdas algunas palabras compuestas que forman sustantivos? Por ejemplo **el abrelatas (abrir + latas), el cumpleaños (cumplir + años), el sacacorchos (sacar + corchos).** ¿Qué crees que significa la palabra **tumbaburros** en esta selección? Ten en cuenta que el sustantivo **burro** (*donkey*) se usa para acusarle a uno de ser tonto. **Tumbar** significa **hacer caer** (*to knock down*).

Comprensión y expresión

A. No es cierto. Las siguientes oraciones son falsas. Corrígelas según la lectura, y luego explica por qué ese detalle es importante.

1. El abuelo de García Márquez era bachiller, pero no terminó sus estudios universitarios.
2. El abuelo de García Márquez participó en la Segunda Guerra mundial.
3. Cuando el abuelo quería informarse de algo, acudía a la biblioteca.

B. En parejas. Háganse y contesten las siguientes preguntas.

1. ¿Recuerdas la primera vez que viste un diccionario grande? ¿Quién te lo presentó? ¿Cuántos años tenías? ¿Qué te pareció el «tumbaburros»?
2. ¿Qué opinas de la descripción del diccionario que hizo el abuelo de García Márquez? Para ti, ¿cuál es el libro (o persona u otra fuente) que «lo sabe todo y nunca se equivoca»?

Para pensar

¿Se puede confiar en los diccionarios? ¿en otros libros? ¿en el periódico? ¿en el Internet? ¿en la televisión? ¿Qué pasa cuando una persona, o una comunidad, no tiene acceso libre a información confiable?

Práctica. ¿Qué sabías? ¿Qué supiste? Completa las siguientes oraciones con el verbo correcto según el significado en inglés. Luego, di si la oración es cierta o falsa para ti y para tu familia.

	C	F
1. Mis padres (*knew:* **conocían / conocieron**) a algunos inmigrantes, pero no (*know:* **sabían / supieron**) mucho acerca de su cultura.	☐	☐
2. Mis abuelos (*tried but failed:* **no podían / no pudieron**) asistir a la universidad.	☐	☐
3. Mi abuelo/a (tío/a) (*refused:* **no quería / no quiso**) quedarse en la escuela secundaria. (*I found out:* **Supe / Sabía**) que la dejó cuando cumplió 16 años.	☐	☐
4. Yo (*wanted:* **quería / quise**) tomar unas clases el verano pasado, pero tenía que trabajar.	☐	☐

gramática

¡A escribir!

PASO 1. Explora las siguientes posibilidades para el ensayo. No te olvides de apuntar en tu *Manual de actividades* las ideas que más te interesan.

1. ¿Has sido voluntario/a en una escuela? ¿Has ayudado a estudiantes más jóvenes en sus deberes? ¿Por qué necesitan las escuelas de estos tutores voluntarios? ¿Crees que son imprescindibles? Si tienes experiencia como voluntario/a, descríbela. Si no, explica por qué te interesa hacerlo o no.
2. Imagínate que te mudas a otro país donde hablan un idioma que no conoces. Además, en ese país muy poca gente habla inglés. La mudanza fue una sorpresa y no tuviste tiempo de prepararte antes de salir. Trata de imaginarte tu llegada y describe cómo te sientes, cuáles son tus logros y frustraciones al tratar de adaptarte, etcétera.

PASO 2. Si todavía no estás seguro/a del tema que prefieres, vuelve a leer el **Problema auténtico** y las secciones **Para pensar** y consulta tu **Vocabulario personal.** También puedes escoger un tema de una de las actividades del libro de texto o del *Manual de actividades.*

PASO 3. Repasa la gramática presentada en este capítulo. ¿Cómo puedes usarla en tu ensayo? Mientras escribes, subraya las formas y estructuras que utilizas de este capítulo.

PASO 4. Escribe un borrador de por lo menos 200 palabras. Si quieres, puedes seguir los pasos de **¡A escribir!** en el *Manual de actividades* para escribir el ensayo.

¿R? ¿Experiencias? ¿recomendaciones? ¿reacciones?

Piensa en la materia para tu ensayo. Repasa el presente perfecto **(Taller I. B.),** porque puedes usarlo si vas a mencionar algunos hechos o experiencias del pasado.

> Tracy y yo ya **hemos participado** en varios programas del voluntariado en las escuelas, pero tú no **has hecho** nada de esto.

Si vas a hacer recomendaciones, repasa las formas y usos del subjuntivo **(Taller I. A., III. C.).** También se usa el subjuntivo en ciertos tipos de reacción.

> ¡Qué bueno que tantas personas **aprendan** a hablar dos lenguas! Hoy en día, es preciso que la gente **sepa** algo de otras culturas. Recomiendo que todas las escuelas **tengan** profesores de muchos países diferentes y que **ofrezcan** clases de varias lenguas extranjeras.

Vocabulario (*Esta lista presenta el vocabulario esencial de este capítulo.*)

El aprendizaje, el esfuerzo y la adaptación

la alfabetización literacy
el analfabetismo illiteracy
la deserción escolar school drop-out (*rate*)
la habilidad skill

Cognado: la pedagogía

acabar de + *inf.* to have just (*done something*)
alcanzar (c) to achieve; to reach (*a goal*)
animarse a + *inf.* to decide to (*do something*)
arreglar to fix
avergonzarse (üe) (c) (de) to be ashamed (of)
contar (ue) (con) to count (on)
convertirse (ie, i) en to turn into, become
dejar de + *inf.* to stop, quit (*doing something*)
enfrentarse to face (*a problem*)
esforzarse (ue) (c) (por) to make an effort (to)
fomentar to promote
habituarse (me habitúo) a + *inf.* to get used to (*doing something*)
ponerse (*irreg.*) **a** + *inf.* to start (*doing something*)
presumir to predict, suppose
  presumir de to boast about
realizar (c) to fulfill
seguir (i, i) (g) + *gerundio* to keep, continue (*doing something*)
soñar (ue) (con) to dream (about)

Cognados: afectar, facilitar

actual current
alarmante alarming
analfabeto/a illiterate
complejo/a complicated, complex
tranquilizador(a) calming

¿Qué dicen los números y las cantidades?

la carencia de lack of (*something*)
la cifra number, figure (*in statistics*)
la escasez shortage
la medida measure, measurement
el nivel level
el presupuesto budget
la tasa rate

Cognados: el período, fluctuar (fluctúo)

Vocabulario útil y vocabulario personal

Usa esta sección para apuntar palabras y expresiones adicionales que tu profesor(a) asigne u otras palabras útiles para comunicar tus ideas relacionadas con este capítulo.

Voluntarios internacionales

Tory: «Su motivación, me motiva a mí.»

Vas a ver dos vídeos. El primero, *¡Pura vida! ¡Bienvenidos a Costa Rica!*, es una introducción a Costa Rica, el país donde filmamos documentales sobre dos programas para voluntarios internacionales. El segundo vídeo trata de uno de esos programas: *Un cambio positivo:* Cross-Cultural Solutions *en Costa Rica.*

Antes de ver

Actividad. Expectativas. Mira la siguiente lista. ¿Qué crees que vas a ver en el vídeo sobre la introducción a Costa Rica? ¿Qué va a incluir el vídeo sobre los voluntarios de *Cross-Cultural Solutions* (*CCS*) en Costa Rica?

1. ☐ un asilo para animales
2. ☐ un volcán
3. ☐ unas escuelas
4. ☐ una casa típica
5. ☐ un programa de reciclaje
6. ☐ una iglesia
7. ☐ un programa de conservación
8. ☐ una playa
9. ☐ unas universidades
10. ☐ una comida típica
11. ☐ un hospital
12. ☐ un asilo para ancianos

Vocabulario útil

buena voluntad goodwill
peatones pedestrians
las cuestas the slopes
tiradas por bueyes pulled by oxen
humo venenoso poisonous smoke
suenan a truenos sound like thunderclaps
saltos, cataratas waterfalls
monos monkeys
mapaches y pizotes raccoons and coatis, racoonlike animals
la escasez the lack, shortage
centro diurno daytime care center
desempeñar hold (a job), occupy

¡A ver!

Actividad. ¿Qué ves? Ahora, mientras ves los minidocumentales, indica las cosas de la lista que salen en cada vídeo. Toma apuntes sobre otros temas, escenas y objetos que ves en los vídeos.

Comprensión y expresión

A. ¿Entendiste bien? Completa las siguientes oraciones con información correcta.

¡Pura vida! ¡Bienvenidos a Costa Rica!

1. La ciudad de San José es...
2. Algunos de los productos importantes de Costa Rica son...
3. Costa Rica es un país muy bueno para el ecoturismo porque...
4. Uno de los problemas de Costa Rica es...

Un cambio positivo:* Cross-Cultural Solutions *en Costa Rica

5. No todos los voluntarios de *CCS*...
6. Los voluntarios de *CCS* pueden trabajar en...
7. Un buen voluntario internacional debe...
8. Los voluntarios generalmente se sienten...

B. Conclusiones. A base de tus apuntes, ¿cuáles son las ideas principales de cada vídeo? ¿Qué información te parece más importante o interesante?

C. El miedo. En parejas, miren otra vez la escena de *Un cambio positivo* en la que Irving Pérez habla del miedo. Luego, conversen sobre lo que dice el Sr. Pérez. («El miedo nos separa.»). ¿Están Uds. de acuerdo con él? ¿Qué ejemplos o casos pueden mencionar Uds. sobre esa actitud? Prepárense para compartir sus ideas con la clase.

Nuestro proyecto en la comunidad

La clase va a diseñar un programa en el que estudiantes universitarios harán de tutores, enseñando lectura y composición a personas de cualquier edad y, de ser posible, en cualquier lengua.

¿Cómo podemos ayudar?

Si en su universidad hay un centro de *service learning* (*SL*) o una oficina del voluntariado, quizás allí puedan ayudarlos a encontrar las respuestas a estas preguntas.

- Primero, Uds. deben enterarse de la situación actual de su comunidad. ¿Qué recursos educativos existen para los niños y adultos? ¿Qué necesidades se presentan? Uds. pueden empezar esta etapa del proyecto viendo el sitio web del distrito escolar de su localidad.
- Segundo, tienen que pensar qué recursos o servicios Uds. pueden ofrecerle a la comunidad. ¿Cuántos estudiantes quieren trabajar como voluntarios en esta área? ¿Qué horarios tienen? ¿Qué lenguas dominan? ¿Prefieren trabajar con niños o con adultos?
- Mientras se lleva a cabo la investigación, también será necesario encontrar recursos para este nuevo programa. Si va a funcionar bien y a largo plazo, Uds. tendrán que pensar en un lugar para hacer las gestiones administrativas, en quien será parte de la plantilla (*staff*) de la oficina del voluntariado y en los fondos monetarios necesarios.
- Es importante crear un objetivo para el programa y usarlo como lema del programa. Estos lemas ayudan a reforzar el espíritu y el propósito del proyecto.
- Decidan dónde, cuándo y cómo se va a impartir la tutoría. Los que necesitan ayuda, ¿irán a la universidad, a una escuela o iglesia? Los estudiantes universitarios que hacen de tutores, ¿van a dar la clase en grupo o van a atender a sus alumnos uno por uno?
- ¿Cómo se va a dar a conocer el programa? Es decir, si Uds. quieren trabajar con gente que no sabe leer, ¿cómo van a comunicarse con esa gente? Un anuncio en el periódico no va a dar resultado, ¿verdad?
- Deben planear los detalles del programa. ¿Cuál es la mejor manera de llevar a cabo estos planes? Recuerden que siempre es buena idea involucrar (*involve*) a la gente a quien van a ayudar.
- ¿Quieren que los tutores reciban crédito universitario por su trabajo? Hay que hacer todos los trámites en la universidad.
- La reflexión es esencial para una buena experiencia de *SL*. Antes, durante y al final del proyecto, hay que recapacitar sobre la experiencia y el resultado de sus acciones. Háganlo individualmente y en grupo, y, de alguna manera, inviten a participar en la reflexión a las personas interesadas. La anticipación y la reflexión aclaran no sólo las necesidades de los participantes sino también los objetivos y motivaciones que Uds. tienen al trabajar con ellos. Es importante saber al final si Uds. han alcanzado o no sus metas.

Usen el espacio en su *Manual de actividades* para planificar y desarrollar este proyecto. Probablemente van a necesitar más papel, además de mucho tiempo, energía y ayuda. ¡Buena suerte!

UNIDAD 2

La comida

Si me pides el pescao… te lo doy (2003), Ramón Carulla (1938–)

Capítulo 3

¿Salimos a cenar o cenamos en casa?

Capítulo 4

Las compras y las cosechas

Expresiones culturales

autobiografía: *¡Cristina! Confidencias de una rubia* (1998), Cristina Saralegui (Cuba)

pintura: *Si me pides el pescao… te lo doy* (2003), Ramón Carulla (Cuba / Estados Unidos)

Still Life with Photographs (1982), Fernando Botero (Colombia)

Azúcar, caña y café, Gilda Sacasas (Cuba / Estados Unidos)

música: Si me pides el pescao, te lo doy, Eliseo Grenet (Cuba)

novela/cine: *Como agua para chocolate* (1989, novela) (1992, película), Laura Esquivel (México); Alfonso Arau, director (México)

Nuestro proyecto en la comunidad

Existe una variedad de organizaciones, instituciones caritativas y comedores para las personas necesitadas. ¿Cuáles son las organizaciones o instituciones de caridad que hay en tu comunidad? ¿Qué oportunidades hay para ayudar a nuestros vecinos necesitados?

Capítulo 3

¿Salimos a cenar o cenamos en casa?

En el Café Ba Ba Reeba, en Chicago, se sirve comida española, como tapas* y paella. Describe lo que ves en la foto.

En este capítulo

Déjame que te cuente sobre...

| la riqueza de la cocina hispana | la comida casera

Tg Taller de gramática

Para este capítulo, debes consultar las siguientes secciones del **Taller de gramática.**

- El verbo **gustar**
- La narración en el pasado: el presente perfecto, el pretérito y el imperfecto
- **Lo que**
- Los mandatos
- Los participios pasados que funcionan como adjetivos
- El pretérito y el imperfecto

Problema auténtico. Violeta Vásquez, de 30 años, es estudiante y madre soltera de dos hijos. Está estudiando informática y cuando se gradúe conseguirá un buen puesto en una compañía. Por el momento, sin embargo, no le va muy bien: como estudia, no puede trabajar muchas horas y no gana lo suficiente para pagar el alquiler ni para comprar la comida. A veces, la última semana del mes, Violeta y sus hijos sólo comen cuando los amigos los invitan. Violeta es trabajadora y responsable y no quiere pedirle ayuda a nadie.

¡A escribir! Para el ensayo que vas a escribir al final del capítulo:

- explora los temas y la gramática del capítulo
- lee el **Problema auténtico**
- lee las secciones de **Para pensar** en **Exploración**
- apunta en tu **Vocabulario personal** las palabras y expresiones útiles
- usa **¡A escribir!** en tu *Manual de actividades* para organizar tus ideas

*__Las tapas__ are typical of Spain. In other Spanish-speaking countries, **la tapa** is the lid or cover for a pot.

VP Vocabulario del tema*

¿R? Expresiones idiomáticas con *tener*

(Taller VII. A.) ¿Recuerdas estas dos expresiones idiomáticas con **tener** que usamos cuando hablamos de la comida?

tener (*irreg.*) **hambre** to be hungry
tener sed to be thirsty
—**¿Tienes hambre**?
—No, pero **tengo mucha sed.** ¿Entramos aquí a tomar algo?

*Basándote en tu experiencia con el español, ¿cuáles son las palabras que llenarían los espacios en blanco de los dibujos y de la lista?

Práctica A. ¿Qué comes? Explica qué prefieres comer o beber cuando tienes mucha hambre o mucha sed.

Práctica B. ¿Qué es? Trabaja con dos o tres compañeros y túrnense para describir una cosa o acción del vocabulario. Debes describir el uso o algunas características de la cosa, o la intención y/o el resultado de una acción. Tus compañeros deben adivinar la palabra.

MODELO: E1*: Es una cosa que muchas personas usan para dorar o sofreír la comida. También es gustoso ponerle esto al pan caliente o tostado.
E2: la mantequilla

*From here on ESTUDIANTE 1 and ESTUDIANTE 2 will be abbreviated E1 and E2 respectively.

En el restaurante

el aperitivo / la entrada appetizer
el (cuarto de) aseo / el baño / el servicio restroom
___________ drinks
la cafetera coffee pot
el entremés hors d'oeuvre
el plato (principal) (main) course; plate
___________ dessert
___________ tip
___________ soup
las tapas assortment of hors d'oeuvres or appetizers (*Sp.*)

La preparación de la comida

el caldo broth; bouillon; consommé
___________ freezer
la harina flower
___________ dishwasher
la mantequilla butter
la nevera refrigerator
la receta recipe
el relleno the filling, stuffing

Cognado: la margarina, el refrigerador

agregar (gu) to add
amasar to knead, mix
añadir to add
asar to roast
batir to beat; to whip
cocer (ue) to cook
___________ to cook
congelar to freeze
dorar to brown
estirar to stretch, roll out dough
freír (i, i) (frío) to fry
helar (ie) to chill; to freeze
hervir (i, i) to boil
hornear to bake
___________ to mix
picar (qu) to chop; to shred
rehogar (gu) to cook in butter/oil over a slow fire
revolver (*like* **volver**) to scramble
sofreír (*like* **freír**) to sauté

agrio/a sour, acid
asado/a baked
casero/a homemade
___________ sweet
___________ fried
picado/a chopped; shredded
salado/a salty; salted

a la parrilla/plancha grilled
al gusto to taste
al horno baked
al vapor steamed

VP Detalles lingüísticos

La palabra «cocina» tiene varios significados. Es la forma conjugada del verbo **cocinar** para *he/she cooks / you* (form.) *cook* y el imperativo informal: **¡cocina!** *cook!* Puede referirse al cuarto donde preparamos la comida (*kitchen*) y también a las costumbres y a las recetas culinarias (*cuisine*) de un grupo o país; por ejemplo, «la cocina española» se refiere a la comida española. También se dice «la cocina» para referirse a la estufa (*stove*). Busca los diferentes significados de las palabras «la comida» y «el plato» y apúntalos en tu **Vocabulario personal.**

Práctica C. ¿Qué pasa? En parejas, describan lo que pasa en el dibujo (pág. 56). Háganse preguntas sobre lo que hacen las diferentes personas y lo que pasa en el restaurante. ¿Cuántas actividades y circunstancias diferentes pueden describir?

MODELO: E1: ¿Qué trae el mesero?
E2: Trae un vaso, una copa y una botella de vino.

VP ¿Recuerdas cómo expresar las acciones y cosas que asociamos con la cocina? En tu *Manual de actividades,* organiza tu **Vocabulario personal** en categorías: **las frutas, las verduras, las carnes, los cereales, los ingredientes de una ensalada, los cubiertos,** etcétera.

Déjame que te cuente sobre...

Prepárate para leer

Actividad. Anticipación

1. ¿Qué sabes de la comida hispana? Haz una lista de los diferentes platos que conoces. Incluye el país de origen.
2. ¿Sabes qué son los siguientes platos? ¿Puedes identificar su país de origen?
   a. los moros y cristianos **b.** el locro **c.** el chairo paceño **d.** el pastel de choclo **e.** el chimichurri **f.** el gallo pinto **g.** las pupusas **h.** los chiles en nogada
3. ¿Hay restaurantes hispanos en tu comunidad? ¿Son todos restaurantes mexicanos o hay de otros países también?

Vocabulario útil

el aprecio __________

la delicia __________

disfrutar de to enjoy

extrañar to miss

probar (ue) __________

VP Repasa las palabras en la sección **Vocabulario del tema** al principio del capítulo y acuérdate de tu **Vocabulario personal** en el *Manual de actividades*.

¡A leer!

Lee la lectura entera sin buscar palabras en el diccionario. Luego, completa la **Actividad A** de **Comprensión y expresión** (pág. 60) y vuelve a leer la lectura.

¿Te gusta la comida hispana? En casi todas las regiones de Estados Unidos y Canadá se puede disfrutar de alguna comida hispana excelente. Antes no era así.

La Sra. Rosario Ortega y su familia se mudaron a Chicago hace cuarenta años. Dice Rosario: «Cuando nos mudamos mi familia y yo, del sur de California a las afueras[a] de Chicago, ¡qué aislados nos sentíamos! ¡Cuánto extrañábamos los restaurantes mexicanos! Esa mudanza[b] fue como salirse del oasis para quedarse en[c] el desierto. Pues, ahora, no sólo

[a]*outskirts* [b]*move* [c]quedarse... *end up in*

¿R? ***Hacer* en expresiones temporales**
(Taller VII. B. 1)
¿Recuerdas cómo usar **hacer** en expresiones temporales?
Hace muchos años que **vine** aquí a trabajar.
Cené en el Café Ibérico con unos amigos **hace dos semanas**.
Esta estructura es útil para expresar cuándo pasó algo. ¿Puedes identificarla en la lectura?

gramática

Tg El verbo *gustar* **(Taller VII. G.)**

¿Recuerdas cómo usar el verbo **gustar**?
A mí me gusta cenar en el Café Ibérico.
A Luis **le gustan** las tapas que sirven allí.

¿Recuerdas otros verbos como **gustar**?
A Jimena y a Nancy **les encanta** reunirse en el Café Ibérico con otros amigos.
A Greg y a mí **nos fascinan** los vinos del Café Ibérico.

la riqueza de la cocina hispana

hay una variedad de buenos restaurantes mexicanos aquí, sino que uno también encuentra los platos más ricos de Colombia, Cuba, Venezuela, Nicaragua, El Salvador… bueno, en realidad, cualquier plato que te interese.

Rosario nos cuenta sus recuerdos culinarios desde una mesa en el Café Ibérico, restaurante especializado en tapas y otras comidas de España. El Café Ibérico se estableció en Chicago con cuatro mesas; hoy en día este restaurante puede acomodar a más de cuatrocientas personas. El crecimiento del Café Ibérico ejemplifica la expansión en Estados Unidos y Canadá de restaurantes especializados en diversas cocinas hispanas. Por casi todas las ciudades grandes de los dos países, el estadounidense o el canadiense puede pedir en varios restaurantes sus platos hispanos preferidos. En esta escala gastronómica se incluyen impresionantes negocios, como el Café Ibérico, muchas franquicias,[d] restaurantes más pequeños establecidos por familias e incluso los carritos de vendedores ambulantes que venden tacos, elotes[e] o paletas de helado.[f] ¡La comida hispana está por todos lados!

A la familia Ortega le encantan las tapas del Café Ibérico, Chicago.

El aprecio por la cocina hispana se extiende mucho más allá de las fronteras[g] norteamericanas. El prestigio de la cocina hispana en el ambiente europeo se observa, por ejemplo, en el mundo de *la haute cuisine*. Se dice que los chefs de Barcelona desafían[h] ahora a las autoridades culinarias de París.

El famoso chef vasco Karlos Arguiñano abrió el fabuloso Hotel Restaurante Arguiñano y la Academia de Cocina Aiala. Estos dos centros culinarios ayudan a promover la excelencia de la cocina vasca por toda Europa, Estados Unidos, Argentina y México. También mantiene un sitio web, Karlosnet, donde comparte[i] recetas, información y noticias con todo el mundo.

El Chef Arguiñano se siente orgulloso[j] de su Academia porque desde 1996 ha abierto las puertas a miles de personas de diferentes edades, de diversos sectores sociales y de varios países. El Chef considera que ha realizado una gran labor social intentando mostrar a medio mundo el arte de la comida vasca. ¡Si se promueven más expertos en la cocina vasca, más fácil va a ser conseguir unas delicias vascas! Y es más probable que probemos, por ejemplo, la sopa de txangurro.[k] ¡Buen provecho!

[d]*franchises* [e]*corn on the cob* [f]paletas… *ice-cream bars* [g]*borders* [h]*challenge* [i]*shares* [j]*proud* [k]*spiny lobster soup*

¿R? El se impersonal y el se pasivo

(Taller III. D. 4–6)

Se come bien aquí, ¿verdad?
¿Cómo **se hacen** las gambas* al ajillo?

No debes confundir el **se** impersonal y el **se** pasivo con el **se** reflexivo. Busca ejemplos del **se** impersonal and pasivo en la lectura.

***Gambas** is the word used in Spain for shrimp. In Latin America, **(los) camarones** is more common.

Práctica. ¡Me fascina! Completa las siguientes declaraciones.

1. Manuel casi nunca come vegetales. Prefiere las carnes y el pan. Dice que no ________ (**gustar**) los vegetales.
2. Para mí, el helado de chocolate es la comida perfecta. Siempre pido helado en los restaurantes. De verdad, ¡________ (**fascinar**) el helado de chocolate!
3. Mis hijos comen muy bien en casa de su abuela. ¡________ (**Encantar**) comer los platos de la abuelita!
4. Mi esposa y yo casi nunca comemos en restaurantes. Siempre preparamos la cena en casa. ________ (**Gustar**) buscar nuevas recetas y cocinar juntos.
5. ¿Qué tipo de comida prefieres tú? ¿________ (**Gustar**) los platos típicos de algún país en particular?

Detalles culturales

En Monterrey, México, para reconocer la popularidad e importancia de los «restaurantes ambulantes», conocidos como carritos, el municipio de la ciudad invitó oficialmente al público a entregar diseños y participar así en la modernización de la imagen de los omnipresentes carritos de elotes, tacos, frutas y «perritos calientes». ¿Puedes pensar en el diseño de un carrito para darle una nueva imagen al vendedor de comida ambulante? ¿Hay un vendedor en tu barrio? ¿Qué comida ofrecen allí?

VP Acuérdate de consultar la lista de tu **Vocabulario personal** al final del capítulo o en el *Manual de actividades.*

Comprensión y expresión

A. ¿Cierto o falso o no se dice? Corrige las oraciones falsas.

	C	F	NSD
1. La familia Ortega se cansó de todos los restaurantes mexicanos en California.	☐	☐	☐
2. Es posible encontrar un restaurante de cocina puertorriqueña en Chicago.	☐	☐	☐
3. El enfoque en la comida española es la causa de la popularidad del Café Ibérico.	☐	☐	☐
4. La mayoría de la clientela de los restaurantes de comida hispana es hispana.	☐	☐	☐
5. Los vendedores ambulantes son famosos por sus tapas.	☐	☐	☐
6. En una lista de los mejores chefs, habría por los menos uno o dos barceloneses.	☐	☐	☐
7. La labor social de Karlos Arguiñano consiste en servir comida gratis.	☐	☐	☐
8. La academia del chef Arguiñano ofrece becas (*scholarships*).	☐	☐	☐

B. Preguntas

1. ¿Cómo era la situación con respecto a los restaurantes de comida hispana cuando los Ortega se mudaron a Chicago?
2. Con respecto a la comida hispana, ¿cómo ha cambiado Chicago?
3. ¿Cómo se estableció el Café Ibérico?
4. ¿Cuántas personas, más o menos, pueden sentarse en el Café Ibérico hoy en día?
5. ¿Quién es Karlos Arguiñano?
6. ¿Cómo son los estudiantes de la Academia de Cocina Aiala?

¡En acción!

A. ¿Qué ofrece un restaurante? ¿Existen los restaurantes únicamente para vender comida? ¿Qué más se hace en un restaurante, además de comer? En grupos de dos o tres, hablen de las diversas actividades relacionadas con un restaurante o del impacto sociocultural de este. Piensen también en sus experiencias personales. ¿Les ha pasado algo importante o espectacular en un restaurante, que tenga poco que ver (*little to do*) con la comida?

B. Un restaurante horrible. En parejas, hablen de un restaurante donde hayan tenido una experiencia terrible. Describan sus experiencias y traten de incluir detalles sobre la comida que pidieron, la interacción con los meseros, los precios, etcétera. ¿Cómo es un restaurante muy malo? Traten de nombrar y describir por lo menos seis características.

C. Los restaurantes de mi comunidad. Busca información en la guía telefónica o en el Internet acerca de los restaurantes de tu ciudad. ¿Hay restaurantes de cocinas exóticas? ¿De qué países o grupos étnicos son? ¿De cuáles cocinas hay más restaurantes? ¿Falta alguna cocina que a ti te gusta o te interesa probar? En una hoja aparte, contesta las preguntas y organiza por categorías los restaurantes que conoces o quieres conocer. Puedes organizarlos por su precio (muy caro / caro / módico / barato) o por el tipo de comida (comida mexicana / comida vegetariana / etcétera) o por tus preferencias personales.

gramática

Tg La narración en el pasado

(Taller I. B., III. B.)

El presente perfecto se usa para expresar acciones o situaciones que afectan el presente. Se forma con el verbo **haber** y el participio pasado.

—¿**Has comido** en este restaurante?

El pretérito expresa una acción completa o limitada en el pasado; establece el orden de los eventos.

—Yo **cené** en el Café Ibérico anoche.

El imperfecto expresa acciones en progreso, continuas o habituales en el pasado; es un tiempo descriptivo.

Cuando **era** pequeña, no me **gustaban** para nada los mariscos, pero ahora me encantan.

D. *Karlos Arguiñano y la Academia de Cocina Aiala.* El chef Karlos Arguiñano ve en su trabajo una labor social, ya que su Academia de Cocina Aiala es una escuela abierta para todos. Para ti, ¿qué significa esto? ¿Crees que establecer un instituto como este puede ser una forma de «servir» a la comunidad? ¿De qué otras formas puede un(a) chef o el dueño o la dueña de un restaurante ayudar a la gente de su localidad?

Karlos Arguiñano es uno de los primeros chefs de España con su propio programa de televisión. ¿Te gusta ver programas de cocina en la tele?

Investigación y presentación: Una escuela abierta

PASO 1. Investigar. Karlos Arguiñano se siente orgulloso de la labor social que hace desde su escuela abierta. Busca en el Internet su sitio web y lee algo de su biografía, su filosofía y su escuela. Si prefieres, puedes buscar información sobre otro chef hispano muy conocido. Organiza y apunta la información en una hoja de papel aparte.

PASO 2. Reflexionar. ¿Crees que una escuela de cocina como la de Arguiñano enriquece a la sociedad? ¿Puede constituir un servicio a la comunidad? Piensa en estas preguntas y luego compara tus ideas con las de un compañero / una compañera.

PASO 3: Representar: Programa de Entrevistas. En parejas, preparen un boceto (*skit*) tipo entrevista entre un(a) periodista y una persona del mundo gastronómico. La entrevista puede ser con un(a) chef, el dueño o la dueña de un restaurante, un vendedor o una vendedora ambulante, etcétera. Si prefieren, pueden trabajar en grupos de dos o tres para entrevistar a más de una persona. Incluyan preguntas sobre los beneficios que recibe la comunidad. Después de preparar un esquema, represéntenlo para la clase.

En la comunidad | *The Lord's Diner:* El pan de todos los días

Como en muchas ciudades de Estados Unidos y Canadá, en Wichita, Kansas, el número de personas —y de familias especialmente— sin casa y sin dinero suficiente para la comida ha continuado aumentando en los últimos años. También se ha visto en los últimos años que muchos hispanos llegan a esa ciudad en busca de trabajo. Llegan con recursos limitados; frecuentemente no les alcanza el dinero para pagar casa y comida. Eugene Gerber, obispo católico en la diócesis de Wichita, observó que varias organizaciones de caridad servían comida a mediodía, de lunes a viernes, pero que no había ninguna que sirviera comida caliente todas las noches de la semana. Concibió un plan para establecer una instalación, abierta todos los días del año, que sirviera una cena caliente todas las noches. Se inauguró *The Lord's Diner*, el Miércoles de Ceniza[a] del año 2002. Con cinco empleados y más de 5.500 voluntarios de la comunidad, *The Lord's Diner* logra servir unas 400 cenas todas las noches del año. Entre sus voluntarios, *The Lord's Diner* cuenta con estudiantes de *Newman University* que trabajan en la cocina como parte de un programa *SL* de su universidad. Elizabeth Luna es una supervisora hispana que trabaja en *The Lord's Diner* cinco noches por semana. Luna dice: «Me encanta ver a los clientes sonreír después de gozar de una buena cena servida con respeto».

Unos voluntarios sirven la cena en *The Lord's Diner.*

[a]Miércoles... *Ash Wednesday*

Práctica. Un restaurante nuevo. Indica las formas verbales correctas para completar el párrafo.

Mis amigos y yo ya **(comimos / hemos comido)**[1] en casi todos los restaurantes de la ciudad. Cuando **(leía / leí)**[2] que se **(iba / ha ido)**[3] a abrir un restaurante que se **(especializaba / especializó)**[4] en comida española, me **(entusiasmé / he entusiasmado)**[5]. Mis amigos y yo **(hicimos / hemos hecho)**[6] planes para visitarlo la primera noche. **(Buscaba / Busqué)**[7] el número de teléfono y **(hablé / he hablado)**[8] con el dueño. Como **(fuimos / hemos sido)**[9] los primeros clientes en llamar, el dueño me **(dijo / ha dicho)**[10] que él nos **(iba / ha ido)**[11] a invitar. ¡No **(teníamos / tuvimos)**[12] que pagar la cena! Esa noche, nos **(trataban / trataron)**[13] como reyes.[a] Después de siete platos y un café, ¡casi no **(podíamos / hemos podido)**[14] levantarnos de la mesa! Desde esa noche **(volvíamos / hemos vuelto)**[15] una vez al mes.

[a]*royalty*

Exploración | *La cocina típica cubana*

Usa esta cajita para dibujar una imagen o escribir algunas palabras que representen para ti la esencia de esta breve lectura.

Prepárate para leer

Actividad. Comida e identidad. En este fragmento de *¡Cristina! Confidencias de una rubia,* se comenta algunas de las costumbres y preferencias de los cubanoamericanos, con referencia a la comida y la cocina. Se nota que los alimentos constituyen una parte esencial de la cultura e identidad cubanas. Lee pensando en lo siguiente: ¿por qué es tan importante para los cubanos tener en su casa algunos productos criollos? Si te fueras a vivir a otra región o país, ¿qué platos o ingredientes querrías tener a mano?

Vocabulario útil

la guayaba ____________

el hogar ____________

la lata ____________

¡A leer!

Para nosotros la *salsa* es un ritmo que se baila y que alegra al espíritu, no algo que se le echa por encima a[a] la comida.

Nosotros no comemos picante, pero le echamos ajo[b] absolutamente a todo. A <u>lo que</u> no le echemos ajo le ponemos azúcar, porque es un postre. [...]

El hogar típico cubano debe tener siempre por lo menos[c] de doce a quince latas de productos criollos,[d] y estatuas y estampas de varios santos. [...]

Hay que amar los pasteles de guayaba; es más, hay que amar todo <u>lo que</u> contenga guayaba.

[a]se... *you put/throw on top of* [b]*garlic* [c]por... *at least* [d]*Creole* (*from Cuba*)

Cristina Saralegui (1948–) es periodista y presentadora de su propio programa de entrevistas. Su programa, «El Show de Cristina», y su revista, *Cristina: La revista,* son muy populares. Muchos la llaman «la Oprah hispana» por su popularidad.

gramática

Tg Lo que

(Taller IV. F. 3)

Aunque **lo que** parece ser de forma masculina, es neutro porque se refiere a un antecedente no identificado. Se puede entender como equivalente a ciertas frases inglesas tales como *the thing that, that which* o simplemente *what*. Su uso es muy frecuente en español.

Lo que más me fastidia es tener que levantarme temprano.
What bothers me the most is having to get up early.

No comprendí **lo que** dijo.
I didn't understand what he said.

Comprensión y expresión

A. ¿Entendiste?

1. Cristina dice que la salsa, para los cubanos, es una música alegre. ¿Qué más puede ser?
2. Según Cristina, ¿cuáles son algunos de los alimentos indispensables para los cubanos?
3. ¿Qué es algo que los cubanos no comen?

B. ¿Qué piensan Uds.? En parejas, háganse y contesten las siguientes preguntas.

1. A base de esta descripción, ¿qué te parece la comida cubana? ¿Cómo se compara con la comida italiana, china o mexicana?
2. ¿Conoces la guayaba? ¿Te gustan los postres de guayaba? Si no la conoces, ¿qué puedes hacer para conocerla o aprender cómo es?
3. En tu cultura, ¿qué comida se considera muy básica o esencial? ¿Qué platos son más apreciados (*prized*)?

C. Anticipación. En la lectura Cristina habla de la importancia del ajo, el azúcar y la guayaba. En la próxima selección, Cristina habla más de los gustos cubanos. ¿Qué sabes tú de los productos alimenticios cubanos? ¿Qué productos tienen fama?

D. Lo que me gusta. La frase **lo que** aparece dos veces en esta breve selección y es muy frecuente en español. ¿Entiendes cómo se usa? Completa las siguientes oraciones de una manera lógica.

1. En la cocina cubana, lo que es indispensable es…
2. En la comida cubana, lo que (no) se usa mucho es…
3. En la comida de mi cultura, lo que es más/menos saludable es…
4. A mí lo que más me gusta preparar/comer es…

Para pensar

¿Cómo debe sentirse un cubano que vive lejos de Miami y no puede conseguir productos de guayaba? ¿o un mexicano que no puede comprar tortillas frescas? ¿Hay algo que te haría falta del mismo modo si no pudieras obtenerlo? ¿Qué productos venden las tiendas y los supermercados para los clientes de otras culturas? ¿Hay tiendas o secciones en el supermercado con productos de Centroamérica o de Tailandia, por ejemplo?

Práctica. Preguntas. Contesta las siguientes preguntas. Trata de usar **lo que** en tus respuestas.

1. ¿Qué te gusta echarle a la comida? ¿Le echas ajo a todo lo que comes?
2. ¿Qué es lo que pides en tu restaurante favorito?
3. ¿Qué es lo que te gusta beber por la mañana?
4. Explica lo que se prepara en tu familia para las cenas especiales o días festivos. ¿Cuáles son tus platos preferidos?
5. ¿Te gusta todo lo que se sirve en la cafetería de la universidad? ¿Qué has comido allí?

gramática

Charlemos un rato

¿Qué platos típicos de tu país extrañas?

PASO 1. En grupos de dos o tres, hablen de sus comidas favoritas. Luego como clase, hagan una lista en la pizarra de los platos favoritos de la clase y comenten lo siguiente.

1. Describan uno o dos de sus platos favoritos.
2. ¿Son típicas de su región?
3. ¿Son platos que se preparan a menudo en su familia?
4. ¿Son platos para ocasiones especiales?
5. ¿Hay platos que son los favoritos de varios estudiantes?
6. ¿Son platos regionales?

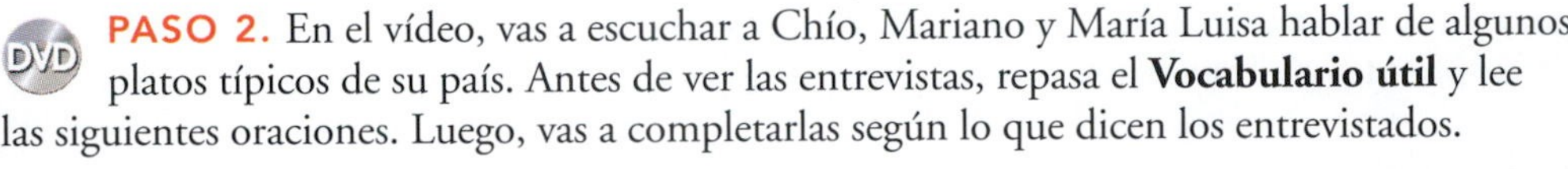

PASO 2. En el vídeo, vas a escuchar a Chío, Mariano y María Luisa hablar de algunos platos típicos de su país. Antes de ver las entrevistas, repasa el **Vocabulario útil** y lee las siguientes oraciones. Luego, vas a completarlas según lo que dicen los entrevistados.

Rocío «Chío» del Águila (Perú): «El ceviche, peruano por lo menos, es… eh… un plato de pescado crudo.»

Vocabulario útil

ají *type of pepper*
tiene mucho sabor ___________
la sierra las montañas
camote sweet potato
choclo corn on the cob
me da un poco de flojera I feel a little lazy
blanda tender
si hay fondos if there's enough ___________
hierbas ___________
alcaparras capers
sagrado ___________
el asador ___________
bombilla *straw-like tube used to drink* mate

1. A Chío le gusta la pachamanca, una comida tradicional de la ________ o la zona ________. Se cocina en un hueco en la ________ con calientes piedras y cubierta con hojas.
2. María Luisa dice que la cocina colombiana tiene como base el fríjol ________ y el ________. Un plato típico de Antioquia son las ________.
3. Mariano explica que el ________ es una infusión de hierbas, muy parecido al ________, que se toma en el ________ y en la merienda.

María Luisa Echavarría (Colombia): «De manera que… eh… la… la cocina está basada en la… eh… la agricultura de la región.»

PASO 3. Contesta las siguientes preguntas.

1. Compara la descripción de la pachamanca (Chío) con la del asado (Mariano). ¿Qué tienen en común estos platos? ¿Por qué son especiales?
2. Según María Luisa, ¿qué importancia tiene la agricultura en la cocina de una región? ¿Cuáles son algunas de las diferencias regionales que ella menciona?
3. ¿Qué te parecen los platos e ingredientes que mencionan Chío, María Luisa y Mariano? Usa los adjetivos y frases de la lista para describirlos según tus opiniones y preferencias.

asquerosoo/a (*disgusting*)	ricoo/a	(no) me apetece(n)	(no) me interesa(n)
(des)conocidoo/a	saludable	(no) me gusta(n)	(no) me parece(n)
exóticoo/a			

Mariano Markman (Argentina): «El asado es eh… en Argentina es algo digamos sagrado… »

 Dichos

En todos los idiomas, hay muchos refranes basados en la comida. ¿Puedes explicar el significado de los siguientes refranes? ¿Hay algunos refranes semejantes en inglés? ¿Cuáles son? En grupos pequeños, apunten algunos refranes populares asociados con la comida. Si quieren, pueden buscar otros refranes en español en el Internet.

Dichos

- Es tan bueno como el pan.
- ¿Cómo está tu media naranja?

Algunas variaciones del primer refrán son «Es más bueno que el pan» y «Está tan bueno que el pan». ¿Cuál crees que se refiere a una persona de corazón (*heart*) muy grande y generoso?

Costumbres y buenos modales

En la mesa

- De ser posible, la familia se reúne para comer o cenar al menos una vez a la semana.
- La sobremesa puede ser una parte importante de la cena familiar en los países hispanos. Durante y después de la cena, todos conversan y se relajan juntos. En algunas familias, la sobremesa puede durar más de una hora.

Lo correcto

- En España y en algunos otros países hispanos, se considera normal y correcto comer con tenedor y cuchillo las frutas.
- En todo el mundo hispano, si alguien te invita a cenar en su casa, no lleves comida, porque eso puede insultar a los anfitriones (*hosts*). Lleva flores o vino. **¡OJO!** No deben ser lirios (*lilies*) ni claveles (*carnations*) porque esas son flores para muertos.
- En todo el mundo hispano es importante causar una buena impresión, por eso, si les llevas una botella de vino a tus anfitriones, envuélvela en papel de regalo. Se ve mal la botella sin envolver.

Actividad. Preguntas

1. ¿Come o comía junta tu familia todos los días? ¿una vez a la semana? ¿Es típica tu familia? Cuando comen o comían juntos, ¿de qué hablaban en la mesa? ¿Cuánto tiempo, por lo regular, solía durar la cena o la conversación en la mesa? ¿Y ahora? ¿Son las costumbres de tu familia semejantes a las costumbres hispanas?
2. ¿Qué se come con las manos en este país o en tu región? Cuando unos amigos te invitan a cenar en su casa, ¿llevas a la cena comida o algún regalo? ¿Tienen Uds. modales muy diferentes de los de los hispanos?

Prepárate para leer

Actividad. ¿Qué comes en casa? Piensa en la comida casera. La comida casera de un país varía de región a región y de familia a familia. Muchas familias tienen un menú de comidas tradicionales que se sirven para ciertos eventos o días festivos. Contesta las preguntas según las siguientes categorías.

- En el invierno / el verano / las vacaciones…
- Durante la Navidad / los cumpleaños / los fines de semana…

1. ¿Qué platos se consideran tradicionales en tu región? ¿Y en tu familia? ¿Qué recuerdos asocias con estos platos?
2. ¿Qué comida odiabas de niño, y qué comida te encantaba?

Vocabulario útil

el ají chili pepper; bell pepper

un chorrito ____________________

el cubito ____________________

la rodaja slice

rociar (rocío) to sprinkle, spray

VP Repasa las palabras de la sección **Vocabulario del tema** al principio del capítulo y acuérdate de tu **Vocabulario personal** al final del capítulo o en el *Manual de actividades*.

Detalles lingüísticos

En las recetas, son frecuentes estas estrategias gramaticales para dar instrucciones. En las dos recetas que vas a leer se usan diferentes modos de dar las instrucciones. ¿Puedes identificarlas?

- mandato directo formal: **Prepárelo** con dos horas de anticipación.
- mandato directo informal: **Prepáralo…**
- **se** impersonal: **Se prepara…**
- infinitivo: **Prepararlo…**

gramática

Tg Los mandatos

(Taller III. C. 6)

Hay dos tipos de mandatos directos en español, los formales y los informales. Las formas imperativas se caracterizan por el cambio de vocal en la terminación del verbo. Las excepciones son las formas afirmativas informales (**tú** y **vosotros**). Recuerda también que los objetos directos, indirectos y reflexivos se colocan al final de los mandatos afirmativos.

¿Son formales o informales los siguientes mandatos?

- Primero, **pela** las papas y **córtalas** en pedazos pequeños…
- **Bata** los huevos. **Mezcle** la harina y el azúcar y luego **añádalos** a los huevos…

Los mandatos directos están subrayados en la receta de la lectura. ¿Son formales o informales?

la comida casera

¡A leer!

La siguiente receta es una receta casera del mundo hispano. Léela una vez sin buscar palabras en el diccionario. Luego, completa la **Actividad A** de **Comprensión y expresión** (pág. 69) y después, lee la lectura de nuevo.

Carla Sáenz es de Lima, Perú. Esta es una receta de su familia. «A ver chicos, les paso una receta peruana que se come muchísimo en todas las casas. Se llama "causa rellena". En esta receta, vamos a usar mucha papa porque, por si no lo sabían, en Perú tenemos muchos platos con papas.»

Causa rellena

Ingredientes

Masa:

- 3 libras de papas amarillas, peladas y cortadas en cuadritos[a]
- ají amarillo licuado[b] al gusto
- 3 cucharadas de aceite
- jugo de 4 limones
- sal y pimienta

Relleno:

- 1 palta (aguacate[c]) grande o 2 pequeñas
- 1 limón
- 2 tomates picados
- 1 lata[d] de atún o salmón
- 1 cebolla grande picada finamente, a la que se añade una cucharada de vinagre blanco o de limón (la mitad de la cebolla se usa para el relleno de atún o salmón y la otra mitad para el relleno de tomate)
- mayonesa al gusto
- sal y pimienta

Decoración:

- 2 huevos duros[e]
- una ramita de perejil[f]
- mayonesa al gusto

[a]*cubes* [b]*pureed* [c]*avocado* [d]*can* [e]huevos… *hard-boiled eggs* [f]ramita… *parsley sprig*

Detalles culturales

En la cocina hispana se usan tanto las medidas inglesas como las métricas. Es útil tener una idea clara de su equivalencia en los dos sistemas.

1 kg = 2,2 libras[a] o 35,27 onzas[b]

1 litro = 1,06 cuarto o 0,26 galón

1 cucharada[c] = 0,01 litro

1 taza = 0,24 litro

¿Puedes convertir tu receta favorita de un sistema a otro?

[a]*pounds* [b]*ounces* [c]*tablespoon*

Vocabulario útil

colocar (qu) ____________

enfriar (enfrío) ____________

enharinar to flour

meter ____________

moler (ue) to grind

espolvorear con to sprinkle with

pelar ____________

rellenar ____________

Práctica. Chiles rellenos. Cambia los mandatos de informales a formales **(Ud.)**.

- **Asa**[1] los chiles a fuego directo, volteándolos constantemente. **Deja**[2] que se enfríen, luego **pélalos**[3]. **Ábrelos**[4] por un costado[a] y **quítales**[5] las venas y las semillas.[b]
- **Pon**[6] los jitomates a cocer en una taza y media de agua. Una vez cocidos, **muélelos**[7] en la licuadora con un poco de sal y la mejorana.[c] **Rellena**[8] los chiles, **espolvoréalos**[9] con sal, **ciérralos**[10] con un palillo de madera[d] y **enharínalos**[11].
- **Bate**[12] las claras de los huevos[e] y **agrega**[13] la sal y las yemas.[f] **Sigue**[14] batiendo otros 2 minutos más.
- **Mete**[15] los chiles rellenos y enharinados en los huevos batidos. Luego, **sácalos**[16] y **fríelos**[17] en una sartén con el aceite caliente.
- **Coloca**[18] los chiles en un plato caliente y **báñalos**[19] con la salsa de jitomate.

[a]*side* [b]*seeds* [c]*marjoram* [d]palillo… *wooden toothpick* [e]claras… *egg whites* [f]*yolks*

gramática

Instrucciones:

- Hierva las papas (de preferencia amarillas y de textura arenosa[g]) y, todavía calientes, hágalas puré.
- Agregue un poco de ají amarillo licuado, sal, jugo de limón y un chorrito de aceite.
- Amase hasta que la mezcla quede uniforme.
- Divida la masa en 4 partes.
- Ponga aceite en una bandeja *Pyrex* y cubra el fondo[h] con una de las partes de la masa.
- Cubra la masa con palta en rodajas.
- Eche sal y rocíe ligeramente con limón (para que la palta no se ponga muy negra).

- Ponga encima otra capa[i] de masa de papa, y sobre ella una mezcla de atún con cebollita picada finamente y mayonesa.
- Nuevamente ponga una capa de masa de papa, y cúbrala con una mezcla de tomate picado, con cebollita y mayonesa.

- Finalmente, cúbrala con la última parte de masa de papa.

- Para que el plato se vea bonito, decore encima con huevo duro, perejil picado y, si lo desea, también con mayonesa.
- Ponga todo en el refrigerador por lo menos media hora antes de servirlo, de modo que se enfríe bien. ¡Es un excelente almuerzo de verano!

[g]*grainy* [h]*bottom* [i]*layer*

gramática

Tg Los participios pasados que funcionan como adjetivos (Taller III. G.)

En las recetas se usan muchos adjetivos derivados de participios pasivos, por ejemplo, **cortado** y **pelado.** Los adjetivos derivados de participios pasados tienen las mismas irregularidades (**hacer → hecho/a, revolver → revuelto/a**).

Necesitamos cuatro manzanas **peladas** y **picadas.**
Estos son platos **hechos** con amor y cariño.

Busca los adjetivos derivados de participios pasados en la lectura.

Práctica. Los preparativos. En parejas, describan la comida de cada dibujo, usando participios pasados que funcionan como adjetivos. Luego, digan cuáles les gusta comer, cuáles saben hacer, cuáles comen con frecuencia, etcétera.

MODELO: papas  → papas fritas. Me encantan las papas fritas y las como con frecuencia, pero no sé hacerlas.

Comprensión y expresión

A. Léxico. Identifica los significados.

1. al gusto
   a. con mucho gusto
   b. como prefieres
   c. con mucha fuerza
2. quedar uniforme
   a. poner uniforme
   b. estar de acuerdo
   c. ponerse igual
3. rocíe ligeramente con limón
   a. ponga un poquito de jugo de limón
   b. toque la comida con un poco de limón
   c. tome un poquito de jugo de limón
4. nuevamente
   a. con algo nuevo
   b. otra vez más
   c. frecuentemente
5. de modo que se enfríe bien
   a. para que esté frío
   b. a fin de que esté frito
   c. en forma de los frijoles

B. ¿Cierto o falso o no se dice? Corrige las oraciones falsas.

	C	F	NSD
1. A los vegetarianos no les gustaría comer la causa rellena.	☐	☐	☐
2. Se alternan capas de papa y atún en la preparación de la causa rellena.	☐	☐	☐
3. La causa rellena se hace con papas recién hervidas, pero se sirve bien fría.	☐	☐	☐
4. Los peruanos comen pescado frecuentemente.	☐	☐	☐

Detalles lingüísticos

Muchos sustantivos se derivan del participio pasado **(-ado / -ido).**

la comida   la empanada   el helado   el licuado

¿Puedes pensar en otros sustantivos que terminan en **-ado/a** o **-ido/a**? Para referirse a la cebolla y el ajo picados y dorados en aceite, se usa la palabra **sofrito. Sofrito** también es el participio pasado de un verbo. ¿Cuál es?

C. Respuesta breve. Contesta las siguientes preguntas sobre la lectura.

1. Según Carla, ¿cuál es el ingrediente principal de la causa rellena, y por qué?
2. ¿Cuántas capas diferentes requiere la receta de la causa rellena y de qué es cada una?

1. zanahorias **2.** carne **3.** crema

4. paletas **5.** cebollas **6.** huevos

gramática

VP Acuérdate de consultar la lista de tu **Vocabulario personal** al final del capítulo o en el *Manual de actividades.*

¡En acción!

A. La comida y el dinero. Una consideración que tienen que hacer las cocinas caritativas es el costo de los platos que preparan. Aunque desean preparar platos que a sus clientes les sean familiares y que les gusten, a veces es difícil si los ingredientes son caros. La causa rellena es un plato favorito de familias peruanas. Vuelve a mirar la lista de ingredientes. En tu ciudad, ¿sería caro hacer este plato? ¿Más o menos cuánto costarían los ingredientes? Después de pensarlo, comparte tus ideas con un compañero / una compañera. Luego, traten de hacer una lista de platos nutritivos que no cuestan mucho.

B. Imagínate

PASO 1. Piensa en tu familia u otra que conoces. Descríbela (¿cuántos son?, ¿dónde viven?, etcétera) y haz una lista de lo que esa familia come regularmente durante una semana. Ahora, imagínate que esta familia sufre una crisis económica. Indica de qué crisis se trata (desempleo, accidente, enfermedad, muerte) con una breve explicación.

PASO 2. Ahora, intercambia tu descripción y tu lista con las de un compañero / una compañera. Lee la descripción y la lista de tu compañero/a y piensa en los cambios que su familia debe hacer en cuanto a la comida. Tacha (*Strike out*) las cosas que ya no deben comprar o consumir y añade en cambio otras comidas. Incluye cuatro o cinco platos económicos en la lista. Devuelve la lista a tu compañero/a y luego comparen los cambios que hicieron.

PASO 3. Como clase, organícense para comparar las listas. En la pizarra, hagan una lista de las cosas que tacharon en cada lista, marcando las repeticiones. ¿Qué tipos de comidas son? ¿Carnes? ¿Comida chatarra (*Junk food*)? En otra lista en la pizarra, apunten los alimentos que *no* tacharon, marcando también las repeticiones. ¿Qué tipo de comida quedó en la lista? ¿Es comida nutritiva?

PASO 4. Finalmente, busquen en el Internet información sobre los cupones de alimentos (*food stamps*) y sobre el programa *WIC.* ¿Qué tipos de comida se pueden comprar con los cupones? ¿Son alimentos que Uds. todavía tienen en la lista?

Detalles culturales

Los platos «nacionales», o sea, los más característicos de un país o de una región, a menudo son los platos económicos del pueblo. Por ejemplo, los «moros y cristianos» del Caribe y el «gallo pinto» de Costa Rica son platos muy típicos de frijoles negros con arroz. ¿Hay platos típicos de tu región que sean muy económicos?

C. Una encuesta: Comidas odiosas y fabulosas

PASO 1. Piensa en por lo menos cinco comidas que no te gustan o que comúnmente no son populares, y cinco que te gustan o que son muy populares. Organiza las diez comidas en una tabla según tus preferencias.

Las comidas	**Me fascina(n).**	**Me gusta(n).**	**No me gusta(n).**	**No me gusta(n) para nada.**

PASO 2. En grupos de tres, hagan una encuesta sobre las comidas que tienen en su tabla. Pregúntense si les gusta cada comida o no. Después de hacer la encuesta, comparen sus resultados con los de otros grupos.

MODELO: TÚ: ¿Te gusta el brócoli?
E1: Sí, me fascina / me gusta.
E2: No, no me gusta / no me gusta para nada.

PASO 3. Escojan las cinco comidas más populares de la clase. Luego, contesten las siguientes preguntas.

1. ¿Es cara? ¿barata?
2. ¿Es buena para la salud?
3. ¿Es parte de tu cultura o tradición familiar?

Investigación y presentación: El libro de recetas de la clase

PASO 1. Investigar. Tu profesor(a) va a asignar diferentes países a cada estudiante de la clase. Busca información en la biblioteca y en el Internet sobre los platos típicos del país asignado. Escoge un plato típico que te interese probar. Apunta la receta y su información o historia en una hoja de papel y tráela a clase.

PASO 2. Reflexionar. Piensa en la historia de tu receta y cómo puedes ilustrarla con dibujos. Puedes incluir mapas y banderas si quieres. Crea una hoja de papel elegante y con ilustraciones. Vas a unir tu receta a las de tus compañeros para crear un libro de recetas.

PASO 3. Representar. Todos deben traer su receta a la clase. Átenlas (*Tie them*) con una cinta (*ribbon*) o pónganlas en una carpeta (*folder/binder*) para formar *El libro de recetas de la clase*. Algunas personas deben presentar y demostrar los pasos de su receta (como un chef famoso) a la clase. Si pueden, traigan algunos utensilios y comidas para la demostración.

Usa esta cajita para dibujar una imagen o escribir algunas palabras que representen para ti la esencia de esta breve lectura.

Prepárate para leer

Actividad. ¿Qué recuerdas? En la primera parte del capítulo, leíste un fragmento del libro *¡Cristina! Confidencias de una rubia.* ¿Recuerdas los alimentos que Cristina menciona?

☐ el arroz ☐ la guayaba ☐ el azúcar ☐ la cebolla ☐ el ajo

Ahora vas a leer otro fragmento en el que Cristina describe el amor cubano por el café. Se toma café en todas partes del mundo, pero los cubanos están entre los más aferrados (*attached*) a su cafecito, y el café cubano es una bebida bien fuerte. Antes de leer, ojea (*scan*) la selección para identificar los cognados. ¿Cuántos puedes encontrar?

¡A leer!

Y, por supuesto, le echamos mucho azúcar al café cubano, que es nuestra gasolina, y tan potente como la nitroglicerina. Cuando mi esposo Marcos y yo viajábamos, al principio del programa *¡Cristina!,* notábamos que con frecuencia nos sentíamos cansados. Hasta un día que nos dimos cuenta que nos faltaba el café cubano. Nos tomábamos decenas de tazas de café americano y no nos despertábamos debidamente.[a] Entonces nos compramos una cafetera de café cubano portátil para prepararlo nosotros mismos en los hoteles de las ciudades que visitábamos de gira.[b] No será[c] elegante, ¡pero al menos[d] llegamos a los sitios despiertos!

Para los cubanos, esta tacita de «gasolina» es deliciosa.

[a]*properly* [b]de… *on tour* [c]No… *It may not be* [d]al… *at least*

Tg El pretérito y el imperfecto (Taller III. B.)

gramática

En la narración, el imperfecto se usa para describir el ambiente o las acciones habituales, repetidas o en progreso. El pretérito, en cambio, se usa para expresar acciones que ocurrieron y se completaron una vez, en secuencia o dentro de un tiempo definido. En esta lectura, se subrayan los ejemplos de estos dos tiempos verbales. ¿Puedes explicar por qué se usa el pretérito o imperfecto en cada caso?

Comprensión y expresión

A. ¿Entendiste?

1. ¿Qué problema tuvieron Cristina y su esposo?
2. ¿Cómo resolvieron su problema?
3. ¿Por qué dice Cristina: «No será elegante»?

B. ¿Qué piensan Uds.? En parejas, háganse y contesten las siguientes preguntas.

1. A base de este pasaje, ¿cuál es la diferencia entre el café cubano y el café que se bebe típicamente en este país? ¿Qué sabes del café de diferentes regiones o países?
2. ¿Tomas café? ¿Le echas mucho azúcar, como los cubanos? Si no, ¿qué bebida o comida es tu «gasolina»?
3. ¿Consideras que el café, u otra bebida, forma parte de tu cultura?
4. ¿Puedes vivir sin una buena dosis diaria de cafeína? Mucha gente depende del café, del té o de otras bebidas estimulantes para despertarse por la mañana y para mantenerse alerta a través de la tarde. ¿Qué opinas al respecto?

C. Se tomaban galones de café. En este fragmento hay varios ejemplos del reflexivo. ¿Recuerdas cómo funciona? Crea oraciones completas y originales, según el fragmento, usando las siguientes frases.

tomarse mucho café	comerse dulces y postres	despertarse cansado
dormirse por la tarde	sentirse mal	

D. Análisis: El público lector. Vuelve a leer los fragmentos de *Vivir para contarla* de la **Unidad 1,** y compáralos con los fragmentos de *¡Cristina! Confidencias de una rubia.* ¿Para quiénes fueron escritos estos dos libros y cómo lo sabes?

Para pensar

Los niños son los que sufren más los problemas del hambre y la pobreza. En Estados Unidos, 12 millones de niños padecen (*suffer*) de hambre. En los países en vías de desarrollo, el 10 por ciento de los niños muere antes de cumplir los 5 años. Un 75 por ciento de todas las muertes de niños de hasta los 5 años de edad ocurre por falta de alimentación. ¿Qué programas hay en tu comunidad para proteger a los niños del hambre? ¿Qué oportunidades hay para ayudar a los niños en países en vías de desarrollo?

Práctica. Preguntas

1. Cuando eras joven, ¿qué te gustaba comer y beber? ¿Qué productos te apetecían? ¿Cuáles te repugnaban?
2. En tu familia ¿qué platos se consideraban especiales y por qué?
3. ¿Te negaste alguna vez a comer algo? ¿Qué pasó como consecuencia?
4. ¿Tomas café o té? ¿A qué edad empezaste a tomarlo?

gramática

¡A escribir!

PASO 1. Explora las siguientes posibilidades para el ensayo. No te olvides de apuntar en tu *Manual de actividades* las ideas que más te interesan.

1. Imagínate que eres gran aficionado/a al arte de cocinar y como te gusta mucho la comida del Perú, decides abrir tu propio restaurante de cocina peruana y andina. Escribe un plan de negocios para tu futuro restaurante.
2. No hay ningún restaurante en tu ciudad que sirva la típica comida étnica del lugar de origen de tu familia y sabes que a muchas personas les encantan los platos que preparan tu mamá y tus abuelas. Imagínate un restaurante que promueva la excelencia de los platos típicos de tu cultura. ¿Cómo será?
3. A ti te fascinan todos los postres de chocolate y no hay ningún negocio especializado precisamente en eso en tu comunidad. Tienes dinero y quieres invertirlo (*invest it*) en un pequeño negocio. Te gusta la idea de una pastelería exclusivamente de chocolate. Describe tu futuro negocio.

PASO 2. Si todavía no estás seguro/a del tema que prefieres, vuelve a leer el **Problema auténtico** y las secciones **Para pensar** y consulta tu **Vocabulario personal.** También puedes escoger un tema de una de las actividades del libro de texto o del *Manual de actividades.*

PASO 3. Repasa la gramática presentada en este capítulo. ¿Cómo puedes usarla en tu ensayo? Mientras escribes, subraya las formas y estructuras que utilizas de este capítulo.

PASO 4. Escribe un borrador de por lo menos 200 palabras. Si quieres, puedes seguir los pasos de **¡A escribir!** en el *Manual de actividades* para escribir el ensayo.

¿R? ¿Descripción? ¿Explicación?

¿Piensas hacer muchas descripciones en tu ensayo? Si vas a usar adjetivos, te sería útil repasar las reglas de la concordancia **(Taller V. B. 1, 2),** y también las formas del participio pasado y su uso en función de adjetivo **(Taller III. G.).** ¡Sé imaginativo/a en tu uso de los adjetivos!

> En mi restaurante ideal, hay mesas grandes, **hechas** de plástico **reciclado,** de colores vibrantes y **variados.** Las ventanas casi siempre están **abiertas,** y son **diseñadas** en forma de diamante…

Si quieres explicar tus preferencias, puedes usar los verbos tipo **gustar (Taller VII. G.)** para hablar un poco de tus selecciones.

> **Me fascinan** los colores brillantes y los espacios con mucha ventilación, y también **me parece** importante usar materiales reciclados cuando puedo. A algunos clientes **les interesa** la creatividad en la arquitectura de un restaurante, por eso creo que a algunos **les va a encantar** la forma de diamante de las ventanas, aunque a otros eso no **les va a importar** mucho.

Vocabulario *(Esta lista presenta el vocabulario esencial de este capítulo.)*

En el restaurante

el aperitivo appetizer
el (cuarto de) aseo / el baño / el servicio restroom
la cafetera coffee pot
el/la chef (head) chef; head cook
el/la cocinero/a cook, chef
la entrada appetizer
el entremés hors d'oeuvre
el plato (principal) (main) course; plate
las tapas assortment of hors d'oeuvres or appetizers (*Sp.*)

Los utensilios, recipientes y aparatos de cocina

la bandeja tray
la batidora mixer
la botella bottle
la copa (para vino) wine glass
la espátula spatula
la licuadora blender
la nevera refrigerator
la sartén frying pan
la taza coffee cup, (measuring) cup

Cognado: el refrigerador

La preparación de la comida

el caldo broth; bouillon; consommé
la harina flour
la mantequilla butter
la masa dough
la receta recipe
el relleno filling, stuffing

Cognado: la margarina

agregar (gu) to add
amasar to knead, mix
añadir to add
asar to roast
batir to beat; to whip
cocer (ue) to cook
congelar to freeze
dorar to brown
estirar to stretch, roll out dough
freír (i, i) (frío) to fry
helar (ie) to chill; to freeze
hervir (i, i) to boil
hornear to bake
picar (qu) to chop; to shred
rehogar (gu) to cook in butter/oil over a slow fire
revolver (*like* **volver**) to scramble
sofreír (*like* **freír**) to fry

agrio/a sour, acid
asado/a baked
casero/a homemade
picado/a chopped; shredded
salado/a salty; salted

a la parrilla/plancha grilled
al gusto to taste
al horno baked
al vapor steamed

Vocabulario útil y vocabulario personal

Usa esta sección para apuntar palabras y expresiones adicionales que tu profesor(a) asigne u otras palabras útiles para comunicar tus ideas relacionadas con este capítulo.

Expresiones

La comida

El pintor y escultor Fernando Botero, nació en Medellín, Colombia, en 1932. Su obra incluye paisajes y naturalezas muertas, pero especialmente se enfoca en el retrato situacional, por ejemplo una familia en el parque o una mujer en su baño. Sus formas generalmente son infladas o «gordas». Botero no evita el compromiso social. A principios del siglo XXI presentó al Museo Nacional de Colombia cincuenta trabajos sobre la violencia de su país. Luego estrenó otros cincuenta cuadros que expresan reacciones al incidente *Abu Ghraib,* los cuales también pensaba donar a museos.

Gilda Sacasas nació en Cuba. De niña, dejó la Isla junto con su familia para establecerse en Estados Unidos. Se crió en Florida. Como Botero, las imágenes de Sacasas son estilizadas. ¿Puedes describir su estilo y comprarlo al estilo de Botero?

Still Life with photographs (1982), Fernando Botero (Colombia)

Azúcar, caña y café, Gilda Sacasas (Cuba / Estados Unidos)

Vuelve a mirar *Si me pides el pescao… te lo doy* en la introducción a la **Unidad 2.** Ramón Carulla nació en Cuba, pero ahora vive en Coral Gables, Florida.

Eliseo Grenet (1893–1950), famoso sonero cubano de los años 30 y 40, compuso el son «Si me pides el pescado, te lo doy», que es una combinación de varios sones populares de los años 20. La expresión «Si me pides el pescado, te lo doy» era parte de la jerga[a] caribeña y se usaba para coquetear.[b] La letra de los sones cubanos a menudo eran juegos de palabras, a veces absurdas y siempre juguetonas. Lo más importante del son eran la música, el ritmo y el baile.

[a]*slang* [b]*flirt*

Si me pides el pescao, te lo doy, por Eliseo Grenet

Identifica las imágenes de este son.

Si me pides el pescao, te lo doy,
te lo doy, te lo doy, te lo doy.

Para pantalón y saco traigo
perchero[a] barato a medio peso
zapaticos de a centén.[b]

Ay mujeres, no se duerman
que nos vamos pa' la madruga'[c]
pa' Palma Soriano para cumbanchar.[d]

De Matanzas me han dado un recado[e]
y me han dicho que a ti te lo dé

Si me pides el pescao, te lo doy,
te lo doy, te lo doy, te lo doy…

[a]*hanger* [b]moneda de oro español que se usaba a principios del siglo XX [c]pa'…*in the early morning* [d]*party, have fun* [e]mensaje

Como agua para chocolate (1989, novela), Laura Esquivel (México); (1992, película), Alfonso Arau, director (México)

La novela, hecha película, de Laura Esquivel (1950–) creó una gran sensación por su trato original y creativo de la esfera femenina, sobre todo de la cocina y la comida. En la obra de Esquivel, la comida sirve para expresar las emociones y sentimientos de un modo sobrenatural.

 **Actividad. Las imágenes alimenticias.** En parejas, hagan lo siguiente.

1. Busquen algunas pinturas de Botero, Sacasas y Carulla. Hagan una lista de las características de los cuadros de los tres artistas. Comparen las imágenes de las personas que pinta Botero con la imagen de la naturaleza muerta (*still life*). ¿Cómo son las personas en los cuadros de Sacasas? ¿Qué colores predominan en las pinturas de Carulla? ¿Qué palabras usarían para contrastar los cuadros de Botero, Sacasas y Carulla?
2. ¿Qué otras obras de arte (cuadros, canciones, novelas) conocen que tienen como tema la comida? ¿Creen que la comida tiene valor simbólico en estas obras? ¿Qué puede representar?
3. Busquen reseñas de la novela y la película *Como agua para chocolate.* ¿Cuáles son algunas de las imágenes importantes e inolvidables? ¿Qué comidas o sazones (*seasonings*), en particular, se destacan en la película? ¿Y en las recetas?

La comunidad de *España y Guinea Ecuatorial*

España y Guinea Ecuatorial (ve los mapas al principio de este libro) muestran con gran claridad las diferencias entre un país desarrollado y uno en vías de desarrollo. ¿Cómo se reflejan estas diferencias en las fotos y en las cifras presentadas aquí?

1. Una florería en la Plaza del Ayuntamiento, Valencia, España

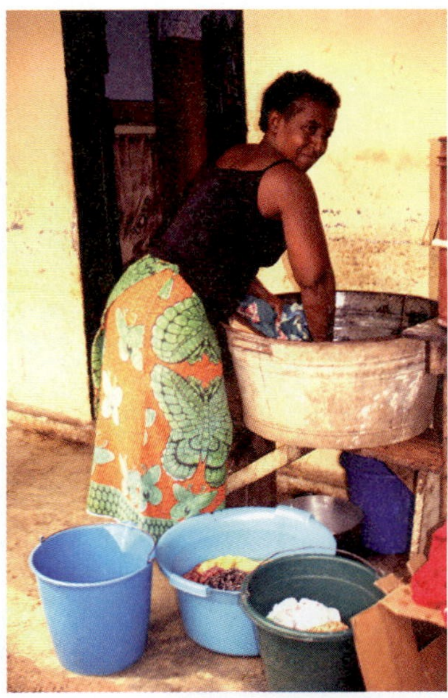

3. Una madre guineana que hace la colada (lava la ropa) para su familia

2. Un café al aire libre, Madrid, España

4. Un mercado en Malabo, la capital de Guinea Ecuatorial

¿Ves algo aquí que no te parece lógico? Parece que Guinea Ecuatorial es un país riquísimo si miras la cifra de Ingresos *per cápita,* pero si miras el resto de los datos parece que es todo lo contrario, ¿no? Te damos dos palabras clave para entender esta situación: **petróleo** y **dictadura.** En parejas, conversen y traten de explicar esta paradoja.

España	
Población:	más de 40 millones
Tasa de fertilidad:	1,28 niños por mujer
Esperanza de vida:	poco menos de 80 años
Tasa de alfabetización:	el 98 por ciento
Ingresos *per capita:*	25.500 dólares al año
Tasa de infección de SIDA:	0,7 por ciento

Guinea Ecuatorial	
Población:	más de 540.000
Tasa de fertilidad:	4,6 niños por mujer
Esperanza de vida:	poco menos de 50 años
Tasa de alfabetización:	el 86 por ciento
Ingresos *per capita:*	50.200 dólares al año
Tasa de infección de SIDA:	3,4 por ciento

Capítulo 4

Las compras y las cosechas

Se cosecha el repollo (*cabbage*) en una finca californiana.

En este capítulo

Déjame que te cuente sobre...

el cultivo orgánico en Venezuela | un mercado sin intermediarios

Tg Taller de gramática

Para este capítulo, debes consultar las siguientes secciones del **Taller de gramática.**

- Los adverbios
- El pronombre **se** y la voz pasiva
- Los verbos tipo **gustar**
- Los pronombres de objeto directo
- Los pronombres de objeto indirecto
- El pretérito y el imperfecto

Problema auténtico. La familia Contreras tiene una finca donde trabaja toda la familia. Esta tierra es de la familia desde hace mucho tiempo y todos están orgullosos de la finca y de sus productos. Los hijos de la familia Contreras quieren seguir trabajando la tierra y mejorar el estado de la finca como lo hicieron sus padres y abuelos. El problema es que los gastos aumentan mucho y las ganancias no aumentan al mismo ritmo. Cada año son más caros los fertilizantes, los pesticidas, la gasolina y la maquinaria que la familia utiliza, mientras que los precios y la producción aumentan muy poco o nada.

¡A escribir! Para el ensayo que vas a escribir al final del capítulo:

- explora los temas y la gramática del capítulo
- lee el **Problema auténtico**
- lee las secciones de **Para pensar** en **Exploración**
- apunta en tu **Vocabulario personal** las palabras y expresiones útiles
- usa **¡A escribir!** en tu *Manual de actividades* para organizar tus ideas

vp Vocabulario del tema*

Práctica A. Del cacao al chocolate. Completa las siguientes oraciones con palabras del **Vocabulario del tema.** Luego, indica el orden cronológico correcto.

_______ Los _______ de cacao maduran en la planta.
_______ El agricultor riega (*spreads*) el _______ orgánico y lo mezcla con la _______ cerca de las plantas de cacao.
_______ El _______ compra los granos al agricultor para procesarlos.
_______ Cuando el cacao está bien maduro, los campesinos hacen la cosecha.
_______ Después de _______ el chocolate, _______ los productos en el mercado.

____

*Basándote en tu experiencia con el español, ¿cuáles son las palabras que llenarían los espacios en blanco del dibujo y de la lista?

En la finca

el abono fertilizer

el abono orgánico organic fertilizer, manure

el/la agricultor(a) farmer

el/la caficultor(a), cafetalero/a coffee grower

el/la campesino/a farmer; farmhand

la cosecha harvest

el cultivo farming, cultivation; crops

el grano bean (*coffee, cacao*)

__________ land; soil

Cognados: la agricultura, el fertilizante, el tractor

adquirir (ie) to acquire; to purchase

cultivar to farm, cultivate

explotar to exploit

hacer (*irreg.*) __________ to be lacking

sobrevivir to survive

agrícola (*inv.*) agricultural

anterior previous

__________ obligated

El mercado y el mundo

el abandono abandonment, desertion

el aporte contribution

el beneficio profit; benefit

la calidad quality

el consuelo consolation; comfort

la época period, time

el fabricante manufacturer

la ganancia profit

__________ brand name

la miseria extreme poverty

__________ loss

__________ poverty

__________ price

la pureza purity

__________ richness

comercializar (c) to market, trade

complacer (zc) to please

deberse a to be due to

duplicarse (qu) to double

fabricar (qu) to manufacture

juntarse to join; to meet

__________ to drive; to manage

prolongarse (gu) to continue; to extend

__________ to carry out, accomplish

Cognado: garantizar (c)

debido a due to

Detalles lingüísticos

VP Contesta las preguntas, apuntando la información en tu **Vocabulario personal.**

- Busca los diferentes significados del verbo **explotar.** Apúntalos en tu **Vocabulario personal,** y trata de usarlos en oraciones originales. ¿Cómo se relacionan los diferentes significados de este verbo con el tema del capítulo?
- Las palabras **el huerto** y **la huerta** son parecidas, pero diferentes. Busca los significados. ¿Cuál es la diferencia principal? ¿Tiene que ver esta diferencia con el tamaño?

Práctica B. Antónimos. Encuentra los antónimos de estas palabras en el **Vocabulario del tema.** Puedes indicar otros antónimos que recuerdas o que encuentres en el diccionario.

1. el cuidado, la ayuda __________
2. la pérdida __________
3. la riqueza __________
4. desagradar __________
5. acortar, abreviar __________

VP En tu *Manual de actividades,* organiza tu **Vocabulario personal** en categorías como **en el supermercado, en el mercado, en la finca / el campo,** etcétera.

Déjame que te cuente sobre...

Prepárate para leer

A. Reflexión. ¿Qué sabes de Venezuela, de su economía y de su clima? ¿Qué sabes de la agricultura orgánica? Apunta lo que sabes o piensas de este país sudamericano. Después de terminar la lectura, añade nueva información.

B. Estrategia. Antes de leer, mira las fotos y el mapa que aparecen en la lectura. Basándote en estos, ¿de qué crees que se trata la lectura?

Vocabulario útil

la avispa wasp

la tonelada _______

el primogénito _______

¿Cuántas libras hay en un **kilogramo**? 1 kg = _______ lbs.

VP Repasa las palabras en la sección **Vocabulario del tema** al principio del capítulo y acuérdate de tu **Vocabulario personal** al final del capítulo o en el *Manual de actividades*.

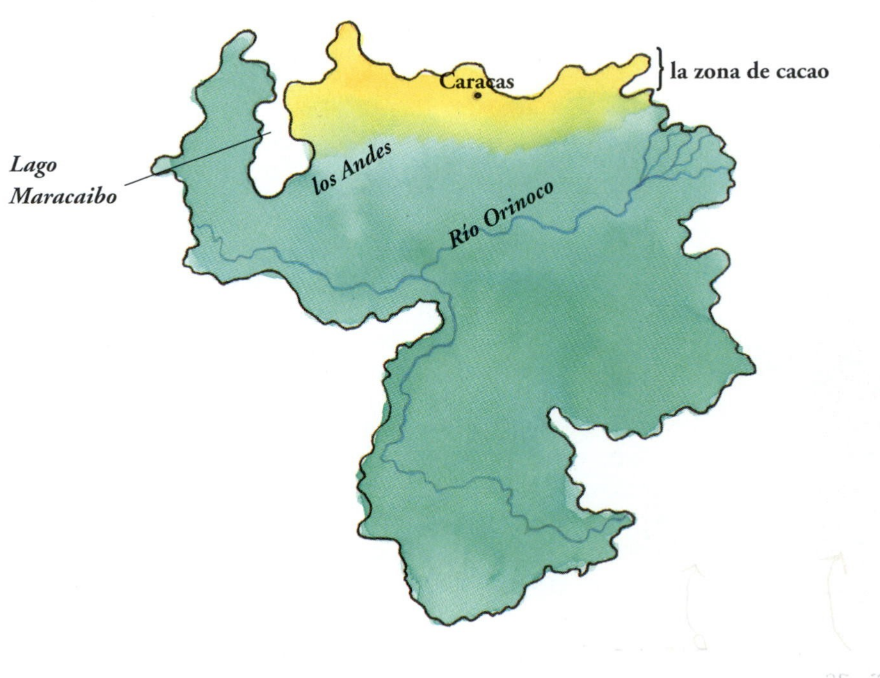

Tg Los adverbios

(Taller V. D.)

gramática

Los adverbios modifican un verbo o adjetivo. Se forman con la forma femenina de un adjetivo, más el sufijo **-mente.** También puedes usar una frase adverbial, compuesta de una preposición y un sustantivo.

ADVERBIO	FRASE ADVERBIAL
actualmente	**en la actualidad**
anualmente	**al año**
pacientemente	**con paciencia**
seguramente	**con seguridad**
verdaderamente	**en verdad**

el cultivo orgánico en Venezuela

¡A leer!

Lee la selección entera sin buscar palabras en el diccionario. Luego, completa la **Actividad A** de **Comprensión y expresión** (pág. 85) y vuelve a leer la lectura.

Ah... el chocolate: dulce favorito de millones. Rara es la persona a quien una buena barra de chocolate de vez en cuando (o cada día) no le agradaría. Y cuando hace falta un chocolate verdaderamente exquisito, ¿adónde vamos? ¿A las famosas marcas europeas, o sea[a] a los chocolates suizos o franceses? ¿A las marcas famosas de Estados Unidos?

Claro que sí, pero mientras tanto, no nos olvidemos del progenitor[b] de esta maravillosa comida de los dioses: el grano de cacao, producto de árboles tropicales cultivados con esmero[c] y paciencia. Es una planta originaria de México; los chocohólicos del mundo seguramente dirían que es el aporte agrícola más importante en toda la historia del mundo. Pues, actualmente varios fabricantes de los mejores chocolates del mundo, italianos, franceses y estadounidenses, viajan a Venezuela en busca de cacao. Se dirigen a las zonas de cultivo cerca de la costa caribeña y del Lago Maracaibo, porque gracias a la introducción de unas técnicas orgánicas de cultivo, precisamente allí se encuentra un cacao de excepcional calidad y pureza.

[a]o... es decir [b]*source* [c]con... *very carefully*

¿R? El condicional (Taller III. E.)

El condicional es equivalente a *would* en inglés y tiene una función hipotética.

Si comiera todo el chocolate que me apeteciera, **estaría** bastante pobre y bien gorda.

If I ate all of the chocolate I wanted, I would be quite poor and very fat.

El cacao se cosecha a mano.

Detalles culturales

De los veinte países con el más alto consumo de chocolate, dieciséis son europeos. Los demás son: Brasil, Japón, Estados Unidos y Australia. ¿El número uno en consumir chocolate? Suiza, con 22,36 libras por persona al año. Por cierto, esa cantidad de chocolate representa unas 52.000 calorías.

Detalles lingüísticos

La palabra **chocolate** se deriva del náhuatl, lengua de los aztecas: *xocolatl* (*xocol* significa **amargo** y *atl*, **agua**). O sea, al chocolate se le llamaba «agua amarga».

El nombre científico del cacao es *Cacao theobroma*. *Theobroma* significa «comida de los dioses» en griego.

Práctica. ¿Cómo lo hacen? Para cada oración, da un adverbio basado en las frases preposicionales o en el adjetivo entre paréntesis.

1. Los que cultivan huertas orgánicas trabajan **de forma atenta.** (__________)
2. Tienen que planear todo **de una manera detallada.** (__________)
3. Gran parte del trabajo, tienen que hacerlo **con las manos.** (__________)
4. Con las técnicas orgánicas los agricultores han mejorado __________. **(económico)**
5. Su cacao es exquisito y se vende __________. **(inmediato)**
6. Obviamente, los agricultores cultivan sus árboles __________. **(orgánico)**

gramática

Se observa un beneficio mutuo, para los gastrónomos de la industria del chocolate y los pueblos de la región donde se cultiva el cacao. Los fabricantes de chocolates finos tienen acceso a un cacao muy estimado, y los agricultores han visto subir mucho sus ingresos.[d] Ahora un kilogramo de granos de cacao orgánico tiene un precio de $7; antes, la misma cantidad de cacao no orgánico valía sólo $2. La producción de cacao en la región ha aumentado a más de 40 toneladas anualmente —hace pocos años, sólo se producían unas 20 toneladas al año.

Ahora bien, el cultivo orgánico no es ni fácil ni barato. Los agricultores tienen que trabajar constantemente y aun así tienen que emplear a otros campesinos para que los ayuden. No se usan fertilizantes ni pesticidas sintéticos; hay que cuidar los árboles y sus frutos a mano, usando productos y técnicas naturales, no dañinos.[e] Si hay insectos en la huerta, la técnica orgánica no es necesariamente atacarlos con productos químicos, sino, por ejemplo, dejar que otros insectos se los coman. (Desde esta perspectiva, las avispas son nuestras amigas.)

La actividad reciente de esta región caribeña representa un pequeño renacimiento económico. En la época anterior al descubrimiento del petróleo en Venezuela, la exportación principal del país era el cacao. Pero con el «boom» petrolero de los años 30 y 40, los pueblos que se habían enriquecido con el cacao perdieron su fuente de ingresos. Estas comunidades pasaron por una época de abandono y pobreza; pero ahora se siente un nuevo espíritu de optimismo y esperanza, porque el cacao va recobrando[f] su lugar de importancia. Entonces, ¡haz tu parte para ayudar a los venezolanos y sal a comprar un buen chocolate orgánico!

[d]*profits* [e]*harmful* [f]*recovering*

¿R? Los mandatos informales

(Taller III. C. 6)

Algunos mandatos informales **(tú)** tienen formas irregulares, por ejemplo, **poner → pon, tener → ten.** ¿Recuerdas las otras formas irregulares? ¿Puedes encontrar los mandatos irregulares en esta lectura?

¿Qué examinan estos agricultores?

gramática

Tg El pronombre *se* y la voz pasiva

(Taller III. D. 4, 5; III. G. 3)

El pronombre **se** tiene muchos usos en español. Uno de ellos es la voz pasiva. Cuando no es necesario expresar el sujeto activo de un verbo, podemos usar el **se** pasivo.

El cacao **es cultivado** (por los agricultores).
→ El cacao **se cultiva.**
Las plantas **son cultivadas** con cuidado.
→ **Se cultivan** las plantas con cuidado.

También se puede usar la tercera persona plural con sentido impersonal.

Cultivan el cacao.
Cultivan las plantas.

Repasa el uso de **se (Taller III. D., IV. B., E)**

Detalles culturales

- En las civilizaciones precolombinas de Mesoamérica, se cultivaba el cacao y con sus granos se preparaba el chocolate, una bebida amarga. Sólo la nobleza y otras personas de alto rango tenían el privilegio de tomar esta bebida prestigiosa. Algunos lo consumían con poca moderación, tomando unas cincuenta o más tazas al día.
- ¿Es bueno o malo para la salud el chocolate? Varios estudios médicos indican que es bueno, y que hasta añade unos años de vida, si se ingiere con moderación, de una a tres veces al mes. Lo que daña la salud es comerlo con mucha frecuencia; pero, la verdad es que ¡peor aún es nunca comerlo!

Comprensión y expresión

A. Unas palabras importantes. Indica la palabra correcta.

1. El chocolate es sólo uno de los muchos (**aportes / fuentes / campesinos**) de Latinoamérica al mundo.
2. El Sr. Soto seca y fermenta el cacao con (**aporte / esmero / ingresos**) y así contribuye a la elaboración de un chocolate riquísimo.
3. Los (**chocohólicos / frutos / agricultores**) se esfuerzan en cuidar los árboles y se sienten orgullosos del cacao que producen.
4. El cacao se cultiva en muchos países tropicales. Venezuela todavía no es una (**avispa / calidad / fuente**) importante de producción, a nivel mundial.
5. El cacao venezolano es de muy alta calidad, por eso los fabricantes de chocolate (**aumentan / se dirigen / representan**) a la región del Lago Maracaibo.
6. En la agricultura orgánica los agricultores no usan ni pesticidas ni fertilizantes químicos, por lo cual tienen que (**atacar / complacer / emplear**) métodos naturales y a veces tradicionales.
7. El problema de muchos productos químicos es que son (**anteriores / dañinos / originarios**) para el medio ambiente y la salud.
8. Mucha gente —especialmente los europeos, según las estadísticas— está de acuerdo en que el chocolate es (**sintético / maravilloso / mutuo**).

B. Preguntas

1. ¿Dónde se puede cultivar el cacao?
2. ¿Cuál es la diferencia entre el cacao y el chocolate?
3. ¿Por qué es especial el cacao venezolano?
4. ¿Cómo se benefician los agricultores venezolanos al emplear métodos orgánicos?
5. ¿En qué sentido se puede decir que la agricultura orgánica es difícil?
6. ¿Cómo afecta a las comunidades venezolanas el cambio de la agricultura tradicional a la orgánica?

Práctica. ¿Qué se hace? Cambia las siguientes oraciones activas por oraciones pasivas, usando el **se** pasivo. Luego, pon las oraciones en orden lógico.

MODELO: Primero cultivan el cacao. → __1__ Primero se cultivan el cacao.

____ Para hacer chocolate, mezclan los granos del cacao con azúcar y los muelen.
____ Cosechan el fruto de cacao y sacan los granos.
____ Los secan, los muelen y los fermentan.
____ Compran mucho cacao venezolano.

gramática

VP Acuérdate de consultar la lista de tu **Vocabulario personal** al final del capítulo o en el *Manual de actividades.*

¡En acción!

 **A. ¿Qué piensan Uds.?** En parejas, háganse y contesten las siguientes preguntas.

1. El chocolate le da un sentido de bienestar a mucha gente. ¿Qué función social tiene el chocolate? ¿Qué efecto tiene el chocolate en los sentidos? ¿También tiene este efecto en ti? ¿Lo comes cuando estás triste? ¿Cuál es tu marca favorita?
2. Los europeos, estadounidenses, japoneses, brasileños y australianos consumen más chocolate que las personas de otros países. Curiosamente, el chocolate no se come tanto en los países donde se cultiva el cacao. ¿Cómo se puede explicar esto?
3. Los métodos orgánicos han tenido un impacto muy positivo entre los agricultores que cultivan cacao en Venezuela. ¿Crees que todos los agricultores podrían obtener resultados similares si adoptaran las técnicas orgánicas? ¿Por qué no las han adoptado muchos todavía?
4. ¿Qué significa la frase «un pequeño renacimiento» con relación a esta lectura?
5. Por lo general los productos orgánicos cuestan más que los no orgánicos; sin embargo hay consumidores que los prefieren. Para ti, ¿es importante que un producto sea orgánico? ¿Qué te importa más, la calidad o el precio de la comida que compras?
6. Mucha gente cree que los productos orgánicos son mejores para el medio ambiente y para la salud que los no orgánicos. ¿Estás de acuerdo? ¿Por qué?

Los granos de cacao se deben secar bajo el sol.

B. ¿Y en tu comunidad?

1. ¿Qué productos agrícolas se cultivan en tu comunidad?
2. ¿Dónde se encuentran las mejores verduras y frutas en tu comunidad, en el supermercado o en mercados especiales?
3. ¿Dónde se venden productos orgánicos en tu comunidad? ¿Los compras tú?
4. ¿Se usan muchos pesticidas en tu comunidad? ¿Para qué?
5. ¿Cuánto cuestan los productos orgánicos? ¿Se paga mucho más por ellos? ¿Cuestan más o menos lo mismo que los productos no orgánicos?

C. La agricultura orgánica y el español. ¿Te interesa la agricultura orgánica? En México, Costa Rica, Perú, Argentina, España y otros países de habla hispana hay una variedad de granjas orgánicas donde puedes quedarte gratis mientras trabajas ayudando en las huertas, con los animales y haciendo reparaciones. Busca información en el Internet o en la biblioteca sobre estas granjas y la posibilidad de visitarlas y/o de trabajar en ellas. Presenta a la clase la información que encuentres. Luego, la clase va a comparar los programas y las oportunidades. ¿Cuáles parece que son más divertidos? ¿Cuáles son los menos caros?

huerto - Small garden
huerta - field Professional / commercial Farmer's Market
also farmer's market
Soya = soy
Duraznos = Peaches
Algodón = cotton

D. El cultivo orgánico en nuestra comunidad. En parejas, busquen programas de cultivo orgánico en su comunidad. ¿Hay huertas comunitarias orgánicas? ¿Es posible trabajar allí o visitarlas? Si no las hay, busquen y apunten información sobre las huertas comunitarias en otras ciudades. ¿Cómo y cuándo se establecieron? ¿Qué puedes hacer para iniciar el interés en ellas y posiblemente establecer una? Compartan lo que encuentren con la clase.

Investigación y presentación: Comida para los necesitados. En muchas comunidades urbanas existen huertas comunitarias donde puedes alquilar un terreno para hortalizas (*garden plot*). Muchas de estas huertas también cultivan verduras y frutas para donar a los dispensarios de alimentos u otras organizaciones que ayudan a las personas necesitadas. ¿Hay huertas comunitarias en tu ciudad?

PASO 1. Investigar. Primero, investiguen los recursos que hay en su comunidad para suministrar comida a las personas necesitadas. ¿Qué organizaciones hay? ¿Hay bancos de comida? ¿huertas comunitarias? Busquen organizaciones y programas humanitarios en la guía telefónica de su comunidad y en el Internet. Organicen una lista de las oportunidades que las familias necesitadas tienen de conseguir comida.

Una señora trabaja su tierra en *South Central Community Farms* de Los Ángeles. Es probablemente la huerta urbana comunitaria más grande de Estados Unidos. ¿Hay huertas comunitarias en tu ciudad?

PASO 2. Reflexionar. Lean su lista del **Paso 1** y hagan una lluvia de ideas para hacer otra lista sobre lo que hace falta en su comunidad.

PASO 3. Presentar. Ahora, imagínense que necesitan solicitar dinero y encontrar voluntarios para apoyar los programas humanitarios que existen y para crear otros nuevos. Desarrollen un plan de anuncios y presentaciones públicas. Pueden preparar una presentación oral y visual, un anuncio para la televisión o un folleto descriptivo, acompañado de una carta solicitando contribuciones de dinero y de tiempo. Presenten el resultado a la clase.

Exploración | *La familia cubana*

Usa esta cajita para dibujar una imagen o escribir algunas palabras que representen para ti la esencia de esta breve lectura.

Prepárate para leer

A. Reflexión. En el capítulo anterior, leíste un poco sobre lo que los cubanoamericanos comen y beben. ¿Te acuerdas de algunos de los ingredientes más apreciados por los cubanos? Indica los productos que, según Cristina, los cubanos necesitan para vivir felizmente. ¿Son también tus favoritos? ¿Son caros? ¿Son difíciles de conseguir?

☐ azúcar	☐ salsa picante	☐ sal	☐ café
☐ tomate	☐ ajo	☐ guayaba	☐ vino

B. Anticipación. Lee el siguiente fragmento en el que Cristina describe también algunas observaciones sobre la vida en familia. ¿Qué sabes tú de las familias cubanas? ¿Son muy unidas? ¿Se reúne con frecuencia la familia extendida? Apunta algunas de las ideas que tienes. Después de leer, indica las ideas que la selección afirma y tacha las que contradice.

Vocabulario útil

el asunto ______
el dedal thimble
el tamaño ______
inmiscuirse to interfere, meddle
involucrarse (en) to get involved (in)
mantener (*like* **tener**) ______

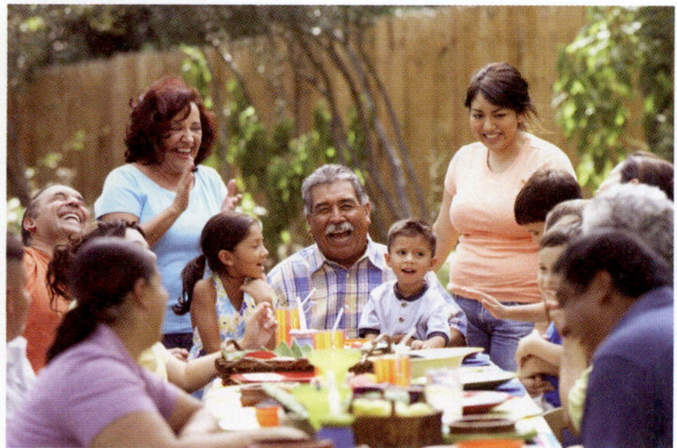

¿Quiénes serán estas personas y dónde estarán?

¡A leer!

Los abuelos cubanos siempre se involucran en los asuntos de sus hijas e hijos, y <u>les gusta</u> vivir con ellos. Son chismosos, siempre se inmiscuyen en todo, y tienen que saberlo todo. <u>Les encanta</u> que los nietos los prefieran a ellos en vez de a los padres; los compran con regalos, y los engordan con comida.

Los hijos mantienen a sus padres durante la vejez.

Los productos básicos de la dieta cubana son: carne de puerco, frijoles negros, arroz blanco, plátanos, flan y natilla, guayaba y, por supuesto, café… que se sirve en unas tacitas del tamaño de un dedal grande, ¡y es pura gasolina!

gramática

Tg Los verbos tipo *gustar*

(Taller VII. G.)

Los verbos tipo **gustar** son de la familia de verbos que requieren el objeto indirecto. ¿Recuerdas qué significan y cómo se usan los verbos **encantarle, fascinarle** y **quedarle?** ¿Cómo completarías las siguientes oraciones?

A Cristina ________ el café.
A los cubanos ________ cocinar con ajo.
Cuando no ________ azúcar, los cubanos se ponen tristes.

Comprensión y expresión

A. ¿Entendiste?

1. Al leer este texto, ¿aprendiste algo nuevo en cuanto a los platos favoritos de los cubanos? Explica.
2. En una familia cubanoamericana típica, ¿cómo se relacionan los padres con los abuelos?
3. ¿Cómo se relacionan los abuelos cubanos con sus nietos?

B. ¿Qué piensan Uds.? En parejas, háganse y contesten las siguientes preguntas.

1. ¿Cómo se comparan la actitud y las costumbres de los abuelos cubanos con las de tu comunidad o familia?
2. ¿Crees que la actitud que muestra Saralegui hacia los abuelos es ofensiva? ¿Se burla de ellos? Apoya tu opinión con ejemplos del texto.
3. Prepara una lista breve de los productos alimenticios básicos y esenciales para tu cultura o familia. ¿Cómo se compara tu lista con la de Cristina?

C. Análisis de literatura: El tono. Si comparas una vez más los fragmentos de García Márquez con los de Saralegui, podrás apreciar que tienen tonos distintos. El tono de una obra puede ser ligero, divertido, burlón, serio, analítico, paródico... y mucho más. ¿Cómo describirías el tono de *Vivir para contarla*? ¿Y el de *¡Cristina!*? ¿En qué palabras o frases basas tu opinión?

D. A los abuelos les gusta... En esta selección se usan los verbos **gustar** y **encantar.** ¿Recuerdas cómo funcionan estos verbos? Completa las siguientes oraciones de una manera lógica, según lo que leíste.

1. A los abuelos cubanos les fascina...
2. A los niños cubanos les encanta...
3. A los padres cubanos les enfurece a veces...
4. A la familia cubana le gusta...

Para pensar

En tu opinión ¿cómo deben ser las relaciones entre padres e hijos, y entre abuelos y nietos? ¿Pueden o deben los padres ser amigos de sus hijos? ¿Deben los abuelos mimar (*spoil*) a sus nietos, comprándoles regalos a cada rato?

Práctica. ¿Te gusta? Completa las siguientes oraciones. Luego, indica si es cierto o falso para ti o para las personas indicadas. Explica por qué.

	C	F
1. A mí ________ (**fascinar**) los tostones (*fried plantain*) y otros platos cubanos.	☐	☐
2. A mí ________ (**faltar**) menos de diez cursos para completar los estudios universitarios.	☐	☐
3. A mis amigos no ________ (**interesar**) viajar a países hispanos.	☐	☐
4. A mi profesor(a) de español ________ (**importar**) los **Detalles culturales** de nuestro libro de texto.	☐	☐
5. A mi compañero y a mí nunca ________ (**quedar**) suficiente dinero para pagar los gastos del mes.	☐	☐

gramática

Charlemos un rato

¿Dónde y cómo hacemos las compras?

Rocío «Chío» del Águila (Perú): «Estos mercados, o mercados pequeños, están en los distintos distritos de las ciudades, y siempre te sacan de apuro... »

Cindy Luna (México): «...que hay los supermercados, los *malls* y los supercines que ya hay demasiados... »

Andrés Manosalva (Colombia): «En Bogotá la avalancha, digamos, de la... no ha sido tan total con los hipermercados porque todavía quedan muchas tiendas locales.»

PASO 1. En grupos de dos o tres, contesten las siguientes preguntas. Luego, hagan una lista en la pizarra de los lugares más populares para hacer sus compras. ¿Cuál es el lugar más popular entre todos los estudiantes de la clase?

1. ¿Dónde compran Uds. los comestibles? ¿Por qué los compran en esos lugares?
2. ¿Compran en tiendas especiales como la panadería, carnicería o pescadería? Si compran en estos lugares, ¿hay algún dependiente que siempre los atiende?
3. ¿Cuándo suelen hacer las compras?

PASO 2. En el vídeo vas a escuchar a Chío, Cindy y Andrés hablar de los mercados y supermercados en su país. Antes de ver las entrevistas, repasa el **Vocabulario útil** y lee las siguientes oraciones. Luego, complétalas según lo que dicen los entrevistados.

Vocabulario útil

un casero storekeeper, vendor
te sacan de apuro they get you out of a tight spot
desapareciendo disappearing
cuando estaba chiquilla ____________
hipermercados ____________
diminutas small

1. Chío dice que los supermercados de Lima están muy ________ y venden de todo. Los mercados pequeños son más __________ y tienes que ________ con los vendedores.
2. Cindy dice que muchas tradiciones mexicanas se van perdiendo, por ejemplo, hacer compras en los ________, pasear por el parque o la _____.
3. Andrés dice que muchas personas prefieren comprar lo que necesitan para el ___ en las ______ de la esquina, en vez de comprar ______ cantidades en los supermercados.

PASO 3. Contesta las siguientes preguntas.

1. Chío habla de las relaciones personales en los mercados. ¿Con quiénes debes tener buenas relaciones en los mercados y por qué?
2. Según Cindy, ¿cómo va cambiando México? ¿Cómo crees que Cindy se siente en cuanto a estos cambios?
3. Andrés usa la palabra «avalancha» en su descripción de los supermercados. ¿Por qué crees que usa esta palabra? ¿Qué indica esta palabra en cuanto a su actitud hacia los supermercados?
4. ¿Hay grandes diferencias entre las descripciones de los entrevistados en cuanto a las compras? ¿En qué son diferentes las costumbres de tu región? ¿En qué sentido van disminuyendo las costumbres tradicionales en los países hispanos?

 Dichos

En todas las lenguas y culturas hay muchos refranes relacionados con la comida y la agricultura. ¿Puedes explicar el significado de los siguientes refranes? ¿Hay refranes similares en inglés? ¿Cuáles son? En grupos pequeños, apunten algunos refranes populares asociados con la comida y la cosecha. Si quieren, pueden buscar en el Internet otros refranes en español.

Dichos

- Con la barriga[a] vacía, nadie muestra alegría. / Barriga llena, corazón contento.
- Hay que arar[b] con los bueyes[c] que se tenga.
- Con pan, vino y queso, no hay camino tieso.[d]
- Hierba segada,[e] buen sol espera.

[a]*belly* [b]*to plough* [c]*oxen* [d]no... *no road is too difficult* [e]Hierba... *Cut hay*

Costumbres y buenos modales

El carrito de compras[a]

En España, y en muchos países de Europa como Bélgica, Francia, Italia y Grecia, es común insertar un euro en el carrito de compras para poder usarlo. Los carritos están alineados a la entrada del supermercado o en el estacionamiento.[b] Después de hacer las compras, si devuelves el carrito a su lugar, el carrito te devuelve el euro. De esta manera, todos los carritos quedan ordenados y encadenados en sus filas. Algunos supermercados, como el supermercado DIA, les regalan a sus mejores clientes unos llaveros[c] con un euro de plástico. Con ese euro de plástico los clientes tienen acceso gratis a los carritos.

Para las mascotas

Muchos hispanos, cuando llegan a Estados Unidos, se asombran al ver que hay tiendas especiales para animales y grandes pasillos de los supermercados dedicados a productos para las mascotas. En 2006, los estadounidenses gastaron unos 38 mil millones de dólares en comida *gourmet,* juguetes, ropa, fiestas y cuidado para sus mascotas. Aunque los hispanos quieren mucho a sus mascotas, les es difícil entender por qué los estadounidenses gastan tanto dinero en sus perros, gatos y otros animales, que reciben el mismo (¡o mejor!) trato que algunas personas.

[a]carrito... *shopping cart* [b]*parking lot* [c]*key chains*

Actividad. Preguntas

1. ¿Qué problemas se resuelven, o se evitan, con la práctica de cobrarle un euro al consumidor español cuando este va al supermercado? ¿Te parece que esta misma técnica puede ser también eficaz en tu ciudad o pueblo? ¿Crees que se podría aplicar a otras situaciones también?
2. ¿Tienes mascotas? ¿Viven dentro de la casa contigo o viven fuera? ¿Les haces regalos para su cumpleaños?

Déjame que te cuente sobre...

Prepárate para leer

A. Reflexionar. Cuando vas al mercado o al supermercado, ¿compras cosas importadas del extranjero? ¿Cuántos productos compras? ¿Cuáles son y de dónde vienen? ¿Se paga más dinero por los productos importados que por los productos nacionales?

B. Estrategia. Antes de leer el texto, organiza tus ideas. Imagínate que has comprado un paquete de café colombiano por unos 10 dólares. ¿Cómo se distribuye ese dinero? Por ejemplo, mira la lista de personas que de alguna manera participan en la disponibilidad del café que compras. Si falta alguna persona, apúntala. Luego, indica la porción de esos 10 dólares destinada a cada persona o entidad de la lista.

_______ por ciento el agricultor que cultivó el café
_______ por ciento los fabricantes que procesan el café en grano
_______ por ciento las personas que prepararon y empaquetaron el café para venderlo
_______ por ciento los transportistas que llevan el café de un lugar a otro
_______ por ciento los intermediarios que venden el café al supermercado
_______ por ciento el dueño del supermercado y sus empleados
_______ por ciento ____

Ahora, según tu opinión, crea un queso (*pie chart*) para dividir los fondos. Crea otro queso para dividir los fondos de un modo que te parezca justo. Mientras lees el artículo, apunta toda la información que te parezca relevante a estos quesos, para modificar después el primer queso.

Vocabulario útil

el comercio _______ **el país desarrollado** _______________
la etiqueta ______ **el país en vías de desarrollo** _______________
el intermediario __________ **justo/a** ______

VP Repasa las palabras en la sección **Vocabulario del tema** al principio del capítulo y acuérdate de tu **Vocabulario personal** al final del capítulo o en el *Manual de actividades*.

Tg Los pronombres de objeto directo (Taller IV. D.)

gramática

El objeto directo indica el recipiente directo de una acción. ¿Puedes decir qué significa **lo** en estas oraciones y explicar su colocación?

El café es un producto de exportación importante en muchos países. **Lo** cultivan en muchos países de Latinoamérica.

En algunas regiones están cultivándo**lo** orgánicamente.

Muchas personas ahora prefieren compra**rlo** a compañías miembros de la Federación de Comercio Justo (FCJ).

¿Se puede colocar el pronombre en otras partes de las oraciones? ¿Recuerdas dónde colocar los pronombres de objeto en los mandatos?

un mercado sin intermediarios

¡A leer!

Lee la selección entera sin buscar palabras en el diccionario. Luego, completa la **Actividad A** de **Comprensión y expresión** (pág. 95) y vuelve a leer la lectura.

Cuando compras chocolate en el supermercado, ¿sabes adónde va tu dinero? Pues ¡no creas que lo reciba todo el agricultor! Es posible que este reciba sólo unos cuantos centavos de todo lo que tú pagues. Es frecuente que casi todo el dinero vaya al fabricante de chocolate y al intermediario que compra del agricultor y vende al fabricante.

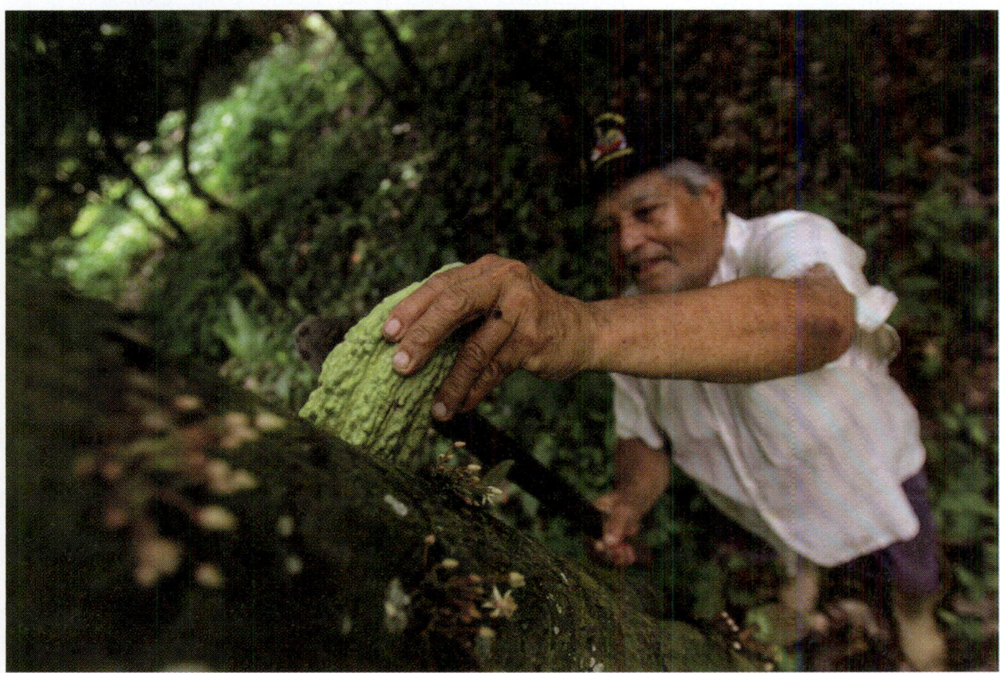

Un hombre corta cacao orgánico en su finca en Ocumare de la Costa, unos cien kilómetros al oeste de Caracas.

El renacimiento económico del cacao en Venezuela se ha realizado por medio de dos procedimientos revolucionarios: uno de introducción y otro de eliminación. Ya leíste sobre los beneficios del cultivo orgánico. Ahora es muy beneficioso eliminar a la gente intermediaria para vender el producto. Gran parte de la razón por la que los agricultores del cacao han visto triplicarse sus ingresos se debe a la nueva manera de venderlo. En la región donde se encuentra el pequeño pueblo de Ocumare de la Costa, por ejemplo, cincuenta familias se han juntado para formar una asociación de agricultores orgánicos. Entonces los fabricantes

¿R? El se pasivo (Taller III. D. 4)
En este texto se usa mucho el **se** pasivo. ¿Puedes identificar algunos ejemplos?

Práctica. El café. Vuelve a formar las siguientes oraciones, usando el pronombre de objeto directo para evitar la repetición. Después de leer esta lectura, di si las oraciones son ciertas o falsas.

MODELO: Todos cultivan el café y venden el café a un precio justo. → ☐ ☑ ...y *lo* venden a un precio justo.

	C	F
1. Los intermediarios conocían a los pequeños productores de café y trataban bien a los pequeños productores.	☐	☐
2. Los huracanes afectan con frecuencia a las cosechas y hasta pueden destruir las cosechas.	☐	☐
3. Antes mataban a los insectos con pesticidas, pero ahora matan a los insectos usando métodos orgánicos.	☐	☐
4. Cuando la FCJ les explica sus programas a los agricultores, casi todos quieren adoptar los programas.	☐	☐
5. Las técnicas orgánicas son muy fáciles y los agricultores se benefician empleando las técnicas orgánicas.	☐	☐

gramática

de chocolate ahora les pagan mejores precios directamente a ellos. Felizmente, lo que está pasando con la venta de la cosecha del cacao en Venezuela está duplicándose globalmente.

Otro producto orgánico muy popular es el café. Mencionamos el café por ser este un producto de mucha importancia en la economía del mundo entero y de Latinoamérica en particular. A la hora de vender el café, muchos caficultores lo venden por menos dinero del que les cuesta cultivarlo. Esta situación injusta se prolonga año tras año, principalmente porque los caficultores, especialmente los pequeños productores, se ven obligados a negociar con intermediarios expertos en explotarlos y en aprovecharse de los trámites[a] del mercado.

Muchas familias que cultivan café sobreviven en la miseria o han pasado por ella. Las compañías miembros de la Federación de Comercio Justo (FCJ)[b] les dan a estas familias caficultoras oportunidades de comenzar de nuevo. La FCJ se interesa por el establecimiento de un comercio justo para cualquier producto exportado de los países en vías de desarrollo a los países desarrollados. Los productos no se limitan al café, pero el café ha sido uno de los productos iniciadores más importantes. La compañía de Paul Newman, que vende café y otros productos excelentes, y la de *Equal Exchange,* que vende treinta y nueve tipos de deliciosos cafés, son miembros de la Federación.

Los fabricantes de café tuestan (*roast*) los granos de café.

Cuando un caficultor vende su café a un miembro de la FCJ, gana dos veces más dinero del que antes recibía, debido a la eliminación del intermediario. Adicionalmente algunas compañías de la FCJ promueven[c] el procesamiento de los granos y el empaquetamiento del

[a]*procedures* [b]Federación... *Fair Trade Federation* (*FTF*) [c]*promote*

Tg Los pronombres de objeto indirecto (Taller IV. E.)

gramática

Los pronombres de objeto indirecto siguen las mismas reglas de colocación que los pronombres de objeto directo. Una diferencia importante es que los pronombres de objeto indirecto frecuentemente se usan con redundancia, o sea, en una misma oración van el sustantivo y el pronombre de objeto indirecto: **les** ofrece recursos **a los agricultores.**

Práctica. ¿A quién? Indica la palabra o frase correcta según el pronombre de objeto indirecto. Después de leer esta lectura, indica si las oraciones son ciertas o falsas. Corrige las oraciones falsas.

café en el país donde lo cultivan, creando así trabajos para la gente de esa misma comunidad. Les ofrecen a los agricultores recursos para controlar y manejar su tierra, evitando el sobrecultivo y fomentando prácticas ecológicas y menos dañinas al medio ambiente. La FCJ les enseña a los agricultores a formar asociaciones tipo Ocumare de la Costa, para que así estos adquieran más poder en los negocios.

Estos cambios también le dan al consumidor múltiples beneficios. Se entiende mejor de dónde proviene un producto y a quién beneficia uno cuando lo compra. Por ejemplo, al ver las etiquetas de *Fairtrade* en un producto, puedes asegurarte de que la persona que lo cultivó o lo fabricó recibió un precio justo por su trabajo.

Detalles lingüísticos

El origen de la palabra «café» no está completamente claro. Parece que se deriva del árabe *Qah'wa*. El café es originario de África y en los siglos XV y XVI era muy apreciado entre los árabes. El café se introdujo en Europa en el siglo XVII, e inmediatamente su consumo se hizo popular.

Comprensión y expresión

A. Unas palabras importantes. Indica la palabra correcta.

1. A todos los agricultores les (**adquiere / promueve / hace falta**) vender sus productos a un buen precio.
2. Los intermediarios han (**fomentado / explotado / garantizado**) mucho a los agricultores.
3. Los caficultores tenían que trabajar muy duro simplemente para (**adquirir / prolongarse / sobrevivir**).
4. La FCJ se (**duplica / interesa / junta**) en establecer un mercado más justo.
5. Un cambio social y económico, si es positivo, (**se interesar / maneja / se realiza**) sólo con mucho esfuerzo.
6. Es una lástima que muchos agricultores, víctimas del comercio injusto, vivan en una (**imagen / miseria / poder**).
7. Debido al movimiento a favor del comercio justo, ahora el (**desarrollo / intermediario / mismo**) no puede explotar tanto a los agricultores y a los campesinos.
8. Sin duda, algunos intermediarios se ven (**debidos / obligados / satisfactorios**) a buscar otro trabajo.

B. Preguntas

1. ¿Cómo mejoraron su situación los cultivadores de cacao en Venezuela?
2. ¿Por qué los agricultores reciben tan poco dinero, frecuentemente?
3. ¿Qué importancia económica tiene el café?
4. ¿Qué significa intermediario? Explica en español.
5. ¿Qué es el comercio justo? Explica en español.
6. ¿Cómo ayuda la FCJ a los agricultores?
7. ¿Cómo ayuda la FCJ a los consumidores?

	C	F
1. La FCJ les ofrece entrenamiento (**a los caficultores / al intermediario**).	☐	☐
2. Los intermediarios les cobran precios justos (**al caficultor / a los fabricantes**).	☐	☐
3. Los supermercados ya no le cobran mucho (**al consumidor / a los fabricantes**).	☐	☐
4. Con los productos aprobados por la FCJ, el consumidor sabe que una buena porción del precio que paga va a beneficiar (**a los intermediarios / al agricultor**).	☐	☐
5. Los intermediarios solían pagarles mucho (**al consumidor / a los agricultores**).	☐	☐
6. Puedes saber más sobre el comercio justo escribiéndole (**a los agricultores / a la FCJ**).	☐	☐

gramática

VP Acuérdate de consultar la lista de tu **Vocabulario personal** al final del capítulo o en el *Manual de actividades.*

¡En acción!

A. Las costumbres y la compra de comestibles

PASO 1. En parejas, háganse y contesten las siguientes preguntas.

1. ¿Prefieres comprar los comestibles en los supermercados grandes, o en las tiendas más pequeñas y especializadas? ¿Por qué? ¿En qué tiendas o supermercados sueles hacer tus compras?
2. Cuando vas de compras, ¿llevas una lista de lo que quieres comprar? ¿Por qué es buena idea llevar una lista? ¿Qué cosas compras impulsivamente? ¿Qué productos compras con regularidad? ¿Qué productos compras sólo de vez en cuando?
3. Como promedio (*average*), ¿cuánto gastas en comida a la semana? ¿Sueles recortar cupones y usarlos para ahorrar dinero? ¿Por qué? ¿Cuáles son los productos más caros que compras? ¿Y los más baratos?
4. ¿Tienes preferencia por ciertas marcas o sueles comprar productos genéricos? ¿Por qué? ¿Comparas los precios entre las diferentes marcas y los diferentes supermercados o tiendas? ¿Por qué?

PASO 2. Como muchas cosas en la vida, la manera de hacer compras cuando uno es adulto puede resultar de lo que uno ha observado de niño. Piensen en sus padres, y vuelvan a leer las preguntas del **Paso 1.** Contéstenlas en tercera persona (él/ella/ellos), según se apliquen a su mamá, a su papá o a ambos.

B. El café y otras bebidas. El café no es la única bebida caliente popular entre los hispanohablantes. También toman chocolate, té, yerba mate, atole y champurrado. En parejas, busquen información en el Internet sobre las costumbres y tradiciones relacionadas con estas bebidas. ¿Dónde y cuándo se toman? ¿Cómo se preparan? ¿Se asocian con alguna fiesta o evento especial? ¿Se preparan o se sirven en algún recipiente especial?

Detalles culturales

Existen varios tipos de café, siendo los más comunes el arábica y el robusta. El café arábica, cultivado en Centro- y Sudamérica, es un grano más caro porque es más difícil de cultivar y es de más alta calidad. Entre el 75 y el 80 por ciento del café del mundo es del tipo arábica. En cuanto al comercio mundial, sólo el petróleo es más importante.

C. Equal exchange. En muchas universidades sirven en la cafetería café de *Equal Exchange* o de otra compañía de comercio justo. ¿Qué productos de comercio justo se pueden comprar en el *campus* de tu universidad? Comunícate con la administración de la universidad y con la gerencia de los servicios de residencia y cafeterías para ver cómo se puede aumentar la disponibilidad de estos productos.

D. ¿Orgánico o no?

PASO 1. Algunos dicen que los productos orgánicos no son necesariamente mejores para la gente que los alimentos producidos convencionalmente. Otros sostienen que los productos orgánicos son mejores para la gente que los productos convencionales. ¿Qué opinas tú? ¿Qué tipo de productos prefieren tus amigos y tus familiares?

PASO 2. En parejas, hagan una lista de las razones que justifican el consumo de productos orgánicos y otra lista para justificar el consumo de productos convencionales. Uds. no tienen que estar de acuerdo con respecto a sus preferencias, pero deben investigar un poco sus propuestas y dar una pequeña explicación de cada una.

PASO 3. Presenten su información del **Paso 2** a la clase en forma de una mesa redonda. Incluyan los los temas en su discusión.

- el costo de cultivo de los dos tipos de productos
- los precios de esos en el mercado
- el impacto de su cultivo en el medio ambiente
- la evidencia científica sobre los posibles beneficios para la salud al consumir un tipo de producto en vez del otro

En la comunidad | *Eddie García y el programa* «HEB* Feast of Sharing Holiday Dinners»

Para combatir el problema del hambre, Eddie García, empleado de *HEB* por unos cuarenta y seis años, decidió aprovecharse de los recursos de esa compañía de supermercados y fundar en 1989 el programa de *«HEB Feast of Sharing Holiday Dinners»*. En estas cenas de celebración se ofrecen, gratuitas, comida, decoraciones navideñas y actividades educativas y recreativas para los niños. Tienen lugar en veintisiete comunidades de Texas y México. Aún después de jubilarse, Eddie mantuvo su interés en solucionar el problema del hambre. En 1998, *HEB* inauguró la cocina ambulante *HEB Eddie García Mobile Kitchen.* Es un vehículo de 60 pies (18.3 metros) con una cocina completa que arrastra un remolque frigorífico[a] de 26 pies (8 metros). La cocina ambulante se usa para proveer de comida a las víctimas de desastres naturales, y también para ayudar en la preparación de las cenas de Navidad.

Eddie García con su hija Teresa (izquierda) y sa esposa Minnie en un banquete *Feast of Sharing Holiday.*

[a]remolque... *refrigerated trailer*

Investigación y presentación: El comercio justo

PASO 1. Investigar. ¿Llega el comercio justo a su comunidad? Divídanse en equipos y visiten por lo menos tres supermercados o tiendas de su comunidad. ¿Se puede comprar en ellos productos de miembros de la FCJ? ¿Qué productos son y cómo es su calidad? ¿Es su precio muy alto en comparación con otros productos similares?

PASO 2. Presentar. Cada equipo debe preparar un informe breve sobre los productos que encontró cuando fue de compras. Incluyan apoyo visual, como un cartel, para resumir lo que averiguaron. También pueden traer a clase muestras (*samples*) de sus hallazgos.

PASO 3. Reflexionar. Hablen sobre lo que han leído y aprendido sobre el comercio justo. ¿Qué les parece? ¿Creen que es importante?

**HEB* es una cadena de supermercados basada en Texas.

Exploración | *La panza y el dinero*

Usa esta cajita para dibujar una imagen o escribir algunas palabras que representen para ti la esencia de esta breve lectura.

Prepárate para leer

Actividad. ¡Qué panza! En esta selección Cristina nos recuerda que la panza no siempre se ve mal. Al contrario, en diferentes circunstancias culturales e históricas se considera que estar muy delgado no es saludable ni atractivo. Basándote en las lecturas previas de Cristina, ¿qué crees que Cristina opina acerca del peso y la salud?

Vocabulario útil

la panza tummy (*coll.*) **engordar** ________

¡A leer!

La mayor parte de nuestras comidas es muy grasienta, bien sazonada con ajo y, por supuesto, engorda. Ser gordo en Cuba —ya fuese un bebé o una persona mayor— no era mal visto. Significaba que la persona era saludable y estaba lo suficientemente bien, económicamente, para comprar bastantes alimentos. Cada vez que yo le digo a mi papá, «¡Ay papi, por Dios, qué panza más grande tienes!», él invariablemente me responde: «¡Y el dinero que me costó!»

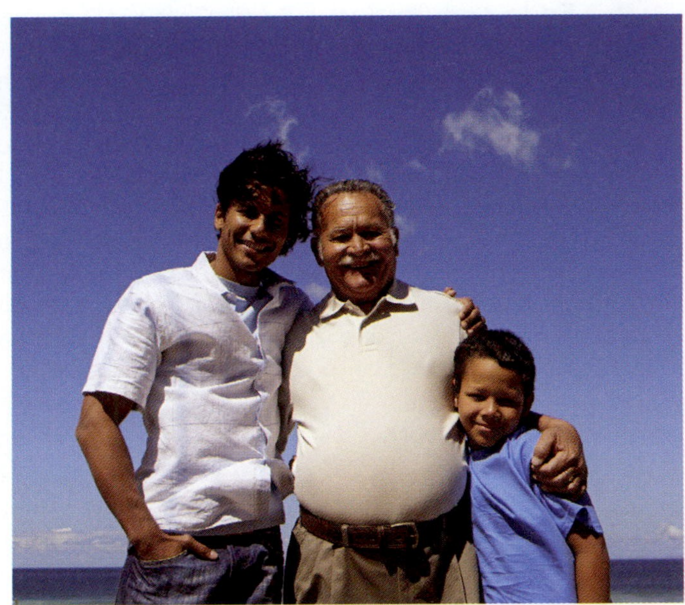

Tres generaciones de una familia (¿Por qué crees que se ve tan contento el abuelo?)

El pretérito y el imperfecto (Taller III. B.)

gramática

Recuerda que el imperfecto describe características o rasgos en el pasado.

Roberto **tenía** panza. **Era** muy gordo.

El pretérito se usa para expresar una acción singular y completa.

Compré mucho ajo en el mercado.

Práctica A. ¿Dónde consiguió su panza? Completa las siguientes oraciones. Después de leer la selección de Cristina Saralegui, indica si cada oración es cierta o falsa. Corrige las oraciones falsas.

	C	F
1. El padre de Cristina (**fue / era**) delgado.	☐	☐
2. Cristina le (**dijo / decía**) a su padre que él (**tuvo / tenía**) una panza grande.	☐	☐
3. El padre siempre (**explicó / explicaba**) que pagaba mucho por esa panza!	☐	☐

Comprensión y expresión

A. ¿Entendiste?

1. Según Saralegui, ¿cómo es la comida cubana en general?
2. Según el texto ¿qué significaba tradicionalmente en Cuba ser gordo?
3. ¿Cómo responde el papá de Cristina cuando ella hace comentarios sobre su panza? ¿Se ofende?
4. ¿Está de acuerdo Cristina con la actitud cubana tradicional ? ¿Cómo lo sabes?

B. ¿Qué piensan Uds.? En parejas, háganse y contesten las siguientes preguntas.

1. En algunas culturas modernas, tal vez en la mayoría, no es bien visto el hecho de ser gordo. ¿Por qué?
2. Y tú, ¿consideras como algo positivo el hecho de ser gordo? ¿Por qué?
3. Cuando tus padres o tus abuelos eran niños, ¿era mal visto el ser gordo?

C. ¿Qué comida engorda menos? ¿Creen Uds. que ciertos tipos de comida nacional, o étnica, engordan más que otros? ¿Es posible que la comida cubana o mexicana engorde más que la comida española o argentina? Hagan una lista de diferentes tipos de comida, dividiéndolas por categorías como «engorda más» / «engorda menos». Comparen su lista con la de otros compañeros.

D. Todo era distinto. En este fragmento se pueden ver varios ejemplos del imperfecto. ¿Recuerdas cómo funciona? Contesta las siguientes preguntas de una manera lógica (pero original) según los fragmentos de *¡Cristina!*

1. ¿Qué comían todos los días los cubanos?
2. ¿Dónde vivían los abuelos?
3. ¿Cómo eran las familias?
4. ¿Qué miembros de la familia trabajaban más en la cocina?
5. ¿Qué líquido tomaban todos los días?

Para pensar

¿Cuál es peor para la salud, ser muy delgado o muy gordo? En realidad, los dos extremos tienen sus desventajas. ¿Qué tiene que hacer uno para mantener un peso saludable? ¿Por qué a veces es difícil hacerlo?

Práctica B. ¿Y en tu familia? Completa las siguientes oraciones con los verbos correctos y los nombres apropiados de tu familia.

1. En mi familia [*nombre*] (**fue / era**) un poco gordo.
2. Una vez, [*nombre*] me (**dijo / decir**): «¡Qué gordo/a (delgado/a) estás!
3. En mi familia, [*nombre*] (**engordó / engordaba**) repentinamente.
4. Recuerdo que [*nombre*] siempre (**subió y bajó / subía y bajaba**) de peso, es decir, (**fluctuó / fluctuaba**) mucho.
5. Nos asustó cuando [*nombre*] (**bajó / bajaba**) de peso repentinamente.

gramática

¡A escribir!

PASO 1. Explora las siguientes posibilidades para el ensayo. No te olvides de apuntar en tu *Manual de actividades* las ideas que más te interesan.

1. ¿Qué opinas del movimiento orgánico? Quizás ya compres productos orgánicos o quizás te parezca un movimiento exagerado. Primero, piensa bien en lo que te parecen los productos orgánicos. Luego, imagínate que ves un artículo a favor de los productos orgánicos en algún periódico. Escribe una carta al editor expresando tu propia opinión.
2. Imagínate que todos los mercados agrícolas van a adaptarse al sistema de mercados sin intermediarios. Piensa en las repercusiones de este cambio. ¿Quién se beneficia? ¿Quién sufre? ¿Qué dificultades pueden surgir (*come about*) de este sistema? ¿Van a ser diferentes los supermercados y los mercados? ¿De qué forma?

PASO 2. Si todavía no estás seguro/a del tema que prefieres, vuelve a leer el **Problema auténtico** y las secciones **Para pensar** y consulta tu **Vocabulario personal.** También puedes escoger un tema de una de las actividades del libro de texto o del *Manual de actividades.*

PASO 3. Repasa la gramática presentada en este capítulo. ¿Cómo puedes usarla en tu ensayo? Mientras escribes, subraya las formas y estructuras que utilizas de este capítulo.

PASO 4. Escribe un borrador de por lo menos 200 palabras. Si quieres, puedes seguir los pasos de **¡A escribir!** en el *Manual de actividades* para escribir el ensayo.

¿R? ¿Opiniones? ¿observaciones?

En este ensayo, ¿piensas expresar tus opiniones o hacer ciertas observaciones? Debes repasar el uso y la formación del **se** pasivo **(Taller III. D. 4).** Es una estructura que te ayudaría mientras escribes un ensayo persuasivo.

> Mi papá opina que si **se compran** productos orgánicos todo el tiempo, **se garantiza** que uno obtiene comida de mejor calidad porque no **se usa** ningún pesticida. Mamá no está de acuerdo, porque cree que si **se lavan** bien las frutas y verduras, **se les quita** cualquier residuo de pesticidas. ¿Y yo? Pues, observo que...

Repasa también los pronombres de objeto directo e indirecto **(Taller IV. D., E.)** y sus diferentes funciones. ¿Recuerdas que puedes usarlos para ser menos repetitivo?

> Siempre compro productos orgánicos. Suelo usar**los** en la comida que **le** hago a mi hijito porque así **le** irritan menos sus alergias. Si come bien, no tiene que tomar su medicina todos los días; sólo **la** necesita de vez en cuando.

Vocabulario (*Esta lista presenta el vocabulario esencial de este capítulo.*)

En la finca

el abono fertilizer
el abono orgánico organic fertilizer, manure
el/la agricultor(a) farmer
las botas de trabajo work boots
el/la cafetalero/a coffee grower
el/la caficultor(a) coffee grower
la camioneta pickup truck
el/la campesino/a farmer; farmhand
el canasto basket
la carretilla wheelbarrow
los comestibles food
la cosecha harvest
la finca farm
el granero barn
el grano bean (*coffee, cacao*)
los guantes de trabajo work gloves
la huerta (agricultural) field
el terreno agrícola agricultural field
la tierra land; soil

Cognados: la agricultura, el cultivo, el fertilizante, el tractor

adquirir (ie) to acquire; to purchase
cultivar to farm, cultivate
explotar to exploit
hacer (*irreg.*) **falta** to be lacking
sobrevivir to survive

agrícola *inv.* agricultural
anterior previous

El mercado y el mundo

el abandono abandonment, desertion
el aporte contribution
el beneficio profit; benefit
la calidad quality
el consuelo consolation; comfort
la época period, time
el fabricante manufacturer
la ganancia profit
la miseria extreme poverty
la pureza purity

comercializar (c) to market, trade
complacer (zc) to please
deberse a to be due to
duplicarse (qu) to double
fabricar (qu) to manufacture
juntarse to join; to meet
prolongarse (gu) to continue; to extend

Cognado: garantizar (c)

debido a due to

Vocabulario útil y vocabulario personal

Usa esta sección para apuntar palabras y expresiones adicionales que tu profesor(a) asigne u otras palabras útiles para comunicar tus ideas relacionadas con este capítulo.

Voluntarios internacionales

Julia: «Toma un par de semanas para establecerte. Y desde entonces te sientes parte de otra comunidad.»

Vas a ver dos vídeos. El primero, *¡Bienvenidos a Guatemala!*, es una introducción a Guatemala, donde filmamos documentales sobre dos programas del voluntariado internacional. El segundo es un minidocumental sobre uno de esos programas: *Un puente entre culturas:* Cross-Cultural Solutions *en Guatemala.*

Antes de ver

Actividad. Expectativa. En parejas, piensen en lo que saben de Guatemala y hagan una lista de lo que esperan ver en una introducción al país. Luego, piensen en el minidocumental de la **Unidad 1** sobre el trabajo de *Cross-Cultural Solutions* (*CCS*) en Costa Rica. Basándose en los proyectos de *CCS* en Costa Rica, y también en el título, las fotos y el vocabulario útil de este minidocumental, ¿qué tipo de trabajo creen Uds. que hacen los voluntarios de (*CCS*) en Guatemala?

Vocabulario útil

arraigada rooted
alivio ________________
desamparados homeless
frailes friars, monks
pase lo que pase no matter what
nos brindan they give us
tenía vergüenza I was embarrassed
burbuja de vidrio glass bubble
paulatino gradual

¡A ver!

Actividad. Asociaciones. ¿Con qué cosas y con quién asocias los cuatro lugares?

COSAS Y PERSONAS		LUGARES
1. _____ comedor	**5.** _____ excursión	**a.** Periférica Zona 7
2. _____ clínica	**6.** _____ Rachel	**b.** Chinautla
3. _____ cerámica	**7.** _____ Julia	**c.** Hogar Guadalupe
4. _____ escuela	**8.** _____ Courtney	**d.** San Jerónimo

Comprensión y expresión

A. ¿Cierto o falso? Corrige las oraciones falsas.

	C	F
1. El programa de *CCS* ayuda a organizaciones establecidas en la capital que no tienen suficientes recursos.	☐	☐
2. En la clase, en la que trabaja Rachel, hay cincuenta y cinco estudiantes.	☐	☐
3. El Hogar Guadalupe ofrece baños y ropa limpia.	☐	☐
4. Sonia admira la creatividad de los guatemaltecos.	☐	☐
5. Courtney trabaja con las artesanas de Chinautla.	☐	☐
6. Las actividades de perspectiva son, por ejemplo, excursiones culturales.	☐	☐

B. La vida simple. Virginia habla de lo que traen los voluntarios a esta experiencia y también de lo que llevan consigo (*with themselves*). Dice que descubren que la vida simple y la pobreza no son malas. En grupos de dos o tres, hablen de lo que significa esto. ¿Cómo es que descubren esto? Y cuando dice que la experiencia del voluntario empieza cuando regresa a su país, ¿qué quiere decir?

Nuestro proyecto en la comunidad

La clase va a planificar un programa de distribución de comida para la comunidad. Deben ofrecer una variedad de productos alimenticios sanos y nutritivos que representen los gustos y preferencias (origen) de diferentes culturas. Deben considerar la procedencia (origen) de la comida y las condiciones de trabajo de los agricultores, así como el pago que reciben por su labor.

¿Cómo se puede hacer?

Si en su universidad hay un centro de *service learning* (*SL*) o una oficina del voluntariado, quizás allí puedan ayudarlos a encontrar respuestas a estas preguntas.

- Primero, Uds. deben enterarse de la situación actual de su comunidad. Deben saber quiénes y cuántos son los necesitados, dónde están y qué les hace falta. Al mismo tiempo necesitan averiguar qué servicios y recursos existen ya en la comunidad.
- Deben determinar qué pueden ofrecerle a la comunidad. ¿Cuántos estudiantes van a participar en este proyecto? ¿Tienen conocimientos especiales respecto a la nutrición? ¿Cuándo tienen tiempo libre para prestar su ayuda? ¿Qué lenguas hablan? ¿Tienen transporte? ¿Tienen algún impedimento físico que les impida llevar bolsas o cajas pesadas?
- No se olviden de la parte administrativa. Van a necesitar una oficina, aunque sea un escritorio en casa de un estudiante, y un grupo que haga llamadas telefónicas y que organice los papeles, actividades, trabajo y horarios de los voluntarios.
- ¿Cómo van a distribuir la comida? En algunos sistemas, los necesitados acuden a una despensa o cocina central; en otros, la comida se transporta al domicilio de los necesitados.
- Pueden anunciar su programa en el periódico o por la radio o en un LISTSERV de la universidad. ¿Qué más pueden hacer para que todos se enteren de su nuevo programa?
- Deben reunirse varias veces para comentar y planear los detalles del programa. No se olviden de incluir a algunos representantes de la población a la cual Uds. van a ayudar, ya que un servicio no se puede considerar verdadero si no responde a las necesidades humanas.
- Los estudiantes que participen, si van a recibir crédito universitario por su trabajo, necesitan hacer los trámites necesarios.
- La reflexión es esencial para una buena experiencia de *SL* y se puede hacer de varias formas. Por ejemplo, se puede hacer por escrito: Cada participante puede llevar un diario apuntando en un lado de la página sus experiencias, lo que ya sabía que iba a suceder, lo que simplemente ve en su comunidad y en otro lado lo que siente, lo que aprende, lo que no entiende, lo que no pensaba que iba a ver. Cuando un participante quiere compartir sus reflexiones personales con los demás, puede poner sus apuntes en un tablero (*bulletin board*), ya sea de forma física o virtual. Un buen proyecto es poner todas las reflexiones en común y ver qué ha sido nuevo para la mayoría de la clase y qué ha sorprendido sólo a unos pocos.

Usen el espacio en su *Manual de actividades* para planificar y desarrollar este proyecto. Si lo hacen de verdad, será un trabajo enorme de grandes beneficios para todos. ¡Buena suerte!

UNIDAD 3

La familia y el hogar

Heirs Come to Pass, 3 (1991), Martina López (1952–)

Capítulo 5

La huella* de la sociedad moderna en la familia

Capítulo 6

La vivienda

Expresiones culturales

autobiografía: *Celia: Mi vida: Una autobiografía* (2005), Celia Cruz (Cuba / Estados Unidos)

poesía: «Las ciudades perdidas» (1983), Ernesto Cardenal (Nicaragua)

novela/cine: *Santitos* (1999, novela), María Amparo Escandón (México / Estados Unidos) (1999, película), Alejandro Springall, director (México)

pintura: *Heirs Come to Pass, 3* (1991), Martina López (Estados Unidos)

Abuela in El Salvador (2000), Elizabeth Gómez Freer (Estados Unidos)

arquitectura: Casapueblo (1958–1994), Carlos Páez Vilaró (Uruguay)

Nuestro proyecto en la comunidad

En la mayoría de las comunidades es muy difícil encontrar buenos servicios dedicados al cuidado de niños y ancianos, aunque paguen bien. Si una familia tiene en casa uno o dos niños de edad escolar o preescolar y, además, un abuelo o bisabuelo que necesita atención por su salud, puede encontrarse en una situación económica y logísticamente imposible. ¿Qué servicios e instituciones existen en tu comunidad para ayudar a la familia a cuidar a sus menores y mayores de edad? ¿Cuánto cuesta su ingreso y cuán largas son las listas de espera?

*¿Sabes qué significa «huella»?

Capítulo 5

La huella de la sociedad moderna en la familia

Una madre soltera descansa un momento con sus hijos. ¿Dónde estará el padre?

En este capítulo

Déjame que te cuente sobre...

- la tercera edad en los países de habla hispana
- unas fábricas que rompen la tela familiar

Tg Taller de gramática

Para este capítulo, debes consultar las siguientes secciones del **Taller de gramática.**

- Los pronombres de objeto directo
- El pronombre **se**
- Los pronombres (todos)
- El subjuntivo: Expresiones impersonales
- El subjuntivo: Cláusulas adjetivales
- Los pronombres (reflexivos, indirectos, directos)

Problema auténtico. Aunque Maricarmen es de una familia tradicional, su vida no es tradicional. Es una madre soltera con tres hijos. Su madre falleció[a] este año y su padre vive ahora con ella. El problema es que la salud y el estado mental de su padre se están deteriorando. Maricarmen trabaja muchas horas y, todas las tardes, cuando sus hijos regresan de la escuela se quedan solos con él por varias horas. Ella ve en esta situación un peligro inminente. Hay un asilo de ancianos en la ciudad vecina, pero es caro y, además, sería difícil para ella visitarlo todos los días. Además no le gusta la idea de poner a su padre en un asilo.

[a]murió

¡A escribir! Para el ensayo que vas a escribir al final del capítulo:

- explora los temas y la gramática del capítulo
- lee el **Problema auténtico**
- lee las secciones de **Para pensar** en **Exploración**
- apunta en tu **Vocabulario personal** las palabras y expresiones útiles
- usa **¡A escribir!** en tu *Manual de actividades* para organizar tus ideas

vp Vocabulario del tema*

en la familia La huella de la sociedad m

¿Es la maestra la segunda mamá?

«Educación sexual» en las escuelas

Mujer, ¿trabajo o familia?

Campaña «Tercera edad, primera en crecer»

Familia y democracia

amilia La huella de la sociedad moderna

La tercera edad

el asilo de ancianos nursing home
el estorbo nuisance; hindrance
el hogar home
la molestia trouble, bother
el razonamiento reasoning
____________ widower / widow

Cognados: el costo, el estigma, el impacto

acoger (j) to take in; to welcome
adquirir (ie) to acquire; to purchase
contratar to hire
costear to afford, pay for

cuidar to care for, take care of (*someone*)
 cuidarse to care for, take care of oneself
deteriorarse deteriorate
enfrentar to confront, face
____________ to move (*residence*)
resistirse a + *inf.* to be reluctant to (*do something*)
tocarle (a uno) to be one's turn
valerse (g) to manage on one's own

autosuficiente self-sufficient
estigmatizado/a stigmatized
propio/a own (*adj.*); himself/herself

*Basándote en tu experiencia con el español, ¿cuáles son las palabras que llenarían los espacios en blanco de los dibujos y de la lista?

Vocabulario

Práctica A. Definiciones y experiencias personales. Primero, da una definición de la palabra o expresión, luego cuenta una experiencia personal relacionada con ella.

MODELO: El estorbo → *Es una persona o cosa que molesta o representa un obstáculo.*
En mi experiencia personal: → *Mi primo es un estorbo porque pasa todo el tiempo en nuestra casa sin hacer nada; y eso nos irrita mucho.*

1. el impacto
2. el hogar
3. la molestia
4. contratar
5. autosuficiente
6. enfrentar
7. valerse
8. abrumador
9. acoger
10. criar

na en la familia La huella de la sociedad

____
____
____
____
____
____

La hija de Camila murió en un accidente. Como abuela, ella tuvo que encargarse de la crianza de sus nietos.

Rosario es una madre soltera. El padre de su hijo era drogadicto y Rosario tuvo que valerse por sí misma y criarlo sola.

Después de enviudar, Ángel crió a sus tres hijos solo.

a familia La huella de la sociedad moder

El trabajo y la familia
la fuerza laboral work force
____________ single mother
la maquiladora assembly-line factory
____________ poverty

criar (crío) to bring up, raise
cruzar (c) la frontera to cross the border
ganarse la vida to earn a living
mantener (*like* **tener**) to support (*a family*)

abrumador(a) overwhelming

Otras expresiones
entregar (gu) to give, surrender
suceder to happen
suponer (*like* **poner**) to suppose, assume

a pasos agigantados by leaps and bounds
a pesar de in spite of
a pesar de que although

VP **Detalles lingüísticos**
Busca otras maneras de expresar **ganarse la vida** y apúntalos en tu **Vocabulario personal.**

 **Práctica B. Preguntas.** En parejas, háganse y contesten las siguientes preguntas.

1. ¿Tienes algún pariente que viva en un asilo de ancianos o conoces a alguien que viva allí? ¿Por qué vive allí? ¿Cómo es el asilo?
2. En tu opinión, ¿qué y cómo es una familia «típica»? ¿Crees que la familia típica ha cambiado en los últimos años? ¿En qué sentido?
3. Describe a tu familia. ¿Es una familia «típica»? ¿Con quién te criaste la mayor parte del tiempo? ¿Cuál fue uno de los beneficios más grandes que obtuviste de ser miembro de tu familia? ¿Y una de las dificultades?
4. ¿Qué compañías o empresas tienen maquiladoras? ¿Cómo crees que es el trabajo en una maquiladora? ¿Crees que las compañías les pagan bien a sus obreros?

VP ¿Recuerdas cómo decir los nombres de los diferentes miembros de la familia nuclear y extendida? En el **Vocabulario personal** del *Manual de actividades* puedes crear un árbol genealógico para repasar los términos familiares.

Déjame que te cuente sobre...

Prepárate para leer

A. Reflexión. Antes de leer la siguiente selección, piensa en lo que sabes de Perú y de Chile. ¿Qué sabes de su economía y cultura? Piensa también en lo que sabes de la vida de las personas ancianas en tu país o en otros. Los ancianos que conoces, ¿viven en casa con su familia, en un *retirement community*, en un asilo de ancianos?

B. Estrategia. Echa un vistazo (*Glance*) rápido a la lectura para ver qué cognados encuentras. Haz una lista de los cognados y, basándote en tu lista, haz predicciones sobre el contenido de la selección.

Vocabulario útil

convencer (zc) ____________

fallecer (zc) to pass away

sobrevivir ____________

soler (ue) + *inf.* to usually (*do something*)

Busca en la lectura oraciones en las que se usa el verbo **llevar.** Este verbo puede tener muchos significados. ¿Cuáles son los significados de este verbo en esta lectura?

VP Repasa las palabras en la sección **Vocabulario del tema** al principio del capítulo y acuérdate de tu **Vocabulario personal** al final del capítulo o en el *Manual de actividades.*

¿R? **Las conjunciones temporales**
(Taller III. C. 3)

Las conjunciones temporales se usan con el subjuntivo, pero esas conjunciones no siempre requieren el subjuntivo. ¿Recuerdas cuándo usar el subjuntivo después de conjunciones temporales? Busca en la lectura las conjunciones **hasta que** y **cuando** y explica el modo verbal (¿indicativo o subjuntivo?).

gramática

Tg **Los pronombres de objeto directo** **(Taller IV. D.)**

En esta lectura hay muchos ejemplos de pronombres de objeto directo. Completa el siguiente cuadro con los pronombres que faltan.

PRONOMBRES DE OBJETO DIRECTO	
me	______
______	**os**
______	**los/las**

Práctica. Llena los espacios en blanco con el pronombre correcto. Luego, indica si cada oración es cierta o falsa para tu familia.

	C	F
1. Necesito una enfermera que cuide a mi papá, el pobrecito está enfermo. ¿Dónde ______ encuentro?	☐	☐

la tercera edad en los países de habla hispana

¡A leer!

Lee la selección entera sin buscar palabras en el diccionario. Luego, completa la **Actividad A** de **Comprensión y expresión** (pág. 112) y vuelve a leer la lectura.

Los abuelos en los países hispanos son una parte muy importante de la familia. En la tradición hispana, los abuelos tienen un lugar vital en la estructura familiar. Los abuelos que todavía viven y están juntos suelen tener su propia casa en donde viven solos ayudándo<u>se</u> el uno al otro. Normalmente los abuelos que han trabajado durante su juventud han podido adquirir su propia casa. Viven allí hasta que <u>se</u> enferman y <u>se</u> tienen que mudar o algún miembro de la familia <u>se</u> muda con ellos. Si el abuelo o la abuela no tiene su propia casa, suele vivir con alguno de sus hijos y nietos si <u>los</u> tiene.

Detalles lingüísticos

La palabra **propio/a** tiene significados distintos, según el contexto.

los propios padres the parents <u>themselves</u>

su propia casa their <u>own</u> house

una casa propia a house <u>of their own</u>

En la cultura hispana, se aprecia mucho a los mayores de la familia.

	C	F
2. Quiero mucho a mis abuelos y no quiero mandar________ a vivir en un asilo. Por supuesto, ________ prefiero tener aquí en casa.	☐	☐
3. En nuestro caso, el asilo es muy caro y no ________ podemos pagar.	☐	☐
4. Queremos a la abuela y estamos cuidándo________ en casa, pero a veces nos resulta difícil. Por ejemplo, a veces se enoja cuando ________ estoy vistiendo.	☐	☐
5. Si veo a un viejito, siempre trato de saludar________ y de hablar con él un rato.	☐	☐
6. Mi abuela vive en un hogar de ancianos donde hay veinte señoras postradas (*bedridden*). Todos los días, la asistente ________ baña y viste, las peina y ________ lleva al salón o al patio.	☐	☐

Detalles culturales

En casi todos los países del mundo, la esperanza de vida de las mujeres es de dos, tres y hasta cinco años más que los hombres. ¿Sabes algo de las razones biológicas de este hecho? ¿Cuáles son las consecuencias sociales y económicas de esto?

Cuando los abuelos hispanos viven juntos y uno de los dos fallece, el que sobrevive típicamente se muda a la casa de uno de sus hijos. Pero hoy en día, cuando los abuelitos ven a sus hijos y nietos ocupados en sus respectivos trabajos, estudios y otras actividades, piensan que si se mudan con ellos van a ser un estorbo para todos. Además, para los abuelos que han vivido años independientemente, el cambio de rutina es difícil. Sin embargo, muchos hijos todavía tratan de convencerlos de que no son una molestia y de que tenerlos en su casa es lo mínimo que podrían hacer por ellos.

Para y para que

(Taller III. C. 3, VI. B.)

Hay varios ejemplos de **para** + *inf.* en esta lectura. ¿Puedes identificarlos? La conjunción **para que** siempre requiere el subjuntivo después.

Vamos a comprar una casa con cuatro alcobas **para que** los abuelos **vivan** con nosotros.

¿Te acuerdas de otras conjunciones que siempre requieren el subjuntivo después?

En Perú, por ejemplo, las familias tienen muy claro que los abuelos van a pasar sus últimos días o años con alguno de sus hijos. Para los peruanos, es difícil llevar a los abuelos a una residencia de ancianos. De hecho, esta idea de llevarlos a las residencias de ancianos está bastante estigmatizada y no se ve bien en ninguna clase de la sociedad peruana, ni entre los que tienen mucho dinero, ni entre los que tienen poco. Cuando los ancianos necesitan más atención, algunas familias peruanas suelen contratar a un enfermero o enfermera para cuidar al anciano en la casa. Algunas familias que no pueden pagar una persona especializada, contratan a una muchacha del campo. Estas muchachas normalmente se ocupan de la persona anciana a la vez que cocinan, lavan y atienden al resto de la familia.

Detalles culturales

¿A cuántos años se puede considerar ya «vieja» a una persona? Depende de muchos factores, inclusive la clase social y la situación económica, el nivel de educación, el estilo de vida, el estado de salud, la genética, las actitudes culturales y otros más. Ahora, en Estados Unidos la gente se siente más joven que antes. Solemos oír que «*Fifty is the new forty*». ¿Qué significa eso y cómo se puede expresar en español?

gramática

Tg El pronombre *se*

(Taller III. D. 1, 2; IV. B. 2)

El pronombre **se** tiene varios usos.

- **el reflexivo verdadero** (*-self*)

  Se dedica a su profesión.
  She dedicates herself to her profession.

- **el reflexivo de proceso** (*to get, become*)

  El abuelo **se enfermó** el domingo.
  Grandfather got sick on Sunday.

- **el reflexivo recíproco** (*each other*)

  Los abuelos y los padres **se** ayudan.
  The grandparents and parents help each other.

Busca por lo menos tres frases con **se** en la lectura e identifica su uso.

En Chile sucede algo parecido. Los hogares de ancianos o casas de reposo no son muy populares, ya no tanto por el estigma social como sucede en Perú, sino por el costo de estos. Pocas familias pueden costear fácilmente los hogares de ancianos de calidad. Existen organizaciones no gubernamentales (ONGs), como Hogar de Cristo y Fundación Las Rosas, que proveen de asilo gratuito a los ancianos. El problema de estos hogares gratuitos es que están en gran demanda y normalmente sólo aceptan a ancianos autosuficientes, es decir que pueden valerse por sí mismos. Santiago de Chile es una capital urbana que va cambiando poco a poco sus tradiciones, y a pesar de que los familiares se resisten a llevar a sus ancianos a las residencias, ya existen familias que los llevan para poder seguir trabajando libremente y dedicarse a sus otras obligaciones.

Detalles culturales

La Fundación Las Rosas opera cuarenta hogares para ancianos en Santiago y el área capitalina, con diez más en otras partes de Chile. En Santiago, los hogares son todos distintos: algunos son sólo para mujeres, otros para hombres, otros para «abuelos de ambos sexos»; sólo unos pocos son para personas postradas; uno es para mujeres con problemas mentales y hay uno para sacerdotes. Su capacidad varía de treinta a noventa personas.

Esta idea de progreso y evolución de la sociedad moderna está muy reñida[a] con las tradiciones de la cultura hispana. Lo cierto es que muchas ciudades hispanas están cambiando a pasos agigantados, y en muchas ocasiones eso supone tener que enfrentar las tradiciones culturales. Pero no todo cambia: A pesar del trabajo y la dedicación a la carrera, todavía hay familias de profesionales que se resisten a llevar a sus ancianos a las residencias. Su razonamiento para acogerlos en su casa es el siguiente: «Ellos nos cuidaron cuando éramos bebés, ahora nos toca a nosotros cuidar de ellos, no abandonarlos».

[a]está… *is at odds*

Detalles lingüísticos

¿Recuerdas estas palabras para referirse a las personas de edad avanzada?

anciano/a
grande
maduro/a
mayor
viejo/a

Práctica A. Preguntas

1. ¿A qué se dedican los médicos?
2. ¿A qué se dedica un trabajador social?
3. ¿De qué se ocupa una fisioterapeuta?
4. ¿De qué se ocupan los enfermeros?
5. Los ancianos autosuficientes, ¿se bañan sin ayuda?
6. Los residentes postrados, ¿se visten sin ayuda?

Práctica B. El padre de Margarita. Completa el párrafo con expresiones de la siguiente lista.

se enamoró　se enfureció　se enoja　enterarse　se aproveche　se casó

A veces Margarita ______[1] con su papá, porque él hace cosas extrañas o extremas sin consultar con nadie. El año pasado, por ejemplo, don Gregorio ______[2] de una jovencita de 50 años y casi ______[3] con ella después de sólo un mes. Al ______[4], Marga ______[5], por supuesto. No quiere que ninguna mujer ______[6] de su papá, ¿sabes?

gramática

Comprensión y expresión

A. Palabras y definiciones. Indica la palabra correcta.

1. Un anciano que puede cuidarse es (**agigantado / autosuficiente / reñido**).
2. Los abuelos no quieren ser un (**estorbo / montón / refrán**) para su familia.
3. Para muchas familias, cuidar a los abuelos no es una (**empresa / molestia / viuda**).
4. Emocional y económicamente, es muy difícil ser (**costo / hogar / viudo**).
5. Por tradición, la familia tiene la obligación de (**acoger / enfrentar / suponer**) a los abuelos.
6. En Perú, se (**costea / muda / ve**) muy mal llevar a los ancianos a una residencia.
7. A veces es doloroso para los abuelos (**mudarse / resistirse / valerse**) con sus hijos.
8. Claro, todos vamos a (**entregar / fallecer / suceder**) algún día, pero antes queremos sentirnos queridos y cómodos.

B. Preguntas

1. Generalmente, ¿dónde viven los abuelos hispanos?
2. ¿En qué situaciones se mudan los abuelos a la casa de un hijo para vivir con él?
3. ¿Por qué podría ser difícil para un abuelo hispano mudarse a la casa de un hijo?
4. ¿Qué hacen las familias peruanas cuando tienen que trabajar y cuidar al abuelo?
5. ¿Por qué no son muy populares los asilos para ancianos en Chile?
6. ¿En qué sentido están en conflicto el progreso y la tradición?

¿Qué hacen típicamente los ancianos para divertirse? Y tú, ¿pasas tiempo con la gente de mayor edad en tu familia? ¿Qué hacen Uds. juntos?

Detalles culturales

¿Conoces la *Fédération Internationale des petits frères des pauvres*? Esta ONG funciona en ocho países incluyendo México, España y Estados Unidos. En estos países se le llama, respectivamente: Los hermanos del anciano, Amigos de los mayores y *Little Brothers—Friends of the Elderly*. Su lema es «Las flores antes que el pan» y su propósito es asegurar que los ancianos no vivan aislados, proporcionándoles en cambio una buena calidad de vida con el calor humano que todos necesitamos.

¡En acción!

A. ¿Qué piensan Uds.? En parejas, háganse y contesten las siguientes preguntas.

1. ¿Conoces a algunas personas ancianas? ¿Quiénes son, dónde viven, qué hacen? ¿Te gusta compartir tu tiempo con ellos?
2. En tu familia, ¿dónde viven los ancianos? ¿Qué actitudes existen en tu familia en cuanto a los asilos u hogares de reposo?
3. Y tú, ¿has visto algunas residencias para ancianos? ¿Por qué fuiste a verlas? ¿Qué piensas de ellas? ¿Son realmente buenas? ¿caras? ¿cómodas? ¿limpias?
4. Para ti, ¿qué servicios debe ofrecer una residencia para ancianos? ¿Cómo sería la residencia ideal?
5. ¿Crees que la familia tiene la obligación de cuidar a sus abuelos? ¿Crees que los abuelos deben vivir en casa de un hijo o una hija? ¿Qué obligaciones existen para toda la vida entre padres e hijos?
6. Mucha gente tiene miedo de envejecer y, con frecuencia, la gente mayor quiere verse más joven. ¿Por qué existen estas actitudes? Si envejecer es lo natural, ¿por qué se ve mal el hecho de envejecer?

VP Acuérdate de consultar la lista de tu **Vocabulario personal** al final del capítulo o en el *Manual de actividades.*

B. Imagínate. Tienes 80 años y eres viudo/a. ¿Dónde quieres vivir? ¿En tu casa, en casa de un hijo o nieto, en un hogar de reposo? ¿Qué problemas tienes? ¿Qué necesitas? ¿Tienes algo que ofrecer a la familia, a los amigos, a la comunidad?

C. Para la tercera edad. ¿Qué servicios y programas sirven a la comunidad de ancianos en tu área? Busca información sobre las diferentes organizaciones y oportunidades para servir a los mayores. ¿Qué otros programas para ayudar a los viejos y su familia se deberían establecer?

Investigación y presentación: Hogares y servicios para ancianos

PASO 1. Investigar. En grupos de dos a tres busquen más información sobre los hogares y servicios para ancianos en diferentes países. Luego, escojan un país de habla hispana para investigar uno de los aspectos del tema. Pueden enfocarse en los servicios que hay para ayudar a los abuelos a quedarse en su propia casa, los servicios que apoyan a las familias que tienen un abuelo enfermo en casa, las residencias gratuitas o de bajo costo para ancianos o las residencias que cobran mucho por sus servicios.

PASO 2. Representar. Organicen la información que obtuvieron Uds. en el **Paso 1** y preséntenla a la clase. Usen fotos y tablas para comunicar la información más fácilmente.

PASO 3. Reflexionar. Todos los grupos deben hacer su presentación a la clase. Después, la clase debe comparar y contrastar la situación que existe en diferentes países o regiones. ¿Qué similitudes y diferencias hay? ¿Han influenciado las lecturas y sus investigaciones en su opinión sobre los ancianos, las residencias para ellos y las obligaciones familiares?

Exploración | *Los abuelos de Celia Cruz*

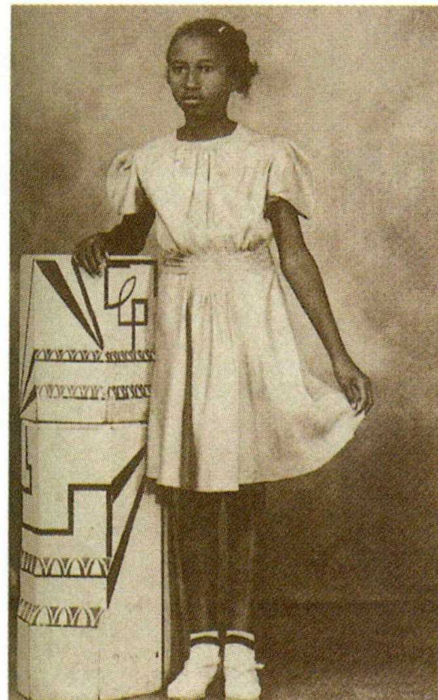

La niña Celia Cruz (1924–2003) llegó a ser *la* Celia Cruz, reina de la salsa. ¿Quién pudo haber sabido entonces que llegaría a tener tal forma?

Celia Cruz, «la guarachera[*] de Cuba», fue cantante de salsa, con una de las carreras más exitosas entre los cubanos y cubanoamericanos. Ganó tres premios Grammy y cuatro premios Latin Grammy. Vivió la mayoría de su vida en Nueva Jersey.

Prepárate para leer

Actividad. Anticipación. En esta selección de su libro *Celia: Mi vida: Una autobiografía*, Celia Cruz comenta lo poco que recuerda de sus abuelos. ¿Qué sabes tú de tus abuelos? ¿Vivían cerca de tu familia? ¿Pudiste conocerlos y convivir con ellos? ¿O murieron antes de que nacieras?

¡A leer!

La verdad es que tengo muy pocos recuerdos de mis abuelos. Dolores murió bastante[a] joven, cuando yo todavía era muy niña, y aunque mi abuelo, Ramón Alfonso, murió mucho después, él no vivía en la capital sino en Pinar del Río. No convivimos mucho con él, pero cuando iba a La Habana a vernos, nos contaba muchos cuentos de cuando combatió en la última guerra por la independencia de Cuba. Él fue lo que los cubanos llaman con mucho orgullo un «mambí», una voz de origen africano que se usaba para denominar a todos aquellos que se levantaron en contra del dominio español. Aun así, no creo que mi abuelo haya alcanzado[b] ningún grado en el ejército[c] libertador, sino que más bien fue un simple soldado. Nos contaba que los mambises pasaron tanta hambre en esa época que tuvieron que comer gato.

[a]*fairly* [b]haya… *has reached* [c]*army*

Vocabulario útil

En este párrafo las palabras tienen un significado un poco diferente del que se les da normalmente. Trata de completar las definiciones según el contexto.

el grado ________

la voz ________

levantarse ________

pasar ________

¿R? Los pronombres (todos)
(Taller IV.)

En esta selección hay pocos pronombres, pero son de todos tipos. ¿Puedes emparejar los pronombres subrayados en la lectura con su clasificación?

sujeto	preposicional	reflexivo
de objeto indirecto	relativo neutro	de objeto directo
demostrativo		

gramática

Práctica. ¿*Se*, *lo* o *le*?

Paso 1. Escoge el pronombre correcto para cada oración. Luego indica si la oración es cierta o falsa según la lectura.

	C	F
1. Celia no veía mucho a su abuelo Ramón, por eso no (**se** / **lo** / **le**) recuerda.	☐	☐
2. Su abuela (**se** / **lo** / **le**) contó historias muy interesantes.	☐	☐
3. El abuelo visitaba a la familia, pero nunca (**se** / **lo** / **le**) mudó a la Habana para vivir con ellos.	☐	☐
4. La abuela de Celia (**se** / **lo** / **le**) llamaba Dolores.	☐	☐
5. El abuelo (**se** / **lo** / **le**) dijo muchas veces que tuvieron que comer gato durante la guerra de la independencia.	☐	☐

[*]La guaracha es un estilo de música caribeña, parecida a la salsa. Una guarachera es una mujer que canta esa músia.

Comprensión y expresión

A. ¿Entendiste?

1. Celia Cruz no conoció muy bien a sus abuelos. ¿Por qué?
2. ¿Qué es lo que más recuerda de su abuelo?
3. ¿Qué es un *mambí*?

 **B. ¿Qué piensan Uds.?** En parejas, háganse y contesten las siguientes preguntas.

1. ¿Te parece que la familia de Celia es una familia típicamente hispana?
2. ¿Por qué piensa Celia que su abuelo fue un simple soldado?
3. ¿Cómo es la actitud de Celia hacia su familia y su cultura?

C. ¿Cómo fue su vida? Para describir la vida de su abuelo, Celia emplea principalmente el pretérito. ¿Por qué? Usa el pretérito para contar la vida de tu abuelo, bisabuelo u otro pariente, a base de las siguientes frases.

1. ser soldado (obrero, maestro, ingeniero,…)
2. (no) luchar en ninguna guerra
3. pasar hambre (calor, frío,…) y tener que ______
4. trabajar muchos años en (lugar/oficio)
5. morir viejo (joven)

D. Análisis: El léxico. En esta selección, Celia Cruz emplea la palabra «mambí» y explica su significado. ¿Por qué lo hace así, cuando es suficiente decir simplemente que su abuelo había sido soldado? ¿Tiene algún efecto especial esta palabra de origen africano?

Para pensar

¿Te choca[a] a ti como a Celia Cruz, la idea de comer gato? En algunos países de habla hispana hay gente que come chapulines,[b] cuy[c] o iguana. Es importante recordar que la cultura determina la cocina, incluyendo los ingredientes que se consideran aceptables. Si viajas, es casi seguro que te vas a encontrar con alguna comida que te parece «horrible». Prepárate para ese momento.

[a]*shock* [b]*grasshoppers* [c]*guinea pig*

Paso 2. Escoge el pronombre correcto para cada oración y esta vez indica si estás de acuerdo (**sí**) o no (**no**).

	SÍ	NO
1. ¡Qué disgusto comer gato! Estoy seguro/a de que el abuelo nunca (**se** / **lo** / **le**) volvió a comer.	☐	☐
2. Si el abuelo hubiera vivido durante la revolución cubana, (**se** / **lo** / **le**) habría mudado a Estados Unidos como Celia y su esposo.	☐	☐
3. Si el abuelo necesitara dónde vivir, Celia y su esposo Pedro (**se** / **lo** / **le**) dirían que viviera con ellos en su casa.	☐	☐
4. Me parece que Celia (**se** / **lo** / **le**) alegra de poder escribir su autobiografía.	☐	☐

Comparaciones

Charlemos un rato

¿Cómo es tu familia?

PASO 1. En grupos de dos o tres, describan su familia.

1. ¿Es una familia tradicional?
2. ¿Cuántos hermanos tienen?
3. ¿Quiénes viven en la casa de sus padres?
4. ¿Tienen buenas relaciones con sus padres? ¿con sus hermanos? ¿con sus abuelos?

Ahora, hagan una lista en la pizarra para categorizar la familia de todos los estudiantes de la clase. ¿Con quién(es) viven o vivían todos durante la escuela secundaria? Las siguientes categorías son sugerencias: dos padres casados, padres divorciados, padre viudo / madre viuda, otro pariente, otra situación. Pueden cambiarlas si quieren.

Alberto «Tito» van Oordt (Perú): «Cuando éramos chicos nuestros padres nos enseñaron que a tu hermana, no se le toca.» Úrsula van Oordt (Perú): «Es cierto. Hay como que más protección. En, en el caso de mi familia fue así.»

DVD **PASO 2.** En el vídeo, vas a escuchar a Tito, Úrsula, Juan, Carla y Cristina hablar de su familia y de la familia típica de su país. Antes de ver las entrevistas, repasa el **Vocabulario útil** y lee las siguientes oraciones. Luego, vas a completarlas según lo que dicen los entrevistados.

Vocabulario útil

no se le toca you don't hit (touch) her
nunca me pusieron un dedo encima never laid a hand (finger) on me
les pateaba sus muñecos I would kick their action figures (dolls)
me cargaban y me sacaban would pick me up __________
valores familiares __________
tienden a destruir tend to __________
raíces roots
el trato the treatment
sigue habiendo there continue to be
sigue vigente mucho is very much in force
muy involucrados very involved

Juan Buxo (España): «Lo que se puede decir alrededor de la mesa cuando uno come no se sustituye por nada más en la familia.»

1. Cuando Úrsula les pateaba los ________ de Star Wars, sus hermanos la cargaban y la _______ del dormitorio y le cerraban la _______.
2. Juan dice que se habla de los _______ familiares en España pero no se explota el tema políticamente. Según él, los jóvenes españoles son más ________ con los _______ que los de aquí.
3. Las ________ de Cristina viven sólo a unas _______ de la casa de sus padres, y en Lima, los tíos de Carla viven _______ de su madre.

Cristina Martínez (España): «Mi familia es, eh, la típica familia española, supertradicional…» Carla Sáenz (Perú): «Mis abuelos viven también, eh, viven con mi mamá y también están, están como muy involucrados en todas las actividades de la familia.»

PASO 3. Ahora contesta las siguientes preguntas.

1. ¿En qué era diferente el trato que Tito y Úrsula recibían de sus padres? ¿Tuviste una experiencia semejante en tu familia?
2. ¿Qué dice Juan que es «capital», es decir, sumamente importante, para la unidad familiar? ¿Estás de acuerdo?
3. Aunque las familias de Carla y Cristina son bastante diferentes, tienen varias cosas en común. ¿Cuáles son algunas de las semejanzas?

Dichos

¿Qué significan los siguientes refranes? ¿Conocen Uds. refranes que signifiquen lo mismo en inglés u otra lengua? Si quieren, pueden buscar en el Internet otros refranes en español.

Dichos

- Más cerca tengo mis dientes que mis parientes.
- Cual palo[a] tal astilla.[b] De tal palo tal astilla.
- El dinero y la mujer, en la vejez son menester.[c]
- El que se casa y enviuda y se vuelve a casar, algo le debe al diablo[d] y le tiene que pagar.

[a]*stick* [b]*splinter* [c]necesarios [d]*devil*

Costumbres y buenos modales

Las bodas

En España es común regalarle un puro[a] a cada hombre y darle un regalo bonito a cada mujer invitada (una planta o un abanico[b]). En la ceremonia la madre del novio lo acompaña hasta el altar. Después de la boda, cuando los novios salen de la iglesia, sus amigos y parientes les tiran granos de arroz y pétalos de rosa. En muchos casos el padre de la novia paga por la quema de un castillo de fuegos artificiales.[c]

En las bodas católicas de México, los novios son enlazados, durante la ceremonia, con un largo lazo[d] blanco que une a los dos novios por el cuello y representa la unión del matrimonio. En España y en otros países hispanos, el novio suele regalarle trece monedas[e] de oro, llamados «las arras», a la novia.*

Las costumbres de las comunidades indígenas y europeas en Bolivia varían mucho. Las comunidades europeas siguen la tradición católica, con padrinos y dos testigos. Pero las prácticas en las comunidades indígenas son muy diversas. En las bodas provinciales, los novios suelen tener «padrinos de trago[f]» y «padrinos de comida», que ayudan con el costo de los banquetes.

Regalos de boda

En Perú, los que reciben una invitación a la fiesta o banquete de bodas y no sólo a la ceremonia, suelen hacer regalos más caros. Actualmente, en España, en vez de hacer un regalo, muchos invitados depositan dinero en una cuenta para los novios.

[a]*cigar* [b]*fan* [c]castillo... *fireworks display/show* [d]*bow, rope* [e]*coins* [f]*drink*

Detalle cultural

Aunque en los países hispanos muchos novios tienen damas de honor y sus acompañantes, el concepto de *best man* o de *maids of honor* tal como es en este país no existe en el mundo hispano.

A. El compadrazgo. El compadrazgo y los padrinos son elementos importantes en el sistema social de muchos países hispanos. Los padrinos hacen su papel más importante en dos momentos de la vida del ahijado o de la ahijada: el bautismo y la boda. Busca información sobre las costumbres relacionadas con los padrinos en un país hispano, para presentar unos datos interesantes a la clase.

B. ¿Una boda típica? ¿Has asistido a alguna boda recientemente? ¿Has participado en alguna? Descríbela.

*La tradición de las arras, símbolo de la protección y bienestar que el novio le ofrece a la novia, viene de los musulmanes. ¿Cómo o por qué crees que esta tradición se integró a las tradiciones hispanas?

Déjame que te cuente sobre...

Prepárate para leer

A. Reflexionar

1. Piensa en tu mamá, y en la de tus amigos. ¿Trabaja tu mamá fuera de casa? ¿En qué trabaja? ¿Qué tareas domésticas tiene que hacer en casa?
2. Hoy en día hay muchos tipos de familias. Para ti, ¿cuál es la definición de *familia*? Describe los diferentes tipos de familias que conoces.
3. Piensa en algunas compañías grandes de este país. ¿Sabes si la administración de estas compañías se preocupa por el bienestar de los empleados y su familia? ¿Qué obligaciones existen entre una empresa y sus empleados, en tu opinión?

B. Estrategia. Mientras lees la selección, indica las palabras que desconoces. No las busques en el diccionario, sino trata de adivinar su significado, basándote en el contexto.

Vocabulario útil

durar ________ **lograr** + *inf.* to manage (*to do something*)

VP Repasa las palabras en la sección **Vocabulario del tema** al principio del capítulo y acuérdate de tu **Vocabulario personal** en el *Manual de actividades.*

¿R? **Los adjetivos descriptivos**

(Taller V. B. 3)

Aunque los adjetivos descriptivos suelen seguir al sustantivo que modifican, pueden precederlo si describen una cualidad fundamental de este. Un ejemplo en esta selección es **la triste realidad.** ¿Puedes encontrar más?

¡A leer!

Lee la selección entera sin buscar palabras en el diccionario. Luego, completa la **Actividad A** de **Comprensión y expresión** (pág. 121) y vuelve a leer la lectura.

La familia hispana tradicional se adapta a la vejez de los abuelitos y los incorpora en la vida de la familia. Recuerda que es tradicional que todos los parientes cooperen en el proceso de criar a los hijos y estos saben que pueden depender de sus papás, abuelos, tíos y hermanos durante toda la vida. Bueno, a este modelo tradicional generalmente positivo de la familia extendida, se contrapone[a] ahora otro modelo familiar nuevo y mucho menos positivo. Es un modelo que representa la triste realidad de la vida moderna para millones de centroamericanos y mexicanos.

[a]se... *is contrasted*

gramática

Tg **El subjuntivo: Expresiones impersonales** **(Taller III. C.)**

Las frases «Es *adjetivo* que... » casi siempre requieren el subjuntivo después. La excepción viene cuando el adjetivo expresa el concepto de **verdad** o **realidad.** Indica qué expresiones requieren el subjuntivo después.

☐ Es cierto que	☐ Es natural que	☐ Es justo que	☐ Es seguro que
☐ Es normal que	☐ Está claro que	☐ Es imposible que	☐ Es obvio que
☐ Es razonable que	☐ Es evidente que	☐ Es probable que	☐ Es verdad que

¿Puedes encontrar en la lectura las dos frases «Es *adjetivo* que... »? ¿Requieren el subjuntivo o indicativo después? ¿Por qué?

unas fábricas que rompen la tela familiar

Esta familia consta[b] de una mujer sola que se encuentra con sus dos o tres niños pequeños en un área urbana a la cual llegó en busca de trabajo y una vida mejor. Es típico que esta mamá trabaje doce o quince horas al día en una maquiladora. Si no trabaja como obrera de una maquiladora, puede que sea empleada doméstica. En cualquier caso, su trabajo es duro y su sueldo no le alcanza ni para lo mínimo. Después del trabajo, ella se encarga de todos los quehaceres domésticos de su propio hogar. Frecuentemente, no hay nadie que le cuide a los hijos, ya que dejó a su familia en el pueblo para viajar a la gran ciudad. Esta mamá lucha por sobrevivir cada día, pero apenas logra darles de comer a sus hijos. Esta familia subsiste dentro de los límites de una pobreza abrumadora de la que no es fácil salir.

[b]*consists of*

Detalles lingüísticos

¿«Maquila» o «maquiladora»?

En esta lectura se usa «maquiladora», para referirse al trabajo de línea de montaje[a] y a la fábrica donde se hace este tipo de trabajo. La palabra «maquila» es un término abreviado que se oye en México para referirse a un maquiladora.

[a]línea... *assembly line*

¿R? Para expresar ago

(Taller VII. B. 1)

pretérito + **hace** + *tiempo* = *past tense* + *time* + ago

Llamé hace una hora. — *I called an hour ago.*

Las maquiladoras pueden ser enormes; en algunas hay más de mil obreros.

Práctica. Es verdad. Indica la forma verbal correcta. Luego, termina las oraciones de una manera lógica.

1. Es evidente que las maquiladoras (**son** / **sean**)...
2. Es importante que el gobierno mexicano (**hace** / **haga**) algo para...
3. Es natural que los mexicanos y centroamericanos (**quieren** / **quieran**)...
4. Es obvio que Estados Unidos (**debe** / **deba**)...
5. Es claro que las obreras de las maquiladoras (**están** / **estén**)...
6. Es razonable que los dueños de las maquiladoras (**tienen** / **tengan**)...

Detalles culturales

Entre 1993 y 2006, casi 400 mujeres fueron asesinadas en Ciudad Juárez. De estas 400, encontraron los restos de unas 230 abandonadas o enterradas[a] en el desierto. Los cuerpos mostraban evidencia de tortura y violación.[b] Parece que más de 100 de estas mujeres fueron víctimas del mismo asesino en serie. Se ha criticado fuertemente a las autoridades mexicanas por su falta de atención ante estos crímenes. La mayoría de las 400 mujeres trabajaban en una maquiladora.

[a]*buried* [b]*rape*

El establecimiento de maquiladoras hace unos cuarenta años ha contribuido a la decadencia de la familia tradicional, ayudando así a crear este fenómeno de la nueva dinámica familiar. Las primeras maquiladoras se establecieron en Ciudad Juárez, al sur de El Paso, Texas, en 1965 por medio del Programa Nacional Fronteriza,[c] y ahora hay maquiladoras por toda Centroamérica y México. En lo que se refiere a México, las maquiladoras emplean aproximadamente un millón de mujeres. Estas representan más del 60 por ciento de la fuerza laboral maquiladora. Muchas mujeres sufren de graves problemas de salud por haber trabajado en las maquiladoras con peligrosas sustancias químicas sin protección suficiente. En ocasiones estas mujeres también son víctimas de abuso sexual, psicológico y físico. Las maquiladoras suelen dar muy poca o ninguna indemnización[d] por las numerosas enfermedades y accidentes que causan. Es lógico entonces que trabajar por diez años en las maquiladoras se considere un tiempo muy largo.

[c]Programa... *Border Industrialization Program* [d]*compensation*

¿Quiénes son los hombres en esta foto y que hacen?

Tg El subjuntivo: Cláusulas adjetivales (Taller III. C.)

gramática

En las cláusulas adjetivales se usa el indicativo para modificar un sustantivo conocido y específico. Se usa el subjuntivo para modificar un sustantivo que no existe o cuya existencia es dudosa. Indica si las siguientes expresiones requieren el indicativo (I) o el subjuntivo (S).

	I	S		I	S
1. No conozco un lugar que	☐	☐	**6.** No hay nada/nadie que	☐	☐
2. Buscan / Esperan encontrar... que	☐	☐	**7.** Conozco un lugar que	☐	☐
3. Quieren / Necesitan... que	☐	☐	**8.** No tenemos... que	☐	☐
4. Tenemos... que	☐	☐	**9.** Existe(n)... que	☐	☐
5. Ven... que	☐	☐	**10.** ¿Hay algo/alguien que... ?	☐	☐

Por otro lado, muy pocos hombres consiguen trabajo en las maquiladoras y frecuentemente no encuentran un trabajo que les permita mantener a sus familias. Se ven obligados a cruzar la frontera y entrar en Estados Unidos y quedarse, o llegar hasta Canadá, ya que en México y Centroamérica no hay mucho trabajo. Debido a esta situación, en México hay pueblos enteros en el interior del país donde casi no queda ningún padre de familia.

Es fácil percibir la tragedia de esta destrucción de la familia tradicional en películas documentales como *Cartas del otro lado*[e] (2006). En estos documentales se escuchan entrevistas de padres que tuvieron que dejar atrás a sus familias en México para ganarse la vida. Imagínate cómo sería de diferente tu comunidad si muchos de los padres de familias tuvieran que emigrar para ganarse el pan en un país extranjero.

[e]*Cartas... Letters from the Other Side*

Comprensión y expresión

A. Léxico de la lectura. Identifica el sinónimo.

1. se contrapone
a. se contrasta **b.** se van juntos **c.** se pone a favor de **d.** el gran desarrollo

2. abrumadora
a. muy nublada **b.** angustiosa **c.** necesaria **d.** irresistible

3. familiar
a. un amigo **b.** de la familia **c.** amable **d.** ya sabido

4. se encarga
a. se lleva cargos **c.** se cobra mucho por
b. se habla al jefe **d.** se toma la responsabilidad

B. ¿Cierto o falso? Corrige las oraciones falsas.

Las mujeres que trabajan en las maquiladoras...

	C	F
1. ganan bastante dinero.	☐	☐
2. suelen tener poco apoyo social.	☐	☐
3. típicamente trabajan unos quince o veinte años en las maquiladoras.	☐	☐
4. pueden estar expuestas a productos químicos que dañan la salud.	☐	☐

C. Preguntas

1. ¿Cuáles son los dos modelos de familia descritos en la lectura?
2. ¿Qué factores contribuyen a los cambios en la estructura familiar?
3. ¿Qué problemas experimentan las mujeres que trabajan en las maquiladoras?
4. ¿Cómo y cuándo empezaron las maquiladoras?

gramática

Busca las cláusulas adjetivales en esta selección introducidas por «no hay nadie...» y «no encuentran un trabajo...». ¿Están los verbos de tales cláusulas adjetivales en el indicativo o en el subjuntivo? ¿Por qué?

Práctica. Las maquiladoras y el trabajo. Indica la forma verbal correcta. Luego, termina cada oración de una manera lógica.

1. Hay maquiladoras en México y Centroamérica que no (**ofrecen / ofrezcan**)...
2. Para mucha gente es imposible encontrar un trabajo que (**paga / pague**)...
3. Muchas obreras de las maquiladoras tienen problemas de salud que (**son / sean**)...
4. Existen pocas leyes que (**protegen / protejan**)...
5. Los mexicanos y centroamericanos buscan un trabajo que les (**da / dé**)...
6. Las madres solteras necesitan tener familiares o amigos que (**pueden / puedan**)...

VP Acuérdate de consultar la lista de tu **Vocabulario personal** al final del capítulo o en el *Manual de actividades*.

¡En acción!

A. ¿Qué piensan Uds.? En parejas, háganse y contesten las siguientes preguntas.

1. En Estados Unidos y Canadá, a pesar de los cambios económicos de las últimas décadas, todavía hay muchas fábricas. ¿Son estas distintas de las maquiladoras? ¿De qué manera?
2. ¿Cómo afectan las maquiladoras a las mujeres que trabajan en ellas? ¿a sus familias? ¿a la sociedad?
3. ¿Por qué dejan su pueblo tantos mexicanos y centroamericanos, si dejarlo significa dejar a la familia y a los amigos? ¿Entiendes por qué lo hacen? ¿Crees que es fácil para ellos? ¿Cómo afecta esta emigración a los pueblos de donde vienen?
4. En tu opinión ¿qué deben hacer los dueños de las maquiladoras y los gobiernos para mejorarlas?
5. ¿Qué se debe hacer para ayudar a las familias modernas que ya no pueden contar con el apoyo familiar y social?

En la comunidad | *Para servir a la comunidad de las colonias*

«Benjamín» (un nombre inventado para protegerlo) cruza la frontera de México con frecuencia para atender a algunas necesidades de las familias que viven en las colonias[a] cerca del complejo de maquiladoras alrededor de la ciudad de Reynosa, México. A veces lleva grupos pequeños de personas de Estados Unidos para que conozcan a los habitantes. Él les da consejos legales y prácticos a las mujeres que trabajan en las maquiladoras. Les recomienda estrategias para conseguir mejores condiciones de trabajo o mejor pago. Esto que hace «Benjamín» va en contra de los deseos de los dueños y gerentes[b] de las maquiladoras, quienes prefieren perpetuar la ignorancia de las mujeres acerca de sus derechos. La pacífica acción de informarles a las mujeres sobre sus derechos expone a «Benjamín» a cierto peligro, por eso protegemos su identidad mientras que él sirve clandestinamente a esta comunidad de mujeres.

[a]*neighborhoods* [b]*managers*

¿R? ¿Subjuntivo o infinitivo?
(Taller III. C. 1)
¿Recuerdas cuándo usar el subjuntivo en vez del infinitivo con expresiones de emoción y esperanza?

> Espero **regresar** algún día a mi pueblo. (sin cambio de sujeto)
> Espero que mi papá **regrese** pronto. (con cambio de sujeto)

B. Las fábricas y los derechos. Las fábricas de todo el mundo siempre han sido un semillero (*hotbed*) de conflictos y problemas laborales y sociales que corren la gama desde sueldos bajos y horas excesivas hasta el abuso sexual y condiciones de trabajo sumamente peligrosas. ¿Cuáles son las organizaciones y programas que protegen a los obreros de las fábricas en este país? ¿Qué han hecho para mejorar las condiciones de trabajo? ¿Existen tales organizaciones y programas en México y Centroamérica?

C. La comunidad sin padres. ¿En qué épocas de la historia se quedaron las comunidades norteamericanas sin muchos de sus padres? En parejas, piensen, por ejemplo, en las guerras mundiales. Comparen los problemas que tienen las familias y comunidades cuando algunos padres se van a la guerra con los problemas que tienen las familias y comunidades cuando los padres, o las madres, tienen que irse muy lejos por mucho tiempo en busca de trabajo.

Investigación y presentación: La migración de trabajadoras

PASO 1. Investigar. El fenómeno de las mujeres que dejan atrás a su familia y su país no es exclusivo de México y Centroamérica. Este fenómeno es la triste realidad de algunas mujeres de varias culturas, incluso, muchas mujeres no sólo emigran de su pueblo a otra ciudad sino que deciden irse a trabajar en un país extranjero. En grupos de dos o tres, busquen información para averiguar qué países confrontan esta situación. Usen palabras clave como «mujeres migración», «mujeres derechos humanos» y «mujeres globalización». Escojan uno de esos países para hacer una investigación más a fondo.

PASO 2. Organizar. Organicen los datos que encontraron para el **Paso 1.** Pueden usar una tabla o listas de información. Incluyan información sobre: (1) el país de origen de las mujeres que emigran, (2) el lugar de destino más común de las mujeres de cada nacionalidad, (3) el tipo de trabajo que hacen, (4) los problemas que tienen donde trabajan, (5) los problemas que esta emigración causa en su país (en su familia y en su pueblo), (6) lo que tienen en común con las mujeres de las maquiladoras mexicanas.

PASO 3. Reflexionar. Basándose en la información que tienen, ¿qué creen que se debe hacer para mejorar la situación de las mujeres emigrantes? ¿Qué programas existen para servir a esa comunidad de mujeres? ¿Qué otras soluciones les parecen viables?

PASO 4. Presentar. Presenten la información de forma oral y visual. Como clase, hagan comparaciones entre los países que investigaron.

Detalles culturales

La Red de Solidaridad de la Maquila[a] es una ONG canadiense que trabaja para apoyar a los obreros industriales americanos, africanos y asiáticos en su lucha por el respeto de los derechos laborales, sueldos razonables y condiciones de trabajo más sanas.

[a]Red... *Maquila Solidarity Network*

La migración de mujeres no es un fenómeno «nuevo». Estas mujeres de los años 50 pasaban por la frontera en El Paso, Texas, para trabajar. ¿Qué tipo de trabajo crees que hacían en Estados Unidos? ¿Crees que el trabajo que hacen las mujeres inmigrantes ha cambiado mucho? Explica.

Exploración | *Un matrimonio sólido*

Usa esta cajita para dibujar una imagen o escribir algunas palabras que representen para ti la esencia de esta breve lectura.

Prepárate para leer

Actividad. Los aniversarios. Celia Cruz (1924–2003), la cantante cubana de fuerte voz y gran talento, quien adoraba los vestidos llamativos, las uñas largas y las pelucas extravagantes, vivió un matrimonio muy feliz con su esposo Pedro Knight. En esta selección de *Celia: Mi vida: Una autobiografía* (2005), ella describe cómo empezó la mañana de su aniversario número veinticinco. Antes de leer, contesta la pregunta: típicamente, ¿qué hacen los matrimonios en su aniversario de bodas?

Vocabulario útil

Da las definiciones de los verbos reflexivos de esta selección. ¿Recuerdas cómo funcionan los reflexivos?

acordarse (de) ________

casarse (con) ________

despertarse ________

morirse ________

quedarse ________

¡A leer!

La mañana del 14 de julio de 1987 me desperté muy temprano. Pedro estaba profundamente dormido. Me le quedé viendo[a] un buen rato,[b] recordando el día que nos conocimos, el día que me dijo que me amaba y el día que me pidió que me casara con él. Me acordé[c] que yo le dije: «Pedro, tú eres mi amigo, mi hermano, mi tío, mi papá, mi mamá. Tú eres todo lo que me queda[d] en este mundo». Entendí que Pedro aún lo era todo para mí y que siempre lo sería. Puse mi cabeza en su pecho[e] y me quedé pensando en lo realizada[f] que soy como mujer. Pedro ha sido un gran esposo. Cuando despertó, le dije: «Pedro, si yo me muero, en el cielo me vuelvo a casar contigo», y él me contestó: «Negra, si yo vuelvo a nacer,[g] yo me caso con Celia Cruz y con nadie más».

[a]Me… *I stayed watching him* [b]un… *a good while* [c]Me… *I remembered* [d]*is left* [e]*chest* [f]lo… *how fulfilled* [g]vuelvo… *I am born again*

Celia y Pedro

gramática

Tg Los pronombres (reflexivos, indirectos, directos) (Taller IV.)

Busca los verbos reflexivos en la selección. Todos están en la forma **yo.** ¿Cómo cambian estos verbos y sus pronombres si se cambia la narración a tercera persona?

La mañana del 14 de julio de 1987 Celia *se despertó* muy temprano…

Repasa la diferencia entre los objetos directos e indirectos. ¿Son de tipo directo o indirecto los pronombres de las siguientes frases?

	DO	IO		DO	IO
1. me dijo	☐	☐	**3.** le dije	☐	☐
2. me amaba	☐	☐	**4.** me queda	☐	☐

¿Cómo cambiarían estos pronombres y verbos si fuera una narración en tercera persona?

Detalles lingüísticos

- El pronombre «le» de la frase «Me le quedé viendo» es un ejemplo del leísmo, la práctica de sustituir **le** por **lo,** muy común en España, pero que también se observa en otros países de habla hispana. Los hispanohablantes que hacen esto son leístas. Otra peculiaridad en esta frase es la colocación de **le.** Normalmente en este caso los pronombres se separarían —**Me quedé viéndolo**— porque son de ideas independientes: **quedarse** (*to remain*) y **verlo** (*to watch him*).
- Los hispanohablantes usan una variedad de términos de cariño que les pueden parecer extraños a los anglohablantes. Por ejemplo, es común decirle a la novia o esposa «mi gorda». En el Caribe, es muy común la expresión «mi negra». ¿Cuáles son los términos de cariño que se usan en tu familia?

Comprensión y expresión

A. ¿Entendiste?

1. ¿En qué pensaba Celia la mañana de su aniversario de bodas?
2. ¿Qué le respondió Celia a Pedro cuando le pidió que se casara con él?
3. ¿Qué comprendió que era Pedro para ella veinticinco años después?

B. ¿Qué piensan Uds.? En parejas, háganse y contesten las siguientes preguntas.

1. Celia Cruz dijo: «Dios no me dio hijos para darme esta voz». También parece que tuvo una vida feliz con su esposo, Pedro. ¿Qué detalles de la selección apoyan esta idea?
2. ¿Qué significa la expresión: «me quedé pensando en lo realizada que soy como mujer»? ¿A qué crees que se refiere Celia? ¿A su vida con Pedro? ¿A su carrera? ¿A su cuerpo?
3. Piensa en lo que se dijeron Celia y Pedro esa mañana de su aniversario de bodas. ¿Hay en inglés expresiones semejantes de amor profundo? ¿Conoces a alguien en tu familia que usa tales expresiones?
4. En tu opinión ¿qué es, o qué hace, que un hombre sea un «gran esposo»?

Para pensar

Para ti ¿qué significa ser realizada como mujer? ¿Y ser realizado como hombre? ¿Crees que signifique lo mismo en distintas culturas?

Práctica. En mi familia. Indica si el pronombre es reflexivo (R), de objeto directo (DO) o de objeto indirecto (IO). Luego, termina cada oración según tu experiencia o de una manera lógica.

	R	DO	IO
1. Mi pariente favorito **se** llama…	☐	☐	☐
2. **Lo/La** admiro porque…	☐	☐	☐
3. _________ **nos** preparaba las comidas cuando yo era niño/a.	☐	☐	☐
4. De niño/a, mi abuelo/a **me** daba…	☐	☐	☐
5. Yo no **me** llevaba muy bien con…	☐	☐	☐
6. Si peleaba con mi hermano/a y **lo/la** pegaba, mis padres…	☐	☐	☐
7. Después de la escuela, nuestra madre siempre **nos** decía…	☐	☐	☐
8. Este año, _________ **se** casó con ___________. ¡Están muy contentos!	☐	☐	☐

gramática

¡A escribir!

PASO 1. Explora las siguientes posibilidades para el ensayo. No te olvides de apuntar en tu *Manual de actividades* las ideas que más te interesan.

1. Imagínate que quieres organizar un grupo humanitario para ayudar a las mujeres que trabajan en las maquiladoras de la frontera. Quieres ofrecer un servicio o programa enfocado en el bienestar de las mujeres y de sus hijos, pero necesitas voluntarios y ayuda económica. Escribe un discurso (*speech*) que vas a dar en una conferencia sobre las relaciones entre Estados Unidos y México. Con este discurso, te propones persuadir a los oyentes a que contribuyan con dinero o que se ofrezcan de voluntarios.
2. Piensa en los ancianos de tu familia. Escoge uno (o dos) de ellos y describe cómo es. ¿Es independiente? ¿sano? ¿activo? ¿Cómo se lleva con sus hijos y nietos? ¿Tiene muchos amigos? ¿Va a quedarse con sus parientes o va a vivir en un asilo para ancianos? Si nunca vivió con sus familiares, o no va a vivir con ellos, explica por qué.
3. Últimamente hay muchos debates sobre lo que constituye una familia y un matrimonio. Escribe un comentario personal sobre la familia moderna. ¿Cómo es? ¿Cómo debe ser?

PASO 2. Si todavía no estás seguro/a del tema que prefieres, vuelve a leer el **Problema auténtico** y las secciones **Para pensar** y consulta tu **Vocabulario personal.** También puedes escoger un tema de una de las actividades del libro de texto o del *Manual de actividades.*

PASO 3. Repasa la gramática presentada en este capítulo. ¿Cómo puedes usarla en tu ensayo? Mientras escribes, subraya las formas y estructuras de este capítulo que utilizas.

PASO 4. Escribe un borrador de por lo menos 200 palabras. Si quieres, puedes seguir los pasos de **¡A escribir!** en el *Manual de actividades* para escribir el ensayo.

¿R? ¿Reacciones? ¿Necesidades?

Si piensas escribir en este ensayo algo sobre las necesidades de la familia, sería buena idea repasar el subjuntivo en cláusulas adjetivales **(Taller III. C. 2).**

Rosa espera encontrar un trabajo que le **pague** lo suficiente y le **proporcione** beneficios médicos. Antes, sólo quería un trabajo que le **tuviera** que ver con los niños, pero ahora está resignada a aceptar cualquier cosa.

Y el uso del subjuntivo después de expresiones impersonales **(Taller III. C. 1)** siempre es una buena manera de expresar reacciones.

Es terrible que los papás de algunas familias **tengan** que irse a Estados Unidos para encontrar trabajo. Sería ideal que ellos **pudieran** quedarse con sus familias como en el pasado.

Vocabulario (*Esta lista presenta el vocabulario esencial de este capítulo.*)

La tercera edad

el asilo de ancianos nursing home
el estorbo nuisance; hindrance
el hogar home
la molestia trouble, bother
el razonamiento reasoning

Cognados: el costo, el estigma, el impacto

acoger (j) to take in; to welcome
adquirir (ie) to acquire; to purchase
contratar to hire
costear to afford, pay for
cuidar to care for, take care of (*someone*)
  cuidarse to care for, take care of oneself
deteriorarse deteriorate
enfrentar to confront, face
resistirse a + *inf.* to be reluctant to (*do something*)
tocarle (a uno) to be one's turn
valerse (g) to manage on one's own
autosuficiente self-sufficient
estigmatizado/a stigmatized
propio/a own (*adj.*); himself/herself

El trabajo y la familia

la fuerza laboral work force
la maquiladora assembly-line factory

criar (crío) to bring up, raise
cruzar (c) la frontera to cross the border
ganarse la vida to earn a living
mantener (*like* **tener**) to support (*a family*)

abrumador(a) overwhelming

Otras expresiones

entregar (gu) to give, surrender
suceder to happen
suponer (*like* **poner**) to suppose, assume

a pasos agigantados by leaps and bounds
a pesar de in spite of
  a pesar de que although

Vocabulario útil y vocabulario personal

Usa esta sección para apuntar palabras y expresiones adicionales que tu profesor(a) asigne u otras palabras útiles para comunicar tus ideas relacionadas con este capítulo.

Expresiones

Abuela in El Salvador (2000), Elizabeth Gómez Freer (Estados Unidos)

Este cuadro forma parte de los dieciocho cuadros que Elizabeth Gómez Freer pintó para ilustrar el libro de poemas bilingües para niños de Jorge Argueta, *A Movie in my Pillow / Una película en mi almohada.* Los poemas cuentan la experiencia de un niño de El Salvador que se muda a San Francisco.

Santitos (1999, novela), María Amparo Escandón (México / Estados Unidos), (1999, película), Alejandro Springall, director (México)

La novela de María Amparo Escandón, *Santitos,* sigue la tradición del realismo mágico. En la novela se cuenta la historia de una madre viuda, Esperanza, cuya hija muere repentinamente. Después de tener una visión de San Judas, el santo de los casos perdidos, se convence de que su hija no está muerta y empieza su misión de encontrarla. De la novela se hizo una película* en 1999.

Santitos (*fragmento*)

Esperanza recorrió el pueblo hasta llegar a su casa, la casa que había presenciado en silencio la vida de su familia, generación tras generación, por más de doscientos años. Varias capas[a] de pintura la cubrían. Ahora, las paredes reflejaban un amarillo yema[b] de huevo. Cenefas[c] color buganvilla rodeaban las puertas y ventanas que abrazaban el viejo zaguán[d] y teñían la mitad inferior de la fachada.[e] La herrería forjada[f] pintada de azul añil[g] protegía las ventanas en previsión de un improbable asalto.

Luis había escogido esos colores poco antes de morir. Esperanza pintó la casa justo como él quería y la mantuvo así por más de doce años. Lo extrañaba cada día más.

[a]*layers* [b]*yolk* [c]*trim* [d]*garage door / entryway* [e]teñían... *colored the trim along the bottom of the wall* [f]herrería... *wrought iron* [g]*indigo*

*Escandón también escribió el guión para esa película, que fue dirigida por el director mexicano Alejandro Springall (1966–).

Casapueblo en Punta Ballena, Uruguay, La escultura habitable de Carlos Páez Vilaró (1923–)

En 1958, Carlos Páez Vilaró empezó a crear esta «escultura habitable» con una casucha de techo de estaño[a] donde guardaba puertas, ventanas y otras cosas para construir una casa en los acantilados.[b] Su primera construcción fue La Pionera, su primer taller de artista. Por treinta y seis años, siguió añadiendo cuartos y secciones a su escultura, formando la escultura entera a mano con madera y cemento, integrando la forma y el diseño con los acantilados. Usó la escultura como residencia y taller. Hoy se ha convertido en un hotel con restaurante, museo, galería y un escuela-taller. El artista todavía tiene allí su taller privado.

[a]casucha... *beat-up, tin-roof hut* [b]*cliffs*

A. Una casa o un hogar. En muchas familias y para muchas personas, la casa, es decir, la vivienda, ya sea un apartamento o una casa grande, forma parte de la familia y de las tradiciones. En tu caso, ¿era la casa en que creciste una parte integral de tu hogar, o era simplemente una estructura que los miembros de tu familia compartían?

B. Por amor... Esperanza, en *Santitos,* muestra su amor por su esposo muerto, Luis, pintando la casa con los colores que él había escogido y manteniéndola así durante mucho tiempo. También tiene fotos de él en cada cuarto de la casa. ¿De qué otras maneras puede la casa o su arreglo reflejar la vida privada que se desarrolla en su interior? ¿Es posible que una casa refleje en su ambiente tensión o sentimientos negativos?

La comunidad de *Centroamérica*

¿Puedes completar las descripciones que aparacen debajo de las fotos?

1. Una pirámide de Tikal, ________________

«Las ciudades perdidas» (*fragmento*)
por Ernesto Cardenal (1925–), Nicaragua

La maleza[a] está llena de monumentos.
Hay altares en las milpas.[b]
Entre las raíces de los chilamates[c] arcos con relieves.
En la selva donde parece que nunca ha entrado el hombre,
donde sólo penetran el tapir y el pizote-solo[d]
y el quetzal todavía vestido como un maya:
allí hay una metrópolis.

[a]*undergrowth* [b]*cornfield* [c]*red figs* [d]*coati (raccoonlike animal)*

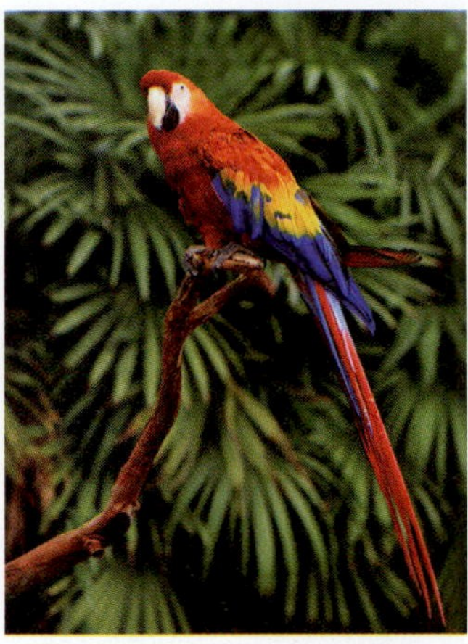

4. Un ________________ rojo en Honduras

2. El volcán de Izalco en el Parque Nacional Cerro Verde, en ________________

5. Un ________________ capuchino en Costa Rica

3. La Fortaleza del Castillo, en el Río San Juan en ________________

Centroamérica

Ingresos *per cápita* en dólares

Costa Rica:	10.300
Panamá:	10.300
El Salvador:	5.800
Guatemala:	4.700
Honduras:	4.100
Nicaragua:	2.600

(Source: *CIA: The World Factbook*)

6. La Estela H en la Plaza Mayor de Copán, ________

Capítulo 6

La vivienda

Tanto en Caracas como en todas las ciudades grandes del mundo se nota una gran variedad en los tipos y calidad de vivienda disponible. ¿En qué son diferentes los barrios de esta foto?

En este capítulo

Déjame que te cuente sobre...

el fenómeno del aburguesamiento y sus repercusiones

una revitalización que cuenta: Creando hogares y esperanza

Tg Taller de gramática

Para este capítulo, debes consultar las siguientes secciones del **Taller de gramática.**

- El futuro
- El futuro y el subjuntivo
- Los pronombres
- **Para:** Preposición
- **Para que:** Conjunción

Problema auténtico. En casi todo el país, hay afortunadamente suficientes casas y apartamentos. El problema no es la escasez de viviendas, sino los costos de estas. Mientras que los sueldos apenas aumentan, los precios de los bienes raíces se han disparado.[a] Esto está bien si ya tienes casa y quieres venderla, pero para una familia de recursos medios o limitados que quiere adquirir una vivienda, la realidad es amarga.[b]

[a]*skyrocketed* [b]*bitter*

¡A escribir! Para el ensayo que vas a escribir al final del capítulo:

- explora los temas y la gramática del capítulo
- lee el **Problema auténtico**
- lee las secciones de **Para pensar** en **Exploración**
- apunta en tu **Vocabulario personal** las palabras y expresiones útiles
- usa **¡A escribir!** en tu *Manual de actividades* para organizar tus ideas

vp Vocabulario del tema*

¿R? Los verbos con -y-
(Taller II. B. 17)

Recuerda que los verbos como **construir** y **destruir** son irregulares. ¿Puedes completar los paradigmas?

construir (presente de indicativo)		**destruir** (pretérito)	
________	**construimos**	**destruí**	________
________	**construís**	________	**destruisteis**
________	________	**destruyó**	________

*Basándote en tu experiencia con el español, ¿cuáles son las palabras que llenarían los espacios en blanco de los dibujos y de la lista?

Vocabulario

Práctica A. Definiciones

Paso 1. Identifica la palabra definida.

1. el conjunto de piezas que constituye la estructura o el «esqueleto» de una casa:
2. barro cocido de forma rectangular para construir casas:
3. estructura alrededor del jardín de una casa:
4. la parte superior de la casa, que la cubre:

Paso 2. Ahora, da definiciones para las siguientes palabras.

1. la hipoteca
2. el pago de entrada
3. la madera
4. derrumbar
5. la propiedad
6. el mantenimiento

Para construir una casa

la armazón house frame
_______________ neighborhood
los bienes raíces real estate
el/la contratista contractor
la cuadra (city) block
la inmobiliaria developer
la madera wood; lumber
la manzana (city) block
la propiedad property
la vivienda house

amortizar (c) to pay off (*a debt*); to recoup (*the cost*); to repay
derrumbar to tear down
diseñar un jardín to landscape

Para comprar y mantener una casa

el aburguesamiento gentrification
la hipoteca mortgage
el impuesto (sobre bienes) (property) tax
el mantenimiento maintenance
el pago de entrada down payment
los pagos a plazos installments
el/la propietario/a owner

Detalles lingüísticos
¿Recuerdas otra manera de decir *owner* en español?

¿Cuántas cosas puedes identificar en esta casa?

 **Práctica B. Los conceptos.** En parejas, busquen una explicación para las siguientes palabras y frases. Luego, contesten las preguntas.

1. el aburguesamiento: ¿Es un fenómeno positivo o negativo?
2. amortizar: ¿Por qué es esto un paso importante para una familia?
3. el pago de entrada: ¿Qué dificultades presenta esto a algunas familias?
4. la hipoteca: ¿Qué beneficios representa para las familias que la tienen?
5. la inmobiliaria: ¿Cómo afectan las inmobiliarias la «estructura» y la cultura de una ciudad?

VP ¿Cómo se expresa las siguientes acciones?

to renovate *to move*

En tu *Manual de actividades,* organiza tu **Vocabulario personal** por categorías: **la vivienda y las partes de la casa, el barrio / el vecindario; la construcción, los cuartos de la casa,** etcétera.

Déjame que te cuente sobre...

Prepárate para leer

A. Reflexión

1. Para poner en contexto la siguiente lectura, tómate un momento y piensa en lo que sabes de los barrios de tu ciudad o de otra ciudad grande. ¿Cómo son los barrios modestos de la ciudad? ¿Quiénes viven allí? ¿Conoces a personas que viven en diferentes partes de tu ciudad? ¿Qué cuentan de su barrio? ¿Es humilde el barrio donde vives tú? ¿Vive allí sólo gente rica o de ingresos medianos? ¿Y cómo es el barrio donde viven tus padres u otros familiares?
2. ¿Qué sabes de los precios de los bienes raíces en tu ciudad o región? ¿Cuánto cuesta una casa típica? ¿En cuánto (*For how much*) se alquila un apartamento de dos alcobas? ¿Hay suficientes viviendas en tu zona para satisfacer la demanda?

B. Estrategia. Lee las primeras cinco oraciones de la lectura y, basándote en ellas, escribe tres predicciones sobre el contenido. Después de leer toda la lectura, vuelve a leer tus predicciones para saber si tenías razón o no.

Detalles lingüísticos

- Aunque la palabra **barrio** suele tener connotaciones negativas en inglés, no es así en español. Es la palabra más común para hablar de cierta vecindad o zona de una ciudad o pueblo.
- Nota que tanto la palabra **aburguesamiento,** como su equivalente en inglés, *gentrification,* hacen referencia a la clase media o media-alta. Un *burgués* es un miembro de la *burguesía* (clase media, *bourgeoisie*). En inglés, las personas de la clase llamada *gentry* eran casi de una pequeña nobleza, gente que solía tener algún terreno y cierta cantidad de dinero.

¿R? Expresiones idiomáticas con *tener*

(Taller VII. A.)

Hay muchas expresiones idiomáticas que usan el verbo **tener.**

Tengo 20 años.	*I'm 20 years old.*
¿Tienes ganas de salir esta noche?	*Do you feel like going out tonight?*
Tenemos que estudiar.	*We have to study.*

¿Recuerdas cómo se usa **tener** con las palabras **éxito, miedo, prisa, sueño, razón, cuidado, hambre, sed, frío** y **calor?**

gramática

Tg El futuro

(Taller III. E.)

Para hablar del futuro, puedes usar el presente, la estructura **ir** + **a** + *inf.*, el tiempo verbal del futuro y a veces el subjuntivo. Generalmente el presente y la estructura con **ir** se usan para referirse a un futuro cercano y seguro. Para hablar de un futuro relativamente distante e incierto, se usa más el tiempo verbal del futuro. ¿Recuerdas las formas verbales del futuro? Completa el paradigma.

VIVIR		HACER	
viviré	______	______	______
______	viviréis	______	______
______	______	hará	______

el fenómeno del aburguesamiento y sus repercusiones

Vocabulario útil

la tasación appraisal

la valorización de bienes raíces ____________

alcanzar (c) to be enough (*money*)

destacarse (qu) __________

rescatar __________

VP Repasa las palabras en la sección **Vocabulario del tema** al principio del capítulo y acuérdate de tu vocabulario personal al final del capítulo o en el *Manual de actividades.*

¡A leer!

Lee la lectura entera sin buscar palabras en el diccionario. Luego, completa la **Actividad A** de **Comprensión y expresión** (pág. 137) y vuelve a leer la lectura.

Imagínate lo siguiente: Vives en una ciudad bastante grande de Estados Unidos, en un barrio de casas humildes, de gente más bien pobre. Tienes más o menos 65 años, y acabas de jubilarte después de cuarenta años de trabajo. Recibirás una pequeña pensión mensual[a] que alcanzará para la mayoría de los gastos —si tu esposo/a y tú viven modestamente. Lo bueno es que Uds. compraron su casita hace muchos años y, como está totalmente pagada, no tendrán que preocuparse por el pago mensual de la hipoteca.

Y parece que el barrio va mejorando poco a poco. Recientemente en la esquina[b] de la cuadra donde viven Uds., fueron derrumbados unos apartamentos de muy mala fama donde se sospechaba[c] que vendían drogas. En su lugar se construyeron unas casas grandes y bonitas. La gente que se instaló allí obviamente tiene más dinero que tú y tus vecinos.

Te has fijado que este mismo proceso de demolición-construcción está ocurriendo en otras cuadras de tu barrio. Por todas partes hay casas a medio construir que, cuando estén terminadas, se van a destacar por su tamaño[d] y elegancia, y por la evidente prosperidad de quienes las hacen construir y vivirán en ellas. Algunos de tus vecinos se preocupan por lo que está pasando, puesto que creen que por esto se dispararán las valorizaciones de los bienes raíces. Otros vecinos esperan que esta reconstrucción revitalice el barrio y lo rescate de la plaga de narcotraficantes que se ha infiltrado en el área. Tú, francamente, estás confundido/a y no sabes qué pensar.

[a]*monthly* [b]*corner* [c]se... *it was suspected* [d]*size*

Práctica. ¿Qué pasará? Completa las siguientes oraciones con el futuro del verbo entre paréntesis.

1. El Sr. Vásquez no sabe cómo ______ (**pagar**) los impuestos si estos suben mucho.
2. Su familia ______ (**tener**) que mudarse a otro barrio si no los puede pagar.
3. ¿ ______ (*Ellos*: **Poder**) encontrar una casa que les guste y que esté cerca de sus parientes y amigos?
4. ¿Qué les ______ (**pasar**) a las otras familias que siempre han vivido en el barrio?
5. ¿Adónde ____ (**ir**) la Sra. Paz?
6. ¿Qué ______ (**hacer**) los hermanos Sáenz, que son unos viejitos?
7. Y yo, ¿cómo ______ (**buscar**) otra casa, si no tengo ni dinero ni tiempo?
8. ¿Cómo _____ (**ser**) nuestra vida cuando nos vayamos de aquí?

gramática

Detalles lingüísticos

El verbo **fijar** tiene varios usos.

fijar to fix, set, establish (*one's residence, prices, the date of a meeting*)

fijar to stick, glue, fasten; to spread mortar between bricks; to hinge, install (*doors, windows*)

fijarse en to notice/note something

¡fíjate! just think!; look!; imagine!

¡Qué sorpresa más desagradable! Cuando llega por correo la nueva tasación oficial de tu casita, ¡ves que la nueva es el doble de lo que se calculó el año pasado! Como consecuencia, los impuestos sobre bienes que tendrás que pagar este año son mucho más altos. No tienes la menor idea de dónde sacarás el dinero para pagar los impuestos, y tienes muy claro que si Uds. no los pagan, van a perder la casa. Y luego, ¿adónde irán? ¿A la calle? ¿Debajo de un puente?

Esta ha sido la experiencia de muchos de los que viven en vecindarios urbanos donde ocurre el aburguesamiento. Los antiguos residentes de estos barrios, por razones económicas, se sienten empujados[e] a dejar el vecindario donde han pasado casi toda su vida. Cuando estos residentes se quedan, con frecuencia hay tensiones entre ellos y los nuevos residentes por varios motivos.

En algunos lugares, se reconoce la injusticia del aburguesamiento en los barrios humildes, y ya se han dictado leyes que tratan de controlar el tamaño y estilo de las casas que se construyen. También se ha tratado de limitar el tipo de construcción permitida dentro de zonas definidas. Ojalá que reglamentos de este tipo protejan a los vecindarios humildes y a sus residentes de recursos limitados.

[e]*pushed*

Hay que considerar cómo afectará la construcción de casas elegantes a los barrios humildes.

gramática

Tg El futuro y el subjuntivo (Taller III. C. 3, III. E.)

A veces se usa el subjuntivo para hablar del futuro. En cláusulas con **cuando, después de que, en cuanto,** etcétera, se usa el subjuntivo para referirse a acciones que van a ocurrir. Nota que este no es el caso en las cláusulas con **si.**

Compraré una casa grande en **cuanto tenga** dinero.
I will buy a big house when I have the money.

Compraré una casa grande **si tengo** dinero.
I will buy a big house if I have the money.

Práctica. ¿Qué pasa en el barrio? Indica la forma verbal correcta según el contexto. Más tarde, completa las oraciones según la lectura.

1. Muchas familias de mi barrio quedarán sorprendidas cuando (**ven / vean**) la factura de los impuestos de su casa, porque…
2. Van a ver que las tasas (**han / hayan**) subido mucho a causa de…

Comprensión y expresión

A. Palabras importantes. Indica la mejor palabra.

1. Generalmente, la gente que compra una casa a crédito paga una (**hipoteca / pensión**) todos los meses por muchos años hasta que la casa está completamente pagada.
2. Después del huracán Katrina, el gobierno tuvo que (**sospechar** / **derrumbar**) muchos edificios antiguos que no se podían renovar.
3. En un barrio pobre las casas nuevas se (**desarrollan** / **destacan**) por ser grandes y estar recién pintadas.
4. Aunque soy bastante pobre, debido al aburguesamiento de mi barrio, vivo sólo a unas (**cuadras / cuestiones**) de varias familias ricas.
5. El (**fondo / tamaño**) de la casa no es el único factor en el cálculo de los impuestos sobre bienes raíces.
6. ¿Hay en tu comunidad suficientes (**tasaciones / reglamentos**) para proteger a los ancianos de pocos recursos?
7. La casa de mis padres es (**humilde/elegante**) pero me gusta porque es pequeña pero muy agradable. Allí puedo quitarme los zapatos y sentirme cómodo.
8. Es común (**alcanzar/jubilarse**) a la edad de 65 años más o menos, aunque hoy en día mucha gente sigue trabajando hasta los 70.
9. Vivíamos en un apartamento de dos habitaciones, pero (**nos mudamos/nos mejoramos**) a uno de tres habitaciones después de que nació el bebé.

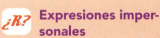

Expresiones impersonales

(Taller III. C. 1)

¿Recuerdas cómo se usa el subjuntivo después de expresiones impersonales?

Es injusto que la familia **pierda** su casa.

¡**Parece imposible** que los impuestos **suban** tanto!

B. ¿Cierto o falso? Corrige las oraciones falsas.

	C	F
1. La persona descrita en la lectura acaba de mudarse al barrio de casas humildes.	☐	☐
2. Al principio la pareja no se ve descontenta al ver las casas nuevas a su alrededor.	☐	☐
3. La pareja también cuenta con la ayuda de sus hijos, quienes todavía trabajan.	☐	☐
4. Las casas nuevas reemplazaron unos apartamentos donde probablemente había tráfico de drogas.	☐	☐
5. La pareja de la lectura no se lleva bien con los nuevos vecinos porque estos hacen mucho ruido y no hablan español.	☐	☐

C. Preguntas

1. ¿Cómo es el barrio donde vive la persona de la lectura?
2. ¿Por qué no se pone triste la persona cuando primero se fija en las casas nuevas? ¿Por qué se preocupan todos los vecinos más tarde?
3. ¿Qué mala noticia recibe la persona por correo? ¿Por qué teme que vaya a perder su casa?
4. ¿Qué es el aburguesamiento? Explica qué significa el término.

---

3. Creo que algunos vecinos van a vender su casa en cuanto (**pueden / puedan**) para...
4. Otros querrán quedarse en su casa hasta que (**mueren / mueran**) porque...
5. Muchos no quieren vender su casa si no (**consiguen / consigan**) un buen precio porque...
6. Los precios siempre suben después de que las familias adineradas (**llegan / lleguen**) a vivir en un barrio porque...
7. Llegan compañías que transforman los barrios, construyen casas bonitas y cuando se (**van / vayan**), los antiguos residentes ya no pueden costear su casa y tienen que irse.
8. Vamos a protestar cuando el aburguesamiento (**empieza / empiece**) a infiltrarse en nuestro barrio.

gramática

VP Acuérdate de consultar la lista de tu **Vocabulario personal** al final del capítulo o en el *Manual de actividades.*

¡En acción!

A. ¿Qué piensan Uds.? En parejas, háganse y contesten las siguientes preguntas.

1. ¿Dónde vives? ¿Eres propietario/a de tu propia casa o eres inquilino/a? ¿Son muy caros o razonables tus pagos mensuales? ¿Hay viviendas más baratas donde podrías vivir?
2. ¿Qué tipo de vivienda ocupan tus abuelos o padres? ¿Conoces a personas ancianas que tengan dificultades en pagar su hipoteca o alquiler?
3. Piensa en algún barrio de tu comunidad donde ocurre el aburguesamiento. ¿Cómo crees que ha afectado a los antiguos residentes de ese barrio?
4. Además de la subida de precios de la propiedad y de los impuestos, ¿qué problemas específicos podrían asociarse con el aburguesamiento?
5. En tu opinión, ¿qué se puede, o qué se debe hacer para ayudar a la gente afectada por el aburguesamiento? Es decir, ¿cómo se puede prevenir o resolver los problemas que mencionaste al contestar la pregunta anterior?

B. Imagínate

1. Imagínate que vives con tu familia en un barrio modesto. Uds. no son ricos y su barrio no es elegante, pero allí están bien y pueden hacer los pagos de su hipoteca. Pero ahora van subiendo las tasas de evaluación, los impuestos y los pagos mensuales de estos. Todo a causa del aburguesamiento. ¿Cómo te sientes? ¿Qué temes? ¿Qué crees que va a pasar? Escribe una página en tu diario para expresar lo que sientes.

2. Imagínate que buscas casa. No eres rico/a, pero has ahorrado el dinero necesario para comprarla. Por fin encuentras la casa que buscas. No está en muy buenas condiciones, pero el barrio en que está es humilde y tranquilo. La compras, le haces muchas reparaciones y la pintas. Después de unos meses te das cuenta de que no les caes muy bien a los vecinos, pero no entiendes por qué. ¿Qué pasa? ¿De dónde vienen las tensiones? Trabaja con un compañero / una compañera para preparar un diálogo en el que hablas con un(a) amigo/a de esta situación.

C. El aburguesamiento frente a la renovación de zonas urbanas. La renovación de zonas urbanas beneficia a muchas comunidades. ¿Qué es la renovación de zonas urbanas? En parejas, busquen información y ejemplos de este proceso. Luego, comparen este fenómeno con el aburguesamiento. Busquen imágenes que ejemplifiquen los dos fenómenos. Comparen las imágenes que encuentren con las de otros compañeros.

Investigación y presentación: La vivienda y los bienes raíces

PASO 1. Reflexionar. En grupos de dos o tres trabajen para hacer una investigación sobre la vivienda y los bienes raíces en los países de habla hispana. Antes de empezar, escojan un tema. ¿Les interesa el tema del aburguesamiento? ¿Prefieren enfocarse en los programas gubernamentales de vivienda? ¿Quieren investigar lo que se refiere a la construcción «verde» en diferentes países? Comenten también por qué les parece más interesante o atractivo un tema que otro.

PASO 2. Investigar. Primero, definan claramente el objeto de su investigación en una pregunta. Por ejemplo, la pregunta «¿Cómo es la típica casa mexicana?» no es una pregunta buena porque es vaga y en realidad no se puede contestar. En cambio sí se puede contestar una pregunta como: «¿Cuál es el sueldo promedio de los mexicanos, y cuánto cuestan las casas y apartamentos allí?» Cada grupo debe escoger una ciudad o un país de habla hispana, formular una buena pregunta de investigación y buscar la información correspondiente.

PASO 3. Presentar. Preparen una presentación que resuma la información que encontraron. Su presentación debe ser breve y clara, y por supuesto debe incluir fotos u objetos que ayuden a demostrar mejor el tema.

¿En qué tipo de zona o barrio se encuentra esta casa? ¿En las afueras? ¿En una zona urbana? ¿rural? ¿En un barrio prestigioso? Explica el porqué de tu respuesta.

Exploración | *Nuestra casa*

Usa esta cajita para dibujar una imagen o escribir algunas palabras que representen para ti la esencia de esta breve lectura.

Prepárate para leer

Actividad. Anticipación. La talentosa y fabulosa Celia Cruz llegó al mundo en circunstancias humildes. En esta selección Celia describe la casa de su niñez en el barrio Santos Suárez de La Habana. ¿Qué saben Uds. de la Cuba de antes de la Revolución? ¿Qué saben de La Habana? ¿Cómo creen que era la vida de una familia humilde en los años 30 y 40 en la capital de Cuba?

Vocabulario útil

Basándote en el contexto en que aparecen las siguientes palabras en la lectura, empareéjalas con su significado.

___ **cargado de**	**a.** cuarto, habitación
___ **dar a**	**b.** época, estación
___ **pieza**	**c.** lleno de
___ **la temporada**	**d.** abrirse a, mirar hacia

¡A leer!

Nuestra casa de Santos Suárez era humilde y en ella vivían catorce personas: mi mamá, mi papá, mi abuela Dolores y, según la temporada, algún pariente y sus hijos. A pesar de lo difícil que podía ser a ratos,[a] había mucho cariño[b] y alegría en esa casa tan sencilla.[c] Tenía una sala pequeña con una puerta que daba a la calle, dos dormitorios, un comedor y un baño. Cada pieza tenía ventanas con barras que la protegían, y cuando estaban abiertas, la dulce brisa entraba por entre las barras y refrescaba toda la casa. El aire de nuestro hogar siempre estaba cargado del canto de mi mamá, de la sazón[d] de la comida que nos cocinaba y de las risas[e] de los niños.

[a]a... *at times* [b]*affection* [c]*simple* [d]*seasoning* [e]*laughter*

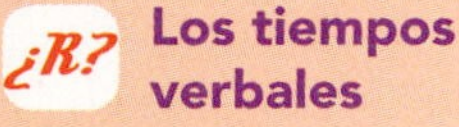

¿R? Los tiempos verbales

(Taller I., II.)

Fíjate en los verbos de la selección. ¿Cuál es el tiempo verbal de todos los verbos? ¿Por qué? ¿Por qué no hay excepción?

gramática

Tg Los pronombres

(Taller IV.)

¿Recuerdas cuáles son los pronombres preposicionales? ¿Y la diferencia entre un pronombre de objeto directo y un pronombre de objeto indirecto?

- Busca el pronombre preposicional en la lectura. ¿Cuál es y a qué se refiere?
- ¿Son de objeto directo (DO) o indirecto (IO) los pronombres que se usan en las siguientes frases?

	DO	IO
nos cocinaba	☐	☐
la protegían	☐	☐

- ¿En la frase «la protegían», ¿a qué se refiere el pronombre la?

Comprensión y expresión

A. ¿Entendiste?

1. ¿Cómo era la casa de la familia Cruz?
2. ¿Quiénes vivían en la casa?
3. ¿Qué había en el aire de la casa?

B. ¿Qué piensan Uds.? En parejas, háganse y contesten las siguientes preguntas.

1. Celia menciona que había mucha alegría en su casa. ¿Qué detalles de su descripción apoyan esta afirmación?
2. ¿Cuáles son los dos adjetivos que Celia usa para describir su hogar? ¿Qué más se podría decir para describir su casa y su familia? Da por lo menos dos adjetivos o frases que no se encuentran en la selección.
3. ¿Con qué problemas o dificultades crees que la familia Cruz se enfrentaba, con catorce personas en la casa?

C. Nuestra casa era... ¿Recuerdas cómo se usa el imperfecto? Puedes usarlo para describir la casa donde vivías de niño/a. Usa las siguientes frases como punto de partida.

1. (no) ser grande
2. (no) tener cuatro dormitorios y cuatro baños
3. (no) estar cerca de mi escuela
4. (no) vivir con nosotros los abuelos
5. (no) cocinar todos los días

Para pensar

¿Cuál es la relación entre una persona y su hogar? ¿Qué revela de la personalidad de Celia Cruz esta descripción de su casa? ¿Cómo se refleja en una casa la cultura del lugar en que se ha construido y de las personas que la ocupan? ¿Por qué era agradable la casa de los Cruz? ¿Es posible tener un hogar tan sencillo y tan alegre en la sociedad de hoy?

Práctica. ¿*Le*, *la* o *ella*? Indica el pronombre correcto. Luego indica si la oración es probable (P) o improbable (I) según la lectura.

	P	I
1. Celia estaba sola mucho, pero a veces su abuela se quedaba con (**le** / **la** / **ella**).	☐	☐
2. Su mamá (**le** / **la** / **ella**) preparaba platos deliciosos.	☐	☐
3. Para (**le** / **la** / **ella**), las memorias de aquella casita son muy dulces.	☐	☐
4. A Celia (**le** / **la** / **ella**) encantaba cantar.	☐	☐
5. Celia tenía una hermanita y (**le** / **la** / **ella**) adoraba.	☐	☐
6. Cuando Celia cantaba, los vecinos (**le** / **la** / **ella**) escuchaban.	☐	☐

gramática

Comparaciones

Charlemos un rato

¿Cómo son las casas típicas de tu país?

PASO 1. En grupos de dos o tres, hablen de las viviendas. Luego, busquen un plano (mapa) de la ciudad donde Uds. viven ahora y traten de marcar las divisiones considerando la situación económica de sus habitantes.

¿Cómo es el barrio de Uds. o el barrio donde se criaron?

¿Hay casas típicas en su región de origen? ¿en esta región?

¿Hay zonas divididas según el nivel socioeconómico de sus habitantes? ¿Quiénes, por ejemplo, viven cerca del centro? ¿Quiénes viven en las afueras? ¿en el norte? ¿en el sur?

PASO 2. En el vídeo, vas a escuchar a Eduardo, Mariano y Marcelo hablar de las viviendas de su país. Antes de ver las entrevistas, repasa el **Vocabulario útil** y lee las siguientes oraciones. Luego, complétalas según lo que dicen.

Eduardo Argent (Perú): «Y los barrios más ricos, las casas van a ser de ladrillo, piedra, cemento pero no tienen techo a doble agua.»

Vocabulario útil

sitios de alquiler places ______________

por más que although

esteras mats, matting

ladrillo, piedra, cemento brick, ______________, ______________

techo a doble agua pitched roof

guardarlas en depósito keeping them stored away/in bond

a la que pertenezca cada familia to which each family belongs

muy, pero muy + *adj.* ______________ + *adj.*

la cancha ______________

calamina galvanized, corrugated metal sheets

barro y, lo que se llama, paja clay (mud), and what is called straw

Mariano Markman (Argentina): «Este, otro barrio muy, pero muy característico de la ciudad de Buenos Aires es el barrio de, de la Recoleta.»

1. Eduardo dice que hay menos casas de ______________ en Perú que en ______________ y que las casas peruanas se ______________ de familia en familia por siempre.
2. La Boca y la Recoleta son barrios ______________ de Buenos Aires, donde se encuentran muchos ______________, edificios pintorescos, ______________ y restaurantes con mesas en la calle.
3. Según Marcelo, en Bolivia las casas hechas de ______________ de barro y ______________ son muy ______________.

Marcelo Illanes (Bolivia): «La gente que tiene más recursos tiene casas más grandes.»

PASO 3. Contesta las siguientes preguntas.

1. En Lima, ¿qué efecto tiene el clima en las viviendas? ¿Por qué habla Eduardo de los techos de las casas?
2. Mariano describe zonas que tienen que ver con el nivel socioeconómico de los argentinos. ¿Los de qué clase viven más cerca del centro? ¿Quiénes viven en las afueras? En este país, ¿hay divisiones semejantes?
3. Marcelo compara algunas casas con castillos y palacios. ¿De qué está hablando? ¿Qué comparación hace entre su país y Estados Unidos?
4. Los tres entrevistados hablan de las viviendas y los barrios de los pobres de su país. Compara estas descripciones. ¿Cómo son las casas de los pobres en tu región?

culturales

Dichos

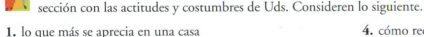

¿Pueden explicar el significado de los refranes a la derecha? Apunten algunos refranes populares asociados con la casa y el hogar. Si quieren, pueden buscar en el Internet otros refranes en español.

Costumbres y buenos modales

La casa

- Típicamente las casas hispanas no tienen jardín enfrente[a] de la casa como en Estados Unidos y no existe la obsesión por la condición del césped.[b] El exterior de la casa no es de gran importancia: lo que importa es el interior. Se valoran mucho la limpieza, el aire, el buen ambiente y la luz. Por lo tanto, son muy apreciados el patio, el balcón, el tragaluz[c] y las ventanas.
- En México D.F. es común que los perros vivan en la terraza.[d]
- Hay hispanos que decoran la casa con cuadros y artesanías típicas de su área, fotos de la familia y estampas o figuras religiosas. Algunas familias tradicionales tienen en su casa imágenes de santos en cada cuarto para proteger a los habitantes de la casa.

La hospitalidad

- Tradicionalmente entre los hispanos, cuando llegan amigos inesperados a su casa, no importa lo que esté haciendo la familia: se les da la bienvenida. ¡Que entren los amigos, que coman y beban, y que se queden hasta la hora que quieran! Sería imperdonable y muy ofensivo decirle a alguien que volviera otro día o a otra hora. En español el dicho «Mi casa es tu casa» se usa con el significado literal; también es muy común decirles a personas que llegan de visita: «Uds. están en su casa».
- En la sociedad hispana si alguien te invita a comer en su casa, puede parecer de mala educación si llevas un platillo como contribución a la cena. ¿Es que crees que no va a haber suficiente comida, o que no te va a gustar lo que sirvan?

[a]jardín... *front yard* [b]*grass; lawn* [c]*skylight* [d]*rooftop*

Dichos

- La ropa sucia se lava en casa.
- Más sabe el loco en su casa que el cuerdo en la casa ajena.
- Echar la casa por la ventana.

En el mundo hispano, la hospitalidad es de suma importancia.

Detalles lingüísticos

- En México, **el apartamento** se dice **el departamento;** en España se dice **el piso**. Si una familia vive en un apartamento, departamento o piso, ese lugar es su «casa», es decir, la palabra «casa» puede referirse al concepto, no sólo a la estructura.
- Según la Real Academia Española, el **huésped** o la **huéspeda** es una persona alojada en casa ajena o en un establecimiento de hostelería; con poca frecuencia también puede ser una persona que hospeda en su propia casa, posada o mesón a otra persona.

Actividad. Comparaciones. En parejas, comenten cómo se comparan las tradiciones hispanas mencionadas en esta sección con las actitudes y costumbres de Uds. Consideren lo siguiente.

1. lo que más se aprecia en una casa
2. la decoración preferida
3. el lugar para las mascotas
4. cómo recibir a las visitas
5. cómo responder a las invitaciones

Déjame que te cuente sobre...

Prepárate para leer

A. Anticipación

1. ¿Has participado tú, o alguno de tus amigos, en algún programa u organización que ayuda a construir o renovar viviendas? ¿Hay programas u organizaciones de este tipo en tu comunidad? ¿De qué manera podría ayudar una persona que no tiene ninguna experiencia en la construcción o renovación de una casa?
2. ¿Qué sabes de los costos de mantener una casa? ¿Qué gastos tuviste que hacer tú (o tu familia) en reparaciones durante los últimos doce meses? ¿Cuánto costó cada reparación? Si vives en un apartamento o residencia, ¿qué reparaciones se ve que hicieron allí durante el año pasado?

B. Estrategia. ¿Cómo puedes entender las ideas principales de una lectura sin leer cada palabra una por una? Una técnica que te puede ayudar es ojear párrafo por párrafo e identificar cualquier palabra o dato que salte a la vista. Mira los títulos, subtítulos y fotos que acompañan la lectura y haz conexiones con lo que has observado. A veces no vas a sacar grandes conclusiones, pero a veces sí. Échale un vistazo a la siguiente lectura para ver qué encuentras.

Vocabulario útil

el cartón cardboard
la equidad _______
el sudor sweat
cobrar _______
llevar a cabo _______
eficaz _______

Detalles lingüísticos
En inglés la *qu* se pronuncia [kw]: *frequent, adequate*. Pero en español se pronuncia [k] como en las palabras **que** y **quién.** El sonido [kw] en español se escribe **cu,** por ejemplo, en la palabra **adecuadas** en el primer párrafo de la lectura. ¿Cómo se escriben en español *frequent, quota, consequence* y *quarter?*

¡A leer!

Lee la selección entera sin buscar palabras en el diccionario. Luego, completa la **Actividad A** de **Comprensión y expresión** (pág. 146) y vuelve a leer.

En todas partes, ser propietario de una casa requiere un ir y venir de dinero y esfuerzo constante. Obviamente, el gasto inicial, es decir la compra de la casa, es el más grande. Como los precios de las casas son tan altos, los compradores no pueden pagar su casa a «tocateja[a]» y por eso tienen que ir al banco a pedir una hipoteca. La mayoría de la gente que desea adquirir su propia casa simplemente no tiene acceso al dinero necesario para comprarla y más tarde mantenerla. Un problema social reconocido internacionalmente es la falta de casas adecuadas para las familias, y muchas veces, la falta de viviendas. Esta insuficiencia de viviendas es una de las causas y consecuencias de la alta tasa de pobreza mundial.

[a]*cash*

Para: Preposición

(Taller VI. B.)

gramática

Para expresar la *función* de una cosa, usa **para** + *sustantivo* o *inf.*

Este barro es **para** ladrillos.
This mud is (used) for bricks.

Los ladrillos son **para** construir la casa nueva.
The bricks are for building the new house.

En inglés, hay dos maneras de expresar **para** + *inf. in order to* (*do something*) o *for* (*doing something*).

una revitalización que cuenta: Creando hogares y esperanza

Varias agencias y organizaciones reconocen la importancia vital de tener casa propia, y por eso se dedican a facilitar el acceso a un hogar a las familias de recursos limitados. Una de las organizaciones más eficaces es Hábitat para la Humanidad,* fundada en 1976 por los Sres. Linda y Millard Fuller. Desde el año de su fundación, la organización ha facilitado la construcción de más de 225.000 casas en cien países del mundo. Muchas familias latinoamericanas se han beneficiado de este programa, entre ellas muchas familias hondureñas.

Honduras es el país menos poblado de Centroamérica y uno de los más pobres de la región. En 1998 sufrió el impacto del huracán Mitch, fenómeno que devastó el país en cuestión de días. Según informes publicados en 1999, un 66 por ciento de las casas hondureñas se consideraba que eran «deficientes». Por deficientes, querían decir «miserables». En Honduras, una casa deficiente se definía como una estructura hecha de cartón y/o plástico, habitada por cuatro o más personas en cada cuarto.

¿R? El participio pasado como adjetivo
(Taller III. G.)

Algunos de los adjetivos más comunes se derivan de participios pasados. ¿Reconoces los adjetivos derivados de participios pasados en estas frases?

el país menos poblado de Centroamérica
una estructura hecha de cartón y plástico
cada día hay más casas proyectadas

El infinitivo
(Taller III. H.)

El infinitivo es la única forma verbal que puede seguir una preposición, funcionar como objeto y funcionar como sujeto de una oración.

deseos de **adquirir** su propia casa (*después de una preposición*)
requiere un **ir y venir** de dinero y esfuerzo (*objeto directo*)
ser propietario de una casa (*sujeto*)

¿Puedes encontrar más ejemplos en la lectura?

Esta familia hondureña acaba de participar en la construcción de su casa nueva.

*El vídeo *¡Manos a la obra!: Hábitat para la Humanidad* trata del trabajo de esta organización en Buenos Aires, Costa Rica.

Práctica. ¿Para qué sirve? Usa **para** + *sustantivo* o **para** + *inf.* para expresar la función de estas cosas.

MODELO:  → Estas cosas son *para el jardín.* / Estas cosas son / se usan *para cultivar o mantener un jardín.*

1. 
2. 
3. 
4. 

Detalles lingüísticos

En inglés se usa el verbo *to do* para enfatizar una idea. En español se usa **sí.**

> No tienes que hacer un pago de entrada pero **sí** tienes que ayudar en la construcción.
>
> *You don't have to make a down payment, but you do have to help with the construction.*

Hábitat para la Humanidad ya había empezado su trabajo en Honduras en 1988. Después del huracán, se intensificó su labor de construir casas nuevas para las familias pobres, siempre con la ayuda de los miembros de dichas familias. Según el plan de acción de la organización, en esto consiste la «equidad de sudor», que es lo único que se cobra por la construcción de las casas. Las familias sí tienen que pagar una hipoteca, pero es una cantidad mínima. No se cobra ningún interés y todo el dinero pagado se dona a una cuenta especial usada exclusivamente para que siempre haya fondos que dedicar a la construcción de casas.

De esta manera, en Honduras se han construido 5.412 casas —y cada día hay más proyectos de casas. Así se lleva a cabo la verdadera revitalización o de un país o de un barrio, con gente que se preocupa no por el dinero, sino por el beneficio de la comunidad y la familia. ¡Imagínate lo que podría ser el mundo si las organizaciones como Hábitat para la Humanidad se multiplicaran por mil!

¿R? Las cláusulas con *si*

(Taller III. E.)

Para expresar una situación hipotética / contraria a la realidad, se usa cláusulas con **si** + *el pasado de subj.* + *el condicional* (cláusula principal).

> Si se **construyeran** otras 5.000 casas, unas 20.000 personas más **disfrutarían** de una casa adecuada.
>
> *If they built another 5,000 houses, some 20,000 people more would enjoy adequate housing.*

gramática

Para que: Conjunción

(Taller III. C. 3)

Para expresar el *propósito* de una acción, se usa **para** + *inf.* o **para que** + *subj.* **Para que** se usa cuando hay un cambio de sujeto entre las dos cláusulas.

Hábitat para la Humanidad labora **para construir** casas sencillas pero cómodas.

Quiero trabajar con ellos **para que** otras familias **tengan** una casa como la mía.

Comprensión y expresión

A. Léxico de la lectura. Encuentra el sinónimo.

1. un ir y venir de dinero
   - **a.** una moneda que se mueve
   - **b.** los viajes al banco
   - **c.** un expendio continuo de fondos
   - **d.** una fluctuación de fondos
2. gastos de mantenimiento
   - **a.** costos de decoración interior
   - **b.** el dinero que pagamos por la comida
   - **c.** dinero pagado por reparaciones
   - **d.** dinero por cuentas mensuales
3. en cuestión de días
   - **a.** en sólo unos pocos días
   - **b.** con mucha interrogación
   - **c.** en un evento por día
   - **d.** sin preguntas
4. más eficaces
   - **a.** más eficientes
   - **b.** que tiene más efecto
   - **c.** más expatriotas
   - **d.** más extraordinarias
5. se dona
   - **a.** se recibe
   - **b.** se informa
   - **c.** se da
   - **d.** se deja
6. se lleva a cabo
   - **a.** se cumple
   - **b.** se va a otra parte
   - **c.** le gusta
   - **d.** acaba de

B. ¿Cierto, falso o no se dice? Corrige las oraciones falsas.

	C	F	NSD
1. El problema de la falta de vivienda sólo se ve en las partes pobres del mundo.	☐	☐	☐
2. Hábitat para la Humanidad trabaja principalmente en Latinoamérica.	☐	☐	☐
3. Las familias que reciben ayuda de Hábitat para la Humanidad pagan su casa con el trabajo y esfuerzo que ponen en construirla.	☐	☐	☐
4. Los compradores de una casa suelen pagarla a plazos por muchos años.	☐	☐	☐

C. Preguntas

1. ¿Por qué se dice que los propietarios de una casa pagan un sinfín de dinero?
2. ¿Por qué es difícil para mucha gente conseguir una casa?
3. En 1999 ¿cómo estaba la situación de las viviendas en Honduras?
4. Explica brevemente en español qué es Hábitat para la Humanidad.
5. ¿Qué se hace en Hábitat para la Humanidad con el dinero que una familia paga por su casa?

Detalles culturales

Los pobres de las zonas tropicales de Centro- y Sudamérica suelen vivir en casas muy sencillas construidas a mano, y con una cantidad mínima de dinero. Estas casitas tradicionales tienen suelo de tierra, techo de bálago[a] u hojas, ventanas sin tapar y paredes poco sólidas. Desgraciadamente este estilo de casa, tan común en varios países, se asocia con un terrible problema de salud. ¿Sabes cuál es?

[a]*thatch*

Práctica. ¿Para qué? Forma oraciones lógicas usando las siguientes frases.

MODELO: para instalar las baldosas (*tiles*) → Quitamos la alfombra de los pisos para instalar las baldosas.
para que instalen las baldosas → Necesitamos preparar los pisos para que instalen las baldosas mañana.

1. para construir una casa
2. para pagar la hipoteca
3. para ayudar a los pobres
4. para que los niños duerman en cama propia
5. para que la familia tenga luz y agua
6. para que los padres puedan pagar la casa
7. para que los huracanes no hagan tanto daño

gramática

VP Acuérdate de consultar la lista de tu **Vocabulario personal** al final del capítulo o en el *Manual de actividades.*

¡En acción!

A. ¿Qué piensan Uds.? En parejas, háganse y contesten las siguientes preguntas.

1. Mucha gente dice que es mejor ser dueño de una casa que alquilar una casa o un apartamento. ¿Estás de acuerdo? ¿Por qué?
2. En la lectura se dice que la pobreza es una de las causas y consecuencias de no tener casa. ¿Por qué es así?
3. Según la lectura, ¿en qué consiste la «verdadera» revitalización? ¿Qué sería, entonces, una «falsa» revitalización?

B. Imagínate. En parejas, imagínense que no tienen dónde vivir. Deben dormir en su carro, quedarse con amigos o acampar donde puedan. ¿Cómo les afecta la falta de hogar? ¿Siguen trabajando y asistiendo a sus clases? Hagan una lista de lo que les es imposible hacer, lo que hacen con mucho esfuerzo, y lo que pueden hacer sin dificultad.

En la comunidad | *La construcción de casas, maniobra de mujeres*

En 1991, un grupo de mujeres voluntarias en la organización Hábitat para la Humanidad de Charlotte, North Carolina, terminó una casa, la primera de una larga serie de casas, que más tarde se construirían casi exclusivamente por mujeres. De esta experiencia de solidaridad femenina, se fundó *Women Build* en 1998, un programa de Hábitat para la Humanidad que estimula el voluntarismo entre mujeres. Se forman equipos de construcción de mujeres, encabezados por ellas mismas, y se fomenta el desarrollo de habilidades y conocimientos tecnológicos en el campo de la construcción. Se reconoce el hecho de que muchas familias que reciben una casa están encabezadas por mujeres solteras que quieren aprender sobre las técnicas de construcción y de mantenimiento de las casas. Por medio del programa *Women Build*, se han construido más de 800 casas, principalmente en Estados Unidos, Canadá y Latinoamérica, pero también en Europa, África, Asia y el Oriente Medio.

Con los equipos de mujeres de *Women Build*, Habitat para la Humanidad aumenta su habilidad de construir casas y eliminar la pobreza.

C. La enfermedad de Chagas: ¿Tu casa te puede enfermar? ¿Has pensado alguna vez en la relación entre la arquitectura y la salud pública? Vuelve a la página 147 para volver a leer **Detalles culturales** sobre la típica casa pobre de las zonas tropicales. Esta estructura es un medio ambiente perfecto para la chinche picuda, un insecto que vive chupando (*sucking*) la sangre de seres humanos y animales. Las chinches en sí son repugnantes, pero hay algo más, aparte de la repugnancia que causan. En la página siguiente ves parte de un afiche guatemalteco y un folleto hondureño sobre las chinches y la enfermedad de Chagas. Según estos anuncios informativos, ¿cuál es la relación entre la casa, las chinches y la enfermedad de Chagas?

¿Dónde se encuentran las chinches? Sitios preferidos de las chinches picudas.

1. Techos de material vegetal
2. Detrás o debajo de los muebles
3. Detrás de los cuadros
4. En paredes de bahareque[a] o de adobe agrietadas[b]
5. Detrás de revoques flojos[c]
6. Marcos de ventanas y puertas
7. Gallineros[d] o corrales

[a]de... *made of cane* [b]*cracked* [c]revoques... *loose plaster* [d]*Henhouses*

Investigación y presentación: La vivienda

PASO 1. Investigar. En parejas, investiguen la situación en cuanto a la vivienda en un país de habla hispana. ¿En qué parte(s) del país hay escasez de casas? ¿Existe el problema de casas «deficientes» como se describe en la selección? ¿Qué está haciendo el gobierno del país para resolver los problemas de vivienda? ¿Qué ONGs construyen o mejoran casas en el país y qué están haciendo ahora?

PASO 2. Presentar. Presenten a la clase con un cartel o PowerPoint lo que averiguaron en el **Paso 1.** Presten atención a todas las presentaciones, para poder hacer comparaciones entre los países.

PASO 3. Reflexionar. Ahora como clase hagan comparaciones entre los países, a base de las presentaciones. En general, ¿cómo es ahora la situación en cuanto a la vivienda en los países de habla hispana? ¿Qué recursos hay y cuáles faltan todavía? ¿Qué podrían hacer los gobiernos y las ONGs para mejorar la situación?

Exploración | *El apartamento*

Usa esta cajita para dibujar una imagen o escribir algunas palabras que representen para ti la esencia de esta breve lectura.

Prepárate para leer

Actividad. Las casas que son un consuelo. Celia Cruz y su marido Pedro se mudaron a un lindo «penthouse» cuando ya Celia se había enfermado. Vivieron allí desde abril hasta julio de 2003, cuando Celia murió de cáncer. Durante esos meses recibieron mucho amor y apoyo de los amigos y fue una época muy dulce a pesar de la enfermedad de Celia. La casa fue parte de la tranquilidad que sentía Celia. Antes de leer la selección, contesta las siguientes preguntas. ¿Qué aspectos de una casa pueden dar consuelo, paz y tranquilidad? ¿Hay algún aspecto de tu casa o de alguna casa que conozcas que te inspire paz y serenidad?

Vocabulario útil

el amanecer (zc) ________

la bandeja tray

la dicha happiness; good luck

la puesta del sol ________

cargar (gu) con ________

disfrutar ________

¡A leer!

En este nuevo apartamento tengo una sala preciosa con ventanas del piso al techo[a] que dan a una terraza grande. Me gusta salir y almorzar con el sol de la mañana y con la luz de mis ojos, Pedro. De noche, la terraza tiene una vista impresionante de Nueva York. En una esquina de la sala hay un piano de cola blanco,[b] con fotos de nosotros con personas importantes y famosas que hemos tenido el gusto de haber conocido.[c] Frente a la ventana hay un sofá donde Pedro y yo nos sentamos a ver la puesta del sol. En una o dos ocasiones, hemos visto el amanecer desde las ventanas de nuestra habitación,[d] que también da al balcón y al río Hudson. Es una dicha ver cómo cambian los colores del cielo de azul violeta a rosa y de rosa al blanco del día. Lo veo y no me canso. Quiero cargar con ese recuerdo toda una eternidad.

[...] Siento mucha paz y mucha tranquilidad en esta casa. Disfruto de la compañía de mis amigos y mi familia, quizá más de lo que pude disfrutar en la otra porque me pasaba la vida viajando. Pedro me trae mi café a la cama, como lo ha hecho por tantos años. Le gusta ponerle una florcita amarilla a la bandeja en la que me trae el café. Antes no me gustaban esas flores, pero ahora me han llegado a gustar[e] mucho.

[a]del... *from the floor to the ceiling* [b]piano... *white grand piano* [c]haber... *to have met* [d]*bedroom* [e]me... *I have come to like them*

Tg Los pronombres

(Taller IV.)

gramática

En la selección de esta sección aparecen pronombres reflexivos, de objeto directo e indirecto, relativos y preposicionales. ¿Recuerdas cómo distinguirlos y usarlos? Échale un vistazo a la selección e identifica de qué tipo son.

Práctica. *¿Se, les* o *las*? Primero, indica el pronombre correcto. Luego, indica si las oraciones son probables (P) o improbables (I) según la selección.

	P	I
1. Pedro y Celia (**se / les / las**) conocían muy bien después de cuarenta años de matrimonio.	☐	☐
2. Aunque Celia y Pedro (**se / les / las**) querían mucho, no estaban contentos juntos.	☐	☐

Comprensión y expresión

A. ¿Entendiste?

1. A Celia le gustan la terraza y las ventanas de su nuevo apartamento. ¿Por qué?
2. ¿Qué muebles menciona Celia? ¿Para qué sirven?
3. ¿Qué colores menciona Celia en esta descripción? ¿Con qué cosas se asocian los colores?

B. ¿Qué piensan Uds.? En parejas, háganse y contesten las siguientes preguntas.

1. ¿En qué detalles se enfoca más Celia Cruz cuando describe su *penthouse*? ¿Revelan estos detalles algo del estado de su espíritu?
2. En esta época ¿qué hacía Pedro para expresarle su amor a Celia?
3. ¿Cómo se puede comparar este *penthouse* de Celia con la casa de su infancia?

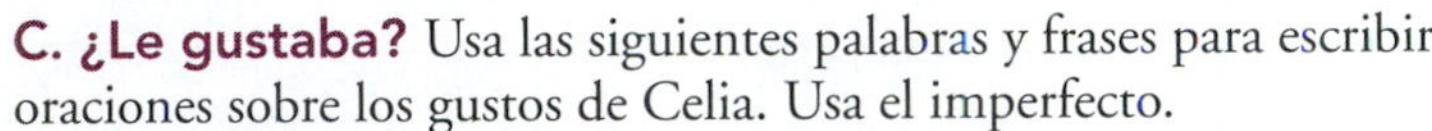

C. ¿Le gustaba? Usa las siguientes palabras y frases para escribir oraciones sobre los gustos de Celia. Usa el imperfecto.

MODELO: la música / fascinar → A Celia le fascinaba la música.

1. la terraza del nuevo apartamento / encantar
2. las fotos / gustar
3. las flores amarillas / gustar
4. recibir visitas / encantar
5. mirar la puesta del sol con Pedro / fascinar
6. estar sola en la casa / aburrir

El mundo hispano entero se lamentó de la muerte de Celia Cruz, reina de la salsa, y se despidió de ella con unas pompas fúnebres (*funeral ceremony*) gloriosas.

Para pensar

Al mudarse al apartamento y al describirlo, Celia presentía que llegaba al final de su vida. En esa etapa vital, ¿qué crees que quería o necesitaba ella en su casa? ¿Qué necesitarías tú si estuvieras en su situación?

	P	I
3. Celia y Pedro (**se / les / las**) levantaban temprano casi todos los días para ver el amanecer.	☐	☐
4. A Pedro y a Celia (**se / les / las**) gustaba almorzar en la terraza.	☐	☐
5. Cuando se enfermó, al principio Celia no (**se / les / las**) dijo nada a los reporteros.	☐	☐
6. Mucha gente quería a Pedro y a Celia y (**se / les / las**) mandaron muchas cartas, tarjetas, flores y regalos.	☐	☐
7. Pedro compraba flores porque creía que Celia (**se / les / las**) necesitaba.	☐	☐
8. De noche cerraban las cortinas. Por la mañana (**se / les / las**) dejaban cerradas hasta cerca del mediodía.	☐	☐
9. Pedro y Celia llevaban sus al apartamento fotos favoritas y él (**se / les / las**) ponía sobre el piano.	☐	☐

gramática

¡A escribir!

PASO 1. Explora las siguientes posibilidades para el ensayo. No te olvides de apuntar en tu *Manual de actividades* las ideas que más te interesan.

1. Imagínate que eres periodista y que vas a escribir un artículo acerca del aburguesamiento que está ocurriendo en un barrio de tu ciudad. Tienes que mantener cierta objetividad y presentar sin prejuicios personales los puntos de vista de varios grupos de personas. Describe la nueva construcción. Habla de los problemas que crea y de los beneficios que puede traer. Define a los grupos de personas y sus diferentes perspectivas sobre el asunto (*matter*): ¿quiénes defienden el aburguesamiento, y cómo son estas personas? ¿Quiénes no están a favor del proceso? ¿Cómo son estos? ¿Quiénes están en una posición intermedia? ¿Qué piensan ellos? ¿Cuáles son los planes futuros de los diferentes grupos?
2. Escribe una carta a tu familia y amigos, tratando de convencerlos de lo bueno que sería que sirvieras de voluntario en una organización como Hábitat para la Humanidad y que viajaras a un país de habla hispana para ayudar a construir una casa. Escoge el país donde te interese trabajar, y explica por qué esta elección es la más acertada (the best one). Habla de las ventajas personales para ti y del posible beneficio para tu carrera profesional. Describe con muchos detalles exactamente lo que harías allí, dónde y cómo vivirías, cuánto tiempo te quedarías y cuánto costaría todo esto.

PASO 2. Si todavía no estás seguro/a del tema, vuelve a leer el **Problema auténtico** y las secciones **Para pensar** y consulta tu **Vocabulario personal.** También puedes escoger un tema de una de las actividades del libro de texto o del *Manual de actividades.*

PASO 3. Repasa la gramática presentada en este capítulo. ¿Cómo puedes usarla en tu ensayo? Mientras escribes, subraya las formas y estructuras que utilizas de este capítulo.

PASO 4. Escribe un borrador de por lo menos 200 palabras. Si quieres, puedes seguir los pasos de **¡A escribir!** en el *Manual de actividades* para escribir el ensayo.

¿R? ¿Predicciones? ¿Necesidades?

Si piensas hacer predicciones en este ensayo o escribir sobre planes futuros, repasa las formas y usos del futuro **(Taller I. A., III. E.).**

Las casas nuevas **serán** más grandes que las viejas, y, claro, **va a costar** mucho más mantenerlas. Tú y yo no **podremos** pagar tal cantidad de dinero.

También para hablar de acciones futuras y pendientes, se usa mucho el subjuntivo en cláusulas adverbiales **(Taller III. C. 3).**

No sé si los residentes actuales van a estar contentos cuando **vean** lo grandes y lujosas que son las casas nuevas. Yo creo que tan pronto como **haya** un aumento en el costo de vida, algunos residentes tendrán que mudarse.

Vocabulario (*Esta lista presenta el vocabulario esencial de este capítulo.*)

Para construir una casa

la armazón house frame
los bienes raíces real estate
el camino de entrada driveway
la cerca de hierro iron fence
el/la contratista contractor
la cuadra (city) block
el equipo para cultivar el jardín landscaping equipment
el ladrillo brick
la inmobiliaria developer
la madera wood; lumber
la manzana (city) block
la propiedad property
el techo roof
la vivienda house

amortizar (c) to pay off (*a debt*); to recoup (*the cost*); to repay
derrumbar to tear down
diseñar un jardín to landscape

Para comprar y mantener una casa

el aburguesamiento gentrification
la hipoteca mortgage
el impuesto (sobre bienes) (property) tax
el mantenimiento maintenance
el pago de entrada down payment
los pagos a plazos installments
el/la propietario/a owner

Vocabulario útil y vocabulario personal

Usa esta sección para apuntar palabras y expresiones adicionales que tu profesor(a) asigne u otras palabras útiles para comunicar tus ideas relacionadas con este capítulo.

Voluntarios internacionales

Sarah: «Aunque no tengo destrezas especiales en construcción, resulta que puedo cavar hoyos y llevar bloques de cemento, o sea que puedo hacer el trabajo manual que se necesita para esto.»

Vocabulario útil

un techo a roof
cuotas mensuales monthly shares, fees
un plazo a period
alquilábamos we were renting
destrezas skills, talents
cavar hoyos digging holes
el pozo séptico the septic well (tank)
herramientas tools
bendición blessing

Vas a ver otro minidocumental sobre programas para voluntarios internacionales en Costa Rica: *¡Manos a la obra!: Hábitat para la Humanidad en Costa Rica*. Si quieres, puedes volver a ver *¡Pura vida! ¡Bienvenidos a Costa Rica!*, una introducción al país.

Antes de ver

Actividad. Ya lo sabía. Antes de ver este minidocumental, piensa en lo que ya sabes de Hábitat para la Humanidad. ¿Has trabajado alguna vez en un proyecto de Hábitat? ¿Sabes algo de sus operaciones en Latinoamérica? Piensa también en el vídeo *¡Pura vida! ¡Bienvenidos a Costa Rica!* que viste primero en **Unidad 1.** ¿Qué aprendiste de la familia y la vivienda «ticas»?

¡A ver!

Actividad. ¿Quién lo menciona? Indica quién hace cada comentario de la lista, el director o promotor del programa (D), uno de los beneficiarios (B) o un voluntario (V).

	D	B	V
1. Nos enfocamos en las viviendas.	☐	☐	☐
2. También he ido a Guatemala y Belice.	☐	☐	☐
3. Cavar hoyos no es lo más glorioso.	☐	☐	☐
4. Lo más caro es la mano de obra.	☐	☐	☐
5. Esta esperanza la tenía perdida.	☐	☐	☐
6. Es gente extraordinaria porque viene a trabajar.	☐	☐	☐

Comprensión y expresión

A. ¿Cierto o falso? Corrige las oraciones falsas.

	C	F
1. Costa Rica es el país más pobre de Centroamérica.	☐	☐
2. Hábitat para la Humanidad opera en ocho comunidades costarricenses.	☐	☐
3. En Latinoamérica, Hábitat para la Humanidad construye casas, iglesias y escuelas.	☐	☐
4. En Costa Rica, una casa construida por Hábitat cuesta aproximadamente diez mil dólares.	☐	☐
5. En Costa Rica, como en Estados Unidos, la familia que recibe una casa de Hábitat tiene que ayudar a construirla.	☐	☐

B. Integración. Compara lo que sabes de las necesidades y servicios relacionados con la familia y la vivienda en tu país, con lo que sabes de Costa Rica.

C. María. María es una de las dueñas de una casa de Hábitat que hace comentarios en el vídeo. ¿Recuerdan Uds. qué dice del proceso de conseguir la casa? ¿y de los voluntarios? ¿Creen Uds. que personas como María y su familia son típicas? ¿Cómo se imaginan que María y su familia participaron en la construcción de su casa?

Nuestro proyecto en la comunidad

La clase va a diseñar un programa para mejorar la situación de la vivienda en su comunidad. El proyecto puede incluir la construcción o renovación de casas o la reducción de los costos de la comunidad. Todos deben tener en cuenta las necesidades de la gente de su comunidad y también sus gustos y preferencias. Si Uds. construyen una casa y nadie quiere vivir en ella, ¿de qué va a servir?

¿Cómo se puede hacer?

Si en su universidad hay un centro de *service learning* (*SL*) o una oficina del voluntariado, quizás allí puedan ayudarlos a encontrar respuestas a estas preguntas.

- Primero, Uds. deben enterarse de la situación actual de su comunidad. Deben saber quiénes y cuántos son los que necesitan casa o necesitan mejorar la que tienen, dónde están y qué les hace falta con urgencia. Al mismo tiempo necesitan averiguar qué servicios y recursos existen ya en la comunidad.
- Deben determinar qué pueden ofrecerle a la comunidad. ¿Cuántos estudiantes van a participar en este proyecto? ¿Tienen experiencia en construcción, renovación de casas, o jardinería? ¿Cuándo tienen tiempo libre para prestar su ayuda? ¿Qué lenguas hablan? ¿Tienen transporte y herramientas? ¿Tienen algún impedimento físico que no les permita trabajar o hacer trabajos que requieran fuerza?
- No se olviden de la parte administrativa. Van a necesitar una oficina, aunque sea un espacio pequeño; y un grupo de gente que organice papeles, actividades y el trabajo y los horarios de los voluntarios; también van a necesitar cierta cantidad de dinero.
- ¿Cómo van a decidir a quiénes van a ayudar primero? Lo más probable es que haya mucha gente que necesite su ayuda. Uds. deben formular un procedimiento claro para que los clientes soliciten sus servicios y para que el programa indique quién necesita ayuda urgentemente.
- Pueden anunciar su programa en el periódico de la universidad, en el diario local, o por la radio. ¿Qué más pueden hacer para que todos se enteren de su nuevo programa?
- Deben reunirse varias veces para comentar y planear los detalles del programa. No se olviden de incluir a algunos representantes de la población a la que van a ayudar, ya que un servicio no se puede considerar verdadero si no responde a las necesidades humanas.
- Los estudiantes que participen, si van a recibir crédito universitario por su trabajo, necesitan hacer los trámites necesarios.
- La reflexión es esencial para una buena experiencia de *SL* y puede hacerse de varias formas. Por ejemplo, se puede hacer hablando y presentando sus opiniones en grupo. Cada vez que Uds. se reúnan, tomen quince minutos o media hora para conversar sobre sus experiencias y opiniones personales. Puede ser útil preparar una lista de temas o preguntas para guiar la conversación. También se puede hacer por escrito.

Usen el espacio en su *Manual de actividades* para planificar y desarrollar este proyecto. Si lo hacen de verdad, será un trabajo enorme de grandes beneficios para todos. ¡Buena suerte!

UNIDAD 4

La comunidad internacional

Mafalda, una niña argentina de 5 años, es la protagonista de la tira cómica *Mafalda.*

Capítulo 7

Después de la colonia

Capítulo 8

El inmigrante

Expresiones culturales

tira cómica: *Mafalda,* «¡Sí a la democracia!» (1987), Quino (Argentina)

autobiografía: *Mi país inventado: Un paseo nostálgico por Chile* (2003), Isabel Allende (Chile)

poesía: «Haikú del exilio», Nela Río (Argentina/Canadá)

pintura: *El sueño supremo de Bolívar* (1980), Víctor Canifrú (Chile/Nicaragua)

Murales de octubre (2005), varios (Nicaragua)

música: «El pueblo unido» (1973), Sergio Ortega (Chile)

arquitectura: La Torre de la Libertad (1925) (Estados Unidos)

cine: *El laberinto del fauno* (2006), director Guillermo del Toro (México)

Nuestro proyecto en la comunidad

¿Crees que sólo las ciudades como Nueva York, Miami, Chicago y Los Ángeles experimentan la llegada de grandes olas de inmigrantes? Si hay inmigrantes en tu comunidad, ¿hay suficientes recursos para ellos? ¿Qué oportunidades hay para servir de voluntario en programas y organizaciones que proveen servicios urgentes y ayuda inmediata a los inmigrantes?

Capítulo 7

Después de la colonia

Muchos argentinos protestan contra las medidas (*measures*) de austeridad establecidas por el gobierno en una manifestación en la famosa Plaza de Mayo en Buenos Aires.

En este capítulo

Déjame que te cuente sobre…

algunos caudillos y dictadores | unos casos de recuperación nacional

Tg Taller de gramática

Para este capítulo, debes consultar las siguientes secciones del **Taller de gramática.**

- El pretérito y el imperfecto
- El presente perfecto
- El infinitivo y el gerundio
- El participio pasado como adjetivo
- La narración en el pasado en general

Problema auténtico. En el mundo de hoy hay millones de refugiados que huyen de la violencia y represión políticas, desastres naturales y todo tipo de dificultades en su país. Dependiendo de la situación, su estado de refugiado puede ser permanente o temporal. En todo caso, la experiencia nos dice que, como miembros de la comunidad, debemos estar preparados para auxiliar a los refugiados que pueden llegar en cualquier momento.

¡A escribir! Para el ensayo que vas a escribir al final del capítulo:

- explora los temas y la gramática del capítulo
- lee el **Problema auténtico**
- lee las secciones de **Para pensar** en **Exploración**
- apunta en tu **Vocabulario personal** las palabras y expresiones útiles
- usa **¡A escribir!** en tu *Manual de actividades* para organizar tus ideas

VP Vocabulario del tema*

La dictadura | El gobierno democrático

Los conceptos y las ideas

la dictadura
la represión
el terror
la violencia

la censura

los derechos humanos
la libertad de expresión
la libertad de prensa
la paz

estable

Los actos

censurar
exiliar
matar to kill
secuestrar to kidnap
torturar

elegir (i, i) (j)
__________ to win
libertar
__________ to protest
votar

Las personas

el/la dictador(a)
el/la exiliado/a
el/la refugiado/a
el/la secuestrado/a
el/la torturado/a

__________ activist
el/la diputado/a member of parliament; representative
__________ president
el/la votante voter
____
____
____
____

*Basándote en tu experiencia con el español, ¿cuáles son las palabras que llenarían los espacios en blanco de los dibujos y de la lista.

Práctica A. Definiciones

Paso 1. Indica la palabra definida.

1. acto de causar grave daño físico o psicológico a una persona: __________
2. prohibición: __________
3. persona que tiene que huir de su país por razones políticas: __________
4. líder poderoso, puede ser bueno o malo: __________

Paso 2. Define las siguientes palabras en español.

1. imponer
2. la amenaza
3. el poder
4. el terror
5. la represión
6. involucrarse

La izquierda ⟵⟶ **La derecha**

La izquierda	La derecha
el/la izquierdista	**el/la derechista**
el/la anarquista	**el/la cabeza rapada** skinhead
el/la comunista	**el/la conservador(a)**
el/la *hippy*	**el/la estalinista**
el/la liberal	**el/la fascista**
el/la socialista	**el/la KKK**
	el/la nazi

¿Entiendes la relación entre las dos columnas? ¿Puedes explicar algunos de los ideales de cada grupo?

Otras palabras y expresiones

el acuerdo de paz peace treaty
la amenaza threat
el caudillo leader, chief
la época period (*of time*)
______________ war
______________ chief; boss
la junta militar military government
______________ (political) party
el peligro danger
el poder power
la postura política political position
el pueblo people

Cognados: el carisma, la elección, el héroe / la heroína, el/la líder, el/la ministro/a, el orden cívico, el/la representante, el sufragio

amenazar (c) to threaten
desaparecer (zc) to disappear
huir (*like* **construir**) to flee
imponer (*like* **poner**) to impose
involucrarse (en) to become involved (in)
luchar to fight

Cognado: representar

Detalles lingüísticos

Aunque **el pueblo** significa *town* o *village*, también se refiere al conjunto de los habitantes y de los votantes de un país o comunidad (*people, electorate*).

Práctica B. Preguntas. En parejas, háganse y contesten las siguientes preguntas.

1. ¿Son importantes para ti las elecciones? ¿Sueles votar? ¿Participas en las campañas políticas?
2. Para ti, ¿cuál es la diferencia entre un candidato de la derecha y uno de la izquierda? ¿Cuál es su postura respecto a algunas cuestiones que te interesen, como por ejemplo, la guerra, el aborto, el apoyo para los estudiantes?
3. A veces este país se involucra en los asuntos de otros países. ¿Cómo lo hace y por qué? ¿Cómo reaccionan los gobiernos afectados?

VP En tu *Manual de actividades* organiza tu **Vocabulario personal** por categorías: **las personas del gobierno, las organizaciones gubernamentales, los partidos políticos,** etcétera.

Déjame que te cuente sobre...

Prepárate para leer

A. Reflexión. Antes de leer, piensa en los temas del gobierno y el liderazgo (*leadership*).

1. ¿Cómo definirías un buen gobierno? ¿Y un mal gobierno? En tu opinión, ¿cuál es la mejor forma de gobierno? ¿Tiene esta alguna desventaja? ¿Cuál?
2. ¿Cómo es un buen líder y qué hace? ¿Crees que el liderazgo tiene que ver más con el respeto que con el miedo? ¿Crees que un buen líder está dispuesto a sacrificarse por su pueblo?

B. Estrategia. No te olvides de que debes usar el contexto para comprender el mensaje del texto. Antes de leer, mira el título de la lectura, las palabras del **Vocabulario útil** y las fotos y sus leyendas (*captions*). Ahora échale un vistazo a cada párrafo, para ver qué palabras se repiten a través de la lectura. Las palabras que se repiten, las que aparecen en el título y las que se relacionan con las fotos suelen ser palabras clave y deben revelar conceptos principales de la lectura. ¿Qué palabras clave ves en esta lectura?

Vocabulario útil

Completa las definiciones según el contexto.

el milagro miracle	**enconrtar (ue) entre** to be among
la voluntad de hierro iron will	**apodado/a** ________
acuñar ________	**eficaz** effective

VP Repasa las palabras en la sección **Vocabulario del tema** al principio del capítulo y acuérdate de tu **Vocabulario personal** al final del capítulo o en el *Manual de actividades*.

¡A leer!

Lee la selección entera sin buscar palabras en el diccionario. Luego, completa **Actividad A** de **Comprensión y expresión** (pág. 163) y vuelve a leer la lectura.

Para empezar, cuando hablamos de un **caudillo,** comúnmente hablamos de un líder carismático y de mano dura,[a] generalmente militar. El término se acuñó en Latinoamérica en el siglo XIX, época en que el continente estaba dominado por caudillos. Entre ellos se encuentran Juan Manuel de Rosas (Argentina) y Antonio López de Santa Anna (México).

[a]mano... *iron fist*

gramática

Tg El pretérito y el imperfecto (Taller de gramática III. B.)

¿Recuerdas las diferencias entre el pretérito y el imperfecto?

- El pretérito expresa una acción acabada dentro de un tiempo definido.
- El imperfecto describe situaciones continuas, acciones habituales y eventos en progreso.

Pero en realidad, no es el evento ni situación lo que determina el uso del pretérito o imperfecto, sino la perspectiva de la persona que habla. Por ejemplo, las oraciones 4 y 8 al pie de la pág. 161 se pueden expresar tanto con el pretérito como con el imperfecto.

Los caudillos generalmente eran crueles con aquellos a quienes consideraban enemigos,[b] y aunque tal vez hicieron alguna contribución positiva al país, se les suele recordar como dictadores.

Uno de los primeros caudillos, y el más conocido, fue el General Simón Bolívar. Entre 1813 y 1830, fue presidente de Venezuela, de la Gran Colombia, luego de Bolivia y finalmente de Perú. A Bolívar se le llama «El Libertador» o «el George Washington de Sudamérica». A este caudillo no se le acusa de haber sido[c] dictador; al contrario, es un héroe para todos los americanos por sus esfuerzos[d] por libertar y unificar a los países hispanoamericanos.

Simón Bolívar (1783–1830)

Detalles lingüísticos

Si una frase pasiva tiene como objeto una persona, esta se trata como objeto indirecto.

a + *sustantivo* + **se le** + *verbo*

A este caudillo no **se le** acusa de dictador.

This caudillo is not accused of being a dictator.

¿Puedes encontrar otros ejemplos de esto en la lectura?

Ahora la figura del caudillo resulta algo anticuada,[e] y desde los años 80 y 90, aproximadamente, en la mayoría de los países hispanos ha florecido[f] la democracia. Pero el líder fuerte, admirado u odiado, no ha dejado de existir del todo.[g] Para el año 2008, el caudillo moderno existe en dos países hispanohablantes: Hugo Chávez en Venezuela y Teodoro Obiang Nguema Mbasogo en Guinea Ecuatorial. Generalmente considerados como dictadores, estos dos líderes están dispuestos[h] a sacrificar el bienestar[i] y a veces la vida de sus ciudadanos para consolidar y mantener su poder político y económico. En especial, estos caudillos muestran poco respeto por los derechos de libertad de expresión y de prensa.

[b]*enemies* [c]de... *of having been* [d]*efforts* [e]resulta... *seems a bit antiquated* [f]ha... *has thrived* [g]no... *has not totally ceased to exist* [h]*willing* [i]*well-being*

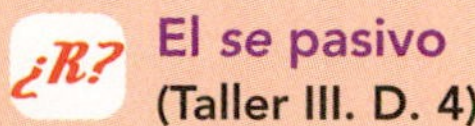

El *se* pasivo
(Taller III. D. 4)

Es muy común usar el pronombre **se** para expresar una acción pasiva.

El término **se** acuñó. = El término fue acuñado.

Frecuentemente, se prefiere esta estructura en vez de **ser** + *participio pasado.*

Práctica. La historia. Llena el espacio en blanco usando la forma correcta del pretérito o del imperfecto del verbo entre paréntesis. Luego, escoge la información correcta para completar la oración.

1. Francisco Franco ______ (**ser**) dictador de España durante casi (**veinte / cuarenta**) años.
2. Como (**fascista / socialista**), Franco ______ (**tener**) mucho en común con Hitler y Mussolini.
3. El «Generalísimo» ______ (**morir**) en (**1939 / 1975**).
4. Franco ______________ (**reprimir**) toda lengua y cultura que no fuera la (**castellana / catalana**).
5. La Revolución Cubana ______ (**ocurrir**) en (**1959 / 1980**).
6. Castro ______ (**imponerse**) como (**dictador / presidente**) inmediatamente.
7. A principios de la Revolución Castro decía que (- / **no**) ______ (**ser**) comunista.
8. La economía cubana ________________ (**depender**) de la ayuda (**norteamericana / soviética**).

Detalles culturales

El poema épico es una forma literaria muy antigua, que tiene sus raíces en la tradición oral. Empezó a perderse cuando se estableció un alfabeto, y con él las costumbres de escribir y leer que lo acompañan. En Europa son muy conocidos los poemas épicos de *El Cid* (España), *Roland* (Francia) y *Beowulf* (Inglaterra/Escandinavia). Estos héroes medievales bien se podrían comparar con los caudillos de nuestra época.

Detalles lingüísticos

El verbo **desaparecer** se puede usar de manera intransitiva (sujeto = objeto) o transitivamente (sujeto ≠ objeto). El uso transitivo es común en Sudamérica, especialmente en Chile y Argentina.

EJEMPLO INTRANSITIVO	EJEMPLO TRANSITIVO
Varios ciudadanos **desaparecieron** durante esa época. *Several citizens disappeared during that period.*	La policía **desapareció** a 100 personas de mi ciudad. *The police made 100 people in my city disappear.*

Típicamente el caudillo o dictador es asociado con la violencia, por varias razones. Si muestra su eficacia en la guerra, el caudillo aumenta no sólo su poder sino también su carisma, ya que[j] la gente prefiere seguir a un líder exitoso.[k] Además, el caudillo suele ser brutal con la oposición. Durante la dictadura derechista de Augusto Pinochet (1973–1990), por ejemplo, murieron unos 3.000 chilenos y hubo cerca de 30.000 secuestrados y torturados. En Argentina, la junta militar que gobernó el país desde 1976 hasta 1983 hizo asesinar[l] o desaparecer a casi 30.000 personas, durante su Guerra Sucia contra todos aquellos que no estaban de acuerdo con las ideas políticas de la junta militar. Entre ellos, muchos eran jóvenes, intelectuales, socialistas, comunistas, padres de familia y hasta mujeres embarazadas.[m] Obviamente, los dictadores encuentran que implantar el terror entre el público es muy eficaz y les da más poder.

[j]ya... *since* [k]*successful* [l]hizo... *ordered the murder* [m]*pregnant* [n]en... *very infrequent*

gramática

Tg El presente perfecto

(Taller de gramática I. B.)

El presente perfecto también se usa para hablar del pasado. Este tiempo verbal indica acciones pasadas que tienen impacto o influencia en el presente. Su significado es bastante similar al del pretérito. ¿Puedes completar el paradigma conjugando en el presente indicativo del verbo **haber?**

______ **dicho**	______ **sido**
______ **tenido**	**habéis leído**
______ **conocido**	______ **puesto**

Ahora, da el participio pasado de los siguientes verbos.

imponer	perder	recordar
romper	sentir	traer

Hay quienes que dicen que los caudillos y dictadores en contadas ocasiones[n] traen paz y prosperidad al país. A Francisco Franco, por ejemplo, se le considera como el autor del «milagro económico» de los años 60 en España, cuando la economía española se modernizó y creció rápidamente. Los que[ñ] todavía recuerdan la época de Franco, apodado[o] el «Generalísimo» y «El Caudillo», cuentan con nostalgia cómo entonces los trenes llegaban y salían a tiempo, no se veía basura en las calles, había orden cívico y se podía caminar por las calles a altas horas de la madrugada[p] sin peligro. Pero este tipo de orden es típico de la mayoría de gobiernos dictatoriales, ya que es resultado de la estricta censura y violenta represión de esos regimenes.

[ñ]Los... *Those who* [o]*nicknamed* [p]*early* (*wee hours of the*) *morning*

La paz relativa durante la dictadura de Franco (1939–1975) se mantuvo por medio de una represión bastante severa.

Comprensión y expresión

A. Oraciones. Completa las siguientes oraciones con palabras de la lista.

caudillos	derechos	orden	secuestraron
censura	dictador	presidente	torturados

1. Bolívar, Rosas y Santa Anna eran ______.
2. Bolívar, a diferencia de Rosas y Santa Anna, no era ______.
3. Bolívar fue ______ de varios países sudamericanos.
4. Los caudillos contemporáneos, así como los históricos, se preocupan poco por los ______ de su pueblo.
5. Agentes de Pinochet y de los dictadores argentinos ______ y mataron a muchos de sus propios compatriotas.
6. Miles de argentinos y chilenos fueron ______ durante las diferentes dictaduras.
7. Además de usar la violencia, los dictadores practicaban la ______.
8. Franco es conocido por el ______ que impuso en su sociedad.

Detalles culturales

Michelle Bachelet (1951–), actual presidenta de Chile, fue una de las víctimas del gobierno de Pinochet. Ella y sus padres fueron cruelmente torturados. Su papá murió mientras estaba preso en un campamento, pero Bachelet y su madre sobrevivieron y se exiliaron.

Práctica. ¿Lo has hecho? Llena los espacios en blanco con el presente perfecto de los verbos entre paréntesis. Luego, contesta la pregunta: **Y tú, ¿lo has hecho también?**

1. Nuestra clase ______ (**ver**) la película documental *Caudillo,* sobre Franco.
2. Nosotros ______ (**oír**) un discurso interesante de Castro.
3. Los estudiantes ______ (**leer**) un libro sobre la historia de Centroamérica.
4. Yo ______ (**visitar**) el monumento a los torturados y desaparecidos en Chile.
5. Uds. ______ (**hacer**) varias cosas como protesta contra la represión y la tortura.
6. El profesor ______ (**escribir**) una carta al editor para expresar sus opiniones políticas.
7. Nosotros ______ (**comentar**) nuestras creencias políticas en esta clase.

B. Preguntas

1. Después de leer esta selección, ¿qué crees que significa «caudillo»? Da una definición.
2. ¿Cuáles son algunos de los caudillos más conocidos?
3. ¿Son también dictadores todos los caudillos? ¿Cómo son, generalmente?
4. ¿Por qué Simón Bolívar es considerado como un héroe?
5. ¿Por qué parece anticuado el concepto de «caudillo»?
6. ¿Por qué Castro, Chávez y Obiang Nguema pueden ser considerados como caudillos?
7. ¿Cómo puedes describir a Francisco Franco?
8. ¿Qué tenían en común los dictadores de Chile, Argentina y España?

¡En acción!

VP Acuérdate de consultar la lista de tu **Vocabulario personal** al final del capítulo o en el *Manual de actividades.*

A. ¿Qué piensan Uds.? En parejas, háganse y contesten las siguientes preguntas.

1. ¿Quiénes son Chávez y Pinochet? Aunque sus ideologías sean opuestas (uno es izquierdista y el otro era derechista), tienen mucho en común. ¿Puedes explicar o comentar esto?
2. ¿Por qué crees que un régimen político en que gobierna un dictador es común en la historia mundial? Es frecuente que los dictadores sean militares. ¿Por qué crees que es así? ¿Crees que todos los militares quieren tener poder absoluto sobre su nación?
3. Con frecuencia Estados Unidos, en su lucha contra el comunismo y para proteger sus intereses económicos, ha apoyado a los dictadores hispanos. ¿Qué piensas de esto?
4. En tu opinión ¿cuál es la mejor forma de gobierno? ¿Crees que hay situaciones en las que una dictadura sea el mejor sistema?

¿R? **El condicional y las cláusulas con *si***

(Taller III. E. 4)

El condicional expresa lo hipotético. Puede usarse con el pasado de subjuntivo en cláusulas con **si.**

¿**Votaría** el pueblo por Obiang Nguema (si **hubiera** otros candidatos)?

B. Imágenes del dictador

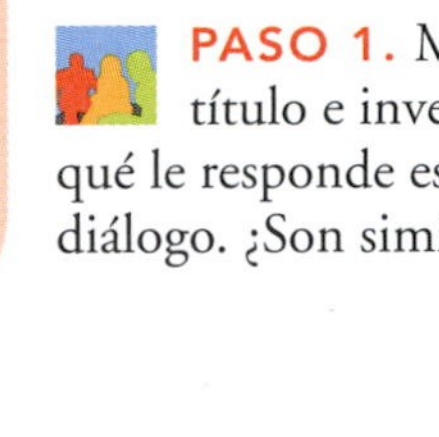

PASO 1. Mira el dibujo, y piensa en lo que leíste sobre los dictadores. Ponle un título e inventa un diálogo para el dibujo. ¿Qué le pregunta el reportero al dictador, y qué le responde este? Comparte tu trabajo con unos compañeros de clase y explícales tu diálogo. ¿Son similares las ideas de ellos y sus reacciones?

PASO 2. En Latinoamérica ha sido muy común llamar «gorilas» a los dictadores militares, así que el dibujo del **Paso 1** se entiende fácilmente como alusión a ellos. Sin embargo, esa no es la única imagen que puede representar al dictador o caudillo. ¿Tienes buena imaginación? ¿Te gustaría hacer alguna crítica política? Haz otro dibujo para ilustrar la figura del dictador o caudillo. ¡No tiene que ser bonito! Ilustra un concepto relacionado con el tema. Luego, ponle un título, y escriba un diálogo corto y una breve descripción para acompañar tu dibujo.

C. ¿Debemos olvidar? Esta cita de Pinochet expresa una actitud común entre los ex dictadores, quienes con frecuencia niegan haber hecho mal o dicen que hay que olvidar el pasado. En tu opinión, ¿por qué pensarán así? ¿Qué crees que debe hacer el pueblo? ¿Hay que recordar u olvidar? ¿Por qué? Apunta tus ideas y compártelas con unos compañeros de clase.

Augusto Pinochet (1915–2006) «Es mejor quedarse callado y olvidar. Es lo único que debemos hacer. Tenemos que olvidar. Y esto no va a ocurrir abriendo casos, mandando a la gente a la cárcel. OL-VI-DAR: esta es la palabra, y para que esto ocurra, los dos lados tienen que olvidar y seguir trabajando». Augusto Pinochet, 1995

Detalles culturales

Aquí tienes una lista de otros caudillos y dictadores hispanos. ¿Sabes cuáles están vivos todavía?

- Noriega (Panamá)
- Trujillo (la República Dominicana)
- Batista (Cuba)
- Somoza (Nicaragua)
- Stroessner (Paraguay)
- Ríos Montt (Guatemala)

Investigación y presentación: Los líderes hispanos

PASO 1. Investigar. La historia de España y Latinoamérica está llena de ejemplos de líderes buenos y malos. En parejas, hagan una investigación sobre uno de ellos. Busquen una foto o un retrato de ese personaje, información biográfica y una lista de sus atributos —de lo bueno o malo que hizo. Incluyan una cita relevante de uno de sus discursos o ensayos.

PASO 2. Presentar. Organicen la información del **Paso 1** en un cartel o en una presentación de PowerPoint. Mientras escuchan las presentaciones de otros estudiantes, apunten preguntas sobre el contenido para comentarlos después.

PASO 3. Reflexionar. En grupos de tres o cuatro comenten lo que aprendieron de las investigaciones y presentaciones. Hagan comparaciones entre los líderes. ¿Hay uno que les parezca particularmente bueno, malo, eficiente o incompetente?

Exploración | *Los viajes de la niñez*

Usa esta cajita para dibujar una imagen o escribir algunas palabras que representen para ti la esencia de esta breve lectura.

Prepárate para leer

Actividad. La vida diplomática. Como hija de diplomáticos, Isabel Allende vivió en diferentes países durante su niñez. Ya en esta temprana etapa de su vida, se ve claramente la importancia de la literatura: al empezar el largo viaje de Chile a Bolivia, su mamá y su padrastro le regalaron las obras completas de Shakespeare, traducidas al español, y un cuaderno para escribir un diario de los viajes. Los dos regalos tendrían gran influencia en su vida y en su obra literaria.

Conocida principalmente como novelista y cuentista, la chilena Isabel Allende (1942–) es hija de diplomáticos y sabrina del famoso presidente de Chile, Salvador Allende.

Vocabulario útil

Da definiciones para las siguientes palabras de la selección basándote en el contexto.

la linterna ________ **echar raíces** ________

la piraña ________ **ingerir (ie, i)** ________

Tg El infinitivo y el gerundio (Taller de gramática III. F., III. H.)

gramática

El infinitivo es la única forma verbal que puede servir de sujeto u objeto gramatical y seguir a una preposición. El infinitivo es objeto de **tener que** y **haber que.**

Había que **hacer** las maletas.
It was necessary to pack.

El gerundio sigue a las formas del verbo **estar** para formar el progresivo y también a **andar, ir, seguir** y **venir** para enfatizar la continuidad de una acción. Si se encuentra solo (sin uno de estos verbos), tiene valor adverbial, o sea, explica cómo, cuándo o por qué ocurre una acción.

Viajé... siempre **escribiendo** cartas.
I traveled... always writing letters.

¡A leer!

Mi infancia y mi adolescencia estuvieron marcadas por viajes y despedidas.[a] No alcanzaba[b] a echar raíces en un lugar, cuando había que hacer las maletas y partir a otro. [...] En mi infancia y juventud viví en Bolivia y el Líbano.[c] [...] Aprendí algo de francés e inglés; también a ingerir comida de aspecto sospechoso[d] sin hacer preguntas. Mi educación fue caótica, por decir lo menos,[e] pero compensé las tremendas lagunas[f] de información leyendo todo lo que caía en mis manos con una voracidad de piraña. Viajé en barcos, aviones, trenes y automóviles, siempre escribiendo cartas en las cuales comparaba lo que veía con mi única y eterna referencia: Chile. No me separaba de mi linterna, de la cual me serví[g] para leer aun en las más adversas condiciones ni de mi cuaderno de anotar la vida.

[a]*farewells* [b]No.... *I didn't manage* [c]*Lebanon* [d]*suspicious* [e]por... *to say the least*
[f]*gaps* [g]de... *which I made use of*

Comprensión y expresión

A. Preguntas

1. ¿Cómo afectaron la educación de Isabel los viajes que tuvo que hacer con su familia? ¿En qué sentido?
2. ¿Cómo piensas que el viajar afectó a Isabel en el aspecto psicológico? Explica tu opinión.
3. Para algunas personas, una niñez de «viajes y despedidas» sería estupenda; para otras, sería una pesadilla. ¿Qué piensas tú? Y tú, ¿tuviste una niñez de viajes o permaneciste en el mismo lugar?

B. Unas metáforas. Parte del encanto del estilo de Allende es que emplea un lenguaje muy familiar, lo que le da a sus obras un tono íntimo. A veces es como si ella estuviera con uno en la cocina, tomando café y charlando. En su conversación literaria, usa muchas metáforas como las siguientes. ¿Qué significan literalmente? ¿Qué significan en el contexto de la lectura? ¿Existen imágenes similares en el inglés cotidiano?

una voracidad de piraña	lagunas de información
echar raíces	lo que caía en mis manos

Para pensar

La niñez de algunos niños de familias exiliadas transcurre entre viajes y, a veces, les toca vivir en países extranjeros. ¿Cuáles son algunas de las primeras necesidades de las familias en el exilio y cuáles son algunas de las organizaciones que les pueden ayudar? ¿Hay este tipo de organizaciones en tu comunidad?

gramática

Práctica. ¿Infinitivo o gerundio? Escoge la forma verbal correcta. Luego, indica si crees que cada declaración es probable (P) o improbable (I), según la lectura.

	P	I
1. Isabel era muy tímida y le gustaba (**leer / leyendo**).	☐	☐
2. También pasaba mucho tiempo (**escribir / escribiendo**).	☐	☐
3. Casi no podía (**hablar / hablando**) con un chico.	☐	☐
4. Bailaba mucho y no tenía miedo de (**parecer / pareciendo**) ridícula.	☐	☐
5. Sólo se sentía bien (**conversar / conversando**) con otras chicas de su edad.	☐	☐
6. Soñaba con (**ser / siendo**) monja para poder (**evitar / evitando**) problemas sociales y románticos.	☐	☐

Charlemos un rato

¿Cómo es la cultura política de tu país?

 **PASO 1.** En grupos de dos o tres, hablen de la importancia de la política. Hagan una lista en la pizarra para indicar cuántos estudiantes votan y en qué tipo de elecciones.

1. ¿Votan Uds. en todas las elecciones?
2. ¿Les importa la política local? ¿Y la de su estado o provincia? ¿Y la nacional?
3. ¿Cuáles son los temas políticos más importantes en su opinión?

	NACIONALES	ESTATALES / PROVINCIALES	LOCALES
SIEMPRE			
CASI SIEMPRE			
A VECES			
NUNCA			

Cristina Carrasco (España): «Había películas que no se podían ver ni en, ni en los cines, ni en la televisión.»

Chuy Ayala (México): «Hay tres partidos grandes, normalmente tres o cuatro, ah... es el PRD, el PAN y el PRI.»

Eduardo Argent (Perú): «En nuestros países la diferencia izquierda-derecha es un poco más compleja.»

DVD **PASO 2.** En el vídeo, vas a escuchar a Cristina, Chuy y Eduardo hablar de la política de sus países. Antes de ver las entrevistas, repasa el **Vocabulario útil** y lee las siguientes oraciones. Luego, complétalas según lo que dicen los entrevistados.

Vocabulario útil

monarquía democrática ___________
coronas crowns (crowned heads)
PRI (Partido Revolucionario Institucional)
PAN (Partido Acción Nacional)
PRD (Partido de la Revolución Democrática)
compleja ___________
igualdad ___________
autoritaria ___________
apego attachment, affection
va de la mano goes overboard
empresa privada private enterprise, business
atentan contra assault, attack

1. Cristina explica que España es hoy un país diferente de la España de la ___________. Ahora es una ___________ democrática con un presidente y un ___________.
2. A Chuy le gusta su doble ___________ porque el ___________ de Estados Unidos y el de México pueden ___________ a ambos países.
3. Eduardo explica que muchos ___________ defienden la ___________ social y la igualdad mientras la derecha da mayor protección al ___________ y a la empresa privada.

PASO 3. Contesta las siguientes preguntas.

1. Según Cristina, ¿qué hace el rey de España?
2. ¿Qué tipo de ciudadanía tiene Chuy? ¿Qué privilegios le concede a él ese estatus?
3. ¿Según Eduardo, cómo pueden ser similares los izquierdistas y derechistas?
4. ¿En qué diferentes las descripciones de estos entrevistados?

Dichos

Hay muchos dichos y refranes sobre los diferentes tipos de líderes y gobiernos. En grupos de dos o tres, lean y comparen los siguientes refranes. ¿Entienden su significado? ¿Conocen refranes que signifiquen lo mismo en inglés o en otra lengua? Apunten algunos refranes populares que Uds. saben. Pueden buscar en el Internet otros refranes en español.

Dichos

- Malos reyes, muchas leyes.
- Reyes y gatos son bastante ingratos.
- El capitán verdadero, embarca el primero y desembarca el postrero.

Costumbres y buenos modales

Unos chistes malos

Parece que los buenos modales se esfuman[a] cuando se trata de relaciones entre pueblos vecinos. En Oklahoma se cuentan chistes de los tejanos, y en Wisconsin se oyen chistes de la gente de Illinois por ejemplo. Las «gallegadas» son chistes en los que se burla de los españoles en general. Aunque los gallegos son los que viven en el noroeste de España, muchos latinoamericanos se refieren a los españoles como «gallegos» al burlarse de ellos.

- —¿Por qué los gallegos no entran a la cocina?

  —Porque cuando entran, hay un recipiente que dice «sal».
- Durante un apagón[b] en Galicia, 2.000 gallegos quedaron atorados[c] en los elevadores de los edificios, durante dos horas... y 7.000 más en las escaleras mecánicas.

Sobre los dictadores

El tema de los dictadores puede ser un tema delicado entre muchos hispanos. Es mejor no comentarlo, especialmente entre personas con quienes no se tiene mucha confianza.

- Durante una dictadura es peligroso expresar cualquier opinión que no sea favorable al dictador y a su régimen. La gente prefiere hablar del tiempo, la comida, los deportes.
- Las secuelas[d] de una dictadura pueden durar solamente unos pocos años o hasta décadas. Un extranjero, que no esté muy familiarizado con la situación política de un país, puede meter la pata[e] muy fácilmente, especialmente cuando se habla de temas como el exilio y los desaparecidos.
- Después de un tiempo, la dictadura puede parecer irrelevante para los jóvenes, quienes no saben realmente cómo era la vida durante esa época. Es importante resaltar,[f] sin embargo, que los jóvenes hispanos suelen mostrar interés en la política y saben expresar sus ideas al respecto sin timidez.

[a]se... *disappear* [b]*power outage* [c]*horrified* [d]*aftermath* [e]meter... *to stick one's foot in one's mouth* [f]*to point out*

Actividad. Lo políticamente correcto. ¿Cuáles son algunos de los temas de conversación que evitamos en este país? En general, los hispanos son más abiertos con respecto a sus opiniones políticas y culturales y las discuten sin ofenderse. Busca dos o tres periódicos hispanos en el Internet y busca la sección sobre opiniones editoriales. ¿Qué temas políticos tratan? ¿Son más o menos los mismos que encontrarías en un periódico de este país? ¿Sabías algo de estos temas o son nuevos para ti?

Déjame que te cuente sobre...

Prepárate para leer

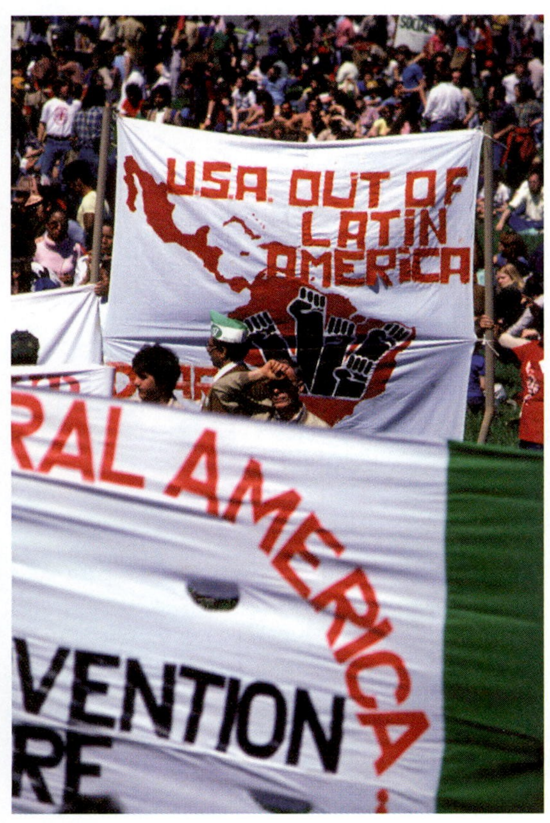

A. Reflexión. Ninguna transición es fácil. Contesta las siguientes preguntas sobre la transición política.

1. ¿Cuáles son algunas de las transiciones por las que tenemos que pasar en nuestra vida? ¿Por qué representan una etapa difícil o estresante?
2. ¿Qué cambios has visto en la economía, política y cultura de tu comunidad? ¿de tu país? ¿de otros países? ¿Qué tipos de problemas o debates han ocasionado estos cambios?
3. ¿Has estudiado la transición política de algún país en vías de desarrollo? Con frecuencia un país en esa situación consigue su independencia y por unas décadas enfrenta difíciles problemas socioeconómicos. ¿Por qué?

B. Estrategia. Recuerda la importancia de entender nuevas palabras con la ayuda del contexto. Toma el tiempo necesario para leer la selección, y repasa la oración o el párrafo difícil antes de consultar el diccionario. Por ejemplo, la palabra **afligido,** que posiblemente no conoces, aparece en la lectura. ¡No busques su definición en el diccionario! Después de leer dos o tres veces la oración entera, captarás el significado. Ya verás.

Hubo protestas en las calles de Washington D.C. contra la intervención estadounidense de 1981 en la política de El Salvador.

Vocabulario útil

Completa las definiciones basándote en el contexto.

el aporte ______________ **enfrentar(se)** ______________

el puesto (político) ______________ **la bandera** ______________

VP Repasa las palabras en la sección **Vocabulario del tema** al principio del capítulo y acuérdate de tu **Vocabulario personal** al final del capítulo o en el *Manual de actividades*.

Tg El pretérito y el imperfecto (Taller de gramática III. B.)

gramática

Haz una lista de tres diferencias importantes entre el uso del pretérito y del imperfecto. Puedes consultar el **Taller** si quieres.

Práctica. Oraciones. Llena los espacios en blanco con la forma correcta del pretérito o imperfecto del verbo entre paréntesis.

1. La guerra en El Salvador se ______________ (**declarar**) en 1980.
2. El acuerdo de paz salvadoreño se ______________ (**firmar**) en 1992.
3. Mientras tanto, el pueblo salvadoreño ______________ (**sufrir**) mucho.
4. En Guatemala y El Salvador, generalmente los generales ______________ (**tener**) el cargo de presidente.

unos casos de recuperación nacional

¡A leer!

Lee la selección entera sin buscar palabras en el diccionario. Luego, completa la **Actividad A** de **Comprensión y expresión** (pág. 173) y vuelve a leer la lectura.

En las décadas de los años 70, 80 y 90, tres de los países hispanos que más sufrieron de violencia y represión políticas fueron Guatemala, El Salvador y Nicaragua. Millones de refugiados huyeron de esos países para salvarse la vida o para escaparse de la terrible miseria que, por lo general, sigue a las guerras. En todo el mundo hubo protestas contra los dictadores y los militares y contra el apoyo[a] del gobierno estadounidense a estos gobiernos dictatoriales. También se vieron incontables[b] actos de solidaridad con los combatientes y los refugiados. Actualmente la situación de estos países es más estable, aunque todavía son países pobres y afligidos por terremotos[c] y huracanes. Vamos a ver cómo ha sido su progreso desde aquellos oscuros días de guerra y represión.

[a]*support* [b]*countless* [c]*earthquakes*

Detalles lingüísticos

- La conjugación del verbo **huir** es igual a la de **construir, destruir** y **fluir.** O sea que, ¡no te olvides de la **y**! **(Taller II. B. 17)**
- La palabra **huracán** es un préstamo de los idiomas indígenas de la región del Caribe y Centroamérica. En taíno, significa «centro del viento», en maya, «corazón del cielo».

Haber

(Taller II. C. 21)

Haber tiene la forma **hay** en el presente, **hubo** en el pretérito y **había** en el imperfecto. Generalmente se usa **hubo** para referirse a eventos en un tiempo específico.

En 1998 **hubo** un huracán muy fuerte.
In 1998 there was a strong hurricane.

Y se usa **había** para referirse a cosas, personas y situaciones.

Cerca del lago **había** un pueblo pequeño.
There was a small village close to the lake.

Esta forma por ser impersonal nunca tiene plural, así que no se dice: **Habían muchas dictaduras.* Se dice: *Había muchas dictaduras.*

5. Ellos ____________ (**sospechar**) de todos: de los campesinos, religiosos, intelectuales.
6. Finalmente la paz ____________ (**llegar**) a Guatemala en 1996.
7. La familia Somoza ____________ (**controlar**) Nicaragua antes de la revolución.
8. Daniel Ortega ____________ (**ser**) presidente de Nicaragua desde 1979 hasta 1990.
9. En las votaciones de ese año más nicaragüenses ____________ (**votar**) por Violeta Chamorro que por Ortega.
10. Chamorro ____________ (**ser**) la viuda del director de un periódico antisomocista.

gramática

Guatemala sufrió una guerra de aproximadamente treinta y seis años que dejó como resultado unas 200.000 muertes y un millón de refugiados. Afortunadamente, la guerra terminó en 1996 con un acuerdo de paz entre el gobierno nacional y la Unidad Revolucionaria Nacional Guatemalteca (URNG). Hay que reconocer el valioso aporte del presidente Álvaro Arzú Irigoyen (1996–2000) al firmar[d] el acuerdo y respetarlo tal como lo prometió. Desde entonces Guatemala ha elegido democráticamente a tres presidentes. Ahora Guatemala se enfrenta con varias dificultades sociopolíticas, incluyendo la corrupción y el narcotráfico, que amenazan la estabilidad del país.

Detalles culturales

- El FMLN es la oposición izquierdista de El Salvador, antes era una fuerza guerrillera y ahora está incorporada al proceso político. Durante la guerra civil, recibió apoyo de Cuba y del Frente Sandinista para la Liberación Nacional (FSLN).
- El FSLN rememora el nombre de Augusto Sandino, quien fue un héroe nicaragüense al principio del siglo XX. El FSLN triunfó en 1979 y más tarde perdió el poder presidencial en 1990 cuando Violeta Chamorro ganó las elecciones.

La guerra declarada entre el gobierno de El Salvador y el Frente[e] Farabundo Martí para la Liberación Nacional (FMLN) duró doce largos años (1980–1992). Murieron y «desaparecieron» a casi 100.000 personas, y otros dos millones tuvieron que huir. Desde la firma del acuerdo de paz, los salvadoreños han tenido tres presidentes, todos ellos elegidos por el pueblo y todos miembros del partido derechista Alianza Republicana Nacionalista (ARENA). Con las victorias consecutivas de la derecha, el FMLN se convirtió en[f] el partido político de la oposición. Hoy en día, el FMLN suele ganar importantes puestos en las elecciones, a pesar de[g] no haber alcanzado el nivel[h] de la presidencia. Actualmente, uno de los problemas más serios del país es la degradación ecológica —se dice que de los árboles que existían antes de que empezara la guerra sólo queda el 2 por ciento.

[d]al... *upon signing* [e]*Front* [f]se... *became* [g]a... *in spite of* [h]no... *not having reached the level*

Los verbos que cambian de radical
(Taller II. A.)

Los verbos **-ir** que cambian de raíz son un poco distintos de los **-ar** y **-er.** En el pretérito tienen «medio cambio» en la tercera persona singular y plural

convertirse	se convirtió	se convirtieron
morir	murió	murieron

Tg El participio pasado como adjetivo (Taller de gramática III. G.)

gramática

El participio pasado puede ser es parte de los tiempos perfectos, pero también puede funcionar como adjetivo, y como tal, tiene que concordar con el sustantivo que modifica.

¿Qué significan las siguientes frases?

unos libros abiertos
las camas hechas
la mesa puesta

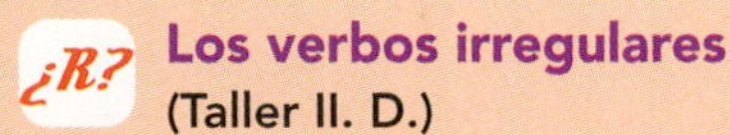

Los verbos irregulares (Taller II. D.)

Varios verbos comunes son irregulares en el pretérito, como por ejemplo, **andar, caber, poner, querer, saber, tener.** Hay cinco en esta lectura. ¿Los puedes encontrar?

En Nicaragua parece que la historia se repite: «el Comandante» Daniel Ortega, líder del movimiento sandinista y presidente de Nicaragua desde 1979 hasta 1990, volvió a ser elegido presidente en 2006. En su contra,[i] como lo estuvo en los años 80, Oliver North organizó una campaña a favor del candidato conservador, Eduardo Montealegre. Ortega, durante su campaña electoral, le aseguraba al pueblo que había cambiado de orientación política. Cambió también los colores de su bandera; del rojo y negro pasó al rosado y azul turquesa, colores más suaves y modernos. Su campaña postulaba que él ahora es más moderado y que tiene como meta[j] estabilizar la economía del país. Ortega ganó las elecciones en parte porque, como lo hizo hace años, prometió ayudar a los pobres, quienes son la mayoría del país. Ya que Nicaragua es el segundo país más pobre de Centroamérica, el trabajo de Ortega no va a ser nada fácil.

[i]En... *Against him* [j]*goal*

Comprensión y expresión

A. Léxico. Indica la palabra correcta.

1. Ahora los países centroamericanos están relativamente (**estables** / **incontables** / **oscuros** / **próximos**).
2. El FSLN (**acompañó** / **alcanzó** / **aseguró** / **estabilizó**) su meta política; el FMLN no logró la suya totalmente.
3. Los centroamericanos llevan muchos años (**convirtiéndose** / **enfrentándose** / **repitiéndose** / **salvándose**) a la violencia, la pobreza y los desastres naturales.
4. Recientemente, los pueblos centroamericanos han (**afligido** / **declarado** / **elegido** / **moderado**) a sus presidentes en un proceso relativamente pacífico.
5. Ser presidente de un país que tiene una economía poco desarrollada es terriblemente difícil; me sorprende que tantos candidatos quieran ese (**parecer** / **partido** / **líder** / **puesto**).

Práctica. Los países centroamericanos. Llena los espacios en blanco con el participio pasado, usándolo como adjetivo.

Varios países centroamericanos no están bien __________ [1] (**desarrollar**), en parte por las guerras __________ [2] (**sufrir**) en el siglo XX. Por tanta violencia la tierra está __________ [3] (**devastar**), los recursos __________ [4] (**agotar**) y mucha gente __________ [5] (**herir**) física y/o psicológicamente. Miles de personas fueron __________ [6] (**capturar**) sin motivo por fuerzas del gobierno de su país. Entonces, ¿cómo se puede volver a confiar en el gobierno?

Es natural que el pueblo esté __________ [7] (**decepcionar**) y que sea __________ [8] (**desconfiar**). Los presidentes y funcionarios __________ [9] (**elegir**) ahora tienen que luchar por la credibilidad del gobierno. Deben actuar con ética y hacer que los derechos humanos sean siempre __________ [10] (**respetar**).

gramática

B. ¿Dónde? Indica si las siguientes oraciones se aplican a Guatemala (G), El Salvador (S) o Nicaragua (N). Puedes indicar más de una opción.

	G	S	N
1. La revolución sandinista ocurrió en 1979.	☐	☐	☐
2. La gente sufre las consecuencias de fuertes huracanes y terremotos.	☐	☐	☐
3. Se firmó un acuerdo de paz entre el gobierno y la guerrilla.	☐	☐	☐
4. ARENA es un partido político importante.	☐	☐	☐
5. La guerra duró 36 años.	☐	☐	☐
6. Tiene elecciones democráticas.	☐	☐	☐
7. Todavía tiene algunos problemas serios.	☐	☐	☐
8. Su presidente actual también fue presidente del país hace varios años.	☐	☐	☐

C. Preguntas

1. ¿Qué tienen en común Guatemala, El Salvador y Nicaragua?
2. ¿Cuándo terminó la guerra en Guatemala?
3. ¿Qué problemas tiene Guatemala ahora?
4. ¿Cuántas víctimas dejó la guerra civil de El Salvador?
5. ¿Qué es el FMLN?
6. ¿Por qué ganó Daniel Ortega las elecciones presidenciales en 2006?
7. ¿Cómo ha cambiado Ortega con los años?
8. ¿Cuál es una de las diferencias principales entre Guatemala, El Salvador y Nicaragua?

VP Acuérdate de consultar la lista de tu **Vocabulario personal** al final del capítulo o en el *Manual de actividades.*

¡En acción!

A. ¿Qué piensan Uds.? En parejas, háganse y contesten las siguientes preguntas.

1. ¿Qué entiendes por los términos «derechista» e «izquierdista»? ¿Cómo se relacionan estas palabras con la historia centroamericana?
2. ¿Sabes en qué consistía la «Guerra Fría»? ¿Qué tiene que ver con la historia centroamericana y caribeña?
3. ¿Qué te parecen el FSLN y sus supuestos cambios hacia la moderación? ¿Por qué crees que cambiaron los colores de su bandera? ¿Hay evidencia de cambios de postura política en este país?
4. Hasta la fecha, El Salvador ha mostrado consistencia eligiendo a presidentes conservadores. ¿Por qué crees que ese partido conservador mantiene el poder a pesar de estar vinculado (*linked*) a muchas violaciones de derechos humanos?
5. Durante la guerra en Guatemala, miles de personas fueron exterminadas simplemente por ser mayas. ¿En qué otros países ha ocurrido un genocidio? ¿Puedes imaginar por qué un gobierno querría hacer tal cosa?
6. Actualmente, ¿crees que a Centroamérica le urge (*urgently needs*) algo? ¿Qué deben hacer estos países para asegurar y continuar su progreso?

B. Imagínate. En grupos de tres, hagan los siguientes papeles: (1) un candidato / una candidata para presidente/a de un país centroamericano; (2) un(a) periodista; o (3) un campesino / una campesina pobre. Tomen tiempo para imaginarse la situación, quiénes son y qué quieren. ¿Cuáles son sus esperanzas? ¿Qué temen? ¿Qué preguntas hacen? ¿Cómo justifican su situación y sus quejas? Después de practicar la escena, represéntenla para la clase.

C. Imágenes de tres países. En grupos de dos o tres, escojan tres países de Centroamérica y busquen fotos para llevar a la clase. Como clase, observen todas las fotos y descríbanlas en español. También hagan comparaciones entre los países, usando las fotos. Finalmente, ¿qué muestran las fotos de la realidad centroamericana? ¿Se ven en ellas indicios de las guerras? ¿de los terremotos? ¿de los huracanes? ¿y de la recuperación y reconstrucción de los países?

En la comunidad | *La Dra. Martha Beatriz Roque Cabello, una disidente que persiste a pesar del peligro*

Conoce a una disidente cubana: la Dra. Martha Beatriz Roque Cabello, quien ha dedicado su vida a la restauración pacífica de los derechos civiles democráticos en Cuba, a pesar del peligro que esto constituía bajo el régimen de Fidel Castro. Esta distinguida escritora y economista es una de las fundadoras de la Asamblea para Promover la Sociedad Civil. Esta es una confederación que reúne a más de 350 organizaciones de la sociedad civil cubana para protestar por la falta de libertad de expresión que predomina a causa de la dictadura de Castro. Por sus escritos y actividades en contra de la represión de Castro, Roque Cabello fue despedida de su puesto en la Universidad de La Habana. En abril de 2006, un tropel[a] de partidarios de Castro atacó a Roque Cabello golpeándola y azotándola[b] repetidamente. Roque Cabello sobrevivió al ataque y fue encarcelada por segunda vez. Así como lo hizo durante su primer encarcelamiento, la economista no ha abandonado sus esfuerzos por restaurar los derechos civiles y establecer la democracia en Cuba.

Martha Beatriz Roque Cabello (1945–)

[a]*mob* [b]golpeándola... *hitting and flogging her*

Detalles lingüísticos

Derecho y **derecha** tienen varios significados.

el derecho (*legal*) right

el derecho law (code of laws adopted by a nation)

seguir derecho to keep going straight

la derecha right (direction, politics)

Investigación y presentación: La historia de Centroamérica

PASO 1. Investigar. Ahora Uds. van a aprender un poco más sobre la historia de Centroamérica. En grupos de dos o tres hagan una investigación acerca de un personaje de la siguiente lista. ¿Quién es esta persona? ¿Qué hizo para ser considerada importante y qué hace ahora? ¿Por qué es relevante en la historia centroamericana?

Augusto Sandino	Violeta Chamorro
Oliver North	Carlos Fonseca
Fidel Castro	Efraín Ríos Montt
Roberto d'Aubuisson	Agustín Farabundo Martí
Óscar Arnulfo Romero	Óscar Arias
Rigoberta Menchú	Anastasio Somoza (hay tres: abuelo, padre, hijo)

PASO 2. Presentar. Organicen su información en una presentación oral y visual. Incluyan por lo menos una foto de la persona. Comenten no sólo acerca de la persona misma, sino también de su relevancia en los conflictos y/o procesos de reconciliación de la región.

PASO 3. Reflexionar. Al final, ¿qué han aprendido? ¿Creen que entienden un poco más la historia centroamericana? ¿Cómo afectan las lecturas e investigaciones de Uds. sus opiniones sobre la sociedad, la política y la naturaleza humana? Compartan sus ideas.

Exploración | *El choque cultural en Venezuela*

Usa esta cajita para dibujar una imagen o escribir algunas palabras que representen para ti la esencia de esta breve lectura.

Prepárate para leer

Actividad. El exilio. En 1975, cuando ya era obvio que el dictador Pinochet no iba a ceder el poder a un gobierno democrático, Isabel Allende, su esposo y sus dos hijos huyeron de Chile, al igual que lo hicieron muchos chilenos. Se fueron a vivir a Venezuela porque en esa época era uno de los pocos países americanos que aceptaba refugiados. En la siguiente selección, Allende habla sobre las dificultades que tuvo que pasar para ajustarse a una nueva cultura, refiriéndose específicamente a la imposibilidad de encontrar un buen trabajo. Antes de leer, apunta algunas de las dificultades y retos (*challenges*) de mudarse a otro país como refugiado político.

Vocabulario útil

el fracaso failure

ignorar to be unaware of (*information*)

irse a las manos ______________

no conocer un alma ______________

¡A leer!

Yo no conocía un alma y allí, como en el resto de América Latina, nada se obtiene sin conexiones. [...] No entendía el temperamento de los venezolanos, confundía su profundo sentido igualitario[a] con malos modales, su generosidad con pedantería,[b] su emotividad con inmadurez.[c] Venía de un país donde la violencia se había institucionalizado, sin embargo me chocaba la rapidez con que los venezolanos perdían el control y se iban a las manos. (Una vez en el cine, una señora sacó una pistola de la cartera[d] porque me senté accidentalmente en el puesto que ella había reservado.) No conocía las costumbres; ignoraba, por ejemplo, que rara vez dicen que no, porque lo consideran rudo, prefieren decir «vuelva mañana». [...] Sentía que mi vida era un fracaso;[e] tenía treinta y cinco años y creía que no me quedaba nada por delante, fuera de envejecer[f] y morir de aburrimiento.

[a]sentido... *sense of equality* [b]*affection* [c]*immaturity* [d]*purse* [e]*failure* [f]*getting old*

Tg La narración en el pasado (Taller de gramática III. B.)

gramática

Para narrar en el pasado en español, los tres tiempos fundamentales son el imperfecto, el pretérito y el pluscuamperfecto. El imperfecto describe situaciones y acciones habituales; el pretérito avanza la acción y cuenta acciones aisladas o en serie y el pluscuamperfecto narra lo previamente ocurrido. ¿Puedes identificar estos tiempos verbales en la lectura?

Comprensión y expresión

A. Preguntas

1. Para Allende, no conocer a nadie en Venezuela fue un problema bastante grave. ¿Por qué?
2. ¿Qué dice Allende respecto a la violencia en la cultura chilena y en la venezolana?
3. ¿Cómo se sentía Allende en Venezuela? ¿Crees que te sentirías igual en una situación similar?
4. Trata de imaginarte algunas de las dificultades que tuvo Allende. ¿Te has encontrado en un lugar en el que desconocías la cultura y las costumbres? Descríbela. Si no, imagínate y describe cómo sería pasar por estas dificultades.

B. Anticipación. Obviamente, Isabel Allende no se sentía cómoda viviendo en Venezuela. ¿Por qué? ¿Cómo habría sido posible mejorar su situación? ¿Crees que les sucede lo mismo a todos los exiliados? En el **Capítulo 8** vas a leer sobre la inmigración de Allende a Estados Unidos, a la edad de 45 años. ¿Crees que va a hablar de las mismas dificultades?

Para pensar

Uno de los primeros problemas que enfrentan los refugiados o exiliados es encontrar un trabajo para ganarse la vida. Cuando los exiliados cubanos llegaron a Estados Unidos, pasaron por la Torre de la Libertad, donde les dieron asistencia y consejos para encontrar trabajo. Muchos gobiernos consideran que esta opción es mejor que los campos de refugiados. ¿Qué servicios crees que deben recibir los refugiados del país que los acoge y protege? ¿Por qué es preferible ofrecerles asistencia en vez de construir campos de refugiados?

gramática

Práctica. Indica las formas verbales correctas y explica brevemente por qué se usa el pretérito, imperfecto y pluscuamperfecto en cada contexto.

Antes de cumplir 12 años, yo (**me mudaba / me había mudado**)[1] seis veces. (**Nací / Nacía**)[2] en Colorado, donde mis padres (**asistían / asistieron**)[3] a la universidad. Cuando se graduaron, (**nos mudábamos / nos mudamos**)[4] a Oregón. Mi madre (**conseguía / consiguió**)[5] un puesto como profesora de matemáticas y mi padre (**trabajaba / había trabajado**)[6] como programador. Después de tres años, mi padre (**conseguía / consiguió**)[7] un trabajo excelente en Seattle y, aunque mi madre no (**tenía / había tenido**)[8] trabajo allí, (**decidían / decidieron**)[9] que nos mudaríamos. Mamá (**estaba / estuvo**)[10] embarazada, pero con el nuevo sueldo de papá, no (**tenía / había tenido**)[11] que trabajar. Antes de nacer mi nuevo hermano, la compañía donde trabajaba mi padre, lo (**trasladaba / trasladó**)[12] a España. Yo ya (**cumplí / había cumplido**)[13] 6 años, y no (**estaba / había estado**)[14] muy contenta porque (**tenía / había tenido**)[15] amigas en mi nueva escuela. Pero al fin y al cabo, (**me encantó / me encantaba**)[16] España.

¡A escribir!

PASO 1. Explora las siguientes posibilidades para el ensayo. No te olvides de apuntar en tu *Manual de actividades* las ideas que más te interesan.

1. Imagínate que es el año 1825 y tú eres (mujer) soldado del ejército de Bolívar, que lucha por la independencia y unión sudamericanas. Escríbele una carta a tu familia, describiendo tus experiencias y tus sentimientos.
2. Imagínate que eres periodista y tienes la oportunidad de entrevistar a un caudillo histórico o contemporáneo. ¿A quién vas a entrevistar? ¿Por qué? ¿Qué preguntas le vas a hacer? Prepara una descripción de esta persona y una lista de tus preguntas. Luego, inventa sus respuestas. El borrador final debe ser como un artículo en el que primero presentas a la persona, y luego hablas de la entrevista.

PASO 2. Si todavía no estás seguro/a del tema que prefieres, vuelve a leer el **Problema auténtico** y las secciones **Para pensar** y consulta tu **Vocabulario personal.** También puedes escoger un tema de una de las actividades del libro de texto o del *Manual de actividades.*

PASO 3. Repasa la gramática presentada en este capítulo. ¿Cómo puedes usarla en tu ensayo? Mientras escribes, subraya las formas y estructuras que utilizas de este capítulo.

PASO 4. Escribe un borrador de por lo menos 200 palabras. Si quieres, puedes seguir los pasos de **¡A escribir!** en el *Manual de actividades* para escribir el ensayo.

¿R? ¿Narración o descripción en el pasado?

Piensa en tu ensayo. Si vas a narrar experiencias y eventos ocurridos en el pasado, repasa las formas y usos del imperfecto (descripción de apariencias, emociones, acciones habituales) y del pretérito (acciones sucesivas o cambios súbitos [*sudden*] en general):

ENTREVISTA

—General Bolívar, ¿por qué **decidió** Ud. que **era** necesario independizar a los países sudamericanos?

—Bueno, me **molestaba** el control excesivo que España **mantenía** en los asuntos de Sudamérica. Un buen día me **dije:** «Simón, ¡hay que cambiar esto!» Ese día **fue** el comienzo de la lucha por la independencia, el 21 de noviembre, 1822.

CARTA

Adorada madre:

Hoy **murieron** quince de mis valientes compañeros. Los españoles **empezaron** una batalla feroz, y por primera vez me **sentí** aterrorizado por la muerte. Antes me **inspiraba** enormemente el ideal de la libertad del pueblo, pero ahora...

Vocabulario (*Esta lista presenta el vocabulario esencial de este capítulo.*)

La dictadura

el/la exiliado/a person in exile
el/la refugiado/a refugee
el/la secuestrado/a kidnapping victim
el/la torturado/a torture victim

Cognados: la censura, el/la dictador(a), la dictadura, la represión, el terror, la violencia

exiliar to exile
matar to kill
secuestrar to kidnap

Cognados: censurar, torturar

El gobierno democrático

los derechos humanos human rights
el/la diputado/a member of parliament; representative
la libertad de expresión freedom of speech/expression
la libertad de prensa freedom of the press
la paz peace

Cognados: la elección, el/la representante, el sufragio, estable

elegir (i, i) (j) to elect
libertar to set free, release

Cognado: representar, votar

La izquierda

el/la izquierdista left-winger

Cognados: el/la anarquista, el/la comunista, el/la *hippy*, el/la liberal, el/la socialista

La derecha

el/la cabeza rapada skinhead
el/la derechista right-winger
el/la estalinista Stalinist

Cognados: el/la conservador(a), el/la fascista, el KKK, el/la nazi

Otras palabras y expresiones

el acuerdo de paz peace treaty
la amenaza threat
el caudillo leader, chief
la época period (*of time*)
la guerra war
la junta militar military government
el peligro danger
el poder power
la postura política political position
el pueblo people

Cognados: el carisma, el héroe / la heroína, el/la líder, el/la ministro/a, el orden cívico

amenazar (c) to threaten
desaparecer (zc) to disappear
huir (*like* **construir**) to flee
imponer (*like* **poner**) to impose
involucrarse (en) to become involved (in)
luchar to fight

Vocabulario útil y vocabulario personal

Usa esta sección para apuntar palabras y expresiones adicionales que tu profesor(a) asigne u otras palabras útiles para comunicar las ideas relacionadas con este capítulo.

Expresiones

Los murales de Nicaragua

En 1980, Víctor Canifrú pintó murales que reflejaban los ideales socialistas.

La administración de la presidenta Violeta Chamorro hizo que se pintara sobre los murales de Canifrú. Muchos llamaron a este acto «muralcidio».

En 2005, varios artistas se juntaron para pintar murales de nuevo en la Avenida Bolívar de Managua. Se llaman los «Murales de octubre» y reflejan el espíritu socialista de los murales de Canifrú.

La Torre de la Libertad

La Torre de la Libertad en Miami fue construida en 1925 para ser la sede (*headquarters*) del periódico *News and Metropolis.* El periódico se mudó en los años 50, y cuando los cubanos refugiados empezaron a llegar a Miami, el gobierno usó esta torre para procesar su llegada y documentación y para darles asistencia médica. El diseño de la torre se basó en la Giralda de Sevilla.

Haikú del exilio, por Nela Río (Argentina/Canadá)

La poeta, cuentista y artista Nela Río nació en Argentina. Se hizo ciudadana de Canadá en 1977. Fue profesora de español en la Universidad de San Tomás (New Brunswick) hasta 2003 y, desde Canadá, sigue organizando exposiciones de poesía y en contra de la violencia contra la mujer. Las obras de Río examinan a la mujer, la solidaridad entre las mujeres y la violencia de que estas son víctimas. En este breve poema, la poeta se enfoca en un tema importante para muchos argentinos: el exilio.

Espacio tiempo
ni abierto ni cerrado.
Suelo en las olas.

«El pueblo unido jamás será vencido», por Sergio Ortega (Chile, 1938–2003)

El compositor y pianista chileno, Sergio Ortega, escribió «El pueblo unido jamás será vencido» en 1973. Esta canción llegó a ser el himno internacional de la resistencia popular.

De pie, luchad,
el pueblo va a triunfar.
Será mejor la vida que vendrá
a conquistar nuestra felicidad,
y en un clamor mil voces de combate
se alzarán,[a] dirán,
canción de libertad,
con decisión la patria vencerá.[b]
Y ahora el pueblo que se alza en la lucha
con voz de gigante gritando: ¡Adelante!

[a]se... *will be raised* [b]*will overcome*

El laberinto del fauno

En la película *El laberinto del fauno,* el director Guillermo del Toro nos presenta la historia de Ofelia, una niña que vivía en los años después de la Guerra Civil (1936–1939) de España, el período más violento y represivo de la dictadura de Franco. Este mundo visto por los ojos de Ofelia tiene la calidad de un cuento de hadas[a] gótico. Ofelia llega a su nueva «casa», un campamento militar establecido por su padrastro, un capitán fascista cruel. En esta historia, cuyo trasfondo[b] es la rebelión de los que viven en la región, Ofelia confronta monstruos humanos e imaginados. La película ha ganado varios premios, incluso tres Premios Grammy.

[a]cuento... *fairy tale* [b]*background*

Ofelia descubre el laberinto del fauno cuando sigue un insecto palo al bosque.

Actividad. Las expresiones del pueblo y su lucha. La lucha del pueblo puede expresarse y recordarse de muchas maneras. Los murales recuerdan el pasado de un pueblo y también miran hacia el futuro. Para los cubanos, la Torre de la Libertad llegó a ser un símbolo de su experiencia y fueron los cubanoamericanos quienes la restauraron y la rescataron de una posible demolición. En *El laberinto del fauno,* una niña se escapa de la cruel realidad a través de cuentos de hadas y leyendas. Compara estas expresiones visuales y arquitectónicas con lo que expresa el poema de Río y la canción de Ortega. ¿Son recuerdos o son incitaciones a la acción? ¿Conoces otras expresiones artísticas o símbolos culturales que representen o conmemoren alguna lucha del pueblo?

Acuerdos internacionales

Todos los países comentados en esta página ratificaron, entre otros, los siguientes tratados: *Convention on Biodiversity, Kyoto Protocol on Climate Change, United Nations Framework Convention on Climate Change, Vienna Convention for the Protection of the Ozone Layer.*

Conflictos regionales

Ejemplo de uno de los conflictos producidos por la tensión entre el desarrollo económico y la protección del medio ambiente son los planes para construir dos fábricas papeleras en Fray Bentos, Uruguay, en la frontera con Argentina. Muchos argentinos de la zona protestan en contra del proyecto porque temen que las fábricas produzcan mucha contaminación. Como protesta se ha cerrado el puente entre Colón y Fray Bentos, cortando el comercio y el turismo para Uruguay.

Problemas medioambientales

Argentina:	la desertificación, la deforestación, la contaminación del aire y del agua
Chile:	la deforestación, la contaminación del aire y del agua
Paraguay:	la deforestación, la contaminación del agua, la incorrecta distribución de los desperdicios
Uruguay:	la contaminación del agua, la incorrecta distribución de los desperdicios

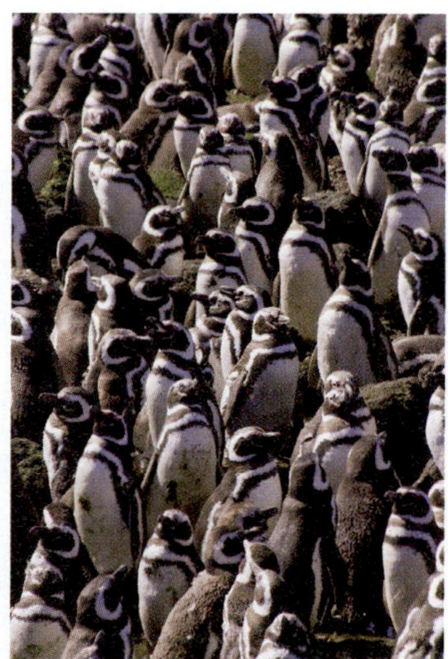

1. Pingüinos magallánicos en Patagonia, Argentina

3. Las Torres del Paine, Patagonia, Chile

2. El Río Paraná y el Puente de la Amistad, entre Paraguay y Brasil

4. El Salto del Iguazú, en la frontera entre Argentina y Brasil

Capítulo 8

El inmigrante

En Tenerife, una de las Islas Canarias, se ha detenido un grupo de inmigrantes que quiso llegar a España en un pequeño barco peligroso.

En este capítulo

Déjame que te cuente sobre...

la inmigración en España y en Latinoamérica | la Casa Marianella

Tg Taller de gramática

Para este capítulo, debes consultar las siguientes secciones del **Taller de gramática.**

- El subjuntivo en cláusulas adjetivales
- El presente perfecto
- La preposición **a**
- El pasado de subjuntivo
- El pluscuamperfecto
- El condicional

Problema auténtico. La inmigración es parte de nuestra vida real y es un factor importante en la demografía y economía de los países. Mientras Estados Unidos, Canadá y España sean países donde haya oportunidades de trabajo y realización, van a ser lugares de destino de muchos inmigrantes. Entonces, te planteamos un problema doble: ¿deben los países ricos aprender a acoger a estos inmigrantes o deben los países que ven salir a su población encontrar soluciones para evitar que esta abandone su país? ¿Qué pueden hacer estos países para mejorar su situación económica y política?

¡A escribir! Para el ensayo que vas a escribir al final del capítulo:

- explora los temas y la gramática del capítulo
- lee el **Problema auténtico**
- lee las secciones de **Para pensar** en **Exploración**
- apunta en tu **Vocabulario personal** las palabras y expresiones útiles
- usa **¡A escribir!** en tu *Manual de actividades* para organizar tus ideas

Vocabulario del tema*

la aduana customs
el barquito little boat
__________ quality of life
el control (del ejército) checkpoint, roadblock
el coyote people smuggler
el desplazamiento displacement
__________ army
la embajada embassy
__________ hope
la estadía (length of) stay
__________ border
la lancha boat
el maltrato mistreatment
____

la oleada wave (*of people*)
la patera very small boat
la tarjeta de residente, la tarjeta en verde (*EEUU*) green card
__________ fear

Cognados: la discriminación, el/la inmigrante, el pasaporte, la visa / el visado

abrigar (gu) to protect, shelter
acoger (j) to take in; to accept, admit (*a refugee*)
amparar to protect; to give shelter to
atravesar to cross; to go through

*Basándote en tu experiencia con el español, ¿cuáles son las palabras que llenarían los espacios en blanco de los dibujos y de la lista.

Práctica A. ¿Qué es?

1. el resultado de salir de un lugar e irse a otro: __________
2. el movimiento arrebatado (*rushed*) de gente: __________
3. el tiempo que uno se queda en un sitio: __________
4. la oficina que representa a un país dentro de otro país: __________
5. la acción de impedir __________
6. la acción de proteger o dar vivienda: __________

cruzar (c) el mar/océano

desplazar (c) to displace
naufragar (gu) to sink, be wrecked
parar to stop, detain
promover (ue) to promote
proteger (j) to protect
rebasar to exceed (*a limit*)
superar to overcome
surgir (j) to arise, come up
tomar medidas to take measures

Cognados: colaborar, defender (ie), denunciar, escapar

agarrotado/a stiff
hambriento/a hungry
infrahumano/a subhuman
__________ dangerous
sediento/a thirsty
vergonzoso/a shameful

Cognado: deplorable

a pie on foot
____________________ by truck/bus

Práctica B. ¿Qué hacen? Completa las siguientes oraciones con el verbo correcto del **Vocabulario del tema.**

1. En esta iglesia, los voluntarios ayudan a ________ a los inmigrantes que no saben cómo conseguir sus documentos y trabajo.
2. Tanto una crisis económica, como una guerra civil, suele ________ a muchos de los habitantes de un país.
3. Aunque algunos inmigrantes tienen que __________ muchas dificultades, habrían sufrido más en su propio país.
4. El gobierno va a ________________ para controlar la tasa de inmigración.

VP En tu *Manual de actividades* organiza tu **Vocabulario personal** por categorías: **la inmigración y las leyes, la inmigración y la democracia, la inmigración y las guerra civiles, la inmigración y el trabajo,** etcétera.

Déjame que te cuente sobre...

Prepárate para leer

A. Reflexión

1. Muchos norteamericanos son inmigrantes o descendientes de inmigrantes. También en Latinoamérica y Europa hay inmigrantes de todas partes. ¿Por qué es tan común la inmigración? ¿Por qué tanta gente deja su propio país?
2. ¿Qué experimentan los inmigrantes de hoy? ¿Cómo viajan? ¿Cuánto tiempo y dinero les cuesta llegar a su nuevo país?
3. En diferentes lugares y períodos existe una actitud bastante negativa hacia los inmigrantes. ¿Por qué? ¿Qué problemas se asocian con la inmigración?

B. Estrategia. Prepara un cuadro para tomar apuntes mientras lees y para facilitar tu comprensión. Basándote en el título, es obvio que debes usar dos columnas, ¿no? ¿Qué datos crees que vas a encontrar en esta lectura? Trata de imaginarte tres o cuatro tipos de información. Tu cuadro puede verse más o menos así.

	Latinoamérica	España
situación		
causas		
consecuencias		
¿ ?		

Vocabulario útil

la molestia ____________

la patera small, non-seaworthy boat

lograr + *inf.* ____________

prever ____________

acentuado/a ____________

encajado/a ____________

VP Repasa las palabras en la sección **Vocabulario del tema** al principio del capítulo y acuérdate de tu **Vocabulario personal** al final del capítulo o en el *Manual de actividades*.

gramática

Tg El subjuntivo en cláusulas adjetivales (Taller III. C. 2)

¿Te acuerdas de cómo se usa el subjuntivo en las cláusulas adjetivales? Usamos el indicativo para describir los sustantivos específicos o definidos. ¿Qué tipos de sustantivos antecedente requiere el subjuntivo? Indica todas las respuestas posibles.

☐ existentes ☐ indefinidos ☐ desconocidos
☐ conocidos ☐ inexistentes

Práctica. Los inmigrantes. Indica la forma verbal correcta. Luego, contesta las preguntas.

1. ¿Tienen los inmigrantes centroamericanos y africanos muchos problemas que (**son** / **sean**) difíciles de resolver? Nombra un problema.

¡A leer!

Lee la selección entera sin buscar palabras en el diccionario. Luego, completa la **Actividad A** de **Comprensión y expresión** (pág. 189) y vuelve a leer la lectura.

La inmigración es una realidad problemática en muchos países de diferentes continentes, no sólo en Estados Unidos y Canadá. En cuanto a[a] los países de habla hispana, España y México son dos de los países más afectados por este fenómeno.

Debido a[b] su situación geográfica, México sufre continuas oleadas de inmigrantes de toda Centroamérica, especialmente de El Salvador y Guatemala. Estos centroamericanos tienen como objetivo atravesar México para poder llegar a Estados Unidos. Claro, es un viaje largo y difícil, por lo tanto[c] sería imposible prever todos los obstáculos que puedan surgir. Lo que ocurre es que muchos no logran llegar hasta Estados Unidos; se enferman, se les acaba[d] el dinero y se quedan en México tratando de encontrar trabajo.

[a]En... *Regarding* [b]Debido... *Due to* [c]por... *therefore* [d]se... *they run out of*

En una señal cerca de la frontera entre Estados Unidos y México, se muestran varios peligros que pueden experimentar (*experience*) los inmigrantes que cruzan a pie el Desierto de Sonora.

¿R? El gerundio (Taller III. F. 3)

El gerundio puede modificar verbos.

...se quedan en México **tratando** de buscar trabajo...

A México llegan **caminando...**

Detalles lingüísticos

El verbo **sufrir** no siempre tiene que ver con dolor y angustia pero nunca se refiere a lo positivo. En esta lectura significa más bien **experimentar.**

Detalles culturales

En 2004, 325 personas murieron tratando de cruzar la frontera entre México y Estados Unidos, muchas de ellas en el Desierto de Sonora de Arizona.

2. El viaje a pie a través de México es uno en que se (**gasta / gaste**) zapatos y corazón. ¿Por qué es difícil el viaje?
3. Los «coyotes» son individuos que se (**ofrecen / ofrezcan**) por mucho dinero a ayudar a los inmigrantes a cruzar la frontera con Estados Unidos. ¿De dónde llegan estos inmigrantes?
4. A veces los inmigrantes muy pobres llevan enfermedades que no se (**ven / vean**) con frecuencia en los países desarrollados, como la enfermedad de chagas. ¿Puedes nombrar otras enfermedades?
5. Desafortunadamente no siempre hay leyes que (**protegen / protejan**) los derechos humanos de los inmigrantes. ¿Qué derechos humanos se les quita?

gramática

No es tarea fácil cruzar la frontera entre Guatemala y México. Cuando los centroamericanos tratan de cruzar a pie o en camión, se encuentran en muchas ocasiones con controles del ejército mexicano que los obligan a volver a sus países de origen. Si los militares los detienen,[e] no sólo tienen que regresar a su país, sino que se exponen al maltrato de la policía mexicana. Esto ha afectado especialmente a los guatemaltecos, ya que ha existido cierta discriminación hacia[f] ellos. Los mexicanos son conscientes de que su país sufre graves problemas económicos y sociales, pero también piensan que Guatemala tiene problemas más serios y que el gobierno guatemalteco no está tomando las medidas necesarias para resolverlos. Para los mexicanos, el dicho popular «Saliste de Guatemala para llegar a guatepeor», tiene un significado especial ya que[g] los mexicanos reconocen que los inmigrantes no siempre lo van a pasar bien, pues la vida en México tampoco es fácil.

¿R? El participio pasada como adjetivo
(Taller III. G.)

El participio pasado puede modificar sustantivos.

países más **afectados**
lanchas no **preparadas**

¿Puedes encontrar más ejemplos en el último párrafo de la lectura?

En España, el fenómeno es similar. La llegada de inmigrantes africanos no es nada nuevo, pero es alarmante que el problema se haya intensificado; a las costas españolas llegan miles de inmigrantes de diferentes países africanos en busca de una vida mejor. Estos «sin papeles», término usado por los españoles, tienen preferencia por las Islas Canarias, ya que están cerca. Llegan a las Canarias en condiciones infrahumanas, usando lanchas que no están preparadas para cruzar el mar desde la costa africana hasta las Canarias. Vienen en barquitos cuya capacidad rebasan constantemente, sin pensar en que pueden perder la vida, como ha ocurrido ya en varias ocasiones.

A México llegan caminando, sedientos y en un estado físico deplorable. A España llegan en barquitos, hambrientos y con los cuerpos agarrotados por haber pasado tantas horas encajados en una patera muy pequeña. A ambos[h] países los inmigrantes llegan, al igual que a Estados Unidos, con la esperanza de una vida mejor. ¿La consiguen? Pues, algunos de ellos sí, otros no tanto; algunos pierden la vida en el intento, otros se enferman de por vida. Estos inmigrantes no toman la decisión de dejar su país pensando en las molestias que pueden causar en el país de destino. Sólo piensan en escapar de las limitadas y, en muchas ocasiones, vergonzosas condiciones de vida que su país de origen les ofrece, asimismo en las oportunidades que abundan en los países más desarrollados.

[e]*arrest* [f]*toward* [g]ya... *since* [h]*both*

gramática

Tg El presente perfecto (Taller I. B.)

Los tiempos perfectos son formas verbales compuestas, es decir, tienen dos partes: **haber** + *participio pasado.* ¿Recuerdas los usos del presente perfecto de indicativo y del presente perfecto de subjuntivo? ¿Cómo se expresarían las siguientes oraciones en inglés?

Muchos guatemaltecos **han cruzado** la frontera mexicana este mes.

Es probable que muchos guatemaltecos **hayan cruzado** la frontera este mes.

Comprensión y expresión

A. Léxico. Indica la palabra correcta.

1. Los inmigrantes tienen que superar (*overcome*) muchos (**objetivos / obstáculos / orígenes**) para llegar a su destino.
2. La llegada de miles de africanos a las Islas Canarias es (**afectado / agarrotado / alarmante**) para el gobierno español.
3. A veces una (**busca / costa / lancha**) pequeña y en malas condiciones lleva a cien inmigrantes, lo cual es muy peligroso.
4. Los «coyotes» sin escrúpulos llevan a demasiadas personas en su (**camión / dicho / maltrato**), sin aire, agua o comida.
5. Debemos mejorar la situación económica y social de los países más pobres, para que no (**crucen / prevean / surjan**) tantos problemas relacionados con la inmigración.
6. La situación que tenemos ahora es (**encajada / sedienta / vergonzosa**); la miseria que tantos sufren es inaceptable y por lo que tienen que pasar para buscarse una vida mejor, es trágico.

B. ¿Cierto, falso o no lo dice?

	C	F	NLD
1. Miles de inmigrantes centroamericanos mueren en México.	☐	☐	☐
2. Generalmente, los inmigrantes centroamericanos quieren llegar a Estados Unidos.	☐	☐	☐
3. El destino de los inmigrantes africanos también es Estados Unidos.	☐	☐	☐
4. Entre los inmigrantes centroamericanos que llegan a México, los guatemaltecos son los preferidos.	☐	☐	☐
5. Los inmigrantes africanos viajan en barquito hasta España.	☐	☐	☐
6. En España, al igual que en México, los inmigrantes sin documentos son arrestados y casi siempre pasan un año en la prisión.	☐	☐	☐

C. Preguntas

1. ¿Dónde resulta problemática la inmigración?
2. Los inmigrantes centroamericanos, ¿de dónde vienen y para dónde van?
3. ¿Por qué no es fácil cruzar la frontera entre Guatemala y México?
4. ¿Qué significa «llegar a guatepeor»?
5. ¿Cómo se les llama a los inmigrantes ilegales en España?
6. ¿Por qué es peligroso el viaje de los inmigrantes africanos?
7. ¿Cuál es la motivación principal de los inmigrantes africanos y centroamericanos?

Práctica A. ¿Es posible? Empareja las siguientes frases.

1. El gobierno mexicano duda que ____
2. Es verdad que ____
3. Las autoridades españolas esperan que ____
4. Las familias salvadoreñas saben que ____

a. muchos africanos han inmigrado a las Islas.
b. todos los africanos hayan encontrado trabajo.
c. sus hijos han cruzado México sin problemas.
d. hayan parado a todos los guatemaltecos.

Práctica B. Oraciones. Completa las siguientes oraciones de un modo lógico. Usa el presente perfecto de indicativo o subjuntivo.

1. Muchos inmigrantes centroamericanos...
2. Es triste que en España la inmigración...
3. El gobierno estadounidense...
4. Los migrantes africanos...
5. Dudo que en México los puestos de control militar...
6. Es una tragedia que en el desierto de Arizona...

¡En acción!

VP Acuérdate de consultar la lista de tu **Vocabulario personal** al final del capítulo o en el *Manual de actividades*.

A. ¿Qué piensan Uds.? En parejas, háganse y contesten las siguientes preguntas.

1. ¿Con qué peligros se enfrentan los inmigrantes centroamericanos y africanos? ¿Crees que los peligros son los mismos para todos los inmigrantes?
2. Según la lectura ¿en qué estado físico llegan los inmigrantes a España y México? ¿En qué estado psicológico crees que se encuentran?
3. Según la lectura y tu experiencia, ¿cómo se trata a los inmigrantes? ¿Se les acoge con bondad? ¿Se les da el apoyo que necesitan?
4. ¿Qué problemas ocasiona la inmigración excesiva? ¿Cómo se puede resolver o por lo menos disminuir estos problemas?

Detalles culturales

En los primeros nueve meses del año 2006 unos 20.000 migrantes africanos llegaron a las Islas Canarias. Sólo en el mes de agosto llegaron 6.000, más del total del año anterior. Es posible que miles más hayan intentado hacer el viaje sin haber logrado llegar a las islas.

B. *Confesiones de un ilegal en Estados Unidos.* Lean el siguiente párrafo tomado de una colección de cartas que Francisco Alonso Castrillón le escribió a su familia desde la cárcel en Estados Unidos.

> «Yo... por lo pronto no pienso regresar a Colombia porque yo a Colombia no voy a ir con las manos vacías. ...Si mi anhelo es darles una casita con todas las comodidades y después creo que moriría tranquilo y en paz con Dios, de lo contrario me iría al frío sepulcro con un cargo de conciencia por haberlos dejado a Uds. en la cochina calle.»

¿Qué significa este párrafo? ¿Qué revela de las motivaciones y metas del escritor? Comenten este tema para que después creen un diálogo en que el colombiano hable con un miembro de su familia. ¿Creen Uds. que los padres y hermanos le dirían que regresara a Colombia y que no volviera a dejarlos, o lo animarían (*encourage*) a que se quedara trabajando en Estados Unidos? (Se supone que ya no está encarcelado.)

C. Imágenes de la inmigración. En parejas, creen un montaje de muchas palabras, imágenes y datos relacionados con la inmigración. Organicen la información para que cuente una historia, o para que comunique sus opiniones sobre el tema. Preparen también un párrafo para explicar y comentar su montaje. Luego, preséntenlo a la clase.

Cerca de Tapachula, México, algunos centroamericanos cruzan el Río Suchiate para comenzar el largo viaje por México rumbo (*on the way*) a Estados Unidos.

Investigación y presentación: Inmigrantes indocumentados

PASO 1. Investigar. Esta lectura se enfoca en los inmigrantes sin documentos, que son la mayoría. ¿Sabes algo de los trámites para entrar legalmente en un país? ¿para trabajar en el extranjero? ¿para conseguir la ciudadanía? En grupos de dos o tres, investiguen los trámites requeridos de las personas de cierta nacionalidad que emigran a un país específico. Su profesor(a) les va a asignar la nacionalidad y el país. Busquen información sobre las solicitudes, los documentos (el pasaporte, los visados, etcétera), las inmunizaciones y las restricciones. En los sitios web de las embajadas de los países se suele encontrar mucha información.

PASO 2. Presentar. Organicen la información del **Paso 1** en una presentación para la clase. Incluyan elementos visuales y las fuentes (*sources*) de su información.

PASO 3. Reflexionar. Después de las presentaciones, la clase debe hablar de los diferentes trámites. ¿Son diferentes los requisitos según la nacionalidad del inmigrante o según el país que extiende la visa? ¿Por qué? Algunas personas acusan a ciertos países de discriminación hacia otros en cuanto a estos trámites. ¿Encontraron Uds. alguna evidencia de esto?

Detalles culturales

A finales del 2001, Argentina sufrió la peor crisis económica de su historia. Casi 65.000 argentinos dejaron el país en 2001 y unos 87.000 durante el año 2002, produciéndose un desplazamiento único en la historia de Argentina. Muchos de estos argentinos decidieron emigrar a países de habla hispana, como Chile, Perú, México e incluso España. La mayoría de ellos salía del país con sus estudios universitarios terminados y con la esperanza de convertirse en profesionales en los países de destino.

Exploración | *En Estados Unidos*

Usa esta cajita para dibujar una imagen o escribir algunas palabras que representen para ti la esencia de esta breve lectura.

Prepárate para leer

Actividad. Un pequeño choque cultural. Después de varios años difíciles en Venezuela, Isabel Allende y su esposo Miguel se divorciaron amigablemente. Más tarde durante un viaje por Estados Unidos para promover una de sus novelas, conoció a su futuro esposo Willie, se enamoró de él y se fue a California a vivir con él. Desde entonces vive en San Rafael. Antes de leer la siguiente selección, contesta esta pregunta: ¿Qué diferencias culturales crees que Allende encontró en California?

Vocabulario útil

el arzobispo ________

el llamado ________

fallar ________

bochornoso/a shameful; embarrassing

¡A leer!

Cuando a los cuarenta y cinco años y recién divorciada emigré a Estados Unidos, obedeciendo[a] al llamado de mi corazón impulsivo, lo primero que me sorprendió fue la actitud infaliblemente optimista de los norteamericanos, tan diferente a la de la gente del sur del continente, que siempre espera que suceda[b] lo peor. Y sucede, por supuesto. En Estados Unidos la Constitución garantiza el derecho a buscar la felicidad, lo cual sería una presunción bochornosa en cualquier otro sitio. Este pueblo también cree tener derecho a estar siempre entretenido y si cualquiera de estos derechos le falla, se siente frustrado. El resto del mundo, en cambio, cuenta con[c] que la vida es por lo general dura y aburrida, de modo que[d] celebra mucho los chispazos[e] de alegría y las diversiones, por modestas que sean,[f] cuando estas se presentan.

[a]*obeying* [b]*will happen* [c]cuenta... *expects* [d]de... *therefore* [e]*sparks* [f]por... *modest though they be*

Tg La preposición *a* (Taller VI. C.)

gramática

Muchos estudiantes de español encuentran difícil el empleo de las preposiciones. La **a** es una preposición con muchas funciones.

1. la **a** personal para objetos indirectos o directos
2. dirección o destino con verbos de movimiento (¿Puedes encontrar los tres verbos de movimiento en la selección? ________, ________ y ________)
3. después de algunos verbos antes del infinitivo para indicar propósito (**ponerse/ir/venir a hacer algo**)
4. después de algunos verbos antes del infinitivo (**aprender/empezar/enseñar/invitar/ponerse/volver** + **a** + *inf.*)
5. la hora de un evento
6. expresiones especiales para indicar el modo de hacer algo
7. **al** + *inf.* para indicar al momento de hacer algo (*upon* + *gerund*)

Comprensión y expresión

A. ¿Cierto o falso? Indica si crees que las siguientes declaraciones son probables (P) o improbables (I).

	P	I
1. Isabel Allende escribe todas sus novelas a máquina.	☐	☐
2. Isabel conoció a Willie en Estados Unidos.	☐	☐
3. Isabel y Willie fueron a México a empezar de nuevo.	☐	☐
4. Isabel y Willie cenan a las 10:00 de la noche.	☐	☐
5. Al ver a Willie, Isabel se enamoró locamente de él.	☐	☐
6. Willie quiere aprender a preparar las empanadas chilenas.	☐	☐

B. Preguntas

1. Para Allende, ¿cuál fue la diferencia más obvia y sorprendente entre los sudamericanos y los norteamericanos?
2. ¿De qué otra diferencia habla ella en este texto?
3. Basándote en la lectura, ¿qué cultura te parece claro que prefiere Allende? ¿En qué evidencia apoyas tu opinión?

C. El optimismo y el pesimismo culturales. ¿En qué situaciones difíciles podría encontrarse un inmigrante que va de una cultura pesimista a una optimista? ¿Y cuándo es lo contrario? ¿Por qué en algunas culturas prevalece más el optimismo que en otras? ¿Tiene alguna ventaja el pesimismo?

Para pensar

La situación de los inmigrantes, sean legales o ilegales, es sumamente difícil. En la mayoría de los casos lo único que desean es trabajar para ganarse la vida y mantener a su familia. El trato que reciben, incluso el vocabulario que se les aplica (ilegal, *alien*, etcétera), tiende a separarlos de la sociedad y en cierto sentido a deshumanizarlos. No hay soluciones fáciles, pero ¿qué medidas crees que se podrían tomar para que fueran tratados con más respeto y consideración y para facilitarles la oportunidad de un futuro mejor?

Práctica. Oraciones. Llena los espacios en blanco con **a** o **al**.

1. ____ llegar ____ Venezuela, los chilenos se pusieron ____ buscar casa y trabajo.
2. Don Rafael siempre iba ____ la oficina ____ pie y pasando por la plaza, decía que por el ejercicio, pero ____ mí se me hacía que le gustaba, como ____ tantos hombres, ver ____ las señoritas que trabajaban o paseaban allí.
3. Llegamos ____ café ____ las 2:00 y estuvimos charlando por tres horas, luego dimos una vuelta, y por fin volvimos ____ hotel ____ las 7:00 u 8:00 de la tarde.
4. Íbamos ____ regalarle un CD de Juanes ____ Serafina, pero afortunadamente supimos ____ tiempo que ____ ella le gustaba más la música de Jeremías —¡por venezolano!

gramática

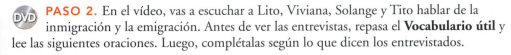

Comparaciones

Charlemos un rato

¿Cuál es la situación del inmigrante en tu país?

PASO 1. En grupos de dos o tres compañeros, hablen de la inmigración. Luego como clase, hagan una lista en la pizarra para indicar el origen de todos.

1. ¿Hay muchos inmigrantes en su región?
2. ¿Fueron inmigrantes sus antepasados? ¿Cuándo inmigraron? ¿De qué países vinieron?
3. ¿Mantienen Uds. los lazos (*ties*) con su herencia cultural?

DVD **PASO 2.** En el vídeo, vas a escuchar a Lito, Viviana, Solange y Tito hablar de la inmigración y la emigración. Antes de ver las entrevistas, repasa el **Vocabulario útil** y lee las siguientes oraciones. Luego, complétalas según lo que dicen los entrevistados.

Lito Porto (Colombia / Estados Unidos): «Creo que Colombia tiene... es el país número dos o tres en términos de... ah... inmigración interna, ¿verdad? Perdón, de refugiados internos, digámoslo así.»

Vocabulario útil

agudo ____________

tal grado such a degree

sencillamente ____________

poblados settlements

acá here

echamos de menos we miss, feel the lack of

«ni chicha ni limonada» neither corn liquor nor lemonade (neither here nor there)

raíces roots

tatarabuelo great-great-grandfather

chinos coolíes Chinese immigrant workers

envían they send

la esclavitud ____________

Viviana Salinas (Chile): «En ninguna parte sientes que tienes raíces.» Solange Muñoz (Bolivia / Estados Unidos): «También me siento un poco extraña acá, ahora.»

1. Lito dice que Medellín, ____________, Barranquilla y Cali han experimentado ____________ de poblaciones por los inmigrantes que llegan de las zonas ____________.
2. Solange cree que muchos ____________ que ____________ a otros países siempre tienen la idea de que van a ____________ a su país de origen.
3. Alberto dice que en el siglo ____________ llegaron no solamente europeos, sino también ____________. En el siglo XX, en la época de la Segunda Guerra Mundial, llegaron ____________ a Perú.

PASO 3. Contesta las siguientes preguntas.

1. Cuando Lito vuelve a su ciudad, Barranquilla, ¿qué cambios observa? ¿Qué problemas causan estos cambios?
2. ¿Qué hizo el padre de Solange, que es muy típico de los latinoamericanos? ¿Por qué crees que muchos latinoamericanos hacen como hizo el padre de Solange?
3. Alberto habla de los peruanos que emigran a otros países. ¿Por qué lo hacen? ¿Cómo afecta al país?
4. Los entrevistados hablan de tres diferentes fenómenos: la inmigración, la emigración y la inmigración interior. Explica la diferencia entre estos fenómenos y lo que hacen las personas en cada caso.

Alberto «Tito» van Oordt (Perú): «Actualmente el 10 por ciento de la población del Perú vive afuera del país.»

culturales

Dichos

No abundan los refranes sobre los inmigrantes, pero sí hay algunos sobre los extranjeros y los viajes. En grupos de dos o tres, lean y comparen los siguientes refranes. ¿Entienden qué significan? ¿Conocen refranes en inglés u otra lengua que signifiquen lo mismo? Apunten algunos refranes populares que recuerden. Si quieren, pueden buscar en el Internet otros refranes en español.

Dichos

- El pobre es un extranjero en su país.
- El viajero que tiene sed, se agacha y besa la fuente.

Costumbres y buenos modales

La inmigración y la familia

La inmigración cambia la dinámica de la familia en muchos casos. Los dos cambios más comunes tienen que ver con la manera en que la cultura se transmite entre las generaciones. En primer lugar, los abuelos, portadores de las costumbres y tradiciones, al quedarse sin su familia, solos en su país de origen, pierden su papel y estatus de portadores de la cultura. En algunos casos los hijos y los nietos se llevan esas costumbres consigo, pero a veces esas costumbres son reemplazadas por las del nuevo país. Además de la ruptura del contacto entre los abuelos y sus descendientes, la dinámica de la familia inmigrante da vueltas al revés:[a] Son los hijos quienes les enseñan la cultura a los padres porque aquellos la aprenden en la escuela y con los amigos y la traen a su hogar.

La inmigración y la vida profesional

Una de las realidades más duras para muchos inmigrantes profesionales es que no pueden practicar su profesión u oficio en el nuevo país por varias razones. En muchos casos los abogados y maestros, por ejemplo, tienen que trabajar en posiciones como conserjes o meseros hasta aprender suficiente inglés y/o aprobar los exámenes o llenar requisitos necesarios para practicar su profesión en el nuevo país.

[a]da... *is turned upside down*

Actividad. Las costumbres del inmigrante. Para muchos, la presencia de inmigrantes de un país, tiene como resultado una comunidad más rica y diversa. Los inmigrantes aportan algunas de sus costumbres, música, bailes, recetas de cocina y más al nuevo país. ¿Hay grupos de inmigrantes de cierta nacionalidad —llegados hace muchos años o recientemente— en tu comunidad? ¿Qué evidencia hay de sus costumbres en tu comunidad?

Déjame que te cuente sobre...

Prepárate para leer

A. Reflexión

1. Acuérdate de la situación histórica de Centroamérica. ¿Recuerdas por qué muchos centroamericanos emigraron en los años 80? ¿Qué necesitaban esos inmigrantes cuando llegaron a su destino y qué necesitan los que llegan ahora?
2. En este país durante esa época había un fuerte movimiento a favor de los refugiados centroamericanos y en contra de la represión y violencia en su país. Es posible que tus padres y sus amigos hayan participado en ese movimiento. ¿Qué sabes de esa época?
3. Nombra a algunas personas que se hicieron famosas por su intervención en la defensa de los derechos humanos o civiles. ¿Están vivos todavía? Si no, ¿cómo murieron?
4. ¿Cuál es la diferencia entre un inmigrante y un refugiado? Explica en español.

B. Estrategia. A muchos lectores les es útil tomar apuntes mientras leen. Cuando encuentres en la lectura algo que te parece importante o interesante, apúntalo en una hoja aparte. Puedes hacerlo en forma de una lista de palabras clave, con oraciones breves, o en un cuadro. Así te enfocas bien, comprendes más y recuerdas mejor lo leído. Mientras lees la lectura, trata de usar esta estrategia.

Vocabulario útil

la posada inn

escaso/a ___________

el promedio ___________

VP Repasa las palabras en la sección **Vocabulario del tema** al principio del capítulo y acuérdate de tu **Vocabulario personal** al final del capítulo o en el *Manual de actividades*.

¡A leer!

Lee la selección entera sin buscar palabras en el diccionario. Luego, completa la **Actividad A** de **Comprensión y expresión** (pág. 199) y vuelve a leer la lectura.

Hoy en día los inmigrantes llegan buscando oportunidades económicas que no existen o son escasas en su país. En los años 80, migraron por la misma razón; pero también vinieron al norte muchos centroamericanos que temían,[a] con razón, que su gobierno los desapareciera.[b] Dejaron su país escapándose de amenazas[c] muy serias y con la esperanza de que sus parientes

[a]*feared* [b]los... *would make them disappear* [c]*threats*

g r a m á t i c a

Tg El pasado de subjuntivo (Taller III. C. 4, 5)

Esencialmente, el subjuntivo se usa igual en el pasado que en el presente. Si el verbo independiente está en el pasado, se usa el pasado de subjuntivo.

Marianella no **aceptó** que el gobierno **abusara** de la gente.
Ella **trabajó** para que **se liberaran** los presos políticos.
Al final no **había** quien **previniera** su muerte.

Práctica. ¿Subjuntivo o no? Indica la forma verbal correcta.

1. El gobierno no permitía que los ciudadanos lo (**criticaban / criticaran**).
2. El gobierno salvadoreño encarcelaba a quien se (**atrevía / atreviera**) a apoyar a la oposición.

y amigos estuvieran fuera de[d] peligro. Casa Marianella, un proyecto de *Austin Interfaith Task Force for Central America*, abrió sus puertas en enero de 1986 para proteger a los refugiados políticos que llegaban a la capital de Texas sin nada más que sus temores y esperanzas. Unos veinte años más tarde, Casa Marianella sigue ayudando a los inmigrantes con comida, ropa y clases de inglés. Abrigan un promedio de veinticinco personas cuya estadía típicamente es de treinta días.

Detalles culturales

El arzobispo Óscar Romero (1917–1980) luchaba por los derechos de los campesinos y los sacerdotes en El Salvador. En 1980, el año en que se declaró la guerra civil, fue asesinado mientras daba la eucaristía en una misa que él celebraba. El francotirador[a] pertenecía a un escuadrón[b] de la muerte del partido ultra conservador ARENA.

[a]*sniper* [b]*squad*

El nombre de Marianella le fue dado en memoria de la abogada Marianella García Villas. Ella se dedicaba a denunciar las violaciones de los derechos humanos en El Salvador, donde los conflictos entre las fuerzas armadas y las guerrillas durante la guerra habían creado un ambiente de terror en todo el país. Marianella era la presidenta de la Comisión de Derechos Humanos en El Salvador, comisión basada en los principios e ideas del arzobispo Romero. Ella trabajó muchísimo por defender y ayudar a los familiares de las personas desaparecidas durante el conflicto. Por esta razón, en 1983, Marianella fue asesinada cuando sólo contaba con[e] 34 años. La historia cuenta que las tropas del gobierno decidieron asesinarla para que no siguiera con sus investigaciones sobre los asesinatos y desapariciones que habían ocurrido durante los años de la guerra civil. Tras[f] el asesinato el gobierno trató de justificarse declarando que Marianella había apoyado[g] y favorecido a las guerrillas durante los años de la guerra civil que sufrió El Salvador.

Detalles lingüísticos

¿Reconoces la palabra **tras**? Es otro modo de decir **después de.** A continuación hay algunas palabras relacionadas.

atrás behind, in back

estar atrasado to be behind, running late

detrás de behind (*something or someone*)

el trasero the buttocks

Detalles lingüísticos

La palabra **contar** tiene varios usos. ¿Sabes cuál es su significado en las siguientes oraciones?

Alberto **cuenta con** diez años de experiencia en su profesión.

No puedo **contar con** ellos; nunca llegan a tiempo.

Necesitamos **contar** los solicitantes otra vez; creo que hay demasiados.

Mis padres me **cuentan** muchas historias de nuestro país de origen.

[d]fuera... *out of* [e]contaba... tenía [f]Tras... *Después de* [g]*supported*

3. Según el gobierno no había ninguna prisión donde se (**torturaba** / **torturara**).
4. Trataban de intimidar a los ciudadanos que (**vivían** / **vivieran**) en el campo.
5. En aquella época no podías ir al mercado sin que tu familia se (**preocupaba** / **preocupara**) por tu seguridad.
6. El pueblo necesitaba que alguien lo (**protegía** / **protegiera**) de su gobierno.

Tg El pluscuamperfecto

(Taller III. B.)

El pluscuamperfecto es muy útil para narrar en el pasado. Expresa que una acción ocurrió previamente a otra en el pasado.

En mayo, Ramón cumplió 20 años y fue a la capital. Antes, nunca **había salido** de su pueblo.

Por y para
(Taller VI. B.)

Generalmente se asocia **por** con la razón, y **para** con la meta de una acción.

Muchos salvadoreños dejaron su país **por** (*because of*) la guerra.

Se fueron a Norteamérica **para** (*in order to*) empezar de nuevo su vida.

En cuanto al trabajo usa **para** en referencia a la compañía o jefe para quien trabajas y **por** para explicar la razón o el motivo de tu trabajo.

Papá es abogado y trabaja **para** el gobierno estatal.

Como voluntario trabaja **por** los derechos de los inmigrantes.

En honor a una mujer tan valiente y decidida como Marianella, hoy en día se han formado diferentes organismos que llevan su nombre. Una de las asociaciones más conocidas es el CODEFAM, una ONG salvadoreña que se dedica a defender los derechos políticos y civiles. La organización Casa Marianella, en Estados Unidos, se dedica a amparar a los inmigrantes indocumentados y ayudarlos a hacerse una vida digna basada en los principios de respeto y colaboración. También honra su memoria el Instituto de Estudios Políticos para América Latina y África, en España, con su Centro de Información y Documentación Marianella García Villas.

Detalles culturales

El Comité de Familiares Pro-Libertad de Presos y Desaparecidos Políticos de El Salvador (CODEFAM) «Marianella García Villas» fue establecido en 1981 con la meta de defender y promover los derechos humanos en todo El Salvador. Su propósito es libertar a los presos políticos y descubrir la situación de los desaparecidos. Investigan las condiciones dentro de las prisiones salvadoreñas, asimismo casos de individuos desaparecidos o torturados.

gramática

Práctica A. ¿Cierto o falso?

Completa las oraciones con el pluscuamperfecto. Luego, indica si cada oración es cierta o falsa según la lectura. Corrige las oraciones falsas.

		C	F
1.	Marianella ya ______________ (**morir**) cuando la Casa Marianella se abrió en Austin.	☐	☐
2.	Marianella y CODEFAM ya ______________ (**organizar**) la Posada Esperanza cuando Romero fue asesinado.	☐	☐
3.	Marianella ayudaba a los guatemaltecos que ______________ (**sufrir**) la violación de sus derechos humanos.	☐	☐

Comprensión y expresión

A. Léxico. Indica la palabra correcta.

1. La dictadura y la guerra siempre son una (**amenaza** / **esperanza** / **estadía**) a los derechos humanos.
2. La ONU (Organización de Naciones Unidas) es un (**organismo** / **promedio** / **refugiado**) dedicado a la cooperación internacional.
3. Para proteger los derechos de todos, tenemos que vigilar y (**apoyar** / **asesinar** / **denunciar**) cualquier violación que veamos de esos derechos.
4. Por la tortura y otras formas de represión los gobiernos pueden crear un terrible ambiente de (**derecho** / **peligro** / **temor**) en el pueblo.
5. Mucha gente cree que hay que acoger a los refugiados; no se puede (**dejarlos** / **favorecerlos** / **honrarlos**) en la calle.

B. ¿Cierto o falso?

	C	F
1. Marianella García Villas fue presidenta de El Salvador, de 1980 a 1983.	☐	☐
2. García Villas murió a la edad de 34 años.	☐	☐
3. García Villas era abogada y trabajaba por los derechos humanos.	☐	☐
4. Los militares salvadoreños asesinaron a García Villas por el trabajo que hacía.	☐	☐
5. Casa Marianella es un museo en San Salvador dedicado a la vida de García Villas.	☐	☐
6. El CODEFAM es una fundación estadounidense que ayuda a los refugiados centroamericanos.	☐	☐

C. Preguntas

1. ¿Por qué inmigraron muchos centroamericanos en los años 80?
2. ¿Qué es Casa Marianella y dónde está?
3. ¿Qué servicios se ofrecen en Casa Marianella?
4. ¿Quién fue Marianella García Villas?
5. ¿Cómo murió Marianella?
6. Menciona otra organización que lleva el nombre de Marianella.

Práctica B. Preguntas. Contesta las siguientes preguntas.

1. Antes de empezar a estudiar español, ¿habías leído algo de Centroamérica?
2. Para el último examen que tuviste, ¿habías estudiado lo suficiente como para sacar A?
3. ¿Ya habías visto la película de la última novela que leíste?
4. Unos inmigrantes que conoces, ¿habían aprendido inglés antes de venir acá?
5. Esos inmigrantes, ¿qué habían experimentado en su país que los impulsó a emigrar?

gramática

En acción!

VP Acuérdate de consultar la lista de tu **Vocabulario personal** al final del capítulo o en el *Manual de actividades.*

A. ¿Qué piensan Uds.? En parejas, háganse y contesten las siguientes preguntas.

1. ¿Te puedes imaginar lo que experimentan y lo que sienten los refugiados políticos? ¿Cómo es la vida y rutina diaria de un inmigrante?
2. ¿Existe en tu comunidad una agencia o servicio similar a Casa Marianella? ¿Cómo se llama y qué servicios ofrece?
3. Marianella García Villas es una mujer muy recordada y respetada en la comunidad internacional. ¿Por qué? ¿Puedes nombrar a otras personas que han hecho un sacrificio como el suyo?
4. ¿Por qué fue asesinada Marianella? ¿Te parece que los militares la acusaron sinceramente de colaborar con la guerrilla?
5. Explica qué es CODEFAM. ¿Conoces organizaciones similares? ¿Cuáles son?

Detalles culturales

En 2003, Casa Marianella estableció un nuevo programa de vivienda para mujeres inmigrantes que se llama Posada Esperanza. En esta casa las mujeres inmigrantes que no tienen dónde vivir, pueden quedarse con sus hijos durante un período de tres a seis meses. La capacidad máxima de Posada Esperanza es de doce personas.

B. ¿Se puede perdonar todo? Los maestros espirituales de muchas religiones nos aconsejan perdonar y practicar la compasión hacia quienes nos persiguen. Claro, ¡esto no es fácil! ¿Cómo puede compararse este consejo con lo que dijo, por ejemplo, Pinochet en referencia a los crímenes de su dictadura: «Es mejor quedarse callado y olvidar. Es lo único que debemos hacer. Tenemos que olvidar.»?* ¿Es diferente? ¿En qué? Comenten las opiniones y experiencias de Uds. con relación al perdón y para determinar si los consejos de los maestros espirituales podrían usarse para apoyar lo que dijo Pinochet. ¿Creen Uds. que se puede o se debe perdonar la tortura y el asesinato?

C. Una perspectiva metafórica. El Sr. Ortiz Monasterio presenta su opinión sobre la inmigración usando dos metáforas bastante expresivas. ¿Qué les parece esta cita? Coméntenla y luego creen otras metáforas o símiles para describir la inmigración.

> «Las migraciones son el sistema circulatorio de la historia. La migración no es una patología.»
>
> –Luis Ortiz Monasterio, Organización de Estados Americanos (OEA)

*Ve la página 165 del Capítulo 7 para leer más sobre la cita.

En la comunidad | *Lourdes Pérez y el amor al canto y a la gente*

La cantautora puertorriqueña Lourdes Pérez llegó a Nueva York en 1983 a la edad de 23 años, pero no comenzó su carrera profesional hasta 1993. Lo que siempre le interesaba era la condición y los derechos de la gente hispana, y ahora manifiesta ese interés en el trabajo de activismo político que realiza tanto en Estados Unidos como en México. De niña cantaba por la liberación de los prisioneros de guerra puertorriqueños durante la guerra de Vietnam. Llegó a Texas trabajando en una campaña de acceso al voto. Ha viajado a Chiapas, México, para mostrar con sus canciones su apoyo al movimiento zapatista. El representante de Texas, Lloyd Doggett, leyó una canción escrita por Pérez ante el Congreso como parte de una campaña que tuvo éxito en impedir la descarga de desperdicios[a] nucleares en una comunidad fronteriza entre Texas y México. Por medio de su arte, Lourdes Pérez expresa su deseo de lograr justicia para su gente.

Lourdes Pérez (1961–)

[a]*waste*

¡Investigación y presentación: El asilo, obligación moral

PASO 1. Investigar. En grupos de tres o cuatro investiguen acerca de los refugiados de uno de los países (de la siguiente lista) que fueron acogidos por México, o de otro país que les interese. Busquen información sobre ese período históricopolítico. ¿Quiénes estaban en conflicto? ¿Cuáles eran las posturas en oposición? ¿Por qué tuvieron que huir miles de personas?

Según la Organización de Estados Americanos (OEA), México considera que tiene la obligación moral de acoger refugiados y ha otorgado asilo a refugiados políticos a nivel masivo en cinco ocasiones.

ÉPOCA	PAÍS DE ORIGEN
1930s	España
1940s	Estados Unidos
1970s	Chile
1970s	El Salvador
1980s	Guatemala

PASO 2. Presentar. Organicen la información del **Paso 1** en un informe oral y visual para hacer una presentación en clase. Pueden dividir los diferentes aspectos de la historia entre los miembros del grupo. Si pueden, incluyan fotos de los integrantes y/o escenas de la historia.

PASO 3. Reflexionar. Como clase, comparen las diferentes historias que se presentaron. ¿Qué tienen en común? ¿Qué aspectos las distinguen?

Usa esta cajita para dibujar una imagen o escribir algunas palabras que representen para ti la esencia de esta breve lectura.

Prepárate para leer

Actividad. La adaptación. En la siguiente selección Isabel Allende describe algunos de sus sentimientos al llegar a California y su proceso de adaptación a la vida en su nuevo país. ¿Qué crees que tuvo que hacer para adaptarse? ¿Te has mudado alguna vez a un lugar, ciudad o barrio muy diferente? ¿Pudiste adaptarte fácilmente o no?

Vocabulario útil

el desenfreno indulgent

la vela aromática ______________

pretender + *inf.* ______________________

remojarse ______________________

revolcarse (ue) en la tumba to turn over ______________________

 **¡A leer!**

Estaba convencida de que nunca me sentiría californiana, pero tampoco lo pretendía,[a] a lo más[b] aspiraba a tener una licencia para conducir y aprender suficiente inglés para pedir comida en un restaurante. No sospechaba que obtendría mucho más.

Me ha costado varios años adaptarme en California, pero el proceso ha sido divertido. [...] Recuerdo cuánto me ofendía al comienzo la manera directa de hablar de los gringos, hasta que me di cuenta de que en realidad la mayoría son considerados y corteses. No podía creer lo hedonistas que eran, hasta que el ambiente me contagió[c] y acabé[d] remojándome en un jacuzzi rodeada de[e] velas aromáticas, mientras mi abuelo se revolcaba en la tumba ante

[a]lo... *tried to be* [b]a... *at most* [c]*infected* [d]*I wound up* [e]rodeada... *surrounded by*

Tg El condicional

(Taller III. E.)

g r a m á t i c a

El condicional tiene dos usos fundamentales. Expresa lo hipotético o contrario a la realidad, especialmente en cláusulas con **si.**

Si tuviera tiempo **iría** contigo.
If I had time, I would go with you.
Con millones de dólares **podríamos** ayudar a toda la comunidad.
With millions of dollars we could help the whole community.

El condicional también se llama a veces «el futuro del pasado», porque se refiere al futuro desde el punto de vista del pasado.

Cuando era niño siempre creía que **me haría** astronauta o bombero.
When I was a boy always I thought (that) I would become an astronaut or a firefighter.

estos desenfrenos. Tanto me he incorporado a la cultura californiana, que practico meditación y voy a terapia [...] Espero con ansias[f] el pavo del día de Acción de Gracias y el esplendor *kitsch* de las Navidades. Incluso participo del[g] obligado picnic del 4 de Julio. A propósito,[h] ese picnic es muy eficiente, como todo lo demás[i] por estos lados: conducir de prisa, instalarse en el lugar previamente reservado, colocar[j] las cestas,[k] tragarse[l] la comida, patear[m] la pelota y correr de vuelta para evitar[n] el tráfico. En Chile echaríamos[ñ] tres días en semejante[o] proyecto.

[f]con... *anxiously* [g]Incluso... *I even participate in* [h]A... *By the way* [i]lo... *everything else* [j]*positioning* [k]*baskets* [l]*swallowing* [m]*kicking* [n]*avoid* [ñ]*we would take* [o]*such a*

Comprensión y expresión

A. Preguntas

1. Las metas que tenía Allende cuando llegó a California eran modestas. ¿Cuáles eran?
2. ¿Cuáles son dos «defectos» de los norteamericanos que Allende aprendió a aceptar o perdonar?
3. ¿Cuáles son algunas indicaciones de que ella se ha adaptado a California?
4. ¿Qué piensa Allende del picnic del 4 de Julio y cómo se compara este con las costumbres chilenas?

B. La adaptación. Allende dice que adaptarse a la vida californiana le llevó años; según las selecciones anteriores parece que nunca se adaptó, ni a Venezuela, ni al Líbano. ¿Por qué sería la adaptación más difícil en una etapa de la vida que en otra? ¿Qué situación hace fácil la adaptación y en qué situación es difícil que ocurra?

Para pensar

La Casa Marianella depende de muchas personas para poder satisfacer las necesidades urgentes de los inmigrantes que acoge. ¿Qué tipo de personal necesitaría? ¿Cuántos empleados de tiempo completo serían necesarios? ¿De qué tipo de voluntarios dependería? En tu opinión, ¿qué tipo de actividad o intervención ayudaría más a los inmigrantes en el proceso de adaptarse?

Práctica A. ¿Qué harías si... ? Usa el condicional para completar las siguientes oraciones.

1. Si me enamorara de una persona de otro país,...
2. Si mi familia y yo fuéramos a vivir a Sudamérica,...
3. Si Isabel Allende viniera a dar una conferencia en mi universidad,...

Práctica B. ¿Qué pensabas? Completa las siguientes oraciones lógicamente.

1. En la niñez, yo creía que me haría...
2. También creía que yo iría algún día...
3. Tenía la idea de que un día podría...

¡A escribir!

PASO 1. Explora las siguientes posibilidades para el ensayo. No te olvides de apuntar en tu *Manual de actividades* las ideas que más te interesan.

1. ¿Qué harías si fueras un africano o centroamericano sin dinero, pero con inteligencia, talento y ganas de trabajar? Quieres emigrar a Europa o Norteamérica para superar la pobreza, gozar de una vida mejor y ayudar a tu familia. Explica tu posición.
2. ¿Qué harías si fueras el padre / la madre de la persona descrita en el número **1**? No quieres que tu hijo/a emigre porque te ayuda en la casa. También, te parece que hay oportunidades en el país de Uds., pero tu hijo/a debe ser paciente y seguir buscando hasta encontrar un trabajo. Además, es peligroso viajar a otros países sin dinero. Trata de convencerlo/a de que no emigre. Si quieres, tu ensayo podría tener la forma de un diálogo entre las personas descritas en los números **1** y **2** o de una carta que uno de ellos le escribe al otro.
3. Imagínate que eres un refugiado político / una refugiada política y acabas de llegar a Casa Marianella. ¿Qué temes? ¿Qué esperas? ¿Qué te sorprende? ¿Qué necesitas comunicarle a la directora de Casa Marianella? Imagínate que te presentas con una carta que describa tu situación y tus necesidades. Escribe esa carta.

PASO 2. Si todavía no estás seguro/a del tema que prefieres, vuelve a leer el **Problema auténtico** y las secciones **Para pensar** y consulta tu **Vocabulario personal.** También puedes escoger un tema de una de las actividades del libro de texto o del *Manual de actividades.*

PASO 3. Repasa la gramática presentada en este capítulo. ¿Cómo puedes usarla en tu ensayo? Mientras escribes, subraya las formas y estructuras que utilizas de este capítulo.

PASO 4. Escribe un borrador de por lo menos 200 palabras. Si quieres, puedes seguir los pasos de **¡A escribir!** en el *Manual de actividades* para escribir el ensayo.

¿R? ¿Especificar necesidades y esperanzas?
(Taller III. C. 2)

Si vas a explicar en este ensayo lo que quieres para ti y para tu familia en la vida, o si vas a describir cosas que quieres pero no tienes, sería bueno que repasaras el subjuntivo en cláusulas adjetivales.

—Papá, tengo que emigrar si algún día quiero comprar una casa que **tenga** un jardín grande y alcobas para todos. Aquí todos hablan de cómo van a conseguir un trabajo que **pague** bien y les **ofrezca** oportunidades de mejorar, pero nada cambia nunca.

—Señora directora, si Ud. pudiera encontrarme un cuarto pequeño que **sea** limpio y seco, es todo lo que necesito. También espero trabajar y que no me **deporten** porque en mi país, la policía secreta me busca.

Vocabulario *(Esta lista presenta el vocabulario esencial de este capítulo.)*

En la frontera

la aduana customs
el barquito small boat
el control (del ejército) checkpoint, roadblock
el coyote people smuggler
la lancha boat
la patera very small boat
el puesto de control checkpoint

Cognados: la discriminación, el/la inmigrante, el pasaporte, la visa / el visado

cruzar (c) la frontera to cross the border
cruzar el mar/océano to cross the sea/ocean
naufragar (gu) to sink, be wrecked
parar to stop, detain
rebasar to exceed (*a limit*)

a pie on foot

Los inmigrantes

el desplazamiento displacement
la embajada embassy
la estadía (length of) stay
el maltrato mistreatment
la oleada wave (*of people*)
la tarjeta de residente, la tarjeta en verde (*EEUU*) green card

abrigar (gu) to protect, shelter
acoger (j) to take in; to accept, admit (a refugee)
amparar to protect; to give shelter to
atravesar to cross; to go through
desplazar (c) to displace
promover (ue) to promote
proteger (j) to protect
superar to overcome
surgir (j) to arise, come up
tomar medidas to take measures

Cognados: colaborar, defender (ie), denunciar, escapar(se)

agarrotado/a stiff
hambriento/a hungry
infrahumano/a subhuman
sediento/a thirsty
vergonzoso/a shameful

Cognado: deplorable

Vocabulario útil y vocabulario personal

Usa esta sección para anotar palabras y expresiones adicionales que tu profesor(a) asigne u otras palabras útiles para comunicar tus ideas relacionadas con este capítulo.

Voluntarios internacionales

Rachel: «...cuando llegan a la escuela, con nosotros son simplemente niños.»

Vas a ver otro minidocumental sobre programas para voluntarios internacionales en Guatemala: *Nuestra escuela, nuestro hogar:* Global Vision International *en Guatemala.* Si quieres, puedes volver a ver *¡Bienvenidos a Guatemala!,* una introducción al país.

Antes de ver

Actividad. Expectativas. Antes de ver este minidocumental, piensa en lo que aprendiste sobre Guatemala en la **Unidad 2.** Luego en parejas, miren el título, las fotos y el **Vocabulario útil** de este documental. ¿Qué tipo de trabajo creen Uds. que hacen los voluntarios de *Global Vision International* (*GVI*)?

Vocabulario útil

becas ___________
voluntad willingness
extrañé I missed (*someone*)
entrenar to train
aprovechÉ I took advantage (of)
me asombra it amazes me
olla pot
humo smoke
enfermedades de los pulmones lung ___________
plancha grill, griddle

¡A ver!

Actividad. ¿Quién? Mientras ves el minidocumental, indica a quién se refieren las siguientes oraciones.

1. _______	Acaba de graduarse en la escuela secundaria.	**a.** Araceli
2. _______	directora y esposa de Dominique	**b.** Chris
3. _______	hija de la familia huésped de Rachel	**c.** Doreen
4. _______	«...había niños quemados de las rodillas.»	**d.** Elena
5. _______	Escucha leer a cada niño todos los días.	**e.** Elizabeth
6. _______	Vino para ponerse a prueba.	**f.** Gaby
7. _______	Aprende la cultura de los voluntarios.	**g.** Jennifer
8. _______	Estudia para ser maestra bilingüe.	**h.** Kori

Comprensión y expresión

A. ¿Cierto o falso? Corrige las oraciones falsas. Puedes volver a ver el minidocumental, si quieres.

	C	F
1. Dominique dice que no hay escuelas en Guatemala.	☐	☐
2. Durante las primeras dos semanas, los voluntarios de *GVI* toman cuarenta horas de clases de español.	☐	☐
3. En esta escuela de *GVI*, sólo enseñan matemáticas y español.	☐	☐
4. Elena es maestra en Itzapa.	☐	☐
5. Los voluntarios que no pueden quedarse por dos semanas construyen estufas.	☐	☐
6. El diseño de las estufas mejora la salud de la familia y les ahorra dinero.	☐	☐

B. ¿Un voluntario típico? ¿Por qué dice Dominique que no hay un voluntario típico? ¿Qué necesita tener o saber uno para ser buen voluntario? Piensa en Elizabeth. ¿Cómo reaccionó su familia cuando les dijo que iba a hacer de voluntaria con *GVI*? ¿Por qué?

Dominique, director de *GVI*, Guatemala: «No hay un voluntario típico. Tenemos voluntarios desde 18 años hasta 65 años, más... 70 años.»

Nuestro proyecto en la comunidad

La clase va a diseñar un programa completo para mejorar la recepción de inmigrantes en su comunidad. Este programa debe incluir una variedad de servicios sociales, médicos y educativos. Para hacer su programa lo más beneficioso posible, tienen que tener en cuenta las necesidades de la gente que ya está en su comunidad y también las de la gente que llegará en un futuro próximo.

¿Cómo se puede hacer?

Si en su universidad hay un centro de *service learning* (*SL*) o una oficina del voluntariado, quizás puedan ayudarlos con lo siguiente.

- Primero, deben enterarse de la situación actual de su comunidad. Necesitan saber quiénes y cuántos son los inmigrantes recién llegados, dónde están y qué les hace falta. Al mismo tiempo necesitan averiguar qué servicios y recursos existen ya en la comunidad. También deben buscar información sobre las tendencias migratorias, para ver si su región es un posible lugar de destino para los inmigrantes que dejarán sus países dentro de una década.
- Deben determinar qué pueden ofrecerle a la comunidad. ¿Cuántos estudiantes quieren participar en este proyecto? ¿Tienen experiencia traduciendo o haciendo de intérpretes o en prestación de servicios sociales? ¿Cuándo tienen tiempo libre? ¿Qué lenguas hablan? ¿Tienen medio de transporte?
- No se olviden de la parte administrativa. Van a necesitar una oficina, aunque sea un espacio pequeño, y un grupo de gente que organice papeles, actividades y voluntarios y cierta cantidad de dinero.
- ¿Qué servicios van a ofrecer Uds.? ¿Hay alguna necesidad a la cual no respondan los servicios ya existentes?
- Pueden anunciar su programa en el periódico o por la radio. ¿Qué más pueden hacer para que todos se enteren de este nuevo programa?
- Deben reunirse varias veces para comentar y planear los detalles del programa. No se olviden de incluir a varios representantes de la población a la que van a servir, porque un servicio no se puede considerar verdadero si no responde a las necesidades humanas.
- Los estudiantes que participen, si van a recibir crédito universitario por su trabajo, deben hacer los trámites necesarios.
- La reflexión es esencial para una buena experiencia completa de *SL* y se puede hacer de diferentes modos. Por ejemplo, se puede hacer a través del arte. Hagan Uds. un montaje que conste de tres partes que represente la situación actual por un lado, sus metas por otro, y en medio, los procedimientos para lograr sus metas. Así pueden representar con fotos, dibujos, palabras y objetos sus observaciones, sentimientos, pensamientos, esperanzas, preocupaciones y acciones. Si encuentran problemas, conflictos y obstáculos durante el proyecto, represéntenlos también, ya que son parte del proceso.

Usen el espacio en su *Manual de actividades* para planificar y desarrollar este proyecto. Si lo hacen de verdad, será un trabajo enorme de grandes beneficios para todos. ¡Buena suerte!

UNIDAD 5

La salud y las emergencias

Salud (2003), Xavier Cortada (1964–)

Capítulo 9

Para mantenerse sano

Capítulo 10

Los accidentes y las enfermedades

Expresiones culturales

autobiografía: *Atravesando fronteras* (2002), Jorge Ramos (México)

novela: *Paula* (1996), Isabel Allende (Chile)

pintura: *Salud* (2003), Xavier Cortado (Estados Unidos)

Lo que el agua me dio (1938), Frida Kahlo (México)

cine: *Mar adentro* (2004), director Alejandro Amenábar (España/Chile)

Nuestro proyecto en la comunidad

En muchas comunidades, las enfermedades y otros problemas relacionados con la salud se agravan por la falta de información y educación sobre la alimentación, el ejercicio y la salud en general. ¿Qué instituciones o servicios reparten información a la comunidad sobre la salud y la prevención de enfermedades? ¿Son efectivos?

Capítulo 9

Para mantenerse sano

Los miembros de esta familia comen un desayuno fortificante para empezar bien otro día.

En este capítulo

Déjame que te cuente sobre…

la importancia del desayuno | la tarjeta sanitaria individual (SIP) en España

Tg Taller de gramática

Para este capítulo, debes consultar las siguientes secciones del **Taller de gramática.**

- Cláusulas con **si**
- Expresiones impersonales
- Cláusulas hipotéticas con **si**
- El subjuntivo: El futuro y las cláusulas adverbiales
- El subjuntivo: La posibilidad y el permiso en cláusulas nominales
- La nominalización

Problema auténtico. A pesar de que el desayuno es tan importante para la salud, hay muchos niños —y adultos— que no desayunan bien todos los días. A veces es porque no hay medios para adquirir la comida, y a veces, donde hay dinero, no hay conocimiento de la importancia de un desayuno nutritivo.

¡A escribir! Para el ensayo que vas a escribir al final del capítulo:

- explora los temas y la gramática del capítulo
- lee el **Problema auténtico**
- lee las secciones de **Para pensar** en **Exploración**
- apunta en tu **Vocabulario personal** las palabras y expresiones útiles
- usa **¡A escribir!** en tu *Manual de actividades* para organizar tus ideas

vp Vocabulario del tema

La salud

la alimentación food; feeding
la ingestión (de alimentos) (food) intake
el régimen diet

Cognados: la actividad física, el beneficio, la caloría, el colesterol, la dieta, la glucosa, la moderación, la nutrición, el nutriente, la prevención

endulzar (c) to sweeten
mantenerse (*like* **tener**) **sano** to stay/live healthy
prevenir (*like* **venir**) to prevent
proteger (j) to protect
saltarse (una comida) to skip (a meal)

alimentario/a food, alimentary
alimenticio/a nutritious
consumido/a consumed, burned
descremado/a fat-free, skimmed
integral whole (grain)
magro/a lean (*meat*)
propenso/a prone
saludable healthy
sanitario/a health

vocabulario

Práctica A. Para la buena salud. Completa las siguientes recomendaciones con palabras del **Vocabulario del tema.** Luego indica si es una recomendación buena (B) o mala (M).

	B	M
1. Debes aumentar la cantidad de grasas, sales y azúcares en tu ___________.	☐	☐
2. Si tomas café por la mañana, no lo debes ___________ mucho, y sólo debes tomar una o dos tazas diarias.	☐	☐
3. Si no tienes hambre a la hora de una comida, te la debes ___________, especialmente el desayuno.	☐	☐
4. Trata de comer sólo carnes ___________ y pescado para evitar la grasa.	☐	☐
5. Cuando compres productos lácteos, escoge los productos ___________.	☐	☐
6. Para ___________ enfermedades y otros problemas con la salud, debes hacerte una revisión médica una vez al año.	☐	☐

Los servicios médicos sanitarios

el ambulatorio outpatient clinic
el cerebro brain
la cirugía surgery
la consulta (doctor's) appointment
el consultorio doctor's office
el decaimiento decline; deterioration
la desgana lack of appetite; apathy
el historial de medicamentos medical history
los medicamentos medication
el/la médico/a de cabecera general practitioner
el/la paciente externo/a outpatient
la receta prescription
la revisión médica checkup
la sangre blood
la sanidad pública public health
los trámites médicos medical procedures
los tratamientos médicos medical treatments

Cognados: la clínica, los datos personales, el internamiento

acceder to access; to gain admittance
aportar to contribute
internar(se) to admit (oneself) (*into a hospital/clinic*)
proveer (de) to supply, provide
recetar to prescribe

Cognado: consumir

Los servicios médicos

la tarjeta sanitaria / el seguro médico

los médicos (el/la médico/a)

el/la ortopedista

el/la dermatólogo/a

el/la cardiólogo/a

el/la cirujano/a

el/la enfermero/a

los servicios de urgencia

la farmacia; el/la farmacéutico/a

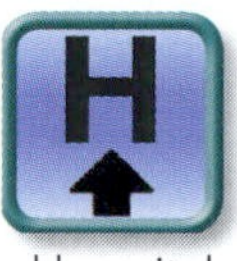
el hospital

VP Detalles lingüísticos

Escoge una de las siguientes palabras y busca otras palabras derivadas de ella. ¿Cuántas puedes encontrar? Apúntalas en tu **Vocabulario personal,** con el significado en inglés y/o en una oración modelo.

la salud   la sangre   sano/a

Práctica B. Para mi salud. ¿Te cuidas bien? Haz una lista de (1) las cosas que haces bien para tu salud y (2) las cosas que debes cambiar o empezar a hacer para cuidarte mejor. Luego, compara tu lista con la de un compañero / una compañera. ¿Tienen Uds. algunos hábitos en común?

VP Debes recordar muchas palabras relacionadas con la nutrición y los servicios médicos. Haz una lista de palabras en tu **Vocabulario personal** por categorías como **las comidas principales, en el consultorio del médico,** etcétera.

Déjame que te cuente sobre...

Prepárate para leer

A. Reflexión

1. ¿Te das cuenta de que los médicos y expertos en nutrición consideran que el desayuno es la comida más importante del día? ¿Por qué es tan importante?
2. ¿Desayunas habitualmente? ¿Qué tomas por la mañana? ¿Sabes cuántas calorías y qué nutrientes te da esa comida?
3. En tu país o comunidad, ¿qué programas existen para asegurar que todos tengan la oportunidad de tomar un desayuno nutritivo?

B. Estrategia. Para comprender mejor esta selección una buena estrategia sería preparar una tabla como la siguiente.

se debe... • •	no se debe... • •
¿por qué sí? • •	¿por qué no? • •

Después de leer la selección, compara tu cuadro con el de algunos compañeros. ¿Sacaron Uds. las mismas ideas principales de la lectura?

Vocabulario útil

la capacidad de aprendizaje ________

el rendimiento escolar ________

suministrar calorías ________

usarse con moderación ________

VP Repasa las palabras en la sección **Vocabulario del tema** al principio del capítulo y acuérdate de tu **Vocabulario personal** al final del capítulo o en el *Manual de actividades*.

gramática

Tg Cláusulas con *si*

(Taller III. C. 2 y III. E. 3)

Compara los siguientes ejemplos y presta atención a los tiempos verbales.

1. Situación habitual (**si** + *presente de indicativo*), resultado habitual (*presente de indicativo*)

   Si **tengo** tiempo por la mañana, **desayuno**.
   (En este contexto la palabra **si** se podría traducir al inglés como *whenever*.)

2. Situación posible (**si** + *presente de indicativo*), resultado definitivo (*futuro*)

   Si me **invitas** a desayunar contigo, **aceptaré** con gusto.
   (No me has invitado todavía, pero si me invitas [situación posible]...)

3. Situación hipotética o contraria a la realidad (**si** + *pasado de subjuntivo*), resultado condicional (*condicional*)

   Si **tuviera** más tiempo, **tomaría** un desayuno más sano.
   (La realidad es que *no* tengo más tiempo.)

la importancia del desayuno

¡A leer!

Lee la selección entera sin buscar palabras en el diccionario. Luego, completa la **Actividad A** de **Comprensión y expresión** (pág. 215) y vuelve a leer la lectura.

En la rutina diaria de muchos estudiantes, e incluso de algunos trabajadores, es común saltarse el desayuno, la comida más importante del día. Muchos de nosotros sólo tomamos una taza de café, un café con leche o un vaso de zumo[a] para empezar el día. Las excusas más frecuentes de las personas que no desayunan son: «No tengo tiempo», «Prefiero ocupar ese tiempo para dormir un rato más», «No tengo apetito por la mañana» entre otras. Si estas personas supieran de lo que están privando a su propio cuerpo, no lo harían.

Una de las claves para empezar la jornada[b] con vitalidad es tomar un buen desayuno por la mañana. Cuando nos lo saltamos, los síntomas empiezan a aparecer en pocos minutos. Los síntomas más comunes son decaimiento, desgana y falta de concentración. La infancia[c] es la etapa[d] más afectada por la falta de desayuno. Ha sido probado[e] que los pequeños que se saltan el desayuno son más propensos a tener un rendimiento escolar pobre, ya que su capacidad de atención disminuye notablemente. Si los estudiantes llegan a clase sin la habilidad de concentrarse, su capacidad de aprendizaje disminuye, y su motivación hacia la materia decrece,[f] lo cual se refleja más tarde en el rendimiento escolar del estudiante.

[a]jugo [b]día [c]*childhood* [d]*stage of life* [e]*proven* [f]*decreases*

¿R? *Lo cual*
(Taller IV. F. 3. a)
Lo cual significa *which* en inglés. El pronombre **lo**, en este contexto, es neutro y se refiere a la cláusula anterior, no a un sustantivo.

Detalles lingüísticos

En esta lectura se usan muchas palabras con el prefijo negativo **des-**, por ejemplo, **desayuno** y **desgana. Ayunar** significa **no comer,** entonces **desayunar** significa **dejar de ayunar** o **volver a comer.** ¿Recuerdas el significado de **tener ganas de** + *inf.*? Si lo sabes, es fácil entender **desgana.**

Detalles culturales

En Caracas, como en muchos países de Centro y Sudamérica, un desayuno típico consiste en una arepa —o pupusa— con una taza de chocolate o café con leche.

Práctica. Si... Indica la forma verbal correcta y llena el espacio en blanco para completar la oración lógicamente.

1. Si tengo tiempo por la mañana, (**tomo** / **tomaría**) ________.
2. Si no tengo mucho tiempo para desayunar mañana, (**comeré** / **comería**) ________.
3. Si me siento mal, no (**bebo** / **bebería**) ________.
4. Si estuviera muy cansado, me (**preparo** / **prepararía**) ________.
5. Si tuviera que estudiar toda la noche, (**tomo** / **tomaría**) ________.
6. Si tomas demasiado café ahora, no (**podrás** / **podrías**) ________.

Los mandatos informales
(Taller III. C. 6)

Los mandatos informales (**tú**) afirmativos regulares se forman con el presente de indicativo de **Ud./él/ella.** Las formas negativas se derivan del subjuntivo. ¿Recuerdas dónde colocar los pronombres de objeto directo? Vuelve a escribir los siguientes mandatos usando pronombres.

Toma agua. ________
No tomes vino. ________
Come frutas y verduras. ________
No comas carne. ________

Los beneficios del desayuno también pueden notarse rápidamente. El hábito de tomar un desayuno completo cada día mejora el estado físico y psicológico de una persona porque proporciona[g] una dosis de nutrientes básicos. Un desayuno equilibrado aporta glucosa al cuerpo, sustancia que provee de energía al cerebro. Un buen nivel[h] de glucosa aumenta la velocidad con que se da una respuesta, lo cual implica menos errores de precisión y, por lo tanto,[i] un buen rendimiento intelectual o físico. El buen humor también depende de la cantidad de glucosa que aportamos al cerebro. Es importante tomar un buen desayuno para estar de buen humor durante el resto del día.

Según los expertos en nutrición, el desayuno debería suministrar el 20 por ciento de las calorías de un día entero. ¿Y cuál es el desayuno que nos provee de más beneficios? La Organización Mundial de la Salud (OMS) sugiere que el desayuno más beneficioso es el que consiste en un vaso de leche de vaca (no de soja), una tostada con aceite de oliva virgen y un vaso de zumo natural (no de concentrado) de naranja. Es esencial que se incluyan lácteos, frutas y cereales. Y cuanto más se pueda, los panes deben ser integrales y los cereales de grano de trigo.[j] Los alimentos derivados de la carne y los dulces deben ingerirse[k] en cantidades muy moderadas. La mantequilla, tan común en los países de cultura anglosajona, debe usarse con moderación, al igual que los bollos industriales[l] y las galletas.[m] Si te gusta el azúcar, úsalo sólo para endulzar el café o té y si es posible consume azúcar moreno, que contiene menos sustancias químicas.

[g]*provides* [h]*level* [i]por... *therefore* [j]*wheat* [k]*be consumed* [l]bollos... *prepackaged dinner rolls* [m]*cookies*

Expresiones impersonales **(Taller III. C. 1)**

gramática

¿Recuerdas cuándo requieren el subjuntivo las frases como **es importante**?

Es importante + *inf.*
Es importante **desayunar.**

Es importante **que** + *sujeto* + *subj.*
Es importante **que** el desayuno **sea** nutritivo.

Las expresiones impersonales en el pasado, seguidos por **que** y un sujeto específico, requieren el pasado de subjuntivo.

Era necesario **que** los niños **comieran** por la mañana.

Las expresiones impersonales que expresan certeza no requieren el subjuntivo.

Es cierto que muchas escuelas **sirven** el desayuno gratis.

Detalles lingüísticos

Como ves en la lectura, se puede decir **jugo** o **zumo** para hablar del líquido que se extrae de las frutas. Empareja los siguientes sinónimos. ¿Qué significan estas palabras?

1. _____ desayuno	**a.** haba
2. _____ naranja	**b.** blanquillo
3. _____ plátano	**c.** china
4. _____ frijol	**d.** almuerzo
5. _____ huevo	**e.** guineo

Comprensión y expresión

A. ¿Cierto o falso? Corrige las oraciones falsas.

	C	F
1. Según los expertos, el desayuno debe aportar el 50 por ciento de las calorías consumidas en un día.	☐	☐
2. La OMS recomienda que se coma una tostada con aceite, leche y zumo para el desayuno.	☐	☐
3. Una excusa que se oye mucho para no desayunar es: «Soy alérgico a los cereales».	☐	☐
4. Cuando los niños no desayunan, tienen mayor capacidad de atención y de aprendizaje.	☐	☐
5. Un buen desayuno ayuda a tener buen humor durante el día.	☐	☐
6. Según la lectura, se debe comer carne tres o cuatro veces al día.	☐	☐

B. Preguntas

1. ¿Por qué es importante desayunar todos los días?
2. ¿Qué problemas tienen los niños que no desayunan bien?
3. ¿Cómo es un desayuno saludable, según la OMS?
4. ¿Qué sustancia le da energía al cerebro?
5. ¿Cuáles son algunos productos que se debe comer con moderación en el desayuno?

Práctica. Completa las siguientes oraciones lógicamente refiriéndote a lo que es un desayuno saludable.

1. Es importante ingerir...
2. Es necesario que el desayuno...
3. Es mejor que los dulces no...
4. Es esencial tomar...
5. Era mejor comer...
6. Era necesario desayunar...
7. Es esencial que el cerebro...
8. Era importante que los niños...

¡En acción!

VP Acuérdate de consultar la lista de tu **Vocabulario personal** al final del capítulo o en el *Manual de actividades.*

A. ¿Qué piensan Uds.? En parejas, háganse y contesten las siguientes preguntas.

1. Para ti, ¿qué es un buen desayuno? ¿Qué te parece el desayuno recomendado por la OMS?
2. ¿Qué comidas no te apetecen por la mañana? ¿Hay algún plato que nunca comerías en el desayuno?
3. Según la lectura, ¿qué beneficios proporciona un buen desayuno? ¿Puedes nombrar otros beneficios?
4. ¿Cómo se relaciona el desayuno con la cultura? ¿Qué desayunan, por ejemplo, los norteamericanos, los sudamericanos, los africanos o los europeos?
5. En tu comunidad ¿hay programas para proveer de desayuno a los niños? ¿Cuáles son? ¿Crees que son efectivos?

B. Sí al aceite de oliva, no a la mantequilla. ¿Entienden por qué el aceite de oliva es mejor que la mantequilla? Esta pequeña lectura explica cómo funciona el aceite de oliva en el cuerpo y cómo afectan la salud. Léanla y luego contesten las siguientes preguntas.

Detalles culturales

La siguiente información se publicó en un sitio web sobre el aceite de oliva.

> La subdivisión entre colesterol bueno y malo hace referencia a las lipoproteínas que lo transportan. El nivel de *LDL*,[a] que llevan el colesterol a los tejidos,[b] aumenta en presencia de un exceso de este último. Los *HDL*[c] transportan, en cambio, este exceso al hígado[d] que procederá a eliminarlo por las <u>vías biliares</u>. Por esta razón los HDL desarrollan una acción protectora respecto a la arteriosclerosis: Como más alta sea la tasa,[e] más se aleja[f] el colesterol. Las <u>grasas poliinsaturadas</u> (características de los aceites de semillas) se han demostrado capaces de bajar el <u>colesterol hemático,</u> actuando pero indiferentemente sobre los *LDL* y *HDL*. El ácido oleico, monoinsaturo (contenido en el aceite de aceituna), actúa reduciendo exclusivamente el nivel de *LDL* y aumentando el de *HDL*.

[a]*Low Density Lipoprotein* [b]*tissues* [c]*High Density Lipoprotein* [d]*liver* [e]*level (of HDL)* [f]*se... decreases*

1. ¿Qué significan, probablemente, las palabras <u>subrayadas</u>?
2. ¿Cómo protege el *HDL* al cuerpo?
3. El texto no comenta esto, pero probablemente lo saben: ¿Por qué es malo tener un alto nivel de colesterol?
4. ¿Por qué es mejor para la salud el aceite de oliva que otros aceites vegetales o la mantequilla?
5. ¿Saben Uds. qué más se puede hacer para controlar el nivel de colesterol?

Detalles culturales

En 2006 hubo una importante reunión internacional de expertos en diabetes, enfermedad que amenaza la supervivencia de los indígenas del mundo. En algunos grupos indígenas, la mitad de la población sufre de diabetes y parece que los números van en aumento. Los expertos advierten que la rápida transición cultural por la que los indígenas han pasado, en particular su adopción de la dieta y el nivel de actividad física propios de los países desarrollados, puede significar la extinción de ellos y su respectiva cultura, dentro de un siglo.

C. Una amenaza a la salud mundial. Se considera que hoy en día el mundo está padeciendo de una epidemia de diabetes. Esta enfermedad se puede prevenir, pero se hace más común cada día. Se dice que para el año 2050 unos 250 millones de personas sufrirán de diabetes. En grupos de dos o tres, usen las siguientes preguntas para comentar esta situación.

1. ¿Por qué es tan serio el problema? ¿Cómo se puede resolver? ¿Qué debe hacer una persona, o una comunidad, para prevenir la diabetes?
2. ¿Por qué ataca esta enfermedad tanto a los indígenas? ¿Se pueden Uds. imaginar un mundo sin indígenas? Si los grupos indígenas del mundo desaparecieran, ¿qué perderíamos todos?
3. ¿Conoces a alguien que tenga diabetes? ¿Qué tiene que hacer para vivir, además de seguir una dieta? ¿Es caro su tratamiento? ¿Tiene complicaciones relacionadas con la enfermedad?

Investigación y presentación: El desayuno hispano

PASO 1. Investigar. Investiguen cómo son los desayunos de los hispanohablantes de diferentes regiones. Escojan una región, por ejemplo, España, México y el suroeste de Estados Unidos; el Caribe y el este de Estados Unidos; Centroamérica y el Caribe; los países andinos o el Cono Sur. Luego, busquen información sobre el desayuno típico de los pobres y de la clase media; el desayuno que se sirve en casa y el que se sirve en los restaurantes; el desayuno tradicional y el moderno; el desayuno que se toma los días de entresemana y el que se toma los fines de semana. ¿Qué platos se sirven regularmente? ¿Qué bebidas son típicas en el desayuno? ¿Cuántas calorías aportan? ¿Qué nutrientes llevan?

PASO 2. Presentar. Presenten su información en un cartel o PowerPoint, con fotos de algunos de los platos más comunes, descripciones breves y datos sobre su valor nutritivo.

PASO 3. Reflexionar. Ahora, después de leer, escuchar y conversar mucho sobre el desayuno, ¿qué piensan Uds. de la comida más importante del día? ¿Van a cambiar algunos de sus hábitos? ¿Creen que hay suficientes recursos en su comunidad para que todos tomen su leche, zumo y tostada todas las mañanas?

Exploración | *Mi nariz y la Copa Mundial*

Usa esta cajita para dibujar una imagen o escribir algunas palabras que representen para ti la esencia de esta breve lectura.

Prepárate para leer

Actividad. Anticipación. Jorge Ramos se considera como uno de los periodistas hispanos más influyentes e importantes. Es presentador de Noticiero Univisión, escribe una columna semanal para unos cuarenta periódicos y es autor de seis libros. En la siguiente lectura, que viene de su autobiografía, *Atravesando fronteras* (2002), Ramos habla de su nariz. Se la quebró un par de veces y se la operaron tres veces. Ramos cuenta algunos detalles de su segunda operación y los resultados de ella. ¿Qué sabes de las narices y la rinoplastia, es decir, de las cirugías de la nariz?

Vocabulario útil

La lectura se enfoca en una operación y en la nariz del periodista. ¿Qué crees que significan las siguientes frases?

1. **mi capacidad olfativa**
   - **a.** mi sentido del gusto
   - **b.** mi sentido del olor
   - **c.** mi sentido del tacto
   - **d.** mi sentido de la vista
2. **la comida me sabía poco**
   - **a.** yo no sabía cocinar
   - **b.** no le sentía sabor a la comida
3. **está muy golpeada**
   - **a.** está en buenas condiciones
   - **b.** está en malas condiciones
4. **me intervenían**
   - **a.** me hacían preguntas
   - **b.** me operaban
5. **roncaba como león**
   - **a.** respiraba haciendo mucho ruido por la noche
   - **b.** respiraba haciendo poco ruido por la noche
6. **los conductos**
   - **a.** el comportamiento
   - **b.** los pasajes

gramática

Tg Cláusulas hipotéticas con *si* (Taller III. E. 3)

Para expresar una hipótesis en el pasado, como lo hace Jorge Ramos en la oración subrayada del texto, necesitas unas formas verbales bien interesantes, ¿no?

Si dices: «**Iría** con mis amigos al cine si **tuviera** dinero», estás hablando del presente; estás diciendo que ahora mismo no tienes dinero para ir al cine.

Para expresar la misma idea en el pasado, conviertes los verbos a su forma perfecta y dices: «**Habría ido** con mis amigos al cine, si **hubiera tenido** dinero».

¡A leer!

[La cirugía fue] en el año de 1978, en pleno mundial[a] de fútbol. Y ese fue mi error. Me acuerdo perfectamente de cómo me desperté a la mitad de la operación —la anestesia no había sido suficiente— para descubrir a los médicos que me intervenían, viendo un partido de fútbol. «¿Quién va ganando?» le pregunté a los doctores. Muy rápido incrementaron[b] la anestesia y me perdí el resultado del partido. Mi nariz quedó bien pero no con la perfección que esperaba. «Está ya muy golpeada», me dijo el doctor a manera de explicación. Y yo quise decirle que si no hubiera estado viendo[c] el partido de fútbol mientras me operaba las cosas habrían salido[d] mejor. Pero no me atreví.[e] El mundial era el mundial. Irrepetible.

Aprendí a vivir con uno de los conductos de mi nariz más estrecho[f] que el otro. Roncaba como un león, ocasionándole a mi hermano Alejandro (con quien compartía el cuarto) innumerables noches de insomnio. Y, de nuevo,[g] mi capacidad olfativa se redujo aún más. Había ya ciertos olores que no alcanzaba a[h] distinguir. Comer se convirtió casi en un ejercicio visual y digestivo. La comida me sabía poco.[i]

[a]en... *in the middle of the World Cup* [b]*they increased* [c]no... *he hadn't been watching* [d]habrían... *would have turned out* [e]me... *I didn't dare* [f]más... *narrower* [g]de... *again* [h]no... *I couldn't manage* [i]me... *had very little taste (to me)*

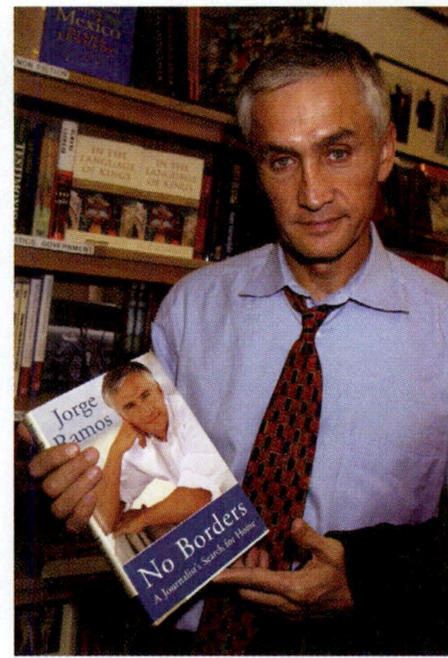

Jorge Ramos (1958–), periodista y escritor mexicano, cuenta la historia de su vida en su autobiografía *Atravesando fronteras* (*No Borders*).

Comprensión y expresión

Actividad. Preguntas

1. ¿Cuál fue el «error» que Ramos cometió?
2. ¿Qué pasó durante su operación?
3. ¿Cómo le quedó la nariz?
4. ¿Qué molestias le causaban los problemas nasales después?

Para pensar

Muchas cirugías son optativas, es decir, que no son estrictamente necesarias para la salud o el bienestar. Por ejemplo, te operas de la nariz para respirar más fácilmente. O tal vez, después de sufrir varias heridas en la rodilla en el campo de fútbol, te la operas para poder caminar cómodamente. Esto no es gran cosa si tienes seguro médico, pero ¿qué tal si no lo tienes? ¿Qué opciones médicas existen en tu comunidad para las personas de pocos recursos?

Práctica. Preguntas. Contesta las siguientes preguntas con oraciones completas.

1. El año pasado, ¿qué habrías hecho si hubieras tenido más tiempo libre?
2. Cuando tenías 10 ó 12 años, ¿adónde habrías ido si hubieras tenido licencia de conducir?
3. Cuando eras adolescente, si tu hermano hubiera roncado como león todas las noches, ¿qué habrías hecho?
4. Si te hubiera pasado lo mismo que a Jorge Ramos en la sala de operaciones, ¿qué le habrías dicho al cirujano después?
5. En la escuela secundaria, ¿te habrías hecho alguna cirugía cosmética si hubieras podido hacerlo?

Charlemos un rato

En tu país, ¿cómo son los hábitos de las personas en cuanto a la comida y el ejercicio?

PASO 1. En grupos de dos o tres, hablen de la importancia de la comida, especialmente del desayuno, y del ejercicio para la salud. Luego, hagan una lista en la pizarra, para comparar las costumbres de todos los estudiantes de la clase.

1. ¿Son saludables las costumbres de todos?
2. ¿Desayunan bien?
3. ¿Cómo es el horario de sus comidas?
4. ¿Qué tipo de comida comen? ¿Comen mucha comida rápida o comen comida nutritiva?
5. ¿Hacen ejercicio? ¿Qué hacen? ¿Caminan? ¿Nadan? ¿Corren? ¿Van al gimnasio? ¿ ?

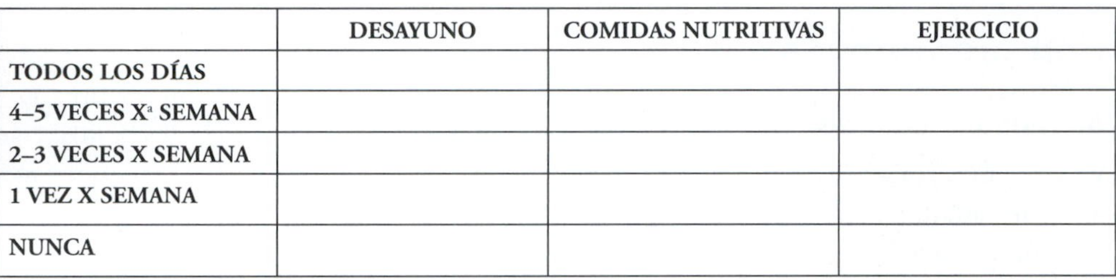

	DESAYUNO	COMIDAS NUTRITIVAS	EJERCICIO
TODOS LOS DÍAS			
4–5 VECES X[a] SEMANA			
2–3 VECES X SEMANA			
1 VEZ X SEMANA			
NUNCA			

[a]por

Viviana Salinas (Chile): «Los chilenos son gordos, pero son gorditos saludables.»

PASO 2. En el vídeo, vas a escuchar a Viviana, Ana, Cristina y Amparo hablar de la salud, la comida y el ejercicio en su país. Antes de ver las entrevistas, repasa el **Vocabulario útil** y lee las siguientes oraciones. Luego, complétalas según lo que dicen las entrevistadas.

Cristina Carrasco (España): «El desayuno en España no es importante.» Ana Nogar (Estados Unidos): «Como que la gente no hace suficiente ejercicio y hay problemas con diabetes y eso.»

Vocabulario útil

flaca skinny
así de redonda round like that
tener que ver con _______________
se les va un poco de la mano they go a little overboard
la mezcla the mixing, mixture
abordar to undertake
se baja _______________
se juntan get together

Amparo Rico Domínguez (España): «[Los niños] toman un jugo, porque ellos no toman café, un vasito de leche y se van.»

1. Después de salir de y volver a _______________, Viviana siempre se sorprende de lo (*how*) _______________ que son los «_______________».
2. Según Ana, el desayuno de Nuevo México es bastante _______________. Algunos platos _______________ incluyen el atole, el pozole, las tortillas, los frijoles y los _______________.
3. Amparo dice que el desayuno español no es _______________ porque, por ejemplo, los adultos típicamente desayunan un _______________ con leche, una _______________ y nada más.

PASO 3. Contesta las siguientes preguntas.

1. Viviana dice que los chilenos *no* son flacos. ¿Cómo los describe? ¿Por qué cree ella que son más saludables que los estadounidenses?
2. Compara lo que dicen Cristina y Ana en cuanto a las costumbres de sus países que *no* consideran saludables. ¿Cuáles son?
3. Según Amparo, ¿cómo están tratando de cambiar la tradición del desayuno de los niños en España?
4. ¿En qué son diferentes los desayunos típicos de esta región de los que describen las entrevistadas? ¿Hay problemas de salud por el exceso de peso en tu región?

Dichos

En grupos de dos o tres, traten de adivinar qué significan los dichos relacionados con la salud o la comida. Busquen más dichos en el Internet para compartir con la clase.

Dichos

- Disfruta, come y bebe que la vida es breve.
- De grandes cenas están las sepulturas llenas.
- Día vivido, día perdido.
- De hambre a nadie vi morir, de mucho comer, cien mil.
- Para mentir y comer pescado, han de tener mucho cuidado.

Costumbres y buenos modales

El desayuno en España: En muchos países hispanos es muy común tomar un desayuno muy ligero, un café expreso y una galleta o una pequeña media luna.[a] En España, muchos adultos sólo toman café o café con leche en un bar camino[b] al trabajo. Aunque debemos recordar que en España almuerzan* entre las 10:00 y 11:00 de la mañana, típicamente, un bocadillo o tapitas en un bar. Últimamente para cuidar la salud, muchos, especialmente las mujeres jóvenes, almuerzan frutas, frutos secos o algún tipo de pan integral.

El desayuno en México: En México suelen comer un desayuno más fuerte que los españoles. Los días de trabajo, los chilangos[c] desayunan jugo de naranja, fruta, pan tostado, cereal y yogur. En algunas casas se comen quesadillas por la mañana. Durante los fines de semana o días festivos, los mexicanos desayunan más relajado y pueden comer chilaquiles,[d] nopalitos,[e] gorditas,[f] chalupas,[g] huevos y pan con queso, más jugo de naranja y café con leche como bebidas. En Puebla se comen chalupas de frijoles para desayunar, coronadas,[h] entre otras cosas, con chorizo,[i] cebolla, queso fresco y salsa verde o roja.

[a]media... *croissant* [b]*on the way* [c]personas de México, D.F. [d]*fried thin corn tortilla strips covered with a mixture of chicken and cheese* [e]*prickly pear cactus, eaten alone or as an ingredient in other dishes* [f]*thick corn tortillas, stuffed with beans, shredded meat, and cheese* [g]*fried corn tortillas topped with refried beans, cheese, lettuce, tomato, and onion* [h]*topped* (*lit. crowned*) [i]*spicy sausage, served crumbled with eggs and tortilla*

Actividad. Un desayuno saludable. De los desayunos mencionados aquí, ¿cuál te parece más saludable? Si pudieras escoger uno, ¿cuál preferirías?

Detalles culturales

En México, D.F., y otras ciudades mexicanas, venden en los carritos[a] jugos recién hechos, yogur de fruta y licuados de frutas y verduras mezcladas, como jugo de zanahoria con betarraga[b] que se toman como desayuno, especialmente para los que corren apurados.

[a]*vendor carts* [b]*beetroot*

*Aunque generalmente se traduce al inglés *to eat lunch,* **almorzar** también puede referirse a la merienda de la mañana o *mid-morning snack.*

Déjame que te cuente sobre...

Prepárate para leer

A. Reflexión

1. ¿Tienes seguro médico? ¿De qué tipo es y quién lo paga? En algunos países los servicios médicos son gratuitos o muy baratos; en otros son muy caros. ¿Cuál es el caso en tu comunidad?
2. ¿Sabes qué pasa cuando un viajero tiene un accidente o se enferma en el extranjero? Depende mucho de las circunstancias, especialmente del lugar donde se encuentre el desafortunado. La lectura te va a explicar un poco cómo funciona el sistema de servicios médicos en España. Antes de leerla, piensa un rato en cómo te sentirías si te enfermaras en otro país. Da un poquito de miedo, ¿no?

B. Estrategia. Prepara un diagrama de cúmulo (*cluster*) para sacar apuntes mientras lees la selección. El diagrama de cúmulo es un poco parecido al pulpo (*octopus*), excepto que puede tener cuatro, seis o diez brazos. Aquí ves un ejemplo. Después de leer la selección y crear tu propio cúmulo, compáralo con los de unos compañeros. ¿Sacaron Uds. las mismas ideas?

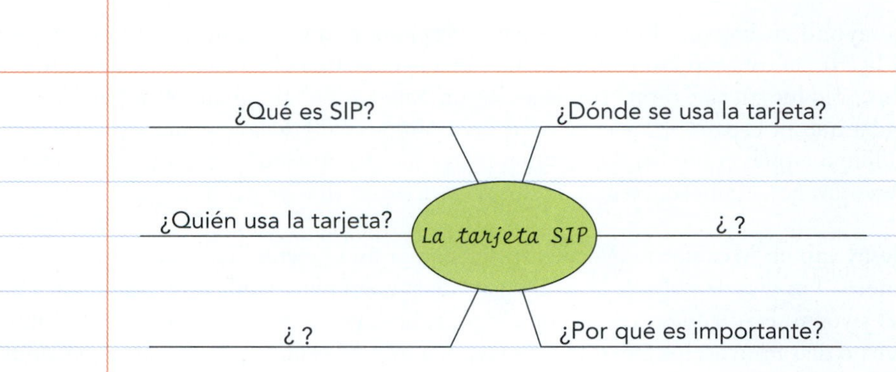

Detalles lingüísticos
En la siguiente lectura, **sanitario;** es un «amigo falso»; no significa *sanitary.*

Tg El subjuntivo: El futuro y las cláusulas adverbiales (Taller III. C. 3)

gramática

El futuro y el subjuntivo frecuentemente funcionan juntos. Si la cláusula independiente expresa una acción futura, la cláusula dependiente (introducida por una conjunción de tiempo) tiene que estar en el subjuntivo.

Llevaré (Voy a llevar) mi tarjeta SIP **cuando vaya** a la farmacia.

El condicional con conjunciones de tiempo también requiere el subjuntivo, pero en este caso requiere el pasado de subjuntivo.

Decidí que **llevaría** mi tarjeta SIP **siempre que saliera**, en caso de emergencia.

la tarjeta sanitaria individual (SIP) en España

¡A leer!

Lee la selección entera sin buscar palabras en el diccionario. Luego, completa **Actividad A** de **Comprensión y expresión** (pág. 225) y vuelve a leer la lectura.

Vocabulario útil

Las siguientes frases son importantes para entender la selección sobre el sistema sanitario de España. ¿Qué significan, probablemente? Empáréjalas con su significado.

_____ los centros sanitarios	**a.** una lista completa
_____ cuidado y atención al paciente	**b.** clínicas y hospitales
_____ la receta digital	**c.** lo que hacen los doctores y enfermeros
_____ el seguimiento exhaustivo	**d.** la recomendación del doctor, en forma electrónica

VP Repasa las palabras en la sección **Vocabulario del tema** al principio del capítulo y acuérdate de tu **Vocabulario personal** al final del capítulo o en el *Manual de actividades.*

Una de las cosas que más sorprende a los extranjeros cuando llegan a España es la facilidad con la que[a] uno accede a los centros sanitarios. El sistema público de seguridad social hace que España se sitúe en uno de los primeros lugares en cuanto al cuidado y atención de sus ciudadanos, y todos los ciudadanos españoles, incluso los trabajadores extranjeros, tienen derecho y acceso a la asistencia sanitaria. La tarjeta SIP (Sistema de Información Poblacional), establecida en los años 90 en la comunidad valenciana, ha sido uno de los intentos de organizar un sistema sanitario público de gran extensión.

[a]la... *which*

¿R? **Los pronombres relativos**
(Taller IV. F. 3, 4)

¿Cuál es la diferencia entre **la que** en el primer párrafo y **lo que** en el tercer párrafo? Si no estás seguro/a, mira el contexto y determina a qué se refiere el pronombre relativo. En el primer ejemplo, **la que** se refiere al sustantivo singular femenino *la facilidad*. En el segundo ejemplo, **lo que** se refiere a una idea: que la administración no anticipó el funcionamiento tan eficiente de la tarjeta SIP.

Práctica. ¿Qué tenía Raúl? Indica la mejor forma verbal (indicativo o subjuntivo).

Raúl se sentía mal del estómago y le dolía mucho cuando (**coma / comiera / come / comía**)[1]. No le daban náuseas y cuando se (**tome / tomara / toma / tomaba**)[2] la temperatura tampoco tenía fiebre. Cuando el doctor lo examinó, vio que Raúl (**tenga / tuviera / tiene / tenía**)[3] úlceras. El doctor le dio una receta y le dijo: «Ud. debe empezar a tomar este medicamento tan pronto como (**pueda / pudiera / puede / podía**)[4]». «Muy bien doctor», respondió Raúl, «iré directamente a la farmacia cuando (**salga / saliera / salgo / salía**)[5] de aquí». «Doctor», le preguntó Raúl, «¿cree Ud. que me sentiré mejor inmediatamente cuando (**empiece / empezara / empiezo / empezaba**)[6] a tomar el medicamento?» El doctor le aseguró que se sentiría mucho mejor en cuanto (**haya / hubiera / ha / había**)[7] tomado tres o cuatro dosis. Tal como prometió, Raúl fue directamente a la farmacia y tomó la primera dosis tan pronto como (**llegue / llegara / llegó / llegaba**)[8] a casa.

gramática

Detalles lingüísticos

En español, como en inglés, muchas palabras tienen más de un significado. En este texto se dan varios ejemplos: **inicial, paciente, personal** y **receta.** ¿Qué significado tienen en el texto y qué más pueden significar?

El objetivo inicial de la tarjeta SIP fue mejorar la relación entre el ciudadano/paciente y la administración pública. La tarjeta SIP ofrece la posibilidad de personalizar los trámites médicos del paciente y reunir[b] información personal en caso de accidente. Básicamente esta tarjeta contiene los datos personales del paciente y el seguimiento exhaustivo de visitas al médico.

En estos últimos años se está tratando de incluir el historial de medicamentos recetados. La inclusión de los medicamentos en la tarjeta SIP es algo muy reciente, pero está funcionando mejor de lo que la administración valenciana esperaba. La idea es evitar las recetas de papel, las cuales se arrugan,[c] se pierden o no se entienden, y sustituirlas por recetas digitales. La tarjeta SIP podrá ser usada dentro de muy poco tiempo en las farmacias, cuando estas tengan la tecnología adecuada para leerla.

Entonces, cuando un paciente acuda[d] al médico y este le recete cierto medicamento, este paciente tendrá que presentar la tarjeta SIP en la farmacia para poder conseguirlo. Con este sistema no sólo se evita el uso del papel, sino que[e] el sistema se asegura de que no haya falsificaciones de recetas. Este proceso de recetas digitales ayuda al farmacéutico a contestar cualquier pregunta que el paciente haga, ya que el farmacéutico puede ver cuáles han sido los medicamentos recomendados por el doctor, la duración del tratamiento y la importancia de este para la salud del paciente.

Este proceso puede que interfiera con la privacidad del paciente, pero al parecer, el sistema sanitario español ha enfatizado el cuidado y la atención al paciente y y lo ha puesto por encima de la privacidad, además de asegurar que los farmacéuticos jamás abusarían de esta confidencialidad. Permite que el farmacéutico, como experto, pueda acceder a los datos del paciente. Como dice la campaña publicitaria de la tarjeta SIP en la Comunidad Valenciana: «Para evitar contratiempos,[f] lleva la tarjeta SIP siempre contigo; ahora tu tarjeta SIP es tu tarjeta de visita a la farmacia».

[b]*collect* [c]se... *get crumpled up* [d]va [e]sino... *but also* [f]*mishaps*

Se presenta la nueva Tarjeta Sanitaria Europea durante una conferencia con la prensa.

gramática

Tg El subjuntivo: La posibilidad y el permiso en cláusulas nominales (Taller III. C. 1)

Los verbos de posibilidad y permiso se asocian con el subjuntivo. Con estos verbos y expresiones, se usa el subjuntivo después de la palabra **que;** sin la **que,** se usa el infinitivo.

El sistema **permite que** el farmacéutico **vea** todos los datos importantes.

El doctor no me **permite tomar** bebidas alcohólicas.

Lo mismo ocurre en el pasado.

Algunos enfermeros **dejaban que** sus pacientes **salieran** a fumar.

La médica no **sugirió comer** menos carne.

Comprensión y expresión

A. ¿Cierto o falso? Corrige las oraciones falsas.

	C	F
1. En España, los extranjeros tienen acceso a los servicios médicos.	☐	☐
2. España tiene uno de los mejores sistemas sanitarios del mundo.	☐	☐
3. La tarjeta SIP es para personas que beben un poco.	☐	☐
4. La tarjeta SIP lleva mucha información digital.	☐	☐
5. El único problema con la tarjeta SIP es que cuesta mucho dinero.	☐	☐
6. La tarjeta SIP permite que el farmacéutico conteste preguntas fácilmente.	☐	☐
7. Los españoles usan la tarjeta SIP desde hace unos treinta años.	☐	☐

Detalles culturales

Si eres estudiante extranjero/a en España, lo más razonable es que contrates tu propio seguro médico desde tu país. Normalmente esto se hace a través de la agencia que gestiona tu programa de estudios. Con estos seguros pagas al doctor en España, pero después el seguro te reembolsa el dinero. Cuando tengas que usar los servicios de urgencia de la sanidad pública, puedes hacerlo sin problema; te atenderán debidamente y no te van a cobrar nada.

B. Preguntas

1. ¿Qué sorprende a muchos extranjeros cuando van a España?
2. ¿Qué significa SIP y cuál es la función de la tarjeta SIP?
3. ¿Qué desventajas presentan las recetas de papel?
4. ¿Qué es necesario para que se use la tarjeta SIP en las farmacias?
5. ¿Cómo ayuda la tarjeta SIP al farmacéutico?
6. ¿Qué significa la siguiente frase: «el sistema sanitario español ha enfatizado el cuidado y la atención al paciente»?

Práctica. La tarjeta SIP. Llena los espacios en blanco con la forma correcta del verbo entre paréntesis.

Puede ser que la tarjeta SIP les ______________ (**salvar**)[1] la vida a muchos pacientes, ya que permite que los doctores y farmacéuticos ______________ (**comunicarse**)[2] con claridad. Con las recetas digitales es poco probable que los farmacéuticos ______________ (**equivocarse**)[3] ni de medicamento ni de dosis. O sea, ahora los farmacéuticos y los pacientes pueden ______________ (**estar**)[4] muy seguros de las instrucciones del médico. Las viejas recetas de papel, en cambio, no siempre permitían que los farmacéuticos las ______________ (**entender**)[5] perfectamente. Era posible que buenos farmacéuticos ______________ (**cometer**)[6] errores terribles, simplemente por no poder leer bien una receta. Los farmacéuticos le podían ______________ (**dar**)[7] un medicamento equivocado a su cliente, con resultados trágicos. Felizmente ni antes ni ahora era muy probable que ______________ (**ocurrir**)[8] tales errores.

gramática

¡En acción!

VP Acuérdate de consultar la lista de tu **Vocabulario personal** al final del capítulo o en el *Manual de actividades.*

A. ¿Qué piensan Uds.? En parejas, háganse y contesten las siguientes preguntas.

1. ¿Qué experiencias tienes con los servicios sanitarios en tu país? ¿Te han atendido bien siempre?
2. ¿Han sido muy caros los servicios? Cuando vas al médico o a la farmacia, ¿quién paga?
3. ¿Crees que este país debe tener una tarjeta electrónica como la de SIP? ¿Por qué? ¿Te importa que la tarjeta pueda afectar la privacidad de los pacientes?

B. Una historia verdadera. Lean el recorte de un periódico y contesten las preguntas que lo siguen.

Cartagena, Colombia. Octubre, 1977. Nacen en un mismo hospital dos lindos bebés varones[a] que, aunque crecen en circunstancias distintas, unos veintinueve años después se conocerán y se harán buenos amigos. Uno vive con su familia en un barrio pobre, otro en una zona más adinerada de Cartagena, los dos con la niñez y adolescencia marcadas por las correspondientes dificultades y oportunidades. Ya son hombres cuando se conocen por un error, o más bien, por la corrección de un error que se hizo hace años: resulta que el hospital se equivocó al entregar[b] a cada familia el hijo «suyo», en realidad el de la otra familia. Pruebas genéticas confirman el caso y ahora sólo queda llamar a los abogados.

[a]*male* [b]al... *upon giving*

1. ¿Cómo pudo ocurrir este error? ¿Cómo se previene este tipo de equivocaciones en la mayoría de los casos?
2. ¿Cómo creen Uds. que se sienten las familias afectadas? ¿Y los hijos?
3. ¿Cómo se sentirían Uds. en tal situación?
4. Imagínense que son las siguientes personas y comenten su punto de vista sobre el asunto.
   - **a.** una vecina de la familia de clase modesta
   - **b.** un vecino de la familia adinerada un administrador del hospital
   - **c.** una abogada que trabaja por los derechos humanos
   - **d.** una doctora o enfermera que atendió a los dos bebés
   - **e.** un amigo de las dos familias
   - **f.** un colombiano que lee el caso en el periódico

En la comunidad | *La Dra. Jane L. Delgado y la salud de la mujer hispana*

La Dra. Jane L. Delgado

La psicóloga clínica Jane L. Delgado se preocupa no sólo por la salud mental de la población hispana, sino por su salud física. En particular se ha interesado por los problemas y las necesidades de las mujeres latinas, quienes a veces se sienten aisladas o incómodas en sus encuentros con el sistema médico de Estados Unidos. Así que la Dra. Delgado decidió crear un tipo de guía médica: el primer libro sobre la salud escrito por una mujer hispana específicamente para mujeres hispanas. Se llama *¡Salud! A Latina's Guide to Total Health*, y ha sido muy popular desde su primera edición de 1997. La Dra. Delgado ha recibido varios premios por su trabajo; en 2004 fue nombrada *Hispanic Woman of the Year*, y en 2002, la revista *Hispanic Business* la incluyó en su lista de Hispanos más Influyentes en Estados Unidos. Como presidenta y directora ejecutiva[a] de la Coalición Nacional de Organizaciones Hispanas de Salud y Servicios Humanos,[b] presiona a políticos y organizaciones para apoyar el movimiento hacia[c] la diversidad para así combatir la ceguera[d] cultural en el campo de la medicina.

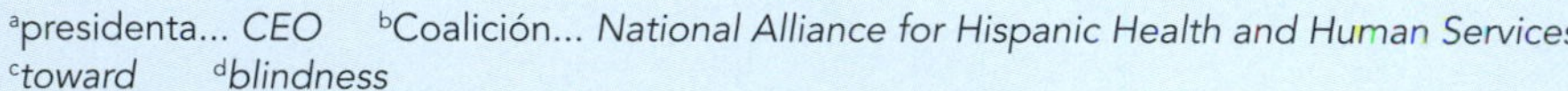

[a]presidenta... *CEO* [b]Coalición... *National Alliance for Hispanic Health and Human Services* [c]*toward* [d]*blindness*

C. Un programa de televisión. ¿Han visto Uds. alguna vez una película o serie televisiva que tuviera lugar en una farmacia, un hospital, clínica o consultorio? ¿Qué situaciones cómicas creaban los escritores de esos guiones (*scripts*)? Ahora les toca a Uds. escribir una escena cómica o dramática situada en una farmacia. ¿Quiénes son los personajes? ¿Qué pasa? Prepárense bien, porque su profesor(a) puede pedirles que representen su escena para la clase.

Detalles culturales

En los años 90, la comedia española *Farmacia de guardia** era uno de los programas más vistos del país. Protagonizada por Concha Cuetos en el papel de Lourdes, la serie contaba la vida de Lourdes, dueña de la farmacia; su familia —dos hijos y un donjuán de ex esposo— y los vecinos que también eran sus clientes.

Concha Cuetos, actriz española

Investigación y presentación: Servicios médicos en el extranjero

PASO 1. Investigar. Ahora que saben un poco del sistema sanitario español, ¿no les dan ganas de informarse del sistema de salud de otros países de habla hispana? En grupos de dos o tres, busquen información sobre un país donde les gustaría trabajar, estudiar o tomar unas vacaciones. ¿Qué pasa si un extranjero se enferma en ese país, o sale herido en un accidente? ¿Tienen todos los ciudadanos acceso igual a los servicios médicos? ¿Cuánto cuesta tener una operación o comprar medicamentos?

PASO 2. Presentar. Preparen un cartel con fotos y tablas para presentar a la clase lo que descubrieron en el **Paso 1** y compararlo con sus experiencias personales.

PASO 3. Reflexionar. Después de hacer el **Paso 2** y escuchar las presentaciones de otros grupos, ¿qué piensan Uds.? ¿A qué país les parece que es más cómodo viajar, considerando el costo de los servicios de salud? ¿Hay algunas diferencias importantes entre los países comentados? ¿Cuáles son? Compartan sus ideas.

---

*En algunos países de habla hispana, las farmacias se alternan la guardia (*duty*) de estar abierta toda la noche y la farmacia abierta por la noche se llama «farmacia de guardia».

Exploración | *Atleta frustrado*

Usa esta cajita para dibujar una imagen o escribir algunas palabras que representen para ti la esencia de esta breve lectura.

Prepárate para leer

Actividad. Anticipación. De joven, Jorge Ramos era un atleta muy serio y se entrenaba para representar a su país en los Juegos Olímpicos. En la siguiente selección, cuenta cómo un asunto de salud le puso fin a aquellas esperanzas. Antes de leer, haz una lista de algunos problemas físicos y médicos que a veces les impiden a los atletas practicar un deporte.

Vocabulario útil

Los siguientes verbos son importantes para la comprensión de la lectura. Afortunadamente todos son «medio» cognados. Empareja los verbos con su equivalente en inglés.

_____ **entrenar**	**a.** to require
_____ **rehusarse**	**b.** to refuse
_____ **requerir**	**c.** to train
_____ **someterse**	**d.** to submit

¡A leer!

Los especialistas médicos del C.D.O.M.[a] determinaron que mi problema era una vértebra lumbar que no estaba totalmente cerrada. Era, probablemente, una situación que se corregiría con el tiempo. Pero, en ese momento, la lesión no me permitió seguir entrenando. Hubiera requerido[b] una peligrosa operación que fusionara dos vértebras, la de arriba y la de abajo, con la que estaba medio abierta. El riesgo[c] de quedar paralítico era muy alto. Definitivamente no me iba a someter a una cirugía pero quería seguir entrenando bajo mi propio riesgo. Sin embargo, el *coach* rumano[d] que estaba a mi cargo se rehusó. «Tienes *spina bifida*», concluyó. «No puedes correr en competencia». Y me mandó a mi casa.

[a]Centro Deportivo Olímpico Mexicano [b]Hubiera... *It would have required* [c]*risk* [d]*Rumanian*

gramática

La nominalización (Taller V. C. 4)

El artículo definido con su adjetivo, cláusula adjetival o frase preposicional puede sustituirse por un sustantivo, si está claro a qué se refiere. En la lectura, como Ramos acaba de referirse a dos vértebras, no es difícil entender que la frase **la de arriba y la de abajo** se refiere a la vértebra de arriba y la vértebra de abajo.

Detalles lingüísticos

La gramática española es algo flexible, especialmente en el caso de formas verbales complicadas. Ramos dice «Hubiera requerido una peligrosa operación», pero «Habría requerido... » también expresa la misma idea. En algunas regiones o circunstancias hay quienes usan el condicional, en otras usan el pasado de subjuntivo. ¡No les tengas miedo!

Comprensión y expresión

A. Preguntas

1. Cuando Jorge Ramos era joven, ¿con qué problema le diagnosticaron los médicos?
2. ¿Qué quería hacer Jorge? ¿Quién se lo impidió?
3. ¿Cómo crees que se sintió Jorge al regresar a casa aquel día?

B. Imagínense. En parejas, escriban un diálogo entre el joven Jorge y su mamá, o entre Jorge y su mejor amigo, una semana después, y represéntenlo para la clase. ¿Qué sentimientos y esperanzas se expresan en su conversación?

C. Unos cognados. ¿Cuántos cognados ves en la lectura? Usa la siguiente tabla para crear listas dentro de varias categorías.

TÉRMINOS MÉDICOS / TÉCNICOS	ADVERBIOS	(OTRA CATEGORÍA)
lesión, vértebra	*totalmente*	

Para pensar

Jorge Ramos quedó muy desilusionado, por supuesto, al saber de su limitación física. ¿Cómo reaccionarías tú en esa situación? Ahora, imagínate, ¿cómo afectaría la misma noticia a un joven de familia muy pobre?

Práctica. Oraciones. Escoge la palabra correcta.

1. Me duelen los dos pies, pero (**el** / **la** / **los** / **las**) derecho está peor.
2. Me caen bien todos los médicos de este hospital, especialmente (**el** / **la** / **los** / **las**) de Urgencias, que son muy simpáticos.
3. Cuando yo estaba en el hospital mi enfermera favorita era (**el** / **la** / **los** / **las**) que me llevaba helado de chocolate y calmantes.
4. Este semestre no me interesan mucho las clases, excepto (**el** / **la** / **los** / **las**) de boliche (*bowling*).
5. Todos nuestros profesores son buenos, pero prefiero a (**el** / **la** / **los** / **las**) que conocen a los estudiantes y los tratan bien.
6. De todas las carreras universitarias, ¿cuál es (**el** / **la** / **los** / **las**) que cuesta más tiempo y trabajo?

gramática

¡A escribir!

PASO 1. Explora las siguientes posibilidades para el ensayo. No te olvides de apuntar en tu *Manual de actividades* las ideas que más te interesan.

1. Uno de los obstáculos que causa más frustración en el campo de la medicina es la falta de comunicación. En muchos casos, por múltiples razones, la gente que más necesita de servicios médicos públicos o gratuitos no sabe dónde conseguirlos, ni sabe que esos servicios existen. Uno de los obstáculos puede ser el idioma. Imagínate que trabajas en una oficina que coordina varias coaliciones y organizaciones de servicios médicos. Para informar a la comunidad hispana, necesitas crear un folleto (*pamphlet*) que contenga breves descripciones de los servicios disponibles y de los medios para conseguirlos. Busca información en la guía telefónica y en el Internet sobre estos servicios en tu comunidad. Incluye por lo menos tres servicios en tu folleto.
2. Explora la socialización de los servicios de salud pública. Aunque este sistema funciona muy bien en países como España y Canadá, Estados Unidos se resiste a establecer un sistema semejante. ¿Por qué? ¿Cuáles son los costos y beneficios, o las ventajas y desventajas, del sistema privado y del sistema público?

PASO 2. Si todavía no estás seguro/a del tema que prefieres, vuelve a leer el **Problema auténtico** y las secciones **Para pensar** y consulta tu **Vocabulario personal.** También puedes escoger un tema de una de las actividades del libro de texto o del *Manual de actividades.*

PASO 3. Repasa la gramática presentada en este capítulo. ¿Cómo puedes usarla en tu ensayo? Mientras escribes, subraya las formas y estructuras que utilizas de este capítulo.

PASO 4. Escribe un borrador de por lo menos 200 palabras. Si quieres, puedes seguir los pasos de **¡A escribir!** en el *Manual de actividades* para escribir el ensayo.

¿R? ¿Haciendo hipótesis? ¿Hablando del futuro?

En este ensayo, si hablas de causa y efecto («Si..., (entonces)... ») o haces hipótesis, repasa los diferentes tiempos verbales que se usan en frases donde hay una cláusula que comienza con **si.**

Si no tienes seguro médico, (entonces) no vas a recibir la mejor atención médica.

Mi hija acudiría a un especialista **si** mi *HMO* lo permitiera.

Si piensas hablar de acciones futuras o pendientes, repasa el uso del subjuntivo en cláusulas adverbiales.

Esos niños van a desayunar tan pronto como yo les **prepare** un plato de chilaquiles.

Ese paciente podría obtener una segunda opinión médica después (de) que **viera** al mejor especialista.

Vocabulario *(Esta lista presenta el vocabulario esencial de este capítulo.)*

La salud

la alimentación food; feeding
la ingestión (de alimentos) (food) intake
el régimen diet

Cognados: la actividad física, el beneficio, la caloría, el colesterol, la dieta, la glucosa, la moderación, la nutrición, el nutriente, la prevención

endulzar (c) to sweeten
ingerir (ie, i) to ingest, consume
internar(se) to admit (oneself) (*into a hospital/clinic*)
mantenerse (*like* **tener**) **sano** to stay/live healthy
prevenir (*like* **venir**) to prevent
proteger (j) to protect
saltarse (una comida) to skip (a meal)

alimentario/a food, alimentary
alimenticio/a nutritious
consumido/a consumed, burned
descremado/a fat-free, skimmed
integral whole (grain)
magro/a lean (*meat*)
propenso/a prone
saludable healthy
sanitario/a health

Los servicios médicos sanitarios

el ambulatorio outpatient clinic
el cerebro brain
la cirugía surgery
el/la cirujano/a surgeon
la consulta (doctor's) appointment
el consultorio doctor's office
el decaimiento decline; deterioration
la desgana lack of appetite; apathy
el/la enfermero/a nurse
el/la farmacéutico/a pharmacist
el historial de medicamentos medical history
los medicamentos medication
el/la médico/a doctor
el/la médico/a de cabecera general practitioner
el/la paciente externo/a outpatient
la receta prescription
la revisión médica checkup
la sangre blood
la sanidad pública public health
el seguro médico health insurance
los servicios de urgencia emergency medical services (EMS)
la tarjeta sanitaria health card
los trámites médicos medical procedures
los tratamientos médicos medical treatments

Cognados: el/la cardiólogo/a, la clínica, los datos personales, el/la dermatólogo/a, la farmacia, el internamiento, el/la ortopedista

acceder to access; to gain admittance
aportar to contribute
proveer (de) to supply, provide
recetar to prescribe

Cognados: consumir

La pirámide de alimentos de la *USDA*

los aceites oils
las carnes y los frijoles meats and beans
las frutas fruits
los granos grains
los productos lácteos dairy products
las verduras vegetables

Vocabulario útil y vocabulario personal

Usa esta sección para apuntar palabras y expresiones adicionales que tu profesor(a) asigne u otras palabras útiles para comunicar tus ideas relacionadas con este capítulo.

Expresiones

Lo que el agua me dio (1938), por Frida Kahlo (1907–1954, México)

En este cuadro, Frida Kahlo representa su dolor físico, como en muchas de sus pinturas. Cuando tenía unos 22 años, el autobús que ella tomaba chocó con un tranvía. Kahlo sufrió múltiples fracturas, incluso en la columna,[a] la clavícula,[b] las costillas,[c] el pelvis y unos once fracturas en la pierna. Este accidente definió mucha de su vida y arte. Aunque pudo volver a caminar, sufrió muchas recaídas[d] y tuvo más de treinta cirugías. Sus cuadros suelen mostrar imágenes dolorosas y autorretratos. Estudia *Lo que el agua me dio*. ¿Cuántas imágenes se asocian con el dolor? ¿Crees que incluye algún autorretrato? ¿Qué significa el título del cuadro?

Mira el cuadro *Salud* (2003) por Xavier Cortado (1964–) al principio de la **Unidad 5.** Frida Kahlo representó en muchos de sus cuadros el tema de la salud de su cuerpo. Este tema también es importante en la obra de Xavier Cortado. Entre los temas que este artista cubanoamericano ha explorado están la salud, el SIDA, el desarrollo de la comunidad, el racismo, la pobreza y la violencia. Cortado es reconocido por su trabajo en proyectos artísticos cooperativos como la creación de murales. Ha coordinado murales en la Casa Blanca (Washington, D.C.), el Banco Mundial, las oficinas de HBO, Hershey's y Nike, entre otros lugares.

[a]*spine* [b]*collarbone* [c]*ribs* [d]*relapses*

culturales

La novela *Paula* de Isabel Allende comenzó como una carta que Allende le escribía a su hija, Paula, quien a los 26 años sufrió un ataque de apoplejía y cayó en coma. Allende quería contarle a su hija mientras «dormía» la historia de su familia y lo que pasaba a su alrededor. Aunque Paula salió del coma, los médicos se equivocaron al administrarle medicamentos y volvió a caer en coma. Nunca se despertó. La carta se transformó con el tiempo en una obra maestra de Allende, una novela de memorias de un mundo impregnado del realismo mágico. La novela comienza con las siguientes líneas.

> Escucha, Paula, voy a contarte una historia, para que cuando despiertes no estés tan perdida.
>
> La leyenda familiar comienza a principios del siglo pasado,...

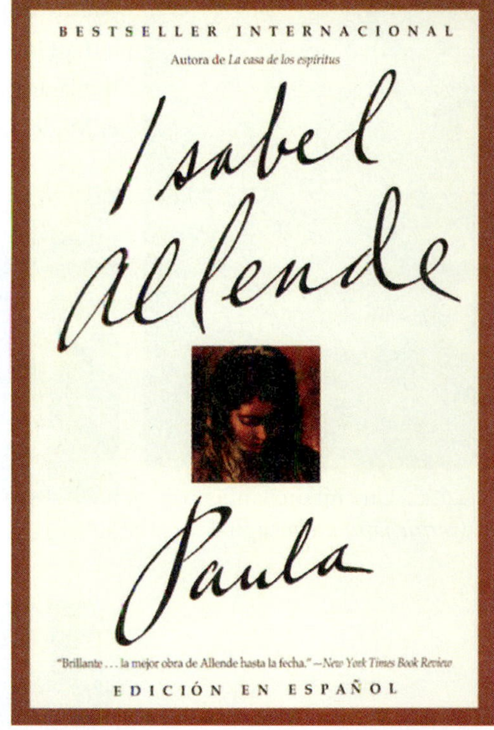

Paula (1995), Isabel Allende (1942– , Chile)

Basada en una historia real, la película *Mar adentro* cuenta la vida de Ramón Sampedro (Javier Bardem), un tetrapléjico[a] que, por treinta años, lucha por su derecho de morir con dignidad. A pesar de su deseo de morir, Sampedro enseña a los demás el valor y el significado de vivir.

Aunque sólo ha dirigido cuatro películas hasta la fecha, el director Amenábar es reconocido como uno de los directores más influyentes en la industria del cine. Nació en Chile, de madre española y padre chileno, un día antes del golpe de estado de Augusto Pinochet. Su familia se mudó a España el siguiente año.

[a]*quadriplegic*

Mar adentro (2004), director Alejandro Amenábar (1972– ; España / Chile), protagonista Javier Bardem (1969– , España)

Actividad. La salud y el arte. Las expresiones artísticas incluidas en esta unidad tienen puntos de vista y, quizás, metas diferentes. En parejas, comenten las imágenes y su descripción. Traten de determinar si es una expresión para superar problemas de salud o puramente para sobrevivir, para fomentar la buena salud, etcétera. ¿Qué impacto puede tener el arte en cuanto a la salud y los servicios médicos? ¿Creen Uds. que las expresiones puramente personales pueden también despertar la conciencia sobre un tema?

La comunidad del Caribe: Colombia, Cuba, Puerto Rico, República Dominicana, Venezuela

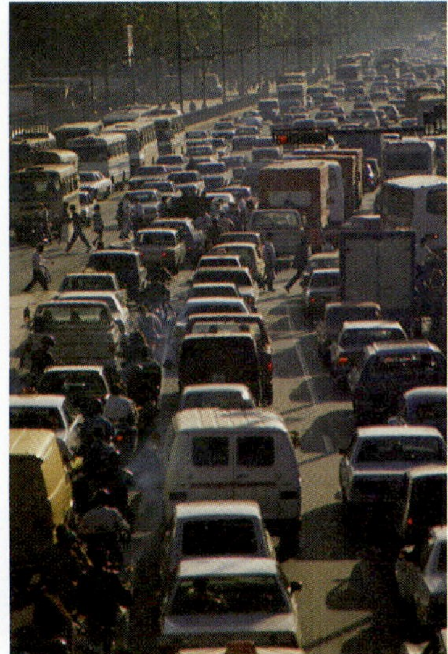

1. _____ Un embotellamiento (*traffic jam*) en la capital

¿Qué ves en estas fotos de los países caribeños? Empareja cada foto con el lugar correspondiente de la siguiente lista. ¿Podrían ser escenas de este país, México o España? ¿Tienen un tema en común?

a. La Habana, Cuba
b. Caracas, Venezuela
c. Medellín, Colombia
d. Jaracaboa, República Dominicana
e. Mayagüez, Puerto Rico

2. _____ Una estación del metro

4. _____ Un caballo que espera enfrente de una tienda en el campo

3. _____ Un «bicitaxi» que transporta a sus clientes por las calles de la capital

5. _____ Una lancha en una playa caribeña

	Mortalidad infantil: Muertes por cada mil nacimientos	Envejecimiento: Porcentaje de la población que tiene 65 años o más
Cuba	6,22	10,6%
Puerto Rico	9,14	12,8%
Colombia	20,35	5,2%
Venezuela	21,54	5,2%
República Dominicana	28,25	5,5%

Capítulo 10

Los accidentes y las enfermedades

Después del Huracán Wilma, La Habana, Cuba quedó inundada. Estos voluntarios de la Cruz Roja rescatan a una mujer de las aguas.

En este capítulo

Déjame que te cuente sobre...

| un grupo de médicos cubanos | una organización que viene al rescate y no se va

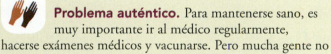

Tg Taller de gramática

Para este capítulo, debes consultar las siguientes secciones del **Taller de gramática.**

- **Por** y **para**
- El subjuntivo
- El pretérito y el imperfecto
- El infinitivo y el gerundio
- Las preposiciones **a** y **en**
- La preposición **de**

Problema auténtico. Para mantenerse sano, es muy importante ir al médico regularmente, hacerse exámenes médicos y vacunarse. Pero mucha gente no tiene ni doctor ni seguro médico o simplemente no va al médico porque no tiene tiempo.

¡A escribir! Para el ensayo que vas a escribir al final del capítulo:

- explora los temas y la gramática del capítulo
- lee el **Problema auténtico**
- lee las secciones de **Para pensar** en **Exploración**
- apunta en tu **Vocabulario personal** las palabras y expresiones útiles
- usa **¡A escribir!** en tu *Manual de actividades* para organizar tus ideas

vp Vocabulario del tema

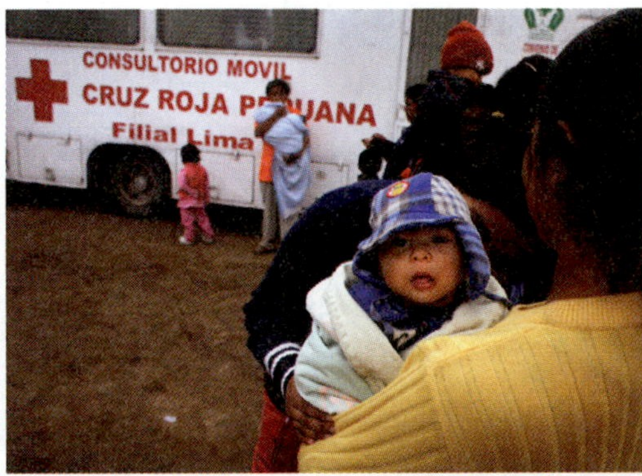

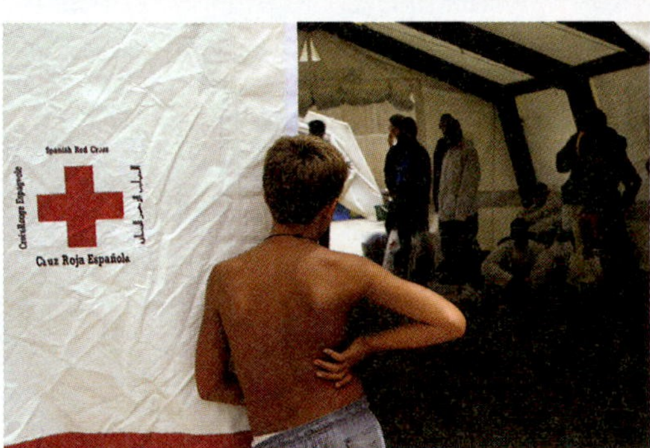

Se ven tres tipos de hospital en estas fotos: transitorio, móvil y provisional. ¿Puedes identificar cada uno? ¿Qué personal se necesita en estos tipos de hospitales para servir a la comunidad? ¿Qué equipo se debe tener?

Los servicios y las necesidades

el auxilio relief
el auxilio directo direct assistance
la ayuda médica medical support
la ayuda sanitaria health care
la ayuda humanitaria humanitarian aid
la brigada de rescate rescue squad
la eficacia effectiveness; efficiency
el equipo de socorro emergency equipment
el equipo médico medical equipment
el hospital transitorio field hospital
la ONG (organización no gubernamental) NGO (nongovernmental organization)
el rescate rescue
el sufrimiento suffering

Cognados: la aflicción, la asistencia directa, la distribución de fondos, el hospital móvil, el hospital provisional, la prevención, las provisiones médicas

auxiliar to relieve
atender(ie) (a) to attend (to), help
entrenar to train
proveer (de) to supply, provide
reconstruir (*like* **construir**) to rebuild

Cognados: distribuir (*like* **construir**)**, responder(a)**

afligido/a afflicted
caritativo/a charitable
desamparado/a helpless; unprotected
eficaz (eficaces) effective

Práctica A. Descripciones

1. Explica, según lo entiendes, las diferencias entre un hospital normal y un hospital móvil, provisional o transitorio. ¿Cuál hospital sería más «completo»? ¿de más duración?
2. Define o describe lo que es una ONG. Nombra dos o tres de las ONGs que conoces.
3. Explica la diferencia entre un equipo de socorro y una agencia de auxilio.
4. Escoge dos desastres naturales. Define cada uno e identifica una región del mundo especialmente afectada por ese tipo de desastre.

Las agencias de alivio ofrecen y proveen muchos servicios y provisiones. ¿Puedes pensar en dos o tres servicios o provisiones más, no mencionados aquí?

Los desastres naturales y los conflictos catastróficos

la avalancha de barro mudslide
_______ war
el incendio fire
la inundación flood
el maremoto tsunami
el terremoto earthquake

Cognados: la catástrofe, el huracán, el tornado, el tsunami, la víctima

herido/a injured, wounded

Cognado: catastrófico/a

¡Auxilio!
¡Socorro! } Help!

Detalles lingüísticos

¿Cómo se expresan *help* y *to help*? Busca las diferentes maneras de expresar *help* y *to help* en español y apúntalas en tu **Vocabulario personal**. Incluye ejemplos de su uso en oraciones originales.

Práctica B. Unos desastres naturales. En parejas, hagan una lista de los desastres naturales que han afectado tu comunidad. Para cada desastre de su lista, contesten las siguientes preguntas.

1. ¿A quiénes afectó el desastre? ¿Sólo a un sector económico, geográfico o político? ¿Cómo los afectó?
2. ¿Tuvo lugar el desastre en su comunidad o es que su comunidad recibió el impacto de algún desastre de otra parte del mundo? ¿Llegaron refugiados de otros lugares? ¿Mandó su comunidad brigadas de rescate y/o equipo médico para ayudar a otra?
3. ¿Cómo respondió el gobierno y otras instituciones ante el desastre?

VP ¿Recuerdas cómo hablar de las cosas que ocurren en el consultorio médico, como **sacar la lengua** o **tomar la temperatura**? En tu *Manual de actividades,* haz una lista en tu **Vocabulario personal** de por los menos diez cosas o actividades relacionadas con una consulta médica.

Vocabulario

Déjame que te cuente sobre...

Prepárate para leer

A. Reflexión

1. Toma un momento para recordar lo que sabes de la revolución cubana para poner en contexto lo que vas a leer en la lectura.
2. ¿Qué pasa cuando hay un tornado, terremoto u otro desastre natural? ¿Qué problemas dejan como resultado y qué servicios se necesitan después?
3. Piensa en los servicios médicos también. ¿Qué experiencia tienes con relación a los hospitales y a los doctores? En tu comunidad, ¿tienen todos acceso a los servicios médicos? Si hay una emergencia, como un huracán o un terremoto, ¿hay suficientes médicos en tu región que puedan ayudar?

B. Estrategia. Ahora mira la foto que acompaña la lectura. Basándote en ella y en el título de esta sección, ¿puedes predecir algo de su contenido? ¿Cuál de las siguientes conjeturas te parece mejor? Indica una ahora, luego averiguarás si tu selección era correcta.

☐ Los médicos cubanos se enriquecen mientras el pueblo sufre.

☐ Los médicos cubanos se especializan en problemas gerontológicos.

☐ Los médicos cubanos se ofrecen para ayudar en casos de desastres naturales.

☐ Los médicos cubanos se mantienen en forma practicando yoga y meditación.

Vocabulario útil

Empareja los verbos con su si sinónimo.

desplazarse (c) __________	**a.** no aceptor
enviar (envío) __________	**b.** mandar
realizar (c) __________	**c.** pedir
rechazar (c) __________	**d.** hacer
rogar (ue) __________	**e.** cambia de lugar

VP Repasa las palabras en la sección **Vocabulario del tema** al principio del capítulo y acuérdate de tu **Vocabulario personal** al final del capítulo o en el *Manual de actividades.*

gramática

Tg ***Por y para*** **(Taller VI. B.)**

Se ven muchos de los usos de **por** y **para** en la lectura como puedes ver en los siguientes ejemplos.

POR

Motivo o razón: **por** interés político
Agente de acción pasiva: acusado **por** diferentes sectores
Movimiento a través del espacio: hospitales móviles **por** los que pasaron
Duración de tiempo: **por** más de dos meses
Tasa o proporción: mil pacientes **por** día

PARA

Meta u objetivo: capacitados **para** atender todo tipo de problemas
Persona que recibe un objeto: una esperanza **para** los indonesios

un grupo de médicos cubanos

¡A leer!

Lee la selección entera sin buscar palabras en el diccionario. Luego, completa la **Actividad A** de **Comprensión y expresión** (pág. 241) y vuelve a leer la lectura.

En mayo de 2006 un fuerte terremoto sacudió[a] la isla de Java dejando más de 5.800 muertos y millones de personas heridas y desamparadas.[b] Incontables equipos de ayuda humanitaria de diferentes países, incluyendo China, Japón y Estados Unidos, se desplazaron al lugar de la catástrofe para atender a las víctimas. Cuba, a pesar de ser un país de pocos recursos, envió[c] un grupo de 135 médicos y enfermeros con su respectivo material médico.

[a]*shook* [b]*helpless* [c]*sent*

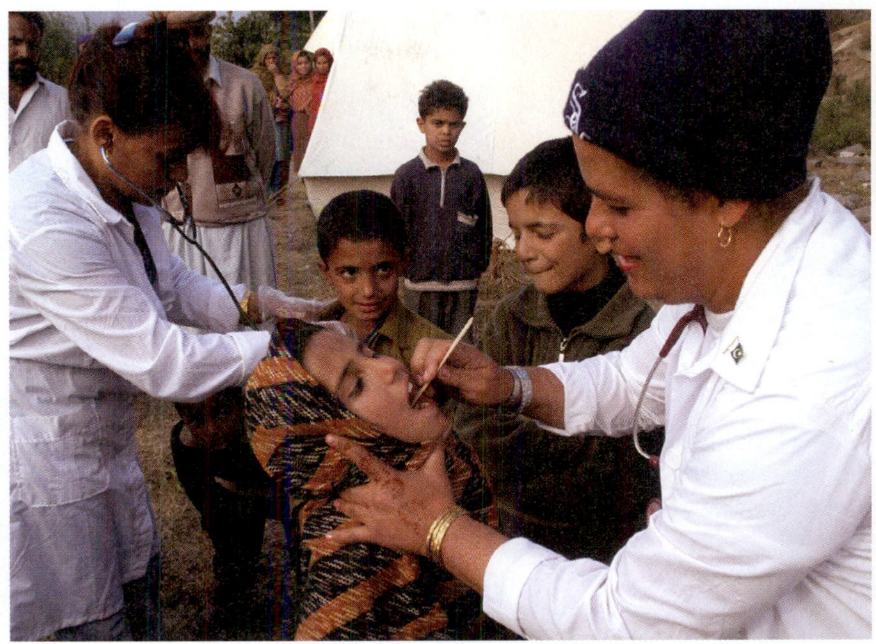

Después de un terremoto que devastó regiones de Pakistán, dos médicas cubanas atienden a los niños que sobrevivieron el desastre.

Detalles culturales

El Producto Interno Bruto[a] (PIB) *per capita* en Estados Unidos fue de 41.800 dólares en 2005. Aquí puedes ver cuál fue esa cifra en algunos países de habla hispana.

España 25.500

México 10.000

República Dominicana 7.000

El Salvador, Guatemala 4.700

Cuba 3.500

Bolivia, Honduras, Nicaragua 2.900

[a]Producto... *Gross Domestic Product*

¿R? Muchos de los verbos de esta lectura están en el pretérito. ¿Por qué?

Práctica. ¿*Por* o *para*? Indica la palabra correcta.

1. En la escuela de medicina, se estudia (**para / por**) médico; en la escuela de derecho, (**para / por**) abogado.
2. Algunos se sienten atraídos a estas profesiones (**para / por**) la promesa de un buen sueldo, otros (**para / por**) el deseo de ayudar a los demás.
3. El maremoto fue un desastre (**para / por**) la gente y los animales de las costas asiáticas.
4. Varios hospitales móviles fueron construidos (**para / por**) médicos extranjeros.
5. Algunos sobrevivientes pasaron (**para / por**) todos los hospitales buscando a sus seres queridos.
6. Miles de turistas visitaron las islas este año (**para / por**) su belleza tropical y su cultura fascinante.

La mitad del equipo de profesionales cubanos estaba formada por mujeres. Estas médicas eran de mucha utilidad en Java, un país mayoritariamente musulmán, donde las mujeres en la mayoría de los casos se niegan a que doctores del sexo masculino las ausculten.[d] Las doctoras cubanas hicieron un excelente trabajo dando asistencia a la población femenina de Java y haciendo que ellas y sus hijos se sintieran cómodos y seguros en los hospitales móviles.

Detalles culturales

Hay aproximadamente 1,6 billones de musulmanes en el mundo, de los cuales relativamente pocos viven en países de habla hispana. Sin embargo, hay un país hispanohablante en el cual la cuarta parte (25 por ciento) de la población es musulmana. ¿Sabes cuál es?

¿R? El pasado de subjuntivo y el pretérito tienen formas similares. ¿Cuál es su relación?

En Java el equipo cubano estuvo trabajando con los heridos por más de dos meses seguidos.[e] Los pacientes indonesios mostraron un gran agradecimiento hacia los doctores de Cuba y muchos de ellos les rogaron que se quedaran unos días más prestando sus servicios. Los médicos cubanos atendieron a unos mil pacientes por día en dos hospitales provisionales que ellos mismos construyeron con la ayuda de otros voluntarios. Estos médicos cubanos se convirtieron en una esperanza para los indonesios, ya que el gobierno de Indonesia tuvo muchas dificultades para dar ayuda a las víctimas.

Aunque Cuba no sea uno de los países más ricos, sí es uno de los primeros en enviar ayuda humanitaria a cualquier país que se encuentre en estado de emergencia. En octubre de 2005, La Habana envió profesionales en el campo de la salud a Pakistán para tratar a las víctimas de otro terremoto. Estos doctores llegaron a Pakistán con los materiales necesarios para instalar 30 hospitales móviles por los que[f] pasaron más de un millón y medio de personas. Otro ejemplo de la dedicación de estos profesionales fue su presencia en Sri Lanka a finales de diciembre de 2004, cuando el inmenso maremoto barrió[g] las costas del Océano Índico. Muchos de los doctores que formaron parte de la misión de ayuda en Sri Lanka estuvieron después en la misión de ayuda en Java.

Detalles culturales

Obviamente los doctores cubanos no hablan todas las lenguas del mundo. Dependen de intérpretes locales que los ayudan a comunicarse con sus pacientes. ¿Hay suficientes intérpretes médicos en tu comunidad?

En la actualidad[h] Cuba tiene cerca de 20.000 profesionales en el campo de la salud trabajando en sesenta y ocho países en estado de emergencia. Por estos muchos actos voluntarios por parte de un régimen dictatorial, el gobierno cubano ha sido acusado por

[d]*listen with a stethoscope* [e]*in a row* [f]por... *through which* [g]*swept* [h]En... *Currently*

gramática

Tg El subjuntivo (Taller III. C.)

Tanto el presente como el pasado de subjuntivo se usa varias veces en la lectura. ¿Por qué se requiere el subjuntivo después de las siguientes frases?

a pesar de que **hacer que** **negar que**
negarse a que **rogar que**

diferentes sectores de realizar tareas humanitarias por interés político. Los doctores cubanos niegan que esto sea verdad. Desde la revolución cubana, explican, Fidel Castro dio prioridad a la salud y por esta razón la Isla cuenta con un gran número de doctores capacitados para atender todo tipo de problemas en los pacientes.

Detalles lingüísticos

¿Viste que se usan en este texto el verbo **negar** y también **negarse**? Como ocurre en muchos casos, el pronombre modifica un tanto el significado:

negar to deny   **negarse** to refuse

Comprensión y expresión

A. ¿Cierto o falso? Corrige las oraciones falsas.

	C	F
1. En 2006 hubo un terremoto en Java en el que perdieron la vida más de 5.000 personas.	☐	☐
2. Cuba fue el único país que envió médicos a Java después del terremoto.	☐	☐
3. Las médicas formaban la gran mayoría de los médicos cubanos que fueron a Java.	☐	☐
4. Durante los meses que estuvieron en Java los médicos cubanos trataron a mil pacientes.	☐	☐
5. Las mujeres musulmanas insistían en ser atendidas por una doctora y no por un doctor.	☐	☐
6. Para que los médicos cubanos los atiendan, los pacientes tienen que ser comunistas.	☐	☐

B. Preguntas

1. ¿Qué países mandaron ayuda médica a Java en 2006?
2. ¿Con qué contribuyó Cuba al esfuerzo de auxilio para Java?
3. ¿Qué hizo el equipo médico cubano en Java?
4. ¿Por qué fue afortunado que hubiera muchas médicas entre los médicos cubanos?
5. ¿En qué otras situaciones han trabajado los médicos cubanos?
6. ¿Qué se le critica al gobierno cubano en cuanto a su misión de ayuda de emergencia mundial?

Práctica. Los médicos extranjeros. Indica la forma correcta para completar las siguientes oraciones.

1. Las víctimas necesitan que los médicos las (**tratan / traten / trataban / trataran**) con rapidez y calidez humano.
2. Creo que los musulmanes permiten que los doctores extranjeros (**comen / coman / comían / comieran**) durante el mes de Ramadán, ¿no?
3. Los médicos extranjeros trajeron su propio equipo porque (**saben / sepan / sabían / supieran**) que era necesario.
4. Cuando los doctores llegaron, vieron que (**hay / haya / había / hubiera**) muchos problemas y mucha gente que sufría.
5. Los pacientes les pedían a los médicos cubanos que no se (**van / vayan / iban / fueran**) tan pronto.
6. Mucha gente quería que los especialistas (**ven / vean / veían / vieran**) a sus parientes y amigos.
7. Aunque muchos dicen que Castro no (**respetó / respete / respetara**) los derechos humanos, es verdad que los equipos médicos de Cuba (**son / sean / eran / fueran**) muy competentes.

gramática

VP Acuérdate de consultar la lista de tu **Vocabulario personal** al final del capítulo o en el *Manual de actividades*.

¡En acción!

A. ¿Qué piensan Uds.? En parejas, háganse y contesten las siguientes preguntas.

1. Para mucha gente, el terremoto es el desastre natural que causa más terror. ¿Estás de acuerdo? ¿Por qué?
2. ¿Crees que todos los países tienen la obligación de ayudarse mutuamente en tiempos de crisis? ¿Qué obligaciones internacionales existen o deben existir, en tu opinión?
3. Si fueras médico/a, ¿te gustaría ir a trabajar en diferentes países? ¿Por qué razones irías o no irías?
4. ¿Te importa el sexo de tu médico? ¿Por qué?
5. Es recomendable que el personal médico esté consciente de las limitaciones que la religión y la cultura imponen en sus pacientes, ¿verdad? Por ejemplo, los médicos del sexo masculino tienen que entender que no deben examinar a las mujeres musulmanas. ¿Puedes dar más ejemplos de estas limitaciones?
6. ¿Qué piensas de las acusaciones de que la misión de los médicos cubanos constituye una maniobra (*maneuver*) política? ¿Se puede decir lo mismo de la labor de los doctores mexicanos, alemanes o chinos?

B. Héroes para el pueblo de Guatemala. Lean la selección y contesten las preguntas que siguen.

Alfonso Portillo, presidente de Guatemala, en su discurso de despedida[a] al dejar la presidencia dijo:

> «Como mi último deber de Estado, no quería perder la oportunidad para presentar nuestra orden más alta de Estado (la Orden del Quetzal) a la heroica brigada de médicos cubanos quienes, frecuentemente, arriesgaron[b] sus vidas para salvar a guatemaltecos».

Así expresó Portillo su agradecimiento hacia los médicos cubanos que ayudaron a las víctimas de huracán Mitch en su país. Por un tiempo, cerca de 600 doctores, enfermeros y técnicos cubanos estuvieron en Guatemala auxiliando a las víctimas de ese desastre natural.

[a]discurso... *farewell speech* [b]*risked*

1. ¿Por qué Portillo les concedió la Orden del Quetzal a los médicos cubanos?
2. ¿De qué forma creen Uds. que los doctores y enfermeros cubanos arriesgaron la vida?
3. ¿Qué creen Uds. que los médicos cubanos hicieron para ayudar a los guatemaltecos?

En la comunidad | *El Dr. Óscar Beita y F.A.C.E.S.*[a]

Según varios estudios, los servicios médicos que reciben los hispanos en Estados Unidos son inferiores, aún cuando el paciente tiene seguro médico y dinero necesarios. Para enfrentarse a este problema, Óscar Beita, médico y profesor de medicina, enseña el curso «Conversantes». El curso es parte del programa *F.A.C.E.S. in Health Professions* en la Universidad de Arizona. Los estudiantes de «Conversantes» tienen que ser bilingües y tener interés en una profesión en el campo de la medicina. Durante el curso aprenden términos médicos básicos en español, aprenden a enseñar español a profesionales anglohablantes en el campo de la salud, se enteran de la influencia de la cultura en las relaciones e interacciones entre los médicos y sus pacientes y se familiarizan con el papel de los intérpretes médicos en las clínicas y los hospitales. Durante el curso tienen que trabajar de voluntarios como intérpretes en hospitales y clínicas y ayudar a estudiantes de medicina a aprender español.

El Dr. Óscar Beita

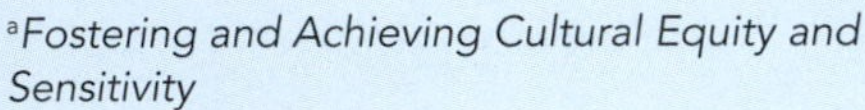

[a]*Fostering and Achieving Cultural Equity and Sensitivity*

Investigación y presentación: Necesidades y recursos médicos. Cuba tiene muchos médicos bien preparados, como has leído. ¿Cómo se comparan con Cuba los otros países de habla hispana?

PASO 1. Investigar. Divídanse en seis grupos. Cada grupo se dedica a una región del mundo hispano: España, México, Centroamérica, el Caribe, los países andinos, el Cono Sur. Cada grupo debe averiguar cuáles son las necesidades de su región con relación a la salud y los recursos médicos. Usen las siguientes preguntas para empezar su investigación.

1. En la región ¿cuántos doctores y enfermeros hay por habitante?
2. ¿Hay acceso fácil a equipo médico moderno?
3. En cuanto a la salud, ¿cuáles son los problemas más urgentes de la zona?
4. ¿Qué programas ofrece el gobierno nacional para dar asistencia médica a los habitantes de la zona?
5. ¿Qué ONGs trabajan en la región y con qué contribuyen al sistema de salud?

PASO 2. Reflexionar. Hablen de lo que han aprendido de los países que estudiaron. ¿Qué les parece el estado de su zona con relación a los recursos médicos y la salud? ¿Tienen problemas particulares los países de su región? ¿Creen que se puede mejorar la situación? ¿Qué recomendaciones harían?

PASO 3. Representar. Como clase, compartan la información de todos. Cada grupo debe preparar un resumen con fotos y datos interesantes. Pueden crear un cartel o PowerPoint, o dar una buena presentación oral.

Exploración | *Los ataques terroristas en Nueva York*

Usa esta cajita para dibujar una imagen o escribir algunas palabras que representen para ti la esencia de esta breve lectura.

Prepárate para leer

Actividad. Anticipación. En 2001 Jorge Ramos fue uno de los muchos periodistas que fue enviado como reportero al lugar de los ataques terroristas en Nueva York. En *Atravesando fronteras* cuenta lo que vio y cómo se sintió. En la selección que vas a leer comenta cómo esta experiencia le afectó la salud. ¿Qué sabes del efecto que tuvo este evento en las personas que trabajaron en las brigadas de rescate y en los que reportaban las secuelas (resultados) del evento?

Vocabulario útil

Los siguientes verbos son importantes para la comprensión de la selección. Emparéjalos con su definición.

_____ aguantarse	**a.** chocarse y destruirse
_____ costar(le) trabajo	**b.** hacer que se ponga delgado
_____ enflacar(le)	**c.** sufrir sin reaccionar
_____ estrellarse	**d.** ser difícil para uno

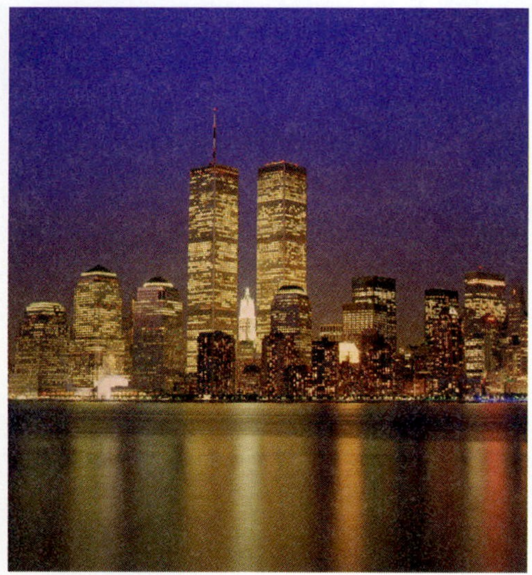

Las Torres Gemelas dominaban el horizonte de Manhattan antes del ataque del 11 de septiembre

¡A leer!

Me sentí francamente desbalanceado. Durante los días que estuve en Nueva York reprimí lo que para la mayoría era natural en una situación así. No lloré, no grité y guardé la compostura[a] en el aire; estoy convencido que me contrataron para reportar por televisión, no para expresar mis sentimientos y emociones frente a una cámara. Pero tanto aguantarme me enfermé.

Perdí cuatro o cinco libras.[b] Ese es mi problema; el estrés, lejos de incitarme a comer de manera incontrolable, me enflaca. Por semanas, después de los ataques, me sentí débil,[c] no podía conciliar el sueño[d] una noche completa y en mis pesadillas[e] los aviones se estrellaban una y otra vez contra las torres gemelas. Tenía ojeras marcadas, moradas,[f] la piel seca[g] y el pelo aún más canoso.[h] Caminaba encorvado.[i] Me costaba trabajo concentrarme, incluso en las canchas[j] de tenis o jugando fútbol, y cualquier cosita me enojaba.

[a]guardé... *kept my composure* [b]*pounds* [c]*weak* [d]no... *I couldn't get any sleep* [e]*nightmares* [f]ojeras... *dark bags under my eyes* [g]piel... *dry skin* [h]*gray* [i]*hunched over* [j]*courts*

Tg El pretérito y el imperfecto (Taller III. B.)

gramática

Casi todo el primer párrafo de la lectura está en el pretérito, mientras que el segundo está principalmente en el imperfecto. ¿Por qué?

Comprensión y expresión

A. Preguntas

1. ¿Qué sentía Ramos y cómo se veía después de su reportaje en Nueva York?
2. Psicológicamente, ¿de qué padecía?
3. ¿Por qué se encontraba tan mal?
4. ¿Qué crees que necesitaba hacer Jorge Ramos para curarse?
5. Los médicos cubanos que van constantemente a lugares devastados por un desastre deben sufrir de mucho estrés también. ¿Cómo crees que se cuidan o deben cuidarse?

B. El pronombre *me*. Como sabes, el pronombre **me** puede ser reflexivo, de objeto directo, o de objeto indirecto. Busca **me** en la lectura, e indica cuál es su uso en cada caso. Puedes usar la siguiente tabla como modelo.

FRASE DEL TEXTO	SU SIGNIFICADO	USO DEL PRONOMBRE *ME*
Me sentí francamente...	Ramos habla de sus sentimientos y su estado físico	reflexivo

Para pensar

La violencia y la guerra causan mucho daño a la gente, y sus efectos no son siempre inmediatos. A veces las víctimas —entre ellos soldados, doctores y periodistas también— padecen durante años de síntomas relacionados con el estrés. ¿Cómo se pueden tratar estos problemas? ¿Existen servicios en tu comunidad que ayuden a quienes sufren de síntomas de este tipo?

Práctica. El pretérito y el imperfecto. Explica por qué los verbos subrayados están en el pretérito o el imperfecto.

1. Cuando Jorge Ramos <u>tenía</u> 8 ó 9 años, <u>fue</u> con su familia a la playa. <u>Fue</u> a nadar en el mar y no sabe cómo no <u>se ahogó</u>. Le <u>dio</u> mucho miedo darse cuenta de que sus padres no <u>sabían</u> nada de lo ocurrido.
2. Ramos <u>llegó</u> a Estados Unidos como estudiante de UCLA. No <u>tenía</u> mucho dinero y <u>vivía</u> en un cuarto feo y pequeño. <u>Comió</u> bastante bien durante el breve tiempo en que <u>trabajó</u> en un restaurante, pero generalmente <u>comía</u> poco y mal.
3. Ramos <u>tuvo</u> una hija con su primera esposa y un hijo con la segunda. Ramos <u>adoraba</u> a su hijita Paola y cuando ella <u>se fue</u> a vivir con su mamá a España, él <u>se quedó</u> muy triste. Le <u>costó</u> mucho tiempo volver a sentirse bien.

gramática

Charlemos un rato

¿Qué desastres naturales frecuentes en tu paíso has presenciado?

PASO 1. En grupos de dos o tres, hablen de los desastres naturales de la región. Luego, hagan una lista en la pizarra para saber cuáles desastres naturales y cuántos han experimentado los estudiantes de la clase.

1. ¿Qué desastres naturales han presenciado?
2. ¿Cómo fue esa experiencia?
3. ¿Qué tipo de desastre natural le da más miedo? ¿Por qué?

- ☐ Terremoto
- ☐ Huracán
- ☐ Tornado
- ☐ Inundación
- ☐ Avalancha
- ☐ Avalancha de barro
- ☐ Incendio forestal
- ☐ Maremoto

Joby McClendon (Estados Unidos / México): «Los edificios se tienen que construir contra terremotos.»

PASO 2. En el vídeo, vas a escuchar a Joby, Andrés y Jesús hablar de los desastres naturales. Antes de ver las entrevistas, repasa el **Vocabulario útil** y lee las siguientes oraciones. Luego, complétalas según lo que dicen los entrevistados.

Andrés Manosalva (Colombia): «Era una cosa aterradora porque no quedaba nada.»

Vocabulario útil

presencié I witnessed
ruedas wheels
se menea it moves, wiggles
burbujas bubbles
fallas faults
se derritió el hielo the ice melted
arrasó con leveled, razed
sobrevolando flying over
se creó was created
está rodeado de ________
piedras, lodo y arena ________, mud, and ________
velar por keep watch over, ensure

Jesús Salazar (Venezuela): «Fue muy importante la ayuda internacional de todas partes del mundo.»

1. Los ________ de la Ciudad de México tienen doble ________ por las burbujas que dejó el ________ Texcoco.
2. La ________ de Armero fue causada por una ________ volcánica que derritió el hielo. El hielo bajó al ________ y las aguas y la lava inundaron a Armero.
3. En la tragedia de Vargas los ríos se convirtieron en ríos de ________, lodo y arena, destruyendo muchísimos edificios, el ________ principal, el puerto principal, las ________ y más.

PASO 3. Contesta las siguientes preguntas.

1. ¿Cómo se construyen los edificios en la Ciudad de México para que resistan los terremotos? ¿Qué pasa durante un terremoto con los edificios altos?
2. ¿Cómo se juntaron el volcán, el hielo y el río para crear un desastre en Armero, Colombia?
3. ¿Cómo afectó la tragedia de Vargas a la ciudad de Caracas y a otros estados de Venezuela?
4. ¿Qué tienen en común los desastres que describen los entrevistados? Andrés y Jesús hablan un poco de cómo las organizaciones de emergencia respondieron a los desastres. ¿Qué tienen en común? ¿Cómo son las agencias de emergencia de este país durante los desastres naturales?

Dichos

En parejas, lean los siguientes refranes y traten de pensar en un refrán correspondiente en inglés. Pueden buscar en el Internet más refranes en español.

Dichos
- Amor con amor se paga.
- Haz bien y no mires a quien.
- Como se vive se muere.
- Donde comen dos comen tres.

Costumbres y buenos modales

Los vecinos

En los países hispanos ser vecino de una persona significa algo más que vivir en el mismo vecindario o edificio. Aunque no es costumbre llevarle galletas o una cesta de fruta al vecino cuando recién se muda al vecindario de uno, en algunos lugares es común presentarse y tratar de entablar una relación que haga la convivencia más agradable. En los edificios de pisos o viviendas, comunes en algunos países hispanos, los vecinos comparten el portal, la terraza, la escalera y los buzones, lo cual permite que los vecinos se encuentren y se saluden varias veces al día. Sin tener que ser amigos íntimos, los vecinos hispanos pueden pedirse ayuda en casos de urgencias, como un accidente doméstico. Esto hace que en casos de serias emergencias, como una inundación, incendio, huracán o terremoto, entre otras, uno pueda contar con la ayuda del vecino. Todos se benefician de estas relaciones personales con los vecinos, pues en ocasiones crean lazos de unión comparables a los que existen entre los familiares y, a veces, más fuertes.

Actividad. Los vecinos y las emergencias. Haz una lista de desastres que han ocurrido en este país y durante los cuales los reporteros notaron un alto nivel de cooperación entre los vecinos. ¿Qué tienen en común estos eventos? ¿Crees que la gente de este país también se junta para ayudarse mutuamente ante cualquier desastre o caso de emergencia? Explica.

Déjame que te cuente sobre...

Prepárate para leer

A. Reflexión

1. ¿Qué significa **venir al rescate**? Si una organización viene al rescate, ¿qué servicios aporta? ¿A quién se los presta?
2. ¿Sabes algo de las organizaciones de tu comunidad que ayudan a la gente en el extranjero? ¿Conoces a algunos médicos, enfermeros, ingenieros u otros voluntarios que hayan trabajado en países necesitados de ayuda?

B. Estrategia. Por el título de esta sección y observando las fotos e imágenes que acompañan la lectura, ¿sobre qué crees que vas a leer? Escribe unas conjeturas sobre la lectura. Después de leerla, verifica si tenías razón o no.

Vocabulario útil

Las siguientes expresiones son importantes para comprender la lectura. Dar las definiciones que faltan.

desempeñar un papel parecido __________

la brigada de socorro __________

el personal y material médicos __________

proporcionar, dar, prestar (ayuda), otorgar, regalar, distribuir se dice de instituciones y agencias

socorrer auxiliar o salvar a las víctimas de un desastre

VP Repasa las palabras en la sección **Vocabulario del tema** al principio del capítulo y acuérdate de tu **Vocabulario personal** al final del capítulo o en el *Manual de actividades.*

Detalles lingüísticos

Si estás en una situación difícil y necesitas ayuda inmediata, grita: «¡Socorro!» o «¡Auxilio!». No grites «¡Ayuda!»

gramática

Tg El infinitivo y el gerundio (Taller III. F., H.)

¿Recuerdas cómo se usan el infinitivo y el gerundio? Indica los usos del infinitivo (I) y del gerundio (G).

	I	G		I	G
después de preposiciones	☐	☐	después de **estar**	☐	☐
después de **ir, venir** y **seguir**	☐	☐	después de frases como «es importante»	☐	☐
como objeto verbal	☐	☐	sujeto verbal	☐	☐
como adverbio	☐	☐	funciona como sustantivo	☐	☐

una organización que viene al rescate y no se va

¡A leer!

Lee la selección entera sin buscar palabras en el diccionario. Luego, completa la **Actividad A** de **Compresión y expresión** (pág. 251) y vuelve a leer la lectura.

Cuando ves en las noticias que la naturaleza sigue azotando[a] el planeta con inundaciones, incendios, huracanes y otros fenómenos, también sueles oír algo sobre las brigadas de socorro que llegan al lugar de emergencia con provisiones médicas, comida, ropa y demás materiales necesarios para ayudar. En muchos casos, la Cruz Roja demuestra su eficacia, ya que responde a la crisis tan pronto como se le avisa. Otras organizaciones como la Cruz Roja hacen papeles importantes durante una crisis, llevando o enviando apoyo sanitario y técnico. Una de estas organizaciones es *Direct Relief International DRI*, organización altamente valorizada[b] por la eficacia de sus servicios. Es una de las pocas organizaciones que usa casi el 100 por ciento de los fondos que recibe para la gente necesitada. Es una organización no gubernamental (ONG), sin agenda política y sin preferencia por ningún partido político.

Análisis de gastos de *DRI*

- Gastos de la programación
- Gastos administrativos
- Gastos de la colecta de fondos

Un voluntario de *Direct Relief International* ayuda con algunas provisiones destinadas para El Salvador.

¿R? El presente de indicativo
(Taller I. y II.)

Casi toda esta lectura está en el presente de indicativo. ¿Por qué? ¿Cuáles son las funciones de este tiempo verbal?

Detalles lingüísticos

En la lectura hay varias palabras que tienen más de un significado, por ejemplo, **papel,** que se puede traducir como *paper* y también como *role*. Pero ten cuidado con los significados múltiples. En inglés *paper* también es sinónimo de *essay*, pero en español **papel** nunca significa **ensayo.** ¿Puedes encontrar más palabras con significados múltiples?

[a]*lashing* [b]*valued*

Práctica. El huracán. Primero completa las siguientes oraciones con el gerundio o infinitivo del verbo entre paréntesis. Luego, pon los eventos en orden cronológico.

_____ En algunos pueblos los habitantes no tienen dónde _____________ (**refugiarse**) ni saben cómo _____________ (**escaparse**) en casos de urgencia.
_____ Varias agencias intentan _____________ (**ayudar**) a las víctimas del huracán.
_____ El huracán lo destruye todo, _____________ (**inundar**) todos los pueblos de la costa.
_____ El meteorólogo anuncia que un huracán se está _____________ (**formar**) en el Océano Atlántico.
_____ Llegan voluntarios internacionales con provisiones médicas y material para _____________ (**construir**) casas nuevas.
_____ Vientos fuertes golpean la costa al _____________ (**acercarse**) el huracán.
_____ Algunas personas se ahogan _____________ (**tratar**) de nadar a través de corrientes peligrosas.

¿R? Pero y sino (que)

A las víctimas no vamos a mandarles comida, **sino** medicamentos.
No sólo enviamos calmantes, **sino que** también mandamos antibióticos.

pero = but, however
sino (que) = but rather, but also

Las actividades de *DRI* se enfocan en proveer de atención médica a la gente. No se limitan a reacciones inmediatas ante emergencias o desastres naturales que causan grandes daños y aflicciones, sino que se quedan en una región devastada después de que la crisis ha «pasado de moda» para la prensa. Buscan establecer una presencia permanente y colaborar con el personal médico local, tratando así de asegurar la máxima eficacia en su operación. En 2005, la organización logró proporcionar $201 millones para auxilio directo en forma de material médico y becas[c] financieras específicas para servir a 23 millones de personas en cincuenta y seis países diferentes.

Detalles lingüísticos

¿Qué es el aseo personal? Bueno, el verbo **asear** significa lavar, limpiar, arreglar, poner en orden. Entonces, ¿cuáles son algunos productos para el aseo personal?

Por ejemplo, en una zona rural aislada de El Salvador, por ejemplo, con donaciones de *DRI,* la Clínica María Madre de los Pobres recibe antibióticos, medicinas, aparatos[d] para hacer operaciones y tratamientos, y vitaminas y productos de aseo personal. Además de esto, en octubre de 2005, *DRI* mandó 8.000 libras de medicamentos y provisiones a San Salvador para aliviar los problemas causados por el huracán Stan ese mismo año. Al sur de Lima, Perú, la Clínica Manchay logró abrir las puertas a los habitantes de una colonia[e] de gran pobreza porque *DRI* les había regalado equipo médico, medicamentos y otros suministros[f] médicos. Igual que muchas otras, esta clínica sigue recibiendo apoyo de la organización.

Detalles lingüísticos

Así se abrevia *AIDS* en español: SIDA, por Síndrome Inmunológico de Deficiencia Adquirida. Con frecuencia se escribe «el sida».

Sí, *DRI* interviene en casos de desastres naturales, pero también en los desastres sociales y económicos caracterizados por la desnutrición, la drogadicción, la pobreza, el SIDA, la violencia familiar y el pandillismo.[g] En fin, se trata de una organización caritativa que comprende que el sufrimiento después de un desastre en los países en vías de desarrollo dura por muchos meses, generalmente, más de uno o dos años. Es una lucha diaria[h] que hay que emprender[i] con mucha energía.

[c]*grants* [d]*machines* [e]*town* [f]*provisions* [g]*gang activity* [h]lucha... *daily struggle* [i]*undertake*

Tg Las preposiciones *a* y *en* (Taller VI. A.)

gramática

Las preposiciones **a** y **en** tienen muchos usos. No debes tratar de memorizarlos todos, sin embargo, es muy útil familiarizarte con algunas tendencias.

- La preposición **a** después de verbos de
  - acercamiento y movimiento **(ir a, viajar a)**
  - inicio **(ponerse a)**
  - instrucción **(enseñar a)**

Recuerda que la a personal se usa antes del objeto directo cuando es persona. (¿Vas a ver **a** tu mamá?)

- La preposición **en**
  - para expresar ubicación en el espacio **(Los libros están en la mesa.)**
  - para expresar ubicación en el tiempo **(Estamos en primavera.)**
  - después de **consistir, insistir, persistir**

¿Qué más recuerdas de los usos de **a en**?

Detalles culturales

La pandilla más conocida y temida de Centroamérica, y una de las más violentas de Estados Unidos, es la Mara Salvatrucha. También conocida como «MS-13», esta pandilla tiene sus raíces en la guerra civil de El Salvador y en las calles y cárceles de Los Ángeles, California. El gobierno de Honduras y el de El Salvador han reaccionado ante la terrible violencia de esta pandilla enorme estableciendo leyes de «mano dura» y hasta «mano superdura» que permiten que la policía detenga a toda persona que parezca ser pandillera.

Comprensión y expresión

A. ¿Cierto o falso? Corrige las oraciones falsas.

	C	F
1. *DRI* es una agencia del gobierno federal estadounidense.	☐	☐
2. *DRI* ayuda únicamente a Centroamérica.	☐	☐
3. *DRI* se especializa en dar atención médica.	☐	☐
4. *DRI* va adonde quiera (*wherever*) que haya necesidad y se queda cooperando con los médicos locales.	☐	☐
5. *DRI* no provee de equipo, sino de personal médico a quienes lo necesiten.	☐	☐
6. Un problema con *DRI* es que gasta mucho dinero en costos administrativos.	☐	☐

B. Preguntas

1. ¿Qué es *DRI* y dónde operan los miembros de esta organización?
2. ¿Cuáles son las metas y los métodos de *DRI*?
3. Da un ejemplo de cómo operan en *DRI*.
4. ¿Por qué es especial esta organización?

Práctica. Médicos Sin Fronteras. Completa el siguiente párrafo con las preposiciones correctas.

Varios doctores y enfermeros de esta ciudad participan (**a / en**)[1] el programa de Médicos Sin Fronteras. Pronto van (**a / en**)[2] viajar a Bolivia para ayudar (**a / en**)[3] los pobres de ese país. Piensan estar unas semanas (**a / en**)[4] la capital, luego irán (**a / en**)[5] algunas zonas rurales. Estos doctores están entrenados (**a / en**)[6] diferentes especializaciones y todos están muy dedicados (**a / en**)[7] practicar los ideales de su profesión.

gramática

> *VP* Acuérdate de consultar la lista de tu **Vocabulario personal** al final del capítulo o en el *Manual de actividades*.

¡En acción!

A. ¿Qué piensan Uds? En parejas, háganse y contesten las siguientes preguntas.

1. ¿Sabes algo sobre la Cruz Roja? ¿Con qué situaciones asocias esta ONG?
2. Antes de leer la lectura, ¿habías leído u oído hablar de *DRI*? ¿Qué piensas de esta organización?
3. En tu opinión ¿qué es lo más (o lo menos) impresionante de *DRI*?
4. Si pudieras trabajar como voluntario/a para una organización como la Cruz Roja o *DRI*, ¿cuál de ellas escogerías? ¿Por qué?
5. Mucha gente suele donar dinero y bienes a las organizaciones caritativas, pero por diferentes razones prefiere no trabajar directamente con ellas. ¿Por qué? ¿Qué prefieres tú?
6. Si pudieras hacerles recomendaciones a los directores de *DRI* o de otra organización similar, ¿qué les sugerirías y por qué?

B. Para los niños

PASO 1. Lean el siguiente texto y contesten las preguntas que siguen.

Así como hay organizaciones que se especializan en aliviar el sufrimiento humano tras un desastre natural o guerra, también existen las que se dedican a ayudar a individuos que necesitan alguna intervención médica que no se puede realizar en su país. En el Reino Unido,[a] *Facing the World* arregla situaciones en las que niños de diferentes países viajan a Inglaterra para que se les corrijan deformaciones de la cara. En Estados Unidos, *Healing the Children* hace un trabajo semejante, mandando personal y provisiones médicas a unos 60 países y, cuando es necesario, llevando a los niños de otro país a Estados Unidos para que reciban su tratamiento. Esta organización fue la que hizo posible la separación quirúrgica de las gemelas unidas[b] María Teresa y María de Jesús Quiej Álvarez, nacidas en 2001 en Guatemala. Generalmente organizaciones como esta dependen de voluntarios y donaciones. Los doctores no sólo trabajan gratuitamente, sino que pagan sus propios costos de viaje también.

[a]Reino.... *United Kingdom* [b]gemelas... *conjoined twins*

1. ¿Qué tienen en común las organizaciones *Facing the World* y *Healing the Children*?
2. ¿Cuáles son las diferencias entre las dos organizaciones?
3. ¿Crees que te gustaría trabajar con una de estas organizaciones? ¿Cuál de ellas te interesa más y por qué?
4. ¿Cómo se comparan estas organizaciones con *DRI* o con la misión cubana de enviar doctores al extranjero?

PASO 2. Ahora comparen las imágenes que usan *Facing the World* y *Healing the Children.* ¿Cuál prefieren? Si tuvieran que diseñar un logotipo para una organización dedicada a ayudar a los niños, ¿qué tipo de imágenes usarían?

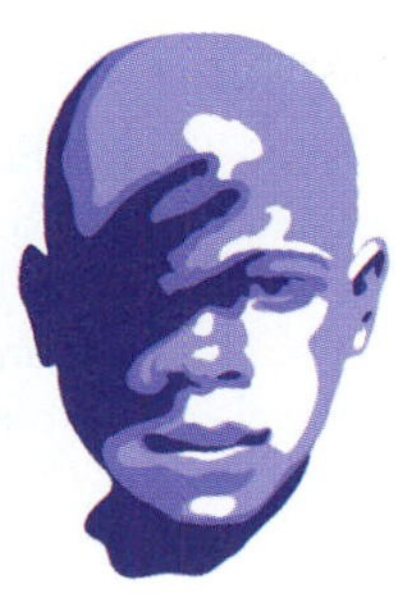

FACING THE WORLD

Investigación y presentación: Las ONGs en los países de habla hispana

PASO 1. Investigar. Existen muchísimas ONGs dedicadas a ayudar a los pueblos en vías de desarrollo y a aquellos que han sufrido algún desastre. Algunas son religiosas, otras no. Algunas se especializan en la educación, otras en servicios médicos u otros tipos de auxilio. Hay algunas que son más eficaces que otras y, entre ellas, algunas que también han sido acusadas de corrupción. En grupos de tres o cuatro, investiguen una ONG que opere en un país de habla hispana tratando de fomentar el desarrollo, extender los servicios básicos a todos y/o promover los derechos humanos. Deben escoger su ONG e investigar su misión, sus métodos y su eficacia.

PASO 2. Presentar. Su presentación a la clase debe incluir la filosofía, misión y metas de la ONG que escogieron; sus métodos y algunos ejemplos de sus proyectos; de dónde vienen sus fondos y cómo los distribuyen. Comenten también su evaluación personal de la ONG.

PASO 3. Reflexionar. Después de hacer la presentación de tu grupo y de oír las otras presentaciones, ¿qué has aprendido? ¿Qué piensas de las ONGs y del trabajo que hacen? Haz una lista o escribe un párrafo explicando tus ideas principales. Luego, coméntalas con dos o tres compañeros.

Exploración | *Fatos y su dibujo*

Usa esta cajita para dibujar una imagen o escribir algunas palabras que representen para ti la esencia de esta breve lectura.

Prepárate para leer

Actividad. Anticipación. Cuando Ramos fue a cubrir la guerra de Kosovo, visitó los campamentos de refugiados albanos en Macedonia. Le impresionó mucho la cantidad de niños que vio allí y lo que estos habían sufrido. En su libro, cuenta cómo un adolescente llamado «Blero» se escondió de las tropas serbias durante dos semanas, sin comer. Antes de leer la selección, busca información sobre el conflicto en Kosovo. ¿Cuándo ocurrió? ¿Quiénes estaban en conflicto?

Vocabulario útil

Empareja las siguientes expresiones con su definición.

____ **conmover**	**a.** hacer(lo) + *inf.*
____ **poner(lo) a** + *inf.*	**b.** algo realmente absurdo
____ **quizás**	**c.** afectar emocionalmente
____ **una soberana tontería**	**d.** tal vez, acaso, posiblemente

¡A leer!

A veces no son las historias de heroísmo, como la de Blero, las que más nos tocan. Fatos era un niño que me conmovió por algo más sencillo[a] y cruel: no podía dejar de orinar.[b] Desde que los soldados serbios entraron por la fuerza a su casa de Podgraje, ninguna medicina pudo controlar la incontinencia de este niño de nueve años de edad. Nada. Además, le dio diarrea. Quizás por los nervios. Sus padres estaban desesperados. Por eso lo llevaron a ver a los doctores de la organización Médicos Sin Fronteras en uno de los campamentos para refugiados de Macedonia. Uno de ellos, en lugar de darle más medicinas, lo puso a dibujar. A su padre le pareció una soberana tontería pero no se atrevió a quejarse.[c] Conocí a Fatos durante su segunda cita[d] con el médico que le recetaba dibujar y el cambio era notable. No pude evitar[e] mirarle el pantalón y lo tenía seco. Luego le miré la cara y estaba sonriendo. En la mano derecha llevaba un dibujo que me enseñó orgulloso.[f]

[a]*simple* [b]no... *he couldn't stop urinating* [c]no... *didn't dare complain* [d]*appointment* [e]*avoid* [f]*proudly*

Tg La preposición *de*

(Taller VI. A.)

gramática

La preposición **de** se usa mucho en español. Significa *about, of* o *from,* pero también se usa en expresiones fijas.

- ***ser de* para expresar**

materia	La mesa es **de** madera.
origen	El profesor es **de** India.
posesión	Este libro es **de** Julio.

- **más usos de *de***

constar **de**	*to consist of*
dejar **de** + *inf.*	*to stop (doing something)*
en lugar **de,** en vez **de**	*instead of*
de la mañana/tarde/noche	*A.M. / P.M.*
poemas **de** amor	*love poems*
películas **de** terror	*horror films*

Comprensión y expresión

A. Preguntas

1. ¿Cuál era el problema del pequeño Fatos?
2. ¿Qué tratamientos médicos no lo ayudaron y qué lo ayudó al final?
3. ¿Cómo crees que era el dibujo de Fatos? En una hoja de papel aparte, dibuja lo que te imaginas que él dibujó.

B. *Le y lo.* Usa la siguiente tabla como modelo para analizar los usos de **le** y de **lo** en la lectura.

	FRASE DEL TEXTO	ANTECEDENTE DEL PRONOMBRE	TIPO DE PRONOMBRE
uso de **lo**	*lo llevaron a ver...*		objeto directo
	...lo tenía seco		
uso de **le**	*le pareció una soberana tontería...*	el padre del niño	
	el médico que le recetaba dibujar...		

Para pensar

Obviamente, la guerra puede tener terribles efectos en la salud física y mental, tanto de los civiles como de los de soldados. ¿Conoces a alguien que haya pasado por esa experiencia? ¿Qué problemas tiene, o tuvo, como resultado de la guerra? En tu comunidad ¿se ofrecen servicios para ayudar a los veteranos y a las víctimas de la guerra?

gramática

Práctica. Alternativas. Usa expresiones con **de** para expresar las siguientes ideas de otra manera.

MODELO: una historia romántica → *una historia de amor*

1. un señor muy viejo ____________
2. una niña joven ____________
3. un viaje largo ____________
4. antónimo de **empezar a** ____________
5. sinónimo de **consistir en** ____________
6. hora militar: las 18:00 horas ____________

¡A escribir!

PASO 1. Explora las siguientes posibilidades para el ensayo. No te olvides de apuntar en tu *Manual de actividades* las ideas que más te interesan.

1. Imagínate que hablas varias lenguas y trabajas como intérprete en un hospital o clínica de tu comunidad. Escribe un breve artículo describiendo tu trabajo. Usa las siguientes preguntas para organizar tus ideas. Para ti ¿cómo es un día típico en el trabajo? ¿Qué situaciones observas? ¿Qué es lo que más te gusta o te interesa del puesto? Mientras trabajas, ¿cómo te sientes? Describe las esperanzas, dificultades, frustraciones y los temores de todos los días. ¿Cómo se pueden resolver? Prefieres trabajar más con el personal médico, o con los pacientes y sus familiares? ¿Por qué?
2. Imagínate que has pasado un verano trabajando como voluntario/a con *Direct Relief International* (*DRI*) u otra organización semejante y ahora vas a dar una charla sobre tus actividades y experiencias durante ese tiempo a un grupo de personas interesadas. Escribe tu presentación. Usa las siguientes preguntas como guía. ¿Quiénes forman tu público? ¿Vas a dar tu charla ante una clase, ante los directores de *DRI,* en una iglesia o asociación comunitaria? ¿Cuál es la meta de tu presentación? ¿Va a ser sólo informativa o persuasiva también? ¿Qué información quieres presentar? ¿Cómo vas a organizarla? ¿Qué fotos u otro apoyo visual van a acompañar tu presentación? ¿Qué preguntas anticipas que el público te va a hacer?

PASO 2. Si todavía no estás seguro/a del tema que prefieres, vuelve a leer el **Problema auténtico** y las secciones **Para pensar** y consulta tu **Vocabulario personal.** También puedes escoger un tema de una de las actividades del libro de texto o del *Manual de actividades*.

PASO 3. Repasa la gramática presentada en este capítulo. ¿Cómo puedes usarla en tu ensayo? Mientras escribes, subraya las formas y estructuras que utilizas de este capítulo.

PASO 4. Escribe un borrador de por lo menos 200 palabras. Si quieres, puedes seguir los pasos de **¡A escribir!** en el *Manual de actividades* para escribir el ensayo.

¿R? ¿Narración persuasiva? ¿Información convincente?

Si vas a relatar experiencias o presentar información de una manera apasionada y detallada que promueva tu punto de vista, es probable que el subjuntivo haga un papel importante. ¿Ves cómo se acaba de usar dos veces ya? Sería bueno repasar las formas y los usos del subjuntivo.

> Como intérprete que observaba también, me frustraba que los directivos de las compañías de seguro médico a veces **tuvieran** prioridad sobre la opinión del doctor. No me parece justo que unos pacientes **se vean** obligados a probar tratamientos médicos menos eficaces. Si esos pacientes **pudieran** hablar inglés mejor, podrían comunicarse mejor con los doctores y las compañías de seguro médico.

Vocabulario (*Esta lista presenta el vocabulario esencial de este capítulo.*)

Los servicios y las necesidades

las agencias de primeros auxilios relief agencies
el auxilio directo direct assistance
el auxilio relief
la ayuda humanitaria humanitarian aid
la ayuda médica medical support
la ayuda sanitaria health care
la brigada de rescate rescue squad
la eficacia effectiveness; efficiency
el equipo de socorro emergency equipment
el equipo médico medical equipment
el hospital transitorio field hospital
la ONG (organización no gubernamental) NGO (nongovernmental organization)
el rescate rescue
el sufrimiento suffering

Cognados: la aflicción, la asistencia directa, la distribución de fondos, el hospital móvil, el hospital provisional, la prevención, las provisiones médicas

aliviar to relieve
atender(ie)(a) to attend (to), help
construir (*irreg.*) to build
entrenar to train
proteger (j) to protect
proveer to supply, provide
reconstruir (*like* **construir**) to rebuild

Cognados: distribuir (*like* **construir**), **responder (a)**

afligido/a afflicted
caritativo/a charitable
desamparado/a helpless; unprotected
eficaz (eficaces) effective

Los desastres naturales y los conflictos catastróficos

la avalancha de barro mudslide
el incendio fire
la inundación flood
el maremoto tsunami
el terremoto earthquake

Cognados: la catástrofe, el huracán, el tornado, el tsunami, la víctima

herido/a injured, wounded

Cognado: catastrófico/a

¡Auxilio!
¡Socorro! } Help!

Vocabulario útil y vocabulario personal

Usa esta sección para apuntar palabras y expresiones adicionales que tu profesor(a) asigne u otras palabras útiles para comunicar tus ideas relacionadas con este capítulo.

Voluntarios internacionales

Elysia: «Uno aprende mucho de la gente, de otras culturas y de uno mismo también.»

En las **Unidades 1** y **2,** viste dos minidocumentales sobre el trabajo que hacen los voluntarios de *Cross-Cultural Solutions* en Costa Rica y Guatemala (*Un cambio positivo:* Cross-Cultural Solutions *en Costa Rica* y *Un puente entre culturas:* Cross-Cultural Solutions *en Guatemala*). Vas a volver a verlos para comparar los proyectos, las necesidades de los países y las oportunidades que hay para los voluntarios.

Vocabulario útil

centro diurno daytime care center
desempeñar hold (a job), occupy

---

arraigada rooted
desamparados homeless
frailes friars, monks
pase lo que pase no matter what (happens)
nos brindan they give us
tenía vergüenza I was embarrassed
burbuja de vidrio glass bubble
paulatino gradual

Antes de ver

Actividad. ¿Qué recuerdas? ¿Qué recuerdas de los proyectos de *Cross-Cultural Solutions* (*CCS*) en Costa Rica y Guatemala? Empareja los siguientes lugares con los voluntarios que trabajan allí.

EN COSTA RICA

1. ____ Amureci
2. ____ CAIPAD
3. ____ Centro Diurno de Ancianos
4. ____ Escuela Puente Casa

EN GUATEMALA

5. ____ Clínica Periférica
6. ____ Colegio San Jerónimo
7. ____ Hogar Guadalupe

a. Anna y Holly
b. Courtney
c. Elysia
d. Julia
e. Rachel
f. Rita y Kim
g. Travis

¡A ver!

Actividad. Asociaciones. Ahora, mientras ves los minidocumentales, averigua la información que apuntaste en **Antes de ver** y corrígela.

Comprensión y expresión

A. ¿Para quién? ¿A quiénes ayudan las diferentes organizaciones? Usando los lugares de **Antes de ver,** indica el lugar o los lugares apropiados.

1. los ancianos
2. los discapacitados
3. las familias (la salud)
4. los niños (educación)
5. las mujeres
6. los desamparados

B. ¿Qué se lleva consigo el voluntario? Virginia, la directora de *CCS* en Guatemala, dice que la mayoría de los voluntarios regresa a su país creyendo que recibió más de lo que dio. Irving, el director en Costa Rica, dice que el voluntario «tiene que saber que puede conocer y respetar una cultura sin abandonar la propia». En grupos de dos o tres, hablen de lo que un voluntario recibe como recompensa cuando da de su tiempo y energía. Lean y comenten las citas de los diferentes voluntarios también.

Nuestro proyecto en la comunidad

La clase diseñará un programa para mejorar el estado de salud en su comunidad. Lo específico dependerá de su comunidad, de quiénes viven allí y de su situación actual. ¿Tienen todos acceso a comida nutritiva y a servicios médicos? ¿Necesitan información sobre la buena nutrición? ¿Necesitan ayuda para hacer ejercicio con regularidad?

¿Cómo se puede hacer?

Si en su universidad hay un centro de *Service Learning* o una oficina de voluntariado, quizás allí puedan ayudarlos con lo siguiente.

- Primero Uds. deben enterarse de la situación actual de su comunidad. Necesitan saber qué necesidades se presentan en cuanto a la nutrición y la salud y averiguar qué servicios y recursos existen ya en la comunidad.
- Deben determinar qué pueden ofrecerle a la comunidad. ¿Cuántos estudiantes quieren participar en este proyecto? ¿Tienen experiencia enseñando sobre nutrición o sobre algún aspecto de la educación física? ¿Cuándo tienen tiempo libre para ayudar? ¿Qué lenguas hablan? ¿Tienen transporte?
- No se olviden de lo administrativo. Necesitarán una oficina, aunque sea un espacio pequeño; gente para organizar papeles, actividades y voluntarios; y gente para administrar el dinero.
- ¿Qué servicios van a ofrecer? ¿Hay alguna necesidad a la que no responden los servicios ya existentes?
- Pueden anunciar su programa en el periódico o por la radio. ¿Qué más pueden hacer para que todos se enteren de este nuevo programa?
- Deben reunirse varias veces para comentar y planear los detalles del programa. No se olviden de incluir a representantes de la población a la que quieren servir, porque un servicio no se puede considerar verdadero si no responde a las necesidades humanas.
- Los estudiantes que participen, si van a recibir crédito universitario por su trabajo, deben hacer los trámites necesarios.
- La reflexión es esencial para que la experiencia de *SL* sea completa y se puede hacer de diferentes modos. Por ejemplo, se puede hacer a través de un diario estilo tebeo (*comic book*). Pueden expresar así, de un modo cooperativo y no muy serio, sus observaciones, sentimientos, pensamientos, esperanzas, preocupaciones y acciones. Si encuentran problemas y conflictos durante el proyecto, preséntenlos también, ya que también son parte del proceso.

Usen el espacio en su *Manual de actividades* para planificar y desarrollar este proyecto. Si lo hacen de verdad, será un trabajo enorme de grandes beneficios para todos. ¡Buena suerte!

UNIDAD 6

De viaje

Collecting the souvenir to mark the experience (1998), Delilah Montoya (1955–)

Capítulo 11

Estudios y trabajo en el extranjero

Capítulo 12

De vacaciones

Expresiones culturales

autobiografía: *En esto creo* (2002), Carlos Fuentes (México)

fotografía: *Collecting the souvenir to mark the experience* (1998), Delilah Montoya (Estados Unidos)

literatura: «La historia que pudo ser», *Bocas del tiempo* (2004), Eduardo Galeano (Uruguay)

escultura: *The Voyager* (2006), Cecilia Miguez (Uruguay)

cine: *Diarios de motocicleta* (2004), director Walter Salles (Brasil), protagonista Gael García Bernal (México)

Nuestro proyecto en la comunidad

Los estudios, el trabajo y las vacaciones en el extranjero pueden combinarse con servicios a la comunidad. Varias organizaciones han establecido programas de voluntarismo en el extranjero. Piensa en las diferentes oportunidades de ayudar y servir a las comunidades que uno visita para estudiar, trabajar o veranear.

Capítulo 11

Estudios y trabajo en el extranjero

Los estudiantes que estudian en el extranjero a menudo hacen excursiones a sitios históricos y culturales. ¿Puedes identificar los lugares que ves en estas fotos?

En este capítulo

Déjame que te cuente sobre...

| los estudios en el extranjero | los hispanos que quieren trabajar en el extranjero

Tg Taller de gramática

Para este capítulo, debes consultar las siguientes secciones del **Taller de gramática.**

- Algunos sustantivos y adjetivos
- Los participios pasados
- Los adjetivos
- Las comparaciones
- El pronombre de objeto indirecto **le(s)**
- Los pronombres relativos

Problema auténtico. Carlos es un estudiante de antropología y español que quisiera estudiar en el extranjero. Quiere ir a Centroamérica por un semestre a estudiar la cultura maya. El problema es que sus padres no pueden ayudarlo económicamente. Él tendría que pagar todos sus gastos y no puede pedir un préstamo porque ya ha pedido varios antes.

¡A escribir! Para el ensayo que vas a escribir al final del capítulo:

- explora los temas y la gramática del capítulo
- lee el **Problema auténtico**
- lee las secciones de **Para pensar** en **Exploración**
- apunta en tu **Vocabulario personal** las palabras y expresiones útiles
- usa **¡A escribir!** en tu *Manual de actividades* para organizar tus ideas

VP Vocabulario del tema*

1. A Keith le ________ la idea de estudiar en el ________, especialmente cuando se entera del programa en Costa Rica.

2. Keith tiene que hacer los preparativos. También necesita llevar su ________, su ________ y un guía turístico.

3. En Costa Rica, Keith ________ a los Arias. Va a ________ con los ellos durante todo el semestre.

*Basándote en tu experiencia con el español, ¿cuáles son las palabras que llenarían los espacios en blanco de los dibujos y de la lista?

Los estudios y el trabajo en el extranjero

el aprendizaje learning
la ayuda financiera financial aid
la beca scholarship
el choque cultural culture shock
la convalidación validation
el convenio agreement
la entidad organization
la estadía stay (*at a place*)
el expediente student record, transcript
los gastos académicos academic expenses
los gastos personales personal expenses
el imprevisto unforeseen event
la licenciatura college degree
el malentendido misunderstanding
el valor value

Cognado: la globalización

acostumbrarse to get used to
aligerar to speed up; to ease
asegurarse to make sure

Vocabulario

Práctica A. Palabreo

Paso 1. Define las siguientes palabras en español.

1. el choque cultural
2. aligerar
3. repartir
4. el imprevisto
5. el malentendido
6. avalar
7. la estadía
8. subvencionar

Paso 2. Da sinónimos de las siguientes palabras.

1. realizar
2. cobrar
3. el convenio
4. la entidad
5. el valor
6. sabio/a
7. superarse
8. cursar

4. Una de las __________ que estudia Keith es la botánica. Quiere ser __________.

5. Keith hace muchas __________ con sus compañeros de clase durante el semestre. Visitan varios parques y reservas __________, porque Costa Rica es famoso por el __________.

avalar to guarantee, endorse
cobrar to charge;
cobrar el sueldo to collect a salary
convalidar to validate; to recognize (*for course credit*)
convivir to live with
cumplir to carry out, fulfill
cursar to study
estar (*irreg.*) **en vigencia** to be in effect, in force
merecer (zc) to be worth (*it*); to deserve, to merit
realizar (c) to achieve; to carry out
repartir to spread out
subvencionar to subsidize
superarse to better oneself
tener (*irreg.*) **vigencia** to be valid
valer (*irreg.*) to be worth

estipulado/a stipulated
renacentista pertaining to the Renaissance
sabio/a wise

6. Keith se pone muy __________ cuando __________ de su familia costarricense y de su nueva amiga, Margarita. Sabe que va a __________ a todos.

Práctica B. Un año en el extranjero. ¿Les interesa a Uds. estudiar en el extranjero? ¿Piensan hacerlo antes de graduarte? Si no, imagínense que lo van a hacer y háganse y contesten las siguientes preguntas sobre ese tema.

1. ¿A qué país vas? ¿Necesitas ayuda financiera, como una beca o un préstamo?
2. ¿Qué clases vas a tomar? ¿Va a ser fácil la convalidación de créditos?
3. ¿Dónde vas a vivir, en una residencia o un apartamento o con una familia? ¿Por qué puede ser ventajoso convivir con una familia del lugar? ¿Qué dificultades puede también presentar?

VP En esta unidad, vas a usar muchas palabras que ya aprendiste en este y otros cursos de español. Organiza por categoría algunas de las palabras relacionadas con la educación y el trabajo en tu **Vocabulario personal.** Por ejemplo, **la educación, los gastos, la financiación, la vivienda, los documentos, las materias,** etcétera.

Déjame que te cuente sobre...

Prepárate para leer

A. Reflexión

1. Se habla mucho del valor y de la importancia de estudiar en el extranjero. ¿Por qué? ¿De qué forma beneficia a los estudiantes estudiar en otro país?
2. ¿Conoces a alguien que haya estudiado en el extranjero? ¿Qué te contó de sus experiencias?
3. ¿Tienes ganas tú de estudiar en el extranjero? ¿Adónde te gustaría ir? ¿Por qué?

B. Estrategia. Lee las primeras tres oraciones de la lectura en voz alta. Luego, toma un momento para hacer un resumen de lo que has leído y escríbelo. Después, en parejas, ayúdense en la pronunciación mientras se turnan leyendo el resto de la lectura en voz alta.

Vocabulario útil

Define las siguientes frases. ¿Cómo crees que se relacionan con los estudios en el extranjero?

la cooperación internacional ____________

las instituciones de crédito ____________

el proceso de aprendizaje ____________

VP Repasa las palabras en la sección **Vocabulario del tema** al principio del capítulo y acuérdate de tu **Vocabulario personal** al final del capítulo o en el *Manual de actividades*.

Detalles culturales

Muchos presidentes latinoamericanos han estudiado en Estados Unidos o Europa. Entre ellos, estos tres fueron elegidos para ese cargo en 2006.

Óscar Arias (Costa Rica), Universidad de Boston, Universidad de Essex

Álvaro Uribe (Colombia), Universidad de Harvard

Felipe Calderón (México), Universidad de Harvard

Cuatro de los últimos cinco presidentes mexicanos (excepto Vicente Fox) estudiaron en Harvard o Yale.

gramática

Tg Algunos sustantivos y adjetivos (Taller V. A., B.)

Dos terminaciones que son muy comunes para los sustantivos y adjetivos son **-ante** y **-ente.** En muchos casos —aunque no siempre— la palabra que termina en **-ante** corresponde a un verbo **-ar,** mientras que la palabra que termina en **-ente** corresponde a un sustantivo **-encia.** Por ejemplo, una persona que **estudia** es **estudiante;** una persona **inteligente** tiene mucha **inteligencia.**

los estudios en el extranjero

¡A leer!

Lee la selección entera sin buscar palabras en el diccionario. Luego, completa la **Actividad A** de **Comprensión y expresión** (pág. 267) y vuelve a leer la lectura.

Hoy en día, estudiar en el extranjero es cada vez más común y más recomendado, en los países hispanohablantes y en el resto del mundo. En Europa hay varios programas de intercambio que han estado en vigencia por muchos años y se han expandido durante las últimas décadas. El programa Sócrates-Erasmus, el más conocido, ofrece a los estudiantes la oportunidad de realizar un período de sus estudios en una universidad europea asociada, mediante[a] un convenio previamente estipulado, sin gastos académicos adicionales. El estudiante paga su matrícula en su universidad de origen, y obtiene el estatus de estudiante en la universidad en el extranjero. Además, el estudiante recibe una pequeña suma de dinero para sus gastos personales durante los primeros dos meses de su estadía en el país de destino. Los jóvenes españoles se reparten de forma equilibrada entre Italia, Gran Bretaña, Irlanda, Francia, Alemania y Bélgica.

[a] *through*

¿R? La concordancia (Taller V. A. 1, 2)

- La palabra **programa,** aunque termina en **-a,** es masculina. ¿Qué otras palabras son así?
- ¿Son masculinas o femeninas las palabras que terminan en **-ción/-sión** y **-dad/-tad**? En la lectura aparecen las palabras **opción** y **universidad.** ¿Sabes otras?

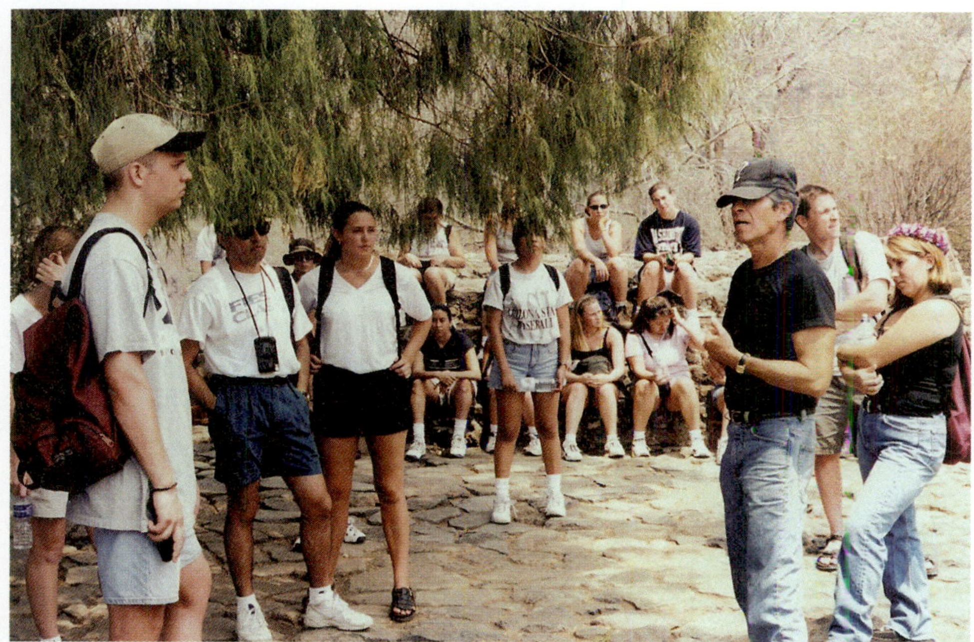

Algunos estudiantes universitarios le hacen preguntas a su guía mientras visitan las ruinas de Malinalco, México.

Práctica. ¿Cómo se dice? Completa las siguientes oraciones con la palabra correspondiente que termina en **-ante** o **-ente.**

1. Una cosa que me importa es ______.
2. Algo que me impresiona es ______.
3. Una persona que habla español es ______.
4. Una situación que me emociona es ____________.
5. Algo que está en vigencia está ____________.
6. Alguien que perdió la consciencia no está ____________.
7. Hacer acto de presencia es estar ____________.
8. Una persona que habla con elocuencia es ____________.

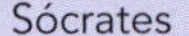

Sócrates

Erasmo de Rotterdam

Detalles culturales

- El filósofo griego Sócrates (470–399 a.C.) era considerado como el más sabio de los griegos. Él mismo se consideraba sabio porque, por lo menos, se daba cuenta de que no sabía nada, mientras que sus contemporáneos no sabían nada pero se creían muy sabios. Por su método dialéctico es recordado como uno de los padres de la filosofía occidental.
- Erasmo de Rotterdam (1465–1536) fue una de las figuras principales del humanismo renacentista. Criticaba todos los aspectos de la sociedad de su época, incluso la filosofía de la Iglesia y la de Lutero. Como vivió y trabajó en varios países, la Comunidad Europea lo ve como símbolo del valor de los estudios en el extranjero.

¿R? El subjuntivo en cláusulas nominales

(Taller III. C. 1. c)

¿Por qué se usa el subjuntivo en la construcción **Es común que** + *subj.*?

Es común que los estudiantes tengan problemas con la convalidación de sus cursos porque no existen las mismas asignaturas en la universidad de destino que en la universidad de origen. Esta opción de aprender nuevas materias no ofrecidas en la universidad de origen es parte del proceso de aprendizaje y parte de la riqueza cultural, pero esto puede presentar problemas de naturaleza administrativa. Para asegurarse de no retrasar[b] el final de sus estudios, la mayoría de los estudiantes que usan la beca Erasmus-Sócrates prefieren tomar cursos que pueden ser fácilmente convalidados. Últimamente, este problema de convalidación se está solucionando con acuerdos entre las universidades. Como se puede imaginar, pasaron varios imprevistos y malentendidos hasta que se mejoró la coordinación del sistema a nivel internacional.

Verbos irregulares

(Taller II. D.)

El verbo **ver** tiene un participio irregular **(visto)** tanto como el verbo **prever (previsto)**. Entonces, ¿qué significa la palabra **imprevisto**?

Detalles lingüísticos

- En este texto hay dos sustantivos que terminan en **-eza: naturaleza** y **riqueza.** ¿Qué otras palabras terminan así? Otra terminación común de los sustantivos es **-ez,** por ejemplo, **rapidez.** ¿Recuerdas más?
- Como la palabra **privado/a** es un cognado, no es difícil de comprender; pero tal vez no te das cuenta de que también es el participio del verbo **privar,** que significa **quitar** o **despojar.**[a] Entonces **privado** significa **particular, no público** o **secreto,** pero también **desposeído (de algo).**

[a] *to divest*

[b] *falling behind*

gramática

Tg Los participios pasados

(Taller I. B., III. G.)

El participio pasado **(hablado, comido)** tiene muchas funciones en español. ¿Las recuerdas?

Práctica. Los estudios en el extranjero. Completa los párrafos de la página 267 con los siguientes participios pasados. **¡OJO!** Hay que cambiar la forma del participio cuando se usa como adjetivo.

abierto	dicho	ido	pasado	puesto	viajado
conocido	guiado	muerto	podido	roto	visto
dado	hecho	oído	preferido	sido	vuelto

VP Detalles lingüísticos

Hay varias maneras de decir en español, *transcript* el documento oficial de las notas que un estudiante obtiene al terminar sus cursos. Depende principalmente del país y a veces de la institución. En España se dice **el expediente académico** o **el certificado de notas.** En Chile también se usa **el certificado de notas,** pero es más común **la concentración de notas.** También se llama **el certificado de estudios** (Perú), **el certificado de materias** (México), **la relación de estudios** (México), **el cárdex escolar** (México) y **el analítico** (Argentina). Busca en el diccionario y en el Internet los nombres que se aplican a otros términos relacionados con los estudios o con el trabajo en el extranjero y apúntalos en tu **Vocabulario personal.**

En Latinoamérica, estudiar en el extranjero puede ser más complicado, especialmente para los jóvenes de las clases media o baja. Por ejemplo, en Colombia las posibilidades de ser aceptado en un programa de estudios en el extranjero son más altas si el estudiante presenta un expediente de una universidad privada. Los jóvenes que asisten a las universidades privadas normalmente pertenecen a[c] una clase adinerada, y son estos los que generalmente salen al extranjero para cursar un año de su licenciatura o completar sus estudios graduados. En la mayoría de las sociedades latinas, estudiar en el extranjero tiene mucho prestigio y le da al estudiante la oportunidad de conseguir mejores trabajos en su país. En cuanto a los lugares de destino, los más comunes entre los estudiantes colombianos son España y Estados Unidos.

En cuanto a la financiación en Colombia, los estudiantes de las clases media y baja piden ayuda a instituciones de crédito cuando sus padres no pueden subvencionar sus gastos. Dos de las entidades más conocidas son el ICETEX y Colfuturo, porque ofrecen becas de cooperación internacional y créditos a muy bajo interés. Colfuturo ofrece becas-crédito, a los colombianos y especialmente a los estudiantes de posgrado, cuya cantidad máxima es de US $25.000 al año, por dos años, es decir, lo máximo con que pueden contar es US $50.000.

[c]pertenecen... son de

Comprensión y expresión

A. ¿Colombia o Europa? Indica Colombia (C), Europa (E), ambas (A) o ninguna (N), según la lectura.

	C	E	A	N
1. Estudiar en el extranjero se considera importante.	☐	☐	☐	☐
2. Estudiar en el extranjero es un requisito.	☐	☐	☐	☐
3. El programa Sócrates-Erasmus ayuda a muchos estudiantes.	☐	☐	☐	☐
4. El ICETEX ayuda a muchos estudiantes.	☐	☐	☐	☐
5. Estudiar en el extranjero se asocia con las clases altas.	☐	☐	☐	☐
6. Ya no hay tantos problemas de convalidación.	☐	☐	☐	☐
7. Las becas les cubren todos los gastos a la mayoría de los estudiantes.	☐	☐	☐	☐

Hay muchas razones para estudiar en el extranjero. Por ejemplo, si nunca has ____________[1] a otro país, es un modo excelente de hacerlo porque se aprende mucho. Durante un tiempo, España ha ____________[2] uno de los destinos ____________[3] por los estudiantes americanos por muchas razones. Por ejemplo, en España puedes visitar algunos de los museos más ____________[4] del mundo, como el Prado. Además, la comida española es sabrosa, especialmente la ____________[5] en casa. Y los clubes y discotecas, que están ____________[6] hasta la madrugada, ¡son obviamente una buena razón!

México también es un lugar favorito de destino, especialmente para los estudiantes de antropología, que pueden ver con sus propios ojos que las antiguas culturas mesoamericanas no están ____________[7]. Cinco siglos de colonización no han ____________[8] destruir del todo las viejas lenguas y costumbres. Es fascinante visitar las ruinas e ir en una excursión ____________[9] por uno de los descendientes de quienes construyeron los templos, plazas y calles en aquellos tiempos ____________[10]. Por supuesto, hay mucho que ver y hacer en México, como lo hay en España. En verdad, nunca le hemos ____________[11] decir a un estudiante que no valía la pena estudiar en el extranjero.

gramática

B. Preguntas

1. ¿Qué es el programa Sócrates-Erasmus y dónde funciona? ¿Cómo ayuda al estudiante?
2. El artículo dice que la convalidación de cursos ha sido un problema. ¿Qué significa eso? ¿Cómo tratan las instituciones de resolver el problema?
3. En Colombia, ¿con qué clase social se asocia hacer estudios en el extranjero?
4. Entre los colombianos, ¿por qué se considera importante estudiar en el extranjero?
5. Si un colombiano estudia en el extranjero, ¿cómo puede financiar sus gastos?

VP Acuérdate de consultar la lista de tu **Vocabulario personal** al final del capítulo o en el *Manual de actividades.*

¡En acción!

A. ¿Qué piensan Uds.? En parejas, háganse y contesten las siguientes preguntas.

1. ¿Te parece importante y valioso estudiar en el extranjero? ¿Por qué?
2. ¿Adónde te gustaría ir si fueras a estudiar en el extranjero? ¿Estudiarías en un país de habla hispana?
3. En tu opinión ¿cuáles son algunas de las ventajas y desventajas del sistema europeo? ¿Cómo podría mejorarse?
4. En tu opinión ¿cuáles son algunas de las ventajas y desventajas del sistema colombiano? ¿Cómo podría mejorarse?
5. ¿Qué programas de estudios en el extranjero existen en tu universidad? ¿Cuáles de ellos te parecen más interesantes?
6. Para ti, ¿cómo sería la experiencia ideal de estudiar en el extranjero? ¿Qué oportunidades y beneficios les ofrecería a los estudiantes?

B. Un programa distinto. Lean el siguiente párrafo y contesten las preguntas que siguen.

Si te interesa otra forma de hacer estudios en el extranjero, debes considerar el programa del Proyecto Lingüístico Quetzalteco de Español / Hermandad Educativa (PLQE/HE), situado en Quetzaltenango, Guatemala. Esta escuela combina la atención personal con la responsabilidad social y la educación lingüística, cultural y sociopolítica. Ofrecen instrucción personalizada, en la que un profesor dedica cinco horas al día a un sólo estudiante. El estudiante vive con una familia del lugar y tiene oportunidades de explorar la ciudad y la región, además de participar como voluntario en proyectos locales de desarrollo. Se puede dar un examen formal para ganar créditos universitarios, si se quiere.

Una estudiante y su profesora participan en el programa PLQE/HE. Se han conocido bien durante la experiencia.

1. ¿En qué sentido es personalizado el programa de PLQE/HE?
2. ¿En qué se diferencia de otros programas de estudios en el extranjero?
3. Para ti, ¿qué significan las frases «responsabilidad social» y «proyectos de desarrollo»?
4. ¿Piensas que te gustaría ir a estudiar en el PLQE/HE en Quetzaltenango? ¿Por qué?
5. Compara este programa con los de programas de Erasmus y de Colombia. ¿Cómo son semejantes? ¿Cómo son diferentes?

En la comunidad | *La Dra. Lina Lee y los programas de estudio en el extranjero*

La Dra. Lina Lee

Conoce a la Dra. Lina Lee, profesora de lingüística española aplicada, en la Universidad de New Hampshire. Desde 1996, la Dra. Lee se ha encargado de coordinar y participar en varios programas hispanos de estudio en el extranjero. Tiene mucha experiencia en viajar con grupos de estudiantes al extranjero —primero a Granada, España, y recientemente a Puebla, México. Por las seis semanas en la Universidad de las Américas, en Puebla, los estudiantes pueden acumular seis horas de crédito oficial en su universidad de procedencia. Combinan sus cursos de español con unas conferencias especiales («talleres») sobre temas culturales fascinantes y técnicas para ayudar a la gente, a niños en particular, durante su estadía. Participan en diversas actividades con alumnos universitarios mexicanos y hacen algunas excursiones los fines de semana a sitios de interés cercanos. Pueden, por ejemplo, explorar la gran pirámide de Cholula, considerada la más grande del mundo por sus dimensiones. Los estudiantes pueden quedarse con familias mexicanas o en las residencias de la universidad. La Dra. Lee cuenta que, casi sin excepción, sus estudiantes califican[a] la experiencia de estudiar en Puebla como algo enormemente positivo, la lección más inolvidable de su vida.

[a]*consider*

Investigación y presentación: Los programas de estudio en el extranjero

PASO 1. Investigar. En grupos de dos o tres hagan una investigación para contestar las siguientes preguntas. ¿Qué programas hay en su universidad que ayuden a los estudiantes a cursar un semestre en el extranjero? (Cada grupo debe escoger un programa para investigar.) ¿Cómo funciona? ¿A qué lugares se puede ir? ¿Qué se puede estudiar? ¿Hay acuerdos para prevenir problemas con la convalidación? ¿Se puede hablar con estudiantes que ya han participado en el programa? ¿Cuánto cuesta el programa y cuánto más se necesita para los otros gastos? ¿Qué préstamos o becas se ofrecen para los estudiantes que participan en estos programas?

PASO 2. Presentar. Presenten la información que encuentren a la clase. Sería buena idea publicar la información en el sitio web de la clase, si tienen uno, para que todos la vean cuando quieran.

PASO 3. Reflexiónar. Ahora, ¿adónde quieres ir a estudiar tú? ¿Cómo puedes pagarlo? Si no quieres estudiar en el extranjero, explica por qué.

Exploración | *Una ciudad ideal*

Usa esta cajita para dibujar una imagen o escribir algunas palabras que representen para ti la esencia de esta breve lectura.

Prepárate para leer

Actividad. Anticipación. Las selecciones que vas a leer en esta unidad son de *En esto creo* (2002), una autobiografía de ensayos organizada alfabéticamente. Sus temas van de la Amistad a Zurich. Antes de leer este fragmento en el que Fuentes describe la ciudad ideal, apunta ideas basadas en tu concepto de «la ciudad ideal».

Vocabulario útil

el rosario rosary

calificarse to be classified, categorized, or evaluated

Dibuja una imagen para ilustrar las siguientes preposiciones de lugar.

cerca de	**lejos de**
fuera de	**más allá de**

Carlos Fuentes (1928– , México) es un novelista y ensayista mexicano de gran influencia en la literatura contemporánea. A los 28 años, publicó su primera novela, *La región más transparente* (1959), que llegó a ser una de las obras contemporáneas más importantes del siglo XX.

gramática

Tg Los adjetivos

(Taller V. B.)

¿Recuerdas los dos tipos de adjetivos y cómo se colocan?

DETERMINATIVO (*antes del sustantivo*)

muchos

otro

una

CALIFICATIVO (*después del sustantivo*)

azules

mexicano

hermosa

¿Qué adjetivos de los dos tipos puedes identificar en la lectura?

determinativo: mi casa, ____________________

calificativo: ciudades españolas, ____________________

¡A leer!

Granada, Ronda, Córdoba, Salamanca, Santiago de Compostela. Oviedo, Ávila, Cáceres. Mi rosario de ciudades españolas va más allá de la belleza arquitectónica a una convicción humana. Imagino la ciudad europea ideal. Arquitectura italiana. Cocina francesa. Teatro inglés. Música alemana. Y llena de españoles. Una ciudad se califica[a] por el número de amigos que en ella tenemos. Y yo, fuera de América Latina, no tengo ciudades con más amigos que las ciudades de España. Estoy en mi casa, en Madrid, Barcelona, Mallorca, Sevilla...

[a]se... *is valued*

Comprensión y expresión

A. Preguntas

1. ¿Cuántas ciudades españolas menciona Fuentes? Indícalas todas en el mapa de España.
2. ¿Qué es la «convicción humana» que menciona Fuentes?
3. Para Fuentes ¿cuáles son tres factores importantes en la calidad de una ciudad?
4. **Anticipación:** A base de este fragmento de *En esto creo,* ¿qué supones que Fuentes piensa de las ciudades de México y de Estados Unidos? ¿Qué debe opinar Fuentes de la masiva migración internacional, característica del mundo actual?

B. La ciudad ideal. En parejas, contesten las siguientes preguntas.

1. Para Uds., ¿qué significa la frase metafórica «mi rosario de ciudades»?
2. ¿Están de acuerdo con la descripción de Fuentes de la ciudad europea ideal?
3. Para Uds., ¿cómo sería la ciudad norteamericana o latinoamericana ideal?

Para pensar

Se supone que la descripción de la ciudad ideal debe variar según la perspectiva de quien la describa, ¿no? ¿Cuál es la perspectiva de Carlos Fuentes? ¿Es su punto de vista similar al tuyo? ¿Cómo sería la ciudad ideal desde la perspectiva de un multimillonario, una niña pobre, un viejo que no tiene familia o una madre con tres hijos adolescentes?

Práctica. ¿Cómo es la ciudad ideal, y qué se encuentra en ella? Usa adjetivos de los dos tipos para completar oraciones que reflejen tus opiniones.

MODELO: En la ciudad ideal viven *muchas* personas *extranjeras*.

1. En la ciudad ideal viven ______ personas ______.
2. La ciudad ideal tiene ______ edificios ______.
3. También tiene ______ calles ______.
4. Se pueden encontrar ______ tiendas ______.
5. También hay ______ plazas y parques ______.
6. Se puede ver ______ influencia ______.

gramática

Comparaciones

Charlemos un rato

¿Cómo te sientes siendo estudiante o trabajador en el extranjero?

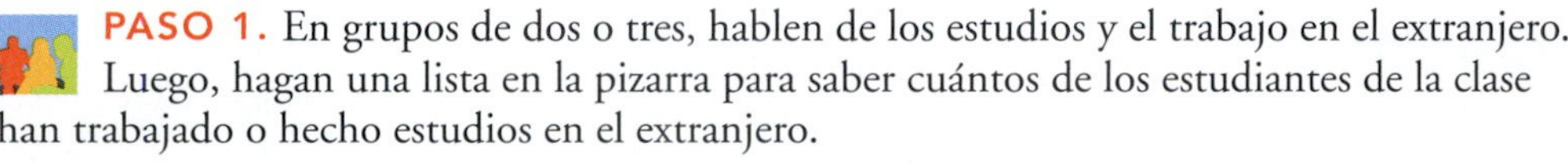

PASO 1. En grupos de dos o tres, hablen de los estudios y el trabajo en el extranjero. Luego, hagan una lista en la pizarra para saber cuántos de los estudiantes de la clase han trabajado o hecho estudios en el extranjero.

1. ¿Han estudiado o trabajado Uds. en el extranjero?
2. ¿Fueron de parte de algún programa? ¿Qué tipo de programa fue?
3. ¿Qué les gustó?
4. ¿Qué les fue difícil?

Solange Muñoz (Estados Unidos / Bolivia): «Lo que más me gusta de esa experiencia es que era de una perspectiva chilena.»

PASO 2. En el vídeo, vas a escuchar a Solange, Jesús, Alberto y Lito hablar de sus experiencias como estudiantes y trabajadores en el extranjero. Antes de ver las entrevistas, repasa el **Vocabulario útil** y lee las siguientes oraciones. Luego, complétalas según lo que dicen los entrevistados.

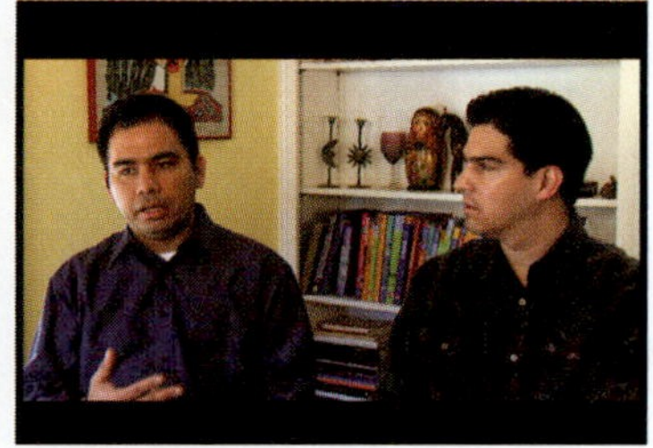

Jesús Salazar (Venezuela): «Había gente que los llamaban "cuatreros" en mi compañía porque se iban a las 4:00 de la tarde.» Alberto Mendoza (México): «Se fijan mucho en quién llega temprano y quién se va temprano y quién se va más tarde.»

Vocabulario útil

me quejaba I would / used to complain
me di cuenta I realized
una maestría a ______________ degree
lo libras you set it free
se fijan they notice
trae consigo brings with it
alrededor de ______________

1. Solange se ____________ un poco cuando estaba en Chile porque estaba ____________ al gimnasio, los centros de ____________ y las bibliotecas de las universidades estadounidenses.
2. Para Jesús y Alberto, es bonita la flexibilidad del ____________ de trabajo en Estados Unidos. En su propio país es más común tener ____________ fijas para trabajar.
3. Durante su vida, Lito ha tratado de ____________ sus ____________, pasiones y trabajo alrededor de un programa de trabajar y ____________.

Lito Porto (Colombia / Estados Unidos): «El cerebro joven absorbe rápidamente, ¿verdad?»

PASO 3. Contesta las siguientes preguntas.

1. ¿Qué problemas experimentó Solange durante sus estudios en Chile? ¿Cómo se contrastan esos problemas con los beneficios que sacó?
2. Jesús y Alberto dicen que hay algunas cosas buenas en cuanto al horario de trabajo en Estados Unidos. ¿Cuáles son?
3. Lito dice de su viaje a Francia que fue la primera vez que se sintió solo. ¿Qué quiere decir con esa descripción en cuanto a su desarrollo personal?
4. ¿Crees que es importante viajar para estudiar y trabajar? ¿Cuáles son las edades ideales para hacerlo?

Dichos

En grupos de dos o tres, busquen equivalentes en inglés de los siguientes refranes. Busquen más dichos y refranes relacionados con la educación, el trabajo y los viajes.

Dichos

- El que de su casa y de su amada se aleja, dichoso será si las halla[a] como las deja.
- El mundo es un pañuelo.
- La necesidad hace maestros.
- No hay atajo[b] sin trabajo.

[a]encuentra [b]*shortcut*

Costumbres y buenos modales

Las notas en el extranjero

Cuando alguien decide estudiar en el extranjero, su decisión comprende, no sólo la elección de los cursos que va a tomar en otro país, sino también la aceptación de ser parte de un sistema académico y social diferente al suyo.

En Argentina y España, entre otros países hispanos, las notas de los exámenes parciales o finales de los estudiantes junto con sus nombres completos son expuestas públicamente en las puertas de las oficinas de los profesores o en los tablones[a] de anuncios. No se usa el número del documento o de identificación nacional, ni el del pasaporte, ni el de la seguridad social: Se usa el nombre completo.

ALUMNO	NOTA EXAMEN FINAL	NOTA FINAL DE CURSO
Marina Plá Corrales	7'2	notable
Miguel García Otero	5'1	aprobado
Carla Romero Domínguez	9'6	sobresaliente
Caio Cantú Alonso	3'8	suspenso
Micaela Giraldo García	9'9	matricula de honor

En Perú muchos profesores anuncian en voz alta los nombres de los estudiantes seguidos de la nota de su examen. Para los estudiantes peruanos no es una tragedia que su nota se anuncie públicamente, y las notas se colocan en los tablones junto al número del estudiante. En Chile también usan el número identificador del estudiante al colgar las notas en los muros del secretariado, pero los exámenes se dejan en carpetas en la oficina de la secretaría donde típicamente los estudiantes pueden ver las notas y los comentarios en sus propios exámenes y en los de sus compañeros.

[a]*bulletin boards*

Actividad. Mis notas. ¿Qué sistema de notas usan tus profesores? Cómo serían tus notas si las convirtieras a los otros sistemas mencionados en esta sección? En tu universidad, ¿colocan los profesores las notas en tablones o muros con los nombres de los estudiantes? ¿Por qué no? ¿Usan los números de identificación de los estudiantes? ¿Cómo reaccionaría el estudiante típico de este país si los profesores anunciaran las notas de todos en la clase?

Detalles culturales

En Argentina y en España, las calificaciones se basan en la escala de 1 a 10, siendo 5 un aprobado. Para sacar 10 en un examen, este debe ser más que excelente. En Perú siguen el sistema usado en Francia y Bélgica, basado en la escala de 1 a 20. También es casi imposible obtener un 20 en un examen o un ensayo. En Chile la escala es de 1 a 7 y por eso los decimales son muy importantes. Hay una expresión chilena que dice: «El 7 es para Dios, el 6 es para los genios y el 5 es para los buenos alumnos».

Déjame que te cuente sobre...

Prepárate para leer

Actividad. Reflexión

1. En tu opinión ¿por qué quieren los hispanos trabajar en el extranjero? Piensa en cinco o seis posibles razones.
2. ¿Te gustaría a ti trabajar en el extranjero? ¿Por qué? ¿Dónde querrías trabajar y en qué?
3. ¿Qué problemas o dificultades podría tener una persona que consigue un trabajo en el extranjero?

Vocabulario útil

Las siguientes frases son muy importantes para comprender la selección que vas a leer. ¿Las entiendes?

ascender (ie) en el campo laboral

asegurarse un puesto

conseguir (*like* **seguir**) **un visado**

cumplir sus objetivos

VP Repasa las palabras en la sección **Vocabulario del tema** al principio del capítulo y acuérdate de tu **Vocabulario personal** al final del capítulo o en el *Manual de actividades.*

 ## ¡A leer!

Lee la selección entera sin buscar palabras en el diccionario. Luego, completa la **Actividad A** de **Comprensión y expresión** (pág. 277) y vuelve a leer la lectura.

En esta época de globalización buscar trabajo en otra ciudad u otro país se ha convertido en algo que ocurre frecuentemente en los países hispanos. Hace tres o cuatro décadas, viajar a otra ciudad dentro del mismo país era casi un acontecimiento.[a] Lo común era que los hijos, al crecer,[b] se quedaran en un lugar cerca de la familia para apoyo económico y emocional mutuo. Ahora ¡los tiempos han cambiado! y las familias, aunque intentan mantener la tradicional unidad familiar, ven cómo las distancias geográficas entre los miembros de la familia han ido aumentando desorbitadamente.[c] Los hijos no sólo se mudan a otra ciudad en busca de mejores trabajos, sino que se establecen en otros países para poder lograr[d] sus objetivos profesionales y/o académicos. ¿Qué razones crees que haya detrás de este traslado[e] a un país extranjero?

[a]*event* [b]al... *upon growing up* [c]*exorbitantly* [d]*achieve* [e]*moving*

¿R? ***Hacer* en expresiones temporales**

(Taller VII. B. 1)

Se usa la estructura **hace** + (*tiempo*) con un verbo en el pretérito para expresar (*time period*) ago.

gramática

Tg **Las comparaciones** **(Taller VII. F.)**

Las comparaciones en español no son muy complicadas. Se hacen usando las frases **más/menos... que** y **tan/tanto/a(s)... como** y las expresiones irregulares **mejor, peor, menor** y **mayor.** A continuación te presentamos dos detalles más que te pueden ayudar.

- **más/menos de** + *número* o *cantidad*

  Hay **más de** cien solicitantes para cada puesto.
  Tengo **menos de** una semana para entrevistarlos.

- **más/menos** + *sustantivo* + **del (de la[s] / de los / de lo) que** + *cláusula*

  Son **más** solicitantes **de los que** puedo entrevistar.

los hispanos que quieren trabajar en el extranjero

Detalles lingüísticos

En este texto, la estructura **Lo común (ser) que** + *subj.* aparece dos veces, una vez en el presente y otra vez en el pasado. ¿Por qué es necesario usar el subjuntivo en este contexto?

Una de las razones más citadas: las ventajas que ofrecen los trabajos. Los latinoamericanos que deciden aceptar un trabajo en Canadá, Europa o Estados Unidos, lo hacen porque en los países de destino suelen encontrar más oportunidades para ascender en el campo laboral y para conseguir una mejor posición. España también ha sufrido en los últimos años una emigración de profesionales hacia Canadá, Estados Unidos, o hacia otros países de la Unión Europea, ya que el mercado de trabajo español está saturado. Muchos de los emigrantes españoles luego prefieren quedarse en países europeos por razones tanto familiares como económicas.

Detalles culturales

La migración dentro de Europa ha tenido un impacto en el mercado de las aerolíneas. En los últimos años han surgido varias compañías aéreas, como Spanair, Skyeurope y otras ofreciéndoles a los pasajeros la posibilidad de viajar de capital a capital por un precio módico (menos de 100€), lo cual les permite viajar con facilidad y sin la preocupación por el costo del boleto.

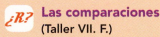

Las comparaciones
(Taller VII. F.)

Es posible traducir la combinación **tan(to)... como** de dos modos.

tanto familiares como económicas as much familial as economic / both familial and economic

tan importante como la primera *as* important *as* the first one

La segunda razón, tan importante como la primera, es el sueldo. A pesar de que Estados Unidos es uno de los destinos favoritos de muchos profesionales españoles, la tendencia sigue siendo quedarse en un país europeo para cobrar el sueldo en euros, ya que el valor del euro ha aumentado significativamente en comparación con el dólar.

Práctica. En el trabajo. Llena los espacios en blanco con la palabra o frase correcta.

1. Quiero un puesto que pague más ____________ treinta mil dólares al año.
2. En nuestra oficina hay ____________ españoles como franceses.
3. Pero hay menos africanos ____________ europeos.
4. Tenemos más computadoras ____________ necesitamos; mira que Jesús ni sabe usar la suya.
5. Es verdad, y además de perezoso es buen actor: trabaja mucho menos ____________ parece.
6. Sabes, necesitamos muchos más empleados ____________ tenemos ahora.
7. En serio, ¿crees que necesitemos más ____________ los veinticinco que ya tenemos?
8. Sí, parece que siempre hay más trabajo ____________ se puede hacer.

Detalles culturales

Por la plusvalía[a] del euro y la cercanía al idioma y a la cultura, muchos profesionales latinoamericanos tratan de buscar trabajo en España o en otros países de Europa. Algunos de ellos prefieren instalarse en Inglaterra, ya que el cobrar el sueldo en libras esterlinas[b] los beneficia más. La libra ha mantenido su valor elevado con mucha consistencia durante los últimos años.

[a]*added value* [b]*sterling*

Sin embargo, el proceso de conseguir trabajo en el extranjero es más complicado de lo que parece. Hay que pensar con antelación[f] en asuntos[g] como la visa y la situación personal. Para conseguir un visado de trabajo en la mayoría de los países europeos, al igual que en Estados Unidos, el solicitante debe estar patrocinado[h] por una compañía o institución. Para que una compañía patrocine a alguien, lo común es que la compañía conozca a la persona, sepa cómo trabaja y decida contratarla como parte de su empresa o institución académica. ¡Es el pez que se muerde la cola![i] porque si la empresa o institución no conoce al inmigrante ¿cómo puede avalarle la documentación necesaria? Pero por otro lado, ¿cómo puede entrar el inmigrante al país de destino sin documentos avalados? ¿Ilícitamente? ¿De turista?

[f]con… *beforehand* [g]*matters* [h]*sponsored* [i]¡Es… (Ve **Detalles lingüísticos.**)

Detalles lingüísticos

Toma un momento para visualizar «el pez que se muerde la cola». ¿Qué significa? ¿Cómo se expresa la misma idea en inglés?

gramática

Tg El pronombre de objeto indirecto *le(s)* (Taller IV. E.)

Busca cada instancia del uso de **le(s)** en la lectura y en **Detalles culturales.** Hay cinco. ¿Por qué se usa en cada situación?

____

____

____

____

____

Para aligerar el proceso de la búsqueda de un trabajo autorizado, existen sitios gratuitos en Internet como LatPro y CVLatino, entre otros. Algunos de estos sitios cobran tasas[j] bastante elevadas, pero aun así, muchos latinoamericanos usan los servicios de estas empresas para ahorrar tiempo y asegurarse de un puesto. Es importante tener cuidado con estas empresas y emplear las que son completamente lícitas y recomendadas. Se han dado casos de fraude en este tipo de situación y esto puede arruinar<u>le</u> al inmigrante la esperanza y el entusiasmo de mudarse a otro país y sus aspiraciones de superarse.

[j]*rates*

Saber y conocer
(Taller VII. D.)

¿Cuál es la diferencia entre **saber** y **conocer**? ¿Usarías **saber** o **conocer** para expresar lo siguiente?

We *know* the applicant fairly well; we *know* where she went to university and what her grades were. We also *know* the firms where she has worked. Of course, we don't *know* her personal situation.

Comprensión y expresión

A. En resumen. Empareja las palabras o frases para crear oraciones completas.

1. Los tiempos _____	**a.** es necesario para trabajar en Estados Unidos o Europa.
2. El euro y la libra _____	**b.** han cambiado.
3. En España _____	**c.** es una aerolínea que sirve en Europa.
4. Los hispanos _____	**d.** valen más que el dólar.
5. El visado _____	**e.** es una agencia laboral que funciona por Internet.
6. LatPro _____	**f.** el mercado laboral está saturado.
7. Spanair _____	**g.** buscan más oportunidades profesionales.

B. Preguntas

1. ¿Cómo han cambiado las sociedades hispanas en décadas recientes?
2. ¿Cuáles son dos de las razones que motivan a los hispanohablantes a buscar trabajo en otros países?
3. ¿Cuál es una ventaja de trabajar en Europa o Inglaterra?
4. ¿Qué necesita hacer un extranjero que quiere trabajar en Estados Unidos o en un país europeo?
5. ¿Qué hacen agencias como LatPro y CVLatino?
6. ¿A qué riesgos se exponen los clientes de agencias de este tipo?

Práctica. ¿Qué le dices? Para cada frase, crea una oración lógica y relevante a los estudios o trabajos en el extranjero.

MODELO: permitirle crecer → Al estudiante, el hecho de estudiar en el extranjero *le permite crecer* tanto en lo personal como intelectual y profesionalmente.

1. costarle trabajo
2. enseñarle mucho
3. ofrecerle otras posibilidades
4. quitarle el entusiasmo
5. abrirle puertas
6. darle pena
7. proporcionarle oportunidades
8. parecerle necesario

gramática

VP Acuérdate de consultar la lista de tu **Vocabulario personal** al final del capítulo o en el *Manual de actividades.*

¡En acción!

A. ¿Qué piensan Uds.? En parejas, háganse y contesten las siguientes preguntas.

1. ¿Te interesa la idea de trabajar en el extranjero? ¿Adónde irías? ¿En qué trabajarías?
2. ¿Qué harías para conseguir la documentación necesaria?
3. Si te fueras a trabajar a otro país, ¿cómo afectaría tu ausencia a tu familia?
4. Para ti, ¿cuáles serían las ventajas de trabajar en el extranjero?
5. ¿Consideras que habría también desventajas? ¿Cuáles?
6. Si un hispano te pide consejos sobre las posibilidades que hay de trabajar en este país, ¿qué le dirías? ¿Qué le recomendarías que hiciera?

B. Los jóvenes opinan. Lean el siguiente párrafo y contesten las preguntas.

En 2006, la BBC hizo una encuesta entre los jóvenes de varias de las principales ciudades del mundo. Entre otras respuestas, encontraron que entre los chicos de 15 a 18 años de edad, la gran mayoría cree que todos deben tener la libertad de vivir y trabajar donde quieran. Esta creencia varía poco de país a país y está tan arraigada[a] en los países desarrollados como en los que están en vías de desarrollo.

[a]*deeply rooted*

1. ¿Cuál es la idea principal del párrafo?
2. ¿Por qué creen Uds. que los jóvenes piensan así?
3. ¿Creen que los mayores, digamos los que tienen entre 40 y 50 años, estarían de acuerdo? ¿Y los que tienen entre 65 y 70 años?
4. ¿Qué piensan del tema?

C. Un puesto en Europa. Lean el anuncio para un puesto en Europa. ¿Qué lenguas debe poder hablar el solicitante? Busquen un convertidor de moneda (*currency converter*) en el Internet y convierte en dólares los sueldos ofrecidos. En su opinión, ¿es un puesto bien pagado? ¿Qué tipos de solicitantes de su país creen Uds. que van a responder a este anuncio? Deben considerar la edad media (*average*) del solicitante, su estado civil, su nivel de educación y su experiencia.

Puesto: Artista de 2D - Helsinki, Barcelona
Contrato: Permanente
País: Finlandia/España
Ciudad: Helsinki/Barcelona
Sueldo mínimo: 20.000,00 € al año
Sueldo máximo: 34.000,00 € al año
Descripción: ¿Sabe Ud. crear arte de videojuegos bonito e interesante? Digitumundo busca artistas de videojuegos para formar parte de nuestros estudios artísticos en Helsinki, Finlandia, y en Barcelona, España, y diseñar videojuegos para nuestros móviles.[a] Buscamos artistas apasionados y creativos con experiencia diversa en el campo videojuegos y el desarrollo de arte digital.

[a]teléfonos celulares

Investigación y presentación: El trabajo en el extranjero

PASO 1. Formar grupos. Formen grupos según sus intereses profesionales. O sea, los que quieran ser médicos, enfermeros, terapeutas, en un grupo; los que quieran ser abogados, jueces o políticos, en otro; y los que deseen ser escritores, artistas, educadores o actores, en otro.

PASO 2. Investigar. Cada grupo buscará información sobre las oportunidades que hay en varios países de habla hispana para los profesionales extranjeros. ¿Hay trabajo? ¿Qué tienen que hacer los extranjeros para trabajar lícitamente en esos países? ¿Cómo son los sueldos, condiciones de trabajo y posibilidades de ascenso? Basándose en esta información, ¿qué país ofrece más y mejores oportunidades para la profesión de Uds.?

PASO 3. Presentar. Presenten sus conclusiones a la clase. Incluyan sus razones y fotos relevantes, si las tienen.

PASO 4. Reflexionar. Después de hacer el **Paso 3,** ¿qué piensan de la posibilidad de trabajar en el extranjero? ¿Les parece más atractiva ahora esa experiencia o menos? ¿Entienden mejor ahora por qué muchos hispanohablantes quieren trabajar en Estados Unidos, Europa e Inglaterra?

Exploración | *Dos ciudades vividas*

Usa esta cajita para dibujar una imagen o escribir algunas palabras que representen para ti la esencia de esta breve lectura.

La Torre Eiffel es uno de los monumentos más conocidos del mundo. ¿Sabes cuándo y por qué se construyó?

Prepárate para leer

Actividad. Anticipación. A pesar de haber nacido en Panamá y haber vivido y trabajado en muchos países, Carlos Fuentes, de padres mexicanos, se considera mexicano y el tema de la identidad mexicana es fundamental en su obra. ¿Te identificas tú con alguna ciudad o región? ¿Por qué? ¿Naciste allí? ¿Viviste muchos años allí? Lee la siguiente selección en que Fuentes comenta dos ciudades que conoce muy bien.

Vocabulario útil

la asfixia ________

el desafío challenge

el masoquismo masochism

el suplicio torment, severe punishment

fundirse ________

¡A leer!

Regreso siempre a París —otra ciudad de amigos— porque allí la belleza y la vida se funden perfectamente. No hay otra ciudad europea en la que haya vivido con más intensidad, política, intelectual, amatoria. Allí nació mi hijo, allí aprendí a amar a mi mujer. Hay ciudades que sólo visito —las del norte de Europa, las ciudades de los Estados Unidos—. Hay otras en las que vivo. México, como un acto de masoquismo amoroso, es mi ciudad más vivida. Es mi gente, es mi historia, es mi suplicio, es mi asfixia, es mi prueba, es mi desafío.

gramática

Tg Los pronombres relativos (Taller IV. F.)

El pronombre relativo más usado es **que,** por supuesto. Pero a veces es mejor usar **el que** o **la que.** ¿Recuerdas cuándo se usan?

Comprensión y expresión

A. Preguntas

1. ¿Qué ciudades son las más «vividas» de Fuentes?
   a. París **b.** Nueva York y San Francisco **c.** México **d.** Londres
2. Para Fuentes, ¿qué ciudad se distingue por su belleza y su intensidad?
   a. París **b.** Nueva York y San Francisco **c.** México **d.** Londres

B. ¿Qué piensan Uds.? En parejas, háganse y contesten las siguientes preguntas.

1. Es claro que Fuentes siente un vínculo fuerte con las dos ciudades que describe en este fragmento. ¿Qué evidencias hay de esta conexión?
2. ¿Siente Fuentes las mismas emociones por las dos ciudades? ¿En qué consisten sus sentimientos? ¿Cómo lo sabes?
3. Si Fuentes tuviera que escoger entre las dos ciudades, si tuviera que vivir sólo en una de ellas por el resto de su vida, ¿qué ciudad crees que escogería él? ¿Por qué? Y tú, ¿elegirías la misma ciudad?

C. Análisis: la metáfora. Sabes qué es una metáfora, ¿verdad? Si decimos que *el amor es una rosa*, estamos empleando una metáfora. En parejas, háganse y contesten las siguientes preguntas de este tema.

1. ¿Qué metáforas emplea Fuentes para expresar sus sentimientos hacia la Ciudad de México? En tu opinión ¿qué significa cada metáfora?
2. ¿Cómo afectan estas metáforas al lector? ¿Son positivas, negativas o neutras sus connotaciones?
3. ¿Qué piensas de la repetición (seis veces) de «Es mi [palabra]»? ¿Es posible que Fuentes no sea capaz de usar otras estructuras?
4. ¿Podrías tú describir tu ciudad o pueblo con una serie de metáforas también, como lo hace Fuentes? ¿Qué metáforas emplearías? ¿Qué significarían para ti?

Para pensar

¿Qué importancia tiene un lugar en la experiencia de uno? ¿Qué hace que la comunidad de una ciudad o región sea tan diferente de la de otra? ¿Es que el lugar influye en las actitudes y costumbres de sus habitantes? Para ti, ¿qué hace que un lugar sea muy atractivo? ¿emocionante? ¿feo? ¿deprimente?

Práctica. Preguntas. Contesta brevemente.

1. ¿Cuál es un país en **el que** se habla español? ¿Y portugués?
2. ¿Cuál es una ciudad en **la que** se encuentra un museo famoso?
3. ¿Cuáles son las ciudades en **las que** has vivido?
4. ¿Cuáles son unos países de **los que** has aprendido cosas interesantes este semestre?
5. ¿Quiénes son los amigos con **los que** más te diviertes?
6. ¿Quién es una persona con **la que** puedes contar siempre?
7. ¿Quién es el político en **el que** menos confías?
8. ¿Cuál es una situación por **la que** te preocupas?

¡A escribir!

PASO 1. Explora las siguientes posibilidades para el ensayo. No te olvides de apuntar en tu *Manual de actividades* las ideas que más te interesan.

1. Imagínate que eres un profesor / una profesora que va a acompañar a un grupo de quince o veinte estudiantes universitarios en un programa de estudios en el extranjero. Primero, ¿adónde van a ir y qué materias van a cursar los estudiantes? ¿Cuáles son tus responsabilidades como profesor(a)? Luego, pregúntate lo siguiente: ¿Qué aspectos del viaje te interesan más? ¿Qué te fastidia? ¿Qué te ilusiona? ¿Qué te preocupa? Para el ensayo, puedes dirigirlo al rector (*president*) de la universidad la carta que describe el viaje. O si prefieres, imagínate que ya hicieron el viaje, y estás escribiendo el resumen de ese viaje para los archivos de la universidad.
2. Imagínate que vas a trabajar en el extranjero por uno o dos años. Primero, decide con qué organización irás y adónde te gustaría ir. Imagínate que esa organización requiere una solicitud y un ensayo en el que describas por qué quieres trabajar con ellos en ese país. Escribe el ensayo, incluyendo detalles sobre lo que te interesa de ese país y las expectativas que tienes.

PASO 2. Si todavía no estás seguro/a del tema que prefieres, vuelve a leer el **Problema auténtico** y las secciones **Para pensar** y consulta tu **Vocabulario personal.** También puedes escoger un tema de una de las actividades del libro de texto o del *Manual de actividades.*

PASO 3. Repasa la gramática presentada en este capítulo. ¿Cómo puedes usarla en tu ensayo? Mientras escribes, subraya las formas y estructuras que utilizas de este capítulo.

PASO 4. Escribe un borrador de por lo menos 200 palabras. Si quieres, puedes seguir los pasos de **¡A escribir!** en el *Manual de actividades* para escribir el ensayo.

¿R? ¿Descripción? ¿Autopresentación?

Para este ensayo, ¿quieres describirte a ti mismo o hacer la descripción de un viaje? Probablemente vas a usar algunos adjetivos. Repasa las reglas de la concordancia, recordando que es común ver el participio pasado usado como adjetivo. ¿Y recuerdas los participios pasados irregulares? Se usan mucho.

> ...y cuando el grupo llegó al mercado de Oaxaca, todos admiramos la bella mercancía **hecha** a mano por los nativos. Algunos compraron la hermosa cerámica negra, **cubierta** de figuras exóticas **grabadas** en blanco...

Recuerda también que hay una categoría de adjetivos útiles que terminan en **-ante** y **-ente,** correspondientes muchas veces con los adjetivos en inglés que terminan en *-ing, -ant* o *-ent.*

> Para mí, sería **fascinante** conocer mejor las **diferentes** culturas del mundo. Por eso me parece **intrigante** el puesto de vendedor **ambulante** en el sur de Perú. Me encanta la idea de trabajar en un ambiente cultural tan **opuesto** al mío.

Vocabulario *(Esta lista presenta el vocabulario esencial de este capítulo.)*

Los estudios y el trabajo en el extranjero

el aprendizaje learning
la ayuda financiera financial aid
la beca scholarship
el choque cultural culture shock
la convalidación validation
el convenio agreement
la entidad organization
la estadía stay (*at a place*)
el expediente student record, transcript
los gastos académicos academic expenses
los gastos personales personal expenses
el imprevisto unforeseen event
la licenciatura college degree
el malentendido misunderstanding
el valor value

Cognado: la globalización

acostumbrarse to get used to
aligerar to speed up; to ease
asegurarse to make sure
avalar to guarantee, endorse
cobrar to charge
  cobrar el sueldo to collect a salary
convalidar to validate; to recognize (*for course credit*)
convivir to live with
cumplir to carry out, fulfill
cursar to study
estar (*irreg.*) **en vigencia** to be in effect, in force
merecer (zc) to be worth (*it*); to deserve, to merit
realizar (c) to achieve; to carry out
repartir to spread out
subvencionar to subsidize
superarse to better oneself
tener (*irreg.*) **vigencia** to be valid
valer (*irreg.*) to be worth

estipulado/a stipulated
renacentista pertaining to the Renaissance
sabio/a wise

Vocabulario útil y vocabulario personal

Usa esta sección para anotar palabras y expresiones adicionales que tu profesor(a) asigne u otras palabras útiles para comunicar tus ideas relacionadas con este capítulo.

Expresiones

The Voyager (2006), por Cecilia Miguez (1955– , Uruguay)

Cecilia Miguez, escultora uruguaya, vive y trabaja en California. Sus esculturas son figuras animadas que «viven» entre la mitología y la realidad. Miguez integra objetos y materiales encontrados en las figuras que funde[a] en bronce o talla[b] de madera. Las figuras, con toques[c] surrealistas o impregnadas de realismo mágico, nos invitan a un mundo de fantasía y sueños. Esta escultura de bronce fundido se llama *The Voyager* (2006). ¿Cómo se dice *voyager* en español?

Vuelve a mirar la foto *Collecting the souvenir to mark the moment* de Delilah Montoya. Esta foto forma parte de una serie de fotos, *Shooting the Tourist,* comisionada por el Museo Mexicano para una exposición ambulante. Es una serie de siete libretas de tarjetas postales y un mural que documentan varias actividades turísticas.

[a]*she casts* [b]*carves* [c]*touches*

La historia que pudo ser

Eduardo Galeano (1940–) da una conferencia en Brasil sobre temas sociales.

La siguiente narración, «La historia que pudo ser», es de la última obra literaria del periodista y novelista uruguayo Eduardo Galeano, *Bocas del tiempo* (2004). Este libro es una colección de pequeños cuentos inventados, algunos de los cuales reflejan la experiencia del autor o las historias de personas que conoce.

> Cristóbal Colón no consiguió descubrir América, porque no tenía visa y ni siquiera tenía pasaporte.
>
> A Pedro Álvares Cabral le prohibieron desembarcar en Brasil, porque podía contagiar la viruela, el sarampión, la gripe y otras pestes desconocidas en el país.
>
> Hernán Cortés y Francisco Pizarro se quedaron con las ganas de conquistar México y Perú, porque carecían de permiso de trabajo.
>
> Pedro de Alvarado rebotó en Guatemala y Pedro de Valdivia no pudo entrar en Chile, porque no llevaban certificados policiales de buena conducta.
>
> Los peregrinos del Mayflower fueron devueltos a la mar, porque en las costas de Massachusetts no había cuotas abiertas de inmigración.

culturales

Diarios de motocicleta (2004), director Walter Salles (Brasil), protagonista Gael García Bernal (México)

La película *Diarios de motocicleta* se basa en los diarios de Ernesto «Che» Guevara y su amigo Alberto Granado. La película cuenta la historia del viaje que emprendieron en 1951, un semestre antes de terminar Guevara sus estudios para médico. El viaje se emprendió en parte como aventura y diversión, pero también porque los amigos querían trabajar en una colonia de leprosos. Es decir, el viaje mezcló las vacaciones y el servicio a la comunidad. La película fue nominada para varios premios cinematográficos, y ganó algunos de ellos, incluso el Óscar por la mejor canción, «Al otro lado del río». Es la primera vez que una canción en español gana ese premio.

A. Los viajes. Todos los artistas representados en esta unidad reflejan el viaje en su obra pero de diferentes maneras. En parejas, describan estas diferencias al ver las obras de la unidad y la foto de Montoya en la página 260. Usan, critican, cuestionan y juegan con el tema del viaje.

B. La historia irónica. En parejas, identifiquen los documentos y problemas que (no) llevaban los viajeros en el fragmento de «La historia que pudo ser» (pág. 284). Identifiquen también las personas que Galeano menciona. ¿En qué sentido es irónica esta narración?

C. Una entrevista. En parejas, crean un diálogo sobre una entrevistar con uno de los artistas para después representarlo ante la clase. Un estudiante debe hacer el papel del artista y el otro, el del entrevistador.

Las comunidades de *los países andinos: Bolivia, Chile, Colombia, Ecuador y Perú*

Llena los espacios en blanco con el nombre del país que se presenta en cada photo.

¿Qué deseas estudiar y experimentar en el extranjero? Si vas a estudiar en uno de los países andinos, no vas a quedar desilusionado/a. Estos países, además de tener muchas universidades conocidas y respetadas, se caracterizan por una asombrosa riqueza biológica y cultural. ¿Qué te gustaría estudiar en el extranjero? A continuación hay una lista de algunas posibilidades.

geología	etnomusicología	sociología
derechos humanos	comercio	culturas precolombinas
estudios urbanos	ciencias políticas	
ecología	trabajo social	

1. La ciudad de Santiago de ____________

3. Manifestación con soldados, Bogotá, ________

2. El Salar de Uyuni, ____________

4. Mujeres esperando en un mercado de ________

5. La Plaza de Armas, Cuzco, ____________

Capítulo 12

De vacaciones

Algunos niños de Sepón, Guatemala, un pueblo maya, admiran unas fotos sacadas de ellos por una voluntaria mientras esperan atención médica de un equipo de médicos ambulantes.

En este capítulo

Déjame que te cuente sobre...

el turismo cultural | el voluntarismo

Tg Taller de gramática

Para este capítulo, debes consultar las siguientes secciones del **Taller de gramática.**

- Para expresar *to be*
- Las palabras negativas
- El gerundio como adverbio
- Los pronombres de objeto directo e indirecto
- El **se** accidental
- Los tiempos del pasado

Problema auténtico. El viajar a otros países nos beneficia a todos. Es una experiencia enriquecedora que permite que uno conozca directamente otras culturas, lenguas y paisajes. Pero existe mucha gente que nunca sale de su ciudad, ni quiere cruzar fronteras internacionales. Simplemente no quieren conocer lo desconocido.

¡A escribir! Para el ensayo que vas a escribir al final del capítulo:

- explora los temas y la gramática del capítulo
- lee el **Problema auténtico**
- lee las secciones de **Para pensar** en **Exploración**
- apunta en tu **Vocabulario personal** las palabras y expresiones útiles
- usa **¡A escribir!** en tu *Manual de actividades* para organizar tus ideas

VP Vocabulario del tema

11 de junio
Hoy llegaron 5 voluntarios nuevos: dos chicos, dos mujeres y una señora que tiene 60 años y quiere «una aventura» en la vida. Dice que por eso vino aquí para hacer el volunturismo.
17 de julio
¡Ninguno de estos voluntarios habla español! Pero, no importa. Pronto verán que pueden comunicarse con sólo unas cuantas palabras. Los voluntarios siempre se sorprenden por lo rápido que pueden...
10 de agosto
Uno de los voluntarios me confesó hoy que extraña a su familia, y le dije que es natural que muchos pasen por un breve período así. Pero también le aseguré que con el tiempo se sentiría mucho más contento.

Los turismos

el agroturismo
el aventurismo
el ecoturismo
el turismo cultural
el volunturismo

El turista y su responsabilidad

la añoranza homesickness
el asilo de huérfanos orphanage
la destreza skill
los harapos rags (clothing)
la incapacidad disability
la indumentaria wardrobe
la llanura plain (*geographical*)
el mejoramiento improvement
la morriña homesickness
el patrimonio (cultural/natural) (cultural/natural) heritage
el rasgo trait
la recompensa reward, recompense
la red network
la ruta route

Cognado: la nostalgia
amenazar (c) to threaten
añorar to be homesick

Práctica A. De viaje y de voluntario. Completa las siguientes oraciones con palabras del **Vocabulario del tema.**

1. Luis lo pasaba muy bien en El Salvador pero cada vez que sus hermanos lo llamaban y le decían que lo extrañaban, sentía una ______________ horrible. Quería ver a su familia.
2. El trabajo fue difícil, pero ayudamos a los campesinos a ______________ y cultivar la tierra de una manera más eficiente y productiva.
3. Estos voluntarios enseñan destrezas importantes para el trabajo de oficina con el fin de ______________ a las mujeres que quieren conseguir trabajo en la ciudad.
4. En el asilo, me pusieron a trabajar con dos personas con ______________. Una no podía caminar y la otra era ciega.
5. Yo no pude ir a trabajar al asilo de huérfanos pero sí mandé una solicitud y dinero para ______________ a dos hermanos gemelos de siete años.

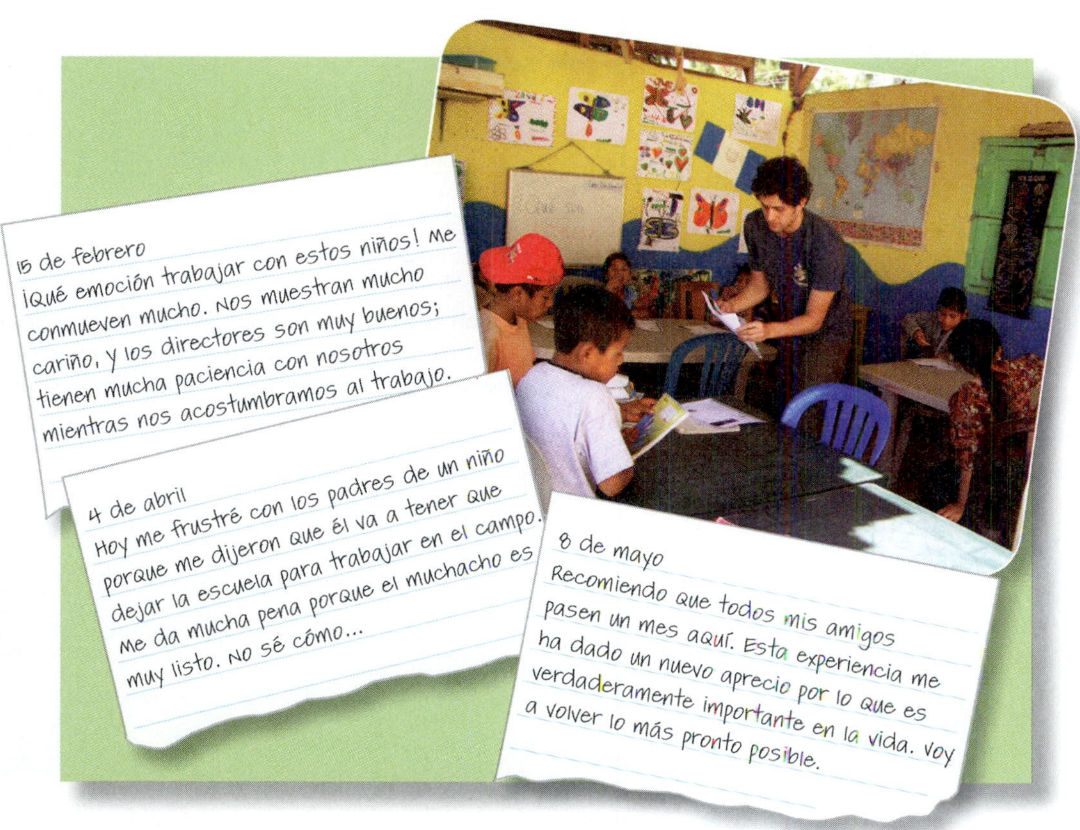
15 de febrero
¡Qué emoción trabajar con estos niños! Me conmueven mucho. Nos muestran mucho cariño, y los directores son muy buenos; tienen mucha paciencia con nosotros mientras nos acostumbramos al trabajo.
4 de abril
Hoy me frustré con los padres de un niño porque me dijeron que él va a tener que dejar la escuela para trabajar en el campo. Me da mucha pena porque el muchacho es muy listo. No sé cómo...
8 de mayo
Recomiendo que todos mis amigos pasen un mes aquí. Esta experiencia me ha dado un nuevo aprecio por lo que es verdaderamente importante en la vida. Voy a volver lo más pronto posible.

auspiciar to sponsor
caerle (*irreg.*) **bien/mal** to make a good/bad impression (*on someone*)
capacitar (para) to prepare (*someone*) (for)
conmover (ue) to move, touch (*emotionally*)
echar de menos to miss (*someone*)
extrañar to miss (*someone*)
fijarse (en) to notice; to pay attention (to)
fomentar to foster, promote
gozar (c) to enjoy
habilitar to empower, enable
hacer (*irreg.*) **falta** to be missing
patrocinar to sponsor
potenciar to enable, empower
sembrar(ie) to plant

explotador(a) exploitative
incapacitado/a disabled
rentable profitable
sustentable sustainable

Detalles lingüísticos

Cuando surge una nueva orientación en los métodos ya establecidos, generalmente se inventan también palabras nuevas como **el agroturismo** para el turismo agrícola y **el aventurismo** para el turismo aventurero. Pero no se dice **el culturismo** para el turismo cultural porque esta palabra ya tiene su significado: *bodybuilding*.

Práctica B. ¿Adónde vamos? ¿Qué tipo de turismo les interesa más? En parejas, comparen sus gustos. Si a uno de Uds. le interesa el aventurismo, explica adónde es preferible ir para hacer ese tipo de turismo. Si a otro le gusta la idea de hacer de voluntario en otro país, habla del tipo de voluntarismo (ecológico, educativo, etcétera) y en qué países existen esas oportunidades.

VP Apunta en tu **Vocabulario personal** algunas palabras relacionadas con las vacaciones y los viajes. Organiza las palabras por categoría como, por ejemplo, **los preparativos, los medios de transporte, en la frontera/la aduana, los destinos (*destinations*) y las actividades,** etcétera.

Déjame que te cuente sobre...

Prepárate para leer

A. Reflexión

1. Para ti, ¿qué significan las vacaciones? ¿Para qué sirven? ¿Cómo las pasas?
2. Para ti, ¿qué significa la palabra **cultura**? ¿Te gusta estudiar y conocer otras culturas? ¿Cómo lo haces?
3. Si pudieras combinar las vacaciones con la cultura, ¿cómo lo harías?

B. Estrategia. La siguiente selección se enfoca en aspectos de estos temas: el trabajo de la Organización de las Naciones Unidas (ONU); el turismo en México; una cultura minoritaria de Honduras; y el gaucho argentino. ¿Qué sabes ya de dichos temas? ¿Cómo se pueden incorporar en un artículo breve? Apunta algunas ideas antes de leer la selección.

Vocabulario útil

Empareja las siguientes palabras con su significado.

____ la ascendencia	**a.** la amenaza
____ beneficiar	**b.** los bienes que los antepasados nos dejan de herencia
____ explotar	**c.** los antepasados; el origen
____ el patrimonio	**d.** el lugar
____ el peligro	**e.** aprovecharse de otros abusando de ellos
____ el sitio	**f.** favorecer; ser bueno para alguien o algo

VP Repasa las palabras en la sección **Vocabulario del tema** al principio del capítulo y acuérdate de tu **Vocabulario personal** al final del capítulo o en el *Manual de actividades.*

Las cláusulas con *si* (Taller III. E. 3)

En los primeros párrafos de este texto se usa mucho la conjunción **si,** aunque no va seguida del pasado del subjuntivo. ¿Por qué no?

¡A leer!

Lee la selección entera sin buscar palabras en el diccionario. Luego, completa la **Actividad A** de **Comprensión y expresión** (pág. 293) y vuelve a leer la lectura.

¿Cierto o falso? *Las vacaciones son para ir a la playa o a la casa de los abuelos.*

Claro que es cierto que todos queremos divertirnos y relajarnos, pero ¿no te has preguntado jamás si eso es todo? ¿Hay alguna actividad que se pueda hacer que haga de las

gramática

Tg **Para expresar *to be*** (Taller III. A.)

Ser, estar, haber y **existir** son algunos de los verbos más importantes para identificar, describir y situar cosas, o sea, para expresar *to be*. ¿Recuerdas sus formas y cómo se usan?

Práctica. Oraciones. Indica el verbo correcto para completar las siguientes oraciones.

1. En el mundo (**están / hay / son**) aproximadamente mil sitios considerados como Patrimonio de la Humanidad.
2. Todos esos sitios (**existen / hay / son**) muy importantes por razones culturales e históricas.
3. Algunos de esos sitios (**están / existen / hay**) en peligro por la contaminación del ambiente, las guerras y las limitaciones económicas.

el turismo cultural

vacaciones algo trascendental? Pues, sí, obviamente, y con las nuevas formas de turismo que se practican hoy en día, eso es cada vez más fácil. Si te interesa conocer y proteger la naturaleza de cualquier lugar, el ecoturismo es para ti; si te gustaría trabajar en un rancho o una granja[a] donde haya ganado[b] y cultivos, entonces el agroturismo tal vez sea para ti. Todos estos tipos de turismo tienen su encanto, pero ahora queremos contarte algo del turismo cultural.

Hay varias zonas arqueológicas impresionantes en México, como por ejemplo estas ruinas de Monte Albán en Oaxaca.

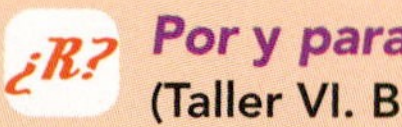

Por y para
(Taller VI. B.)

¿Cuántas veces aparecen en este texto las preposiciones **por** y **para**? ¿Cuáles son sus usos aquí?

Si visitas Yucatán solamente por las playas, eso no es turismo cultural. Pero si vas para conocer la cultura maya y visitar las ruinas, y si te interesan la comida y las artesanías, además de las playas, eso sí cuenta[c] como turismo cultural. En México, están en vías de coordinar programas de turismo cultural. No es ninguna tarea fácil, ya que existen tantas cosas fascinantes para el viajero a quien le atrae la cultura: sitios arqueológicos, ciudades consideradas como Patrimonio de la Humanidad, la Ruta de las Misiones y muchísimos otros lugares de interés.

Detalles culturales

¿Alguna vez has oído hablar del Patrimonio de la Humanidad? La Organización de las Naciones Unidas concede este título a los lugares y civilizaciones que de algún modo muestran un aspecto único e importante de lo que es el ser humano y su mundo, para que sean reconocidos y respetados por todos. En los países de habla hispana hay cerca de 150 sitios que son Patrimonio de la Humanidad, incluyendo Tiwanaku (Bolivia) y las Islas Galápagos (Ecuador).

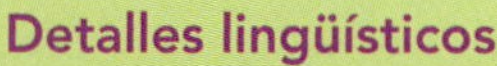

Detalles lingüísticos

Ciertos adjetivos cambian de significado según sigan a **ser** o a **estar.**

Es completo. *It's thorough/detailed.*
Está completo. *No parts are missing.*
Es consciente. *He/She is aware* (*of something*) */ responsible.*
Está consciente. *He/She is conscious.*
Es nuevo. *It's new.*
Está nuevo. *It's like new. It's new to me.*

Cerca de México, geográficamente, pero bien lejos en lo cultural, está el pueblo de los garifunas en la costa caribeña de Centroamérica. Esta gente de ascendencia africano-indígena tiene una historia única y una cultura fascinante. Afortunadamente tienen asentamientos[d] en varios países, porque la Reserva del Río Plátano, que es parte de su

[a]*farm* [b]*cattle* [c]*sí... does count* [d]*settlements*

4. (**Es / Está / Hay**) que hacer todo lo posible para proteger estos valiosos sitios.
5. En varios países (**están / existen / son**) programas de turismo cultural que pueden ayudar a proteger su patrimonio cultural.
6. (**Es / Está / Existe**) necesario establecer programas similares en otros países también.
7. La Organización de las Naciones Unidas (**está / existe / hay**) trabajando para identificar y conservar más sitios como Patrimonio de la Humanidad.
8. El turismo cultural (**es / está / hay**) un tema polémico, ya que podría llevar a la explotación de los pueblos minoritarios.

Algunas mujeres de Roatán, Honduras presenten bailes garifunas en una celebración local.

territorio en Honduras, está en peligro de destrucción, y por lo tanto las comunidades garifunas de esa zona también están en peligro. Los garifuna atraen a los viajeros por su música, baile y arte, su hospitalidad y su rica comida. Aunque se resisten al desarrollo excesivo, luchando contra la construcción de hoteles y balnearios[e] en sus tierras, a los turistas sinceros y respetuosos les dan la bienvenida.

¿R? Preguntas

- ¿Por qué se dice a veces **su** y a veces **sus** en este párrafo?
- ¿Cuál es la función gramatical del gerundio **luchando** en el párrafo sobre los garifunas?
- ¿Dónde y por qué se usa el subjuntivo en el siguiente párrafo sobre Argentina?
- En esta lectura se usa mucho el verbo **conocer** y no se usa **saber.** ¿Por qué?

Detalles lingüísticos

El idioma de los garifunas se deriva del arawaco, una de las lenguas de los indígenas caribeños.

Idabinya ¿Cómo estás?
Ugodiati Estoy bien.

En Argentina, se está desarrollando como proyecto de turismo cultural el Camino del Gaucho,[f] que le permitirá al viajero conocer y apreciar la cultura y el medio ambiente rural de la tierra del nordeste de Argentina, todo Uruguay y el sur de Brasil. El Camino es en realidad varios caminos. Estos forman una red de sitios de interés cultural, histórico y ecológico, unificada por la presencia e importancia de la cultura gauchesca. Se espera que este proyecto ayude a proteger el patrimonio cultural y natural de la región, que fomente un desarrollo económico sustentable, y que mejore la conservación del agua, de la tierra y de la biodiversidad. ¿Te gustaría seguir las rutas de los gauchos, acampar en la pampa, probar el mate[g] y la parrillada[h]? Bueno, todo eso te espera.

Detalles culturales

Los gauchos son los vaqueros de Argentina y de los países vecinos. Son conocidos, entre otras cosas, por su indumentaria típica y la destreza con que manejan los caballos. Entre las muchas obras literarias que retratan sus costumbres, dos obras clásicas son de nombrar: Martín Fierro (1872, 1879) y Don Segundo Sombra (1926).

Un gaucho argentino monta a caballo en un festival popular en Ayacucho, Argentina.

Nadie duda que el turismo cultural es de gran interés, además de ser divertido, pero hay ciertos problemas asociados con lo que implica. Uno de los principales es la cuestión de quién se beneficia de este turismo, o sea ¿adónde va el dinero? Se han visto algunos casos en

[e]*spa resorts* [f]Camino... *the Gaucho's (Argentine cowboy) Road* [g]*a hot herbal infusion popular in Argentina and Uruguay* [h]*beef on the grill*

gramática

Tg Las palabras negativas

(Taller VII. E.)

¿Recuerdas las palabras negativas? Para repasarlas, da el antónimo de las siguientes palabras indefinidas.

algo ______________
alguien ______________
algún/alguna ______________
siempre ______________
también ______________
o ______________

que una agencia de viajes vende excursiones de turismo cultural para explorar algún grupo étnico que sí resultan gratificantes y educativas para los turistas, y rentables para la agencia. Pero a veces estas excursiones representan una manera de explotar al grupo étnico que, siendo objeto del turismo, no percibe ninguna ventaja ni recibe recompensa. Claro, eso no está bien. Si somos conscientes, queremos que nuestro viaje beneficie al pueblo que visitamos y que nuestro dinero sirva para apoyar su desarrollo. Entonces, hay que hacer algo más: investigar cómo se puede viajar y visitar cualquiera de estos pueblos sin explotarlos.

Detalles lingüísticos

El verbo **explotar** puede significar to explode o to exploit. ¿Qué significa en el último párrafo de la lectura, y cómo lo sabes?

Comprensión y expresión

A. ¿Cierto o falso? Corrige las oraciones falsas.

	C	F
1. El turismo cultural se enfoca en el estudio y protección del medio ambiente.	☐	☐
2. México ofrece muchas opciones para el turismo cultural.	☐	☐
3. Todas las playas mexicanas se consideran Patrimonio de la Humanidad.	☐	☐
4. El Río Plátano es un restaurante famoso de Honduras.	☐	☐
5. La cultura y lengua de los garifunas no son hispanas.	☐	☐
6. Los gauchos y su cultura son el centro de un proyecto de turismo en Argentina.	☐	☐
7. Los gauchos son un grupo indígena de Argentina y Uruguay.	☐	☐
8. Algunas agencias de viajes explotan a los grupos étnicos que atraen a los turistas.	☐	☐

Detalles culturales

Noticias de Antropología y Arqueología (NAyA), una organización internacional basada en Argentina, expresa su preocupación por el turismo cultural.

> Lo que queremos evitar, ante todo, es que el turismo se constituya como nueva colonización donde la mercancía explotada sea la cultura... y donde «turismo cultural» sólo signifique consumo suntuario de exotismo para ricos coleccionistas de experiencias «alternativas».

Detalles culturales

El plato típico de los garifunas es la **machuca,** una mezcla de plátanos verdes machacados[a] con sopa de leche de coco y pescado frito. Dicen que quien la prueba, quiere más.

[a]*crushed*

Práctica. Oraciones. Indica la palabra correcta para completar las siguientes oraciones.

1. No hay (**nada / ningún / nunca**) pueblo que no tenga rasgos interesantes.
2. En cuanto a la comida, si (**nadie / ninguna / nunca**) has probado la machuca, es una lástima.
3. (**Nada / Ni / Tampoco**) debes perderte las pupusas, que son el plato más popular de El Salvador.
4. Para otros turistas, (**nada / nunca / tampoco**) es tan interesante como las ruinas de Tikal y Copán.
5. Las ruinas son misteriosas, pues (**nada / nadie / tampoco**) sabe exactamente cómo vivían los mayas.
6. Si yo fuera a Centroamérica, no me perdería las ruinas históricas (**nada / ni / nunca**) la comida; querría verlo todo y hacerlo todo.

gramática

B. Preguntas

1. ¿Cuáles son los nuevos tipos de turismo que se mencionan al principio del texto?
2. ¿En qué sentido son mejores que el turismo convencional?
3. Brevemente, ¿qué es el turismo cultural?
4. En México, ¿cuáles son algunos de los destinos para el turista cultural?
5. ¿Quiénes son los garifunas?
6. ¿Por qué están en peligro los garifunas?
7. ¿Qué proyecto de turismo cultural se desarrolla en Argentina?
8. ¿Cuál es uno de los problemas o conflictos que presenta el turismo cultural?

¡En acción!

VP Acuérdate de consultar la lista de tu **Vocabulario personal** al final del capítulo o en el *Manual de actividades.*

A. ¿Qué piensan Uds.? En parejas, háganse y contesten las siguientes preguntas.

1. ¿Te parece interesante el turismo cultural? ¿Qué tal el ecoturismo y el agroturismo?
2. ¿Conoces algunos sitios que sean Patrimonio de la Humanidad? ¿Por qué se considera que son especiales?
3. ¿Cuáles son algunas de las actividades turísticas que *no* se asocian con el turismo cultural?
4. Si hicieras un viaje de turismo cultural, ¿qué lugar te atraería más: México, Honduras o Argentina? ¿Por qué?
5. ¿Cómo entiendes la frase de «estar en peligro» cuando se habla de sitios y culturas?
6. ¿Qué sugerencias tienes para que el turismo cultural evite la explotación de las culturas y grupos étnicos?

Detalles culturales

En el año 2006, entre los centenares[a] de sitios considerados como Patrimonio de la Humanidad, treinta y uno estaban oficialmente en peligro. Esta clasificación tiene tanto poder[b] que muchas veces el sólo hecho de que un lugar lo lleve es suficiente para que el gobierno nacional empiece a protegerlo en serio.

[a]*hundreds* [b]*power*

B. Sitios que son Patrimonio de la Humanidad. Miren las fotos y lean la siguiente información. Luego, contesten las preguntas.

- Si te interesa la historia colonial, sin duda te gustaría visitar Colonia del Sacramento, Uruguay. Su barrio histórico, muy bien preservado y nombrado como Patrimonio de la Humanidad en 1995, muestra la presencia e influencia de españoles y portugueses desde su fundación en 1680.

- Si prefieres conocer diferentes ecosistemas, debes visitar el Parque Nacional de Sangay, Ecuador. Allí puedes ver dos volcanes activos y varios paisajes desde los Andes hasta el bosque tropical, con su flora y fauna. A pesar de ser Patrimonio de la Humanidad desde 1983, actualmente el parque está gravemente amenazado por la actividad de los seres humanos.

1. ¿A Uds. les gustaría visitar los dos lugares o les interesa uno más que otro? ¿Por qué?
2. ¿Qué información y escenas históricas crees que ofrece el barrio histórico de Colonia del Sacramento, también llamado «el casco histórico»?
3. ¿Qué podrían aprender los turistas que visitan el Parque de Sangay?
4. ¿Cómo puede la actividad humana amenazar un parque nacional? ¿Qué se puede hacer para proteger estos parques?

Investigación y presentación: Patrimonios de la Humanidad hispanos

PASO 1. Investigar. En parejas, investiguen dos sitios que sean Patrimonio de la Humanidad ubicados (*located*) en distintos países de habla hispana. ¿Cómo son los sitios? ¿Por qué se considera que son tan importantes? ¿Qué puede ver y hacer el turista que los visite?

PASO 2. Presentar. Preparen una descripción de cada sitio, incluyendo fotos, para la clase. Como parte de su presentación, hagan una comparación entre los varios aspectos de los sitios, por ejemplo: ¿Cuál de ellos les parece más bello, más frágil, más divertido y más caro de visitar?

PASO 3. Reflexionar. Después de hacer el **Paso 2,** ¿qué les parece el turismo cultural? ¿Lo ven problemático? ¿Consideran que es una estrategia positiva para los países en vías de desarrollo? ¿Quieren hacer un viaje de este tipo en sus vacaciones? Escriban un párrafo en español para organizar y expresar sus pensamientos.

Exploración | *La migración internacional*

Usa esta cajita para dibujar una imagen o escribir algunas palabras que representen para ti la esencia de esta breve lectura.

Prepárate para leer

Actividad. Anticipación. En este fragmento, Carlos Fuentes comenta la migración mundial de trabajadores. Sabiendo ya un poco de Fuentes y su vida, ¿qué crees que él va a decir? ¿Qué pensará Fuentes de la idea de un cerco para separar dos países?

¡A leer!

Durante quinientos años, el Occidente viajó al Sur y al Oriente, imponiendo su voluntad económica y política sobre las culturas de la periferia, sin pedirle permiso a nadie.

Ahora, estas culturas explotadas regresan al Occidente poniendo a prueba los valores mismos que el Occidente propuso universalmente: libertad de movimiento, libertad de mercado basada no sólo en la oferta y demanda de bienes sino de trabajadores, y el respeto debido a los derechos humanos que acompañan a todos y cada uno de los trabajadores migratorios.

No se puede, lo repito, tener interacción y comunicación global instantáneas sin tener, al mismo tiempo, migración global instantánea.

Vocabulario útil

el occidente el oeste

la oferta y demanda ______________

la periferia lo que no está en el centro

la voluntad ______________

En la frontera entre Tijuana y San Diego es posible pasar horas esperando para entrar en Estados Unidos.

Tg El gerundio como adverbio (Taller III. F. 3)

gramática

Ya has tenido varias oportunidades de practicar esto, ¿verdad? Eso está bien: Se aprende practicando.

Comprensión y expresión

A. Preguntas

1. Cuando Fuentes dice «durante quinientos años», ¿a qué época se refiere?
2. ¿Qué valores menciona Fuentes como originarios del Occidente?
3. Según Fuentes, ¿cuál es una consecuencia lógica de la comunicación global?

B. ¿Qué piensan Uds.? En parejas, háganse y contesten las siguientes preguntas.

1. ¿A qué país(es) se refiere Fuentes cuando menciona el Occidente? ¿Habla exclusivamente de Estados Unidos?
2. ¿Crees que los trabajadores migratorios ponen a prueba los valores occidentales? Para ti, ¿qué significa eso?
3. En general, ¿qué piensas de la migración internacional de trabajadores? ¿Te ves trabajando en el extranjero algún día?

C. Una familia de verbos. Vuelve a leer el fragmento de Fuentes, buscando el verbo **poner** y otros verbos relacionados con él y llena la siguiente tabla. ¿Puedes nombrar más verbos de la familia de **poner**? ¿Qué significan en inglés?

VERBO EN EL TEXTO	FORMA EN QUE ESTÁ	INFINITIVO	EQUIVALENTE EN INGLÉS
poniendo	*gerundio*		

Para pensar

Después de los ataques terroristas de 2001, Estados Unidos empezó a aplicar un sistema de seguridad para «proteger» las fronteras. Explica lo que son las fronteras y por qué existen. Luego, piensa en cómo las fronteras y las restricciones que imponen afectan la libertad de movimiento y de mercado.

Práctica. Practica un poco más el gerundio como adverbio, creando oraciones completas según las indicaciones.

MODELO: Los migrantes vienen (buscar) → Los migrantes vienen *buscando* trabajo.

1. Fuentes escribe (expresar)
2. Fuentes defiende a los migrantes (decir)
3. Fuentes concluye este pasaje (repetir)
4. Los migrantes llegan (esperar)
5. Muchos migrantes salen adelante (trabajar y sacrificar)
6. Por eso sus hijos crecen (gozar)
7. Algunos ciudadanos reciben a los migrantes (dar)
8. Otros ciudadanos quieren proteger su país (construir)
9. Podemos aprender más sobre los migrantes (leer)

gramática

Comparaciones

Charlemos un rato

¿Qué tipos de turismos y vacaciones hay en tu país?

Andrés Manosalva (Colombia): «La gente también desconoce que hay muchos sitios a los que pueden ir y estar muy tranquilos.» Mariano Markman (Argentina): «Están llegando, en realidad, un montón de... de, vamos, turistas internacionales.»

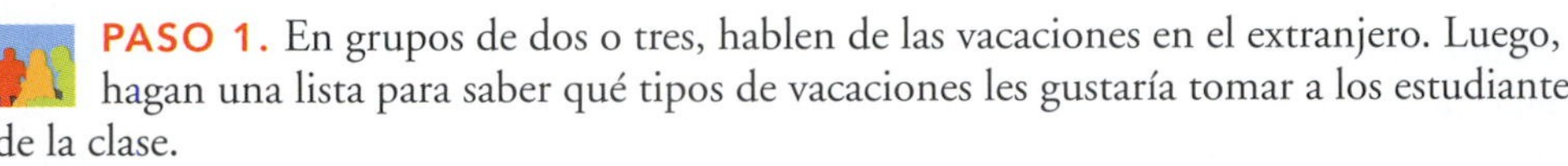

PASO 1. En grupos de dos o tres, hablen de las vacaciones en el extranjero. Luego, hagan una lista para saber qué tipos de vacaciones les gustaría tomar a los estudiantes de la clase.

1. ¿Qué tipos de vacaciones les gustaría hacer?
2. ¿Qué países les interesa visitar?

PLAYAS (TRADICIONALES)	MONTAÑAS (TRADICIONALES)	ECOTURISMO	AGROTURISMO	AVENTURISMO

PASO 2. En el vídeo, vas a escuchar a Andrés, Mariano, Úrsula, Cristina y Carla hablar cada uno de las vacaciones y los turismos de su país. Antes de ver las entrevistas, repasa el **Vocabulario útil** y lee las siguientes oraciones. Luego, complétalas según lo que dicen los entrevistados.

Úrsula van Oordt (Perú): «Tenemos todo, tenemos la costa, tenemos el mar, tenemos las montañas que es la sierra, tenemos el bosque que es la selva.»

Vocabulario útil

los paisajes ______
limítrofes bordering
el cambio ______ rate
aprovechan take advantage of
camperas jackets
agarrar to take, grab
deslizador small boat
balsa raft
guacamayos macaws
nidos nests
colpa rust
loros parrots
te trepas you climb up
sogas ropes

1. Las ______ y la selva son atracciones turísticas en Colombia; en Argentina, a los turistas les gustan los buenos ______ de los restaurantes y de los productos de ______.
2. Los peruanos por lo general tienen un ______ de vacaciones, pero Úrsula, por ______ en colegio, tiene ______ de un mes de vacaciones.
3. Unos amigos de Cristina hicieron turismo ______ y cultural en España por un mes para su luna de miel. Carla hizo un viaje de ______ en la ______ de Perú.

Cristina Martínez (España): «Hicieron medio turismo rural y medio cultural, ¿no?, visitando cosas que no habían visto antes.» Carla Sáenz (Perú): «Yo fui a un... eh... a un lugar en la selva que está en el medio de la selva, o sea, en el medio de la nada.»

PASO 3. Contesta las siguientes preguntas.

1. Describe la diferencia entre el turismo de Colombia y el de Argentina en cuanto a los turistas internacionales.
2. ¿Cuáles son algunos de los destinos turísticos que los peruanos visitan? ¿Qué tipo de transporte prefieren, por lo general?
3. ¿De qué tipos de turismo hablan Cristina y Carla? ¿Qué hace el turista en cada caso? Por ejemplo, ¿qué se hace en un viaje cultural en el norte de España? ¿Y en el sur?
4. ¿Por qué muchas personas deciden tomar sus vacaciones dentro de su país? ¿A qué tipo de destinos van? ¿Es normal viajar dentro del país para las vacaciones en esta región?

Dichos

En parejas, busquen equivalentes a estos dichos en inglés. Si no los hay, ¿qué significan? Busquen otros refranes y dichos en español relacionados con el viaje y las vacaciones.

Dichos

- A la tierra que fueres, haz lo que vieres.
- Para este viaje no hacían falta alforjas.
- Común conviene que sea quien comunidad desea.
- No hay atajo sin trabajo.

Costumbres y buenos modales

Los días de vacaciones en los países de habla hispana

El número de días de vacaciones a que un trabajador tiene derecho varía considerablemente de país a país. El país latino donde más se descansa es España, con treinta días (cinco semanas) de vacaciones, remunerados por el empleador. Si el empleado por cualquier razón no toma los días de vacaciones, o sea que se los salta, se le acumulan para el año siguiente, es decir, que en este caso puede encontrarse con sesenta días de vacaciones. En Argentina sólo tienen doce días de vacaciones al año, más los días festivos del país. A medida que aumenta el tiempo que un empleado trabaja para una empresa, sus días de vacaciones también van aumentando. En México, en cambio, el empleado sólo tiene seis días por año, aumentando dos días cada año de empleo continuo. Esta cantidad reducida probablemente refleja la influencia del sistema laboral estadounidense, ya que en Estados Unidos oficialmente no es obligatorio darle vacaciones a un trabajador, aunque dos semanas es lo habitual.

DÍAS DE VACACIONES DE ALGUNOS PAÍSES HISPANOS
Argentina: 12 días
Chile: 15 días
Colombia: 10 días
España: 30 días
México: 6 días
Perú: 20 días
Puerto Rico: 12 días
Venezuela: 15 días

Detalles culturales

España no es el país europeo con mayor número de días de descanso al año. Finlandia, Dinamarca y Austria dan más días de vacaciones que España y mejor salario (España cuenta con el peor salario mínimo de toda Europa). Entre días festivos y vacaciones de empresa, los trabajadores españoles cuentan con treinta y seis días de descanso al año, mientras que los trabajadores de Dinamarca disfrutan de cuarenta, los de Finlandia treinta y nueve y los de Austria treinta y ocho.

Actividad. Los días de vacaciones. Busca más información estadística sobre los países incluidos en la lista de la selección anterior, por ejemplo, ¿cuál es su Producto Interno Bruto (PIB) o cuál es la tasa de desempleo? ¿Hay una correlación entre estas estadísticas y los días de vacaciones? ¿Y los días festivos o las ferias (*festivals*) de los países? Si un país tiene más días feriados, ¿es que tiene más días de vacaciones?

Déjame que te cuente sobre...

Prepárate para leer

A. Reflexión

1. ¿Qué actividades asocias con las vacaciones? ¿Te gustan más las montañas, las playas o las ciudades? ¿Con quién te gusta pasarlas?
2. Cuando ves escenas de pobreza, desastres naturales o degradación del medio ambiente, ¿qué sientes y cómo reaccionas? ¿Te dan ganas de resolver los problemas o de escaparte para no ver el sufrimiento?
3. ¿Se te ha ocurrido alguna vez combinar estos dos temas? ¿Qué te parece la idea de hacer ambas cosas a la vez: ir de vacaciones y trabajar como voluntario?

B. Estrategia. Cuando lees un texto en español, ¿qué estrategias te ayudan más a entenderlo mejor? ¿Sueles pensar de forma visual o auditiva? Después de aprender y practicar varias estrategias, debes saber cuál te ayuda más a comprender las lecturas. ¿Tienes alguna estrategia o técnica favorita? Compara la tuya con las de los otros estudiantes de la clase.

Vocabulario útil

Las siguientes frases son útiles para comprender la lectura y revelan un aspecto importante de su tema. ¿Qué tienen en común las frases?

el sitio de tu preferencia

lo que te conmueve

sintió la necesidad

se consideran transformados

VP Repasa las palabras en la sección **Vocabulario del tema** al principio del capítulo y acuérdate de tu **Vocabulario personal** al final del capítulo o en el *Manual de actividades.*

gramática

Tg Los pronombres de objeto directo e indirecto (Taller IV. D., E.)

¿Qué pasa cuando hay dos pronombres de objeto en una cláusula? Claro, el indirecto va primero y, si el pronombre indirecto es **le** o **les,** se cambia a **se.** ¿Recuerdas todas las reglas sobre la colocación de estos pronombres? ¿Puedes completar la siguiente oración?

Mis padres sacaron muchas fotos en Perú ________ ________ mostraron a todos sus amigos en una fiesta.

Práctica. El niño que patrocino. Vuelve a escribir la frase subrayada para que tenga dos pronombres de objeto.

1. Escribí una carta electrónica ayer y le mandé la carta electrónica al niño que yo patrocino.
2. El niño quería saber de nuestras tradiciones navideñas y le expliqué las tradiciones navideñas en la carta.

¡A leer!

Lee la selección entera sin buscar palabras en el diccionario. Luego, completa la **Actividad A** de **Comprensión y expresión** (pág. 303) y vuelve a leer la lectura.

Estás de vacaciones en un lugar bello y exótico divirtiéndote, tomando el sol, gozando de la comida típica, haciendo deportes acuáticos, cuando de repente[a] te fijas en los niños que viven cerca del hotel. Parecen hambrientos, andan vestidos con puros harapos, pasan el día pidiendo dinero. Si traes unas monedas[b] en el bolsillo, se las das, pero durante un tiempo no se te quita esa imagen de la cabeza y te haces la pregunta: ¿Podría yo hacer algo para mejorar la vida de estos niños? ¿Qué podría hacer para que tuvieran alguna esperanza de un futuro mejor? Pues, para ti, será hora de investigar las oportunidades de viajar como turista voluntario/a.

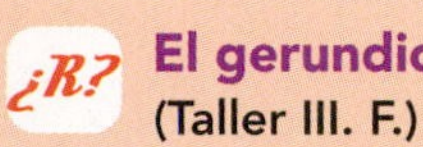

El gerundio
(Taller III. F.)

En el párrafo anterior se usa el gerundio varias veces: **tomando, gozando,** etcétera. ¿Por qué?

Eso sentía Tom Eklund y se hacía esas preguntas mientras estaba de vacaciones en la República Dominicana. Eklund sintió la necesidad de hacer algo para ayudar a los demás[c] después de hacer una visita a un asilo de huérfanos dominicanos. «Pero yo no quería simplemente dar una cantidad de dinero a una agencia de auxilio», comenta Eklund. «Quería meterme[d] de una forma personal —quería hacer algo». Por eso este ex representante de ventas[e] de IBM inició un programa llamado *Orphanage Outreach*, cuya meta es llevar pequeños grupos de turistas a dos asilos de huérfanos en la República Dominicana. Estos turistas trabajan y ayudan como pueden en los asilos por unas dos o tres semanas.

Detalles culturales

En 2006, en República Dominicana había unos 33.000 huérfanos cuyos padres habían muerto de SIDA.

¿R?

Preguntas

En el párrafo anterior se usan el pretérito y el imperfecto varias veces. ¿Por qué?

- ¿Cuál es la diferencia entre los dos tiempos verbales? ¿Qué significa **sintió** y qué significa **sentía?**
- Los turistas que visitan los asilos como participantes del programa *Orphanage Outreach,* **ayudan como pueden.** ¿Por qué no dice el texto, **ayudan como puedan**?

[a]de... *suddenly* [b]*coins* [c]los... *others* [d]*get myself involved* [e]*sales*

3. Le compré unos juguetes pequeños y le envié los juguetes para Navidad.
4. Sé que su familia no tiene dinero y me gustaría darle dinero, pero no se permite.
5. El niño que yo patrocino hace dibujos interesantes y me manda dibujos varias veces al año.
6. Como él no sabe escribir, la agencia escribe cartas que comentan su desarrollo y me envía las cartas.
7. Cuando él empiece a asistir a la escuela, va a poder escribir correos electrónicos y tal vez me escriba correos electrónicos de vez en cuando.
8. La oportunidad de conocer a este niño y de comunicarme con él es especial, y estoy agradecida a la agencia por darnos la oportunidad a este niño y a mí.

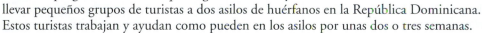

Volunteer Abroad, un programa de *Cross-cultural solutions,* ofrece otras oportunidades para hacer de voluntario/a en más de diez países. A través de este programa, los voluntarios pueden escoger dónde y cuándo quieren ayudar, ya que hay programas de una a doce semanas que comienzan durante todo el año. Por ejemplo, como voluntario/a internacional en la Ciudad de Guatemala y sus alrededores[f] podrías trabajar con la gente local en una organización de su comunidad. Tal trabajo podría incluir cuidar a niños o ancianos, dar clases para niños, trabajar con el personal médico local o trabajar para potenciar a mujeres o personas incapacitadas. Si te motiva más la conservación del medio ambiente, hay programas que te llevan a sitios de increíble belleza natural donde puedes contribuir con tu labor en todo tipo de proyectos, entre ellos sembrando árboles contra la deforestación que amenaza a tantas regiones del mundo.

¿R? Los verbos pronominales
(Taller III. D.)

- ¿Cuál es la diferencia entre **quedar** y **quedarse**?
- El verbo **sentir** tiene como objeto un sustantivo: *sienten una gran satisfacción personal.* **Sentirse,** en cambio, va seguido de un adjetivo: *se sienten satisfechos.*

Detalles culturales

La ONG *Plan International* ofrece otro modo de combinar el deseo de ayudar a los demás con el turismo. Por una pequeña cantidad de dinero puedes patrocinar a un niño / una niña de un país en vías de desarrollo. El dinero se invierte en proyectos que benefician al niño y a toda su comunidad, por ejemplo, en la compra de libros y útiles escolares o en la construcción de una clínica o centro comunitario. Además de conocer al niño y comunicarte con él a través de cartas, fotos y regalitos, puedes ir a visitarlo en el pueblo donde vive. Sería una experiencia inolvidable, ¿no?

Es posible enumerar un montón[g] de posibilidades para contribuir en persona al mejoramiento del mundo y al mismo tiempo gozar de las vacaciones. Un repaso de las reflexiones de los viajeros que han practicado el voluntarismo revela que desarrollan un profundo sentido de conexión con la gente del lugar donde han trabajado. Frecuentemente a los turistas voluntarios les brota[h] una nueva autoconciencia: sienten una gran satisfacción personal, ven la vida de una manera totalmente diferente, se consideran transformados. No sólo descansan de la rutina de todos los días, sino que su forma de pensar también adquiere toda una nueva dimensión unida a una nueva perspectiva de la vida.

[f]*surrounding communities* [g]un... *a whole bunch* [h]*arise*

gramática

Tg El se accidental (Taller III. D. 3)

¿Recuerdas qué significa la estructura **se** + *pronombre de objeto indirecto* + *verbo*? Unos de los verbos con los que se usa más esta estructura son **olvidar, perder** y **romper**.

Se me olvidaron los nombres. **Se nos rompió** la maleta. **Se les perdió** el documento.

Práctica A. A Tom Eklund... Completa las oraciones sobre el Sr. Eklund (pág. 303), usando las frases de la lista.

a. una nueva autoconciencia
b. ayudarlos de alguna manera
c. establecer una nueva organización
d. los niños hambrientos que había visto

Comprensión y expresión

A. Léxico. Indica la palabra correcta.

1. sinónimo de hermoso
   a. acuático **b.** bello **c.** comunitario **d.** escolar
2. antónimo de lastimar o dañar
   a. adquirir **b.** amenazar **c.** beneficiar **d.** iniciar
3. un verbo que *no* se relaciona con las emociones
   a. divirtiendo **b.** gozando **c.** sembrando **d.** sintiendo
4. donde los niños sin padres pueden vivir
   a. agencia de auxilio **b.** asilo de huérfanos
   c. medio ambiente **d.** representante de ventas
5. una forma de dinero
   a. meta **b.** modo **c.** moneda **d.** montón
6. punto de vista
   a. cantidad **b.** dimensión **c.** perspectiva **d.** rutina
7. ropa vieja y muy gastada
   a. alrededores **b.** huérfanos **c.** harapos **d.** útiles
8. observar
   a. divertirse **b.** fijarse **c.** meterse **d.** sentirse
9. antónimo de ser indiferente o no importar
   a. comunicarse **b.** conmover **c.** conocer **d.** contribuir
10. sinónimo de nacer o crecer
    a. brotar **b.** emancipar **c.** habilitar **d.** quitar

B. En resumen. Empareja cada término o persona o cosa con su descripción.

1. _____ República Dominicana	**a.** niño que no tiene ni mamá ni papá
2. _____ Guatemala	**b.** nueva perspectiva, nuevo modo de pensar
3. _____ Tom Eklund	**c.** persona que fundó *Orphanage Outreach*
4. _____ *Volunteer Abroad*	**d.** programa que ofrece muchas opciones
5. _____ *Plan International*	**e.** país caribeño
6. _____ huérfano	**f.** país centroamericano
7. _____ transformación personal	**g.** organización que da ayuda a los niños y apoya el desarrollo de su comunidad

C. Preguntas

1. ¿Qué motivó al Sr. Eklund a establecer su organización?
2. ¿Qué hacen los turistas que participan en *Orphanage Outreach*?
3. ¿Qué posibilidades les ofrece *Volunteer Abroad* a los turistas?
4. ¿Qué hace la ONG *Plan International*?
5. ¿Cómo puede afectar el volunturismo a los turistas que lo hacen como parte de sus vacaciones?

1. A Tom no se le quitaba la imagen de _______.
2. Se le hacía que él podía _______.
3. Después de visitar los asilos de huérfanos, se le ocurrió _______.
4. Al trabajar por los huérfanos indefensos, le brotó _______.

Práctica B. Crea oraciones originales usando las palabras dadas y **se** + *pronombre de objeto indirecto.*

MODELO: yo: hacer → *Se me hace* que podríamos aportar algo a las comunidades que visitamos.

1. *yo:* olvidar
2. *familia:* acabar
3. *turistas:* ocurrir
4. *niños:* perder

gramática

VP Acuérdate de consultar tu lista de **Vocabulario personal** al final del capítulo o en el *Manual de actividades*.

¡En acción!

A. ¿Qué piensan Uds.? En parejas, háganse y contesten las siguientes preguntas.

1. ¿Qué te parece el concepto del volunturismo: la mezcla del trabajo de voluntario con el turismo? ¿Te atrae? ¿Te parece paradójico?
2. ¿Cuál fue la motivación interior del Sr. Eklund al crear *Orphanage Outreach*? ¿Crees que lo hizo por culpabilidad, para mostrar su superioridad o por motivos religiosos?
3. ¿Cómo supones que reacciona la gente que recibe la visita de los turistas voluntarios? ¿Cómo reaccionarías tú si vieras turistas extranjeros haciendo un proyecto para ayudar o mejorar tu comunidad?
4. En tu opinión ¿cuáles serían algunas de las ventajas y desventajas de este tipo de turismo?
5. ¿Te gustaría hacer un viaje para mezclar unas vacaciones con un trabajo de voluntario? ¿Adónde irías y qué tipo de servicio prestarías?

En la comunidad | *El reverendo Tom VandeStadt y sus vacaciones de trabajo en el mundo hispano*

Thomas J. VandeStadt concilia su deseo de mejorar la vida de los pobres del mundo con su afición a pasar las vacaciones explorando el mundo hispano. Ha ayudado a desarrollar y llevar a cabo[a] varios programas de riego[b] en unos pueblitos aislados en las montañas de Honduras adonde llegan muy pocas agencias de auxilio. Como pastor de la *Congregational Church of Austin, UCC*, una iglesia en Austin, Texas, organizó dos excursiones a San Juan, una aldea[c] remota en las montañas hondureñas, para conocer a la gente y sus necesidades. Para la segunda excursión, hizo subir a la aldea un aparato sencillo[d] para fabricar ladrillos. El aparato capacitaría a la gente de la aldea en la construcción de casas. Tom y otros voluntarios de la iglesia viajaron a San Juan para inaugurar el uso de la máquina. Fabricaron los ladrillos para la primera casa, que se destinaba a una viuda y sus cuatro hijos pequeños. En el proceso, la gente del pueblo aprendió a hacer los ladrillos. Los voluntarios pasaron unas vacaciones estupendas disfrutando de[e] la amistad de la gente, la belleza de las montañas y la satisfacción espiritual de haber contribuido con algo útil y duradero a la aldea.

El reverendo Thomas (Tom) J. VandeStadt, su hija, Alex, y su esposa, Robin Chapman, participan en el servicio comunitario a nivel local, nacional e internacional.

[a]llevar... *to carry out, implement* [b]*irrigation* [c]*village* [d]hizo... *he had a simple machine brought up to the village* [e]disfrutando... *enjoying*

Tom VandeStadt y otros voluntarios planean la construcción de una casa en las montañas de Honduras. Será la casa de una viuda y sus cinco hijos.

B. Un programa nuevo. La universidad necesita la ayuda de Uds. En grupos de dos o tres, diseñen un programa de estudios mezclados con trabajo voluntario en el extranjero que sea conveniente e interesante para cualquier estudiante. Su programa debe incluir cursos de lenguas extranjeras (entre ellos el español) y otras materias académicas, varios tipos de experiencias culturales y diferentes oportunidades para prestar servicio comunitario. Recuerden que este programa tiene que ser atractivo no sólo para los estudiantes de español sino para todos. Determinen cuáles serían los cinco o seis componentes principales de su programa.

Idiomas	Cursos culturales	Oportunidades para servicio	Cursos de ¿ ?

Investigación y presentación: El voluntурismo

PASO 1. Investigar. En grupos de dos o tres, investiguen más sobre el voluntурismo. Primero, organicen por categoría una lista de por lo menos seis oportunidades para hacer voluntурismo, como, por ejemplo, un servicio ecológico, escolar, comunitario de construcción, sanitario, etcétera. Incluyan otros detalles, como los costos para el voluntario, la duración del servicio y las fechas posibles para realizarlo.

PASO 2. Reflexionar. De los programas disponibles, escojan uno que a todos les parezca interesante. Busquen más detalles sobre el programa y organicen la información en una presentación visual y oral.

PASO 3. Presentar. Presenten su programa a la clase. Luego, como clase comparen los programas para ver qué tipo de programa la clase prefiere.

Exploración | *Un joven en Ginebra*

Usa esta cajita para dibujar una imagen o escribir algunas palabras que representen para ti la esencia de esta breve lectura.

El joven Carlos Fuentes se encuentra en su biblioteca en México D.F. en 1962.

Prepárate para leer

Actividad. Anticipación. ¿Piensas estudiar en el extranjero? Entonces te va a interesar este pasaje de Carlos Fuentes, en el que describe su experiencia como estudiante en Suiza. Nombra algunos países que te interesaría visitar como estudiante. ¿Qué estudiarías allí? ¿Cómo pasarías tu tiempo libre? Al leer el pasaje, trata de imaginar cuánto trabajaba y estudiaba el joven Fuentes, y también cuánto se divertía, contando con sólo las veinticuatro horas del día.

Vocabulario útil

¿Escoge lo que crees que es la mejor definición de las siguientes palabras. Luego, después de leer el fragmento, averigua si tenías razon.

el arribo la llegada / el parecido / la subida

la casualidad el incidente / la informalidad / la ingratitud

frecuentar reconocer / trabajar / ver

proveniente de llamado a / nacido en / preocupado por

¡A leer!

A principios de 1950, acababa de cumplir veintiún años cuando llegué a Suiza para continuar mis estudios tanto en la Universidad de Ginebra como en el Instituto de Altos Estudios Internacionales. Trabajaba en la misión de México ante la Organización Internacional del Trabajo (OIT) y le servía de secretario al miembro mexicano de la Comisión de Derecho Internacional de la ONU, el embajador Roberto Córdova. Todo esto le daba a mi arribo a Suiza un tono sumamente formal. Ginebra, como siempre, era una ciudad muy internacional. Me hice amigo de estudiantes extranjeros, diplomáticos y periodistas. Conocí a una bellísima estudiante suiza y me enamoré de ella, pero nuestros encuentros clandestinos fueron interrumpidos por dos casualidades.

gramática

Tg Los tiempos del pasado (Taller III. B., C. 4)

Recuerdas muy bien cómo se forman y cómo funcionan el pretérito, el imperfecto y el pasado de subjuntivo, ¿no? Busca ejemplos de las tres formas verbales en el texto de Fuentes sobre su estancia en Ginebra.

Práctica. Fuentes en Ginebra. Indica la forma correcta del verbo.

1. Fuentes fue a Suiza cuando (**tuvo / tenía / tuviera**) 21 años.
2. En Ginebra (**encontró / encontraba / encontraba**) muchos amigos.
3. En su mayoría, los nuevos amigos (**fueron / eran / fueran**) estudiantes y periodistas.
4. En los años 50, era posible que algunos de ellos (**fueron / eran / fueran**) espías también.

Primero, fui expulsado de la estricta pensión donde vivía en la Rue[a] Emile Jung por razón de la clandestinidad ya dicha. Segundo, los padres de mi novia le ordenaron que dejase de frecuentar a un joven proveniente de un país oscuro e incivilizado, cuyos habitantes, según se contaba, comían carne humana.

[a]*calle*

Comprensión y expresión

A. Preguntas

1. ¿Qué responsabilidades tenía el joven Carlos Fuentes en Suiza?
2. ¿Qué diversiones pudo encontrar Fuentes en Ginebra?
3. ¿Por qué expulsaron a Fuentes de su pensión?

B. ¿Qué piensan Uds.? En parejas, háganse y contesten las siguientes preguntas.

1. ¿Qué te parece la oportunidad que Fuentes tuvo de ir a Suiza para estudiar y trabajar? ¿Te gustaría hacerlo también? ¿Qué tendrías que hacer para poder hacerlo?
2. ¿De quiénes se hizo amigo Fuentes mientras estaba en Suiza? Si estuvieras en tal situación, ¿buscarías ese tipo de compañía o preferirías tener otra clase de amigos? ¿En dónde buscarías amigos?
3. ¿Existen todavía las razones por las que Fuentes perdió su cuarto y a su amiga? Si estudias en el extranjero, digamos, el año que viene, ¿te podría pasar lo mismo? ¿Qué podrías hacer para prevenir tal catástrofe?

C. Estereotipos. En parejas, comenten el siguiente tema.

A principios de los años 50, según Carlos Fuentes, ¿qué estereotipo tenían algunos suizos de los mexicanos? ¿Se pueden imaginar Uds. qué pensarían los suizos de los ingleses, los chinos y los peruanos? Y ¿qué habrán pensado los mexicanos de los suizos? Ahora, ¿cómo reaccionaron Uds. al leer el fragmento de Fuentes? Lo del estereotipo de los mexicanos, ¿les hizo gracia? ¿les pareció trágico? ¿los enojó? ¿les pareció absurdo?

Para pensar

Los estudiantes que se inscriben en programas de estudios extranjeros tienen diferentes metas. ¿Cuáles son algunas de las metas más comunes? ¿Crees que es importante «sumergirse» en la cultura del país y tratar de entenderla, o es más importante hacer amigos y pasarlo bien? ¿Cómo puedes asegurarte de aprender bien un idioma en el extranjero?

5. Probablemente el joven Fuentes esperaba que sus amigos (**pudieron / podían / pudieran**) ayudarlo en su carrera diplomática.
6. Un día Carlos (**conoció / conocía / conociera**) a una estudiante atractiva e inteligente.
7. Los dos jóvenes se (**enamoraron / enamoraban / enamoraran**) instantáneamente.
8. Se querían mucho, se buscaban para ir a todas partes, siempre (**estuvieron / estaban / estuvieran**) juntos.
9. Pero los padres de ella (**supieron / sabían / supieran**) de la relación, y les prohibieron a los chicos que (**siguieron / seguían / siguieran**) viéndose.
10. Aparentemente temían que su hija (**fue / era / fuera**) víctima de un sacrificio humano si ellos no le (**pusieron / ponían / pusieran**) fin a ese romance.

gramática

¡A escribir!

PASO 1. Explora las siguientes posibilidades para el ensayo. No te olvides de apuntar en tu *Manual de actividades* las ideas que más te interesan.

1. Imagínate que la ciudad donde vives te comisionó para crear una guía de turismo cultural en tu región. ¿Qué atracciones culturales existen en tu zona? Haz una lista de todo lo que pueda atraer a los turistas: comida, música, arte, arquitectura y arqueología, religión, educación y ciencias, etcétera. Luego, usa la lista para diseñar una ruta o camino, o sea, una serie coherente de atracciones para el turista cultural. Puedes dibujar la ruta, pero también debes describir la ruta y las atracciones en un tipo de artículo turístico.
2. Imagínate que estás de vacaciones por varias semanas en un lugar donde hagas de voluntario/a para trabajar en un proyecto. Vas a escribirles una carta a tu familia y/o a tus amigos para contarles tu experiencia. Antes de escribir, piensa en las siguientes preguntas. ¿Dónde estás? ¿Por qué estás allí? ¿Qué tipo de proyectos te interesan y por qué? Busca información sobre algunos programas. Prepara un itinerario con destinos y actividades posibles, incluyendo el trabajo que haces. Básate en esta información para escribir tu carta.

PASO 2. Si todavía no estás seguro/a del tema que prefieres, vuelve a leer el **Problema auténtico** y las secciones **Para pensar** y consulta tu **Vocabulario personal.** También puedes escoger un tema de una de las actividades del libro de texto o del *Manual de actividades.*

PASO 3. Repasa la gramática presentada en este capítulo. ¿Cómo puedes usarla en tu ensayo? Mientras escribes, subraya las formas y estructuras que utilizas de este capítulo.

PASO 4. Escribe un borrador de por lo menos 200 palabras. Si quieres, puedes seguir los pasos de **¡A escribir!** en el *Manual de actividades* para escribir el ensayo.

¿R? ¿Un poco de publicidad? o ¿comunicando con la familia?

Claro que siempre es buena idea repasar los varios verbos que expresan *to be* porque son de mucho uso. En este ensayo, serán importantes para enumerar las atracciones turísticas de tu región, o para mantener informada a tu familia respecto a tus actividades. ¿Recuerdas cuándo los verbos como **ser, estar, haber (hay), existir** y **tener** expresan *to be* en inglés? Explica los usos de estos verbos en el siguiente párrafo.

En nuestra región, **existe** una variedad de atracciones naturales y actividades culturales que **serían** de interés para cualquier turista que **desee** una experiencia cultural. Además, si **está** buscando donde comer, **hay** comida regional excelente; si **tiene** sed, en esta región **hay** vinos de primera calidad.

Querida familia:

¿Saben? ¡Me **encuentro** tan ocupada con la encuesta (*survey*) sobre la salud de la población local que no me ha **sido** posible comunicarme con Uds.! Lo siento, pero parece que siempre **tengo** prisa; incluso ahora, el camión que nos lleva al pueblo **está** para salir y debo **ser** breve con las noticias. **Hay** tanto que contarles...

Vocabulario (*Esta lista presenta el vocabulario esencial de este capítulo.*)

Los turismos

el agroturismo
el aventurismo
el ecoturismo
el turismo cultural
el voluntarismo

El turista y su responsabilidad

la añoranza homesickness
el asilo de huérfanos orphanage
la destreza skill
los harapos rags (*clothing*)
la incapacidad disability
la indumentaria wardrobe
la llanura plain (*geographical*)
el mejoramiento improvement
la morriña homesickness
el patrimonio (cultural/natural) (cultural/natural) heritage
el rasgo trait
la recompensa reward, recompense
la red network
la ruta route

Cognado: la nostalgia

amenazar (c) to threaten
añorar to be homesick
auspiciar to sponsor
caerle (*irreg.*) **bien/mal** to make a good/bad impression (*on someone*)
capacitar (para) to prepare (*someone*) (for)
conmover (ue) to move, touch (*emotionally*)
echar de menos to miss (*someone*)
extrañar to miss (*someone*)
fijarse (en) to notice; to pay attention (to)
fomentar to foster, promote
gozar (c) to enjoy
habilitar to empower, enable
hacer (*irreg.*) **falta** to be missing
patrocinar to sponsor
potenciar to enable, empower
sembrar to plant

explotador(a) exploitative
incapacitado/a disabled
rentable profitable
sustentable sustainable

Vocabulario útil y vocabulario personal

Usa esta sección para apuntar palabras y expresiones adicionales que tu profesor(a) asigne u otras palabras útiles para comunicar tus ideas relacionadas con este capítulo.

Voluntarios internacionales

Matt: «Podría escribir un cheque y ayudar a la gente, pero creo que hacerlo de una manera personal, da un resultado distinto en el mundo.»

En las **Unidades 2** y **3,** viste dos minidocumentales sobre el trabajo que hacen los voluntarios de Hábitat para la Humanidad en Costa Rica y de *Global Vision International* (*GVI*) en Guatemala (*¡Manos a la obra!: Hábitat para la Humanidad en Costa Rica* y *Nuestra escuela, nuestro hogar:* Global Vision International *en Guatemala*). Vuelve a verlos para comparar los proyectos, las necesidades de los países y las oportunidades que hay para los voluntarios.

Antes de ver

Actividad. ¿Qué recuerdas? Completa las siguientes oraciones con las palabras y frases de la lista.

a. clases suplementarias
b. el costo de la mano de obra
c. estufas
d. escuela nacional
e. la vivienda

1. Hábitat para la Humanidad se enfoca en ______.
2. *GVI* en Guatemala ofrece unas ______ y becas para la ______.
3. Los voluntarios de Hábitat les ahorran a las familias ______.
4. Para aliviar problemas de salud y mejorar el hogar, *GVI* tiene un proyecto que consiste en construir ______.

Vocabulario útil

un techo a roof
cuotas mensuales monthly shares, fees
un plazo a (time) period
alquilábamos we were renting
destrezas skills, talents
cavar hoyos digging holes
el pozo séptico the septic well (tank)
herramientas tools
bendición blessing

becas scholarships
voluntad willingness
extrañé I missed (someone)
entrenar to train
aproveché I took advantage (of)
me asombra it amazes me
olla pot
humo smoke
enfermedades de los pulmones lung diseases
plancha grill, griddle

¡A ver!

Actividad. ¿Por qué van? Mientras ves los minidocumentales, fíjate en las motivaciones de los voluntarios. ¿Por qué hacen estos viajes, aunque a veces pasan sus vacaciones trabajando?

Comprensión y expresión

A. Las motivaciones. En grupos de dos o tres, comparen su lista de razones de **¡A ver!** ¿Harían de voluntarios Uds. por algunas de las razones de las listas?

B. Los programas

PASO 1. *GVI* en Guatemala tiene un programa para sus voluntarios. Contesta las siguientes preguntas sobre el programa.

1. ¿Dónde se alojan los voluntarios?
2. ¿Qué preparación lingüística reciben los voluntarios?
3. ¿Por qué deben quedarse los voluntarios por más de dos semanas?
4. ¿Qué puede hacer el voluntario que sólo tiene una semana?

PASO 2. Busca información sobre los voluntarios de Hábitat. ¿Dónde se alojan? ¿Qué preparación lingüística reciben? ¿Cuál es el compromiso mínimo/máximo de tiempo?

PASO 3. Ahora, busca información en el Internet sobre otras oportunidades de hacer voluntarismo en países hispanos. Apunta información sobre (1) el alojamiento, (2) el idioma y (3) el compromiso.

Nuestro proyecto en la comunidad

El enfoque de esta unidad es distinto. Para esta sección, Uds. van a buscar una comunidad en el extranjero que necesite ayuda de voluntarios. Sería ideal si ya existieran programas que llevan voluntarios a esa comunidad. Determinen cómo puede participar su clase (o universidad). Si no existen tales programas, diseñen uno. Tengan en cuenta todo lo que han hecho en **Nuestro proyecto en la comunidad** de unidades anteriores. Recuerden lo que da buen resultado y lo que no, cómo motivar y organizar a los compañeros y cómo comunicarse con el público y con la administración de diferentes entidades.

A continuación verán algunas imágenes de las personas que, al abrir su mundo para aceptar nuestra buena voluntad, nos dieron mil veces más de lo que les dimos nosotras.

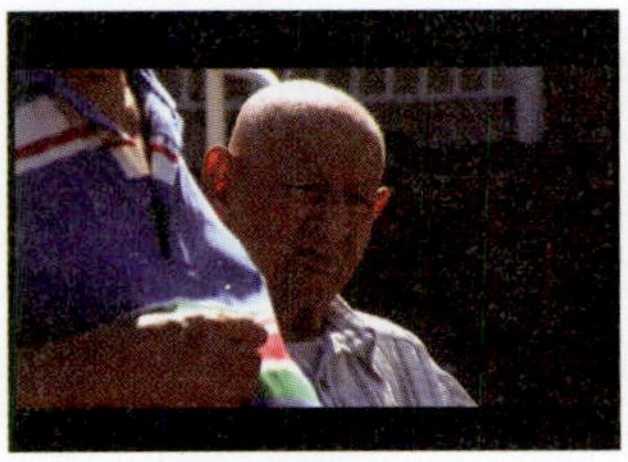

Taller de gramática

Introducción

¡Hola! Welcome to your Spanish language **Taller,** or workshop! As an intermediate student progressing through this textbook, you'll see that certain features of Spanish are brought to your attention. Whenever that happens, you'll be referred to sections of this **Taller** to review what you may have previously studied and possibly to be exposed to new material that you'll learn to use. In this way, the flow of each chapter's subject matter isn't interrupted by bulky grammar explanations. You can refer to this part of your textbook as a grammar guide as often as you would like to increase your communicative effectiveness.

By the way, at this stage in your Spanish language development, it's a good idea to find a fairly comprehensive Spanish/English dictionary. You'll want one that lists different contexts for its entries and gives regional variations in usage.

We have organized this **Taller** so that related linguistic concepts, usages, or parts of speech are treated together. You'll also find cross-references in the **Taller,** which permit you to see that what's covered in one section is often relevant to another. The material covered in each section is supported by activities that allow you to practice what you're learning and reviewing. So get busy in your **Taller,** and use it to help you broaden your Spanish horizons as you refresh your memory!

¿R? The **¿Recuerdas?** quick reminder boxes, marked with this icon, call attention to bits of additional relevant information that you've probably studied before but may need to review. You'll find these at points of usage in readings and activities.

I. Regular infinitives in Spanish verb tenses

In section I, you'll find a listing of verb conjugations/forms in simple (one-word) tenses and compound (two-word) tenses to guide you in regular verb formation. The verbs that are presented here are numbered (**1–3**). When you move to the **Taller II.,** you will find the verbs are numbered as well. These numbers allow you to reference different conjugation patterns.

FAQ The verb charts in this section are organized by mood (indicative, subjunctive, imperative) with the infinitive and participles in the far left column, then by tense (present, imperfect, and so on.) Each verb paradigm is organized by "person," that is, first- through third-person singular (**yo, tú, él/ella, Ud.**) then first- through third-person plural (**nosotros/as, vosotros/as, ellos/as, Uds.**).

A. Regular **-ar, -er,** and **-ir** verb forms in simple tenses

infinitivo participio presente participio pasado	INDICATIVO					SUBJUNTIVO		IMPERATIVO
	presente	imperfecto	pretérito	futuro	condicional	presente	imperfecto	
1. hablar hablando hablado	hablo hablas habla hablamos habláis hablan	hablaba hablabas hablaba hablábamos hablabais hablaban	hablé hablaste habló hablamos hablasteis hablaron	hablaré hablarás hablará hablaremos hablaréis hablarán	hablaría hablarías hablaría hablaríamos hablaríais hablarían	hable hables hable hablemos habléis hablen	hablara hablaras hablara habláramos hablarais hablaran	habla tú, no hables (no) hable Ud. (no) hablemos nosotros hablad vosotros, no habléis (no) hablen Uds.
2. comer comiendo comido	como comes come comemos coméis comen	comía comías comía comíamos comíais comían	comí comiste comió comimos comisteis comieron	comeré comerás comerá comeremos comeréis comerán	comería comerías comería comeríamos comeríais comerían	coma comas coma comamos comáis coman	comiera comieras comiera comiéramos comierais comieran	come tú, no comas (no) coma Ud. (no) comamos nosotros comed vosotros, no comáis (no) coman Uds.
3. vivir viviendo vivido	vivo vives vive vivimos vivís viven	vivía vivías vivía vivíamos vivíais vivían	viví viviste vivió vivimos vivisteis vivieron	viviré vivirás vivirá viviremos viviréis vivirán	viviría vivirías viviría viviríamos viviríais vivirían	viva vivas viva vivamos viváis vivan	viviera vivieras viviera viviéramos vivierais vivieran	vive tú, no vivas (no) viva Ud. (no) vivamos nosotros vivid vosotros, no viváis (no) vivan Uds.
	ella come = she eats / she will eat / she is eating / she does eat	**ella comía** = she ate / she was eating / she used to eat / she would (habitually) eat	**ella comió** = she ate / she did eat	**ella comerá** = she will eat ***Note:*** use **ir** (verb 31) + **a** + *infinitive* to talk about near future events: **Ella va a comer.** = She is going to eat.	**ella comería** = she would eat	**ella coma** = she eats / she will eat / she is eating / she does eat (**que ella coma** = [that] she eat)	**ella comiera/ comiese** = she ate / she did eat / she was eating / she would eat ***Note:*** In Spain, it's common to use **-se** endings instead of the **-ra** endings: **comiese, comieses, comiese, comiésemos, comieseis, comiesen.** There's no difference in meaning.	Except for the forms of affirmative **tú** and **vosotros,** just put verbs in present subjunctive to give Spanish imperatives/commands.

B. The perfect verb tenses

Perfect tenses are formed by conjugating the first verb, **haber** (the helping verb *to have,* not **tener**), in its various tenses, and placing it before the past participle (**-ado/-ido** word) of a second verb.

FAQ Can't you use the past participle (**-ado/-ido** word) all by itself?
Yes, the past participle without **haber** is often used as an adjective, and when it is, it changes to agree with the noun it describes. See **Taller III. G.** for more explanation and practice using the past participle as an adjective.

¿R? Some verbs have irregular past participles, for example, **romper** (**roto**), **ver** (**visto**), and **hacer** (**hecho**). How many more can you list?

¿R? **Hay** (*There is/are*) comes from the infinitive **haber.**

INDICATIVO					SUBJUNTIVO	
presente perfecto	pluscuamperfecto	pretérito perfecto	futuro perfecto	condicional perfecto	presente perfecto	pluscuamperfecto
he has ha hemos habéis han } hablado / comido / vivido	había habías había habíamos habíais habían } hablado / comido / vivido	hube hubiste hubo hubimos hubisteis hubieron } hablado / comido / vivido	habré habrás habrá habremos habréis habrán } hablado / comido / vivido	habría habrías habría habríamos habríais habrían } hablado / comido / vivido	haya hayas haya hayamos hayáis hayan } hablado / comido / vivido	hubiera hubieras hubiera hubiéramos hubierais hubieran } hablado / comido / vivido
Yo (no) lo* **he comido.** *I have (not) eaten it.* Ana (no) **ha hablado.** *Ana has (not) spoken.*	Uds. (no) **habían estudiado.** *You had (not) studied.* (No) **Habías vivido** allí. You had (not) lived there.	The use of **haber** in the preterite to form a past perfect almost never occurs in spoken language and isn't common in literature, either.	Yo (no) **habré salido.** *I will (not) have left.* Mamá (no) **habrá regresado.** *Mom will (not) have returned.*	(No) Nos* **habríamos bañado.** *We would (not) have taken a bath.* Los niños (no) **habrían corrido.** *The children would (not) have run.*	Me alegro de que (no) me* **hayas comprado** todas esas bananas. *I'm glad that you have (not) bought me all those bananas.* Busco un chico que (no) **haya jugado** al béisbol. *I'm looking for a kid who has (not) played baseball.*	Era posible que (no) las* **hubiéramos cantado.** *It was possible that we had (not) sung them.*

*When using reflexive, indirect, or direct object pronouns with the perfect tenses, place pronouns before the conjugated form of **haber.**
Manuela (no) **te lo** ha dicho. *Manuela has (not) said it to you.*

C. The progressive

The progressive is formed by conjugating the first verb, **estar** (*to be*), in its various tenses, and placing it before the present participle (**-ando/-iendo** word) of a second verb. Unlike English, Spanish progressive describes actions that are ongoing at the time, not actions that will occur in the future. For example, to translate *Ana is eating with me tomorrow* into Spanish, use present or immediate futuretense: **Ana come/va a comer conmigo mañana**.

FAQ Can you do anything else with **-ando/-iendo** besides use it with **estar**?
Two things you can do with the present participle

1. use it with other verbs besides **estar**. Some of the verbs that may used with the present participle are **andar, seguir, continuar,** and **ir**.
   Juan anda **buscando** otro trabajo. *Juan is looking for another job.*
   Voy **corriendo** a clase. *I'm running (I'm in a hurry to get) to class.*
2. use it as an adverb, in a sentence such as the following.
   Me divierto **leyendo** novelas. *I have fun reading novels.*

Go to **Taller III. F.** for more explanation and practice using the present participle.

¿R? Stem-changing **-ir** verbs also show a stem change in the present participle. Any **-e-** that stem changes becomes **-i-** in the present participle, and any **-o-** that stem changes becomes **-u-**.

divertir → divirtiendo
servir → sirviendo
dormir → durmiendo

For **-er** and **-ir** verbs whose stem ends in **a**, **e**, **o**, or pronounced **u**, add **-yendo**, not **-iendo** as the present participle ending.

caer → cayendo **leer → leyendo**
oír → oyendo **construir → construyendo**

The present participle of the verb **ir** is **yendo**, but it's rarely used.

INDICATIVO					SUBJUNTIVO	
presente progresivo	pasado progresivo	pretérito progresivo*	futuro progresivo	condicional progresivo	presente progresivo	pasado progresivo
estoy estás está estamos estáis están } hablando / comiendo / viviendo	estaba estabas estaba estábamos estabais estaban } hablando / comiendo / viviendo	estuve estuviste estuvo estuvimos estuvisteis estuvieron } hablando / comiendo / viviendo	estaré estarás estará estaremos estaréis estarán } hablando / comiendo / viviendo	estaría estarías estaría estaríamos estaríais estarían } hablando / comiendo / viviendo	esté estés esté estemos estéis estén } hablando / comiendo / viviendo	estuviera estuvieras estuviera estuviéramos estuvierais estuvieran } hablando / comiendo / viviendo
Eva (no) me† **está mirando**. *Eva is (not) looking at me.* Yo (no) **estoy hablándolo.**† *I am (not) speaking it.*	Ud. (no) **estaba bailando.** *You were (not) dancing.*	(No) **Estuvimos escribiendo** el ensayo desde las 3:00 hasta las 4:00. *We were (not) writing the essay from 3:00 until 4:00.*	(No) **Estaré estudiando.** *I will (not) be studying.*	Uds. (no) **estarían pagando**. *You all would (not) be paying.*	Ojalá que (no) **estés gastando** mucho. *Hopefully, you are (not) spending a lot.*	Te encantaba que (no) **estuvieran comprándome**† mucho chocolate. *You loved that they were (not) buying me a lot of chocolate.*

*Avoid using **estar** in the preterite to make a progressive, unless a very specific duration of time is given for the progression of an action, and you want to stress the uninterrupted progression and finishing of the action.

†When using reflexive, indirect, or direct object pronouns with a progressive, you may place pronouns right before the conjugated form of **estar**, or place them on the end of the present participle (**-ando/-iendo**) to form one word that takes a written accent: **Manuela (no) está diciéndotelo. / Manuela (no) te lo está diciendo.** *Manuela is (not) saying it to you.*

Práctica A. Reconocimiento de los tiempos verbales. Identify the tense of the verbs in boldface.

1. Cuando **era** niño, Fernando **vivía** en Bolivia.
2. ¡Has comido una paella entera! ¿Por qué te la **comiste**?
3. Me **gusta** ir al restaurante El Fénix a cenar, si **tengo** dinero.
4. Si **pudieras** viajar a cualquier rincón del mundo, ¿adónde **irías**?
5. **Ve** a la tienda y **cómpra**me pan y queso, por favor.
6. Enrique **fue** a París porque **quería** aprender francés.
7. Es necesario que **salgamos** pronto, ¿no?
8. Mi cielo: Te **quiero** hoy y te **querré** siempre.
9. No **creía** que sus padres **conocieran** a los nuevos vecinos, pero ya se habían conocido.
10. **Quisiera** un vino tinto para mí y uno para la señora.
11. No **crean** Uds. que esto **sea** fácil; es un proyecto muy complicado.
12. Te **llamaré** cuando **pueda.**
13. Todos los días **trabaja**, **estudia** y **duerme**.
14. El director me **aseguró** que me **daría** un puesto.
15. **Observaron** que los pacientes **descansaban** tranquilamente.

Práctica B. Diálogos

Paso 1. ¿Qué lenguas hablas? Match each question with a logical response.

1. ________ ¿Hablas español?
2. ________ ¿Hablas alemán?
3. ________ ¿Hablas francés?
4. ________ ¿Hablas japonés?

a. No, pero he viajado a Tokio y quiero volver.
b. ¡Sí, claro! He vivido un año en Madrid.
c. No, pero siempre he querido aprenderlo.
d. Sólo un poco. Mis abuelos son alemanes y me han enseñado algunas palabras.

Paso 2. Hablando de viajes. Complete each conversation with the correct perfect form—present perfect indicative or subjunctive—of the verbs in parentheses.

—¿__________ (*Tú:* **Viajar** [*Have traveled*])[1] a algún país de habla hispana?
—Sí, ______ (*yo:* **ir** [*have gone*])[2] un par de veces a Argentina con mi familia.
—Espero que Uds. ____________ (**visitar** [*have visited*])[3] Patagonia e Iguazú.
—Claro, y ___________ (*nosotros:* **hacer** [*have made*])[4] excursiones a diferentes estancias y playas también. Siempre me _________ (**gustar** [*have liked*])[5] viajar allá, es fascinante. Sólo lamento que no ______________ (*nosotros:* **tomar** [*have taken*])[6] el tiempo necesario para recorrer otras partes del país.

Paso 3. Hablando de clases. Complete each conversation with the correct perfect form—past perfect, conditional perfect, or past perfect subjunctive—of the verbs in parentheses.

—El semestre pasado tomé un curso de cálculo. ¡Huy! Nunca __________ (*yo:* **tener** [*had had*])[7] una clase tan difícil. La pasé, pero con dificultad.
—Si no le _____________ (*tú:* **pedir** [*had asked*])[8] ayuda al profesor, a lo mejor no _____________ (*tú:* **aprobar** [*would have passed*])[9] la clase, ¿verdad?
—Cierto. Como el profesor ya ____________ (**ayudar** [*had helped*])[10] a tantos estudiantes, sabía explicármelo todo. Además, me dijo que estudiara mucho más. Yo no me _________ (**dar cuenta** [*had realized*])[11] de que tenía que estudiar tanto.
—¡Qué bueno que tengamos profesores que nos ayudan! Claro, ellos querrían que ya ___________________ (*nosotros:* **aprender** [*had learned*])[12] algo antes de entrar en sus clases, pero cuando no entendemos algo, no nos critican. Así no tenemos miedo de hacerles preguntas.

Práctica C. ¿Qué están haciendo?

Paso 1. Change the bold verbs to the progressive form.

EN EL PARQUE

1. Unos niños **juegan** al fútbol.
2. Los pájaros **cantan.**
3. **Miro** jugar a los chicos.
4. Espero que **se diviertan.**

EN CASA

5. Mi hijito **hace** su tarea.
6. Espero que **sueñe** con cosas bonitas.
7. Creo que mi esposo **lava** los trastes, ¡qué bueno es!

EN LA ESCUELA

8. La maestra se enojó porque los niños **hablaban.**
9. También vio que **se escribían** mensajitos.
10. Temía que no **aprendieran** mucho.

Paso 2. Given each person's location, what are they probably doing?

MODELO: Julia / biblioteca → Creo que Julia está estudiando.

1. Federico / el cine
2. la profesora Vargas / su oficina
3. las chicas / el gimnasio
4. Víctor / la cocina
5. Rita / la librería
6. el Sr. Romero / la tienda

II. Irregular verb forms

In this section, you'll see a listing of the irregular conjugations of verbs, not an entire listing of all the verb tenses for each infinitive. For example, the irregular present tense of the first verb, **pensar,** is listed here, but since **pensar** is regular in all other tenses, these are not listed. You can refer to section **I. Regular infinitives in Spanish verb tenses** for the verbs that model regular formation.

A. Stem-changing verbs

There are three types of present tense stem changes in Spanish: **e → ie,** o → **ue,** and **e → i.** Present tense indicative stem change does not occur in the **nosotros** and **vosotros** forms.

e → ie

4.[*] **pensar (ie)** (*to think*)

present indicative		*present subjunctive*	
pienso	**pensamos**	**piense**	**pensemos**
piensas	**pensáis**	**pienses**	**penséis**
piensa	**piensan**	**piense**	**piensen**

Other **e → ie** stem-changing **-ar** verbs: **alentar** (*to encourage*), **apretar** (*to squeeze*), **cerrar, comenzar, despertar(se), empezar, negar** (*to deny*), **sentar(se)**

5. entender (ie) (*to understand*)

present indicative		*present subjunctive*	
entiendo	**entendemos**	**entienda**	**entendamos**
entiendes	**entendéis**	**entiendas**	**entendáis**
entiende	**entienden**	**entienda**	**entiendan**

Other **e → ie** stem-changing **-er** verbs: **encender** (*to light*), **perder, querer, tener** (***yo* tengo**)

6. preferir (ie, i) (*to prefer*)

present indicative		*present subjunctive*	
prefiero	**preferimos**	**prefiera**	**prefiramos**
prefieres	**preferís**	**prefieras**	**prefiráis**
prefiere	**prefieren**	**prefiera**	**prefieran**

Other **e → ie** stem-changing **-ir** verbs: **conferir, divertir(se), inferir, mentir** (*to lie*), **referir, sentir(se), sugerir, transferir, venir** (***yo* vengo**)

¿R? Stem-changing **-ir** verbs have more stem changes than **-ar** and **-er** verbs. Even though **preferir** is an **e → ie** stem-changing verb, note how it also has an **e → i** (not **ie**) stem change in the present subjunctive **nosotros** and **vosotros** forms. This same **e → i** stem change occurs in the present participle and also the third-person preterite of stem-changing **-ir** verbs.

present participle	*preterite*	
prefiriendo	**preferí**	**preferimos**
	preferiste	**preferisteis**
	prefirió	**prefirieron**

[*]Because the regular verbs **hablar, comer,** and **vivir** are numbers **1–3,** we start with verb number **4 (pensar)** in this section.

Práctica A. El presente de indicativo. Complete each sentence with the correct form of the present indicative of the verb in parentheses.

1. Los niños siempre _______ (**pedir**) galletas y dulces.
2. El abuelo nos _______ (**contar**) historias de su vida.
3. Miguel _______ (**dormir**) la siesta en el patio.
4. Todos nosotros _______ (**querer**) ir al cine esta tarde.
5. Tú _______ (**jugar**), mientras yo trabajo, ¿y eso te parece bien?
6. Papá es muy olvidadizo: _______ (**perder**) las llaves cada semana.
7. Mi hermano mayor me _______ (**poder**) ayudar con la tarea, afortunadamente.
8. Cuando doy una fiesta, _______ (**servir**) tapas y vinos españoles.

FAQ Wouldn't the verb **descontar** be formed just like the verb **contar**?

Yes. If one verb has the same root as another, they'll both be conjugated the same. For example, the verbs **preferir** and **transferir** would be conjugated alike.

¿R? Even though **dormir** is an **o → ue** stem-changing verb, note how it also has an **o → u** (not **ue**) stem change in the present subjunctive **nosotros** and **vosotros** forms. This same **o → u** stem change occurs in the present participle and also the third-person preterite of stem-changing **-ir** verbs.

present participle	*preterite*	
durmiendo	**dormí**	**dormimos**
	dormiste	**dormisteis**
	durmió	**durmieron**

¿R? Note how **pedir** also has an **e → i** stem change in the present subjunctive **nosotros** and **vosotros** forms. This same **e → i** stem change occurs in the present participle and also the third-person preterite of stem-changing **-ir** verbs.

present participle	*preterite*	
pidiendo	**pedí**	**pedimos**
	pediste	**pedisteis**
	pidió	**pidieron**

o → ue

7. contar (ue) (*to count; to tell*)

present indicative		*present subjunctive*	
cuento	**contamos**	**cuente**	**contemos**
cuentas	**contáis**	**cuentes**	**contéis**
cuenta	**cuentan**	**cuente**	**cuenten**

Other **o → ue** stem-changing **-ar** verbs: **acordar(se), acostar(se), almorzar,** (See verb **14.**) **costar, encontrar, mostrar, recordar**

8. volver (ue) (*to return*)

present indicative		*present subjunctive*	
vuelvo	**volvemos**	**vuelva**	**volvamos**
vuelves	**volvéis**	**vuelvas**	**volváis**
vuelve	**vuelven**	**vuelva**	**vuelvan**

Other **o → ue** stem-changing **-er** verbs: **cocer** (*yo* **cuezo**), **oler** (See verb **36.**), **poder, resolver, soler**

9. dormir (ue) (*to sleep*)

present indicative		*present subjunctive*	
duermo	**dormimos**	**duerma**	**durmamos**
duermes	**dormís**	**duermas**	**durmáis**
duerme	**duermen**	**duerma**	**duerman**

Morir is the only other common **o → ue -ir** stem-changing verb.

e → i (*-ir* verbs only)

10. pedir (i, i) (*to ask for, request; to order*)

present indicative		*present subjunctive*	
pido	**pedimos**	**pida**	**pidamos**
pides	**pedís**	**pidas**	**pidáis**
pide	**piden**	**pida**	**pidan**

Other **e → i** stem-changing verbs: **conseguir** (*yo* **consigo**), **corregir** (*yo* **corrijo**), **elegir** (*yo* **elijo**), **repetir, seguir** (*yo* **sigo**), **servir, vestir(se)**

u → ue (*jugar* only)

11. jugar (ue) (*to play games/sports*)

present indicative	
juego	**jugamos**
juegas	**jugáis**
juega	**juegan**

(See also **Taller II. B.**, verb **13.**)

9. La profesora ______ (**repetir**) las preguntas, pero sólo una vez.
10. Los estudiantes entran en la clase y se ______ (**sentar**).
11. Estuvimos enfermos, pero ahora nos ______ (**sentir**) mejor.
12. No ______ (**entender**) esto, tengo que leer la lección otra vez.

Práctica B. ¿Indicativo y subjuntivo? Complete each sentence with the correct form of the present indicative (I) or subjunctive (S) of the verb in parentheses.

1. En la heladería, Pepe ______ (*I:* **escoger**) el helado e chocolate, pero yo ______ (*I:* **escoger**) el de fresa.
2. Yo ______ (*I:* **conocer**) a todos nuestros compañeros, pero Esteban no ______ (*I:* **conocer**) a nadie.

B. Spelling change verbs. A consonant spelling change is necessary in some forms of certain Spanish verbs. For example, when you conjugate verbs ending in **-car,** such as **buscar,** the **c** changes to **qu** whenever an **e** would come right after the **c (busque).** This is done to keep that original **/k/** sound made by the **c** in **buscar**. With this in mind, can you guess why the **u** must be added before any **e** in the case of verbs ending in **-gar**?

Verbs ending in *-car/-gar/-zar*. Verbs ending in these letters show a spelling change in the preterite **yo** and all present subjunctive forms. These verbs may also have other irregularities, such as a stem change (e.g., verb **4** [**empezar**] or verb 7 [**almorzar**]).

12. buscar (qu) (*to look for*)

preterite	*present subjunctive*	
yo **busqué**	**busque**	**busquemos**
	busques	**busquéis**
	busque	**busquen**

Other verbs ending in **-car: atacar, arrancar, enfocar, explicar, tocar, predicar, sacar**

13. llegar (gu) (*to arrive*)

preterite	*present subjunctive*	
yo **llegué**	**llegue**	**lleguemos**
	llegues	**lleguéis**
	llegue	**lleguen**

Other verbs ending in **-gar: despegar, entregar, investigar, jugar, pagar, pegar**

14. cruzar (c) (*to cross*)

preterite	*present subjunctive*	
yo **crucé**	**cruce**	**crucemos**
	cruces	**crucéis**
	cruce	**crucen**

Other verbs ending in **-zar: almorzar, comenzar, empezar, cazar, estabilizar, memorizar, trazar**

¿R? Remember that in Latin American Spanish, a **c** that is followed by an **e** or **i** sounds like **s.** In Peninsular Spanish that **c** would sound like a soft *th* as in *think.*

3. Es necesario que los estudiantes ________ (*S:* **llegar**) a tiempo y que la clase ________ (*S:* **empezar**) puntualmente.
4. En la playa los niños ________ (*I:* **construir**) castillos de arena, pero nosotros ________ (*I:* **construir**) ballenas y delfines.
5. Para que Uds. ________ (*S:* **investigar**) el tema debidamente, primero les recomiendo que ________ (*S:* **buscar**) al menos tres libros relevantes.
6. Para combatir el SIDA es importante que los gobiernos ________ (*S:* **distribuir**) información y condones, y que los individuos ________ (*S:* **practicar**) con precaución las relaciones sexuales.
7. Esperamos que no ________ (*S:* **surgir**) problemas, pero es mejor que ________ (*S:* **planificar**), teniendo en cuenta las complicaciones.

Verbs ending in *-cer/-cir* (not *hacer, decir,* or *cocer*). Almost all verbs that have at least three syllables and a vowel before a **-cer** or **-cir** ending will add a **z** before the **c** in present tense indicative **yo** only. This **z** also appears in all present subjunctive forms.

15. conocer (zc) (*to know; to be acquainted with*)

present indicative	*present subjunctive*	
yo **conozco**	**conozca**	**conozcamos**
	conozcas	**conozcáis**
	conozca	**conozcan**

Other verbs ending in **-cer**: **agradecer, ofrecer, merecer** (*to deserve*), **obedecer, parecer, perecer** (*to perish*), **pertenecer** (*to belong*)

16. producir (zc, j) (*to produce*)

present indicative	*present subjunctive*		*preterite*	
yo **produzco**	**produzca**	**produzcamos**	**produje**	**produjimos**
	produzcas	**produzcáis**	**produjiste**	**produjisteis**
	produzca	**produzcan**	**produjo**	**produjeron**

Other verbs ending in **-cir: conducir, deducir, inducir, seducir, traducir**

Verbs ending in *-uir*. Verbs ending in **-uir** change the **i** to **y** in all present tense indicative forms except **nosotros** and **vosotros**. This **y** is carried through all forms of present subjunctive. The **i** also changes to **y** in the present participle ending, and the third persons only of preterite.

17. construir (y) (*to construct, build*)

present indicative		*present subjunctive*	
construyo	**construimos**	**construya**	**construyamos**
construyes	**construís**	**construyas**	**construyáis**
construye	**construyen**	**construya**	**construyan**

present participle	*preterite*	
construyendo	**construí**	**construimos**
	construiste	**construisteis**
	construyó	**construyeron**

Note: Seguir and similar verbs (**conseguir, proseguir, distinguir)** do *not* appear in this category because you don't hear the **u** in **-uir**. The reason the **u** is there is to give the **g** the hard **g** sound as in **guitarra.** What verbs like **seguir** have in common is that the **u** is dropped in the **yo** form (**sigo**), and their present subjunctive forms are all derived from this irregular **yo** form. (See verb **22.**)

Other verbs ending in **-uir: atribuir, confluir, contribuir, destruir, disminuir, distribuir, fluir, huir, influir**

8. Todo el mundo dice que yo me ______ (*I:* **parecer**) a mi mamá, y que ella se ______ (*I:* **parecer**) a su abuela.
9. El cinturón de seguridad te ______ (*I:* **proteger**) mientras ______ (*I; tú*: **conducir**) el auto; no te olvides de abrochártelo.
10. Esperamos que ______ (*I; tú*: **seguir**) estudiando español y que ______ (*I:* **contribuir**) con tu energía positiva a la comunidad.

gramática

Verbs ending in *-ger/-gir.* Verbs ending in **-ger** or **-gir** change the **g** to **j** in present indicative **yo** and keep that **j** in all present subjunctive forms.

18. recoger (j) (*to pick up*)

present indicative	*present subjunctive*	
recojo	**recoja**	**recojamos**
	recojas	**recojáis**
	recoja	**recojan**

19. dirigir (j) (*to direct*)

present indicative	*present subjunctive*	
dirijo	**dirija**	**dirijamos**
	dirijas	**dirijáis**
	dirija	**dirijan**

Other verbs ending in **-ger/-gir: coger, elegir (e → i), escoger, fingir, proteger, surgir**

Verbs ending in *-uar* and *-iar.* Verbs ending in **-uar** and **-iar** require an accent on the **-u-** and **-i-**, respectively, for all forms except **nosotros** and **vosotros** in the present indicative and present subjunctive.

20. habituarse a (*to get used to*)

present indicative		*present subjunctive*	
me habitúo	**nos habituamos**	**me habitúe**	**nos habituemos**
te habitúas	**os habituáis**	**te habitúes**	**os habituéis**
se habitúa	**se habitúan**	**se habitúe**	**se habitúen**

Other verbs ending in **-uar: actuar, continuar, evaluar, fluctuar, graduarse, perpetuar**

21. enfriarse (*to become cold*)

present indicative		*present subjunctive*	
me enfrío	**nos enfriamos**	**me enfríe**	**nos enfriemos**
te enfrías	**os enfriáis**	**te enfríes**	**os enfriéis**
se enfría	**se enfrían**	**se enfríe**	**se enfríen**

Note: The verbs **cambiar, copiar,** and **estudiar** do not follow this pattern.

Other verbs ending in **-iar: criar, esquiar, guiar, vaciar, variar**

> **FAQ** Hey! Isn't **coger** a bad word?
>
> Yes, it is—but not everywhere! This common verb means *to catch, to grab,* or *to take* and is so used in Spain and other countries. For example, **Se coge el autobús en la esquina.** However, in many parts of Latin America, you should consider that this verb is also used colloquially with the equivalent of the "F" word. People often use the verb **agarrar** (*to grab, to pick up*) or **tomar** instead of **coger.**

C. Irregular *yo* forms

22. The *yo-go* verbs

caer: caigo	**hacer: hago**	**poner: pongo**	**seguir: sigo**	**traer: traigo**	**venir: vengo**
decir: digo	**oír: oigo**	**salir: salgo**	**tener: tengo**	**valer: valgo**	

We call this list of Spanish verbs, whose **yo** form ends in **go,** the **yo-go** verbs. In present subjunctive, these verbs maintain the **g** in all forms. These verbs are irregular in other tenses and forms, so you'll also see them listed individually in this **Taller.**

Práctica C. Pero yo... Change the subject of each sentence to **yo** and make all other necessary changes.

1. Juan Esteban sabe tocar bien la guitarra, y también canta muy lindo. ________
2. Mamá les da comida y ropa a sus hijos. ________
3. Hacemos la tarea y salimos a ver una película. ________
4. Sarita está enferma y no va a la universidad hoy. ________
5. Tomás tiene muchos libros y está orgulloso de su biblioteca. ________
6. Marta se pone roja cuando dice ciertas palabras. ________
7. Rob y Annie oyen música latina mucho, pero nunca han oído a Mercedes Sosa. ________

23. The DISHES verbs. The acronym DISHES stands for the infinitives **dar, ir, ser, haber, estar,** and **saber.** The present tense **yo** form of these six verbs doesn't end in **o.** So you can't follow the regular procedure of removing **-o** from the **yo** form to start conjugating them in present subjunctive. The DISHES verbs all have irregular subjunctive forms.

present indicative		*present subjunctive*
dar	*yo* **doy**	**dé** (accent mark on *yo* and **él/ella, Ud.** forms)
ir	*yo* **voy**	**vaya**
ser	*yo* **soy**	**sea**
haber	*yo* **he**	**haya**
estar	*yo* **estoy**	**esté** (accent all forms except **nosotros**)
saber	*yo* **sé**	**sepa**

D. Miscellaneous irregular verbs.

Only the irregular forms of verbs will be listed in this section. For example, the first verb, **andar,** is conjugated here in preterite only, because in other forms, **andar** follows the rules of regular formation. (See **Taller I. A.** for the model verbs that show you how to conjugate regular **-ar, -er,** and **-ir** verbs.)

FAQ Why are so many common Spanish verbs irregular? Shouldn't the *uncommon* verbs be the irregular ones?
I bet you've noticed that it's important to study the irregular verbs since they're so often the ones you'll be using! Actually, the verbs used most frequently in a language are almost always the most irregular ones. Linguists think that this is because over time, the more often people say a verb, the greater the chances are that it will undergo some change. The less often a verb is used, the more likely it is to stay the same.

24. andar (*irreg.*) (*to walk, go about*)

preterite	
anduve	**anduvimos**
anduviste	**anduvisteis**
anduvo	**anduvieron**

25. caber (*irreg.*) (*to fit [something into a space]*)

present indicative	*preterite*		*present subjunctive*	
yo **quepo**	**cupe**	**cupimos**	**quepa**	**quepamos**
future/conditional stem	**cupiste**	**cupisteis**	**quepas**	**quepáis**
cabr-	**cupo**	**cupieron**	**quepa**	**quepan**

26. caer (*irreg.*) (*to fall*) (See also verb **22.**)

present indicative	*present subjunctive*		*past participle*
yo **caigo**	**caí**	**caímos**	**caído**
	caíste	**caísteis**	*present participle*
	cayó	**cayeron**	**cayendo**

27. cocer (ue) (z) (*to cook* [intransitive]) (See also verb **8.**)

present indicative
yo **cuezo**

28. dar (*irreg.*) (*to give*) (See also verb **23.**)

present indicative	*preterite*		*present subjunctive*	
yo **doy**	**di**	**dimos**	**dé**	**demos**
	diste	**disteis**	**des**	**deis**
	dio	**dieron**	**dé**	**den**

8. Muchos estudiantes vienen a la universidad en autobús porque no tienen dónde estacionarse. ______
9. Traes libros, papel y lápices a clase, pero no pones atención. ______
10. No patinamos porque siempre nos caemos. ______

29. decir (*irreg.*) (*to say; to tell*) (See also verb **22.**)

present indicative		*preterite*		*future/conditional stem*
digo	**decimos**	**dije**	**dijimos**	**dir-**
dices	**decís**	**dijiste**	**dijisteis**	*imperative*
dice	**dicen**	**dijo**	**dijeron**	**di** *tú*
		present participle		*past participle*
		diciendo		**dicho**

30. estar (*irreg.*) (*to be*) (See also verb **23.**)

present indicative		*preterite*		*present subjunctive*	
estoy	**estamos**	**estuve**	**estuvimos**	**esté**	**estemos**
estás	**estáis**	**estuviste**	**estuvisteis**	**estés**	**estéis**
está	**están**	**estuvo**	**estuvieron**	**esté**	**estén**

31. haber (*irreg.*) (*to have* [used only as a helping verb]) (See also verb **23.**)

present indicative		*preterite (rare)*		*present subjunctive*	
he	**hemos**	**hube**	**hubimos**	**haya**	**hayamos**
has	**habéis**	**hubiste**	**hubisteis**	**hayas**	**hayáis**
ha	**han**	**hubo**	**hubieron**	**haya**	**hayan**

future / conditional stem
habr-

no imperative

¿R? **Hay** (*There is/are*), **había** (*there was/were*), and **hubo** (*there was/were* [action]) are all derived from **haber**.

32. hacer (*irreg.*) (*to do, make*) (See also verb **22.**)

present indicative	*preterite*		*future/conditional stem*
yo **hago**	**hice**	**hicimos**	**har-**
past participle	**hiciste**	**hicisteis**	*imperative*
hecho	**hizo**	**hicieron**	**haz** *tú*

33. ir (*irreg.*) (*to go*) (See also verb **23.**)

present participle		*preterite*		*imperfect*		*present subjunctive*	
voy	**vamos**	**fui**	**fuimos**	**iba**	**íbamos**	**vaya**	**vayamos**
vas	**vais**	**fuiste**	**fuisteis**	**ibas**	**ibais**	**vayas**	**vayáis**
va	**van**	**fue**	**fueron**	**iba**	**iban**	**vaya**	**vayan**

present participle (rare)
yendo

imperative
ve *tú* **vamos** *nosotros*

34. leer (y) (*to read*)

present participle	*preterite*	
leyendo	**leí**	**leímos**
past participle	**leíste**	**leísteis**
leído	**leyó**	**leyeron**

Similar verb: **creer** (*to believe*)

Práctica D. ¿Qué tiempo verbal? Complete each sentence by selecting the correct verb forms.

1. Oye, no creo que todos esos libros (**caben / cupieron / quepan**) en tu mochila.
2. Como eres estudiante, es importante que (**haces / hagas / haz**) la tarea.
3. Los jóvenes no durmieron nada: (**vean / veían / vieron**) televisión toda la noche.
4. El año pasado (**ande / ando / anduve**) pensando en ti y queriéndote, pero ya no.
5. Su perfume me parece muy dulce, (**huela / huele / olía**) a vainilla.

35. oír (y) (*to hear*) (See also verb **22.**)

present indicative		*preterite*		*present participle*
oigo	**oímos**	**oí**	**oímos**	**oyendo**
oyes	**oís**	**oíste**	**oísteis**	*past participle*
oye	**oyen**	**oyó**	**oyeron**	**oído**

36. oler (hue) (*to smell*)

present indicative	
huelo	**olemos**
hueles	**oléis**
huele	**huelen**

37. poder (*irreg.*) (*to be able to, can*)

present indicative/subjunctive	*preterite*		*future/conditional stem*
(See verb **8.**)	**pude**	**pudimos**	**podr-**
present participle (rare)	**pudiste**	**pudisteis**	
pudiendo	**pudo**	**pudieron**	

38. poner (*irreg.*) (*to put; to place*) (See also verb **22.**)

present indicative	*preterite*		*future/conditional stem*
yo **pongo**	**puse**	**pusimos**	**pondr-**
past participle	**pusiste**	**pusisteis**	*imperative*
puesto	**puso**	**pusieron**	**pon** *tú*

39. querer (*irreg.*) (*to want*)

present indicative	*preterite*		*future/conditional stem*
(See verb **5.**)	**quise**	**quisimos**	**querr-**
	quisiste	**quisisteis**	
	quiso	**quisieron**	

40. reír (i, i) (*to laugh*) (See also verb **10.**)

present indicative		*preterite*		*present subjunctive*		*present participle*
río	**reímos**	**reí**	**reímos**	**ría**	**riamos**	**riendo**
ríes	**reís**	**reíste**	**reísteis**	**rías**	**riáis**	*past participle*
ríe	**ríes**	**rio**	**rieron**	**ría**	**rían**	**reído**

Similar verbs: **freír** (*to fry*), **sonreír** (*to smile*), *preterite:* **sonrió**

6. Anamaría sabe tres lenguas y (**traduce / traduzca / tradujo**) documentos legales para ganarse la vida.
7. ¡(**Ten / Tengas / Tuviste**) cuidado! Que no se te caigan los platos.
8. Repita Ud., por favor, que yo no (**oiga / oí / oigo**) bien lo que dijo.
9. Pienso que le (**dé / di / doy**) rosas a mi novia el próximo día de San Valentín, porque son las flores más románticas.
10. Ramón no se preparó bien para el examen: sólo (**lea / lee / leyó**) unos capítulos la noche anterior.

41. saber (*irreg.*) (*to know* [*facts, information*]) (See also verb **23.**)

present indicative	*preterite*		*present subjunctive*		*future/conditional stem*
yo **sé**	**supe**	**supimos**	**sepa**	**sepamos**	**sabr-**
	supiste	**supisteis**	**sepas**	**sepáis**	
	supo	**supieron**	**sepa**	**sepan**	

42. salir (*irreg.*) (*to leave*) (See also verb **22.**)

present indicative	*future/conditional stem*	*imperative*
yo **salgo**	**saldr-**	**sal** *tú*

43. seguir (i, i) (*to follow; to continue*) (See verb **12.**)

present indicative	*present subjunctive*	
yo **sigo**	**siga**	**sigamos**
	sigas	**sigáis**
	siga	**sigan**

44. ser (*irreg.*) (*to be*) (See also verb **22.**)

present indicative		*preterite*		*imperfect*		*present subjunctive*		*imperative*
soy	**somos**	**fui**	**fuimos**	**era**	**éramos**	**sea**	**seamos**	**sé** *tú*
eres	**sois**	**fuiste**	**fuisteis**	**eras**	**erais**	**seas**	**seáis**	
es	**son**	**fue**	**fueron**	**era**	**eran**	**sea**	**sean**	

11. Hijo, (**sé / seas / eras**) bueno, obedece al maestro, no pelees con los otros niños.
12. No te creo porque nunca (**dices / digas / di**) la verdad.
13. Espero que Uds. (**están / estén / estuvieron**) en la fiesta esta noche.
14. Por favor, cuando (**ve / fuiste / vayas**) a la tienda, cómprame una revista.
15. Te lo digo hoy porque lo (**sé / sepa / supe**) sólo ayer.

45. tener (*irreg.*) (*to have*) (See also verbs **5** and **22.**)

present indicative		*preterite*		*future/conditional stem*	*imperative*
tengo	**tenemos**	**tuve**	**tuvimos**	**tendr-**	**ten** *tú*
tienes	**tenéis**	**tuviste**	**tuvisteis**		
tiene	**tienen**	**tuvo**	**tuvieron**		

46. traducir (zc, j) (*to translate*) (See also verb **16.**)

present indicative	*preterite*	
yo **traduzco**	**traduje**	**tradujimos**
	tradujiste	**tradujisteis**
	tradujo	**tradujeron**

Similar verbs: **conducir, producir**

47. traer (*irreg.*) (*to bring*) (See also verb **22.**)

present indicative	*preterite*		*present participle*
yo **traigo**	**traje**	**trajimos**	**trayendo**
	trajiste	**trajisteis**	*past participle*
	trajo	**trajeron**	**traído**

48. valer (*irreg.*) (*to be worth*) (See also verb **22.**)

present indicative	*future/conditional stem*
yo **valgo**	**valdr-**

49. venir (*irreg.*) (*to come*) (See also verb **22.**)

present/subjunctive indicative	*preterite*		*present participle*
(See verb **45.**)	**vine**	**vinimos**	**viniendo**
future/conditional stem	**viniste**	**vinisteis**	*imperative*
vendr-	**vino**	**vinieron**	**ven** *tú*

50. ver (*irreg.*) (*to see*)

present indicative	*preterite*		*imperfect*	
yo **veo**	**vi**	**vimos**	**veía**	**veíamos**
past participle	**viste**	**visteis**	**veías**	**veíais**
visto	**vio**	**vieron**	**veía**	**veían**

III. Verb uses

A. *Ser* and *estar*. When you're trying to express *to be* in Spanish, you'll often need to decide between usage of **ser** or **estar.** One strategy for making this decision is to consider the type of words that appear in the sentence right *after* the spot you're trying to fill with **ser** or **estar**. After determining what sort of word(s) follows **ser/estar,** you can make your decision based on the rules below.

1. Followed by a *de* phrase

ser	estar
+ **de** "MOP" phrases	+ **de** not "MOP" phrases
Material made of: La mesa **es** de plástico.	**Estamos de** vacaciones. (*on vacation*)
Origin of some kind: **Somos de** Nueva Orleáns.	**Estás de** pie. (*standing*)
Possession: Las bicicletas **son de** Bob.	Eva **está de** profesora. (*acting as the teacher*)

2. Location

ser	estar
location of happenings/events	location of people/places/things
Los conciertos **son** en el estadio.	Los libros **están** allí.
La reunión **es** afuera.	**Estamos** en el verano, en julio.

3. Followed by an adjective

ser	estar
inherent, essential characteristics; to say what someone/something is like.	mental/physical condition or temporal state; to express *looks, tastes, feelings.*
La manzana **es** verde y pequeña. (*The apple is a small, green variety.*)	La manzana **está** verde y sucia. (*The apple is green* [as in unripe] *and dirty.*)
¿Cómo **es** él? (*What's he like?*)	¿Cómo **está** él? (*How is he* [*feeling*]?)
No **soy** ni alta ni delgada.	No **estoy** contenta.*
Los tacos **son** ricos. (*Tacos* [as a dish in general] *are delicious.*)	¡Qué ricos **están** los tacos! (*The tacos are delicious!* [Some particular tacos taste/look delicious.])

*__Contento/a__ always takes **estar.**

Práctica A-1. *¿Ser o estar?* Complete each quote by selecting the correct verb (**ser** or **estar**).

a. Bertita le dice a su joven esposo vendedor ambulante: «Alejo, todavía no me has dicho cuándo (**estarás / serás**)[1] de viaje en el verano, y (**estoy / soy**)[2] nerviosa por eso. ¡(**Está / Es**)[3] necesario que (**estés / seas**)[4] aquí cuando venga tu mamá a visitarnos!»

b. El locutor transmite las noticias: «Los robos (**estuvieron / fueron**)[5] cometidos por el mismo hombre. Cuando la policía lo arrestó, (**estaba / era**)[6] tratando de vender algunas piezas de joyería. Estas joyas (**estaban / eran**)[7] de una señora, quien (**estaba / era**)[8] presente cuando ocurrió el primer robo.»

c. Sam describe lo que vio en la primera quinceañera a que ha asistido: «Pues, la quinceañera (**está / es**)[9] una celebración religiosa y social. La quinceañera a la que yo asistí (**estuvo / fue**)[10] en un hotel de lujo. Esa noche, todas las chicas (**estaban / eran**)[11] muy elegantes: todas (**estaban / eran**)[12] vestidas con trajes largos de seda y zapatos de tacón alto.»

4. **Past participle (*-ado/-ido*) as an adjective**

ser	estar
to form true passive voice* and imply *action;* use **por** + *agent* to show who or what did the action.	mental/physical condition; to show the looks of things as a *result* of action
Las ventanas **fueron** rotas **por** ella.	Tres de las ventanas del edificio **están** rotas.
Este ensayo **fue** escrito **por** Eduardo Galeano.	Todos sus ensayos **están** escritos en español.

5. **Followed by *para***

ser	estar
+ **para:** to express purpose or function of something; to show due dates or deadlines of something	+ **para:** to express *to be about to do something,* when **para** is followed by an infinitive
Esta composición **es** para el lunes.	¡Ay! ¡El niño **está** para† caerse!
Estas copas **eran** para vino.	

It's good to review the three areas of usage in which you don't really have a choice between **ser** and **estar** when expressing *to be:* You must use one or the other in the following instances.

6. **Time (always *ser*)**

Sólo **son** las 11:00; todavía no **es** medianoche.

El programa «Sábado gigante» **es** a las 4:30 de la tarde.

Mis clases **eran** de noche ese semestre.

¿A qué hora **era** la fiesta?

7. **Linking two nouns or pronouns (but not expressing location), always *ser***

Mi **profesora es** una **mujer** muy frustrada.
(*noun*) (*noun*)

In this sentence, the noun **profesora** is linked to the noun **mujer. Estar** cannot be used to link the words.

Note: Giving dates falls under this category, because you're linking nouns (**hoy** = **lunes**, **ayer** = *date*).

(Hoy) **es** lunes. Ayer **fue** el 10 de abril.

8. **With present participles (*-ando/-iendo*) (never *ser;* use *estar* or verbs like *seguir, ir, andar*)‡**

¡Ahora **estás repasando** mucha información sobre **ser** y **estar**!

*Use of true passive is not as common in Spanish as in English. See **Taller III. D.**

†Some dialects use **por** in this context: ¡Ay! ¡El niño **está** por caerse!

‡See **Taller I. C.**

Práctica A-2. Una amiga excéntrica. Complete Monica's narration with the present tense of **ser** or **estar.**

Por estar constantemente con ellas, yo ya me ________[1] acostumbrando a su manera de ver el mundo —con la excepción de Carola, quien ________[2], la chica más excéntrica que conozco. Carola ________[3] uruguaya, y, como yo, ________[4] para terminar su doctorado[a] en la universidad. Ella y yo ________[5] en la misma oficina, su escritorio ________[6] al lado del mío, pero casi nunca la veo. Una tarde supe por qué. Ella me llamó por teléfono, y me dijo: «¿Sabes, Mona, que yo ________[7] vampiro?» Resulta que Carola sólo sale de casa por la noche, de preferencia cuando la luna ________[8] muy llena,[b] y sólo se acuesta a las 6:00 de la mañana. No tiene espejos[c] en su casa; cree que estos ________[9] fatales para los vampiros. Lo único que come ________[10] una sopa roja de tomate y remolacha.[d] Como puedes imaginar, sus buenas amigas ________[11] para llevarla a un buen psiquiatra, a ver si ________[12] posible curarla de esta extraña obsesión.

[a]*Ph.D.* [b]*full* [c]*mirrors* [d]*beet*

gramática

B. Preterite and imperfect

1. Action vs. background

preterite	imperfect
to *say what happened* once action starts occurring Un caballo blanco **apareció** y **corrió** hacia los niños. Ellos **dejaron** de llorar y lo **miraron.**	to *describe how a scene looked,* how things/people were, what *was going on* (scene/background setting) **Era** una noche de tormenta. El viento **soplaba** muy fuerte, y los niños **lloraban** de terror. No **había** ninguna luz; casi no **se veía** la luna tras las nubes. (*Now something starts happening.*)

2. Beginning vs. ongoing

preterite	imperfect
beginning of a mental/physical state/action or an action that *interrupts* another ongoing one **Tuve** miedo al ver al vampiro.	when you *don't see the beginning* of a mental/physical state; when an action or condition is *ongoing* **Estaba** cansada y **me sentía** nerviosa también.
Trabajaba / Estaba trabajando (*ongoing*) en la casa cuando **oí** (*interrupting*) el ruido.	

3. Particular occurrence vs. habit

preterite	imperfect
when the action is a *one-time occurrence* Ayer, **almorcé** en la cafetería. ¿Por qué no le **hablaste** a Lucía?	when the action is *habitual, customary* En la escuela secundaria, (no) **almorzaba** en la cafetería.

4. Specific time (period) vs. telling time/age

preterite	imperfect
to say what happened at a *given moment* in time or for a *specific period of time* **Comimos** a las 3:20. **Vivieron** en Bogotá (por) tres años.	to *say what time it was* or to talk about the *age* of people/things. **Eran** las 5:00 cuando llegamos. Ellas **tenían** 13 años en 2004.

5. Sequential vs. concurrent actions

preterite	imperfect
actions that are *sequential* La profesora **entró** en la clase, **prendió** la luz, **recibió** una sacudida eléctrica y **murió** en el instante.	actions that are *concurrent* Anoche, yo **estudiaba** francés mientras (que) Tere y Toño **veían** telenovelas.

Práctica B. Un encuentro cercano del tercer tipo. Complete the following narration with the correct form of the preterite or imperfect of the verbs in parentheses.

El jueves pasado después de clase, ____________ (**ser**)[1] las 9:00 de la noche, y yo ____________ (**volver**)[2] al estacionamiento grande cerca del estadio por mi coche, cuando ____________ (**ver**)[3] a dos hombres que se ____________ (**estar**)[4] peleando muy cerca de mi coche. Los dos ____________ (**insultarse**)[5] y ____________ (**pegarse**)[6] sin hacerme el menor caso. «¡Eh! ¡Oigan Uds.!», yo les ____________ (**gritar**)[7]. «¡Dejen eso y lárguense! No vayan a golpearme el coche!»

Pues, de repente, ellos ____________ (**dejar**)[8] de pelearse, y me ____________ (**mirar**)[9] con ojos grandes, llenos de miedo. Sin decir nada, ____________ (**salir**)[10] corriendo. «¿Qué tendrán esos dos?», yo me ____________ (**preguntar**)[11]. «No soy tan horrorosamente fea como para causar pánico.»

6. Verbs that change meaning in the preterite

	preterite	imperfect
	slightly changed meaning (indicates a specific occurrence)	original meaning (general situation)
saber	found out/discovered Julio nunca **supo** por qué Ana se fue.	knew Nosotros **sabíamos** que Ana no estaba contenta aquí.
conocer	met (*introduced for the first time*) **Conocí** a mi esposo en una piscina.	knew/was acquainted with Era encantador y **conocía** bien toda la ciudad.
querer	wanted (*and actually tried to*); tried to Mi esposa **quiso** comprar un perro hoy, pero no le gustaba ninguno de los perros que vio.	wanted to Mis hijos **querían** tener un perro, pero cuando encontraron nuestro gato Pícara, estaban encantados.
no querer	refused to (didn't even try) Sara **no quiso** llevar el vestido viejo al baile.	didn't want to Sus padres **no querían** gastar más dinero en ropa formal.
poder	could (*actually managed to*) Su hermano **pudo** terminar el maratón.	could Yo **podía** verlo corriendo desde el balcón.
no poder	couldn't (*implying trying and failing*) Jaime no **pudo** terminar el maratón.	couldn't No **podía** respirar bien porque tenía catarro.
tener	had (*got/received*) ¡**Tuve** una carta de tu hermana!	had **Tenía** la carta aquí en la mesa pero ahora no la encuentro.
pensar / creer	suddenly occurred/dawned (*to/on someone*) **Pensé/Creí** que sería divertido ir al parque con los niños.	thought/believed **Pensaba/Creía** que el parque tenía un lago.
haber (hay)	there was/were (event) **Hubo** una fiesta.	there was/were (people/places/things) **Había** mucha genta en la fiesta.

En ese momento, ____________ (**oír**)[12] unas vocecitas extrañas detrás de mí, y rápidamente me ____________ (**dar**)[13] vuelta. ¡Qué horror! ____________ (**Haber**)[14] tres pequeños hombres verdes parados a cuatro pies de distancia de mí. ____________ (**Tener**)[15] la cabeza enorme y me ____________________ (**sonreír**)[16]. Yo ____________ (**querer**)[17] gritar, pero ____________ (**tener**)[18] tanto terror que no ____________ (**poder**)[19] articular ni un sonido.

—Saludos, Mujer de la Tierra — ____________ (**decir**)[20] todos simultáneamente—. Somos marcianos. Estamos haciendo una colección de todos los distintos coches de la Tierra. Nos falta una camioneta Chevrolet de 1957. Su coche nos servirá muy bien. Ahora, despídase del coche.

Con esto, los tres ____________ (**subir**)[21] al bonito Chevy Nomad del 57, que realmente ____________ (**ser**)[22] de mi esposo Jorge, y ellos y el coche ____________ (**despegar**)[23] y ____________ (**volar**)[24] hacia las estrellas.

—¡Madre de Dios! — ____________ (**pensar**)[25]—. ¿Cómo diablos voy a explicarle todo esto a Jorge? ¡Claro que esta ____________ (**ser**)[26] la experiencia más sobrenatural de mi vida!

C. Subjunctive and indicative mood and imperative

Verb *mood* is different from verb *tense* (past or present). Verbs are in indicative mood if their action is "indicated" concretely in objective reality.

Mom ***sees*** (indicative) *that you* ***study*** (indicative).

Verbs are in subjunctive if their action is *not* concretely indicated in reality; that is, if their action hasn't occurred yet.

Mom ***recommends*** (indicative) *that you* ***study*** (subjunctive).

Sometimes in English, indicative looks different from subjunctive.

George knows that we ***are*** (indicative) *in class at 3:00.*
George suggests that we ***be*** (subjunctive) *in class at 3:00.*

In Spanish, subjunctive mood always looks different from indicative mood.*

FAQ What do you mean by "subjunctive is triggered" or "a subjunctive trigger"?

This is an important concept to understand, and it will become clearer as you read contrast sentences with the subjunctive and indicative. In a nutshell, a subjunctive trigger is a word, phrase, or concept (usually in the main clause) that makes the use of the subjunctive necessary in the subordinate clause.

1. Subjunctive in noun clauses

A noun clause is usually the second clause of a two-clause sentence. A noun clause is often one that you could take out of a sentence and replace with *it.*

I hope ***that he eats soon.*** → *I hope* ***it.***

Spanish subjunctive is triggered after **que** in noun clauses *if*:

a. Each clause has a different subject.

(Yo) Espero que **él coma** pronto. — ***I hope*** *that* ***he eats*** *soon.*

If there's no difference in subject, leave out **que** and use an infinitive.

Espero **comer** pronto. — ***I hope*** *that* ***I eat*** *soon. / I hope* ***to eat*** *soon.*

b. The first clause conveys any meaning included in the acronym WEIRDO.

Espero/Ojalá que él **coma** pronto. — *I hope that he eats soon.*

Note: There's no present subjunctive after **si,** and never any subjunctive after **porque.**

W: wish, want, will
E: emotion
I: impersonal expressions, imperative forms (except affirmative **tú** and **vosotros** commands)
R: request, recommend
D: doubt, denial
O: **ojalá** (**que**), from the Arabic *Inshallah* (*Allah grant it that*)

*See **Taller I. A.** for regular subjunctive verb formation.

Práctica C-1. ¿Subjuntivo o no? Complete each paragraph by selecting the correct verb forms.

Paso 1. Eugenio isn't happy with his roommates. He's just e-mailed his brother Tito describing the problem. **Note:** Any present subjunctive use occurs in noun clauses and impersonal (**es**) expressions.

¡Hola, Tito! ¿cómo estás? Mira, te pido que me (**des / das / dar**)[1] consejo respecto a un problema con los chicos que viven conmigo. Recuerdo que tú ya (**hayas / has / haber**)[2] vivido antes con varios compañeros de cuarto. Pues, sabes que ahora yo (**tenga / tengo / tener**)[3] tres compañeros de cuarto, ¿no? Pero ya no me es posible (**viva / vivo / vivir**)[4] con estos brutos. Dejan sus cosas por todos lados, y se niegan definitivamente a (**limpien / limpian / limpiar**)[5] el apartamento. Bueno, me gusta que (**cocinen / cocinan / cocinar**)[6] a veces, pero me molesta que no (**laven / lavan / lavar**)[7] los trastes[a] enseguida. ¡No es justo que yo solo me (**encargo / encargue / encargar**)[8] de limpiar el apartamento! Dos de ellos siempre me piden que les (**preste / presto / prestar**)[9] mis apuntes de biología e inglés, porque nunca asisten a clase, y ahora temo que los (**hayan / han / haber**)[10] perdido. Tito, ¡me tienes que (**ayude / ayuda / ayudar**)[11]!

[a]*dishes*

gramática

c. **Presence/Absence of *no* in triggering subjunctive.** Usually, **no** in the first clause does not trigger the subjunctive in the following noun clause. The first clauses of ***I recommend*** *that you study Spanish* and ***I don't recommend*** *that you study Spanish* both trigger subjunctive for *study.*

Recomiendo que **estudies** español. **No recomiendo** que **estudies** español.

Three common instances when the presence/absence of **no** *does* affect subjunctive triggering are:

i. **The PCP verbs: *pensar, creer, parecer.*** Affirmative use of these three verbs does not trigger subjunctive after **que.**

Pienso / Creo / Me parece que **hay** mucha contaminación.

Using any of these three verbs in the negative does trigger subjunctive after **que.**

No pienso / No creo / No me parece que **haya** mucha contaminación.

ii. ***Dudar* and *negar.*** Affirmative use of these two verbs does trigger subjunctive after **que.**

Dudo / Niego que Uds. **sean** buenos estudiantes.

Using these two verbs in the negative does not trigger subjunctive after que.

No dudo / No niego que Uds. **son** buenos estudiantes.

iii. **Impersonal expression with ClearCOVES adjectives.** Nearly all impersonal expressions (**Es bueno/malo/imposible/maravilloso... que**) *do* trigger subjunctive after **que** in *both* affirmative and negative usage.

Es bueno que **lleguemos** tarde. **No es bueno** que **lleguemos** tarde.

However, an impersonal expression that uses any of the adjectives included in the **ClearCOVES** acronym does *not* trigger subjunctive after **que** in the affirmative, and *does* trigger subjunctive in the negative.

Clear	**Es claro que...**
Cierto	**Es cierto que...**
Obvio	**Es obvio que...**
Verdad	**Es verdad que...**
Evidente	**Es evidente que...**
Seguro	**Es seguro que...**

Es verdad que **pagan** muy poco en las maquilas.

No es verdad que **paguen** muy poco en las maquilas.

Es seguro que algunas mujeres **sufren** enfermedades.

No es seguro que algunas mujeres **sufran** enfermedades.

Note: If there's no **que** in an **Es** + *adj.* expression, there's no conjugated verb. Use an infinitive.

Es bueno **llegar** a tiempo.

2. **Subjunctive in adjective clauses**
Adjective clauses, like noun clauses, are often introduced by **que.**[*] An adjective clause describes a noun mentioned in the previous main clause (the antecedent).

I'm reading a ***book that deals with poverty****.*

The antecedent *book* is described by the adjective clause *that deals with poverty*. Similar to the *D* in WEIRDO, *doubt* or *denial* about the existence of the antecedent noun (expressed in the main clause) often triggers subjunctive in an adjective clause. In the following sentence, the book described definitely exists (someone is reading it), so no subjunctive is triggered in Spanish.

[*]See **Taller IV. F.** to review relative pronouns, like **que,** that start adjective clauses.

Paso 2. Now Eugenio's brother has e-mailed him back. **Note:** Any present subjunctive use occurs in adjective clauses and after adverbial conjunctions.

¡Ay, hermano! Yo te conozco, y sé que eres bien quisquilloso.[a] No aguantas ningún desorden; siempre que (**veas / ves / ver**)[1] algo en el suelo, quieres recogerlo. Debes relajarte un poco para que tus compañeros de cuarto no te (**maten_/ matan / matar**)[2]. Es más —Uds. deben separarse tan pronto como (**puedan_/ pueden / poder**)[3]. Lo que realmente te hace falta es un compañero de cuarto que (**sea / es / ser**)[4] tan diferente como tú. Ahora vives con unos compañeros de cuarto que (**se porten / se portan / portarse**)[5] como jóvenes normales. En otras palabras, son chicos que (**falten / faltan / faltar**)[6] a las clases de vez en cuando, y que no (**se preocupen / se preocupan / preocuparse**)[7] para nada por la limpieza. ¡Y tú no vas a poder vivir con nadie hasta (**encuentres / encuentras / encontrar**)[8] algún chico que no (**pierda / pierde / perder**)[9] ninguna clase, y a quien le (**importe / importa / importar**)[10] tener un apartamento limpio!

[a]*picky*

Leo un libro que **trata** de la pobreza.

But if the sentence were changed to ***I want to read a book*** *that deals with poverty*, the book does not exist—you don't have a specific, actual book at hand as in the earlier sentence. Therefore, subjunctive *is* triggered in the adjective clause after **que.**

Quiero leer un libro que **trate** de la pobreza.

a. Definite/Indefinite articles. After certain verbs like **buscar, querer, necesitar,** and so on, simply using a definite or indefinite article before the antecedent noun can determine whether or not subjunctive is triggered in the following adjective clause.

Busco **un** supermercado que **venda** café tipo *Fair Trade.* (*ind. art.* → *subjunctive*)

There may be such a supermarket, but the indefinite article shows it's unknown to the subject, and thus subjunctive is required in the adjective clause.

Busco **el** supermercado que **vende** café tipo *Fair Trade.*

Here, using the definite article **el** shows that the subject has a specific, known store in mind. Thus, indicative is used in the adjective clause.

b. *Hay, ¿hay?* and *no hay.* Using **hay** in a statement in association with the antecedent noun does *not* trigger subjunctive. However, using **¿hay?** (questioning existence) and **no hay** (denying existence) *do* trigger subjunctive in the adjective clause.

Hay algunos hombres que **comprenden** a las mujeres.

The antecedent **hombres** definitely exists.

¿Hay algunos hombres que **comprendan** a las mujeres?

The existence of the antecedent **hombres** is in question, therefore subjunctive is triggered.

No hay hombres que **comprendan** a las mujeres.

Denying the existence of the antecedent **hombres** triggers subjunctive.

3. Subjunctive after certain adverbial conjunctions

a. ASPACE. Subjunctive use is *always* triggered in the clause following an ASPACE conjunction.

No puedo hacer nada **sin que** mi padre **se enoje.**
I can't do anything without my dad getting angry.
En caso de que llegaras primero, te había dejado una lista de quehaceres.
In case you arrived first, I had left a list of chores.

Antes (de) que	*before*
Sin que	*without*
Para que	*so that*
A menos que	*unless*
Con tal (de) que	*provided that*
En caso (de) que	*in case*

Práctica C-2. «Ensalada» de subjuntivo e indicativo. Decide whether each infinitive should be conjugated in indicative (present, future, or past tense), or subjunctive (present or past). You'll see a variety of subjunctive triggers in the following paragraphs. Complete each paragraph with the correct verb forms.

Sean lamenta la ignorancia de sus parientes políticos:

Es probable que mis suegros ____________ (**ser**)[1] dos de las personas más ignorantes del mundo, y después de que tú ____________ (**leer**)[2] mi historia, estoy seguro de que ____________ (**estar**)[3] de acuerdo conmigo.

Al conocer a la familia de mi esposa, Cherie, yo descubrí pronto que no había ningún pariente de ella que ____________ (**tolerar**)[4] las diferencias culturales y raciales entre la gente. Pero yo quería que Cherie y yo ____________ (**casarse**)[5]. Ella era adorable y muy diferente del resto de su familia. Pues, a mis suegros les molestó mucho que yo ____________ (**querer**)[6] especializarme en la literatura hispana. Mi suegra me dijo un día: «¿Sabes, Sean? es necesario que todos los mexicanos

gramática

Tan pronto como	*as soon as*
Hasta que	*until*
En cuanto	*as soon as*
Cuando	*when*
Después (de) que	*after*
Siempre que	*whenever*

b. THE CDS. Subjunctive may be triggered after THE CDS conjunctions, provided that the action described is/was still pending from the point of view of the subject in the main clause.

Vamos a comer **en cuanto salgas.** (pending action—subjunctive triggered)

Íbamos a comer **en cuanto salieras.** (pending past action—past subjunctive triggered)

Comemos **en cuanto** sales. (habitual action—no subjunctive triggered)

Comíamos **en cuanto** salías. (habitual past action—no subjunctive triggered)

Comimos **en cuanto** saliste. (completed past action—no subjunctive triggered)

Note: If you omit **que,** many of these conjunctions become prepositions. Any verb immediately following a preposition stays in the infinitive.

Antes de **salir,** llámame, y después de **regresar,** vuelve a llamarme.

4. Past subjunctive: Triggers in past tense; politeness*
The same triggers that prompt present subjunctive can also prompt past subjunctive.

a. Use past subjunctive when any of the subjunctive triggers previously mentioned appear in a past tense main clause.

Esperaba que él **comiera** pronto.

No era verdad que **pagaran** muy poco en las maquilas.

No pensé que **hubiera** mucha contaminación.

Buscaba un supermercado que **vendiera** el café tipo *Fair Trade*.

No había ningún hombre que **comprendiera** a las mujeres.

b. Use past subjunctive for...

making polite requests: ¿**Pudiera** Ud. decirme dónde queda la catedral?

politely stating orders: **Quisiera** unos chilaquiles con café.

stating things you would like to do: **Quisiéramos** hablar con el jefe.

c. Regardless of what verb tense appears in the rest of the sentence, past subjunctive always follows **como si** (*as if*), because this phrase introduces a contrary-to-fact idea or very hypothetical state.†

Él me trata **como si fuera** mi jefe.

The implication here is that he is in fact *not* my boss.

---

*See **Taller I. A.** under Subjunctive for verbs that model regular past subjunctive formation.

†See **Taller III. E. 3.** for examples of past subjunctive after **si** in contrary-to-fact *if* clauses.

g r a m á t i c a

____________ (**marcharse**)[7] de este país, porque ____________ (**estar**)[8] produciendo muchísimos hijos que ____________ (**poder**)[9] quitarles todos los trabajos a la gente blanca. A menos que nosotros los blancos ____________ (**hacer**)[10] algo pronto, es posible que el país entero luego ____________ (**componerse**)[11] de puros mexicanos.»

Apenas[a] me había recuperado de esa observación, cuando mi suegro me informó, «Sí, sí... por eso tuvimos muchos hijos tu suegra y yo. Para nosotros, era urgente que ____________ (**contribuir**)[12] con unos hijos blancos a la población del país. Ojalá que tú y Cherie ____________ (**opinar**)[13] igual y ____________ (**tener**)[14] muchos hijos. Es obvio que el país ____________ (**sufrir**)[15] de una sobrepoblación de mexicanos.»

Bueno, de costumbre, cuando ____________ (**oír**)[16] comentarios estupidísimos como estos, me enojo mucho. Pero, desafortunadamente, estos dos bobos[b] eran los padres de mi nueva esposa, entonces les dije: «Creo que es un poco irónico que Uds. ____________ (**pensar**)[17] así. Para mí, es evidente que nosotros "los blancos" ____________ (**ser**)[18] responsables del robo

[a]*Hardly* [b]*fools*

5. **Present and past perfect subjunctive**[*]

Usually, present perfect subjunctive (*have/has done something*) combines with any one of the subjunctive triggers in present tense, while past perfect subjunctive (*had done something*) results from any one of the subjunctive triggers in past tense.[†]

Present perfect subjunctive use after a present tense trigger:

No me parece que él te **haya contado** la historia.

It doesn't seem to me that he has told you the story.

Past perfect subjunctive use after a past tense trigger

No me parecía que él te **hubiera contado** la historia.

It didn't seem to me that he had told you the story.

6. **Imperative**

Commands are used frequently in Spanish conversation, so it is essential that you understand them. Commands come in two broad categories, *formal* and *informal;* they may also be *singular* or *plural.* In all commands, if you include reflexive or object pronouns, the pronoun(s) must be placed according to the following pattern.

affirmative command + *pronoun* (attached to verb, all one word)

Pása**me** la sal.

no + *pronoun* + *negative command*

No **me** pases la sal.

There are several polite alternatives to commands in Spanish.

(Por favor,) ¿**Me pasas** la sal?

¿Quieres **pasarme** la sal?

Perdón, necesito que **me pases** la sal.

La sal, por favor. / Favor de **pasarme** la sal.

a. **Formal commands.** The formal commands may be singular (**Ud.**) or plural (**Uds.**). As you know, most speakers who are not Spaniards use **Uds.** for the plural of *you*, so often the formal plural command is used in informal situations. All **Ud./Uds.** commands (affirmative and negative) are simply **Ud./Uds.** forms of present subjunctive, therefore the formal command has the same irregular forms as the present subjunctive.[‡]

FORMAL COMMANDS		
	AFFIRMATIVE	**NEGATIVE**
SINGULAR	**Cómpre**me un libro. **Repita** la oración.	No me **compre** un libro. No **repita** la oración.
PLURAL	**Cómpren**me un libro. **Repitan** la oración.	No me **compren** un libro No **repitan** la oración.

[*]See **Taller I. B.** to review the formation of present and past perfect subjunctive.

[†]See **Taller III. E. 3.** for examples of past perfect subjunctive used with conditional perfect in hypothetical, contrary-to-fact sentences.

[‡]See **Taller I. A.** to review regular present subjunctive formation, and **Taller II.** for irregular present subjunctive formations.

de territorio mexicano. No parece que Uds. ____________ (**recordar**)[19] que esta región fue parte de México por mucho tiempo.»

Como puedes imaginar, los padres de Cherie me miraron con horror. Cherie y yo íbamos a cenar con ellos esa noche tan pronto como los otros hijos ____________ (**reunirse**)[20] en casa. Pero después de mis palabras escandalosas, decidimos que era mejor irnos. Cuando pienso en la reacción de los habitantes mexicanos ante la llegada a su territorio de personas como Stephen F. Austin y su gente, los imagino diciéndose unos a otros: «Nos preocupa que tanta gente extraña ____________ (**llegar**)[21] cada día a nuestra tierra. Si nosotros no ____________ (**hacer**)[22] algo pronto, es obvio que ellos ____________ (**ir**)[23] a corrernos de nuestro propio país.»

b. Informal commands

i. *Tú.* **Tú**, of course, is always singular. The affirmative **tú** command uses the third-person present indicative form of the verb. The negative **tú** command uses the present subjunctive **tú** form of the verb.

***TÚ* COMMANDS**		
	AFFIRMATIVE	**NEGATIVE**
SINGULAR	**Cómpra**me el libro. **Repite** la oración.	No me **compres** el libro. No **repitas** la oración.

There are eight common irregular **tú** affirmative commands.

decir: di	**ir: ve**	**salir: sal**	**tener: ten**
hacer: haz	**poner: pon**	**ser: sé**	**venir: ven**

ii. *Vosotros.* **Vosotros** is used as the plural of **tú** in Spain. The affirmative **vosotros** command is formed by replacing the final **-r** of the infinitive with **-d.** The negative **vosotros** command uses the **vosotros** form of the present subjunctive.

***VOSOTROS* COMMANDS**		
	AFFIRMATIVE	**NEGATIVE**
PLURAL	**Comprad**me un libro. **Repetid** la oración.	No me **compréis** un libro. No **repitáis** la oración.

For affirmative commands, the final **-d** is dropped when followed by the reflexive pronoun **os.**

sentad + os → **Sentaos** a la mesa. callad + os → **Callaos** y escuchadme.

The exception is with **ir**. Keep the **-d.** **Idos** al mercado.

iii. *Vos.* **Vos**, an alternative to **tú** commonly used in parts of Central and South America, is always singular. The affirmative **vos** command uses the affirmative **vosotros** command without the **-d.** The negative **vos** command is similar to the **vosotros** present subjunctive, but without the **-i-** in the final syllable: No **digáis** eso. → No **digás** eso.

***VOS* COMMANDS**		
	AFFIRMATIVE	**NEGATIVE**
SINGULAR	**Comprá**me un libro. (*stress on the* **a**) **Repetí** la oración.	No me **comprés** un libro. No **repitás** la oración.

Vos reflexive constructions use the pronoun **te.**

Senta**te.**

No **te** sentes. Levanta**te.**

Práctica C-3. ¿Cómo se dice en América? Your classmate is bewildered by the **vosotros** form. Help him by changing the **vosotros** commands to the **Uds.** equivalent.

1. Escuchad esta canción, pero no la cantéis.
2. Leed este poema y explicadlo.
3. Mirad estas fotos y describidlas.
4. Sacad apuntes y haced muchas preguntas.
5. Para mañana, preparad la **Lección 2** y memorizad la lista de vocabulario.
6. Ahora, levantaos y salid.

c. Summative chart: imperative forms of *llamar, hacer, dormirse*

FORMAL COMMANDS		
	AFFIRMATIVE	**NEGATIVE**
SINGULAR	llame haga duérmase	no llame no haga no se duerma
PLURAL	llamen hagan duérmanse	no llamen no hagan no se duerman

INFORMAL COMMANDS		
	AFFIRMATIVE	**NEGATIVE**
tú (*singular*)	llama haz duérmete	no llames no hagas no te duermas
vos (*singular*)	llamá hacé dormite	no llamés no hagás no te durmás
vosotros (*plural*)	llamad haced dormíos	no llaméis no hagáis no os durmáis

Práctica C-4. Una amiga argentina. You decide to try the **vos** forms to impress (or amuse) your Argentine pen pal. Change the following **tú** commands to **vos** commands.

1. Trata de leer mis cartas sin reírte mucho.
2. Recuerda que soy estudiante.
3. Dime cómo es tu pueblo.
4. Describe tu rutina diaria.
5. Comenta tu música y películas favoritas.
6. Explícame cómo es tu escuela.
7. Hazme cualquier pregunta que se te ocurra.
8. Escríbeme pronto.

D. Pronominal verbs,* accidental *se*, passive *se*, and impersonal *se*

Pronominal verbs are paired with what we usually call reflexive pronouns (**me, te, se, nos, os, se**) that match the verb form—and so sometimes you'll hear them referred to as reflexive verbs. The way pronominal verbs are used fits one of the classic definitions of reflexives. When the verb's action does not go on to act upon another thing/person but is "reflected" back on to the verb subject, then you have a reflexive (pronominal) verb. We think **pronominal** is a better term. Why? Simply because true reflexivity is only one usage among several under the umbrella of pronominal verbs.

> *¿R?* You probably already know something about the reflexive. Remember all the verbs for daily routines, for example, **afeitarse, lavarse las manos,** and so on? How do you say *He shaves every day* or *You have to wash your hands before eating?*

1. **Pronominal verbs: True reflexive verbs**†

   In the true reflexive, the subject acts on itself. **Me levanto** means *I get up*, but **levanto** alone means *I lift* (an object). **Me baño** means *I take a bath*, but **baño** alone means *I bathe* (somebody else: the baby, or the dog). Often, the English equivalent of the reflexive includes the word *self*: **Carlos se mira en el espejo.** *Carlos looks at* ***himself*** *in the mirror*. You can use reflexive pronouns with numerous verbs to make them reflexive, and thus pronominal.

¿**Te** miras en el espejo? *Do you look at* ***yourself*** *in the mirror?*

---

*In this section we offer five uses of the pronominal structure. A sixth use found in many areas is the pronominal pronoun to intensify an action. Here are some common examples.

comer to eat	**comerse** to eat/gobble up
¡Dios mío! **Nos comimos** cinco barras de chocolate...	
ir to go	**irse** to go away
llevar to wear, to carry	**llevarse** to carry off, to take away

†See **Taller IV. B.** for more discussion of reflexive and reciprocal reflexive.

Práctica D-1. ¿Transitivo o intransitivo? For each sentence, indicate if the sentence is transitive (T) or intransitive (I). Then, number the sentences 1–8 to put them in a logical order.

		T	I
_______	Preparo el café.	☐	☐
_______	Lavo los platos del desayuno.	☐	☐
_______	Me baño por la mañana.	☐	☐
_______	Luego, él sale para la oficina.	☐	☐
_______	Los llevo a la escuela.	☑	☐
_______	Voy a la oficina.	☐	☑
_______	Despierto a los niños.	☑	☐
_______	Mi esposo se afeita con cuidado.	☐	☑

2. Pronominal verbs: (In)Transitive verbs. "process *se*"

a. Making transitive verbs intransitive. Using verbs pronominally often changes a transitive verb into an intransitive one. A transitive verb is one that takes an object; an intransitive verb is one that does not. For example, *Bob closes the library at 2:00* is transitive. The subject, Bob, acts on an object, the library. However, *The library closes at 2:00* is intransitive. The subject, the library, does not act on any object (except itself). Verbs of motion, by the way, are generally intransitive: you can't *go*, *leave*, or *run* an object.

FAQ What does *transitive* mean? It sounds kind of like transition, or mass transit, so maybe it's related to change or movement?

Well, yes, the concepts are all related. In Latin, *trans* means *across*, and *it* comes from the verb *to go*, so transit, transition, and transitive all have to do with *going across*. Transitive verbs represent actions that "go across" from the subject to an object. Intransitive verbs are the opposite; they represent actions that do not "go across," but rather affect only the subject.

Roberto conoce a Maricarmen. (*transitive*)

Roberto se conoce. (*intransitive*)

Práctica D-2. ¿Reflexivo o no? Write **se** if the pronoun is needed and **x** if it is not needed.

Ramón ____[1] levanta a las nueve. ____[2] baña y ____[3] viste inmediatamente. ____[4] va caminando a la universidad para asistir ____[5] a clases. Siempre ____[6] llega a tiempo porque ____[7] da prisa. Entra en su primera clase y ____[8] sienta entre sus compañeros. ____[9] escucha bien la explicación del profesor y a veces ____[10] hace preguntas. Luego, va a su próxima clase, en donde ____[11] hace lo mismo. Con frecuencia Ramón ____[12] siente frustrado porque sus cursos son difíciles, pero ____[13] esfuerza mucho por aprender y sacar buenas notas.

gramática

Here are some examples of common transitive verbs that can be used pronominally (intransitively) with a reflexive pronoun.

abrir to open (*something*)	**abrirse** to open (*something opens*)
acabar to finish (*something*)	**acabarse** to end (*something ends*)
casar to marry (*someone*) (*like a priest does*)	**casarse (con)** to get married (to)
divertir to entertain, amuse	**divertirse** to have fun, enjoy oneself
meter en to put in	**meterse en** to get into; to get involved in, interfere
perder to lose; to miss (*a bus, plane. . .*)	**perderse** to be/get lost
preocupar to worry (*somebody*)	**preocuparse** to worry (be/get worried)
presentar to introduce people	**presentarse** to appear unexpectedly
tirar to throw, to pull	**tirarse** to jump off

Some infinitives change meaning more significantly when they're pronominal.

caer to fall (*like rain*)	**caerse** to drop; to fall down
despedir to fire (*someone*)	**despedirse (de)** to say good-bye (to); to take leave (of)
gastar to spend	**gastarse** to wear out
mudar to change; to shed, molt	**mudarse** to move (*as in change residences or clothes*)
negar to deny	**negarse (a)** to refuse (*to do something*)
oponer to contrast two views	**oponerse (a)** to oppose, be opposed (to)
volver to return	**volverse** to turn around; to turn back; to return early (*unplanned*)

b. "Process *se*" pronominal verbs. Pronominal verbs of change of mood/state usually convey *to become/get* + *condition* as with **aburrirse** (*to become/get bored*), which is the pronominal verb from the transitive verb **aburrir** (*to bore*).

alegrar to gladden, cheer (*someone up*)	**alegrarse (de)** to become/be happy/glad (about)
cansar to tire	**cansarse** to become tired
dormir to sleep	**dormirse** to fall asleep
enfadar to anger	**enfadarse** to become angry
enojar to anger	**enojarse** to become angry
entristecer to sadden	**entristecerse** to become/be sad
extrañar to find something strange; to miss (*nostalgically*)	**extrañarse** to be puzzled

Práctica D-3. Dilo con *se*. Rewrite the sentences in each **paso** using **se.**

Paso 1. Fue sin querer. This section practices the accidental **se** structure. Use the verb in parentheses for your new sentence.

MODELO: Oye, parece que dejé mi cartera en casa. (quedar) → *Se me quedó* en casa la cartera.

1. Tampoco sé dónde están las llaves. (perder)
2. Y, desgraciadamente, no hice la tarea. (olvidar)
3. Anoche, en la fiesta, los estudiantes se bebieron toda la cerveza. (acabar)
4. También rompieron un plato. (caer)
5. Pero algo peor: Resulta que rompieron unas ventanas. (quebrar)

morir to die (*due to accident or violence*)	**morir(se)** to die (*due to natural causes*)
sentir + *noun* to feel + *noun*; to regret	**sentirse** + *adj.* to feel + *adj.*
poner to put; to place	**ponerse** + *adj. of emotion* to become + (*adj.*) **Me puse** muy triste en la película *Mar adentro.*
volver to return	**volverse** + *adj./noun* to become (*as in* to turn into) + *adj./noun*; to go + *adj.* Don Quijote **se volvió** loco.
hacer to make; to do	**hacerse** + *noun* to become (*something through personal effort*) Después de años de estudios, por fin, **te hiciste** profesora.

Most often, **hacerse** is used with nouns, but it can also be used with an adjective.

Con los años **se hizo** rico.

3. Accidental *se*

You'll see this called "**se** for unplanned events" or "no-fault **se.**" This use of **se** resembles that of pronominal verbs, as discussed above, with the addition of an indirect object pronoun.*

The usual sentence order for accidental **se** is:

Se + *indirect object pronoun* + *verb* (*third-person singular/plural*) + *object* (*what got broken/lost/dropped/and so on*)

As implied, accidental **se** mainly shows that something happened accidentally, and the indirect pronoun tells who made the mistake. **Olvidarse, perderse, caerse, acabarse, quedarse,** and **romperse** are verbs you may have learned in this usage, but there are many others.

a. Remember *not* to translate literally from English. For example, to say *I left my purse at home,* what you're really expressing in Spanish is more like *My purse was left at home by me.* So *purse* is the verb subject. *I* is who goofed and becomes the indirect object pronoun **me.**

I left my purse at home.

Se **me** quedó **la bolsa** en casa.†

b. Remember that since there's an indirect object pronoun, you may need to clarify the use of **le** and **les** with **a** + *pronoun/name.* This is normally placed at the beginning of the sentence. **Se *le* perdieron los papeles** doesn't specifically tell you *who* lost the papers unless the sentence appears in context. **A Ud. se le perdieron los papeles** clears it up.

*See **Taller IV. E.** to review indirect object pronouns.

†Note there's no possessive: ***la* bolsa** not ***mi* bolsa. Me** tells you whose purse it is. You'd only have a possessive if the purse belonged to someone else: *I left* ***your*** *purse.* **Se me quedó *tu* bolsa.**

Paso 2. No importa quién. This section practices the impersonal **se** structure. Change the impersonal **ellos** form to the impersonal **se.**

En muchos países tropicales...

MODELO: duermen en hamaca. → *se duerme* en hamaca

1. compran la comida en el mercado.
2. comen arroz y pescado.
3. beben té.
4. descansan por la tarde.
5. no tienen aire acondicionado.
6. celebran todo en la playa.
7. sufren mucho de paludismo.

FAQ What is passive voice? Is that when somebody is whiny or won't say what they want?

No. Sentences may be either active or passive. In the active voice, the subject does an action: Eugene *hit the ball.* In the passive voice, something happens to the object: *The ball was hit* (*by Eugene*). In the passive example, Eugene is no longer the subject. He is now called the agent, and he may or may not be mentioned.

4. **Passive *se***

Se + *third-person verb* is a pattern used to make many passive voice sentences in Spanish. English speakers tend to use true passive more than Spanish speakers.[*]

a. Structure. When using passive **se,** there is no separate word for *was/were* or *is/are*. Also, there's no mention of an agent or doer of action indicated with the word *by* (**por**). Passive **se** should be used with transitive verbs (verb action "transitions" onto an object), and the verb form will be third-person singular/plural, depending on whether one thing or plural things are receiving the action of the verb.

Se habla español aquí.[†]	*Spanish is spoken here.*
Las fórmulas **se demostraron** ayer.	*The formulas were demonstrated yesterday.*

b. Person(s) as object: *Se* + third-person singular verb + personal *a* + person(s). Always make the passive **se** verb third-person singular when people are the object of the verb. Following the regular procedure for passive **se** creates ambiguous sentences. For example, let's say you want to express *Four police officers were implicated for drug trafficking.* If you follow the passive **se** procedure, you would write:

Se implicaron cuatro policías por narcotraficar.

This sentence could also mean *Four officers implicated each other/themselves for drug trafficking.* Using the personal **a**[‡] and singular verb makes it clear that the officers *got implicated*; they didn't *do* the implicating.

Se implicó a cuatro policías por narcotraficar.

5. **Impersonal *se***

When impersonal **se** is used, the verb is always third-person singular. The verb subject is equivalent to saying *one, they,* or *you* in English, implying the idea of people in general.

En Haití, no **se vive** bien.	*In Haiti, they/you don't* (*one doesn't*) (*people in general don't*) *live well.*
Se paga muy poco por la comida allí.	*You/They pay* (*One pays*) *very little for food there.*

As an intermediate student, you sometimes will not be able to tell whether impersonal or passive **se** is used in a sentence. They can be indistinguishable in some cases.

[*]See **Taller III. G. 3.** for a discussion of true passive voice.
[†]In many true passive sentences, **se** starts the sentence.
[‡]See **Taller VII. D. 1.** for a brief discussion of the personal **a.**

Paso 3. La voz pasiva. This **paso** practices the passive **se** structure. Change the true passive structure to the passive **se.**

En la universidad...

MODELO: descubrimientos importantes son hechos. → *se hacen* descubrimientos importantes

1. son escritos muchos libros.
2. el pensamiento analítico es cultivado.
3. son desarrolladas ideas nuevas.
4. los estudiantes son entrenados en diferentes campos.
5. es preparada la nueva generación de académicos.
6. algunos profesores son muy bien pagados.

6. **Impersonal third-person plural (*ellos*)**
   As in English, in Spanish it's often possible to use *they* to refer to people in general, in which case you use the third-person verb form, but not the word **ellos.**

Dicen que no hay mucho trabajo.	*They* (*People in general*) *say there isn't much work.*

E. Future/Conditional*

The future is often associated with the present tenses, while the conditional is associated with the past tenses. Both forms can speak of events yet to come, express probability or conjecture, and the result of a possible or hypothetical situation.

1. **Future and conditional for events yet to come**
   The future tense (*will*) speaks of the future from the point of view of the present. To talk about the immediate future, you'll recall, Spanish prefers the **ir** + **a** + *inf.* structure; the future tense refers to a more distant, less certain time frame.

   «Ahora no tengo nada, pero soy muy trabajadora y algún día **seré** una mujer rica... y cuando lo sea, nadie me **cruzará**», dijo Eulalia con firmeza.

   The conditional (*would*) speaks of the future from the point of view of the past.

   Eulalia era de una familia humilde, pero estaba segura de dos o tres cosas: algún día **asistiría** a la universidad, **conseguiría** un buen trabajo y **trabajaría** mucho para salir adelante.

2. **Future and conditional for probability or conjecture**
   The future tense expresses conjecture, or a guess, in the present. English phrases often used to express this include *it must be* and *it probably is.* In the case of a question, *I wonder* is often the best English equivalent.

—¿Qué hora **será**?	***I wonder*** *what time it is.*
—**Serán** las 3:30.	*It* ***must be*** *about 3:30.*
—¿Cuántos años **tendrá** esa niña?	***I wonder*** *how old that girl is.*
—**Tendrá** unos 6 años.	*She's* ***probably*** *6 years old.*

*See **Taller I. A.** to review regular future/conditional verb formation. Some verbs form the future and conditional with an irregular stem to which the future and conditional endings are then added. Here is the list of the most common verbs with irregular future and conditional stems.

caber: cabr-	**hacer: har-**	**querer: querr-**	**satisfacer: satisfar-**
haber: habr-	**poder: podr-**	**saber: sabr-**	**tener: tendr-**
decir: dir-	**poner: pondr-**	**salir: saldr-**	**venir: vendr-**

Práctica E-1. El futuro. Complete sentences 1–3 with the future of the verb in parentheses and sentences 4–6 with the conditional.

1. (venir) Martín __________ a verme algún día, pero yo sé que tú nunca __________.
2. (poder) Tito y yo no __________ terminar el proyecto en un año, pero Uds. __________ terminarlo antes.
3. (hacer) Yo no sé qué __________ después de llegar a Uruguay. Nacha y Rosa __________ un internado como voluntarias en el hospital.
4. (querer) Mi hija __________ estudiar en un país hispano, pero creo que mis otros hijos __________ quedarse en Estados Unidos.
5. (salir) Mamá y yo __________ tarde para la reunión, pero tú y Papá __________ a tiempo.
6. (estar) Cuando te vimos hablando con Lola, le dije a Berto que __________ regañando a Lola por perder tu bicicleta.

The conditional expresses conjecture in the past. Common English phrases for this include *it probably was* and *it must have been*. To express a question in English, *I wonder* is common in this context as well.

—¿En qué idioma **estarían** hablando?
I wonder what language they were speaking.

—**Estarían** hablando en catalán porque yo no les entendí casi nada.
They must have been speaking Catalan because I hardly understood them at all.

—¿Quién **llamaría** a esas horas?
I wonder who would have been calling at that time of day.

—**Sería** mi novio porque me llama todas las noches.
It was probably (must have been) my boyfriend because he calls me every night.

3. Future and conditional to form hypotheses

a. The future tense can describe the result of a possible situation. Note that the present indicative is used in the **si** clause.

Si mi novio me pide dinero una vez más, le **diré** que no.

Pero si me ofrece un anillo de diamantes, se lo **aceptaré.**

b. The conditional can describe the result of a hypothetical situation. Note that the past subjunctive is used in the **si** clause.

Claro, Ramón dice que si yo lo quisiera de verdad, le **daría** cualquier cosa.

Pero si le diera todo lo que me pide, yo no **tendría** ni qué comer ni dónde vivir.

Use past perfect subjunctive (*had*) and conditional perfect (*would have*) for this same kind of hypothetical situation and result in past tense.

Claro, Ramón dijo que si yo lo **hubiera querido** de verdad, le **habría dado** cualquier cosa.
Of course, Ramón said that if I had truly loved him, I would have given him anything.

Pero si le **hubiera dado** todo lo que me pidió, yo no **habría tenido** ni qué comer ni dónde vivir.
But if I had given him everything he asked for, I would not have had anything to eat nor anywhere to live.

Práctica E-2. Lo ideal. Complete María's ideas about a better world using the conditional form of the verbs in parentheses. Then indicate if you agree with her (**Estoy de acuerdo: *sí***) or not (**No estoy de acuerdo: *no***).

	SÍ	NO
1. Si se mejoraran los sistemas de distribuir comida, menos personas ____________ (**morir**) de hambre.	☐	☐
2. Si no hubiera armas en el mundo, ____________ (**haber**) menos guerras.	☐	☐
3. Si todos los países del mundo tuvieran mujeres como presidentes, la política mundial ____________ (**cambiar**).	☐	☐
4. Si todos los médicos cooperaran entre sí, las enfermedades ____________ (**desaparecer**).	☐	☐
5. Si la tasa de nacimiento disminuyera, el problema de la sobrepoblación ____________ (**resolverse**).	☐	☐

F. Uses of the present participle

The present participle (**gerundio**) is the verb form that ends in **-ando** or **-iendo**, *-ing* in English. The uses of the present participle do not correspond completely in English and Spanish. The English form often functions as a noun, but the Spanish form cannot function in that way.

The present participle has three usages in Spanish: with **estar** in the progressive tenses, with certain verbs of motion to express continuity of action, and as an adverb.

1. **The progressive: *Estar* + *gerundio*** *

   The progressive tenses express what is or was going on at a given moment, or what is or was going on in a given time frame, as distinguished from the norm.

   En este momento los chicos **están viendo** la televisión.

   Elisa era maestra cuando nos conocimos, pero también **estaba trabajando** en un restaurante.

2. **Continuity: *Verb of motion* + *gerundio***

   The present participle combines with various verbs of motion—**andar, ir, seguir,** and **venir**, primarily—to express continuity.

   Pedro **sigue comiendo** muchos postres a pesar de sus problemas de salud.
   Pedro continues to eat (eating) a lot of desserts despite his health problems.

   También **anda diciendo** que va a hacer ejercicio, pero nunca lo hace.
   He's also (going around) saying he's going to exercise, but he never does.

3. **Adverbial usage**

   The present participle often functions as an adverb or adverbial phrase, modifying the verb by showing how or when it occurs. In this situation, the present participle may be understood as meaning *by/while* + *-ing*.

   Todo se aprende **practicando.** *One learns everything by practicing.*

   Se entretenían **leyendo.** *They entertained themselves by reading.*

   Nos conocimos **tomando** latte en el Starbucks de la esquina.
   We met while having lattes at the Starbucks on the corner.

   El accidente fue terrible: Parece que el joven se durmió **manejando** el carro.
   The accident was horrible: It seems the young man fell asleep while driving the car.

---

*See **Taller I. C.** for a review of the progressive tenses.

Práctica E-3. ¿Y qué habrías hecho si hubieras podido? Complete the sentences using the conditional perfect of the verbs in parentheses. Then indicate if you agree (**Estoy de acuerdo: *sí***) or not (**No estoy de acuerdo: *no***).

	SÍ	NO
1. Si no se hubiera asesinado al Presidente Kennedy, la guerra en Vietnam ______________ (**haber terminar**) más pronto.	☐	☐
2. Si hubiéramos controlado mejor la emisión de gases industriales, no ______________ (**haber abrirse**) un agujero (*hole*) en la capa de ozono.	☐	☐
3. Si no se hubiera inventado el teléfono celular, no ______________ (*nosotros*: **haber tenido**) tantos accidentes causados por la inatención de los automovilistas.	☐	☐
4. Si la tragedia del 11 de septiembre no hubiera ocurrido, nuestros congresistas no ______________ (**haber votar**) por la guerra en Irak.	☐	☐

Se aprende todo **practicando.**

Práctica F. Para la buena salud. Complete the paragraphs with the present participle of the verbs in parentheses.

Cuando estás ____________ (**hacer**)[1] ejercicio debes tener en cuenta varios factores. Mientras corres o caminas estás ____________ (**sudar**)[2] mucho y es necesario que vayas ____________ (**tomar**)[3] líquidos. También debes hacer ejercicios aeróbicos ____________ (**respirar**)[4] correctamente y ____________ (**contar**)[5] de vez en cuando el número de tus pulsaciones. Ponle cuidado a cualquier dolor que sientas; si sigues ____________ (**correr**)[6] con dolor en la rodilla, por ejemplo, puede ser que estés ____________ (**lastimar**)[7] la coyuntura.

Asimismo cuando estás ____________ (**cocinar**)[8], debes pensar en los ingredientes que les vayas ____________ (**agregar**)[9] a tus comidas. Aunque si no estés a dieta, debes ir ____________ (**considerar**)[10] las cantidades de grasa y azúcar que consumes. En el supermercado y en los restaurantes, haz preguntas y lee las etiquetas ____________ (**poner**)[11] atención en estos detalles. ____________ (**Hacer**)[12] algunos cambios pequeños en tus platos favoritos, puedes mejorar mucho su valor nutritivo. Sólo ____________ (**escoger**)[13] la comida y ____________ (**prepararla**)[14] con cuidado puedes comer saludablemente.

G. The past participle as an adjective

The past participle in Spanish ends in **-ado** or **-ido;** *-ed/-en* in English. Both English and Spanish have many irregular past participles, and English often uses *-ed* for both the past tense and the past participle.* Here are a few of the past participles in Spanish. Can you remember additional irregular past participles?

REGULAR	IRREGULAR	
hablar: hablado	**decir: dicho**	**poner: puesto**
comer: comido	**hacer: hecho**	**ver: visto**
vivir: vivido	**morir: muerto**	**volver: vuelto**

When the past participle functions as an adjective, it changes form to agree with the noun it modifies. The past participle functions as an adjective in four situations: (1) with **estar** to speak of conditions and results; (2) without a linking verb to simply modify a noun; (3) with **ser** to form the passive voice; and (4) with a noun to carry the value of an adverbial clause.

FAQ Didn't I use the past participle as a verb, not an adjective?
Yes! The past participle is used with **haber** to form the perfect tenses.

¿Has **leído** la lección?

In this case, the participle does *not* function as an adjective and its form is invariable.†

1. Results and conditions: *Estar* + *past participle*

Estar plus the past participle expresses a situation or condition rather than an action. Remember that the participle agrees with the noun it modifies.

¿Por qué están **cerradas** las ventanas y las puertas en un día tan lindo? ¡Ábrelas!
Why are the windows and doors shut on such a nice day? Open them!

La casa está recién **pintada** y se ve muy bonita.
The house is recently painted and it looks very pretty.

---

*Some examples of irregular past participles in English are *to go: gone, to see: seen.* Can you think of others?
†See **Taller I. B.** to review the perfect tenses.

Práctica G-1. Descripciones. Use each phrase in a complete sentence.

MODELO: un libro aburrido → La guía telefónica es un libro aburrido.

1. un país desarrollado
2. unas ciudades que están contaminadas
3. unos sitios turísticos muy vistos
4. una persona muy conocida
5. unas lenguas habladas en tu comunidad
6. un curso avanzado
7. unos deportes practicados en tu universidad
8. una noticia muy comentada esta semana

2. **Simple modifier: *Noun + past participle***
The past participle may simply modify a noun, with which it must agree in number and gender.

Tenemos varios muebles **hechos** de madera rústica.
We have several pieces of furniture made of rustic wood.

No nos gustan las cosas **fabricadas** de plástico.
We don't like things made of plastic.

3. **The true passive voice: *Ser + past participle***
Speakers of Spanish generally prefer the passive **se** or the impersonal third-person plural over the passive voice to express the same concept.* Still, many writers use the passive voice for stylistic purposes, and you should learn to recognize and understand it.

The passive voice emphasizes the verb and object, therefore the object and subject switch grammatical roles: The object becomes the subject, and the subject is now called the agent.

ACTIVE VOICE	PASSIVE VOICE
Mamá paga todas las facturas. *Mom pays all the bills.*	Todas las facturas son **pagadas** por mamá. *All the bills are paid by mom.*
Papá limpia la piscina. *Dad cleans the pool.*	La piscina es **limpiada** por papá. *The pool is cleaned by dad.*

4. **Adverbial clause: *Past participle + noun***
This use of the past participle is less common in Spanish than in English and you may not need to use it, but you should recognize and understand it. In written Spanish, especially, a noun and past participle can express the meaning of an entire clause, usually introduced by *when* or *after* in English.

Hecho el aseo de casa, descansamos y conversamos. (Después de hacer el aseo...)	*After cleaning the house, we rested and conversed.*
Pagadas las cuentas, nos queda poco dinero. (Cuando pagamos las cuentas...)	*When we have paid (After paying) the bills, we're left with little money.*

*See **Taller III. D.**

Práctica G-2. Editor. Avoid the passive voice! Get your facts right! Rewrite each sentence (a) correcting the blatant error in fact, and (b) using the active voice. Hint: The names you will need are all here, they just need to be moved to the right sentence.

1. La novela *Don Quijote* fue escrita por Pablo Picasso.
2. *Los relojes que se derriten* (*melt*) fueron pintados por Miguel de Cervantes.
3. El libro *Cien años de soledad* fue escrito por Salvador Dalí.
4. El famoso cuadro *Guernica* fue pintado por Gabriel García Márquez.

H. Uses of the infinitive

The infinitive is the basic, unconjugated form of a verb, expressed as *to* (*verb*) in English. In Spanish the infinitive may end in **-ar, -er,** or **-ir.**

The infinitive is the only verb form in Spanish that may function as a noun. That is, the infinitive may be the subject of a verb, the object of a verb, or the object of a preposition. This means that, where English would use the gerund (present participle), Spanish frequently uses the infinitive.*

1. As a subject of a verb

In this use the infinitive may be preceded by the article **el,** but it is not necessary.

(El) **Comer** sanamente es esencial para la salud.
Eating *a healthy diet is essential to good health.*

Recuerden que **consumir** azúcar y grasa en exceso puede ser malo para la salud.
Remember that ***eating*** *sugar and fat excessively can harm your health.*

Afortunadamente, me gusta **hacer** ejercicio todos los días.
Fortunately I like ***to exercise*** (***exercising***) *every day.*

2. As an object of a verb

The infinitive can be the object of a verb of desire, influence, obligation, permission, and so on when there is no change of subject. If there is a new subject, these verbs will be followed by **que** and the subjunctive.†

¿Adónde quieres **ir** ahora? ¿Adónde quieres **que ella vaya** ahora?
Where do you want to go now? Where do you want her to go now?

The infinitive is often the object of **saber**; it may be preceded by **cómo.**

¿Sabes **cocinar**? *Do you know how to cook?*
Yo no sé ni cómo **hervir** agua. *I don't even know how to boil water.*

The infinitive follows verbs such as **poder** and **deber**, which often act as helping verbs.

No puedo **salir;** tengo que **estudiar** esta noche. *I can't go out, I must study tonight.*

The infinitive often follows verbs of perception.

Voy al patio de recreo para ver **jugar** a los niños.
I'm going to the playground to see the children play.

¿Oyes **cantar** al coro del colegio? ¡Qué bien suena!
Can you hear the school choir singing? How good they sound!

---

*See **Taller III. F.**
†See **Taller III. C.**

Práctica H. ¿Sujeto, objeto directo u objeto de preposición? Identify the infinitive usage in each sentence: subject (S), direct object (DO), or object of a preposition (OP).

	S	DO	OP
1. ¿Te gusta <u>escuchar</u> la música *hip-hop*?	☐	☐	☐
2. <u>Bailar</u> bien con esa música no es fácil.	☐	☐	☐
3. Para <u>poder</u> cantar y bailar a la vez, los cantantes tienen que estar en buena forma.	☐	☐	☐
4. Mis padres prefieren <u>oír</u> música pop o rock clásico.	☐	☐	☐
5. Critican mi música, pero creo que es para <u>tomar</u>me el pelo.	☐	☐	☐

gramática

3. **As an object of a preposition**
The infinitive is the only verb form that can follow a preposition.

El lápiz y la pluma son para **escribir**.	*The pencil and pen are for writing.*
Aun después de **estudiar** mucho, no entiendo el cálculo.	*Even after studying a lot, I don't understand calculus.*
Quedamos en **ver**nos a las 3:00, ¿no?	*We agreed to see (to meet) each other at 3:00, right?*

4. **As a command**
Although there's controversy about this use of the infinitive, its use, especially as a negative command, is getting more common, particularly on signs and in instructions.

No **fumar.**	*No smoking.* (*Do not smoke.*)
Cortar la masa en triángulos.	*Cut the dough in triangles.*

I. Sequence or parallelism of verb tenses

A body of rules determines which verb tenses (present, past, perfect, and so on) may be combined in a sentence. The principle of parallelism is essential in formal language, both written and spoken. It is less important in informal communication. The only real rule is to be logical in your choice of verb tenses.

- If you begin a sentence in the present tense, you can continue with nearly anything, most commonly the future or one of the present tenses: present, present perfect, present subjunctive, or present perfect subjunctive. To refer to a past event, of course, use the conditional or one of the past tenses: the preterite, imperfect, past subjunctive, or pluperfect (past perfect).
- If you begin a sentence in the past tense, you can continue with the preterite, imperfect, conditional, past subjunctive, or pluperfect (past perfect). Only in the most informal language would you continue with any of the present verb forms (past perfect).

	S	DO	OP
6. Dicen que voy a quedar afectado por <u>escuchar</u> siempre a Ludacris y a Diddy.	☐	☐	☐
7. Luego me cuentan historias de Ozzy Osbourne y Alice Cooper y se ríen hasta <u>llorar.</u>	☐	☐	☐
8. Bueno, la verdad, yo quiero <u>escuchar</u> mi música en paz,...	☐	☐	☐
pero son mis viejos y necesito <u>atender</u>los.	☐	☐	☐

Práctica I. ¿Cuál no? Cross out the verbs that will *not* work in this dialogue, due to logic and parallelism of tense rules.

El Sr. Flores Girón y la Dra. Jiménez Miró representan a dos compañías que piensan trabajar juntos. En una reunión formal, tratan de resolver un desacuerdo.

FLORES: Si me permite una pregunta, doctora, ¿consideraban Uds. al hecho de que el contrato no nos (**da / daría / daba**)[1] casi ninguna ventaja?

g r a m á t i c a

Here are most of the possible sequences. Can you give the English for these? Remember that present tenses can express future.

Begin with present		Begin with past	
Creo que el tren...	llega. está llegando. ya llegó. ha llegado. llegará.	Creía que el tren...	llegaba. estaba llegando. había llegado. llegaría.
No creo que el tren...	llegue. llegara. esté llegando. haya llegado.	No creía que el tren...	llegara. estuviera llegando. hubiera llegado.

JIMÉNEZ: Respecto a ese asunto, es importante recordar que en el pasado les (**hemos hecho / hicimos / haremos**)[2] varias concesiones.

FLORES: Claro que sí, pero seguramente verán Uds. que nos (**será / era / es**)[3] preciso sacar algún beneficio de cualquier empresa mutua. Por eso nuestros abogados no van a permitir que nos (**juntemos / juntáramos**)[4] con Uds. Si Ud. recuerda, le propuse que (**rehagamos / rehiciéramos**)[5] el contrato.

JIMÉNEZ: Admitimos que este contrato (**promueve / promovió / promoverá**)[6] más nuestros intereses que los suyos. Pero no nos parecía que Uds. (**hayan tenido / tuvieran / hubieran tenido**)[7] nada que objetar con respecto a los contratos similares que (**hacíamos / habíamos hecho / hacemos**)[8] en el pasado.

IV. Pronouns

A. Subject pronouns

SUBJECT PRONOUNS			
yo	I	**nosotros/as**	we
tú	you (*informal*)	**vosotros/as**	you (*pl., informal*)
Ud., él/ella	you (*formal*), he/she, it	**Uds., ellos/as**	you (*pl., formal*), they

These pronouns act as the subject of the verb; they determine how the verb will be conjugated.

Ella viaja a Francia, pero **tú** y **yo** viajamos a Italia.
*She's traveling to France but **you** and **I** are traveling to Italy.*

Note: The subject pronouns **yo, tú, nosotros,** and **vosotros** are usually omitted unless you want to emphasize the subject.

Pues, a ti te gustan los coches blancos, pero **yo** prefiero los rojos.
*Well, you like white cars but **I** prefer red ones.*

Also, once a subject pronoun is used as the subject of a verb, don't keep repeating it with following verbs that refer to that same subject.

Ella tiene dos amigos de Colombia, Juan y Nelson. Habla con Juan todos los días; sólo ve a Nelson dos o tres veces al año.
***She** has two friends from Colombia, Juan and Nelson. She talks to Juan every day, she only sees Nelson two or three times a year.*

FAQ Is **vos** the singular of **vosotros**?

Not exactly. As you know, vosotros is the plural, familiar *you*, used in Spain. The equivalent in Latin America is **Uds.** Where a Spaniard would ask a group of friends **¿Cómo estáis?**, a Latin American would say **¿Cómo están Uds.?** in the same situation. **Vos** is an alternative to the singular, familiar **tú,** and is used widely in South and Central America. To conjugate verbs for **vos,** simply take the final **i** out of the **vosotros** form. **¿Entendés?**

B. Reflexive pronouns

REFLEXIVE PRONOUNS			
me	myself	**nos**	ourselves
te	yourself (*informal*)	**os**	yourselves (*pl., informal*)
se	yourself (*formal*), himself, herself, itself	**se**	yourselves (*pl., informal*), themselves

These pronouns also match the subject pronoun and the verb form.

Práctica A. ¿Quién? For each sentence, say whether it would be better to include the subject noun or pronoun(s), and why.

1. Como no tienen trabajo a lo mejor no tienen comida en casa. Vamos a llevarles algo del supermercado, ¿qué te parece?
2. Rafi, me llamás cada cinco minutos. ¡Estoy harta! Dejá de llamarme. Me molestás por nada.
3. Viene mañana y se va a quedar tres días con nosotros, luego unos días más con su primo.
4. Ves mucho la televisión, pero me gusta más oír música.
5. Pablo y Gloria siempre trabajan juntos en la cocina. Lava los platos y limpia la estufa.

1. **Reflexive meaning**
Reflexive verbs are often said to "reflect" the action of the verb back onto its subject. True reflexivity is often only implicit in English, but always explicit in Spanish. In other words, when you hear *Jeff shaves in the morning*, you assume that Jeff is shaving himself. While in English it would be uncommon to include the pronoun *himself* in this kind of sentence, in Spanish, you *must* use the pronoun **se.** The sentence without **se** would suggest that Jeff is shaving someone (or something) else in the morning.

Los niños no **se** bañan por la noche; prefieren bañar**se** temprano a las 8:00, al despertar**se.**

Yo **me** estaba muriendo (estaba muriéndo**me**) de risa en la película *Crimen Ferpecto.*

Si piensas llegar a tiempo mañana, no **te** acuestes muy tarde. Levánta**te** temprano y víste**te** de prisa.

2. **Reciprocal reflexive: *Each other***

a. *Nos, os,* and *se*

i. To express *each other* when the verb subject is first-person plural, use **nos.**

Ella y yo nunca **nos** vemos por la mañana.
She and I (*we*) *never see each other in the morning.*

ii. When the verb subject is second-person plural (**vosotros**), use **os.**

¡Vosotras os llamáis más de diez veces al día!
You call each other more than ten times a day!

iii. When the verb subject is third-person plural, use **se.**

Ellos/Uds. no **se** hablan por teléfono, ni **se** escriben por e-mail.
They/You (plural) *don't talk to each other, nor do you write each other e-mail.*

b. *El uno al otro*

i. At times you need to clarify that you mean *each other* with **el uno al otro / los unos a los otros.** The sentence **Los dos no se miran** can mean *The two of them don't look at themselves*, but **el uno al otro** indicates unambiguously *each other.*

Los dos se miran **el uno al otro.** *The two of them look at each other.*

ii. Make the expression feminine only if all parties in the verb subject are feminine.

Las diez chicas y yo [*a woman*] nos miramos **las unas a las otras.**
The ten girls and I looked at each other.

iii. Sometimes you'll change the preposition **a** if you're using it with a verb that takes a different preposition after it, such as **reírse de** (*to laugh at* [*someone*]) and **salir con** (*to go out with* [*someone*]).

Marta y Ramón se ríen el uno **del** otro.	*Marta and Ramón laugh at each other.*
Y ellos nunca salen el uno **con** el otro.	*And they never go out with each other.*

Práctica B. Preguntas. Answer the following questions in complete sentences.

1. ¿A qué hora te levantaste hoy?
2. Generalmente, ¿cómo te despides de tus amigos?
3. ¿Con qué condición te casarías secretamente en Las Vegas?
4. ¿Cómo se llaman tus mejores amigos?
5. ¿Cómo se ayudan tú y tus amigos?
6. ¿Te peleas tú a veces con tus hermanos?
7. ¿Cómo se visten los estudiantes de tu universidad?

Práctica C. Preguntas. Answer each question in the negative, according to the model.

MODELO: ¿Son estos regalos para Roberto? (María) → *No, son para ella.*

1. ¿Vas a la fiesta con Samuel? (tú)
2. Estos libros, ¿son de la profesora? (estudiantes)
3. ¿Debe Ricardo trabajar con Elena? (yo)
4. ¿Es esta carta para la señora? (nosotros)
5. ¿Vamos todos excepto Raúl? (tú)
6. ¿Es para los niños el helado de chocolate? (yo)
7. ¿Son del jefe estos papeles? (Rita y Sara)
8. ¿Fue la conversación entre Miguel y Nacha? (Miguel y yo)

Note: Sections **A.** and **B.** of this chapter deal with pronouns (subject and reflexive) that correspond to the form of the verb: **Yo me llamo Lafonda.** The next three kinds of pronouns covered have nothing to do with how the verb is conjugated.

¿R? Three prepositions are followed by the subject pronouns **yo** and **tú**, *not* **mí** and **ti: entre** (*between, among*), **excepto** (*except*), and **según** (*according to*).

Entre **tú** y **yo,** esa mujer canta muy mal.
Between **you** *and* **me,** *that woman sings very badly.*

C. Prepositional pronouns

PREPOSITIONAL PRONOUNS			
mí	me	**nosotros/as**	us
ti	you (*informal*)	**vosotros/as**	you (*pl., informal*)
Ud., él/ella	you (*formal*), him/her, it	**Uds., ellos/as**	you (*pl., informal*), them

1. Use prepositional pronouns after a preposition.* Except for **mí** and **ti,** these pronouns look like subject pronouns.

—¿Te estás riendo **de mí**?
—No, estoy riéndome **de nosotros.**

—¿Estás pensando **en ella**?
—No, mi amor, estoy pensando **en ti**. Sabes que eres la única mujer **para mí.**

2. Do you remember that pronouns **mí** and **ti** cannot be used after **con**? Use **conmigo** and **contigo** instead.

Marcos no va con **nosotros**; va **contigo.**

D. Direct object pronouns

DIRECT OBJECT PRONOUNS			
me	me	**nos**	us
te	you (*informal*)	**os**	you (*pl., informal*)
lo/la	you (*formal*), him/her, it	**los/las**	you (*pl., informal*), them

These pronouns replace a previously mentioned direct object noun.

In the following examples, notice how the direct object pronouns (bold) reflect the number and gender of the nouns (underlined) they replace. Also notice where in each sentence the pronouns are placed.

Conozco a Daniel y **lo** admiro mucho.

No sé alemán pero quiero aprender**lo.**

Las angulas (*eels*) me parecen asquerosas y no **las** pienso probar nunca.

Me encanta la paella pero no **la** como con frecuencia, porque es difícil de preparar.

*See **Taller VI. A.** for a list of common prepositions and notes about their use.

gramática

Práctica D. Preguntas y respuestas. Complete each answer with the correct form of the verb in parentheses and the correct direct object pronoun based on the question.

1. —¿Cómo celebran tus amigos tu cumpleaños?
—Normalmente, ellos ____________ (**celebrar**) con una fiesta grande.
2. —¿Quién te ayuda a hacer las composiciones para tus clases?
—Pues, nadie ____________ (**ayudar**). Yo siempre ____________ (**hacer**) solo, con mi libro de texto.
3. —¿Dónde compran tú y tus amigos todos los libros de texto?
—Bueno, antes ____________ (**comprar**) en la librería de la universidad, pero ahora ____________ (**encontrar**) más baratos en una pequeña librería cerca de aquí.
4. —¿Tienes novio? ¿Cuántas veces a la semana lo ves?
—Sí, tengo novio, pero sólo ____________ (**ver**) los fines de semana, porque estoy ocupadísima ahora.

The following examples show more about what the direct object pronouns can do. Here the direct object is **papel,** but the whole noun phrase is replaced by **lo.**

Queremos **ese papel** que tienes en la mano. → **Lo** queremos.

The reflexive pronoun is placed before the direct object pronoun.

Me quito **las botas** antes de entrar. → **Me las** quito antes de entrar.

The indirect object pronoun also precedes the direct object pronoun.

¿Te presto **un lápiz**? → ¿Te **lo** presto?

For both formal and informal commands, remember that the direct object pronouns, as well as the indirect object pronouns and reflexive pronouns, must be placed after and attached to affirmative commands, but before a negative command.

—¿Debo ayudarte ahora?

—Sí, por favor, ayúda**me.**

—No, no **me** ayudes todavía, gracias.

FAQ Can't I use **le** instead of **lo** in sentences like **Le veo**?
Although this occurs in some readings, it's not considered standard usage, because **lo** is a direct object pronoun and **le** is an indirect object pronoun. This is called **leísmo,** and it's common in Spain, where speakers will substitute **le(s)** for **lo(s).**

A mi padre **lo** veo con frecuencia. → A mi padre **le** veo con frecuencia.

Note that no such substitution occurs for the feminine pronouns **la** and **las.**

E. Indirect object pronouns

INDIRECT OBJECT PRONOUNS			
me	to/for me	**nos**	to/for us
te	to/for you (*informal*)	**os**	to/for you (*pl., informal*)
le (se)	to/for you (*formal*), him/her, it	**les (se)**	to/for you (*pl., formal*), them

1. Indirect object pronouns have a prepositional connotation (usually *to* or *for*, sometimes *from*) since they relate indirectly to the action of the verb.

   Le da chocolate. *He gives her chocolate. / He gives chocolate to her.*

Práctica E-1. Mis padres. Complete the narration with the correct indirect object pronouns.

Mi familia es muy unida. Todos los días ________[1] escribo correos electrónicos a mis papás, y ellos ________[2] mandan fotos y chistes. Mi papá ________[3] da muy buenos consejos a mí y a mis hermanos. Cuando éramos jóvenes él ________[4] enseñó a tener disciplina y a trabajar mucho.

Mi mamá ________[5] enseñó a nuestra hermana a mantener la casa y a cocinar. A ella también ________[6] parece importante que mi hermana tenga una carrera. Por eso, cuando estaba en el colegio, ________[7] dijo que tenía que estudiar mucho e ir a la universidad. Mamá y papá ________[8] parecen muy buenos padres, y ________[9] digo eso con frecuencia porque quiero que lo sepan.

2. Indirect object pronouns appear in a sentence whether the corresponding indirect object is expressed or not (whereas direct object pronouns do not normally appear in sentences with the direct objects that they have replaced).

Yo **le** doy chocolate **a la profesora.**	*I give the professor chocolate.*
Yo **le** doy chocolate.	*I give her chocolate.*

3. In some dialects indirect object pronouns almost always refer to people, not things, and don't indicate gender.

4. **Le** and **les** become **se** when used before the direct objects **lo/la/los/las.**

   A mis padres **les** iba a escribir **una carta larga.** → **Se la** iba a escribir (Iba a escribír**sela**) ayer.
   *I was going to write my parents a long letter. I was going to write **it to them** yesterday.*

   Note the order: *indirect + direct object pronoun.*

   —¿Quién estaba preparándo**nos** esos platos tan ricos?
   Who was preparing those delicious dishes for us?

   —Creo que Vivián estaba preparándo**selos** (**se los** estaba preparando) a Ud.
   I think that Vivián was preparing them for you.

5. **Placement and order of reflexive, indirect, and direct object pronouns**
   a. It will always be correct to place these three pronouns right before the conjugated verb of a clause. You can also place them after and attached to an infinitive or present participle (**-ando/-iendo**). An accent mark will be required when you put a pronoun on the end of the present participle and when two pronouns follow an infinitive.

      unos zapatos: **Los** compro.

      Los quiero comprar / Quiero compra**rlos.**

      Los estoy comprando / Estoy comprándo**los.**

   b. When these pronouns are used with commands (imperative), they're always placed *before* a negative command form and *after* an affirmative command form, usually requiring an accent.

      Cómpre**melos** / No me **los** compre.

   c. Remember the acronym **RID** (**R**eflexive, **I**ndirect, **D**irect), which will remind you how these pronouns are ordered when two are used together in the same clause.

      Mamá **me los** (IO + DO) compró, pero después de una semana **se me** (R + IO) perdieron.

Práctica E-2. Preguntas y respuestas. Complete each answer using indirect and direct object pronouns.

1. PROFESORA: Paula, ¿debería yo prepararte otros ejercicios sobre el uso de los pronombres?
   PAULA: Sí, profesora... ¡qué amable! Favor de preparár ________ antes del examen.

2. GRACIELA: ¡Eh, amiga! ¿Sabes que Paco y Tomás nos van a traer muchos chocolates para el día de San Valentín?
   ANA: Pues, no quiero que ________ ________ traigan. Mejor que ________ traigan flores.

3. IVÁN Y TERESA: ¿Uds. nos recomiendan esas películas del año pasado?
   SELENA Y MARCOS: ¡Huy!, no, ¡Qué va! No ________ ________ recomendamos para nada. Pero sí ________ recomendamos la última película de Almodóvar; y pueden alquilar ________ allá en el videoclub de la esquina.

F. Relative pronouns

Relative pronouns can appear between the clauses of a sentence. Examples of relative pronouns in English include *that, which, where, what, who, whom,* and *whose*. The relative pronouns introduce a clause that describes a noun (antecedent) in the main clause. The describing clause may be called a relative clause or an adjective clause. Note the bolded relative pronouns beginning the underlined relative/adjective clauses.

> **FAQ** A clause is part of a contract, isn't it?
> Yes, but it's also part of a sentence. Specifically, a clause is a group of words that includes a conjugated verb. There are several types of clauses; some of them can stand alone (main or independent clause) and others cannot (relative, subordinate, or dependent clause).
>
> | **Quiere una casa** | **que tenga más ventanas.** |
> |---|---|
> | cláusula independiente | cláusula subordinada |

He lives in a house ***that** has two windows*. (*house* is the antecedent)

They're the students ***that/whom** I teach*. (*students* is the antecedent)

Italy is a country ***where** you see a lot of green shutters*. (*country* is the antecedent)

In English, you can omit some relative pronouns. But in Spanish, relative pronouns can never be omitted.

Tiene los libros **que** necesito. — *He has the books* (*that*) *I need.*

1. *Que* for *that, which, who,* and *whom*

To translate the relative pronouns *that, which, who,* and *whom* into Spanish, you can usually just use **que.**

Él vive en una casa **que** tiene dos ventanas. (**que** = *that/which*)

La Dra. O'Hara es la profesora **que** más tarea da. (**que** = *that/who*)

2. *Quien(es)* for *that, who,* and *whom*

There are two instances when you should use **quien** or **quienes**.

a. First, use **quien(es)** when you're referring back to a person antecedent, and you also have a preposition associated with the verb in the relative clause.

Anthony es el hombre **con quien** hablo.
Anthony is the man (person antecedent) *that I'm speaking with* (preposition).

or in more formal English

Anthony is the man with whom I'm speaking.

In Spanish, as in formal English, you can't end a clause with a preposition. Here's another example in which you'll use **quienes**.

Veo a los **niños con quienes juega** Marta.
I see the children that Marta is playing with.
I see the children with whom Marta is playing.

b. You'll also often see **quien(es)** to say *who*(*m*) in adjective clauses offset with commas.

El Sr. Tizón, **quien** llamó a mi mamá ayer, le gritó a Laura hoy.
Mr. Tizón, who called my mother yesterday, yelled at Laura today.

Práctica E-3. ¡Melodrama! Lilia finds out something about her friend Elena and Elena's husband Pancracio. Complete the conversation with the correct prepositional, direct object, and indirect object pronouns.

LILIA: ¡Hola, Elena! ¿Qué hay de nuevo, chica? ¿Tienes algo interesante que contar ________[1]?
ELENA: ¡Ay, sí! Tengo algo horrible que decir ________[2]. Creo que Pancracio ________[3] engaña[a] con otra mujer.
LILIA: ¡Ay, no! ¡No ________[4] puedo creer! Elena, me preocupo mucho por ________[5]. ¿Cuándo piensas hablar ________[6] a Pancracio de esto?
ELENA: No ________[7] voy a decir nada antes de hablar con mi abogada, la Sra. Saldaña. Después de consultar con ________[8], ________[9] hablaré a Pancracio.

[a]me... *is cheating on me*

gramática

3. ***Lo que* for *which, what,* and *that which***
There are two instances when you should use **lo que.**

a. If the antecedent of *which* or *what* isn't a specific masculine or feminine noun or person, but rather a whole clause, verb action, or abstract idea, use **lo que.** If you say *When we returned home, Sam wasn't there, which really worried us*, the whole action or idea that *Sam wasn't there* is the antecedent—the thing that worries us.

Cuando volvimos a casa, Sam no estaba, **lo que** nos preocupó mucho.

b. Use **lo que** to say *what* when you could substitute the words *that which* as in formal English, and, as in the example of **lo que** usage above, there's no single specific noun that acts as the antecedent.

Note: *What* could be substituted for *that which* in the English sentence, and the relative pronoun can start the sentence.

What (*That which*) *he said was not true.* **Lo que** él dijo no era la verdad.

c. Like other relative pronouns, **lo que** can also appear in the middle of a sentence.

I didn't hear what (*that which*) *he said.* No oí **lo que** él dijo.

4. ***El que / El cual* for *that, which,* and *who***
These pronouns agree in number and gender with the antecedent noun to which they refer.

el/la que	**el/la cual**
los/las que	**los/las cuales**

In many cases, **el que** and **el cual** are interchangeable. You'll see them used for two reasons.

a. Use them when you have two nouns that could both act as the antecedent, and you want to make it clear which noun is the antecedent.

I'm speaking with the brothers of my two girlfriends, who live in Dallas.
Hablo con los hermanos de mis dos amigas, **los que** viven en Dallas. (*The brothers live in Dallas.*)

Hablo con los hermanos de mis dos amigas, **las que** viven en Dallas. (*The two girlfriends live in Dallas.*)

b. You can use **el que / el cual** after prepositions, especially long prepositions. After **antes de** and **después de, el que** and **el cual** help distinguish the prepositions from the conjunctions **antes (de) que** or **después (de) que.**

Asisto a mis clases de la mañana, **después de las cuales** siempre trabajo.
I attend my morning classes, ***after which*** *I always work.*

Los anillos, **por los que** pagamos $3.000, son de oro puro.
The rings, ***for which*** *we paid $3,000, are pure gold.*

Busco la tienda **delante de la cual** Martín dejó el coche.
I'm looking for the store ***in front of which*** *Martin left the car.*

LILIA: Ojalá que haya alguna evidencia en contra de ________[10] porque vas a necesitar ________[11] si te divorcias.
ELENA: Bueno..., tengo unas cartas. ________[12] encontré el otro día en los bolsillos[b] de sus pantalones cuando iba a meter ________[13] en la lavadora. ¡Claro que no ________[14] ________[15] devolví a Pancracio! Pensé que ________[16] ________[17] llevaría a la abogada.
LILIA: Ay, ¡qué desgracia! Mira, si quieres dejar ________[18], podrías quedarte conmigo. Raúl y yo tenemos cuatro alcobas; puedes estar todo el tiempo que necesites en la casa de ________[19].
ELENA: Sería buena idea... Si el engaño de Pancracio resulta verdad, voy a odiar ________[20] tanto que me sería capaz de matar ________[21].
LILIA: ¡Mujer, no ________[22] hagas! La mejor venganza sería divorciarte de ________[23] y quitar ________[24] todo su dinero.

[b]*pockets*

5. ***Cuyo/a* to say *whose***
Cuyo/a functions as an adjective, agreeing in number and gender with the noun that follows it, not with the person to whom the noun belongs.

El hombre **cuyas bicicletas** están pintadas de rojo es comunista. (**Cuyo** agrees with **bicicletas**, not **hombre**.)
The man whose bicycles are painted red is a communist.

G. Demonstrative and possessive pronouns: *Lo + adj.*

1. Demonstrative pronouns

DEMONSTRATIVE PROUNOUNS			
SINGULAR		**PLURAL**	
este/a	this	**estos/as**	these
ese/a	that	**esos/as**	those
aquel/aquella	that (*over there*)	**aquellos/as**	those (*over there*)

Note: The words for *this* and *these* have **t**'s.

In modern Spanish and throughout *En comunidad,* the demonstrative pronouns are spelled the same as demonstrative adjectives.* Demonstrative pronouns are used to refer to a noun that has been previously mentioned. In the following example, the demonstrative pronoun **esta** (*that one*) refers back to **película** (albeit not the same movie that Marta is holding, but rather a different one), and so it agrees in number and gender with that noun.

Marta piensa alquilar **esa** película, pero yo prefiero **esta.**

2. **Neuter demonstrative pronouns: *esto, eso,* and *aquello***
Although these forms end in **-o**, they are *not* masculine. Use these pronouns when you want to say *this/that/that* (*over there*) and you are referring back to an unspecified noun or a concept/idea.

One common use of these three neuters is to ask about something unknown.

¿Qué es **esto**?
What is this?

Since you don't know what *this* is, you don't know if it's masculine or feminine.

Ella siempre llega muy tarde. **Eso** me molesta.
She always arrives late. ***That*** *bothers me.*

That refers to the concept or idea that *She always arrives late.*

---

*Prior to 1994, an accent was added to demonstrative pronouns to distinguish them from the corresponding adjective forms **éste/a(s), ése/a(s), aquél (aquélla/os/as).** The **Real Academia Española (REA)** declared in its 1994 decision that this accent was no longer necessary, although it could still be used to avoid confusion. You may notice this accent in texts published prior to 1994, and some Spanish speakers still prefer to use it. See **Taller V. B. 5.** to review demonstrative adjectives.

Práctica F. Los pronombres relativos. Select the pronoun(s) to complete each sentence.

1. Esta clase es muy difícil. Nunca entiendo (**cuya / lo que / quien**) dice la profesora.
2. Tengo muchos amigos (**cuyos / los que / que**) estudian francés este semestre.
3. Mira, aquél es el profesor con (**cuyo / que / quien**) voy a estudiar historia latinoamericana.
4. Mi hermano, (**cuyo / el que / lo que**) vive en Nueva York, va a pasar un año trabajando en Londres.
5. La política es un tema (**el que / que / quienes**) les interesa poco a algunos estudiantes.
6. Conozco a unos chicos (**cuya / que / quienes**) materia favorita es la antropología.
7. Me llevo mejor con mi hermana (**cuyo / que / lo que**) vive aquí cerca.
8. (**El que / Lo que / Que**) más me interesa es estudiar medicina.

3. Possessive pronouns

POSSESSIVE PRONOUNS			
SINGULAR		**PLURAL**	
el/la mío/a	mine	**los/las míos/as**	mine
el/la tuyo/a	yours (*informal*)	**los/las tuyos/as**	yours (*informal*)
el/la suyo/a	yours (*formal*), his/hers, its	**los/las suyos/as**	yours (*formal*), his/hers, its
el/la nuestro/a	ours	**los/las nuestros/as**	ours
el/la vuestro/a	yours (*informal*)	**los/las vuestros/as**	yours (*pl., informal*)
el/la suyo/a	yours (*pl., formal*), his/hers, theirs	**los/las suyos/as**	yours (*pl., formal*), his/hers, theirs

Possessive pronouns (*mine, yours, his, hers, its, ours, theirs*) refer to a previously mentioned noun that has often been used with a possessive adjective.*

Possessive pronouns agree in number and gender with a previously mentioned noun, *not* with the person who owns the noun. Note that possessive pronouns are preceded by a definite article (**el/la/los/las**).

Yo dejo mis libros en casa, pero ella lleva **los suyos**. (**Los suyos** agrees with **libros,** not with **ella.**)
I'm leaving my books at home, but she's taking ***hers.***

The definite article is omitted after a form of the verb **ser.**

Esta bicicleta es **suya,** y esa es **nuestra.** *This bike is* ***theirs****, and that one is* ***ours.***

4. *Lo + adj.: The (adj.) thing*

In expressions such as this, the word **lo** is not being used as a direct object pronoun.

Lo difícil (*The hard part*) de ser estudiante es que siempre estás cansado.

Para mí como padre de familia, **lo mejor** (*the best thing*) es ver cómo los niños crecen y cambian.

El huracán fue terrible. No sé si **lo peor** (*the worst of it*) fue el viento o el agua.

See **Taller V. B. 4.** for more discussion of the neuter article **lo** used with an adjective.

*See **Taller V. B. 6.** to review possessive adjectives.

Práctica G. ¿Cómo se dice? Give the Spanish equivalent of the word(s) in parentheses.

—Este carro es bonito, pero me gusta más _______ (**yours**)[1].
—Pero _______ (**mine**)[2] es muy viejo, hombre.
—Es cierto, pero _______ (**this one**)[3] gasta mucha gasolina.
—Pues, para mí, _______ (**the bad thing**)[4] de este carro es que no tiene espacio para los niños.
—Es cierto, es un poco estrecho. ______________ (**The nice thing**)[5] que tiene es que se ve elegante, pero no sería muy práctico.
—Ya lo veo. Vamos a ver ____________ (**those over there**)[6], ¿quieres?

gramática

V. Nouns, adjectives, articles, and adverbs

A. Gender of nouns

Spanish nouns are either gendered masculine or feminine. Of course, nouns that are terms for males (**hombre, chico, muchacho, varón,** and so on) are masculine, and terms for females **(mujer, hembra, niña,** and so on) are feminine. But with the vast majority of Spanish nouns, there's nothing inherently masculine or feminine about them that determines their gender.

Have you noticed, however, that many times when certain categories of noun are masculine or feminine, so is the term for the category of that noun? For example, the word for *time* (on the clock), **hora,** is feminine, and so when you tell time, it's feminine: **Son las 2:00.** The word for *letter,* **letra,** is feminine, and so are the letters. The words for *day* (**día**) and *month* (**mes**) happen to be masculine, and so are the days of the week and months of the year. Colors are masculine: **color** is a masculine noun. This kind of matching doesn't happen all the time, but it happens enough that you could keep it in mind as a device to help memorize the gender of Spanish nouns.

1. **Common noun endings**

   Usually nouns ending in **-o** are masculine, while nouns ending in **-a** are feminine. Nouns ending in **-e** or consonants other than those with the endings listed below are more likely to be masculine, but numerous such nouns are feminine: **la clase.**

   More common masculine endings: **-aje, -ambre, -or, -án,** or any stressed vowel.

   More common feminine endings: **-dad, -tad, -tud, -ción, -sión, -umbre, -ie, -ez, -sis,** and **-itis.**

   Most nouns of profession/occupation ending in **-or, -ón, -ín,** or **-és** feminize by adding **-a: rector(a), bailarín/bailarina**. Some nouns of profession/occupation ending in **-e** change to **-a** when referring to women **(presidente/a, dependiente/a)** and some don't **(estudiante, cantante, representante).** In such cases, the article (**el/la**) shows noun gender.

2. **Common exceptions**
   - **a.** The noun **mano** (*hand*) is feminine.
   - **b.** A fair number of nouns ending in **-ma,** and some ending in **-pa** or **-ta,** are masculine: **problema, programa, mapa, atleta,** and **cometa*** are some examples. These nouns were derived from Greek neuter words.
   - **c.** Almost all nouns that end in **-ista** (usually equivalents of English nouns ending in **-ist**) are assumed to be masculine, but can be designated feminine: **el/la terrorista, los/las terroristas.**
   - **d.** There are nouns that always end in **-a** and also show gender through articles: **el/la colega** (*colleague*), **el/la espía** (*spy*), **el/la nómada.**
   - **e.** Nouns that always end in **-o** and also show gender through articles include **el/la modelo, el/la piloto, el/la soldado.**

***El cometa** means *comet*. The feminine **la cometa** means *kite*.

Práctica A-1. ¿Masculino o femenino? Give the correct definite article for each noun. If you're not sure, check your dictionary, which should mark nouns ***s*** for *sustantivo* and ***m*** or ***f*** for *masculino* or *femenino*.

1. _____ mujer	**6.** _____ nación	**11.** _____ día
2. _____ programa	**7.** _____ lector	**12.** _____ animal
3. _____ crisis	**8.** _____ nube	**13.** _____ arte
4. _____ vez	**9.** _____ esquí	**14.** _____ imagen
5. _____ mapa	**10.** _____ variedad	

f. A few nouns have one meaning as masculine and another as feminine, like **el policía** (*policeman*) / **la policía** (*police force, policewoman*); **el capital** (*money*) / **la capital** (*capital city*).

g. Finally, some nouns can refer to either males or females but do not change the article in doing so, such as **la víctima, la persona, el individuo.**

3. Nouns beginning with stressed *a-* or *ha-*

When a singular feminine noun begins with a stressed **a** (**agua, alba**) or **ha** (**hacha, hambre**), the masculine article is used: **el agua (pura), el hacha (nueva).** If the noun is plural, however, the feminine article is used: **las aguas, las hachas.**

4. Pluralizing nouns

To make plural a noun that ends in a **vowel,** add **-s** to the end.

la casa → las casas **el hijo → los hijos** **la madre → las madres**

To pluralize a noun that ends in a consonant, add **-es** to the end.

el papel → los papeles **la pared → las paredes** **el ser → los seres**

But if a noun ends in an *unstressed vowel* + **s,** no change is made.

la tesis → las tesis **el atlas → los atlas** **el cumpleaños → los cumpleaños**

Note: Because **-es** adds a syllable to the word, you may need to add or delete an accent mark.

la lección → las lecciones **el/la joven → los/las jóvenes** **la sartén → las sartenes**

z → c. If a noun ends in **-z,** you must change the **z** to **c,** then add the **-es.** Verbs whose stem end in **z** show the same spelling change before adding **-e.**

el lápiz → los lápices **el pez → los peces** **almorzar → almorcé**

Obviously, plural nouns require plural articles and adjectives.

5. Nouns used as adjectives

Often one noun describes another noun, so it's being used like an adjective, as in *chicken soup, biology class,* or *library book.* In Spanish, the two nouns are usually separated by **de,** since normally the base noun (*soup*) is *consisting of, from,* or *about* the adjective noun (*chicken*), so you get **sopa de pollo, libro de biblioteca, clase de biología.** In fairly rare instances there's no **de** in between the two nouns because the base noun isn't consisting of, from, or about the adjective noun, as in *seeing eye* (*guide*) *dog* → **perro guía** or *key point* → **punto clave**.

To pluralize these nouns, only make the base noun plural, not the adjective noun.

sopas de pollo **clases de biología** **perros guía**

gramática

Práctica A-2. ¿Masculino o femenino? Decide whether each noun is likely to be masculine or feminine, and then say how you would make it plural.

1. amplitud
2. cruz
3. drama
4. cristal
5. muchedumbre
6. serie
7. diamante
8. difusión
9. apendicitis
10. pelambre
11. paisaje
12. poema
13. artista

Práctica A-3. ¿Cómo se expresa? Give the Spanish equivalent of each item, using **de** between the two nouns. Consult your dictionary if necessary.

1. geography lessons
2. history teachers
3. oatmeal cookies
4. theater seats
5. calendar illustrations
6. diamond necklaces
7. weekends
8. textbooks

6. **Compound nouns**
   There are many of these fun, almost exclusively masculine, nouns in Spanish, which combine a verb in third-person singular and a singular or plural noun, as in **cumple + años = cumpleaños.** Often, these nouns describe an apparatus that has a particular function; the *dishwasher* washes dishes, so it's **el lavaplatos.** These nouns, because they end in **-s** (see **Taller V. 4.**) look the same in the plural: **los lavaplatos.**

B. Adjectives: Descriptive and limiting

Words that modify Spanish nouns may be divided into two big adjectival groups: *descriptive adjectives* (or adjectives of quality) and *limiting adjectives* (or adjectives of quantity). Both groups must show agreement (**la concordancia**) with the nouns they modify. Any adjectives associated with a noun in the plural must be pluralized. Any adjectives that can have feminine endings used with a feminine noun must match that feminine noun.

As implied in their name, descriptive adjectives include those that describe characteristics or qualities of nouns. Such adjectives as *tall, green, French, horrible, open, impossible, sad,* and *cold* may be considered descriptive adjectives. You usually place Spanish descriptive adjectives after the nouns they modify. It is possible to place descriptive adjectives before nouns when emphasizing poetic qualities or stating inherent, generally recognized qualities: las ***bellas*** **flores** or **unos *valientes* soldados.**

In the category of limiting adjectives, you find different types of modifying words that answer the questions *How many?* or *Which one?* with respect to a noun. Some noun-modifying words that function as limiting adjectives are generally called something else, such as definite articles (*the*), indefinite articles (*a, an, some, a few*), all numbers, the demonstratives (*this, these, that,* and so on), and possessives (*my, your, their,* and so on). Other limiting adjectives include quantifying, ordering words such as **otro** (*other/another*), **todo** (*all/every*), **próximo** (*next*), **tanto** (*as/so much*), and so on. You usually place Spanish limiting adjectives before the nouns they modify.

1. **Agreement**
   The base form (the form you see when you look up an adjective in a dictionary) of Spanish adjectives generally ends in **o, e,** or a consonant.

REGULAR NOUN-ADJECTIVE AGREEMENT PATTERNS			
		SINGULAR	**PLURAL**
adjectives that end in **o**: **alto**	**MASCULINE**	**chico alto**	**chicos altos**
	FEMININE	**chica alta**	**chicas altas**
adjectives that end in **e**: **elegante**	**MASCULINE**	**chico elegante**	**chicos elegantes**
	FEMININE	**chica elegante**	**chicas elegantes**
adjectives that end in consonants: **fiel**	**MASCULINE**	**chico fiel**	**chicos fieles**
	FEMININE	**chica fiel**	**chicas fieles**

Práctica A-4. ¿Qué serán? Find out the meaning of the verb and the noun that combine to form these compound nouns, and then guess what they mean.

1. sacacorchos, sacaclavos, sacabotas, sacapuntas
2. paraguas, parabrisas
3. picaflor, picamaderos
4. cortaúñas
5. salvavidas
6. matamoscas
7. abrelatas
8. rascacielos
9. rompehielos
10. pasatiempo
11. guardarropa

2. **Adjectives that end in a consonant**
Adjectives ending in a consonant that refer to nationality or origin; and adjectives ending in **-dor** or **-ón** are irregular since you'll add **-a(s)** to the feminine singular/plural forms.

inglés: Manuel y José son **ingleses** (*regular adj. agreement*), pero como sus hermanas nacieron en Estados Unidos, ellas no se consideran **inglesas.*** (*irregular* **as** *added*)

comelón (*big eater*)**:** Mi nieto no es **comelón** (*regular adj. agreement*), pero mi hija, de niña, era bien **comelona.*** (*irregular* **a** *added*)

3. **Adjectives that change meaning when used before or after nouns.**
The adjectives in the following examples customarily convey a more literal meaning when placed after the noun, and a different, often figurative, meaning when placed before the noun. **Pobre** (*poor*), when placed after the noun, means literally *lacking in money*, but when placed before the noun, it changes to meaning figuratively *pitiful* or *unfortunate*.

FIGURATIVE	LITERAL
mi **antiguo** novio *my old* (*former*) *boyfriend*	mi novio **antiguo** *my old* (*in age*) *boyfriend*
cierta relevancia *certain* (*particular*) *relevance*	relevancia **cierta** *certain* (*true*) *relevance*
cualquier† comida *any* (*none – in particular*) *food*	comida **cualquiera** *any* (*"any old"*) *food*
diferentes revistas *different* (*various, several*) *magazines*	revistas **diferentes** *different* (*different kinds of*) *magazines*
gran mujer‡ *great* (*impressive*) *woman*	mujer **grande** *big* (*large*) *woman*
medio francés *half French*	francés **medio** *average* (*typical*) *French, Frenchman*
nuevos coches *new* (*different, "new to me"*) *cars*	coches **nuevos** *new* (*newly manufactured*) *cars*
pobres chicas *poor* (*unfortunate*) *girls*	chicas **pobres** *poor* (*having no money*) *girls*
pura agua *pure* (*sheer, nothing but*) *water*	agua **pura** *pure* (*clean*) *water*
raros profesores *strange, weird professors*	profesores **raros** *rare* (*uncommon*) *professors*
simple vaquero *simple* (*just a, mere*) *cowboy*	vaquero **simple** *simple* (*simple-minded, uncomplicated*) *cowboy*
la **única** verdad *the only* (*one*) *truth*	verdad **única** *unique* (*not common, special*) *truth*
mi **viejo** amigo *my old* (*long-standing*) *friend*	mi amigo **viejo** *my old* (*not young*) *friend*

*Note dropped accent marks on the forms that become regularly stressed.
†The plural, **cualesquier(a),** is for all practical purposes defunct.
‡**Grande** shortens to **gran** before any singular noun.

Práctica B-1. ¿Antes o después? Should the adjectives go before or after the noun? Most of these adjectives have different meanings depending on whether they're placed before or after the noun. Make any changes necessary to the adjectives so they agree with the noun and insert them in the most logical position.

1. Esta noche la (**medio**) __________ **luna** __________ parece más grande que nunca. No es una (**cualquier**) __________ **luna** __________, ¿verdad?
2. ¡(**pobre**) __________ **niña** __________! El año pasado (**su**) __________ **padres** __________ murieron en un horrible accidente.
3. Marcos y Freddy toman (**diferente**) __________ **cursos** __________. La clase de Geografía 433 requiere mucho más estudio que la clase de Historia 101. Marcos dice que es el (**único**) __________ **estudiante** __________ de geografía que no saca A en la clase. Tristemente, siempre sale con (**puro**) __________ **Ds** __________.
4. Los padres de Graciela dijeron que como premio por ser una (**excelente**) __________ **estudiante** __________, pensaban comprarle una (**nuevo**) __________ **bicicleta** __________ de último modelo.

4. **Adjectives used as nouns**
Lo right next to an adjective (**lo** + *adj.*) expresses *the* (*adj.*) *thing* and can act as a verb subject or object.

Lo bueno de la clase es que estamos cerca de la cafetería; **lo malo** es que nos reunimos a las 7:00 de la mañana. Que el profesor tenga 14 años de edad es **lo raro.**

The good thing *about the class is that we're close to the cafeteria;* ***the bad thing*** *is that we meet at 7:00 A.M. That the professor is 14 years old is* ***the strange thing.***

Notice that you don't have a separate word like **cosa** for *thing*, and that **lo** (*the*) is what you use as a neuter definite article when you're not referring to a specific masculine/feminine noun. This is different from making reference to a specific noun that is understood but not included, in phrases such as *the green one*, or *the old ones.*[*]

5. **Demonstrative adjectives**

DEMONSTRATIVE ADJECTIVES			
SINGULAR		PLURAL	
este/esta[†]	this	**estos/estas**	these
ese/esa	that	**esos/esas**	those
aquel/aquella	that (*over there*)	**aquellos/aquellas**	those (*over there*)

These limiting adjectives express *this/these*, *that/those*, and *that/those* (*over there*) before a noun. They must agree in number and gender with whatever noun they precede. Note that the masculine singular forms do not end in **-o.**

¿La comida de la mesa? Pues, **estos burritos** me gustan más que **esas enchiladas,** y no me gusta para nada **aquel pastel.**
The food on the table? Well, I like ***these*** *burritos more than* ***those*** *enchiladas, and I don't like* ***that*** *cake* ***over there*** *at all.*

The difference between **ese** and **aquel,** which can both mean *that,* is often a matter of distance perception or personal preference. **Aquel** usually implies that something is farther away in space and/or time.

You'll also see the demonstratives **esto, eso,** and **aquello.** Remember, these are neuter, not masculine, demonstrative pronouns.[‡]

[*]See **Taller V. C. 4.** for an explanation of this kind of usage and **Taller IV. D.** to review **lo** as a direct object pronoun.
[†]Since it's easy to confuse the **este** and **ese** groups, remember this Spanish spelling rule: "The words for *this* and *these* have the **ts.**" **(este, estos)**
[‡]See **Taller IV. G. 1.** for an explanation of these pronouns.

Práctica B-2. Un ejemplo, por favor. Give an example or explanation in Spanish of each phrase.

MODELO: la única persona → *Mi novia es la única persona que me comprende. No hay otra.*

1. una nueva computadora
2. un diccionario nuevo
3. un hombre grande
4. una gran profesora
5. opiniones diferentes
6. diferentes países
7. medio mundo
8. la casa media

6. Possessive adjectives

SINGULAR THING (POSSESSION)		PLURAL THING (POSSESSION)	
mi my	**nuestro/a** our	**mis** my	**nuestros/as** our
tu your (*informal*)	**vuestro/a** your (*pl., informal*)	**tus** your (*informal*)	**vuestros/as** your (*pl., informal*)
su your (*formal*), his/her, its	**su** your (*pl., formal*), their	**sus** your (*formal*), his/her, its	**sus** your (*pl., formal*), their

These limiting adjectives (in English: *my, your, his, her, its, our, their*) all agree with the noun they precede in number; **nuestro** and **vuestro** are the only possessives that also show gender agreement. Possessive adjectives do *not* agree with the person who possesses, but rather with the noun they precede, which is whatever is "owned." To say in Spanish *Marcus and I love our mother a lot*, the word for *our* (**nuestra**) agrees with *mother*, not with *Marcus and I.* To say *They don't need their money*, the word for *their* (**su**) agrees with *money*, not *they*.

Marcus y yo queremos mucho a **nuestra** madre.

Ellos no necesitan **su** dinero.

a. Because **su(s)** can mean different things, you'll see a **de** phrase substituted for **su(s)** in cases where the context isn't clear.

Son **sus** libros.
They are your (his, her, their, your) books.

To clarify:

Son los libros **de ella.**
They are her books.

(Los libros son **de ella** or **de él / de Ud. / de ellos(as) / de Uds.**)

b. Possessive adjectives are generally used less in Spanish than in English, particularly in regard to body parts. Do not use possessive adjectives in conjunction with a reflexive pronoun, and avoid possessives when an indirect object pronoun has made clear who the possessor of something is.

Se lava la cara con las patas delanteras.

Me lavo **las** manos.
I wash my hands.

(reflexive **me,** not **mis manos**)

¿**Te** robaron **el** pasaporte?
Did they steal your passport?

(indirect object **te,** not **tu pasaporte**)

See **Taller IV. G. 3.** for information on possessive pronouns.

Práctica B-3. Concordancia y colocación

Paso 1. Indicate whether the adjective is **calificativo** (*descriptive*) **(C)** or **determinativo** (*limiting*) **(D)** and whether it would be placed **antes (AS)** or **después (DS) del sustantivo.**

	C	D	AS	DS		C	D	AS	DS
1. nuestro	☐	☐	☐	☐	**5.** algún	☐	☐	☐	☐
2. portugués	☐	☐	☐	☐	**6.** real	☐	☐	☐	☐
3. encantador	☐	☐	☐	☐	**7.** elegante	☐	☐	☐	☐
4. aquel	☐	☐	☐	☐	**8.** ese	☐	☐	☐	☐

Paso 2. Write a sentence with each noun, using adjectives from **Paso 1** and indicating correct placement and agreement.

1. ilustración **2.** granjeros **3.** artista **4.** problema **5.** manos

C. Articles

1. Definition and types of articles

	DEFINITE ARTICLES		INDEFINITE ARTICLES	
	SINGULAR	**PLURAL**	**SINGULAR**	**PLURAL**
MASCULINE	**el** libro	**los** libros	**un** concepto	**unos** conceptos
FEMININE	**la** clase	**las** clases	**una** idea	**unas** ideas

Just as in English, Spanish has two types of articles, which in turn are a type of limiting adjective. As such, articles must always agree in number and gender with the noun they modify. Articles always precede the noun they modify. The **definite articles** correspond to the English *the*. The **indefinite articles** correspond to the English *a, an,* and *some*.

2. Use of definite articles

Spanish tends to use the definite article more often than English does. There are many rules, patterns, exceptions, and quirks in the uses of the definite article. The explanation here covers the more prominent rules and patterns.

Use the definite article in the following situations:

a. In most cases when a definite article is required in an English sentence, you will also use the definite article in Spanish. Other rules listed below highlight the differences in Spanish and English usage.

Es una clase buena ¡pero **los** libros son tan caros!
It's a good class, but the books are so expensive!

¿Qué te pareció **la** película?
What did you think of the film?

b. when talking about a noun in a general sense

El vino es bueno para la salud. *Wine is good for* (*your*) *health.*

La vida es bella. *Life is beautiful.*

c. with **gustar** and similar verbs (this is really an extension of rule b)

Me gustan **los** perros, pero **los** gatos me fastidian.
I like dogs, but cats annoy me.

Práctica C-1. ¿Definido, indefinido o ninguno? Select the article that best completes each sentence.

1. ¡Tengo prisa! Son casi (**las / unas / x**) 6:00 de la tarde.
2. A mi amiga le gusta mucho (**el / un / x**) chocolate.
3. Mi amigo Nelson es (**la / una / x**) persona amable.
4. (**La / Una / x**) profesora Echeverría enseña tres cursos.
5. Todos esos profesores enseñan (**el / un / x**) español.
6. Estoy tomando muchas clases y necesito (**la / una / x**) mochila muy grande.
7. La madre de Alfonso es (**la / una / x**) abogada.
8. Somos vegetarianos, no comemos (**la / una / x**) carne.
9. (**Las / Unas / x**) frutas y verduras son buenas para la salud.
10. En esta universidad (**los / unos / x**) estudiantes son excelentes, otros son regulares.
11. Bueno, hasta pronto. Nos vemos (**el / un / x**) lunes.
12. No soy (**el / un / x**) hispanohablante, pero me encanta la lengua.

d. often when talking about days of the week/dates, especially when saying what you have to do *on* particular days; almost always, when referring to time

Trabajo **el** lunes, pero no **el** sábado.	*I work on Monday, but not Saturday.*
Tengo clase **los** martes y jueves.	*I have class on Tuesdays and Thursdays.*
Hoy es **el** 15 de junio.	*Today's the 15th of June.*
but Hoy es viernes.	*Today's Friday.*
and Es miércoles, 20 de octubre.	*It's Wednesday, the 20 th of October.*
Son **las** 6:00. (almost always, with the hour)	*It's 6:00.*
but (*sometimes*) Hoy trabajo de 6:00 a 9:00.	*Today I work from 6:00 to 9:00.*
Eso fue en **el** 1998, ¿no?	*That happened in 1998, didn't it?*

e. often, talking about languages and fields of study

Las matemáticas son mi campo preferido.	*Math is my favorite area.*
El español es una lengua maravillosa.	*Spanish is a wonderful language.*
but Hablo español.	*I speak Spanish.*
and Enseña francés.	*She teaches French.*
and Estamos aprendiendo ruso.	*We're learning Russian.*

f. to talk *about* a person (not *to* them) when using any title

Veo a **la** profesora Hinojosa con frecuencia.	*I see Professor Hinojosa often.*
¿Cómo está **el** Sr. Cazares hoy?	*How is Mr. Cazares today?*
but ¿Cómo está Ud., Sr. Cazares?	*How are you, Mr. Cazares?*

3. Use and omission of indefinite articles
Generally, Spanish uses the indefinite article less frequently than English does. This explanation covers some of the most frequent patterns.

a. Use the indefinite article in these situations:

i. when you would use it in English, *if* the noun is modified by an adjective or a clause

Conozco a **un** hombre que habla japonés.	*I know a man who speaks Japanese.*
Tengo **unos** amigos tontos.	*I have some silly friends.*
Necesita **una** falda nueva.	*She needs a new skirt.*
Es **un** buen médico.	*He's a good doctor.*

ii. to emphasize certain things

Tengo **un** hambre de lobo.	*I'm really hungry (starving).*
Tienes **unos** ojos hermosos.	*Your eyes are beautiful.*
Es **un** encanto.	*He's a real sweetie.*

Práctica C-2. ¿Cómo se dice? How would you say these phrases and sentences in Spanish?

1. a hundred books
2. He's a serious student.
3. a half a sandwich
4. another idea
5. There's some beer in the fridge.
6. a thousand steps
7. a million people
8. Do I need a tie?
9. a great leader
10. He always wears a suit.
11. a certain problem
12. She's a doctor.

b. Omit the indefinite article in these situations.*

i. the noun is not modified

Es médico. — *He's a doctor.*

Lleva abrigo y botas. — *She's wearing a coat and boots.*

Mi tía es antropóloga. — *My aunt is an anthropologist.*

ii. when referring in a nonemphatic way to a nonspecific portion of a noun. Note that *some* may appear in the English equivalent.

¿Quieres uvas? — *Do you want (some) grapes?*

¿Compraste ropa? — *Did you buy (some) clothes?*

Tengo dinero. — *I have (some) money.*

iii. before the numbers **mil** and **cien(to)** and limiting adjectives like **medio/a, otro/a,** and **cierto/a** that do take indefinite articles in English*

Esos zapatos cuestan **mil** dólares, pero no los compraría por **cien.**
Those shoes cost a thousand dollars but I wouldn't buy them for a hundred.

Los muros miden un pie y **medio.** *The walls measure a foot and a half.*

4. Nominalization: *Article + adj.*

The articles can function as pronouns (that is, they can stand in for nouns) when combined with an adjective or adjective clause. This is equivalent to the use of *one* in English. Note that, in this structure, **un** will change to **uno.**

El auto azul es bonito, pero nos gusta más **el rojo.** ¿Podríamos comprar **uno verde**?
The blue car is nice, but we like the red one better. Could we buy a green one?

No quiere una moto usada: quiere **una nueva.**
He doesn't want a used motorcycle, he wants a new one.

Todos estos programas de televisión son deprimentes. Quiero ver **uno** que me haga reír.
These TV shows are all depressing. I want to see ***one*** *that will make me laugh.*

---

*There's a tendency to omit indefinite articles in proverbs.

Hijo de gata, caza ratones. — *Like father like son.* (lit., *The son of a cat catches mice.*)

The **Comparaciones culturales** features proverbs and sayings. Can you identify which ones omit the indefinite article?

D. Adverbs

1. Definition, placement, and use of adverbs

Adverbs are words that can modify or describe a verb, adjective, or another adverb. Often they describe *how, when,* or *where* an action occurs. Adverbs are placed close to the word they modify, and usually after the verb they modify. However, the placement of adverbs and adverbial phrases is relatively flexible. In Spanish, adverbs are invariable; that is, they do not agree in any way with the words they modify.

Here are some of the most common simple adverbs in Spanish. You'll notice that some of them may also function as adjectives.

ahora	**mal**	**mucho**	**pronto**	**tarde**
bien	**más**	**muy**	**sólo**	**temprano**
demasiado	**menos**	**poco**	**tanto**	**ya**

2. Formation of adverbs and adverbial phrases

There are several ways to form adverbs in Spanish. In compositions, it's good style to vary both structure and vocabulary, so be sure to give this a try.

a. *adj.* + ***-mente***. Take the singular, feminine form of an adjective, and attach **-mente**.

adecuada + mente ➔ adecuadamente

perfecta + mente ➔ perfectamente

lenta + mente ➔ lentamente

b. *preposition* + *noun*. Prepositions can be used with a noun to form adverbial phrases.

diariamente = a diario

rápidamente = con rapidez

frecuentemente = con frecuencia

tiernamente = con ternura

desafortunadamente = sin suerte

verdaderamente = de verdad, en verdad

c. *adj.* Quite frequently a Spanish adjective is used as an adverb. This usage is more accepted in Latin America than in Spain.

bonito (for **bien**)

fuerte (for **con fuerza**)

claro (for **claramente**)

rápido (for **rápidamente**)

directo (for **directamente**)

*Both *other* and *another* are translated as **otro/a** in Spanish.

Práctica D-1. Alternativas. Give another way to express each word or phrase in Spanish. Use a Spanish thesaurus if you need help.

1. tan pronto como pueda
2. sinceramente
3. indudablemente
4. con paciencia
5. donde quieras
6. tarde
7. lentamente
8. históricamente
9. bien
10. con dulzura

3. Adverbial clauses

An adverbial clause is one that describes how, when, or where an action occurs. The adverbial clause may be in the indicative or subjunctive mood, depending on the context. For example, the temporal (time-related) adverbial clause is in the indicative mood when the main clause refers to a completed or habitual action.

Siempre te llamo cuando **puedo.** — *I always call you when I can.*

When the main clause talks about a pending (future) action, the verb in the adverbial clause is in the subjunctive.

Te voy a llamar cuando **pueda.** — *I'll call you when(ever) I can.*

For conjunctions of manner, the key concepts are *known* versus *unknown* information and, therefore, habitual versus pending action.*

Los estudiantes recibieron sus instrucciones y escribieron el examen **como se les indicaba.**
The students received their instructions and wrote the exam ***as was indicated.*** (Here the students already knew what had been indicated.)

Los estudiantes llegaron nerviosos pero listos para trabajar **como el profesor les dijera.**
The students arrived nervous but ready to work ***as the professor might tell them / however the professor told them.*** (The students didn't know what the professor was going to tell them when they arrived.)

Here are some of the most common adverbial conjunctions.

CONJUNCTIONS OF TIME	CONJUNCTIONS OF MANNER
cuando	de manera que
en cuanto	de modo que
tan pronto como	donde
como	

*See **Taller III. C. 3.**

Práctica D-2. ¿Cuándo? Combine clauses and add information to create logical, original sentences.

MODELOS: **Compraré** una casa / un coche / cuando hay/haya...

Compraré un coche nuevo y bonito **cuando haya** dinero en mi cuenta corriente.

1. Voy a descansar / trabajar cuando tengo/tenga...
2. Pienso viajar / seguir cursos avanzados cuando puedo/pueda...
3. Siempre hablo con mi amigo / mamá cuando me gradúo/gradúe...
4. Generalmente necesito dinero / ayuda cuando estoy/esté...
5. Todos los días leo una novela / veo la televisión cuando es/sea...

VI. Prepositions

A. Prepositions and what they mean

Here is a list of the basic prepositions and their most frequent translations into English.

a	to (a place or person), at (a time)
con	with
contra	against
de	of, from
desde	since
durante	during
en	in, at (a place)
entre	between, among
hacia	toward
hasta	until (a time), to (a place) (in some dialects, when)
para	for, in order to, toward
por	because of, through, by
sin	without
sobre	about; over
tras	after, behind

Four notes about prepositions: Remember . . .

1. Spanish has many compound prepositions, like **después de** and **junto a.**
2. The only verb form that can follow a preposition is the infinitive.

   Me acuesto **después de estudiar** catorce horas seguidas.

3. Spanish has two contractions, **al** (**a** + **el**) and **del** (**de** + **el**).
4. **Con** has two special forms, **conmigo** and **contigo.**

FAQ Don't some of these words trigger the subjunctive?

No, and yes. In this form, as prepositions, they have nothing to do with the subjunctive. However, if you add **que,** they will become conjunctions, many of them associated with the subjunctive. (See **Taller III. C. 3.** for more review of this subjunctive use.)

***ALWAYS* followed by subjunctive**		***SOMETIMES* followed by subjunctive**	
antes de que	**en caso de que**	**cuando**	**tan pronto como**
a fin de que	**para que**	**mientras**	**hasta que**
a no ser que	**sin que**	**después de que**	**siempre que**
con tal de que		**en cuanto**	

Práctica A. No puedo jugar. In this paragraph, Miguel explains why he can't practice **fútbol** with his friend José. Translate the words in parentheses.

Mira, José, me gustaría ir _____ (*with you*)[1] _____ (*to the*)[2] parque. Tú sabes cómo me encanta el fútbol, pero hoy no puedo. Estoy muy ocupado todo el día; paso toda la mañana _____ (*in*)[3] clase, y luego tengo que estar _____ (*at*)[4] la tienda _____ (*at*)[5] la 1:00. Allí trabajo _____ (*until*)[6] las 9:00. De allí voy _____ (*to*)[7] la biblioteca… porque _____ (*after*)[8] trabajar, necesito estudiar _____ (*for*)[9] un examen. Siempre es igual. Si duermo _____ (*between*)[10] las 2:00 y las 7:00 de la mañana, tengo suerte; si duermo _____ (*until*)[11] las 8:00, es un milagro. ¡Claro que me gustaría trabajar menos!, pero _____ (*with*)[12] los estudios vienen gastos, y _____ (*without*)[13] trabajo no hay dinero. Estoy bastante estresado _____ (*because of*)[14] tanto trabajo, pero no hay remedio; la vida _____ (*of the*)[15] estudiante universitario no es fácil.

gramática

B. *Por* and *para*

These two prepositions aren't really all that much alike, although they can sometimes both express the English preposition *for*. The following chart might help you to develop a feel for how they work.

PARA	POR
■ in one's opinion or experience: **Para** mí, la película fue excelente. ■ an unexpected quality, with approximately the value of *in spite of* (*being*): **Para** (ser) un niño tan joven, Pepito lee muy bien.	■ agent in the passive voice: La mejor novela del mundo fue escrita **por** un español.
■ movement toward a place or in a direction: Vamos **para** las montañas.	■ movement through or along a place: Caminamos **por** la playa.
■ outside time limit (*by*): Tenemos que llegar **para** las 3:00 de la tarde.	■ approximate time: Pensamos llegar allí **por** las 5:00 de la tarde. ■ May indicate duration: Vivimos en Oaxaca (**por**) seis meses.
■ recipient: Profesor, estos trabajos son **para** Ud. ■ occasion of a gift: Me los dieron **para** mi cumpleaños.	■ any sort of exchange: Te pago cinco dólares **por** ese libro, o si prefieres te doy este CD **por** él. ■ occasion of a gift (*because of*): Me los dieron **por** mi cumpleaños.
■ goal: Miguel estudia **para** (hacerse) abogado.	■ motive: Mamá lo hace todo **por** sus hijos, **por** su futuro.
■ with infinitive or noun, expresses purpose (*in order to or for*): Voy a la tienda **para** comprar fruta. Es una jarra **para** agua.	■ without infinitive, expresses the object of an errand: Voy a la tienda **por** fruta.
■ With **trabajar,** identifies the employer: Trabajo **para** una empresa multinacional.	■ with **trabajar,** expresses a cause: Trabajan **por** los derechos humanos. ■ with a noun or adjective, expresses why something happens (*due to*): Cancelaron el partido **por** la lluvia. Despidieron a Jiménez **por** (ser) perezoso.

Práctica B. ¡A José le gusta el fútbol! This paragraph describes how very much José likes **fútbol.** Indicate the correct word.

A José le gusta ir al parque todos los días **(para / por)**[1] jugar al fútbol. Le encanta el fútbol, no sólo **(para / por)**[2] ser un deporte excelente, sino también **(para / por)**[3] el ejercicio y el compañerismo que le brinda.[a] **(Para / Por)**[4] entrenarse, José corre mucho y practica con el balón por lo menos tres o cuatro veces a la semana. **(Para / Por)**[5] estar en buenas condiciones físicas, José casi siempre se siente bien y tiene mucha energía. **(Para / Por)**[6] eso va a seguir jugando mucho y quiere que sus amigos también practiquen el fútbol.

(Para / Por)[7] el fútbol, en realidad, ha conocido a todos sus mejores amigos. ¿Adivina qué quiere José **(para / por)**[8] su cumpleaños? Exacto, equipo **(para / por)**[9] jugar al fútbol y unos libros sobre futbolistas famosos. **(Para / Por)**[10] José, no hay mejor deporte que el fútbol, y esta opinión es compartida por muchos hispanos.

[a]le… *it gives him*

C. Verbs that need prepositions (and some that don't)

A preposition follows many Spanish verbs used before an infinitive or a noun. Here's a partial list of such verb + preposition combinations.

1. Verbs with *a* + *inf.* or *noun*

acercarse a to approach
acertar a to manage to
acostumbrarse a to be/get used to
alcanzar a to manage to
animar a to encourage to
aprender a to learn to
atreverse a to dare to
ayudar a to help
bajar a to go down to
comenzar a to begin to
comprometerse a to undertake to
conducir a to lead to
contribuir a to contribute to
convidar a to invite to
decidirse a to decide to
dedicarse a to devote oneself to
desafiar a to challenge to
disponerse a to get ready to
echar(se) a to begin to
empezar a to begin to
enseñar a to teach to, show how to
forzar a to force to
impulsar a to urge to
incitar a to incite to
inclinarse a to be/feel inclined to
invitar a to invite to
ir a to be going to
limitarse a to limit oneself to
llegar a to manage to, succeed in, end up
llegar a ser to become
llevar a to lead to
mandar a to send to
meterse a to get started on
negarse a to refuse to
obligar a to force, compel to
pasar a to go on to
persuadir a to persuade to
ponerse a to begin to, set about
prepararse a to get ready to
renunciar a to renounce
resignarse a to resign oneself to
resistirse a to resist
tender a to tend to
volver a to (*do something*) again

Los tres amigos se ponen a estudiar.

Práctica C. Las clases. Miguel and José's friend Rosita talks about her studies and theirs. Complete each sentence with a preposition (**a, con, de,** or **en**), or indicate if no preposition is needed (-).

1. Me alegro mucho ___ que Miguel, José y yo asistamos a la misma universidad.
2. Los tres somos estudiosos y procuramos ___ aprender mucho y sacar buenas notas.
3. También sabemos que podemos contar ___ nuestros compañeros de clase, pues todos nos ayudamos mucho.
4. Para mí, un día típico consiste ___ ayudar a mi mamá con mis hermanitos, asistir a clases y estudiar con los amigos.
5. Es verdad que charlamos un rato antes de empezar ___ estudiar, pero una vez que nos metemos ___ trabajar, nos olvidamos de lo demás.
6. Bueno, la verdad: José no estudia hasta muy tarde porque teme ___ cansarse demasiado para jugar al fútbol el próximo día.

2. Verbs with *con* + *inf.* or *noun*

amenazar con to threaten to
casarse con to get married to
comenzar con/por to begin with/by
contar con to count/rely on
contentarse con to be satisfied with
contribuir con to contribute toward, help with (*something*)
preocuparse con to be concerned with
soñar con to dream about
tener que ver con to concern, have to do with

José **cuenta con** sus compañeros de equipo. José y sus compañeros **sueñan con** ganar el campeonato.

3. Verbs with *de* + *inf.* or *noun*

acabar de to have just (*done something*)
acordarse de to remember to
acusar de to accuse of
alegrarse de to be happy, pleased to
arrepentirse de to regret
avergonzarse de to be ashamed of
cansarse de to tire (get tired) of
cesar de to stop
constar de to consist of
cuidar de to take care, be careful to
dejar de to stop; to fail to
disuadir de to dissuade from
encargarse de to take charge of
enamorarse de to fall in love with
guardarse de to take care, be careful not to
hartarse de to be fed up with
hartarse de to be fed up with
jactarse de to boast about
olvidarse de to forget to
parar de to stop
pensar de to have an opinion about
preocuparse de to be concerned about
presumir de to boast about
quejarse de to complain about
terminar de to stop
tratar de to try to

4. Verbs with *en* + *inf.* or *noun*

confiar en to trust in
consistir en to consist of
insistir en to insist on
obstinarse en to insist on
pensar en to think of, about, to have (*someone or something*) on one's mind
persistir en to persist in
porfiar en to insist on
quedar en to agree to, on

8. Pero no nos cansamos ______ ayudarlo, porque es muy buen chico.
9. Esta tarde, por ejemplo, todos quedamos ______ vernos en la biblioteca a las 6:00 de la tarde —excepto Miguel, que trabaja hasta las 9:00.
10. Obviamente, no somos iguales; soñamos ______ alcanzar diferentes metas.
11. Claro que José presume ______ su atletismo, pero no piensa jugar como profesional: quiere hacerse veterinario.
12. El año pasado Miguel decidió ______ estudiar ingeniería, pero yo no sé todavía qué quiero hacer.

5. **Verbs with *para* + *inf.* or *noun***

Note: Buscar and **pedir** are *not* in this list!

estar para to be about to (*do something*) (**estar *por*** in some dialects)
prepararse para to prepare (*oneself*) to / for
salir para to leave for, to be going to (*destination*)

6. **Verbs with *por* + *inf.* or *noun***

Note: Buscar and **pedir** are *not* in this list either!

afanarse por to strive to
apurarse por to strive to
comenzar por/con to begin with/by
disculparse por to apologize for
esforzarse por to struggle to
estar por to be in favor of

Estoy por trabajar los lunes *I'm in favor of working on Mondays.*

to be, yet to be, completed

Los platos **están por** fregar. *The dishes are yet to be done.*

ir por to go for, to go get, to fetch
luchar por to struggle for
optar por to opt for
preocuparse por to worry about
votar por to vote for

7. **Verbs with no preposition before an *infinitive* or *noun***

Note: Buscar and **pedir** *are* in this list!

agradecer to be grateful for
apagar to turn off
buscar to look for
caerse to fall down
calentar to heat up
colgar to hang up
conocer to be acquainted with
cortar to cut off
entregar to hand over, turn in
escuchar to listen to
esperar to hope to, to wait
impedir to prevent from, impede
lograr to manage to, succeed in
mirar to look at
pagar to pay for
pedir to ask to/for
prohibir to prohibit from
quitar to take off
sacar to take out
salir to go out
sentir to regret, be sorry about

VII. Idiomatic Uses

A. *Tener* expressions

The verb **tener** is often used idiomatically. In other words, it's common that the English equivalent of **tener** is not *to have*.

1. *Tener* expressions that mean *to be + adj.*

tener + *number* + **años** to be (*number*) years old

tener calor to be/feel hot

tener frío to be/feel cold

tener hambre to be/feel hungry

tener mal genio, tener malas pulgas to be irritable, ill-tempered

tener miedo to be afraid

tener prisa to be in a hurry

(no) tener razón to be right (wrong) (*about something*)

tener sed to be/feel thirsty

tener sueño to be/feel sleepy

2. Other *tener* expressions that don't always mean *to have*

tener + *physical feature* + *adj.* to have/be (trait)

Tengo los ojos verdes. I have green eyes.

tener que + *inf.* to have to (*do something*)

tener cara de + *adj./noun* to look (*adj.*) / to look like (*noun*)

Tienes cara de tristeza. You look sad.

tener mucha cara to have a lot of nerve, be tactless

tener ganas de + *inf.* to feel like (*doing something*), to want to (*do something*)

no tener pelos en la lengua to say what one thinks (*often undiplomatically*)

B. *Hacer* expressions

Hacer is used in several idiomatic expressions, so it frequently has a different English equivalent from its literal translation of *to do, make*.

1. *Hacer* time expressions

hace + *time* + **que** + *present* to have been doing (*something*) for (*time period*)

Hace dos años que viven aquí. *They have been living here for two years.*

Viven aquí desde hace dos años. (*alternate structure, omitting* **que**)

Práctica A. Emparejar. Match these phrases logically.

1. _____ Tengo frío.
2. _____ Tengo ganas de ir al cine.
3. _____ Tengo el pelo y los ojos castaños.
4. _____ Tengo prisa.
5. _____ Tengo sueño.
6. _____ Tengo 60 años.
7. _____ No tengo pelos en la lengua.

a. No soy lo que se dice joven.
b. Quiero acostarme.
c. Digo lo que pienso sin vacilar.
d. Soy moreno.
e. Quiero ver la nueva película de Almodóvar.
f. Tengo que irme ahora mismo.
g. Voy a ponerme un suéter.

hace + *time* + **que** + *preterite* to have done (*something*) (*time period*) ago

Hace tres años que se casaron. *They got married three years ago.*

Se casaron hace tres años. (*alternate structure, omitting* **que**)

hacía + *time* + **que** + *imperfect* had been doing (*something*) for (*time period*) (*usually prior to doing something else in the past*)

Hacía seis meses que estudiaban español antes de viajar a México.
They had been studying Spanish for six months before traveling to Mexico.

2. **Other idiomatic expressions with *hacer***

hacer (**mucho**) **sol / calor / fresco /** *and so on* to be (very) sunny / hot / cool (weather)

Hace mucho viento. *It's very windy.*

hacerse + *noun* (*with people as verb subject*) to become (*something*) (*through effort*)

Después de años de estudios, **yo me hice profesora.**
After studying for years, I became a teacher.

hacerse + *adj.* (*impersonal verb subject*) to get/become (*a condition*)

Se hace tarde para empezar el examen.
It's getting late to start the test.

No le hace... It doesn't matter / It has no bearing (*on something*)

Se me hace (que)... It seems to me (that) . . .

Se me hace que estás de mal humor. *It seems to me that you're in a bad mood.*

hacerse el + *adj.* to act (*adj.*)

No **te hagas** el tonto. *Don't act dumb.*

hacérsele agua la boca to make one's mouth water
hacer acto de presencia to put in an appearance
hacer la cama to make the bed
hacer el equipaje, la maleta to pack the luggage, the suitcase
hacer una excursión to go on a trip, outing, tour
hacer una fiesta to have/give a party
hacer las paces to make up, make peace (after an argument)
hacer una pregunta to ask a question
hacer puente to take a long weekend
hacer la tarea to do homework / a task
hacer un viaje to take a trip

Práctica B-1. Emparejar. Match these phrases logically.

1. _____ hace puente
2. _____ hace un viaje
3. _____ hace muchos años
4. _____ hace calor
5. _____ se le hace agua la boca
6. _____ hace la cama
7. _____ hace las paces con ella
8. _____ se le hace difícil

a. arregla su cuarto
b. no lo entiende
c. ¡comida rica!
d. le pide perdón
e. cuando era joven
f. ¡tres días de libertad!
g. es verano
h. va en avión

Práctica B-2. Preguntas con *hacer*

1. Hablando de carreras, ¿qué quieres hacerte en el futuro?
2. ¿Cuánto tiempo hace que estudias español?
3. ¿Qué te gusta hacer cuando hace frío?
4. ¿Haces la cama todos los días?
5. Si vas a hacer una fiesta, ¿qué tienes que hacer?
6. ¿Qué cursos se te hacen más difíciles?
7. ¿Qué tienes que hacer antes de hacer un viaje?
8. Entre tus amigos ¿te haces el payaso (*clown*)?

C. Expressions with *dar, echar, llevar,* and *salir*

1. **Dar** means *to give,* but many idiomatic expressions use this common verb.

   ¡dale! hit it! (*as a piñata*); go for it!

   dar en el clavo to hit the nail on the head

   me da igual, me da lo mismo It's all the same to me

   darle calabazas to reject (*someone's amorous proposal*), to turn (*someone*) down; to stand (*someone*) up

   darle frío (calor /hambre/sed) a uno to get cold (hot/hungry/thirsty)

   dar una vuelta / un paseo to take a walk

   dar a luz to give birth

¡Dale! ¡Dale!

2. **Echar** alone means to *throw* or *toss,* but this meaning is not obvious when you look at the idiomatic expressions that use it.

   echarse a + *inf.* to start (*doing something*)

   echar la casa por la ventana to go overboard

   echarle (echarse) flores to flatter (*someone* [*oneself*])

   echarle la mano to lend a hand to (*someone*)

   echar una siesta to take a nap

   echarse un trago to have a drink (*alcoholic*)

   echar las tripas to vomit violently

¿Echas una siesta entre las clases?

Práctica C-1. ¿Qué significan? Explain in Spanish the meaning of six of these idiomatic phrases.

MODELO: salir bien → *tener buenos resultados, sacar buena nota*

1. dar en el clavo
2. darle calabazas a uno
3. darle igual a uno
4. echarle la mano
5. echarle flores a uno
6. echarse un trago
7. llevarse mal
8. llevo dos años estudiando español
9. salir adelante

3. **Llevar** has many different uses by itself and in expressions.

llevar to wear; to carry; to bring; to give (*someone*) a ride
llevarse to take away, to carry off
llevarse bien/mal con to get along well/badly with (*someone*)
llevar + *time* + *gerund* to have been doing (*verb*) for (*time period*)
llevar a to lead to
llevarle + *number* + **años a alguien** to be (number of) years older than someone

Mi gata y mi perro no se llevan bien.

¿R? **Salir** is a **yo-go** verb. In the present indicative, the *yo* form is **salgo.** What does that mean about the present subjunctive forms?

4. **Salir** alone means *to leave* or *to go out*, and frequently is used with **con** (*to go out with*), **de** (*to leave a place*), or **para** (*to leave for a destination*).

salir bien/mal to turn out well/poorly
salir adelante to get ahead, to be successful in spite of difficulties
salirse con la suya to get one's own way

Hoy, todo me sale mal.

Práctica C-2. ¿Cómo respondió? Match each statement with the most logical response.

1. _____ —Voy al hospital para visitar a Elena y al recién nacido.
2. _____ —El profesor no quiso posponer el examen una semana.
3. _____ —Carmen cumple 30 años mañana.
4. _____ —Nosotros vamos al Bar Girasol. ¿Vienes?
5. _____ —¿Dónde está Antonia?

a. —Me da igual. Estoy lista.
b. —¡Ay, le llevo cinco años!
c. —Ni idea. Me dio calabazas.
d. —¿Ya dio a luz?
e. —Buena idea. Tengo ganas de echarme un trago después de ese examen.

D. *Saber* and *conocer*

Saber and **conocer** both mean *to know*.

1. Use **conocer** to express the following.

a. *to know a person*

Conoces a Bob, pero no **conoces** a toda su familia.

b. *to be familiar with a place or object*

Conozco la ciudad muy bien, pero no **conozco** este hotel grande.

Conocer also means *to meet somebody for the first time.*

Estoy emocionada porque acabo de **conocer al** ex-Presidente Clinton.

FAQ In the examples for **conocer,** sometimes there's an **a** and sometimes there isn't. Why?

That's the personal **a,** and it's used only when the direct object is a person or pet. This is true for all verbs, by the way, not only **conocer.** There's nothing like this in English.

Busco **a** mis amigos.	*but*	Busco unos libros.
Escuchamos **al** profesor.	*but*	Escuchamos música latina.

2. Use **saber** to talk about the following kinds of knowledge.

a. *to know* (*how to do something*): **saber** + *inf.*

¿No **saben** Uds. **preparar** el plato nacional de México, chiles en nogada?

b. *to know a language, to know factual information* (that can be memorized)

Sé todos los números de teléfono de mis amigos, pero no **sé** la lista de vocabulario.

c. *to know information about somebody or something* (often explained in a dependent clause)

No **sé** dónde vive Ángela, pero **sé** que compró una casa en este barrio.

Note: Unlike **saber,** you can't use **conocer** before an infinitive or any dependent clause.

3. Three notes about *saber*

a. In Spanish you'll often use **saber** where you would use *can* in English.

No **sé** leer.	*I can't read.*
¿**Sabes** tocar la guitarra?	*Can you play the guitar?*

Práctica D. *¿Saber* o *conocer*? Select the best word to complete each sentence.

1. El profesor Solís (**conoce / sabe**) inglés, español y portugués.
2. Naturalmente, él (**conoce / sabe**) varios países hispanos.
3. También (**conoce / sabe**) mucho de esas culturas.
4. Le gusta viajar y quiere (**conocer / saber**) más ciudades y pueblos.
5. Los estudiantes que (**conocen / saben**) al profesor Solís, lo quieren mucho.
6. Lo admiran porque él (**conoce / sabe**) enseñar bien las lenguas.
7. Además, él cocina para sus estudiantes, para que (**conozcan / sepan**) algunas comidas latinas.
8. Entonces, sus estudiantes aprenden lenguas y también a qué (**conocen / saben**) el mole, las empanadas y la *feijoada* brasileña.

FAQ Doesn't **probar** mean *to taste*? Yes, but not *to taste like.*

Prueba esto. ¿Debo echarle sal? *Taste this. Should I put more salt in it?*

b. Saber can also mean *to taste, to have a particular flavor.*

¿**Sabe** bien el postre?	*Does the dessert taste good?*
Esta salsa **sabe** a cebolla.	*This sauce tastes like/of onion.*

c. In the preterite, **saber** means *found out.**

Estoy muy contenta porque ayer **supe** que mi familia viene a visitarme pronto.

FAQ In the example here it says **Esta salsa sabe *a* cebolla.** But an onion isn't a person or a pet. ¿Qué pasa? Good observation. This **a** is not a personal **a,** but simply the preposition that goes with **saber** to express the idea of tasting *like* something.

E. Affirmative, indefinite, and negative words

Here are some affirmative, indefinite, and negative words that you probably have seen and used before.

AFFIRMATIVE	INDEFINITE	NEGATIVE
todo	**algo**	**nada**
todos, todo el mundo	**alguien**	**nadie**
todo, toda	**algún, alguna**	**ningún, ninguna**
siempre, todo el tiempo	**a veces**	**nunca, jamás**

Although the following affirmative words don't have indefinite counterparts, they do have negative counterparts.

con ≠ sin **o ≠ ni** **también ≠ tampoco**

Remember that Spanish requires a double negative in many cases. If you start a sentence with a negative word like **nunca,** then you don't need to double the negative; but if **nunca** or another negative word comes after the verb, then you should have a **no** before the verb.

Nunca almuerzo en casa.	**Nadie** me quiere.
No almuerzo en casa **nunca.**	**No** me quiere **nadie.**

F. Comparing and contrasting

1. Unequal comparisons: *Más/Menos… que*

a. To compare and contrast things or people that are somehow unequal, use **más/menos que.**

Soy **más** guapo **que** mi hermano y tengo **más** amigos **que** él; pero yo trabajo **menos que** él y gano **menos** dinero **que** él.
I'm more handsome than my brother and I have more friends than he does, but I work less and earn less money than he does.

*See **Taller III. B. 6.**

Práctica E. Oraciones. Select the best word to complete each sentence.

1. Yo (**siempre / todo**) estudio en la biblioteca, pero mis amigos prefieren estudiar en su cuarto.
2. Con las distracciones que tengo en mi cuarto, si trato de estudiar allí, no aprendo (**nada / nadie**).
3. En cambio, mi amigo Héctor (**ningún / nunca**) va a la biblioteca porque no puede con el silencio.
4. Si necesita buscar (**algo / algún**), como una fecha o título exacto, lo busca en el Internet en su computadora portátil.
5. Yo no puedo hacer eso, porque en el Internet (**tampoco / todo**) me parece interesante y relevante y termino navegando la red durante horas.
6. La que tiene mucha suerte es Leti, es tan inteligente que no tiene que prepararse para (**jamás / ninguna**) de sus clases. ¡Qué envidia le tengo!

gramática

b. Remember that there are a few irregular comparative forms: **mejor, peor, mayor,** and **menor.**

Mi hermano es **mayor que** yo. *My brother is older than I (am).*

c. Two notes on **más/menos que**:

i. Change the **que** to **de** when followed by a number.

En mi clase hay **menos de** veinte estudiantes. *There are less than twenty students in my class.*

ii. Change **que** to **de lo que, del que de la que, de los/las** when you compare two clauses with different verbs.

Vino **menos** gente **de la que** invitamos. (***la*** *agrees with* ***gente***)
Less people came than we invited.

Tengo **más** muebles **de los que** necesito. (***los*** *agrees with* ***muebles***)
I have more furniture than I need.

d. You can also use the words **distinto/a** and **diferente** in expressing contrasts. **Distinto/a** always means *different*, but **diferente** changes in meaning depending on its placement.

Hilda tiene ideas muy **diferentes.** *Hilda has very different ideas.*

Tenemos **diferentes** ideas para resolver el problema. *We have several ideas to solve the problem.*

2. Equal comparisons: *Tan/Tanto/a(s)… como*

a. To compare things and people that are somehow equal, use **tan** (**tanto, tanta, tantos, tantas**)… **como.**

i. Use **tan… como** with adjectives and adverbs.

¿Son los gatos **tan** *inteligentes* **como** los perros?
Are cats as intelligent as dogs?

ii. Use **tanto como** with verbs.

Los gatos *no comen* **tanto como** los perros.
Cats don't eat as much as dogs.

iii. Use **tanto, tanta, tantos,** and **tantas** with nouns.

Tengo **tanto** trabajo **como** tú, pero no tengo **tantas** personas para ayudarme.
I have as much work as you, but I don't have as many people to help me.

Mamá no tiene **tanta** paciencia **como** tía Carmen. Es lástima, porque mamá sí tiene **tantos** hijos **como** ella.
Mom doesn't have as much patience as Aunt Carmen. It's a shame because mom does have as many children as she does.

Práctica F. ¿Cómo es tu familia? Select the correct word to make each sentence true for you.

1. Tengo (**más / menos**) primos que hermanos.
2. Mi papá es (**mayor / menor**) que mi mamá.
3. Para mí, vivir con la familia es (**mejor / peor**) que tener mi propio apartamento.
4. En nuestra casa, hay (**más / menos**) hijos que mascotas.
5. Dos perros son (**más / menos**) de los que queremos.
6. Mi cuarto es (**grande / pequeño**) y tengo (**más / menos**) cosas de las que necesito.
7. Mi mamá es (**más amable que / tan amable como**) __________.
8. Quiero a mi abuela (**más que / menos que / tanto como**) a mi abuelo.

b. You can also use the words **igual** and **el/la mismo/a** to make comparisons.

i. Igual usually means *similar.*

Roberto y Julián son hermanos, pero no son **iguales.** (No son similares, no son parecidos.)
Roberto and Julián are brothers but they are not the same.

Igual que mis padres, tengo el pelo castaño y los ojos azules.
Like (Similar to) my parents, I have brown hair and blue eyes.

ii. El/La mismo/a usually means *same.* Be sure to place it before the noun.

Tienen **el mismo** apellido, pero no son hermanos ni primos.
They have the same last name, but they are not brothers nor cousins.

Como tenemos **las mismas** metas, vamos a trabajar juntos.
Since we have the same goals, we're going to work together.

G. *Gustar* and *gustar*-type verbs

1. The verb *gustar*

Idiomatically, the verb **gustar** is the closest thing in Spanish to express the English verb *to like*, but its literal meaning is more along the lines of the verb *to please.* You *cannot* use **gustar** like other verbs such as **hablar.** Remembering that **gustar** may be translated literally as *to please* could help you avoid common student errors such as **Me gusto español** (*I am pleasing to myself Spanish*) when you're really trying to say *I like Spanish* (lit., *Spanish is pleasing to me*) or **Me gusta el español.** Here is a common structure for **gustar** use.

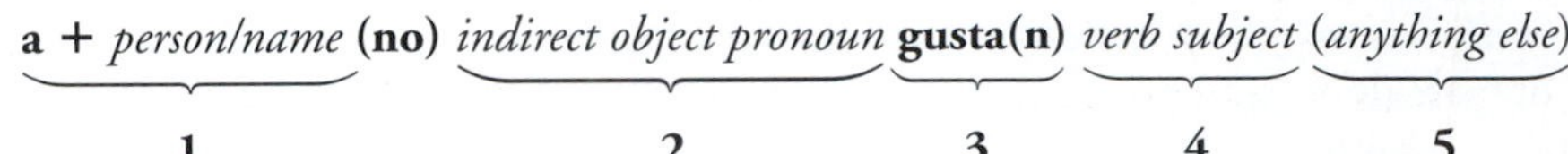

a + person/name (no) indirect object pronoun gusta(n) verb subject (anything else)

1 2 3 4 5

You'll sometimes see elements 1 and 4 in other positions. All five elements of this structure do not have to be present, as shown in the following three examples.

A ellos **les gusta** comer y estudiar a las 2:00 de la mañana. (1–5)
They like to eat and study at 2:00 in the morning. (lit., *Eating and studying at 2:00 in the morning is pleasing to them.*)

No **nos gustan** las flores azules. (2–4)
We do not like blue flowers. (lit., *Blue flowers are not pleasing to us.*)

Te gusta. (2, 3)
You like it. (lit., *It is pleasing to you.*)

Práctica G. Oraciones. Write original sentences based on the cues, and give the English equivalent for each.

MODELOS: (yo) / gustar / deportes → *Me gustan los deportes.*

Adolfo y Elvia / no / quedar / un dólar → *A Adolfo y a Elvia no les queda un dólar.*

1. (yo) / gustar / cine hispano
2. Memo / fastidiar / películas tontas
3. (nosotros) / no / aburrir / ópera
4. (nosotros) / fascinar / arte abstracto
5. ¿(tú) / interesar / literatura?
6. ¿(tú) / gustar / poemas o cuentos?
7. ella / parecer interesante / arquitectura colonial
8. los niños / no / encantar / catedrales góticas

2. Notes on elements of the *gustar* structure

Element 1: *A* + person/name. This phrase clarifies to whom **le** or **les** refers. In the first example, **les** could have been referring to *you* (plural). When a name or a title is included, it's necessary to use Element 1.

> **A Marisol** le gustan…

When using the other indirect object pronouns **me, te, nos,** or **os,** you would only use the corresponding **a mí/ti/nosotros/vosotros** for emphasis and/or contrast.

> Pues, **a ti** te gustan los coches rojos, pero **a mí** me gustan los negros.

Element 2: The indirect object pronoun (*me, te, le, nos, os, les*). The indirect object pronoun needs to be there if you want to say *who* likes something. Otherwise, you'll just be indicating that something *is pleasing* without saying *to whom* it's pleasing.

FAQ Well, how about using **lo** or **la** with **gustar**?
No! Stop! *Don't do it!* Use only indirect object pronouns with **gustar** and verbs that work like **gustar.**

> Me gusta = I like it
> Le encanta = He really likes it
> Les fascina = They love it

Element 3: *Gusta(n).* Generally use just these two third-person forms of **gustar.** If you use the **yo** form, **gusto,** you'll be saying *I please*; **tú** form, **gustas,** *you please*; **nosotros** form, **gustamos,** *we please*. Most of the time, that's *probably not* what you're trying say, right?

Element 4: Verb subject. With **gustar,** verb subjects *can* appear before the optional **no** and the indirect object pronoun, but that's not usually the case. The verb subject is almost always third-person singular or plural. If one or more infinitives, as in the first model sentence (p. 386), are the subject, **gustar** will always be conjugated in third-person singular. If the verb subject is two separate words or a plural noun, as in the second example, the verb is plural: **gustan.** Note that in the third model sentence, there is no written verb subject. That's because the subject is *it*, and in Spanish, there's almost never a written word for *it* as a verb subject. Remember how to say *It is possible* in Spanish: **Es posible**—no word for *it.*

Element 5: Anything else. There may or may not be words after the verb subject.

FAQ I've heard you have to be careful with **gustar** when you talk about liking people. Why?
Yes, caution is advised. **Gustar** often has a sexual connotation, so if you say **Me gustas** at the wrong time or to the wrong person, you may get an angry response. **Caer(le) bien** carries no sexual connotation, so this is a good way to say you like a person.

> **Me caes bien.** *I like you.*
>
> **Me cae bien tu hermana.** *I like your sister.*
>
> **¿Les caigo bien?** *Do they like me?*

3. Other *gustar*-type verbs

The following verbs can also be used like **gustar.**

aburrirle (a uno) to be boring (*to someone*)

agradarle (a uno) to be pleasing (*to someone*) (generally synonymous with **gustar**)

caerle bien/mal (a uno) to like/dislike (*someone*); to make a good/bad impression (*on someone*)

dolerle (a uno) to hurt (to be aching)

—¿**Te duelen** los pies?	*Do your feet hurt?*
—No, **me duele** la cabeza.	*No, my head hurts.*

encantarle (a uno) to love, be enchanting (*to someone*)

Nos encanta esa canción.	*We love that song.*

fascinarle (a uno) to love, be fascinating (*to someone*)

Le fascina la cocina hindú.	*He loves Indian cooking.*

fastidiarle (a uno) to bother, be annoying (*to someone*)

importarle (a uno)* to be important (*to someone*), to matter (*to someone*)

interesarle (a uno) to interest, be interesting (*to someone*)

irritarle (a uno) to be irritating (*to someone*)

molestarle (a uno) to bother, be annoying (*to someone*)

¡No **me molestes,** mosquito!	*Don't (you) bother me, mosquito!*

parecerle (a uno) to seem (*to someone*)

quedarle (a uno) to be left (over) (*to someone*)

—¿Cuánto dinero **te queda**?	*¿How much money do you have left?*
—**Me quedan** cinco dólares.	*I have five dollars.*

---

*A common way to say *I don't care* is **No me importa.**

Spanish-English Vocabulary

This Spanish-English Vocabulary contains all of the words that appear in the textbook, with the following exceptions: (1) most close or identical cognates that do not appear in the thematic vocabulary lists; (2) most conjugated verb forms; (3) most diminutives and augmentatives; (4) most adverbs ending in **-mente;** (5) days of the week, months of the year, and most numbers; (6) subject, object, reflexive, and demonstrative pronouns; (7) possessive and demonstrative adjectives; (8) glossed vocabulary from realia and authentic readings. Only meanings used in the text are given. Numbers following translations indicate the chapter in which that meaning of the word was presented as active vocabulary.

The letter **n** precedes **ñ** in alphabetical order.

The gender of nouns is indicated, except for masculine nouns ending in **-o** and feminine nouns ending in **-a.** Stem changes and spelling changes are indicated for verbs: **dormir (ue, u); llegar (gu); conocer (zc).**

The following abbreviations are used in this vocabulary.

abbrev.	abbreviation	*m.*	masculine
adj.	adjective	*Mex.*	Mexico
adv.	adverb	*n.*	noun
Arg.	Argentina	*obj.*	object
aux.	auxiliary	*p.p.*	past participle
Carib.	Caribbean	*pl.*	plural
coll.	colloquial	*prep.*	preposition
conj.	conjunction	*pron.*	pronoun
f.	feminine	*rel.*	relative
ger.	gerund	*s.*	singular
gram.	grammatical term	*Sp.*	Spain
inf.	infinitive	*sub.*	subject
inv.	invariable	*v.*	verb
irreg.	irregular		

A

a to; at; **a altas horas de la madrugada** in the wee hours of the morning; **a base de** on the basis of; **a cada rato** frequently; **a causa de** because of; **a continuación** following, next; **a crédito** on credit; **a diferencia de** unlike; **a favor de** in favor of; **a la parrilla** grilled (3); **a la plancha** grilled (3); **a mano** by hand; **a menudo** often; **a pasos agigantados** by leaps and bounds (5); **a pesar de** in spite of (5); **a pesar de que** although (5); **a pie** on foot (8); **a propósito** on purpose; **a su alrededor** nearby someone; **a tiempo** on time; **a tiempo completo/parcial** full- / part-time; **a través (de)** *adv.* through; **a veces** sometimes

abajo *adv.* below

abandonar to abandon

abandono abandonment, desertion (4)

abanico fan

abatido/a dejected

abogado/a lawyer

abono fertilizer (4); **abono orgánico** organic fertilizer, manure (4)

abordar to undertake

aborto abortion

abrazar (c) to hug; **abrazarse** to hug each other

abrelatas *m. s., pl.* can opener

abreviar to shorten

abrigar (gu) to protect, shelter (8)

abrir (*p.p.* **abierto**) to open; **abrirse a** to open onto

abrumador(a) overwhelming (5)

absoluto/a absolute

absorber to absorb

abstracto/a abstract

absurdo/a absurd

abuelo/a grandfather, grandmother; *pl.* grandparents

abundar to abound

aburguesamiento gentrification (6)

aburrido/a boring

aburrimiento boredom

aburrir to bore

abusar to abuse

abuso abuse
acá here
acabar to end; to finish, complete; **acabar de** + *inf.* to have just (*done something*) (2); **acabarse** to end; to finish; to run out
academia academy
académico/a academic; **año académico** school year (1); **expediente** (*m.*) **académico** student record, transcript (11); **gastos académicos** academic expenses (11)
acampar to camp
acantilado cliff
acaso *adv.* by chance
acceder (a) to access (9); to gain admittance (9)
acceso access
accidente *m.* accident
acción *f.* action
aceite *m.* oil (9); **aceite de aceituna** olive oil; **aceite de oliva** olive oil
aceituna olive; **aceite de aceituna** olive oil
acelerado/a accelerated, fast
acento accent
acentuado/a notable
aceptable acceptable
aceptación *f.* acceptance
aceptar to accept
acerca de about
acercamiento approach
acercarse (qu) (a) to approach
acertado/a correct, right
ácido acid
aclarar to clarify
acoger (j) to take in (5); to welcome (5)
acomodar to accommodate
acompañante *m., f.* companion
acompañar to accompany
aconsejar to advise
acontecimiento event, happening
acordarse (ue) (de) to remember
acortar to shorten
acostumbrarse (a) to get used to (11); to become accustomed (to)
actitud *f.* attitude
actividad *f.* activity; **actividad física** physical activity (9); **manual** (*m.*) **de actividades** workbook
activismo activism
activo/a active
acto act, action; **hacer** (*irreg.*) **acto de presencia** to be present; to put in an appearance; **salón** (*m.*) **de actos** assembly hall (1)
actor *m.* actor
actriz *f.* (*pl.* **actrices**) actress
actual current (2)
actualidad *f.* present (*time*)
actuar (actúo) to act, behave
acuático/a aquatic, water
acudir (a) to attend, go to (*a class, meeting*) (1); **acudir a un especialista** to see a specialist (*medical*)
acuerdo agreement; **acuerdo de paz** peace treaty (7); **(no) estar** (*irreg.*) **de acuerdo** to (dis)agree
acumular to accumulate
acunar to rock
acusación *f.* accusation
acusar to accuse
adaptación *f.* adaptation (2)
adaptar(se) to adapt, adjust (to)
adecuado/a adequate; correct
adelante *adv.* ahead
además besides; moreover; **además de** in addition to
adentro *adv.* inside; **mar** (*m.*) **adentro** offshore, out to sea, toward open sea
adicional additional
adinerado/a rich, wealthy
adivinar to guess
adjetival adjectival
adjetivo adjective
administración *f.* administration
administrar to manage; to administer
administrativo/a administrative
admiración *f.* admiration
admirar to admire
adolescencia adolescence
adolescente *n., adj. m., f.* adolescent
¿adónde? (to) where?
adondequiera *adv.* (to) wherever
adopción *f.* adoption
adoptar to adopt
adorar to adore
adquirido/a acquired; **síndrome** (*m.*) **de inmunodeficiencia adquirida (SIDA)** acquired immunodeficiency syndrome (AIDS)
adquirir (ie) to acquire (4); to purchase (4)
aduana *s.* customs (8)
adulto/a *n., adj.* adult
adverbio adverb
adverso/a adverse
advertir (ie, i) to warn
aéreo/a *adj.* air; **línea aérea** airline
aerolínea airline
afectar to affect (2)
aferrado/a (a) clinging (to)
afiche *m.* poster
afición *f.* liking
aficionar to take a liking to
afirmación *f.* statement
afirmar to declare; to state
afirmativo/a affirmative
aflicción *f.* affliction (10)
afligido/a afflicted (10)
afortunado/a lucky; fortunate
africano/a *n., adj.* African
afrodisíaco/a aphrodisiac
Afrodita Aphrodite
afroindígena Afro-indigenous
afuera *adv.* outside
afueras *f. pl.* suburbs; outskirts
agacharse to bend down
agarrar to take, grab
agarrotado/a stiff (8)
agencia agency; **agencia de primeros auxilios** relief agency (10); **agencia de viajes** travel agency; **agencia laboral** employment agency
agente *m., f.* agent
agigantado/a exaggerated; enlarged; **a pasos agigantados** by leaps and bounds (5)
agobiante overwhelming
agosto August
agotar to exhaust; to drain
agradable pleasant; agreeable
agradar to please
agradecido/a thankful; appreciative
agradecimiento thanks; appreciation
agravar(se) to worsen
agregar (gu) to add (3)
agrícola *inv.* agricultural (4); **terreno agrícola** agricultural field (4)
agricultor(a) farmer (4)
agricultura agriculture (4)
agrietado/a cracked
agrio/a sour (3)
agroturismo agrotourism (12)
agua *f.* (*but* **el agua**) water
aguantar(se) to bear, put up with, stand
agudo/a acute
ahí *adv.* there
ahijado/a godson, goddaughter; *pl.* godchildren
ahogar(se) (gu) to drown
ahora now; **ahora mismo** right now
ahorrar to save (*money*)
aire *m.* air; **al aire libre** outdoors, in the open air
aislado/a isolated
ajeno/a of another, belonging to someone else
ají *m.* chili pepper
ajillo: al ajillo cooked in garlic sauce
ajo garlic
ajustarse (a) to adjust (to)
al (*contraction of* **a** + **el**); to the; **al** + *inf.* upon, while, when + *verb form;* **al aire libre** outdoors, in the open air; **al ajillo** cooked in garlic sauce; **al año** per year; **al contrario** on the contrary; **al día** per day; **al fin y al cabo** after all, in the end; when all is said and done; **al gusto** to taste (3); **al horno** baked (3); **al otro lado de** on the other side of; **al principio** in the beginning; **al respecto** about the matter; **al vapor** steamed (3)
alargar (gu) to prolong, lengthen
alarmante alarming (2)
albano/a Albanian
alcanzar (c) to achieve (2); to reach (*a goal*) (2); to be enough (*money*)
alcoba bedroom
alcohólico/a alcoholic; **bebida alcohólica** alcoholic beverage

aldea village
alegrar to make happy; **alegrarse (de)** to be happy (about)
alegre happy
alegría happiness
alejar(se) to distance
alemán, alemana German
Alemania Germany
alfabético/a alphabetical
alfabetización *f.* literacy (2)
alfabeto alphabet
alfombra rug
algo *pron.* something; *adv.* somewhat
alguien *pron.* someone
algún, alguno/a *adj.* some; any; *pl.* some, a few; **alguna vez** sometime; **de alguna manera** in some way; **de algún modo** in some way
aligerar to speed up (11); to ease (11)
alimentación *f.* food (9); feeding (9)
alimentario/a food, alimentary (9)
alimenticio/a nutritious (9)
alimento food (9); **ingestión** (*f.*) **de alimentos** food intake (9)
alineado/a aligned; lined up
aliviar to relieve (10)
alivio relief
allá *adv.* there; **más allá de** beyond
allí *adv.* there
alma *f.* (*but* **el alma**) soul; **no conocer (zc) alma** to not know a soul, single person
almorzar (ue) (c) to have lunch
almuerzo lunch
alocución *f.* speech
alojamiento lodging
alojarse to lodge
alquilar to rent
alquiler *m.* rent
alrededor (de) *adv.* around; *n. m. pl.* surroundings; **a su alrededor** nearby someone
altar *m.* altar
alternar to alternate
alternativo/a alternative
alto/a tall; high; upper; **a altas horas de la madrugada** in the wee hours of the morning; **clase** (*f.*) **alta** upper class; **en voz alta** aloud
alumnado student body (1)
alumno/a (a tiempo completo/parcial) (full- /part-time) student (1)
alusión *f.* allusion
alzarse (c) to rise up
amable amiable, pleasant; kind
amado/a lover
amanecer (zc) *m.* to dawn
amar to love
amargo/a bitter
amarillo/a yellow
amasar to knead, mix (3)
amatorio/a *adj.* love
ambiente *m.* surroundings; ambience; atmosphere; **medio ambiente** environment
ambos/as *pl.* both
ambulante traveling; walking; **vendedor(a) ambulante** street vendor
ambulatorio outpatient clinic (9)
amenaza threat (7)
amenazar (c) to threaten (7)
América Latina Latin America
americanizado/a Americanized
americano/a American; **Organización de Estados Americanos (OEA)** Organization of American States (OAS)
amigablemente amicably, in a friendly way
amigo/a friend
amistad *f.* friendship
amor *m.* love
amoroso/a amorous, loving
amparar to protect (8); to support (8)
analfabetismo illiteracy (2)
analfabeto/a illiterate (2)
análisis *m. s., pl.* analysis, analyses
analítico/a analytical
analizar (c) to analyze
anarquista *m., f.* anarchist (7)
anciano/a old; *n.* elderly person; *adj.* old; **asilo de ancianos** nursing home (5); **hogar** (*m.*) **de ancianos** nursing home; **residencia de ancianos** nursing home
andar *irreg.* to walk
andino/a Andean, of or pertaining to the Andes Mountains
anestesia anesthesia
anfitrión, anfitriona host, hostess
angloamericano/a Anglo-American
anglohablante *n., adj. m., f.* English-speaking
anglosajón, anglosajona Anglo-Saxon
angustia anguish, distress
angustioso/a distressing
anhelado/a longed for
anhelo longing
animal *m.* animal; **animal doméstico** pet; **asilo para animales** animal shelter
animar to encourage, cheer up
animarse a + *inf.* to decide to (*do something*) (2)
aniversario anniversary; **aniversario de bodas** wedding anniversary
anoche *adv.* last night
anotar to note; to jot down
ante *prep.* before; in front of; in the presence of; **ante todo** above all
antecedente *m.* antecedent
antelación *f.*: **con antelación** in advance, beforehand
anterior previous (4)
antes (de) *adv.* before; previously; **antes de que** + *subj.* before . . .
antibiótico antibiotic
anticipación *f.* anticipation, prediction
anticipar to anticipate, predict
anticuado/a antiquated, obsolete
antiguo/a old; former
Antioquia Antioch
anti-somocista anti-Somoza
antónimo antonym
antropología anthropology
anunciar to announce
anuncio announcement; commercial; ad
añadir to add (3)
añil indigo
año year; **al año** per year; **año académico** school year (1); **año pasado** last year; **año tras año** year after year; **cumplir años** to have a birthday; **en los años 20 (30...)** in the 1920s (1930s . . .); **tener** (*irreg.*)**... años** to be . . . years old
añoranza homesickness (12)
añorar to be homesick (12)
apagón *m.* blackout
aparato (de cocina) (kitchen) appliance (3)
aparcamiento parking lot
aparecer (zc) to appear
apariencia appearance
apartamento apartment
aparte *adj.* separate; **aparte de** apart from
apasionado/a passionate
apego attachment
apenas *adv.* hardly, barely
aperitivo appetizer (3)
apetecer (zc) to appeal to
apetito appetite
aplicarse (qu) (a) to apply (to)
apodar to nickname
apoplejía apoplexy; **ataque** (*m.*) **de apoplejía** stroke
aportar to contribute (9)
aporte *m.* contribution (4)
apoyar to support
apoyo support, aid
apreciar to appreciate
aprecio appreciation
aprender to learn; **aprender a** + *inf.* to learn to (*do something*)
aprendiz *m.* learner; **aprendiz auditivo** auditory learner; **aprendiz cenestésico** kinesthetic learner; **aprendiz gráfico/visual** visual learner
aprendizaje *m.* learning (2)
aprobado/a passing
aprobar (ue) to pass (*an exam, course*) (1)
apropiado/a appropriate
aprovechar(se) (de) to take advantage of
apuntar to jot down, make a note of
apurado/a short of time
apuro difficult situation
aquí *adv.* here
árabe *n., adj. m., f.* Arab; *m.* Arabic (*language*)
arábico/a Arabic
arar to plow
arawaco *indigenous language of the Caribbean*

árbol *m.* tree
archivo file
arcón *m.* chest (*storage*)
área *f.* (*but* **el área**) area
arenoso/a sandy
arepa *round, corn-based bread; filled turnover*
argentino/a *n., adj.* Argentine
argumentar to argue
argumento plot
armado/a armed; **fuerzas armadas** armed forces
armazón *m.* house frame (6)
aromático/a aromatic
arqueología archaeology
arqueológico/a archaeological
arquitectónico/a architectural
arquitectura architecture
arraigado/a rooted
arras *thirteen coins given by the bridegroom to the bride*
arrasar to level, raze
arrastrar to pull; to drag
arrebatado/a enraged, carried away
arreglar to fix (2)
arrestado/a arrested
arriba *adv.* above
arribo arrival
arriesgar (gu) to risk
arroz *m.* rice
arrugarse (gu) to wrinkle
arruinar to ruin
arte *m.* art
arteriosclerosis *f.* arteriosclerosis
artesanía craft, handicrafts
artesano/a artisan
artículo article
artificial: fuegos artificiales fireworks
artista *m., f.* artist
artístico/a artistic
arzobispo archbishop
asado/a baked (3); roasted
asalto assault
asamblea assembly
asar to roast (3)
ascendencia ancestry
ascender (ie) to promote; to rise
ascenso promotion; advancement
ascensor *m.* elevator
asco repulsion; **¡qué asco!** how disgusting!
asear to wash
asegurarse to make sure (11)
asentamiento establishment
aseo cleanliness; **aseo personal** personal hygiene; **cuarto de aseo** bathroom (3)
asesinar to murder; to assassinate
asesinato murder; assassination
asesino/a murderer
asfixia suffocation
así *adv.* thus; that's how; in that way; like that; **así como** the same as, just as; **así que** therefore
asiático/a Asian
asignar to assign
asignatura (class) subject (1); course (1)
asilo asylum; exile; **asilo de ancianos** nursing home (5); **asilo de huérfanos** orphanage (12); **asilo para animales** animal shelter
asimismo *adv.* likewise; in like manner; in the same way
asistencia assistance; **asistencia directa** direct assistance (10)
asistente *m., f.* assistant
asistir a to attend
asociación *f.* association
asociar(se) (con) to associate (with)
asombrar(se) to surprise; to astonish
asombroso/a surprising; astonishing
aspecto aspect
aspiración *f.* aspiration
aspirar (a) to aspire (to)
asqueroso/a disgusting
astilla chip, splinter
astronauta *m., f.* astronaut
asumir to assume, take
asunto matter
atacar (qu) to attack
atajo shortcut
ataque *m.* attack; **ataque de apoplejía** stroke; **ataque terrorista** terrorist attack
atención *f.* attention; **poner** (*irreg.*) **atención** to pay attention; **prestar atención** to pay attention
atender (ie) (a) to attend to, help (10)
aterrador(a) terrifying
aterrorizado/a terrified
Atlántico: Océano Atlántico Atlantic Ocean
atleta *m., f.* athlete
atole *m. Mexican drink made from corn flour*
atorado/a blocked
atracción *f.* attraction
atractivo/a attractive
atraer (*like* **traer**) to attract
atrás *adv.* behind
atrasado/a behind, running late
atravesar (ie) to cross (8); to go through (8)
atreverse (a) to dare (to)
atribuir (y) to attribute
atributo attribute
atún *m.* tuna
auditivo auditory; **aprendiz** (*m.*) **auditivo** auditory learner
auditorio auditorium (1)
aula *f.* (*but* **el aula**) classroom (1)
aumentar to increase
aumento increase
aun even
aún still, yet
aunque although (1); even though
auscultar to listen to the lungs with a stethoscope
ausencia absence
auspiciar to sponsor (12)
australiano/a *n., adj.* Australian
auténtico/a authentic
autobiografía autobiography
autobús *m.* bus; **en autobús** by bus (8); **por autobús** by bus (8); **tomar el autobús** to take the bus
autoconciencia self-consciousness
autografía autograph
automóvil *m.* automobile
autonomía autonomy
autónomo/a self-governing
autoridad *f.* authority
autorización *f.* authorization
autorretrato self-portrait
autosuficiente self-sufficient (5)
auxiliar to relieve
auxilio relief (10); **agencia de primeros auxilios** relief agency (10); **¡auxilio!** help! (10); **auxilio directo** direct assistance (10)
avalancha avalanche; **avalancha de barro** mudslide (10)
avalar to guarantee, endorse (11)
avanzar (c) to advance
avenida avenue
aventura adventure
aventurero/a adventurous
aventurismo adventure tourism (12)
avergonzarse (üe) (c) (de) to be ashamed (of) (2)
averiguar (gü) to ascertain; to verify
avidez *f.* eagerness
avión *m.* airplane
avisar to warn
avispa wasp
¡ay! oh!
ayer yesterday
aymará *indigenous language of the Andes*
ayuda help, assistance; aid; **ayuda financiera** financial aid (11); **ayuda humanitaria** humanitarian aid (10); **ayuda médica** medical support (10); **ayuda sanitaria** health care (10)
ayudar to help
ayunar to fast
ayuntamiento city hall
azotar to whip
azteca *n., adj. m., f.* Aztec
azúcar *m.* sugar
azul blue

B

bachiller *m., f.* graduate of secondary school (1)
bahareque *m.* wattle and daub construction
bailador(a) dancer
baile *m.* dance
baja fall, drop, decrease; **darse** (*irreg.*) **de baja** to drop (*a class*) (1)
bajar to fall, drop, go down
bajo *prep.* under, beneath
bajo/a *adj.* short; low; **clase** (*f.*) **baja** lower class

bálago straw
balcón *m.* balcony
baldosa tile
Baleares: Islas Baleares Balearic Islands
balneario spa, resort
balsa raft
banano banana tree
banco bank
bandeja tray (3)
bandera flag
banquete *m.* banquet
bañar(se) to bathe (oneself)
baño bathroom (3)
bar *m.* bar (*drinking establishment*)
barato/a cheap; inexpensive
barcelonés, barcelonesa *person from Barcelona*
barco boat, ship
barquito small boat (8)
barra (de chocolate) (chocolate) bar
barriga stomach
barro mud; **avalancha de barro** mudslide (10)
basar to base; **basarse** to base one's opinions on
base *f.* base; **a base de** on the basis of
básico/a basic; **ciclo básico común** core classes
bastante *adj.* enough; quite a bit of; *adv.* rather; quite
bastón *m.* walking stick
basura trash
batalla battle
batidora mixer (3)
batir to beat (3); to whip (3)
bautismo baptism
bebé *m., f.* baby
beber to drink
bebida drink, beverage; **bebida alcohólica** alcoholic beverage
beca fellowship, grant, scholarship (1)
becado/a scholarship holding
Bélgica Belgium
belleza beauty
bello/a beautiful
bendición *f.* blessing
beneficiar to benefit
beneficiario/a beneficiary
beneficio profit (4); benefit (4)
beneficioso/a beneficent
besar to kiss
beso kiss
betarraga beetroot
biblioteca library
bicitaxi *m.* bicycle taxi
biculturalismo biculturalism
bien *adv.* well; **bien educado/a** well-mannered; **caerle** (*irreg.*) **bien** to make a good impression (*on someone*) (12); **llevarse bien (con)** to get along well (with)
bienes *m. pl.* goods; **bienes inmuebles** real estate; **bienes raíces** real estate (6); **impuesto sobre bienes** property tax (6)
bienestar *m.* well-being
bienvenida welcome; **dar** (*irreg.*) **la bienvenida** to welcome
bienvenido/a *adj.* welcome
biliar *adj.* bile; **vías biliares** bile ducts
bilingüe bilingual
bilingüismo bilingualism
billete *m.* ticket
billón *m.* billion
biodiversidad *f.* biodiversity
biografía biography
biográfico/a biographical
biológico/a biological
bisabuelo/a great-grandfather, great-grandmother; *pl.* great-grandparents
blanco/a white; **espacio en blanco** blank space
blanquillo white wheat
bloque *m.* block
boca mouth
bocadillo sandwich
bochornoso/a shameful; embarrassing
boda wedding; **aniversario de bodas** wedding anniversary
bodegón *m.* still life (painting)
boleto ticket
boliviano/a *n., adj.* Bolivian
bollo roll, bun
bolsa bag; sack; **bolsa de valores** stock market
bolsillo pocket
bombero firefighter
bondad *f.* goodness
bonito/a pretty
borrador *m.* rough draft (1); eraser (1)
bosque *m.* forest; **bosque lluvioso** rain forest
bota (de trabajo) (work) boot (4)
botella bottle (3)
Brasil Brazil
brasileño/a *n., adj.* Brazilian
brazo arm
Bretaña: Gran Bretaña Great Britain
breve brief
brigada brigade; squad; **brigada de rescate** rescue squad (10); **brigada de socorro** rescue squad
brillante brilliant
brindar to offer
brisa breeze
brócoli *m.* broccoli
bruto: producto interno bruto gross national product
bueno, bueno/a good; **buen día** good day; **buen provecho** enjoy your meal; **buena suerte** good luck; **buena voluntad** goodwill; **buenos días** good morning; **dar** (*irreg.*) **buen resultado** to work; **estar** (*irreg.*) **de buen humor** to be in a good mood
buey *m.* ox
buganvilla bougainvillea
burbuja bubble
burlarse (de) to make fun (of), laugh (at)
burlón, burlona mocking
buscar (qu) to look for; to seek
buzón *m.* mail box

C

caballo horse
cabecera: médico/a de cabecera general practitioner (9)
caber *irreg.* to fit (on or into)
cabeza head; **cabeza rapada** *m., f.* skinhead (7)
cabo end; **al fin y al cabo** in the end, when all is said and done; **llevar a cabo** to carry out
cacao theobroma Theobroma cacao (*scientific name of chocolate*)
cada *inv.* each; every; **a cada rato** frequently; **cada vez más** more and more
caer *irreg.* (*p.p.* **caído**) to fall; **caerle bien/mal** to make a good/bad impression (*on someone*) (12)
café *m.* café; coffee
cafeína caffeine
cafetalero/a coffee grower (4)
cafetera coffee pot (3)
caficultor(a) coffee grower (4)
caja box
calcular to calculate
cálculo calculus
caldo broth (3); bouillon (3); consommé (3)
calidad *f.* quality (4)
calificación *f.* rating; assessment; grade
calificar (qu) to rate; to assess
calificativo/a qualifying
californiano/a person from California
callado/a quiet
calle *f.* street
calmante *m.* tranquilizer
calor *m.* heat; warmth; **tener** (*irreg.*) **calor** to be hot
caloría calorie (9)
cama bed
cámara camera
camarero/a waiter, waitress
cambiar (de) to change
cambio change; **en cambio** on the other hand
camello camel
caminar to walk
camino road, path; **camino de entrada** driveway (6)
camión *m.* truck; bus; **en/por camión** by truck (8)
camioneta pickup truck (4)
campamento camp
campana bell
campeón, campeona champion
campera (hunting) jacket

campesino/a farmer (4); farmhand (4)
campo area; field; countryside
campus *m.* campus (1)
Canadá *m.* Canada
canadiense *n., adj.* Canadian
Canarias: Islas Canarias Canary Islands
canasto basket (4)
cáncer *m.* cancer
cancha de tenis tennis court
canción *f.* song
candidato/a candidate
canoso/a gray (hair)
cansado/a tired
cansar(se) to tire
cantante *m., f.* singer
cantar to sing
cantautor(a) singer songwriter
cantidad *f.* quantity (2)
canto song; singing
caña sugar cane
caótico/a chaotic
capacidad *f.* capacity; capability
capacitar (para) to prepare, train (*someone*) (for) (12)
capaz (*pl.* **capaces**) capable
capital *m.* capital (*money*); *f.* capital
capitalino/a of the capital
capitán, capitana captain
capítulo chapter
captar to grasp
capturar to capture
capuchino: mono capuchino Capuchin monkey
cara face
característica *n.* characteristic
característico/a *adj.* characteristic
cárcel *f.* jail
cardiólogo/a cardiologist (9)
carecer (zc) (de) to lack (of) (*something*)
carencia de lack of (*something*) (2)
cargar (gu) con to carry
cargo burden; **cargo de conciencia** burden on one's conscience
Caribe *m.* Caribbean
caribeño/a Caribbean
caridad *f.* charity
cariño affection
carisma *m.* charisma (7)
carismático/a charismatic
caritativo/a charitable (10)
carne *f.* meat (9); **carne de puerco** pork
carné *m.* **(universitario)** (university) ID (1)
carnet *m.* **universitario** university identification
caro/a expensive
carpeta folder
carrera career, profession
carretera highway
carretilla wheelbarrow (4)
carrito de compras shopping cart
carro car
carta letter
cartel *m.* poster
cartera purse; wallet
cartón *m.* cardboard
casa house (6); **echar la casa por la ventana** to go overboard; to spare no expense
casado/a married
casarse (con) to get married (to)
casco histórico historical center
casero/a homemade (3)
casi *inv.* almost
casilla square of paper
caso case; **en caso de que** + *subj.* in case . . . ; **en todo caso** at any rate
castellano Spanish (*language*)
castigar (gu) to punish
castigo punishment
Castilla Castile
castillo castle
casualidad *f.* chance; coincidence
casucha hovel
catalán *m.* Catalan (*language*)
catalán, catalana *n., adj.* Catalan
Cataluña Catalonia
catarata waterfall
catástrofe *f.* catastrophe (10)
catastrófico/a catastrophic (10)
categoría category
católico/a catholic
caudillo leader, chief (7)
causa cause; **a causa de** because of; **causa rellena** *typical Peruvian dish stuffed with tuna, chicken, or crab*
causar to cause
cavar to dig
CD *m.* CD
cebolla onion
ceder to cede, give away
ceguera blindness
celebración *f.* celebration
celebrar to celebrate
celular: teléfono celular cellular telephone
cemento cement
cena dinner
cenar to have dinner
cenefa border
cenestésico/a: aprendiz (*m.*) **cenestésico** kinesthetic learner
ceniza ash; **Miércoles de Ceniza** Ash Wednesday
censo census
censura censorship (7)
censurar to censure (7)
centavo cent
centén *m. gold Spanish coin*
centenar *m.* hundred
centrado/a centered
centro center; downtown; **centro comercial** shopping center
Centroamérica Central America
centroamericano/a *n., adj.* Central American
cerámica ceramics
cerca de near, close to
cerca de hierro iron fence (6)
cercanía closeness
cercano/a close
cerco fence
cereal *m.* cereal
cerebro brain (9)
ceremonia ceremony
cerro hill
certeza certainty
certificado certificate
césped *m.* lawn
cesto basket
ceviche *m. raw fish dish*
chagas: enfermedad (*f.*) **de chagas** Chagas disease (*a human parasitic disease*)
chairo paceño *meat and vegetable stew of Bolivia*
chalupa *fried corn tortilla filled with meat, vegetables, or cheese* (*Mex.*)
champurrado *Mexican hot chocolate drink thickened with corn flour and flavored with piloncillo and aniseeds*
chapulín *m.* grasshopper
charla chat
charlar to chat
chatarra junk; **comida chatarra** junk food
chef *m., f.* (head) chef (3); head cook (3)
cheque *m.* check
chicano/a *n., adj.* Mexican-American
chico/a boy, girl
chilamate *m. type of tree found in Central America; name of a town in Costa Rica*
chilango/a *person from Mexico, D.F.*
chilaquiles *m. pl. Mexican dish of fried tortilla strips cooked in a sauce with meat, vegetables, or eggs*
chile *m.* pepper
chileno/a *n., adj.* Chilean
chimichurri *m. sauce or condiment for meats* (*Arg.*)
chinche (*f.*) **picuda** *blood-sucking insect*
chismoso/a gossipy
chispazo spark
chiste *m.* joke
chocar (qu) to shock; to bump into
chocohólico/a chocoholic
chocolate *m.* chocolate; hot chocolate
choque *m.* shock; **choque cultural** culture shock (11)
chorizo sausage
chupar to suck
ciclo cycle; **ciclo básico común** core classes
ciego/a blind
cielo sky; heaven
ciencia science
científico/a scientific
ciento: por ciento percent
cierto/a true; certain (*thing*); **por cierto** indeed
cifra number, figure (*in statistics*) (2)

cima top
cine *m.* cinema, movies; movie theater
cinematográfico/a cinematographic
cinta ribbon
circo circus
circulatorio/a circulatory
círculo circle
circunstancia circumstance
cirugía surgery (9)
cirujano/a surgeon (9)
cita date; appointment
citar to cite
ciudad *f.* city
ciudadanía citizenship
ciudadano/a citizen
cívico/a civic; **orden** (*m.*) **cívico** civic order (7)
civil civil; **estado civil** civil status; **guerra civil** civil war
civilización *f.* civilization
clamor *m.* cheer; cry
clandestinidad *f.* secrecy
clandestino/a clandestine
claridad *f.* clarity
claro/a clear
clase *f.* class; **clase alta** upper class; **clase baja** lower class; **clase media** middle clase; **compañero/a de clase** classmate; **pelarse la clase** to play hooky, skip class (*Sp.*) (1)
clásico/a classic
clasificación *f.* classification
cláusula clause
clave key
clavel *m.* chrysanthemum
cliente *m.* client
clientela clientele
clima *m.* climate
clínica clinic (9)
club *m.* club
cobrar to charge (11); **cobrar el sueldo** to collect a salary (11)
cocer (ue) (z) to cook (3)
coche *m.* car
cochino/a lousy, filthy
cocina kitchen; cuisine; **aparato de cocina** kitchen appliance (3)
cocinar to cook
cocinero/a cook, chef (3)
coco coconut
coger (j) to take, grab (*Sp.*)
cognado cognate
coherente coherent
coincidir to coincide
cola tail; **piano de cola** grand piano
colaboración *f.* collaboration
colaborar to collaborate (8)
colada: hacer (*irreg.*) **la colada** to do laundry
colección *f.* collection
coleccionista *m., f.* collector
colega *m., f.* colleague
colegio primary or secondary school
colesterol *m.* cholesterol (9)
colgar (ue) (gu) to hang
colocación *f.* positioning, placement
colocar (qu) to place
colombiano/a *n., adj.* Colombian
Colón: Cristóbal Colón Christopher Columbus
colonia colony
colonización *f.* colonization
color *m.* color
columna column
comandante *m., f.* commander
combatiente *m., f.* fighter
combatir to combat
combinación *f.* combination
combinar to combine
comedia comedy
comedor *m.* dining room
comentar to comment on
comentario comment
comenzar (ie) (c) to begin
comer to eat; **dar** (*irreg.*) **de comer** to feed
comercial: centro comercial shopping center
comercializar (c) to market, trade (4)
comercio trade
comestible(s) *m.* food (4)
cometer to commit
cómico/a funny; **tira cómica** comic strip
comida food (3); meal; **comida chatarra** junk food; **comida rápida** fast food; **saltarse una comida** to skip a meal (9)
comienzo beginning
comillo fang
comisión *f.* commission
comisionar to commission
comité *m.* committee
como like; since, as (1); **tan pronto como** as soon as
¿cómo? how?
comodidad *f.* convenience, amenity
cómodo/a comfortable
compadrazgo *set of kinship practices involving god-relatives*
compañero/a partner, companion; **compañero/a de clase** classmate; **compañero/a de trabajo** co-worker
compañía company
comparación *f.* comparison
comparar to compare
compartir to share
complacer (zc) to please (4)
complejo/a complicated, complex (2)
completar to complete
completo/a complete; full; **alumno/a / estudiante** (*m., f.*) **a tiempo completo** full-time student (1)
componente *m.* component
componer (*like* **poner**) (*p.p.* **compuesto**) to make up; **componerse** to be made up, to consist, to be composed; to get ready
comportamiento behavior
compositor(a) composer
compostura structure
comprador(a) buyer
comprar to buy (6)
compras buying; shopping; **carrito de compras** shopping cart; **hacer** (*irreg.*) **las compras** to go shopping; **ir** (*irreg.*) **de compras** to go shopping
comprender to understand
comprensión comprehension; understanding
comprometido/a involved; committed
compromiso commitment
compuesto (*p.p. of* **componer**) **(de)** composed (of)
computadora computer
común common; **ciclo básico común** core classes; **fuera de lo común** out of the ordinary
comunicación *f.* communication
comunicar(se) (qu) to communicate
comunidad *f.* community; **servicio a la comunidad** community service
comunismo communism
comunista *m., f.* communist (7)
comunitario/a *adj.* community
con with; **con antelación** in advance, beforehand; **con frecuencia** often; **con relación a** with regard to; **con respecto a** with respect to; **contar con** to count on
conceder to grant
concentración *f.* concentration
concepto concept
concesionario/a concessionary
concha shell
conciencia conscience; **cargo de conciencia** burden on one's conscience
concienciarse (de) to become aware (of)
conciliar to reconcile
conciso/a concise
concluir (y) to conclude
conclusión *f.* conclusion
concordancia agreement
concordar (con) to agree (with)
conde *m.* count
condición *f.* condition
condicional *n. gram.* conditional (tense); *adj.* conditional
condiscípulo/a classmate
conducir *irreg.* to drive; **licencia de conducir** driver's license
conducta conduct
conducto duct; channel
conectar to connect
conexión *f.* connection
confederación *f.* confederation
conferencia lecture (1); **dar** (*irreg.*) **una conferencia** to (give a) lecture
conferido/a conferred
confesión *f.* confession
confiable trustworthy
confianza trust
confiar (confío) (en) to trust (in)

confidencia secret
confirmar to confirm
conflicto conflict (10)
confrontar to confront
confundido/a confused
confundir to confuse
congelar to freeze (3)
conjetura conjecture
conjugación *f.* conjugation
conjugar (gu) to conjugate
conjunción *f.* conjunction
conjunto collection; whole
conmover (ue) to move, to touch (*emotionally*) (12)
conocer (zc) to know someone; to meet; to be acquainted with; **no conocer alma** to not know a soul, single person
conocido/a well-known
conocimiento knowledge
conquistar to conquer
consciencia consciousness
consciente conscious
conseguir (*like* **seguir**) to get, obtain; to achieve
consejero/a counselor; advisor
consejo (piece of) advice
consentir (ie, i) to spoil, pamper
conserje *m.* concierge; porter
conservación *f.* conversation
conservador(a) conservative
conservar to conserve
consideración *f.* consideration
considerar to consider
consigo with himself/herself/yourself/itself/yourselves/themselves
consistir (en/de) to consist (of)
consolidar to consolidate
constar de to be made up of
constitución *f.* constitution
constitucional constitutional
constituir (y) to constitute
construcción *f.* construction
construir (y) to construct, build (6)
consuelo consolation (4); comfort (4)
consulado consulate
consulta (doctor's) appointment (9)
consultar to consult
consultorio doctor's office (9)
consumido/a consumed, burned (9)
consumidor(a) consumer
consumir to consume (9)
consumo consumption
contar (ue) to count (2); to tell, recount; **contar con** to count on (2)
contemporáneo/a contemporary
contener (*like* **tener**) to contain
contenido content
contento/a happy, contented
contestar to answer
contexto context
contextualizar (c) to contextualize
continente *m.* continent
continuación *f.*: **a continuación** following, next
continuar (continúo) to continue
continuo/a continuous, uninterrupted
contra against
contracción *f.* contraction
contraponerse (*like* **poner**) to contrast
contrario/a opposite; **al contrario** on the contrary
contrastar to contrast
contratar to hire (5)
contratiempo setback; difficulty
contratista *m., f.* contractor (6)
contribución *f.* contribution
contribuir (y) to contribute
control *m.* control; **control (del ejército)** checkpoint, roadblock (8); **puesto de control** checkpoint (8)
controlar to control
convalidación *f.* validation (11)
convalidar to validate (11); to recognize (*for course credit*) (11)
convencer (z) to convince
convencional conventional
conveniente convenient
convenio agreement (11)
conversación *f.* conversation
conversante *m., f.* conversationalist
conversar to converse
convertir(se) (ie, i) en to turn into, become (2)
convicción *f.* conviction
convincente convincing
convivencia living together, coexistence
convivir to live with (11); to spend time with (11)
cooperación *f.* cooperation
cooperar to cooperate
cooperativo/a cooperative
coordinación *f.* coordination
coordinar to coordinate
copa (para vino) wine glass (3); **Copa Mundial** World Cup
coquetear to flirt
corazón *f.* heart
corcho cork
corona crown
coronado/a crowned
corporación *f.* corporation
corrección *f.* correction
correcto/a correct
corregir (i, i) (j) to correct
correlación *f.* correlation
correo mail; **correo electrónico** e-mail
correr to run
corresponder to correspond
correspondiente corresponding
corriente *f.* current
corrupción *f.* corruption
cortar to cut
cortina curtain
corto/a short
cosa thing
cosecha harvest (4)
costa coast
costar (ue) to cost; **costar trabajo** to take a lot, be difficult
costarricense *n., adj.* Costa Rican
costear to afford, pay for (5)
costo cost (5)
costumbre *f.* custom
cotidiano/a daily
coyote *m.* people smuggler (from Mexico to the United States) (8)
creación *m.* creation
crear to create
creatividad *f.* creativity
creativo/a creative
crecer (zc) to grow
crecimiento growth
credibilidad *f.* credibility
crédito credit; **a crédito** on credit
creencia belief
creer (y) (*p.p.* **creído**) to believe; to think, be of the opinion
crema cream
criar (crío) to raise (5)
crimen *m.* crime
criminal *m.* criminal
criollo/a Creole
crisantemo chrysanthemum
crisis *f.* crisis
cristiano/a Christian; **moros y cristianos** *black bean and rice dish from Cuba and Puerto Rico*
Cristo Christ
Cristóbal Colón Christopher Columbus
crítica criticism
criticar (qu) to criticize
cronológico/a chronological
cruz *f.* (*pl.* **cruces**) cross; **Cruz Roja** Red Cross
cruzar (c) (la frontera) to cross (the border) (5)
cuaderno notebook
cuadra (city) block (6)
cuadrado/a square
cuadrito cube
cuadro painting
cual *pron.* which, what, who
¿cuál? which (one)?; what (one)?; who?
cualidad *f.* quality
cualquier *adj. inv.* any
cualquiera *pron.* (*pl.* **cualesquiera**) anyone; whatever; whichever
cuán *adv.* how
cuando when; **de vez en cuando** once in a while
¿cuándo? when?
cuanto how much; **en cuanto a** as far as . . . is concerned
¿cuánto/a? how much?; *pl.* how many?
cuarto room; **cuarto de aseo** bathroom (3)
cuatrero horse thief; cattle thief

cubano/a *n., adj.* Cuban
cubanoamericano/a *n., adj.* Cuban-American
cubierto/a (*p.p. of* **cubrir**) covered
cubiertos *pl.* silverware
cubito cube
cubrir (*p.p.* **cubierto**) to cover
cucharada spoonful
cuchillo knife
cuello neck
cuenta account; **darse** (*irreg.*) **cuenta de** to realize; **hacer** (*irreg.*) **cuentas** to do (math) problems
cuentista *m., f.* storyteller
cuerdo/a sane
cueriza beating
cuero leather
cuerpo body
cuesta slope
cuestión *f.* question
cuidado care; careful; **tener** (*irreg.*) **cuidado** to be careful
cuidar to care for, take care of (*someone*) (5); **cuidarse** to care for, take care of oneself (5)
culinario/a culinary
culpabilidad *f.* guilt
cultivador(a) farmer, grower
cultivar to farm, cultivate (4); **equipo para cultivar el jardín** landscaping equipment (6)
cultivo cultivation, farming (4)
culto/a cultured; well-educated
cultura culture
cultural cultural; **choque** (*m.*) **cultural** culture shock (11); **patrimonio cultural** cultural heritage (12); **turismo cultural** cultural tourism (12)
cumbanchar to go out dancing
cumpleaños *m. s., pl.* birthday
cumplir to carry out, fulfill (11); **cumplir años** to have a birthday
cuna birthplace, origin, source
cuota quota
cupón *m.* coupon
curiosidad *f.* curiosity
currículo curriculum
cursar to study (11)
curso course; **curso escolar** school year (1); **llevar cursos** to take classes (1)
cuy *m.* guinea pig
cuyo/a whose

D

dañar to hurt, injure
dañino/a harmful, destructive
daño harm, injury; **hacer** (*irreg.*) **daño** to harm, injure
dar *irreg.* to give; **dar a** to open onto; **dar buen resultado** to work; **dar de comer** to feed; **dar la bienvenida** to welcome; **dar miedo** to frighten; **dar náuseas** to nauseate; **dar patadas** to kick; **dar pena** to sadden; **dar por sentado** to take for granted; **dar una conferencia** to (give a) lecture; **dar una vuelta** to take a walk; **dar vueltas** to turn around; to spin; **darle ganas de** + *inf.* to make one feel like (*doing something*); **darse cuenta de** to realize; **darse de baja** to drop (*a class*) (1)
dato datum; *pl.* data; **datos personales** personal information (9)
de *prep.* of, from; **de algún modo** in some way; **de alguna manera** in some way; **de habla hispana** Spanish-speaking; **de manera que** so that; **de pie** standing; **de prisa** quickly; **de repente** suddenly; **de tiempo completo** full-time; **de vez en cuando** once in a while
debajo de under; underneath
debate *m.* debate
debatir to debate
deber *m.* duty; *pl.* homework (1); *v.* ought, should, must; **deber de** + *inf.* ought to (*do something*); **deberse a** to be due to (4)
debidamente properly
debido/a a due to (4)
débil weak
década decade
decadencia decadence
decaimiento decline (9); deterioration (9)
decena ten
decepcionar to disappoint
decidir to decide
decir *irreg.* (*p.p.* **dicho**) to say; to tell; **es decir** in other words, that is (to say) (1)
decisión *f.* decision
declaración *f.* statement
declarar to declare, state
decoración *f.* decoration
decorar to decorate
dedal *m.* thimble
dedicación *f.* dedication
dedicar(se) (qu) (a) to dedicate (oneself) (to)
defecto defect
defender (ie) to defend (8)
defensa defense
deficiencia deficiency
deficiente deficient
definición *f.* definition
definir to define
definitivo/a definitive
deforestación *f.* deforestation
deformación *f.* deformation
degradación *f.* desegregation
dejar to leave (something/someone) behind; to let, allow; **dejar de** + *inf.* to stop, quit (*doing something*)
del (*contraction of* **de** + **el**) of/from the
delante (de) in front (of); **por delante** in front
delgado/a thin, slim
delicia delicacy
delicioso/a delicious
delito crime
demanda demand
demás other, rest of the; **los/las demás** the others
demasiado *adj.* too much; *pl.* too many; *adv. m. s.* too, too much
democracia democracy
democrático/a democratic (7)
demografía demography
demolición *f.* demolition
demostración *f.* demonstration
demostrar (ue) to demonstrate, show
demostrativo/a *gram.* demonstrative
denominar to name
dentro de in, inside of, within
denunciar to denounce (8)
departamento apartment
depender (de) to depend (on)
dependiente *m., f.* salesclerk; *adj.* dependent
deplorable deplorable (8)
deporte *m.* sport
deportivo/a sport
depósito deposit
deprimente depressing
derecha *n.* right; right wing (7)
derechista *m., f.* right-winger (7)
derecho right; law (*code of laws adopted by a nation*); **seguir (i, i) (g) derecho** to keep going straight
derecho/a right; **derechos humanos** human rights (7)
derivarse de to derive, come from
dermatólogo/a dermatologist (9)
derretirse (i, i) to melt
derrumbar to tear down (6)
desafiar (desafío) to challenge
desafío *n.* challenge
desafortunado/a unfortunate
desagradar to displease
desamparado/a helpless (10); unprotected (10)
desaparecer (zc) to disappear (7)
desaparición *f.* disappearance
desarrollado/a developed; **país** (*m.*) **desarrollado** developed country
desarrollar(se) to develop
desarrollo development; **país** (*m.*) **en vías de desarrollo** developing country
desastre *m.* disaster; **desastre natural** natural disaster (10)
desayunar to have breakfast
desayuno breakfast
desbalanceado/a imbalanced
descansar to rest
descanso rest
descendiente *m., f.* descendent
desconfiar (desconfío) to distrust
desconocer (zc) to not know, not be acquainted with
descortés rude

descremado/a fat-free, skimmed (9)
describir (*p.p.* **descrito**) to describe
descripción *f.* description
descriptivo/a descriptive
descrito/a (*p.p. of* **describir**) described
descubrimiento discovery
descubrir (*p.p.* **descubierto**) to discover
desde *prep.* from; since; **desde hace** + *time* for + *time*
desembarcar (qu) to disembark
desempeñar to hold (*a job*), occupy
desempleo unemployment
desenfreno debauchery
deseo desire; wish
deserción *f.* desertion; **deserción escolar** school drop-out (*rate*) (2)
desertar to desert
desertificación *f.* desertification
desesperado/a desperate
desesperanzador(a) disheartening
desfibrilador *m.* defibrillator
desgana lack of appetite (9); apathy (9)
desgraciadamente unfortunately
deshumanizar (c) to dehumanize
desierto desert
designado/a designated
desilusionado/a disillusioned
deslizador *m.* small boat
desmenuzar (c) to crumble; to chop up
desnutrición *f.* malnutrition; undernourishment
desobedecer (zc) to disobey
desobediencia disobedience
desorbitado/a exaggerated
desordenado messy
despacio *adv.* slowly
despedida farewell, good-bye
despensa pantry, larder
desperdicio waste
despertar(se) (ie) to wake up
desplazamiento displacement (8)
desplazar (c) to displace (8)
despojar to deprive; to take away
desposeído/a dispossessed
desprendimiento de tierra landslide
después *adv.* afterwards; later
destacar (qu) to emphasize; **destacarse** to stand out
destino destination; destiny
destreza skill (12)
destrucción *f.* destruction
destruir (y) to destroy
desventaja disadvantage
detallado/a detailed
detalle *m.* detail
deteriorarse to deteriorate (5)
determinante determining
determinar to determine
detrás (de) behind
devastar to devastate
devolver (ue) (*p.p.* **devuelto**) to return
devuelto/a (*p.p. of* **devolver**) returned
día *m.* day; **al día** per day; **buen día** good day; **buenos días** good morning; **día feriado/festivo** holiday; **hoy en día** nowadays
diabetes *f.* diabetes
diablo devil
diagrama *m.* diagram
dialéctico/a dialectic
dialecto dialect
diálogo dialogue
diamante *m.* diamond
diario newspaper
diario/a daily
dibujar to draw
dibujo drawing, sketch
diccionario dictionary
dicho saying
dicho/a (*p.p. of* **decir**) said
dictador(a) dictator
dictadura dictatorship (7)
dictar to dictate
dieta diet (9)
diferencia difference; **a diferencia de** unlike
diferente different
difícil hard, difficult
dificultad *f.* difficulty
dificultar to make difficult
dignidad *f.* dignity
digno/a worthy
dimensión *f.* dimension
Dinamarca Denmark
dinámico/a dynamic
dinero money
dios(a) god(ess)
diploma *m.* diploma
diplomático/a diplomat
diputado/a member of parliament (7); representative (7)
dirección *f.* direction; address
directivo/a board member
directo/a direct; **asistencia directa** direct assistance (10); **auxilio directo** direct assistance (10); **objeto directo** direct object
director(a) director
dirigir (j) to direct; **dirigirse a** to address, speak to (*someone*)
discapacitado/a incapacitated
discernir (ie) to discern, distinguish
disciplinar to discipline
discoteca discotheque
discrepancia discrepancy
discreto/a discreet
discriminación *f.* discrimination (8)
discurso speech
discusión *f.* discussion
discutir to discuss; to argue
diseñar to design; **diseñar un jardín** to landscape (6)
diseño design
disfrutar (de) to enjoy
disgusto displeasure; **¡qué disgusto!** how disgusting!
disidente *m., f.* dissident
disminuir (y) to diminish
disparar to shoot; **disparar tiros** to fire (*a gun*)
disparatado/a foolish, absurd
dispensario dispensary
disponibilidad *f.* availability
disponible available
dispuesto/a (*p.p. of* **disponer**) ready; disposed
distante distant
distinguir (g) to recognize
distinto/a distinct; different
distribución *f.* distribution; **distribución de fondos** distribution of funds (10)
distribuir (y) to distribute (10)
distrito district
diurno/a daytime
diversidad *f.* diversity
diversión *f.* fun
diverso/a diverse
divertido/a fun
divertirse (ie, i) to have fun
dividir to divide
división *f.* division
divorciado/a divorced
doble double
doctor(a) doctor
documentación *f.* documentation
documentado/a documented
documental *m.* documentary
documento document
dólar *m.* dollar
doler (ue) to hurt, ache
dolor *m.* pain, ache
doméstico/a domestic; **animal** (*m.*) **doméstico** pet; **quehacer** (*m.*) **doméstico** household chore
domicilio home
dominar to speak (*a language*) well (1); to master (*a language, subject*) (1)
dominicano/a *n., adj.* Dominican; **República Dominicana** Dominican Republic
dominio dominion
don, doña *title of respect used before a person's first name*
donación *f.* donation
donar to donate
donativo donation
donde where
¿dónde? where?
dondequiera anywhere; everywhere
donjuán *m.* womanizer
dorado/a golden; browned
dorar to brown (3)
dormir (ue, u) to sleep; **dormirse** to fall asleep
dormitorio bedroom
dosis *f.* dose
dramático/a dramatic
drogadicción *f.* drug addiction

dromedario dromedary
duda doubt; **sin duda** doubtless; without a doubt
dudar to doubt
dudoso/a doubtful
dueño/a owner
dulce *m.* candy; *adj.* sweet
duplicarse (qu) to double (4)
duración *f.* duration
duradero/a lasting
durante during
durar to last
duro/a hard; **huevo duro** hard-boiled egg

E

e and (*used instead of* **y** *before words beginning with* **i** *or* **hi**)
echar to toss, throw; to add; **echar de menos** to miss (*someone*) (12); **echar la casa por la ventana** to go overboard; to spare no expense; **echar raíces** to put down roots; **echar un vistazo** to have a quick look
ecología ecology
ecológico/a ecological
economía economy
económico/a economic
economista *m., f.* economist
ecosistema *m.* ecosystem
ecoturismo ecotourism (12)
edad *f.* age; **Edad Media** Middle Ages; **mayor de edad** of age; **tercera edad** old age (5)
edición *f.* edition
edificio building
editor(a) editor
educación *f.* education
educado/a polite; **bien educado/a** well-mannered
educador(a) educator
educativo/a educational
efectivo/a effective
efecto effect
eficacia effectiveness (10); efficiency (10)
eficaz (*pl.* **eficaces**) effective (10)
eficiente efficient
ejecutivo/a executive
ejemplificar (qu) to exemplify
ejemplo example; **por ejemplo** for example
ejercicio exercise; **hacer** (*irreg.*) **ejercicio** to exercise
ejército army; military; **control** (*m.*) **del ejército** checkpoint, roadblock (8)
elaboración *f.* elaboration
elección *f.* choice, selection; election (7)
electrónico/a electronic; **correo electrónico** e-mail
elegancia elegance
elegante elegant
elegir (i, i) (j) to choose, select; to elect (7)
elemento element
elevado/a elevated
elevador *m.* elevator
eliminación *f.* elimination
eliminar to eliminate
ello *neuter pron.* it
elocuencia eloquence
elote *m.* ear of corn
emancipar to emancipate
embajada embassy (8)
embajador(a) ambassador
embarazada pregnant
embarcar (qu) to embark
embargo: sin embargo nevertheless (1)
embotellamiento traffic jam
emergencia emergency
emigración *f.* emigration
emigrante *m., f.* emigrant
emigrar to emigrate
emoción *f.* emotion
emocional emotional
emocionante exciting
emotividad *f.* emotionality
empanada *turnover pie or pastry*
empaquetamiento packaging
empaquetar to package
emparejar to match
empezar (ie) (c) (a) to begin (to)
empleado/a employee
emplear to employ
empleo employment, job
emprender to undertake
empresa business
empujado/a pushed
en in; **en autobús** by bus (8); **en cambio** on the other hand; **en camión** by truck (8); **en caso de que** + *subj.* in case . . . ; **en el extranjero** abroad (11); **en general** in general; **en los años 20 (30...)** in the 1920s (1930s . . .); **en lugar de** in place of; **en serio** seriously; **en todo caso** at any rate; **en vez de** instead of; **en voz alta** aloud
enamorarse (de) to fall in love (with)
encabezado/a headed, led
encadenado/a linked, connected
encajado/a stuck; fit tightly
encantar to charm, delight
encanto charm
encarcelamiento incarceration
encarcelar to incarcerate
encargarse (gu) (de) to take charge (of)
encima on, on top; **encima de** above; **por encima** above
encontrar (ue) to find
encuesta survey
endulzar (c) to sweeten (9)
enemigo/a enemy
energía energy
enfático/a emphatic
enfatizar (c) to emphasize
enfermarse to get sick
enfermedad *f.* sickness, illness; **enfermedad** (*f.*) **de chagas** Chagas disease (*a human parasitic disease*)
enfermero/a nurse
enfocarse (qu) (en) to focus (on)
enfoque *m.* focus
enfrentar(se) to face (*a problem*) (2); to confront (5)
enfriarse (me enfrío) to cool, chill
enfurecerse (zc) to become furious; to lose one's temper
engancharse to break out into a fight
engordar to make fat, fatten; to be fattening
enharinar to flour
enlazado/a linked, connected
enorgullecerse (zc) to be proud
enorme enormous
enriquecedor(a) enriching
enriquecer (zc) to enrich
ensalada salad
ensayista *m., f.* essayist
ensayo essay
enseñanza teaching
enseñar to teach
entablar to begin, start
entender (ie) to understand
entendimiento understanding, comprehension
enterarse (de) to find out (about)
entero/a entire
enterrado/a buried
entidad *f.* organization (11)
entonces then, next (*in a series*)
entrada entrance; appetizer (3); **camino de entrada** driveway (6); **pago de entrada** down payment (6)
entrar to enter
entre between
entregar (gu) to deliver; to turn in; to give, surrender (5)
entremés *m.* hors d'oeuvre (3)
entrenador(a) trainer
entrenamiento training
entrenar to train (10)
entresemana *adj.* weekday
entrevistado/a interviewee
entrevistador(a) interviewer
entrevistar to interview
entusiasmarse to get/become enthusiastic
entusiasmo enthusiasm
enumerar to enumerate
envejecer (zc) to grow old
envejecimiento aging
enviar (envío) to send
enviudar to become a widow(er); to be widowed
envolver (ue) to wrap
épico/a epic
epidemia epidemic
episodio episode
época period, time (4)
equidad *f.* equity
equilibrado/a balanced
equipo equipment; team; **equipo de socorro** emergency equipment (10);

equipo médico medical equipment (10); **equipo para cultivar el jardín** landscaping equipment (6)
equivalencia equivalence
equivalente *m.* equivalent
equivocación *f.* mistake
Erasmo Erasmus
erótico/a erotic
error *m.* error
erupción *f.* eruption
escala scale
escalera (de mano) ladder (6)
Escandinavia Scandinavia
escapar(se) to escape (8)
escarmiento lesson, punishment
escasez *f.* (*pl.* **escaseces**) shortage (2)
escaso/a scarce
escena scene
esclavo/a slave
escoger (j) to choose, select
escolar *adj.* school; **curso escolar** school year (1); **deserción** (*f.*) **escolar** school drop-out (*rate*) (2)
escolarización *f.* schooling
escolarizarse (c) to be schooled
esconderse (de) to hide (from)
escribir (*p.p.* **escrito**) to write
escrito/a (*p.p. of* **escribir**) written; **escrito a máquina** typed; **trabajo escrito** paper (*for a class*)
escritorio desk
escrúpulo scruple
escuadrón *f.* squad
escuchar to listen (to)
escuela (primaria/secundaria) (elementary/high) school
escultura sculpture
esdrújulo/a: palabra esdrújula *word accented on the third-to-last syllable*
esencia essence
esencial essential
esfera sphere
esforzarse (ue) (c) (por) to make an effort (to) (2); to exert
esfuerzo effort (2)
esfumarse to disappear; to fade away
esmero care; neatness
espacio space; **espacio en blanco** blank space
espalda back
España Spain
español *m.* Spanish (*language*)
español(a) *n.* Spaniard; *adj.* Spanish
esparcir (z) to scatter
espátula spatula (3)
especial special
especialidad *f.* specialty
especialista: acudir a un especialista to see a specialist (*medical*)
especialización *f.* specialization; major
especializarse (c) (en) to specialize (in); to major (in)
especie *f.* species; type
especificar (qu) to specify
específico/a specific
espectacular spectacular
espejo mirror
esperanza hope
esperar to wait; to hope
espíritu *m.* spirit
espiritual spiritual
esplendor *m.* splendor
espolvorear con to sprinkle with
esposo/a husband, wife; spouse
esqueleto skeleton
esquema *m.* outline; sketch
esquina (street) corner
estabilidad *f.* stability
estabilizar (c) to stabilize
estable stable (7)
establecer (zc) to establish; **establecerse** to settle
establecimiento establishment
estación *f.* season; station
estadía (length of) stay (8); stay (*at a place*) (11)
estadística statistic
estado state; **estado civil** civil status; **golpe de estado** coup; **Organización de Estados Americanos (OEA)** Organization of American States (OAS)
estadounidense *n. m., f.* United States citizen; *adj.* pertaining to the United States
estalinista *m., f.* Stalinist (7)
estancia stay
estaño tin
estar *irreg.* to be; **estar de buen humor** to be in a good mood; **estar de vacaciones** to be on vacation; **estar en vigencia** to be in effect (11); **(no) estar de acuerdo** to (dis)agree
estatal *adj.* state
estatua statue
estatus *m.* status
estereotipo stereotype
esterlino/a sterling
estigma *m.* stigma (5)
estigmatizado/a stigmatized (5)
estilo style
estimado/a esteemed
estimulante stimulating
estimular to stimulate
estipulado/a stipulated (11)
estirar to stretch, to roll out dough (3)
estómago stomach
estorbo nuisance (5); hindrance (5)
estrategia strategy
estrecho/a narrow
estrellarse to crash
estrés *m.* stress
estresante stressful
estricto/a strict
estructura structure
estudiante *m., f.* **(a tiempo completo/ parcial)** (full- /part-time) student (1)
estudiar to study
estudio study (11)
estufa stove
estupendo/a stupendous
etapa stage
etcétera etcetera
eternidad *f.* eternity
eterno/a eternal
ética ethics
etiqueta etiquette
étnico/a ethnic
etnomusicología ethnomusicology
Eucaristía Eucharist
euro *m. monetary unit in continental Europe*
Europa Europe
europeo/a European
euskera *m.* Basque (*language*)
evaluación *f.* evaluation
evento event
evidencia evidence
evidente evident
evitar to avoid
evolución *f.* evolution
evolucionar to evolve
exagerado/a exaggerated
examen *m.* exam, test
examinar to test
excedencia leave (of absence)
excelencia excellence
excelente excellent
excepción *f.* exception
excepcional exceptional
excepto/a except
excesivo/a excessive
exceso excess
exclusivo/a exclusive
excursión *f.* excursion
excusa excuse
exhaustivo/a exhaustive
exiliado/a person in exile (7)
exiliar to exile (7)
exilio exile
existencia existence
existir to exist
éxito success; **tener** (*irreg.*) **éxito** to be successful
exitoso/a successful
exótico/a exotic
exotismo exoticism
expandir to expand
expansión *f.* expansion
expatriota *m., f.* expatriate
expectativa expectation
expediente (*m.*) **académico** student record, transcript (11)
expendio retail store
experiencia experience
experimentar to experiment
experto/a expert
explicación *f.* explanation
explicar (qu) to explain

exploración *f.* exploration
explorar to explore
explosión *f.* explosion
explotador(a) exploitative (12)
explotar to exploit (4)
exponer(se) (*like* **poner**) (*p.p.* **expuesto**) to expose (oneself)
exportación *f.* exportation
exportado/a exported
exposición *f.* exhibition
expresar(se) to express (oneself)
expresión *f.* expression (5); **libertad** (*f.*) **de expresión** freedom of speech/expression (7)
expresivo/a expressive
expuesto/a (*p.p. of* **exponer**) exposed
expulsado/a expulsed
expulsar to expulse
exquisito/a exquisite
extender (ie) to extend
extensión *f.* extension
exterminado/a exterminated
externo/a: paciente (*m., f.*) **externo/a** outpatient (9)
extinción *f.* extinction
extraer (*like* **traer**) (*p.p.* **extraído**) to extract
extranjero: en el extranjero abroad (11)
extrañar to miss (*someone*) (12)
extraño/a strange
extraordinario/a extraordinary
extravagante extravagant
extremo/a extreme

F

fábrica factory
fabricante *m., f.* manufacturer (4)
fabricar (qu) to manufacture (4)
fabuloso/a fabulous
fachada facade
fácil easy
facilidad *f.* facility; ease
facilitar to facilitate (2)
factor *m.* factor
factura bill
facultad *f.* school (*of a university*)
falla fault
fallar to fail
fallecer (zc) to die
falsificación *f.* forgery
falso/a false
falta lack; absence; **hacer** (*irreg.*) **falta** to be lacking (4); to need; to be missing (12)
faltar to lack
fama reputation
familia family (5)
familiar *adj.* family
familiaridad *f.* familiarity
familiarizarse (c) (con) to familiarize oneself (with)
famoso/a famous
farmacéutico/a pharmacist (9)
farmacia pharmacy (9)
fascinante fascinating
fascinar to fascinate
fascista *m., f.* fascist (7)
fastidiar to annoy, bother
fauno faun
favor: a favor de in favor of; **por favor** please
favorecer (zc) to favor
favorito/a favorite
fecha date
federación *f.* federation
felicidad *f.* happiness
feliz (*pl.* **felices**) happy
femenino/a feminine
fenómeno phenomenon
feo/a ugly
feria fair
feriado: día (*m.*) **feriado** holiday
fermentar to ferment
feroz (*pl.* **feroces**) ferocious
fertilizante *m.* fertilizer (4)
festivo/a: día (*m.*) **festivo** holiday
fiesta party
figura figure
fijar to fix, set, establish (one's residence); to stick, glue, fasten; to spread mortar; **fijarse (en)** to notice (12); to pay attention (to) (12)
fila line; row
filmar to film
filosofía philosophy
filósofo/a philosopher
filtro filter
fin *m.* end; objective; purpose; **a fin de que** + *subj.* so that, in order that . . . ; **al fin y al cabo** after all, in the end; when all is said and done; **en fin** in short; **fin de semana** weekend; **poner** (*irreg.*) **fin a** to put an end to; **por fin** finally
final *m.* end
finalización *f.* conclusion
finalmente finally; in the end
financiación *f.* financing
financiero/a financial; **ayuda financiera** financial aid (11)
finca farm (4)
Finlandia Finland
fino/a fine
firmar to sign
firme firm
físico/a physical; **actividad** (*f.*) **física** physical activity (9)
fisioterapeuta *m., f.* physical therapist
flaco/a skinny
flan *m.* baked custard
flexibilidad *f.* flexibility
flojo/a slack, loose
flor *f.* flower
florecer (zc) to bloom
florecimiento flowering, blooming
fluctuación *f.* fluctuation
fluctuar (fluctúo) to fluctuate (2)
folleto brochure
fomentar to promote (2); to foster (12)
fondo bottom; end; fund; **distribución** (*f.*) **de fondos** distribution of funds (10)
forestal *adj.* forest
forjado/a forged
forma shape; form; way
formación *f.* formation
formar to form
formular to formulate
fortaleza strength
foto(grafía) photo(graph)
fracaso failure
frágil fragile
fragmento fragment
fraile *m.* friar, monk
francamente frankly
francés French (*language*)
francés, francesa *n.* French person; *adj.* French
Francia France
francotirador(a) sharpshooter
franquicia exemption
frase *f.* phrase; sentence
fraude *m.* fraud
frecuencia frequency; **con frecuencia** often
frecuentar to frequent
frecuente frequent
freír (i, i) (*p.p.* **frito**) to fry (3)
frente a facing; opposite to
fresco/a fresh
frigorífico refrigerator
frijol *m.* bean (9)
frío cold; **pasar frío** to be cold; **tener** (*irreg.*) **frío** to be cold
frito/a (*p.p. of* **freír**) fried
frontera border (8); **cruzar (c) la frontera** to cross the border (5)
fronterizo/a *adj.* border
frustración *f.* frustration
frustrado/a frustrated
frustrar to frustrate; **frustrarse** to be frustrated
fruta fruit (9)
fruto fruit, product of labor
fuego fire; **fuegos artificiales** fireworks
fuente *f.* fountain
fuera (de) outside (of); **fuera de lo común** out of the ordinary
fuerte strong
fuerza strength; force; **fuerza laboral** work force (5); **fuerzas armadas** armed forces
fugarse (gu) to flee
fumar to smoke
función *f.* function
funcionar to function, work
fundador(a) founder
fundar to establish, found
fundirse to melt; to merge
fusil *m.* gun; rifle
fusionar to fuse
fútbol *m.* soccer
futuro future
futuro/a future

G

galería gallery
gallegada *joke at the expense of Spaniards made by Latin Americans*
gallego Galician (*language*)
gallego/a *n., adj.* Galician
galleta cookie; cracker
gallinero top gallery (*in a theater*)
gallo rooster; **gallo pinto** *black bean and rice dish from Costa Rica*
galón *m.* gallon
gamba shrimp
ganancia profit (4)
ganar to win; to earn; **ganarse el pan** to earn a living; **ganarse la vida** to earn a living (5)
ganas desire; wish; **darle** (*irreg.*) **ganas de** + *inf.* to make one feel like (*doing something*); **quedarse con las ganas** to have to do without; **tener** (*irreg.*) **ganas de** + *inf.* to feel like (*doing something*)
garantizar (c) to guarantee (4)
garifuna *m., f. Afro-Caribbean people of Belize, Guatemala, Nicaragua, and Honduras*
gasolina gasoline
gastar to spend (money); to use
gasto expense; **gastos académicos** academic expenses (11); **gastos personales** personal expenses (11)
gastronómico/a gastronomic
gastrónomo/a gastronomist
gato cat
gauchesco/a *pertaining to the cowboy culture of the pampas in Argentina*
gaucho *cowboy of the pampas in Argentina*
genealógico/a genealogical
generación *f.* generation
general *adj.* general; **en general** in general; **por lo general** generally
género gender
generosidad *f.* generosity
generoso/a generous
genética genetics
genio genius
gente *f. s.* people
geografía geography
geográfico/a geographical
geología geology
gerencia management
gerente *m.* manager
gerontológico/a gerontologic
gerundio *gram.* gerund
gestión *f.* administration
gestionar to manage; to administer
gigante *m.* giant
gimnasio gymnasium
Ginebra Geneva
ginecólogo/a gynecologist
gira tour
globalización *f.* globalization (11)
glorioso/a glorious
glosa gloss, marginal note
glucosa glucose (9)
gobernador(a) governor
gobernar to govern
gobierno government (7)
golpe *m.* blow; **golpe de estado** coup
golpear to hit; to beat
gorila *m.* gorilla
gótico/a Gothic
gozar (c) to enjoy (12)
grabado/a recorded
gracias thank you
grado rank; degree; **tal grado** such a degree
graduación *f.* graduation
graduarse (me gradúo) to graduate
gráfico graph
gráfico/a graphic; visual; **aprendiz** (*m.*) **gráfico** visual learner
gramática grammar
gran, grande big; great; **Gran Bretaña** Great Britain
granero barn (4)
granja farm (4)
grano bean (*coffee, cacao*) (4); grain (9)
grasa fat
grasiento/a greasy
gratificante gratifying
gratis *inv.* free
gratuito/a gratuitous; free
grave serious
Grecia Greece
griego/a Greek
gripe *f.* flu
gritar to shout
grupo group
guacamayo macaw
guante *m.* **(de trabajo)** (work) glove (4)
guapo/a handsome, pretty
guaraní Guarani (*an indigenous language*)
guardar to keep
guardia guard
guatemalteco/a *n., adj.* Guatemalan
gubernamental governmental; **organización** (*f.*) **no gubernamental (ONG)** nongovernmental organization (NGO) (10)
gubernativo/a governmental
guerra war; **guerra civil** civil war
guerrillero/a *adj.* guerrilla
guía guide
Guinea Ecuatorial Equatorial Guinea
guineano/a Guinean
guión *m.* outline
guitarra guitar
gustar to be pleasing
gusto taste, preference; **al gusto** to taste (3); **mucho gusto** pleased to meet you
gustoso/a tasty

H

haba bean
haber *irreg.* to have (*aux.*)
habilidad *f.* skill (2); ability
habilitar to empower, enable (12)
habitable inhabitable
habitación *f.* room
habitante *m., f.* inhabitant
hábitat *m.* habitat
hábito habit
habituarse (me habitúo) to get used to (*doing something*) (2)
habla speech; **de habla hispana** Spanish-speaking
hablar to speak
hacer *irreg.* (*p.p.* **hecho**) to do; to make; **hace** + (*period of time*) (*period of time*) ago; **hacer acto de presencia** to be present; to put in an appearance; **hacer cuentas** to do (math) problems; **hacer daño** to harm, injure; **hacer ejercicio** to exercise; **hacer el papel** to play the role; **hacer falta** to need; to be lacking (4); to be missing (12); **hacer hipótesis** to hypothesize; **hacer la colada** to do laundry; **hacer la maleta** to pack one's suitcase; **hacer las compras** to go shopping; **hacer pira** to play hooky (*Sp.*); **hacer preguntas** to ask questions; **hacer ruido** to be noisy; **hacer un regalo** to give a gift; **hacer una lluvia de ideas** to brainstorm; **hacer una visita** to visit; **hacerse** to become (*profession*) (1)
hacia toward
hada *f.* (*but* **el hada**) fairy
hallazgo discovery, finding
hambre *f.* (*but* **el hambre**) hunger; **pasar hambre** to be hungry; **tener** (*irreg.*) **hambre** to be hungry
hambriento/a hungry (8)
harapos *pl.* rags (*clothing*) (12)
harina flour (3)
hasta *prep.* until; up to; as far as; *adv.* even
hay *inv.* there is, there are
hecho fact
hecho/a (*p.p.* **hacer**) made
hedonista *m., f.* hedonist
helar (ie) to chill (3); to freeze (3)
hemático/a hematic
herencia inheritance
herido/a injured, wounded (10)
hermandad *f.* fraternity; brotherhood
hermano/a brother, sister; *pl.* siblings
héroe *m.* hero (7)
heroico/a heroic
heroína heroine (7)
herramienta tool
herrería ironworks
hervir (ie, i) to boil (3)
hielo ice
hierro iron; **cerca de hierro** iron fence (6); **voluntad** (*f.*) **de hierro** iron will

hígado liver
hijo/a son, daughter; *pl.* children
himno hymn
hincar (qu) to sink
hipermercado hypermarket
hipoteca mortgage (6)
hipótesis *f.* hypothesis; **hacer** (*irreg.*) **hipótesis** to hypothesize
hippy *m., f.* hippie (7)
hispánico/a Hispanic
hispano/a Hispanic; **de habla hispana** Spanish-speaking
hispanoamericano/a *n., adj.* Hispanic American
hispanohablante *n. m., f.* Spanish-speaker; *adj.* Spanish-speaking
historia history
historial (*m.*) **de medicamentos** medical history (9)
histórico/a historic; **casco histórico** historical center
hogar *m.* home (5); **hogar de ancianos** nursing home
hoja leaf; sheet of paper
hombre *m.* man
hondureño/a *n., adj.* Honduran
honor *m.* honor
honrar to honor
hora hour; time; **a altas horas de la madrugada** in the wee hours of the morning
horario schedule (1)
hornear to bake (3)
horno oven; **al horno** baked (3)
horror *m.* horror
hortaliza vegetable
hospedar to lodge, board
hospital *m.* hospital; **hospital provisional** provisional hospital (10); **hospital transitorio** field hospital (10)
hospitalidad *f.* hospitality
hostelería hotel management
hoy today; **hoy en día** nowadays
hoyo hole
huérfano/a orphan; **asilo de huérfanos** orphanage (12)
huerta (agricultural) field (4)
huerto garden
huésped, huéspeda guest
huevo egg; **huevo duro** hard-boiled egg
huir (*like* **construir**) to flee (7)
humanidad *f.* humanity
humanismo humanism
humanitario/a humanitarian; **ayuda humanitaria** humanitarian aid (10)
humano/a *n., adj.* human; **derechos humanos** human rights (7)
humilde humble
humo smoke
humor *m.* humor; mood; **estar** (*irreg.*) **de buen humor** to be in a good mood
huracán *m.* hurricane (10)

I

ibérico/a Iberian
idea idea; **hacer** (*irreg.*) **una lluvia de ideas** to brainstorm
identidad *f.* identity
identificación *f.* identification
identificador(a) identifying
identificar (qu) to identify
ideología ideology
idioma *m.* language
iglesia church
ignorancia ignorance
ignorar to be unaware of (information)
igual *m.* equal; **al igual que** (just) like; the same as; *adj.* equal; the same; similar; *adv.* equally
igualdad *f.* equality
igualitario/a equalitarian
ilegal illegal
ilícito/a illicit
ilógico/a illogical
ilusión *f.* hope, dream
ilustración *f.* illustration
ilustrar to illustrate
imagen image
imaginación *f.* imagination
imaginar(se) to imagine
imaginativo/a imaginative
impactante having an impact
impacto impact (5)
impartir to impart
impedimento impediment
impedir (i, i) to impede
imperativo *gram.* imperative
imperativo/a imperative
imperdonable unforgivable
imperfecto *gram.* imperfect (tense)
imperio empire
implantar to implant
implementación *f.* implementation
implicar (qu) to implicate
imponer (*like* **poner**) to impose (7)
importancia importance
importante important
importar to matter; to be important; to import
imposibilidad *f.* impossibility
impregnado/a impregnated; filled
imprescindible essential, indispensible
impresión *f.* impression
impresionar to impress
imprevisto unforeseen event (11)
imprevisto/a unforeseen
impuesto (sobre bienes) (property) tax (6)
impulsivo/a impulsive
inaceptable unacceptable
inaugurar to inaugurate
incapacidad *f.* disability (12)
incapacitado/a disabled (12)
incendio fire (10)
incidente *m.* incident
incierto/a uncertain
incitar to incite
incivilizado/a uncivilized
incluir (y) to include
inclusive including
incluso/a including
incómodo/a uncomfortable
incontable countless
incontinencia incontinence
incontrolable uncontrollable
incorporar to incorporate
incorrecto/a wrong
increíble incredible
incrementar to increase
incremento increase
incurrir to incur
indefenso/a defenseless
indefinido/a indefinite
indemnización *f.* indemnification
independencia independence
independiente independent
independizar (c) to free, make independent
indicación *f.* indication; suggestion
indicar (qu) to indicate
indicativo *gram.* indicative
indicio indication
indiferente indifferent
indígena *n. m., f.* indigenous person; *adj. m., f.* indigenous
indirecto/a indirect; **objeto indirecto** indirect object
indispensable indispensible
individuo individual
indocumentado/a undocumented
indonesio/a *n., adj.* Indonesian
indumentaria wardrobe (12)
industria industry
inesperado/a unexpected
infaliblemente inevitably
infancia infancy; childhood
infante *m., f.* infant; **jardín** (*m.*) **de infantes** kindergarten
infantil infantile; children's; childlike
infección *f.* infection
infiltrarse to infiltrate
infinitivo *gram.* infinitive
influencia influence
influir (y) to influence
influyente influential
información *f.* information
informalidad *f.* informality
informar (a) to inform; **informarse (de)** to find out (about)
informativo/a informative
informe *m.* report
infrahumano/a subhuman (8)
infusión *f.* infusion
ingeniería engineering
ingeniero/a engineer
ingerir (ie, i) to ingest, consume (9)
ingestión *f.* intake; **ingestión de alimentos** food intake (9)
Inglaterra England

inglés *m.* English (*language*)
inglés, inglesa *n.* English person; *adj.* English
ingratitud *f.* ingratitude
ingrato/a ungrateful
ingrediente *m.* ingredient
ingresar to join; to enter
ingreso entrance; *pl.* income
iniciador(a) initiatory
inicial *m.* initial
iniciar to begin
inicio beginning
injusticia injustice
injusto/a unfair
inmadurez *f.* immaturity
inmediato/a immediate
inmenso/a immense
inmersión *f.* immersion
inmigración *f.* immigration
inmigrante *m., f.* immigrant (8)
inmigrar to immigrate
inminente imminent
inmiscuirse (y) to interfere, meddle
inmobiliaria developer (6)
inmueble: bienes (*m. pl.*) **inmuebles** real estate
inmunización *f.* immunization
inmunodeficiencia: síndrome (*m.*) **de inmunodeficiencia adquirida (SIDA)** acquired immunodeficiency syndrome (AIDS)
inmunológico/a immunological
innumerable countless
inolvidable unforgettable
inquilino/a tenant
inscribirse en to enroll, join
insecto insect
inseguridad *f.* insecurity; uncertainty
insertar (ie) to insert
insistir to insist
insomnio insomnia
inspirar to inspire
instalación *f.* installation
instalar to install; **instalarse (en)** to settle (in)
instancia instance
instante *m.* instant
institución *f.* institution
instituto institute
instrucción *f.* instruction
instructor(a) instructor
instrumento instrument
insuficiencia insufficiency
insultar to insult
integración *f.* integration
integral *adj.* whole (grain) (9)
integrante *m., f.* participant
integrar to integrate
intelectual intellectual
inteligencia intelligence
inteligente intelligent
intención *f.* intention
intensidad *f.* intensity
intensificarse (qu) to intensify
intensivo/a intense
intentar to try, attempt
intento attempt
interacción *f.* interaction
intercambiar to exchange
intercambio exchange
interés *m.* interest
interesante interesting
interesar to interest; **interesarse** to be interested
interferir (ie, i) to interfere
intermediario intermediary
intermedio/a intermediate
internacional international
internamiento intern (9)
internar(se) to admit (oneself) (*into a hospital/clinic*) (9)
Internet *m.* Internet
internista *m., f.* internist
interno/a internal; **producto interno bruto** gross national product
interpretar to interpret
intérprete *m., f.* interpreter
interrogación *f.* interrogation
interrumpir to interrupt
intervención *f.* intervention
intervenir (*like* **venir**) to intervene
intimidación *f.* intimidation
intimidar to intimidate
íntimo/a intimate; close
intransitivo/a *gram.* intransitive
intrigante intriguing
intrigar (gu) to intrigue
introducción *f.* introduction
introducido/a introduced
inundación *f.* flood (10)
inundar to flood
inútil useless
inventar to invent
invertir (ie, i) to invest
investigación *f.* investigation; research
investigar (gu) to investigate; to research
invierno winter
invitación *f.* invitation
invitado/a guest
invitar to invite
involucrado/a involved
involucrarse (en) to get involved (in) (7)
inyección *f.* injection, shot
ir *irreg.* to go; **ir a** + *inf.* to be going to (*do something*); **ir de compras** to go shopping; **ir de vacaciones** to go on vacation; **irse** to leave; go away; **írsele de la mano** to go overboard
Irlanda Ireland
irrelevante irrelevant
irrepetible unrepeatable
irritar to irritate
isla island; **Islas Baleares** Balearic Islands; **Islas Canarias** Canary Islands
Italia Italy
italiano/a *n., adj.* Italian
itinerario itinerary
izquierda *n.* left; left wing (7)
izquierdista *m., f.* left-winger (7)
izquierdo/a left

J

jacuzzi *m.* Jacuzzi
jamás never
Japón Japan
japonés, japonesa Japanese person
jardín *m.* garden; **diseñar un jardín** to landscape (6); **equipo para cultivar el jardín** landscaping equipment (6); **jardín de infantes** kindergarten
jardinería gardening
jefe, jefa boss
jerga slang
jersey *m.* sweater
jitomate *m.* tomato (*Mex.*)
jornada workday
joven *n. m., f.* young man, young woman; *pl.* the young, young people, youth; *adj.* young
jubilarse to retire
juego game
jugar (ue) (gu) to play
jugo juice
juguete *m.* toy
juguetón, juguetona playful
junta militar military government (7)
juntarse to join (4); to meet (4)
junto *adv.* near by
junto/a *adj.* together
justicia justice
justificar(se) (qu) to justify (oneself)
justo/a just; fair
juventud *f.* youth (*period in life*)

K

kilogramo kilogram
KKK *m.* (*abbrev. for* **Ku Klux Klan**) KKK (7)

L

labor *f.* labor; effort; piece of work
laboral *adj.* work; **agencia laboral** employment agency; **fuerza laboral** work force (5)
lácteo/a dairy; **producto lácteo** dairy product (9)
lado side; **al otro lado de** on the other side of; **por estos lados** around here; **por otro lado** on the other hand; **por todos lados** everywhere; **por un lado** on one hand
ladrillo brick (6)
lago lake
lágrima tear
laguna lagoon
lancha boat (8)

lápiz (*m.*) (*pl.* **lápices**) pencil
largo/a long; lengthy
las demás the others
lástima pity, shame
lastimar(se) to injure (oneself)
lata can
látigo whip
latino/a Latin; Latin American; **América Latina** Latin America
Latinoamérica Latin America
latinoamericano/a Latin American
lavadora washing machine
lavar(se) to wash (oneself)
lazo tie, bond
lección *f.* lesson
leche *f.* milk
lector(a) reader
lectura reading
leer (y) to read
legendario/a legendary
leísmo *use of the indirect object pronoun* **le** *as a masculine direct object pronoun* (5)
leísta *m., f. one who uses the indirect object pronoun* **le** *as a masculine direct object pronoun* (5)
lejos (de) far away (from)
lema motto
lengua tongue; language; **sacar (qu) la lengua** to stick out one's tongue
lenguaje *m.* language, verbiage
león *m.* lion
leproso/a leper
letra letter; lyrics
letrado/a learned person
levantarse to get up; to rise up, take up arms
léxico lexicon
leyenda legend
Líbano Lebanon
liberación *f.* liberation
liberal *m., f.* liberal (7)
liberar to set free, release (7)
libertad *f.* liberty; **libertad de expresión** freedom of speech/expression (7); **libertad de prensa** freedom of the press (7)
libertador(a) liberator
libra pound
libre free; **al aire** (*m.*) **libre** outdoors, in the open air
librería bookstore
licencia de conducir driver's license
licenciado/a graduate (*of a university*) (1)
licenciatura (bachelor's) degree (1); college degree (11)
lícitamente legally
licuado/a liquefied
licuadora blender (3)
líder *m., f.* leader (7)
liderazgo leadership
liga league
ligero/a light
limitación *f.* limitation
limitar to limit
límite *m.* limit
limítrofe bordering
limón *m.* lemon
limonada lemonade
limpiar to clean
limpieza cleaning
limpio/a clean
lindo/a pretty
línea line; **línea aérea** airline
lingüístico/a linguistic
linterna lantern; flashlight
lipoproteína lipoprotein
líquido liquid
lirio iris
lista list
listo/a ready
literario/a literary
literatura literature
litro liter
llamado calling
llamar to call; **llamarse** to be called, named
llamativo/a showy, flashy
llanura plain (*geographical*) (12)
llavero key ring
llegada arrival
llegar (gu) to arrive; **llegar a ser** to become
llenar to fill
lleno/a full
llevar to take; to carry; to wear; to have; to lead; **llevar a cabo** to carry out; **llevar cursos** to take classes (1); **llevarse bien/mal (con)** to get along well/poorly (with)
llorar to cry
lluvia rain; **hacer** (*irreg.*) **una lluvia de ideas** to brainstorm
lluvioso/a: bosque (*m.*) **lluvioso** rain forest
lo que *rel. pron.* what, that which; **pase lo que pase** no matter what (happens)
localidad *f.* locality
loco/a crazy
locro potato soup (*Ecuador*)
locura madness
lodo mud
lógico/a logical
logotipo logotype
lograr to achieve; **lograr** + *inf.* to succeed in (*doing something*)
logro achievement
Londres London
los demás the others
lucha fight; struggle
luchar to fight
luego then; later
lugar *m.* place; **en lugar de** in place of; **tener** (*irreg.*) **lugar** to take place
lujoso/a luxurious
luna moon
luneta seat (*in a theater*)
luz *f.* (*pl.* **luces**) light

M

machuca *Garifuna dish made of mashed green plantains*
machucado/a crushed; mashed
madera wood (6); lumber (6)
madre *f.* mother
madrugada dawn; **a altas horas de la madrugada** in the wee hours of the morning
madurar(se) to mature
maduro/a mature
maestría master's degree
maestro/a teacher; *adj.* master; **obra maestra** masterpiece
magallánico/a: pingüino magallánico Magellanic penguin
magro/a lean (*meat*) (9)
mal *adv.* badly; poorly; **caerle** (*irreg.*) **mal** to make a bad impression (*on someone*) (12); **llevarse mal (con)** to get along poorly (with)
malentendido misunderstanding (11)
maleta suitcase; **hacer** (*irreg.*) **la maleta** to pack one's suitcase
mallorquín *m.* Majorcan (*language*)
malo/a *adj.* bad; ill
maltrato mistreatment (8)
mamá mother, mom
mambí, mambisa *Cuban separatist fighting against Spain in the nineteenth century*
mandar to send; to command
mandato command
manejar to drive; to manage
manera way; manner; **de alguna manera** in some way; **de manera que** so that
manifestación *f.* demonstration
manifestar (ie) to demonstrate
maniobra maneuvering; handling
mano *f.* hand; **a mano** by hand; **escalera de mano** ladder (6); **írsele** (*irreg.*) **de la mano** to go overboard; **mano de obra** work force; **tener** (*irreg.*) **a mano** to have on hand
manta blanket
manteca butter (3)
mantener(se) (*like* **tener**) to maintain (6); to keep (oneself); to support (*a family*) (5); **mantenerse sano/a** to stay/live healthy (9)
mantenimiento maintenance (6)
mantequilla butter (3)
manual *m.* **de actividades** workbook
manzana apple; (city) block (6)
mañana morning; *adv.* tomorrow
mapa (*m.*) map
mapache *m.* raccoon
maquiladora assembly-line factory (5)
máquina machine; **escrito a máquina** typed

mar *m., f.* sea; **mar adentro** offshore, out to sea, toward open sea
mara salvatrucha *MS-13 gangs of Central America and the United States*
maravilla wonder; marvel
maravilloso/a wonderful, marvelous
marca brand name
marcar (qu) to mark
maremoto tsunami (10)
margarina margarine (3)
margen *m.* margin
marido husband
mariposa butterfly
marisco shellfish
más more; **cada vez más** more and more; **más allá de** beyond
masa dough (3)
mascota pet
masculino/a masculine
masivo/a massive
masoquismo masochism
matanza killing
matar to kill (7)
mate *m. herbal tea typical of Argentina*
matemáticas *pl.* mathematics
materia (class) subject (1); course (1)
material *m.* material
matrícula tuition
matricularse register (*for a course*) (1)
matrimonio marriage; married couple
máximo/a maximum
maya *n. m.* Mayan (*language*); *n., adj. m., f.* Mayan
mayonesa mayonnaise
mayor older; greater; main; **mayor de edad** of age
mayoría majority
mayoritariamente primarily
mazorca pod (cacao) (4)
mecánico/a mechanical
mediano/a medium
mediante by means of
medicamento medication (9); **historial** (*m.*) **de medicamentos** medical history (9)
medicina medicine
médico/a *adj.* medical; **ayuda médica** medical support (10); **equipo médico** medical equipment (10); **provisiones** (*f. pl.*) **médicas** medical provisions (10); **revisión** (*f.*) **médica** checkup (9); **seguro médico** health insurance (9); **trámites** (*m. pl.*) **médicos** medical procedures (9); **tratamientos médicos** medical treatments (9)
médico/a *n.* doctor; **médico de cabecera** general practitioner (9); *adj.* medical (9)
medida measure, measurement (2); **tomar medidas** to take measures (8)
medio ambiente environment
medio *n.* half; means; resources; medium; **medio de transporte** mode of transportation; **por medio de** by means of
medio/a *adj.* half; **clase media** middle clase; **Edad Media** Middle Ages
medir (i, i) to measure
meditación *f.* meditation
mejor better; **el/la mejor** the best
mejoramiento improvement (12)
mejorar to improve; **mejorarse** to get better
memorizar (c) to memorize
mencionar to mention
menearse to move; to wiggle
menester *m.* need, necessity, want
menor younger; less; lesser
menos less; least; **echar de menos** to miss (*someone*) (12); **por lo menos** at least
mensaje *m.* message
mensual monthly
mente *f.* mind
mentir (ie, i) to lie
menudo: a menudo often
mercado market (4)
mercancía merchandise
merecer (zc) to be worth (*it*) (11); to deserve, to merit (11)
merienda snack
mes *m.* month
mesa table
mesero/a waiter; waitress
Mesoamérica Mesoamerica
mesón *m.* inn
meta goal (1)
metáfora metaphor
metafórico/a metaphoric
meteorólogo/a meteorologist
meter to put; **meterse** to involve oneself
método method
métrico/a metric
metro subway
metrópolis metropolis
mexicano/a *n, adj.* Mexican
México Mexico
mezcla mixing; mixture
mezclar to mix
mí *obj. of prep.* me
miedo fear; **dar** (*irreg.*) **miedo** to frighten; **tener** (*irreg.*) **miedo** to be afraid
miel *f.* honey
miembro member
mientras *adv.* while; **mientras tanto** meanwhile
Miércoles de Ceniza Ash Wednesday
migración *f.* migration
migrante *m., f.* migrant
migratorio/a migratory
milagro miracle
militar *n.* soldier; *adj.* military; **junta militar** military government (7)
millón *m.* million
milpa cornfield
minidocumental *m.* minidocumentary; miniseries
mínimo *n.* minimum
mínimo/a *adj.* minimum
ministerio ministry
ministro/a minister (7)
minoritario/a minority
minuto minute
mirar to watch; to look at
miseria extreme poverty (4)
misión *f.* mission
mismo/a same; **ahora mismo** right now
mitad *f.* half
mochila backpack
moda style; **pasar de moda** to go out of style
modales *m. pl.* manners
modelo model
moderación *f.* moderation (9)
moderado/a moderate
modernización *f.* modernization
modernizar (c) to modernize
moderno/a modern
modesto/a modest
módico/a moderate; reasonable
modificar (qu) to modify
modo way; manner; **de algún modo** in some way
mojarse to get wet
moler (ue) to grind
molestar to bother; to trouble
molestia trouble, bother (5)
momento moment
monarquía monarchy
monasterio monastery
moneda coin
monetario/a monetary
monja nun
mono (capuchino) (Capuchin) monkey
montaña mountain
montar to ride; to mount; to set up
montessoriano/a Montessori
montón *m.* pile; **un montón de** a lot of
monumento monument
moqueta rug
morado/a purple
morder (ue) to bite
moreno/a dark; dark-haired; dark-skinned
morir(se) (ue, u) (*p.p.* **muerto**) to die
moro/a Moor; **moros y cristianos** *black bean and rice dish from Cuba and Puerto Rico*
morriña homesickness (12)
mortandad *f.* mortality
mostrar (ue) to show
motivar to motivate
motivo motive
motocicleta motorcycle
móvil mobile
movimiento movement
muchacho/a boy, girl
mucho *adv.* a lot
mucho/a *adj.* much; many; **muchas veces** often; **mucho gusto** pleased to meet you
mudanza move; movement

mudarse to move
mueble *m.* piece of furniture; *pl.* furniture
muerte *f.* death
muerto/a (*p.p. of* **morir**) dead
mujer *f.* woman; **mujer soldado** female soldier
multilingüe multilingual
multilingüismo multilingualism
multimillonario/a multimillionaire
múltiple multiple
multiplicar (qu) to multiply
multiplicidad *f.* multiplicity
mundial *adj.* world; **Copa Mundial** World Cup; **Organización** (*f.*) **Mundial de Salud (OMS)** World Health Organization (WHO)
mundo world (4)
municipio municipality
muñeco puppet; doll
museo museum
música music
musulmán, musulmana *n., adj.* Muslim
mutuo/a mutual
muy very

N

nacer (zc) to be born
nacimiento birth
nación *f.* nation; **Organización** (*f.*) **de las Naciones Unidas (ONU)** Organization of United Nations (UN)
nacional national
nacionalidad *f.* nationality
nacionalista *n., adj. m., f.* nationalist
nada nothing, not anything
nadar to swim
nadie no one, not anyone
náhuatl *m.* Nahuatl (*language of the Aztecs*)
naranja orange
narcotraficante *m., f.* drug trafficker
narcotráfico drug trafficking
nariz *f.* (*pl.* **narices**) nose
narración *f.* narration
narrar to narrate
nativo/a *n., adj.* native
natural natural; **desastre** (*m.*) **natural** natural disaster (10); **patrimonio natural** natural heritage (12)
naturaleza nature
naufragar (gu) to sink, to be wrecked (8)
náuseas: dar (*irreg.*) **náuseas** to nauseate
Navidad *f.* Christmas
navideño/a *adj.* Christmas
nazi *m., f.* Nazi (7)
necesario/a necessary
necesidad *f.* need (10)
necesitado/a needy
necesitar to need
negar(se) (ie) (gu) to deny; to refuse
negativo/a negative
negociar to negotiate
negocio business
negro/a black
nervio nerve
nervioso/a nervous
neutro/a *gram.* neuter
nevera refrigerator (3)
ni neither; (not) either; nor; (not) even; **ni... ni** neither . . . nor; **ni siquiera** *adv.* not even
nicaragüense *n., adj. m., f.* Nicaraguan
nido nest
nieto/a grandson, granddaughter; *pl.* grandchildren
ningún, ninguna *adj.* no; (not) any; **ninguno/a** *pron.* none, not one
niñez *f.* childhood
niño/a boy, girl; child
nitroglicerina nitroglycerine
nivel *m.* level (2)
no no, not
nobleza nobility
noche *f.* night
nombrar to name
nombre *m.* name
nopal *m.* prickly pear cactus
nordeste *m.* northeast
noroeste *m.* northwest
norte *n.* north
Norteamérica North America
norteamericano/a North American
nostalgia nostalgia (12)
nostálgico/a nostalgic
nota grade
notar to notice
noticia(s) news
noticiero newscast
novela novel
novelista *m., f.* novelist
novio/a boyfriend, girlfriend; bridegroom, bride; *pl.* couple
nublado/a cloudy
nuevo/a new
nulo/a useless
número number
numeroso/a numerous
nunca never
nutrición nutrition (9)
nutriente *m.* nutrient (9)
nutritivo/a nutritious

O

o or
oasis *m. inv.* oasis
obedecer (zc) to obey
obispo bishop
objetividad *f.* objectivity
objetivo objective
objeto object; **objeto directo/indirecto** direct/indirect object
obligación *f.* obligation
obligar (gu) to obligate
obligatorio/a obligatory
obra work; **mano de obra** work force; **obra maestra** masterpiece
obrero/a laborer
observación *f.* observation
observar to observe
obsesión *f.* obsession
obstáculo obstacle
obtener (*like* **tener**) to obtain
obvio/a obvious
ocasión *f.* occasion
ocasionar to cause
occidental western
occidente *m.* west
océano ocean; **Océano Atlántico** Atlantic Ocean
oclusivo/a occlusive
ocupar to occupy
ocurrir to occur
odiar to hate
odioso/a detestable
odontología dentistry
OEA *f.* (*abbrev. for* **Organización** (*f.*) **de Estados Americanos**) OAS (*abbrev. for* Organization of American States)
ofender(se) to take offense
ofensivo/a offensive
oferta offer
oficial official
oficina office
oficio occupation; profession
ofrecer (zc) to offer
oír *irreg.* (*p.p.* **oído**) to hear
ojalá (que) + *present subj.* / *past subj.* let's hope that . . . / I wish that . . .
ojear to glance at
ojera ring under one's eye
ojo eye
ola wave
oleada wave (*of people*) (8)
oleico/a oleic
olfativo/a *adj.* olfactory; smell (*sense*)
olímpico/a Olympic
oliva olive; **aceite** (*m.*) **de oliva** olive oil
olla pot
olor *m.* smell
olvidar(se) to forget
omnipresente omnipresent
OMS (*abbrev. for* **Organización** (*f.*) **Mundial de Salud**) WHO (*abbrev. for* World Health Organization)
ONG (*abbrev. for* **organización** (*f.*) **no gubernamental**) NGO (*abbrev. for* nongovernmental organization) (10)
opción *f.* option
operación *f.* operation
opinar to think, have an opinion
opinión *f.* opinion
oportunidad *f.* opportunity
oposición *f.* opposition
optimismo optimism
optimista *n. m., f.* optimist; *adj. m., f.* optimistic
opuesto/a opposite
oración *f.* sentence

orden *m.* order; **orden cívico** civic order (7); *f.* command; order (*group*)
ordenado/a organized
ordenar to order
orgánico/a organic; **abono orgánico** organic fertilizer, manure (4)
organismo organism
organización *f.* organization; **Organización de Estados Americanos (OEA)** Organization of American States (OAS); **Organización de las Naciones Unidas (ONU)** Organization of United Nations (UN); **Organización Mundial de Salud (OMS)** World Health Organization (WHO); **organización no gubernamental (ONG)** nongovernmental organization (NGO) (10)
organizar (c) to organize
orgullo pride
orgulloso/a proud
orientación *f.* orientation
oriente *m.* east
origen *m.* origin
originario/a originating
orinar to urinate
oro gold
ortopedista *m., f.* orthopedist (9)
oscilar to oscillate
oscuro/a dark
ostentoso/a ostentatious
otolaringólogo/a ENT (*ear, nose, and throat specialist*)
otorgar (gu) to grant, award
otorrinolaringólogo/a ENT (*ear, nose, and throat specialist*)
otro/a *pron., adj.* other (5); another; **otra vez** again
oyente *m., f.* auditor (*of a class*) (1)

P

paceño/a: chairo paceño *meat and vegetable stew of Bolivia*
pachamanca *typical Peruvian dish consisting of lamb, mutton, pork, chicken, or guinea pig marinated in spices and cooked with hot stones*
paciente *m., f.* patient; **paciente externo/a** outpatient; *adj.* patient (9)
pacífico/a peaceful
padecer (zc) (de) to suffer (from)
padrastro stepfather
padre *m.* father; *pl.* parents
padrino godfather
paella *Valencian rice dish with meat, fish, or shellfish and vegetables*
pagar (gu) to pay
página page
pago payment; **pago a plazos** installment (6); **pago de entrada** down payment (6)
país *m.* country; **país desarrollado** developed country; **país en vías de desarrollo** developing country
paisaje *m.* countryside; country view; landscape
paja straw
Pakistán Pakistan
palabra word (1); **palabra esdrújula** *word accented on the third-to-last syllable*
paleta ice-cream bar
palo stick
palta avocado
pampa grassy plain
pan *m.* bread; **ganarse el pan** to make a living; **pan tostado** toast
panadería bakery
pandilla gang
pandillero/a gang member
pandillismo formation of gangs
pánico panic
pantalón *m.* (pair of) pants
panza tummy (*coll.*)
papá *m.* father; dad
papa potato
papel *m.* paper; role; **hacer** (*irreg.*) **el papel** to play the role
papelero/a *adj.* paper
par *m.* pair; couple
para *prep.* for; in order to; **para que** + *subj.* so that . . . ; **para siempre** forever
paradigma *m.* paradigm
paradoja paradox
paradójico/a paradoxical
paralítico/a paralyzed
parar to stop, to detain (8)
parcial: alumno/a / estudiante (*m., f.*) **a tiempo parcial** part-time student (1)
parecer (zc) to seem, appear; to seem like
parecido/a similar
pared *f.* wall
pareja couple; pair; partner
paréntesis *m. inv.* parenthesis
pariente *m., f.* relative
parilla grill; griddle; **a la parrilla** grilled (3)
parillada mixed grill (*Arg.*)
París Paris
paródico/a parodic
parque *m.* park
párrafo paragraph
parte *f.* part; **todas partes** everywhere
participante *m., f.* participant
participar to participate
participio *gram.* participle
particular particular; individual
partida departure
partidario/a partisan
partido game, match
partir to leave, depart
pasa raisin
pasado past; **año pasado** last year
pasaje *m.* passage; ticket
pasajero/a passenger
pasaporte *m.* passport (8)
pasar to pass, go by; to happen; to spend (*time*); **pasar de moda** to go out of style; **pasar frío** to be cold; **pasar hambre** to be hungry; **pase lo que pase** no matter what (happens)
pasear to go for a walk
paseo walk
pasillo hallway
pasivo/a passive
paso step; **a pasos agigantados** by leaps and bounds (5)
pastel *m.* pastry
pastelería confectionary shop
patada kick; **dar** (*irreg.*) **patadas** to kick
patear to kick
patera small, nonseaworthy boat
patología pathology
patria homeland
patrimonio (cultural/natural) (cultural/natural) heritage (12)
patrocinar to sponsor (12)
paulatino/a gradual
paz *f.* (*pl.* **paces**) peace (7); **acuerdo de paz** peace treaty (7)
peatón *m.* pedestrian
pecho chest
peculiaridad *f.* peculiarity
pedagogía pedagogy (2)
pedagógico/a pedagogical
pediatra *m., f.* pediatrician
pedir (i, i) to ask (for), request; to order
pegar (gu) to hit
peinar to do someone's hair
pelar to peel; **pelarse la clase** to play hooky, skip class (*Sp.*) (1)
pelear(se) to fight
película movie, film
peligro danger (7)
peligroso/a dangerous
pelo hair
pelota ball
peluca wig
pena pity, shame; **dar** (*irreg.*) **pena** to sadden; **valer** (*irreg.*) **la pena** to be worth it
pendiente pending
penetrar to penetrate
península peninsula
pensamiento thought
pensar (ie) to think; **pensar de** to think of (*opinion*); **pensar en** to think about
pensión *f.* pension; board (*lodging*)
peor worse; worst
pequeño/a small
pera pear
perchero clothes rack
percibir to perceive
perder (ie) to lose; **perderse** to get lost
pérdida loss
perdón *m.* forgiveness; pardon
perdonar to forgive; to pardon
peregrino/a pilgrim
perejil *m.* parsley
perezoso/a lazy
perfección *f.* perfection

perfecto/a perfect
periferia periphery
periódico newspaper; periodical (2)
periodismo journalism
periodista *m., f.* journalist
período period
perjudicar (qu) to harm, injure
permanecer (zc) to remain
permanencia stay
permanente permanent
permiso permission
permitir to permit
pero but
perro dog
persistencia persistence
persistir to persist
persona person; *pl.* people (1)
personaje *m.* character
personal personal; **aseo personal** personal hygiene; **datos personales** personal information (9); **gastos personales** personal expenses (11)
personalidad *f.* personality
personalizar (c) to personalize
perspectiva perspective
persuadir to persuade
persuasivo/a persuasive
pertenecer (zc) to belong to
peruano/a *n., adj.* Peruvian
pesadilla nightmare
pesado/a heavy
pesar: a pesar de in spite of (5); **a pesar de que** although (5)
pescadería fish shop, fishmonger's
pescado fish (*food*)
pesimismo pessimism
pesimista *m., f.* pessimist
pésimo/a terrible
peso weight
peste *f.* plague
pesticida *m.* pesticide
petróleo oil
petrolero/a *adj.* oil
pez *m.* (*pl.* **peces**) fish (*alive*)
pianista *m., f.* pianist
piano de cola grand piano
picado/a chopped (3); shredded (3)
picar (qu) to chop (3); to shred (3)
picuda: chinche (*f.*) **picuda** *blood-sucking insect*
pie *m.* foot; **a pie** by foot (8); **de pie** standing
piedra rock; stone
piel *f.* skin
pieza room
pimienta pepper
pingüino megallánico Magellanic penguin
pintar to paint
pinto: gallo pinto *black bean and rice dish from Costa Rica*
pintoresco/a picturesque
pintura paint
pionero/a pioneer
pira: hacer (*irreg.*) **pira** to play hooky (*Sp.*)
pirámide *f.* pyramid (9)
piraña piranha
piropo romantic compliment; flirtatious remark
piscolabis *m. inv.* snack
piso floor; apartment (*Sp.*)
pista clue
pistola pistol
pizarra chalkboard
pizote *m.* coati
plaga plague
plan *m.* plan
plancha grill; griddle; **a la plancha** grilled (3)
planear to plan
planeta *m.* planet
plano map
planta plant
plantear to set forth
plantilla staff
plástico plastic
plátano plantain
plato plate; dish; course (3); **plato principal** main course (3)
playa beach
plazo period; **pago a plazos** installment (6)
pleno/a full
pluscuamperfecto *gram.* pluperfect
plusvalía increased value
población *f.* population
poblacional *adj.* population
poblado/a populated
pobre poor
pobrecito/a poor thing
pobreza poverty
poco/a little (bit); small amount; few
poder *m.* power (7)
poder *v. irreg.* to be able to, can
poema *m.* poem
poesía poetry
polémico/a controversial
policía *m.* police officer; *f.* police (force)
policial *adj.* police
políglota/a polyglot
poliinsaturado/a polyunsaturated
política *s.* politics
político/a *n.* politician; *adj.* political; **postura política** political position (7)
polvoriento/a dusty
poner *irreg.* to put, place; to put on; **poner a prueba** to put to the test; **poner atención** to pay attention; **poner fin a** to put an end to; **ponerse** to get, become; **ponerse a** + *inf.* to start (*doing something*) (2)
popularidad *f.* popularity
por *prep.* for; by; through; during; on account of; per; **por autobús** by bus (8); **por camión** by truck (8); **por ciento** percent; **por cierto** indeed; **por delante** in front; **por ejemplo** for example; **por encima** above; **por estos lados** around here; **por favor** please; **por fin** finally; **por lo general** generally; **por lo menos** at least; **por medio de** by means of; **por otro lado** on the other hand; **por primera vez** for the first time; **¿por qué?** why?; **por razón de** due to, because of (1); **por siempre** forever; **por supuesto** of course; **por todos lados** everywhere; **por un lado** on one hand
porcentaje percentage
porción *f.* percentage
porque because
portador(a) carrier
portal *m.* entrance hall; porch
portátil portable
portugués *m.* Portuguese (*language*)
portugués, portuguesa *n.* Portuguese
posada inn
posesión *f.* possession
posgrado graduate
posibilidad *f.* possibility
posible possible
posición *f.* position
positivo/a positive
postrado/a prostrate
postre *m.* dessert
postrero/a last
postular to request; to demand
postura política political position (7)
potenciar to enable, empower (12)
potente potent
pozo well; **pozo séptico** septic tank
pozole *m. Mexican soup made of hominy and pork*
práctica practice
practicar (qu) to practice
práctico/a practical
preceder to precede
precio price
precioso/a precious
precisión *f.* precision
preciso/a necessary
precolombino/a pre-Columbian
predecir (*like* **decir**) to predict
predicción *f.* prediction
predominante predominant
predominar to predominate
preescolar *adj.* preschool
pre-escuela preschool
preferencia preference
preferible preferable
preferir (ie, i) to prefer
prefijo prefix
pregunta question; **hacer** (*irreg.*) **preguntas** to ask questions
preguntar to ask
prejuicio prejudice
preliminar preliminary
premio prize

prensa press; **libertad** (*f.*) **de prensa** freedom of the press (7)
preocupación *f.* worry
preocuparse to worry, be worried
preparación *f.* preparation (3)
preparar to prepare
preparativo preparation
preposición *f.* preposition
preposicional prepositional
presencia presence
presencia: hacer (*irreg.*) **acto de presencia** to be present; to put in an appearance
presenciar to witness; to see
presentación *f.* presentation
presentador(a) newscaster; news anchor
presentar to present; to introduce
presente *m.* present
presentir (*like* **sentir**) to have a presentiment of
preservado/a preserved
presidencia presidency
presidencial presidential
presidente, presidenta president
presionar to pressure
preso/a *n.* prisoner; *adj.* imprisoned
prestación *f.* benefit
préstamo loan
prestar to loan; **prestar atención** to pay attention
prestigio prestige
prestigioso/a prestigious
presumir to predict, suppose (2); **presumir de** to boast about (2)
presunción *f.* presumption
presupuesto budget (2)
pretender to try for; to want
pretérito *gram.* preterite
prevención *f.* prevention (9)
prevenir (*like* **venir**) to prevent (9); to warn
prever to foresee
previo/a previous
previsto/a foreseen
PRI *m.* (*abbrev. for* **Partido Revolucionario Institucional**) Institutional Revolutionary Party (*Mex.*)
primario/a primary; **escuela primaria** elementary school
primavera spring
primer, primero/a first; **agencia de primeros auxilios** relief agency (10); **por primera vez** for the first time
primo/a cousin
primogénito/a firstborn
principal main; **plato principal** main course (3)
principio beginning; **al principio** in the beginning
prisa hurry; **de prisa** quickly; **tener** (*irreg.*) **prisa** to be in a hurry
prisión *f.* prison
prisionero/a prisoner
privacidad *f.* privacy
privado/a private
privar to deprive
privilegio privilege
probar (ue) to taste; to try
problema *m.* problem
problemático/a problematic
procedencia origin
proceder to proceed
procedimiento procedure
procesamiento processing
procesar to process
proceso process
producción *f.* production
producir (zc) to produce
producto product; **producto interno bruto** gross national product; **producto lácteo** dairy product (9)
productor(a) producer
profesión *f.* profession
profesional professional
profesor(a) professor
profesorado faculty (1)
profundo/a profound; deep
progenitor ancestor
programa *m.* program
programador(a) programmer
progresivo/a progressive
progreso progress
prohibición *f.* prohibition
prohibir (prohíbo) to prohibit
prolongarse (gu) to carry on (4); to extend (4)
promedio average
promesa promise
prometer to promise
prominente prominent
promoción *f.* promotion
promotor(a) developer (*person*)
promover (ue) to promote (8)
pronombre *m.* pronoun
pronto soon; **tan pronto como** as soon as
pronunciación *f.* pronunciation
pronunciar to pronounce
propenso/a prone (9)
propiedad *f.* property (6)
propietario/a owner (6)
propina tip
propio/a *adj.* own (5); himself/herself (5)
proponer (*like* **poner**) to propose
proporción *f.* proportion
propósito purpose; **a propósito** on purpose
propuesta proposal
prosperidad *f.* prosperity
protección *f.* protection
protector(a) protective
proteger (j) to protect (8)
protesta protest
protestar to protest
provecho: buen provecho enjoy your meal
proveer to supply, provide (9)
proveniente (de) originating (from)
provincia province
provisión *f.* provision; **provisiones médicas** medical provisions (10)
provisional: hospital (*m.*) **provisional** provisional hospital (10)
próximo/a next
proyectado/a projected
proyecto project
prueba quiz; test; **poner** (*irreg.*) **a prueba** to put to the test
psicología psychology
psicólogo/a psychologist
psiquiatra *m., f.* psychiatrist
publicar (qu) to publish
publicidad *f.* publicity
publicitario/a advertising
público/a public; **sanidad** (*f.*) **pública** public health (9)
pueblo town; people (7)
puente *m.* bridge
puerco: carne (*f.*) **de puerco** pork
puerta door
puerto port
puertorriqueño/a *n., adj.* Puerto Rican
pues... well . . .
puesta del sol sunset
puesto job; position; **puesto de control** checkpoint (8)
pulmón *m.* lung
pulpo octopus
punto point; **punto de vista** point of view
pupusa turnover (*El Salvador*)
pureza purity (4)
puro/a pure

Q

que *rel. pron.* that, which; *conj.* that; **ya que** since, because (1)
¡qué... ! how . . . !; **¡qué asco!** how disgusting!; **¡qué disgusto!** how disgusting!
¿qué? what; which
quebrar to break
quedar to be located (*stationary objects*); **quedar en** to agree on plans (*between two or more people*); **quedarse** to stay (at home, in a hotel); **quedarse con las ganas** to have to do without
quehacer (*m.*) **doméstico** household chore
queja complaint
quejarse to complain
quema burning
querer *irreg.* to want; to like, love
queso cheese
quiché *m. indigenous language of the Maya*
quien *rel. pron.* who, whom
¿quién? who? whom?
químico/a chemical
quirúrgico/a surgical
quitar to remove, take away
quizá, quizás perhaps

R

radio *f.* radio (*programming*)
raíz *f.* (*pl.* **raíces**) root; **bienes** (*m. pl.*) **raíces** real estate (6); **echar raíces** to put down roots
ramo branch; stalk
rancho ranch
rango rank
rapado/a: cabeza rapada *m., f.* skinhead
rapidez *f.* (*pl.* **rapideces**) rapidity; speed
rápido *adv.* rapidly; quickly
rápido/a rapid, fast; **comida rápida** fast food
raro/a strange
rasgo trait (12)
rato little while, short time; **a cada rato** frequently
raza race
razón *f.* reason; **por razón de** due to, because of (1); **tener** (*irreg.*) **razón** to be right
razonable reasonable
razonamiento reasoning (5)
reacción *f.* reaction
reaccionar to react
real real; royal
realidad *f.* reality
realismo realism
realizar (c) to fulfill (2); to achieve (11); to carry out (11)
rebasar to exceed (*a limit*) (8)
rebeldía rebelliousness
rebelión *f.* rebellion
recado message
recalcar (qu) to stress, emphasize
recapacitar to consider
receptor *m.* receptor
receta recipe (3); prescription (9)
recetar to prescribe (9)
rechazar (c) to reject
recibir to receive
reciclado/a recycled
reciclaje *m.* recycling
recién *adv.* recently
reciente recent
recipiente *m.* container (3)
recíproco/a reciprocal
recobrar to recover
recomendación *f.* recommendation
recomendar (ie) to recommend
recompensa reward, recompense (12)
recompensar to reward; to recompense
reconciliación *f.* reconciliation
reconocer (zc) to recognize
reconsiderar to reconsider
reconstrucción *f.* reconstruction
reconstruir (y) to reconstruct (10)
recordar (ue) to remember; to remind
recortar to cut out
recorte *m.* clipping (*from a paper*)
rector *m.* rector (*of a university*)
recuadro box, square
recuerdo memory
recuperación *f.* recuperation
recurrente recurring
recurso resource
red *f.* network (12); Internet
redacción *f.* writing; edit
redondo/a round
reducción *f.* reduction
reducir (zc) to reduce
redundancia redundancy
reembolsar to reimburse
reemplazar (c) to replace
referencia reference
referir(se) (a) to refer (to)
reflejar to reflect
reflexionar to reflect on, ponder
reflexivo/a reflexive
reforzar (ue) (c) to reinforce; to strengthen
refrán *f.* saying, proverb
refrescar (qu) to refresh
refresco soft drink
refrigerador *m.* refrigerator (3)
refugiado/a refugee (7)
refugiarse to take refuge
regalar to give (*a gift*)
regalo gift; **hacer** (*irreg.*) **un regalo** to give a gift
regañar to scold
regar (ie) (gu) to water; to irrigate
regatear to barter
regazo lap
régimen *m.* regime; diet (9)
región *f.* region
regla rule
reglamento rules; regulations
regresar to return
regularidad *f.* regularity
rehogar (gu) to cook in butter/oil over a slow fire (3)
rehusar(se) to refuse
reina queen
reino kingdom
relación *f.* relation; relationship; **con relación a** with regard to
relacionado/a related
relacionarse to relate
relajarse to relax
relatar to relate
relativo/a relative
relevancia relevance
relevante relevant
religión *f.* religion
religioso/a religious
rellenar to fill
relleno *n.* filling, stuffing (3)
relleno/a *adj.* filled; **causa rellena** *typical Peruvian dish stuffed with tuna, chicken, or crab*
remedio remedy
rememorar to recall, remember
remojarse to get soaked
remolque *m.* tow truck
remoto/a remote
remunerado/a paid
renacentista *adj. m., f.* Renaissance (11)
Renacimiento Renaissance
rendimiento yield
rendirse (i, i) to surrender
renovar (ue) to renew
rentable profitable (12)
reñido/a hard-fought; bitter; on bad terms
reparación *f.* repair
repartir to spread out (11)
repasar to review
repaso review
repente: de repente suddenly
repentinamente suddenly
repercusión *f.* repercussion
repetición *f.* repetition
repetir (i, i) to repeat
repetitivo/a repetitive
reportaje *m.* report
reportar to report
reportero/a reporter
reposo rest
representante *m., f.* representative (7)
representar to represent (7)
represión *f.* repression (7)
represivo/a repressive
reprimir to repress
reprobar (ue) to fail (*an exam, course*) (1)
República Dominicana Dominican Republic
republicano/a republican
repugnancia disgust
repugnante disgusting
repugnar to disgust
requerir (ie, i) to require
requisito requirement
resaltar to stand out
rescatar to save
rescate *m.* rescue (10); recovery; **brigada de rescate** rescue squad (10)
reservar to reserve
residencia residence; residence hall; **residencia de ancianos** nursing home
residente *m., f.* resident; **tarjeta de residente** green card (United States) (8)
residuo residue; remainder
resignado/a resigned
resistencia resistance
resistir to resist; **resistirse a** + *inf.* to be reluctant to (*do something*) (5)
resolver (ue) to resolve
resonancia resonance
respectivo/a respective
respecto: al respecto about the matter; **con respecto a** with respect to
respetar to respect
respeto respect
respetuoso/a respectful
respirador *m.* respirator
respirar to breathe

responder (a) to respond (to) (10)
responsabilidad *f.* responsibility (12)
responsable responsible
respuesta answer; response
restauración *f.* restoration
restaurante *m.* restaurant (3)
restaurar to restore
resto rest
restricción *f.* restriction
resultado result; **dar** (*irreg.*) **buen resultado** to work
resultar to result; to turn out
resumen *m.* summary
resumir to summarize
retirado/a retired person
reto challenge
retrasar to delay
retratar to portray, depict
reunión *f.* reunion
reunirse (me reúno) to meet
revelar to reveal
revés: al revés backwards
revisión *f.* revision; **revisión médica** checkup (9)
revista magazine
revitalización *f.* revitalization
revitalizar (c) to revitalize
revolcar(se) (qu) to turn over
revolución *f.* revolution
revolucionario/a revolutionary
revolver (ue) (*p.p.* **revuelto**) to scramble (3)
revoque *m.* plastering
revuelto/a (*p.p. of* **revolver**) scrambled
rey *m.* king
rico/a rich
ridículo/a ridiculous
riego irrigation
riesgo risk
rinoplastia rhinoplasty
río river
riqueza wealth; richness
risa laughter
ritmo rhythm; pace
robusto/a robust
rociar to sprinkle, spray
rodaja slice
rodear to surround
rodilla knee
rogar (ue) (gu) to beg; to plead
rojo/a red; **Cruz** (*f.*) **Roja** Red Cross
Roma Rome
romance *m.* romance
romántico/a romantic
romper (*p.p.* **roto**) to break
roncar (qu) to snore
roña filth
ropa clothes
rosa rose
rosado/a pink
rosario rosary
roto/a (*p.p. of* **romper**) broken
rubio/a blond(e)
rudo/a rude
rueda wheel
ruido noise; **hacer** (*irreg.*) **ruido** to be noisy
ruina ruin
rumano/a Rumanian
ruptura breaking-off
ruta route (12)
rutina routine

S

saber *irreg.* to know (*facts*); **saber** + *inf.* to know how to (*do something*)
sabiduría wisdom
sabio/a wise (11)
sacacorchos *m. inv.* corkscrew
sacar (qu) to take out; to obtain, get; **sacar la lengua** to stick out one's tongue
sacerdote *m.* priest
saco suit jacket
sacrificar (qu) to sacrifice
sacrificio sacrifice
sacudir to shake
sagrado/a sacred
sal *f.* salt
salado/a salty (3)
salario salary
saliente salient, important
salir *irreg.* to leave; to go out; to come out
salmón *m.* salmon
salón *m.* salon; **salón de actos** assembly hall (1)
saltar to jump; to skip; **saltar a la vista** to be obvious; **saltarse una comida** to skip a meal (9)
salud *f.* health (9); **Organización** (*f.*) **Mundial de Salud (OMS)** World Health Organization (WHO)
saludable healthy (9)
saludar to greet
salvadoreño/a Salvadoran
salvar to save
salvatrucha: mara salvatrucha *MS-13 gangs of Central America and the United States*
samaritano/a Samaritan
san *apocopated form of* **santo**
sandinista *adj. m., f.* Sandinista
sangre *f.* blood (9)
sanidad *f.* health; **sanidad pública** public health (9)
sanitario/a *adj.* health (9); **ayuda sanitaria** health care (10); **tarjeta sanitaria** health card (9)
sano/a healthy; **mantenerse** (*like* **tener**) **sano/a** to stay/live healthy (9)
santo/a saint
sarampión *m.* measles
sartén *f.* skillet (3)
satisfacción *f.* satisfaction
satisfacer (*like* **hacer**) to satisfy
satisfactorio/a satisfactory
satisfecho/a satisfied
saturado/a saturated
sazón *f.* flavor; seasoning
sazonado/a flavored; seasoned
secadora dryer
secar(se) (qu) to dry (oneself)
sección *f.* section
seco/a dry
secretariado/a secretariat
secretario/a secretary
secreto *n.* secret
secreto/a *adj.* secret
sector *m.* sector
secuestrado/a kidnapping victim (7)
secuestrar to kidnap (7)
secundario/a secondary; **escuela secundaria** high school
sed *f.* thirst; **tener** (*irreg.*) **sed** to be thirsty
sediento/a thirsty (8)
segado/a mowed, cut (*crop*)
segmento segment
segregación *f.* segregation
seguimiento continuation
seguir (i, i) (g) to follow; **seguir** + *ger.* to keep, continue (*doing something*) (2); **seguir derecho** to keep going straight
según according to
segundo/a second
seguridad *f.* security; **seguridad social** social security
seguro *n.* insurance; **seguro médico** health insurance (9)
seguro/a *adj.* sure
selección *f.* selection
selva jungle
semana week; **fin de semana** weekend
semanal weekly
semántico/a semantic
sembrar (ie) to sow, seed (*a crop*) (12)
semejante similar
semejanza similarity
semestre *m.* semester
semianalfabeto/a semi-illiterate
semilla seed
semillero seedbed; breeding ground
sencillo/a simple
sendero path
sensación *f.* sensation
sensibilizar (c) to sensitize
sentado/a: dar (*irreg.*) **por sentado** to take for granted
sentarse (ie) to sit
sentido sense; meaning
sentimiento feeling, sentiment
sentir (ie, i) to feel sorry; to regret; **sentirse** to feel (*emotion*)
señalar to signal
señor (Sr.) *m.* sir; Mister (Mr.); man
señora (Sra.) ma'am; Mrs.; woman
señorita (Srta.) miss; Miss; young woman
separar to separate
séptico/a septic; **pozo séptico** septic tank

sepulcro sepulcher
sepultura burial; grave, tomb
ser *irreg.* to be; **es decir** in other words, that is (to say) (1); **llegar (gu) a ser** to become
serie *f.* series
serio/a serious; **en serio** seriously
servicio service (9); restroom (3); **servicio a la comunidad** community service
servir (i, i) to serve
sexo sex
si if
sí yes
SIDA *m.* (*abbrev. for* **síndrome** [*m.*] **de inmunodeficiencia adquirida**) AIDS (acquired immunodeficiency syndrome)
siempre always; **para/por siempre** forever
siglo century
significado meaning
significar (qu) to mean
significativo/a significant
siguiente following; next
silencio silence
silla chair
simbólico/a symbolic
símbolo symbol
símil *m.* simile
similitud *f.* similarity
simpático/a likable; friendly; nice
sin without; **sin duda** doubtless; without a doubt; **sin embargo** nevertheless (1); **sin que** + *subj.* without . . .
sincero/a sincere
síndrome (*m.*) **de inmunodeficiencia adquirida (SIDA)** acquired immunodeficiency syndrome (AIDS)
sinfín *m.* an endless number; no end
sino but (rather); **sino que** *conj.* but (rather)
sinónimo synonym
sintaxis *f. gram.* syntax
sintético/a synthetic
síntoma *m.* symptom
siquiera: ni siquiera not even
sistema *m.* system
sitio site; **sitio web** website
situación *f.* situation
situar(se) (sitúo) to place, put, situate (oneself)
soberano/a supreme
sobrar to have/be left over; to have/be more than enough
sobre *prep.* on; on top of; over; about
sobrecultivo overcultivation (*land*)
sobresaliente outstanding
sobrevivir to survive (4)
sobrevolar (ue) to fly over
social social; **seguridad** (*f.*) **social** social security; **trabajador(a) social** social worker
socialista *n., adj. m., f.* socialist (7)
socialización *f.* socialization
socioeconómico/a socioeconomic
sociología sociology
sociopolítico/a sociopolitical
socorrer to help, assist; to relieve
socorro help, assistance; aid; rescue; **brigada de socorro** rescue squad; **equipo de socorro** emergency equipment (10); **¡socorro!** help! (10)
Sócrates Socrates
sofá *m.* sofa, couch
sofreír (*like* **freír**) (*p.p.* **sofrito**) to sauté; to fry (3)
sofrito/a (*p.p. of* **sofreír**) sautéed
soga rope
sol *m.* sun; **puesta del sol** sunset
soldado soldier; **mujer** (*f.*) **soldado** female soldier
soler (ue) + *inf.* to be in the habit of (*doing something*)
solicitante *m., f.* applicant
solicitar to apply for
solicitud *f.* application
sólido/a solid
sólo only
solo/a alone
soltero/a *n.* bachelor; single woman; *adj.* single
solucionar to solve
sombra shadow
someterse (a) to undergo
son *m. Afro-Cuban musical form*
sonero/a *musician who plays the* **son**
sonido sound
sonreír (i, i) to smile
soñar (ue) (con) to dream (about) (2)
sopa soup
sorprendente surprising
sorprender to surprise
sorpresa surprise
sospechar to suspect
sospechoso/a suspicious
sostener (*like* **tener**) to support, hold up
suave soft
subdivisión *f.* subdivision
subir to rise, go up
súbito/a sudden
subjetivo/a subjective
subjuntivo *gram.* subjunctive
subrayar to underline
subterráneo/a underground
subtítulo subtitle
subvencionado/a sponsored (1); subsidized (1)
subvencionar to subsidize (11)
suceder to happen (5)
sucesivo/a successive
sucio/a dirty
Sudamérica South America
sudamericano/a *n., adj.* South American
sudor *m.* sweat
sueldo salary; **cobrar el sueldo** to collect a salary (11)
sueño dream; **tener** (*irreg.*) **sueño** to be tired, sleepy
suerte *f.* luck; **buena suerte** good luck
suficiente sufficient
sufijo *gram.* suffix
sufragio suffrage (7)
sufrimiento suffering (10)
sufrir to suffer
sugerencia suggestion
sugerir (ie, i) to suggest
Suiza Switzerland
suizo/a *n., adj.* Swiss
sujeto subject
suma sum
sumamente extremely
sumergirse (j) to submerge oneself
suministrar to supply, provide
suministro supply
suntuario/a sumptuary
superación *f.* overcoming; excelling
superar to overcome (8); to surpass; **superarse** to better oneself (11)
supercine *m.* large movie theater
superioridad *f.* superiority
supermercado supermarket
supertradicional very traditional
supervisión *f.* supervision
suponer (*like* **poner**) (*p.p.* **supuesto**) to suppose, assume (5)
supuesto/a supposed; **por supuesto** of course
sur *m.* south
surgir (j) to arise, come up (8)
suspender to fail (*an exam, course*) (1)
suspenso suspense
sustancia substance
sustantivo *gram.* noun
sustentable sustainable (12)
sustituir (*like* **construir**) to substitute

T

tabla table
tablero display board
tablón *m.* bulletin board
tachar to cross out; to erase
táctica tactic
tacto touch
taíno/a *n., adj. pre-Columbian people of the Caribbean*
tal such, such a; **¿qué tal... ?** how is/are . . . ?; **tal como** just as; **tal grado** such a degree; **tal vez** perhaps
talento talent
talentoso/a talented
taller *m.* workshop (1)
tamaño size
también too, also
tampoco neither, not either
tan *adv.* so; as; **tan... como** as . . . as; **tan pronto como** as soon as
tanto *adv.* so much; **mientras tanto** meanwhile; **tanto como** as much as

tanto/a *adj.* as much, so much; such a; *pl.* so many; as many; **tanto/a(s)... como** as much/many . . . as
tapar to cover
tapas *pl.* assortment of hors d'oeuvres or appetizers (*Sp.*) (3)
tapir *m.* tapir
tarde *adv.* late
tarde *n. f.* afternoon
tarea homework
tarjeta card; **tarjeta de residente** green card (United States) (8); **tarjeta en verde** green card (United States) (8); **tarjeta sanitaria** health card (9)
tartamudear to stutter
tasa rate (2)
tasación *f.* appraisal
tatarabuelo/a great-grandfather, great-grandmother; *pl.* great-grandparents
taxi *m.* taxi
taxista *m., f.* taxi driver
taza coffee cup, (measuring) cup (3)
té *m.* tea
teatro theater
tebeo comic book
techo ceiling; roof (6)
técnica technique
técnico/a technical
tecnología technology
tecnológico/a technological
tejado roof (*Sp.*)
tejano/a *n., adj.* Texan
tejido weaving
telefónico/a *adj.* telephone
teléfono *n.* telephone; **teléfono celular** cellular telephone
televisión *f.* television
televisivo/a *adj.* television
tema *m.* theme; topic
temer to fear
temerario/a reckless
temor *m.* fear
temperamento temperament
temperatura temperature
templo temple
temporada season
temprano early
tendencia tendency
tender (ie) a to tend to; to be inclined to
tenedor *m.* fork
tener *irreg.* to have; **tener a mano** to have on hand; **tener... años** to be . . . years old; **tener calor** to be hot; **tener cuidado** to be careful; **tener éxito** to be successful; **tener frío** to be cold; **tener ganas de** + *inf.* to feel like (*doing something*); **tener hambre** to be hungry; **tener lugar** to take place; **tener miedo** to be afraid; **tener prisa** to be in a hurry; **tener razón** to be right; **tener sed** to be thirsty; **tener sueño** to be tired, sleepy; **tener vergüenza** to be ashamed; to be embarrassed; **tener vigencia** to be valid (11)
tenis *m.* tennis; **cancha de tenis** tennis court
tensión *f.* tension
tentempié *m.* snack (*Sp.*)
terapeuta *m., f.* therapist
tercer, tercero/a third; **tercera edad** old age (5)
terminación *f.* ending
terminar to finish
término term
terminología terminology
terraza terrace
terremoto earthquake (10)
terreno terrain; **terreno agrícola** agricultural field (4)
territorio territory
terror *m.* terror (7)
terrorista *n., adj. m., f.* terrorist; **ataque** (*m.*) **terrorista** terrorist attack
testigo witness
tetrapléjico/a tetraplegic (quadriplegic)
texto text
textura texture
theobroma: cacao theobroma Theobroma cacao (*scientific name of chocolate*)
tico/a *n., adj.* Costa Rican (*coll.*)
tiempo time; weather; tense; **a tiempo** on time; **alumno/a / estudiante** (*m., f.*) **a tiempo completo/parcial** full- /part-time student (1); **de tiempo completo** full-time; **tiempo libre** free time
tienda store
tierra land (4); soil (4); **desprendimiento de tierra** landslide
tieso/a stiff
timidez *f.* shyness
tímido/a timid, shy
tinta ink
tío/a uncle, aunt; *pl.* aunts and uncles
típico/a typical
tipo type; kind
tira cómica comic strip
tirar to throw
tiro shot; **disparar tiros** to fire (*a gun*)
título title
toalla towel
tocar (qu) to touch; **tocarle (a uno)** to be one's turn (5)
tocateja cash down
todavía *adv.* yet; still
todo everything; **ante todo** above all; **todos** *pl.* everyone
todo/a all, every; **todas partes** everywhere
tomar to take; to drink; **tomar el autobús** to take the bus; **tomar medidas** to take measures (8)
tomate *m.* tomato
tonelada ton
tono tone
tontería foolishness; silly thing
tornado tornado (10)
toro bull
torre *f.* tower
tortura torture
torturado/a *n.* torture victim (7); *adj.* tortured
torturar to torture
tostada piece of toast
tostado/a toasted; **pan** (*m.*) **tostado** toast
tostón *m. fried slices of green plantains* (*Carib.*)
total *n. m.* total; *adj.* total
trabajador(a) *n.* worker; **trabajador(a) social** social worker; *adj.* hard-working
trabajar to work
trabajo work (5); job; **bota de trabajo** work boot (4); **compañero/a de trabajo** co-worker; **costar (ue) trabajo** to take a lot, be difficult; **guante** (*m.*) **de trabajo** work glove (4); **trabajo escrito** paper (*for a class*)
tractor *m.* tractor (4)
tradición *f.* tradition
traducir (*like* **conducir**) to translate
traer *irreg.* to bring
tráfico traffic
tragaluz *m.* skylight
tragedia tragedy
trágico/a tragic
trago (alcoholic) drink
trámite *m.* procedure (1); **trámites médicos** medical procedures (9)
tranquilidad *f.* tranquility
tranquilizador(a) calming (2)
tranquilo/a calm
transcurrir to pass, elapse (*time*)
transformar to transform
transición *f.* transition (1)
transitivo/a *gram.* transitive
transitorio: hospital (*m.*) **transitorio** field hospital (10)
transmitir to transmit
transparente transparent
transportar to transport
transporte *m.* transport; **medio de transporte** mode of transportation
transportista *m., f.* transporter, carrier
tras *prep.* behind; after; **año tras año** year after year
trasero buttocks (*coll.*)
traslado move
tratado treaty
tratamiento treatment; **tratamientos médicos** medical treatments (9)
tratar to treat; to deal with; **tratar de** + *inf.* to try to (*do something*)
trato treatment
través: a través (de) *adv.* through
trazar (c) to draw up; to sketch
tremendo/a tremendous
tren *m.* train
triángulo triangle

trilingüe trilingual
triplicarse (qu) to triple
triste sad
triunfar to triumph
tropas *pl.* troops
tropel *m.* throng; mob
trueno thunder
tsunami *m.* tsunami
tumba tomb, grave
tumbaburros dictionary (*coll.*)
turismo tourism (12); **turismo cultural** cultural tourism (12)
turista *m., f.* tourist (12)
turístico/a *adj.* tourist
turquesa turquoise
tutor(a) private tutor (1)

U

u or (*used instead of* **o** *before words beginning with* **o** *or* **ho**)
ubicación *f.* location
ubicado/a located
úlcera ulcer
último/a last
ultraconservador(a) ultraconservative
un, uno/a one, an; **tocarle (qu) a uno** to be one's turn (5); **un montón de** a lot of
ungüento salve
único/a only; unique
unidad *f.* unity
unido/a united; **Organización** (*f.*) **de las Naciones Unidas (ONU)** Organization of United Nations (UN)
unir to unite, join
universidad *f.* university
universitario/a *adj.* university; **carné** *m.* **universitario** university ID (1); **carnet** (*m.*) **universitario** university identification
universo universe
uno: tocarle (a uno) to be one's turn (5)
urbano/a urban
urgencia urgency; emergency
urgente urgent
urna urn
uruguayo/a *n., adj.* Uruguayan
usar to use
uso use
utensilio utensil (3)
útil useful
utilidad *f.* usefulness; utility
utilizar (c) to utilize; to use

V

vaca cow
vacaciones *f. pl.* vacation; **estar** (*irreg.*) **de vacaciones** to be on vacation; **ir** (*irreg.*) **de vacaciones** to go on vacation
vacilar to vacillate
vacío/a empty
vago/a vague
valer *irreg.* to be worth (11); **valer la pena** to be worth it; **valerse** to be able to manage on one's own (5)
valiente valiant, brave
valioso/a valuable
valor *m.* value (11); **bolsa de valores** stock market
valorización *f.* appraisal (*property*)
valorizado/a appraised (*property*)
vapor *m.* steam; **al vapor** steamed (3)
vaquero/a cowboy
variación *f.* variation
variar (varío) to vary
variedad *f.* variety
varios/as *pl.* various, several
vasco Basque (*language*)
vasco/a *n., adj.* Basque
vaso glass
vecindad *f.* neighborhood
vecindario neighborhood
vecino/a neighbor
vegetal *n., adj.* vegetable
vegetariano/a vegetarian
vehículo vehicle
vejez *f.* old age
vela candle
velar por to keep watch over
velocidad *f.* velocity, speed
vena vein
vencer (z) to conquer
vendaje *m.* bandage
vendedor(a) vendor; **vendedor ambulante** street vendor
vender to sell
venenoso/a poisonous
venezolano/a *n., adj.* Venezuelan
venir *irreg.* to come
venta sale
ventaja advantage
ventajoso/a advantageous
ventana window; **echar la casa por la ventana** to go overboard; to spare no expense
ventilación *f.* ventilation
ver *irreg.* (*p.p.* **visto**) to see
veranear to spend one's summer holidays
verano summer
verbo verb
verdad *f.* truth
verdadero/a true
verde green; **tarjeta en verde** green card (United States) (8)
verdura vegetable (9)
vergonzoso/a shameful (8); embarrassing
vergüenza shame; **tener** (*irreg.*) **vergüenza** to be ashamed; to be embarrassed
verificar (qu) to verify
versión *f.* version
verso verse
vértebra vertebra
vertiente *f.* aspect
vestido dress
veterano/a veteran
veterinario/a veterinarian
vez *f.* (*pl.* **veces**) time; **a veces** sometimes; **alguna vez** sometime; **cada vez más** more and more; **de vez en cuando** once in a while; **en vez de** instead of; **muchas veces** often; **otra vez** again; **por primera vez** for the first time; **tal vez** perhaps
vía road; way; **país** (*m.*) **en vías de desarrollo** developing country; **vías biliares** bile ducts
viajar to travel
viaje *m.* trip; **agencia de viajes** travel agency
viajero/a traveler
vibrante vibrant
víctima *f.* victim
victoria victory
vida life (1); **ganarse la vida** to earn a living (5)
vídeo video
videojuego videogame
vidrio glass
viejo/a old
vigencia validity; **estar** (*irreg.*) **en vigencia** to be in effect (11); **tener** (*irreg.*) **vigencia** to be valid (11)
vigente in force
vigilar to watch/look out for
vinagre *m.* vinegar
vinculado/a linked
vino wine; **copa (para vino)** wine glass (3)
violación *f.* violation
violencia violence (7)
violento/a violent
violeta violet
viruela smallpox
visa visa (8)
visado visa (8)
visión *f.* vision
visita visit; **hacer** (*irreg.*) **una visita** to visit
visitar to visit
vista sight; **punto de vista** point of view; **saltar a la vista** to be obvious
vistazo glance; **echar un vistazo** to have a quick look
visto/a (*p.p. of* **ver**) seen
visual: aprendiz (*m.*) **visual** visual learner
visualizar (c) to visualize
vitalidad *f.* vitality
vitamina vitamin
viudo/a widow, widower
vivienda house (6)
vivir to live
vivo/a alive
vocabulario vocabulary
vocación *f.* vocation
vocal *f.* vowel
volcán *m.* volcano
volcánico/a volcanic

voltear to turn (over)
voluntad *f.* will; willingness; **buena voluntad** goodwill; **voluntad** (*f.*) **de hierro** iron will
voluntariado volunteer participation
voluntario/a *n., adj.* volunteer
voluntarismo volunteerism (12)
volver (ue) (*p.p.* **vuelto**) to return
voracidad *f.* voracity
votación *f.* voting
votante *m., f.* voter
votar to vote (7)
voto vote
voz *f.* (*pl.* **voces**) voice; **en voz alta** aloud
vuelta walk; **dar** (*irreg.*) **una vuelta** to take a walk; **dar** (*irreg.*) **vueltas** to turn around; to spin
vuelto/a returned

W

web: sitio web website

y and
ya already; **ya no** anymore; **ya que** since, because (1)
yema egg yolk
yoga *m.* yoga
yogur *m.* yogurt

zaguán *m.* hall; garage door
zanahoria carrot
zapatista *n., adj. m., f. member of or pertaining to the National Liberation Zapatista Army (guerrilla forces in Chiapas, Mexico)*
zapato shoe
zona zone
zumo juice (*Sp.*)

Credits

Grateful acknowledgment is made for use of the following:

Photos

Chapter 1

Page 2: *Los colores del bien y del mal* (2004), Javier Granados Centeno; Courtesy of Javier Granados; **3**: © John Birdsall/Alamy; **7**: © Stuart Franklin / Magnum Photos; **12**: © Hector Garcia/Agencia Reforma/Newscom; **17**: © 2008 by Robert Frerck and Odyssey Productions, Inc.; **20**: White House photo by Shealah Craighead; **22**: © Jorma Jaemsen/zefa/Corbis; **26**: (top) *El mundo de los niños,* Marita Subiza. © Marita Subiza, (bottom) © Canal+ España/Miramax/Photofest; **27**: © German Gallego/Digital Press/Newscom; **28**: (clockwise from top left) © RF/Corbis, © Image Ideas/PictureQuest, © PhotoLink/Getty Images, © Cali/Iconotec.com, © S. Nicolas/Iconotec.com, Comstock Images

Chapter 2

29: © Joe Raedle/Getty Images; **33**: © Michael Newman/PhotoEdit, Inc.; **35**: © David R. Frazier Photolibrary, Inc./Alamy; **37**: Courtesy of John L. Lopez; **39**: Vintage Paperback Front Cover from *Living to Tell the Tale* by Gabriel Garcia Marquez, translated by Edith Grossman. Used by permission of Vintage Books, a division of Random House, Inc.; **43**: © Howard Barlow/Alamy

Chapter 3

54: Courtesy of Ramón Carulla; **55**: © The McGraw-Hill Companies/Jill Braaten, photographer; **59**: © The McGraw-Hill Companies/Jill Braaten, photographer; **61**: (top) © Manuel Zambrana/Corbis, (bottom) Courtesy of The Lord's Diner; **62**: © South Florida Sun-Sentinel/MCT/Landov; **72**: © isifa Image Service s.r.o./Alamy; **76**: (left) *Still Life with Photographs,* 1982 (oil on canvas), Botero, Fernando (b.1932)/Private Collection, Photo © Christie's Images/The Bridgeman Art Library, (right) © Gilda Sacasas, *Azucar, Caña, y Café;* **77**: © Miramax/Photofest; **78**: (clockwise from top left) © Hemis/Alamy, Courtesy of Wojciech Dabrowski, Courtesy of Wojciech Dabrowski, © Glow Images/Alamy

Chapter 4

79: Harald Sund/Getty Images; **83**: © 2003 Fairtrade Foundation; **84**: © sean sprague/Alamy; **86**: © Sean Sprague/SpraguePhoto.com; **87**: © David McNew/Getty Images; **88**: © Jack Hollingsworth/Photodisc/Getty Images; **93**: © AP Photo/Fernando Llano; **94**: Kim Steele/Getty Images; **97**: Courtesy of Eddie J. Garcia/Fest of Sharing; **98**: Smart Creatives/Corbis/Jupiter Images

Chapter 5

104: Smithsonian American Art Museum, Washington, DC/Art Resource, NY; **105**: © Mary Kate Denny/PhotoEdit, Inc.; **109**: © Latin Focus; **112**: © AP Photo/Santiago Llanquin; **114**: (left) Courtesy of The Celia Cruz Foundation, (right) Photo by Michael Caulfield/WireImage/Getty Images; **119**: © Newscom; **120**: © AP Photo/Paul Connors; **123**: Library of Congress; **124**: © AP Photo/Marta Lavandier; **128**: (top) © Elizabeth Gomez, (bottom) © New Yorker Films/Photofest; **129**: © Cristopher Pillitz/Alamy; **130** (clockwise from top left): © Melba Photo Agency/Punchstock, © RF/Corbis, © Brand X Pictures/Punchstock, © age fotostock/SuperStock, © Jason Houston/Digital Railroad, © Image Source/Punchstock

Chapter 6

131: © AP Photo/Leslie Mazoch; **139**, **143**: Courtesy of the author; **145**: Courtesy of Habitat for Humanity® International; **148**: HFHI/Steffan Hacker; **151**: © Peter Morgan/Reuters/Corbis

Chapter 7

157: © AP Photo/Daniel Luna; **161**: © Topham/The Image Works; **163**: (left) © Xinhua/Landov, (right) © Bettmann/Corbis; **165**: © Diego Goldberg/Sygma/Corbis; **166**: © AP Photo/Eric Risberg; **170**: © Newscom; **175**: © AP Photo/Jose Goitia; **180**: (left, all) Courtesy of Dr. David Kunzle, (top middle and right) www.blublu.org, (bottom right) © Andre Jenny/Alamy; **181**: © Picturehouse/Photofest; **182**: (clockwise from top left) © Pixtal/age fotostock, © PhotoLink/Getty Images, © Adalberto Rios Szalay/Sexto Sol/Getty Images, © Paulo Fridman/Bloomberg News/Landov

Chapter 8

183: © AP Photo/Arturo Rodriguez; **187**: © Andrew Holbrooke/Corbis; **191**: © Nunez Jorge/SIPA; **201**: Courtesy of Lourdes Perez

Chapter 9

208: © Xavier Cortada/Bridgeman Art Library International; **209**: © Photodisc/Alamy; **213**: © AP Photo/Natacha Pisarenko; **216**: © John Warburton-Lee Photography/Alamy; **219**: © J. Emilio Flores/Getty Images; **224**: © Diego Gómez/epa/Corbis; **227**: (top) Courtesy of the National Alliance for Hispanic Health, (bottom) Photo by Carlos Alvarez/Getty Images; **232**: Courtesy of Isidore Ducasse Foundation; **233**: (bottom) © Fine Line Features/Photofest; **234**: (clockwise from top left) © Neil Beer/Getty Images, © Flat Earth Images, © Iconotec/Alamy, © Glowimages/Punchstock, © PictureStory/Alamy

Chapter 10

235: © Newscom; **236**: (clockwise from top left) © American Red Cross, © Alfredo Estrella/AFP/Getty Images, © Samuel Aranda/AFP/Getty Images; **239**: © AP Photo/Shakil Adil; **243**: Courtesy of Oscar Beita; **244**: © RF/Corbis; **249**: © Rod Rolle/Getty Images/Newscom

Chapter 11

260: © Delilah Montoya; **261**: (left) © Pixtal/age fotostock, (right) Adalberto Rios Szalay/Sexto Sol/Getty Images; **265**: Courtesy of Allen Bernier; **266**: (left) © Roger-Viollet/The Image Works, (right) © The Gallery Collection/Corbis; **268**: Courtesy of Proyecto Lingüístico Quetzalteco in Guatemala, www.plqe.org; **269**: Courtesy of Dr. Lina Lee; **270**: © Reuters/Corbis; **280**: IMS Communications, Ltd./Capstone Design/FlatEarth Images; **284**: (top) © Cecilia Z. Miguez, courtesy of Louis Stern Fine Arts, (bottom) © AP Photo/Victor R. Caivano; **285**: © Focus Features/Photofest; **286**: (clockwise from top left) © Sexto Sol/Getty Images, © Reuters/Corbis, © Paul Navarrete/AFP/Getty Images, © Brand X Pictures/Punchstock, © Jordi Camí

Chapter 12

287: © AP Photo/Lynne Sladky; **288, 289**: Courtesy of the author; **291**: © Cali/Iconotec.com; **292**: (top) © Orlando Sierra/AFP/Getty Images, (bottom) © AP Photo/Pablo Aneli; **294**: © Lemarco/Alamy; **295**: © Kevin Schafer/Corbis; **296**: © David McNew/Getty Images; **304, 305**: Courtesy of the author; **306**: Carlos Fuentes Papers. Department of Rare Books and Special Collections, Princeton University Library

Realia

Page 156 © Joaquín Salvador Lavado (QUINO) *Toda Mafalda*—Ediciones de la Flor, 1993. Used by permission; *211* Hospital symbols used courtesy of Ravi Poovaiah, Industrial Design Centre, Indian Institute of Technology, Mumbai India; *233* Book cover from *Paula* by Isabel Allende and translated by Margaret Sayers Peden. Copyright © 1994 by Isabel Allende. Translation copyright © 1995 by HarperCollins Publishers. Reprinted by permission of HarperCollins Publishers; *253* Facing the Children logo used by permission; *253* Healing the Children logo used by permission of the HTC National Office; *277* Reproduced with permission from LatPro, Inc., Copyright © 2008. All rights reserved. *LatPro.com* is the worldwide leader in providing online career resources for Hispanic and bilingual professionals. The award-winning LatPro website (available in English, Spanish, and Portuguese) connects Hispanics and bilingual professionals with job opportunities throughout the U.S. and Latin America; *301* Orphanage Outreach logo reproduced with permission of Orphanage Outreach.

Literature

Page 2 From "Little Rock" by Nicolás Guillén; *13, 38, 48, and 49* From *Vivir para contarla* by Gabriel García Márquez © Gabriel García Márquez, 2002; *62, 72, 88, and 98* From*¡Cristina!* by Cristina Saralegui. Copyright © 1998 by Cristina Saralegui Enterprises, Inc. Used by permission of Grand Central Publishing; *114, 124, 140, and 150* Excerpts from *Celia: Mi vida* by Celica Cruz and Ana Cristina Reymundo. Copyright © 2004 by SARAO ENTERTAINMENT. Reprinted by permission of HarperCollins Publishers; *128* From *Santitos* by María Amparo Escandón, Plaza y Janés Editories, S. A., 1998; 130 From "Las ciudades perdidas" by Ernesto Cardenal in *Nueva antología poética: Ernesto Cardenal,* Siglo XXI Editores, 1983. Used by permission; *167, 176, 192, and 202* Excerpts from *Mi país invetado: Un paseo nostálgico por Chile* by Isabel Allende © Isabel Allende, 2003; 180 "Haikú del exilio" by Nela Rio. Used courtesy of Nela Rio; *182* From "El pueblo unido nunca será vencido" by Sergio Ortega; *190* From *Confesiones de un illegal en Estados Unidos* by Francusci Akinsi Castrukkín (Miguel Castrillón), Intermedio Editores, 2005; *219, 228, 244, and 254* Excerpts from *Atrevesando fronteras* by Jorge Ramos. Copyright © 2002 by Jorge Ramos. Reprinted by permission of HarperCollins Publishers; *271, 280, 296, and 306* From *En esto creo* by Carlos Fuentes © Carlos Fuentes, 2002; *284* From *Bocas del tiempo* by Eduardo Galeano, Seix Barral, 2004.

Index

This index has three sections. The Grammar section follows and the second section is on Cultural topics. The third section is Vocabulary.

GRAMMAR

A

B

C

D

E

F

G

H

I

VOCABULARY